Lexikon der regionalen Literaturgeschichte des Mittelalters
Ungarn und Rumänien

LEXIKON DER REGIONALEN LITERATURGESCHICHTE DES MITTELALTERS
HERAUSGEGEBEN VON CHRISTOPH FASBENDER

BAND 1

Lexikon der regionalen Literaturgeschichte des Mittelalters
Ungarn und Rumänien

Herausgegeben von Cora Dietl und Anna-Lena Liebermann
unter Mitwirkung von Mary-Jane Würker und András F. Balogh

DE GRUYTER

Gefördert von der Beauftragten der Bundesregierung für Kultur und Medien aufgrund eines Beschlusses des Deutschen Bundestags.

ISBN 978-3-11-163210-0
e-ISBN (PDF) 978-3-05-009065-8
e-ISBN (EPUB) 978-3-11-037991-4

Library of Congress Cataloging-in-Publication Data
A CIP catalog record for this book has been applied for at the Library of Congress.

Bibliografische Information der Deutschen Nationalbibliothek
Die Deutsche Nationalbibliothek verzeichnet diese Publikation in der Deutschen Nationalbibliografie; detaillierte bibliografische Daten sind im Internet über http://dnb.dnb.de abrufbar.

© 2024 Walter de Gruyter GmbH, Berlin/Boston
Dieser Band ist text- und seitenidentisch mit der 2015 erschienenen gebundenen Ausgabe.
Satz: Satzbild, Sabine Taube

♾ Gedruckt auf säurefreiem Papier
Printed in Germany

www.degruyter.com

Inhalt

Vorwort 7

Verfasserinnen und Verfasser der Beiträge 11

Abkürzungsverzeichnis 13
    A. Bibliotheken und Archive 13
    B. Handschriftenkataloge, Regesten- und Urkundenbücher 15
    C. Lexika, Zeitschriften und Reihen 16

Übersicht über die ungarischen Herrscher 17

Glossar der Ortsnamen 18

Artikel A–Z
Ungarn 21
Rumänien 159

Personenindex 277

Vorwort

Literarische Lexika sind gemeinhin nach Autoren und Werken geordnet und nehmen in der Regel vornehmlich die Produktion von Literatur in den Blick. Angesichts des durch kulturwissenschaftliche Ansätze und speziell durch den *spacial turn* veränderten Blicks auf Literatur, die in der Rezeption immer wieder neue Bedeutung(en) erhält und in sich verändernden interkulturellen Kontexten steht, ist aus den Reihen der germanistischen Mediävistik schon länger der Wunsch geäußert worden, dass, nachdem das *Verfasserlexikon* abgeschlossen ist,[1] der Versuch eines die verschiedenen Regionen Europas abdeckenden Regionallexikons der mittelalterlichen deutschen Literatur unternommen würde. Christoph Fasbender (Chemnitz) ist dieses Unternehmen angegangen und hat die Idee eines mindestens 15-bändigen *Lexikons der regionalen Literaturgeschichte des Mittelalters* ausgearbeitet. Auf der Grundlage seiner Vorarbeiten ist das vorliegende Lexikon entstanden.

Das Lexikon versteht sich als literatur- und kulturhistorisches Werk, das das vorhandene Wissen über die mittelalterliche literarische Kultur des südöstlichen Mitteleuropas bündelt und sowohl durch grundlegende Untersuchungen an Originaltexten als auch durch neuartige Querverbindungen ergänzt. Literatur – hier im weitesten Sinne als Schriftkultur verstanden – wird konkreten geographischen Orten und den vor Ort befindlichen Institutionen und Personen zugeordnet, die ihre Entstehung, Überlieferung oder Rezeption veranlasst oder gefördert haben.

Erfasst ist sowohl deutschsprachige Literatur als auch lateinischsprachige, sofern diese in einem irgendwie gearteten Verhältnis zur deutschsprachigen Literatur und Kultur steht – über den Autor, die Vorlage, den Schreiber, den Benutzer, den Auftraggeber, den Widmungsträger, den Verleger, den Buchhändler, den Sammler. Auf anderssprachige Literatur (ungarische, rumänische etc.) wird ausdrücklich verwiesen, ihre Wechselwirkungen mit der deutsch- und lateinisch-sprachigen Literatur werden aufgedeckt, sie wird aber nicht selbstständig behandelt. Berücksichtigt werden aber auch Orte, an denen nachweislich eine Auseinandersetzung mit Literatur stattfand (Schulen, Klöster, Bibliotheken etc.), selbst wenn die Bibliotheken abgebrannt und keine Schriftzeugnisse überliefert sind. Für die Rekonstruktion des literarischen Orts und des Orts des Kulturkontakts – und darum geht es diesem Lexikon – sind *erhaltene* literarische Werke zwar wichtig, aber letztlich nicht unabdingbar.

Der zeitliche Rahmen des Lexikons ist ähnlich gesteckt wie im *Verfasserlexikon* inklusive *Verfasserlexikon Humanismus*;[2] während dort die zeitliche Grenze der erfassten Literatur mit dem Ende der Ära Maximilians I. und dem Beginn der Reformationszeit um 1520 angesetzt ist,[3] bietet es sich im vorliegenden Band an, bis 1526 zu gehen, nämlich bis zur Schlacht von Mohács, die,

---

1 Die deutsche Literatur des Mittelalters. Verfasserlexikon, 2. Aufl., hg. v. K. Ruh u. a., 14 Bde, 1978–2008.
2 Deutscher Humanismus 1480–1520. Verfasserlexikon, hg. v. F. J. Worstbrock, 2 Bde, 2008–2013.
3 Vgl. F. J. Worstbrock, Vorwort, in: Deutscher Humanismus 1480–1520. Verfasserlexikon, hg. v. dems., Bd. 1, 2008, V–VIII, hier: V. Wie dort werden selbstverständlich Texte, die erst nach der zeitlichen Grenze überliefert, aber vor ihr entstanden sind, mit aufgenommen.

wenn man eine Grenze suchen will, als das Ende des Mittelalters im südöstlichen Mitteleuropa angesehen wird, wenngleich oft in tendenziöser Zuspitzung.⁴

Räumlich orientiert sich das Lexikon nicht, wie man es bei einem Einzelband zum mittelalterlichen Königreich Ungarn erwarten würde, an historischen Grenzen – und das müsste heißen an der größtmöglichen Ausdehnung des Königreichs Ungarn vor 1526. Vielmehr versteht sich der vorliegende Band als Teil einer Reihe, die nicht für jeden Band die größtmögliche Ausdehnung des jeweils behandelten Lands annehmen kann, da dies zu massiven Überschneidungen führen würde. Die angesichts des Reihenkonzepts einzig sinnvolle Eingrenzung ist die – wenn auch anachronistische – nach den heutigen Grenzen der Länder. Dies erleichtert es dem heutigen Leser, herauszufinden, in welchem Band (und hier auch in welchem Teilband) er den jeweiligen Ort nachzuschlagen hat. Zur weiteren Erleichterung der geographischen Orientierung sind hinter Ortsnamen, die sich auf den jeweils anderen Teilband oder auf die noch entstehenden Bände zu den Nachbarländern beziehen, die entsprechenden ISO-Ländercodes gesetzt. Diese dezidiert moderne Codierung soll jede Verwechslung mit historischen Grenzen ausschließen.

Die Orte sind nach ihren deutschen Namen sortiert, wie sie in den historischen Dokumenten überliefert sind; die jeweiligen ungarischen und rumänischen Ortsnamen aber sind mit aufgeführt und in einem Glossar verzeichnet. Im Anhang findet sich außerdem eine Liste der ungarischen Herrscher bis 1526, welche dem Leser die historische Orientierung erleichtern soll, sowie ein Namensindex, der Namen von historischen Persönlichkeiten und Autoren verzeichnet. Hierzu werden, sofern deutsche Namensformen in der Forschung etabliert sind, diese gewählt, ansonsten die ungarischen/rumänischen Namensformen bzw. die der Sprache, in welcher der jeweilige Autor geschrieben hat (Latein, Französisch, Italienisch etc.).

Die einzelnen Artikel sind wie folgt gegliedert: Den Anfang jedes Artikels bildet eine einführende Darstellung der Stadt-/Ortsgeschichte mit besonderer Berücksichtigung der deutschsprachigen Bevölkerung oder der kulturellen Beziehungen zum deutschsprachigen Raum und generell des kulturellen Lebens. Anschließend werden die einzelnen Institutionen am Ort betrachtet, und zwar (sofern vorhanden) in der folgenden Reihenfolge:

A. Bistum oder Archidiakonat
    A.1 Bischofssitz (Dom/Kathedrale)
    A.2 (Erz-)Bischöfe (in chronologischer Abfolge und arab. Zahlenfolge) bzw. Erzdiakone
    A.3 Vikariatsgericht
    A.4 Kapitel
        A.4.1 Kanzlei
        A.4.2 Kathedralschule
B. (Pfarr-)Kirchen
C. Klöster
    C.1 Dominikaner
    C.2 Franziskaner
    C.3 Karmeliter
    C.4 Klarissen etc. (in alphabetischer Reihenfolge)

---

4 G. Seewann, Ungarn, in: Historische Bücherkunde Südosteuropa, hg. v. M. Bernath, Bd. 1, 1980, 755–1227, hier: 755.

D. Spitäler
E. Geistliche Bruderschaften
F. Höfe und Burgen (in chronologischer Reihenfolge) samt Kanzleien
G. Universität
H. Stadt
   H.1 Rathaus/größere städtische Institutionen
   H.2 Schulen
   H.3 Zunftwesen (in chronologischer Reihenfolge)
   H.4 Weltliche Bruderschaften
   H.5 Bürger der Stadt
I. Einzelpersonen, die keiner Institution zugeordnet werden können
J. Ereignisse, die Literatur hervorbrachten (in chronologischer Reihenfolge).

Die Binnenstruktur der jeweiligen Unterartikel sieht zunächst eine kurze Darstellung der (Kultur-) Geschichte der Institution bzw. des Lebenswegs der Person vor, bevor auf einzelne Akteure innerhalb der Institution, auf Autoren und Werke sowie auf am Ort entstandene Dokumente eingegangen wird. Den Abschluss der einzelnen Artikel bildet unter der Überschrift ‚Überlieferung' ein Überblick über die vor 1526 vor Ort aufbewahrten Handschriften und Drucke. Das Lexikon kann keinen Handschriftenkatalog ersetzen, aber es erwähnt die deutschsprachige Überlieferung möglichst vollständig, während die lateinische eher summarisch behandelt und auf entsprechende Kataloge verwiesen wird. Auswahlbibliographien möchten weiterführende Lektürehinweise zu den entsprechenden Artikeln geben. Sie erheben allerdings nicht den Anspruch auf Vollständigkeit. Einige Artikel sind in Kooperation mehrerer Autoren entstanden. Ihre Namen sind jeweils nach umfänglichem Anteil am Artikel gereiht.

Bei der Bearbeitung des Lexikons sind immer wieder die Grenzen und Probleme eines solchen Projekts deutlich geworden: Nicht immer lassen sich Personen und Werke eindeutig verorten oder datieren; nicht immer ist ein deutschsprachiger Einfluss eindeutig nachzuweisen. Die sehr unterschiedliche Überlieferungslage in den erfassten Orten zwang, um halbwegs angemessen zu gewichten, auf der einen Seite zu einer strengeren Auswahl unter Fluten von Dokumenten (bspw. in Ödenburg), auf der anderen Seite zur großzügigen Akzeptanz noch so geringer Hinweise auf eine Schule (in vielen kleinen siebenbürgischen Orten) oder auf deutschsprachige Mönche (in einigen ungarischen Klöstern). Die in Details der Zuschreibung oft sehr zerstrittene ungarische und rumänische Forschung zwang zu Entscheidungen, die ständig die Gefahr der alsbaldigen Revidierung in sich schließen. So will sich dieses Lexikon am Ende nicht als in Stein gemeißelt verstehen, sondern als ein Anstoß und Werkzeug für weitere Forschung. Es will den Blick öffnen auf eine Literatur- und Kulturlandschaft, die der binnendeutschen Germanistik in der Regel fremd ist, und will den Dialog mit den Geschichts- und Kulturwissenschaften fördern.

Das Lexikon wäre nicht zu erstellen gewesen ohne die uns von Herrn Kollegen Christoph Fasbender überlassene vorläufige Lemmaliste, ohne den unermüdlichen Einsatz meiner Mitherausgeberin und Doktorandin Anna-Lena Liebermann, Koordinatorin des Projekts, ohne den unendlichen Arbeitseifer von Mary-Jane Würker, die als studentische Hilfskraft im Projekt begann und bald zu unserem ‚Joker' für alle Fragen, die wir nicht lösen konnten, wurde. Ihnen gilt mein herzlicher Dank, ebenso wie Herrn Kollegen András F. Balogh, der immer wieder ermüdende Korrekturarbeiten übernahm und uns wertvolle Kontakte zu Wissenschaftlern, Nachwuchskräften und Bibliotheken in Ungarn und Rumänien herstellte, und v. a. seiner Doktorandin Orsolya Lénárt, die, obgleich sie gerade im Abschluss ihrer Dissertation stand, uns in ihrer Freizeit in rasender

Geschwindigkeit Übersetzungen von ungarischen Texten herstellte. Herzlich danke ich meinem Mitarbeiter Christoph Schanze, der den gesamten Band noch einmal korrekturgelesen und uns mit vielen kritischen Fragen zum Überdenken vieler einzelner Punkte motiviert hat.

Mein Dank gilt dem DAAD, der uns erlaubte, dieses Projekt mit dem der Germanistischen Institutspartnerschaft Gießen-Klausenburg zu verknüpfen, und in ganz besonderer Weise dem BKM, denn das Projekt wurde großzügig gefördert vom Beauftragten der Bundesregierung für Kultur und Medien aufgrund eines Beschlusses des Deutschen Bundestags.

Gießen, im Mai 2015   Cora Dietl

Verfasserinnen und Verfasser der Beiträge

Claudia Ansorge, Gießen
Martin Armgart, Koblenz
Dániel Bagi, Pécs
András F. Balogh, Cluj-Napoca/Budapest
Klára Berzeviczy, Budapest
Liviu Cîmpeanu, Sibiu
Cora Dietl, Gießen
Adinel Dincă, Budapest
Christoph Fasbender, Chemnitz
Andrea Hauff, Gießen
Heinrich Hofmann, Gießen
Claudia Kanz, Chemnitz
Sharon D. King, Los Angeles
Anna-Lena Liebermann, Gießen
Kathrin Löbke, Stuttgart

Péter Lőkös, Budapest
Gesine Mierke, Chemnitz
Balázs J. Nemes, Freiburg
Silvia Petzoldt, Jena
Tünde Radek, Budapest
Gyöngyi Sándor, Cluj-Napoca
Christoph Schanze, Gießen
Michael Schurk, Frankfurt/M.
Eva Spanier, Erlangen
Paul Srodecki, Gießen
Ioana Velica, Cluj-Napoca
Caroline Will, Gießen
Rudolf Windisch, Rostock
Mary-Jane Würker, Gießen
Krista Zach, München

Abkürzungsverzeichnis

A. Bibliotheken und Archive

Alba Iulia, BB	Karlsburg, Bibliothek Batthyáneum
Berlin, SA	Berlin, Geheimes Staatsarchiv Preußischer Kulturbesitz
Berlin, SB	Berlin, Staatsbibliothek Preußischer Kulturbesitz
Braşov, AH	Kronstadt, Arhiva şi biblioteca Parohiei Honterus/ Archiv der Honterusgemeinde
Braşov, AN	Kronstadt, Direcţia Judeţeană Braşov a Arhivelor Naţionale/ Staatsarchiv Kronstadt
Bratislava, AMB	Pressburg, Archiv hlavnéhomesta SR Bratislavy/Stadtarchiv
Bratislava, SAV	Pressburg, Ústredný archív Slovenskej akadémie vied/ Zentralbibliothek der Slowakischen Akademie der Wissenschaften
Budapest, BFL	Budapest, Budapest Főváros Levéltára/Stadtarchiv
Budapest, SEK	Budapest, Fővárosi Szabó Ervin Könyvtár/Ervin-Szabó-Stadtbibliothek
Budapest, EK	Budapest, Egyetemi Könyvtár/Universitätsbibliothek
Budapest, MOL	Budapest, Magyar Országos Levéltár/Ungarisches Nationalarchiv
Budapest, OSZK	Budapest, Országos Széchényi Könyvtár/Nationalbibliothek
Budapest, MTAK	Budapest, Magyar Tudományos Akadémia Könyvtára/ Bibliothek der Ungarischen Akademie der Wissenschaften
Budapest, MNM	Budapest, Magyar Nemzeti Múzeum/Ungarisches Nationalmuseum
Budapest, SOM	Budapest, Semmelweis Orvostörténeti Múzeum/ Semmelweis-Museum für Medizingeschichte
Budapest, RKP	Budapest, Római Katolikus Központi Papnevelő Intézet/ Zentrales Römisch-katholisches Priesterseminar
Bucureşti, MNI	Bukarest, Muzeul Naţional de Istorie a României, Bibliotecă/ Bibliothek des Rumänischen Nationalmuseums für Geschichte
Cluj-Napoca, AN	Klausenburg, Direcţia Judeţeană Cluj a Arhivelor Naţionale/ Staatsarchiv Klausenburg
Cluj-Napoca, BA	Klausenburg, Biblioteca Academiei Române/ Bibliothek der Rumänischen Akademie der Wissenschaften
Cluj, AA	Klausenburg, Arhiva Arhidiecezei Romano Catolice de Alba Iulia şi Arhiva Statusului Romano Catolic din Transilvania, Filiala Cluj/ Filiale des Erzbischöflichen Archivs
Darmstadt, ZEK	Darmstadt, Zentralarchiv der Evangelischen Kirche Hessen-Nassau
Eger, FK	Erlau, Főegyházmegyei Könyvtár/Erzdiözesanbibliothek
Esztergom, FL	Gran, Esztergomi Főkáptalani Levéltár/Archiv des Domkapitels
Esztergom, FK	Gran, Főszékesegyházi Könyvtár/Erzbischöfliche Bibliothek
Esztergom, PLE	Gran, Prímási Levéltár Esztergom/Primatialarchiv
Göttweig, StiB	Göttweig, Stiftsbibliothek
Graz, UB	Graz, Universitätsbibliothek

Heidelberg, UB Heidelberg, Universitätsbibliothek
        (Cpg. = Cod. Pal. Germ.; Cpl. = Cod. Pal. Lat.)
Klosterneuburg, AC Klosterneuburg, Augustiner Chorherrenstift
Mediaş, ABE   Mediasch, Arhiva Bisericii Evanghelice C.A/
        Archiv der ev. Kirche A. B. in Rumänien
Melk, StiB   Melk, Stiftsbibliothek
Modena, BEst   Modena, Biblioteca Estense Universitaria/Universitätsbibliothek
Montpellier, UBMed Montpellier, Bibliothèque Universitaire de Médecine/
        Universitätsbibliothek für Medizin
München, BSB   München, Bayerische Staatsbibliothek
München, SA   München, Staatsarchiv
München, UB   München, Universitätsbibliothek
        (Cgm. = Cod. Germ. Mon.; Clm. = Cod. Lat. Mon.)
Napoli, BN   Neapel, Biblioteca Nazionale/Nationalbibliothek
New York, PML New York, Pierpont Morgan Library
Nürnberg, SA   Nürnberg, Staatsarchiv
Nürnberg, GNM Nürnberg, Germanisches Nationalmuseum
Pannonhalma, FK Martinsberg, Főapátsági Könyvtár/Bibliothek der Erzabtei
Paris, BN   Paris, Bibliothèque Nationale de France/Französische Nationalbibliothek
Paris, BM   Paris, Bibliothèque Mazarine
Parma, BP   Parma, Biblioteca Palatina
Pécs, PPL   Fünfkirchen, Pécsi Püspöki és Káptalani Levéltár/Bischöfliches Archiv
Sibiu, BB   Hermannstadt, Biblioteca Brukenthal
Sibiu, AN   Hermannstadt, Direcţia Judeţeană Sibiu a Arhivelor Naţionale/
        Staatsarchiv
Sibiu, ABE   Hermannstadt, Arhiva Centrală a Bisericii Evanghelice C.A./
        Zentralarchiv der evangelischen Kirche A. B. in Rumänien
Sopron, SIVK   Ödenburg, Széchenyi István Városi Könyvtár Sopron/Stadtbibliothek
Sopron, SL   Ödenburg, Győr-Moson-Sopron Megye Soproni Levéltára/
        Ödenburger Archiv des Komitats Raab-Wieselburg-Ödenburg
Straubing, BJTG Bibliothek des Johannes-Turmair-Gymnasiums
Şumuleu Ciuc, CSM Schomlenberg, Csíki Székely Múzeum/Museum der Szekler im Komitat
        Csík
Târgu Mureş, SJAN Neumarkt am Mieresch, Direcţia Judeţeană Mureş a Arhivelor Naţionale
        ale României/Staatsarchiv Neumarkt am Mieresch
Târgu Mureş, BTB Neumarkt am Mieresch, Biblioteca Teleki-Bolyai/
        Teleki-Bolyai-Bibliothek
Vorau, StiB   Vorau, Stiftsbibliothek
Vaticano, ASV   Vatikan, Archivum Secretum Apostolicum Vaticanum/
        Vatikanisches Geheimarchiv
Vaticano, BAV   Vatikan, Biblioteca Apostolica Vaticana
Venezia, BNM   Venedig, Bibliotheca Nationale Marciana/Markusbibliothek
Veszprém, ML   Wesprim, Veszprém Megyei Levéltár/Komitatsarchiv
Wien, OeStA   Wien, Österreichisches Staatsarchiv
Wien, ÖNB   Wien, Österreichische Nationalbibliothek
Wien, BDK   Wien, Bibliothek des Dominikanerkonvents

Wien, BSS	Bibliothek des Schottenstifts
Wrocław, UB	Breslau, Biblioteka Uniwersytecka/Universitätsbibliothek
Wrocław, OS	Breslau, Zakład Narodowy im. Ossolińskich/ Bibliothek des Nationalinstituts Ossolineum
Žilina, MA	Sillein, Mestskýarchív v Žiline/Stadtarchiv
Zürich, ZB	Zürich, Zentralbibliothek

B. Handschriftenkataloge, Regesten- und Urkundenbücher

Bartoniek	E. Bartoniek, Codices manu scripti latini 1: Codices latini medii aevi (A Magyar Nemzeti Múzeum Országos Széchényi Könyvtárának címjegyzéke 12), 1940.
BR1	A. Berger, Urkunden-Regesten aus dem Archiv der Stadt Bistritz in Siebenbürgen. 1203–1570, aus dem Nachlass hg. v. E. Wagner, Bd. 1, 1986.
BR2	A. Berger, Urkunden-Regesten aus dem Archiv der Stadt Bistritz in Siebenbürgen. 1203–1570, aus dem Nachlass hg. v. E. Wagner, Bd. 2, 1986.
DHA	Diplomata Hungariae antiquissima. Accedut epistolae et acta ad historiam Hungariae pertinentia, hg. v. Gy. Györffy, Bd. I, 1000–1131, 1992.
DIR, C	Documente privind istoria României (Documenta Romaniae Historica). Seria C: Transilvania, hg. v. M. Roller, 1951.
Elenchus	Elenchus Fontium Historiae Urbanae III/2. Quem ebendum curavit András Kubinyi, hg. v. M. Jánosi u. a., 1997.
Fejér, 1829	Codex diplomaticus Hungariae ecclesiasticus ac civilis, hg. v. Gy. Fejér, 1829.
Házi	J. Házi, Sopron szabad királyi város története, Bd. 1,1–2,6, 1921–1943.
Jugăreanu	V. Jugăreanu, Catalogul Colecţiei de incunabule, 1969.
MBKÖ	Mittelalterliche Bibliothekskataloge Österreichs, hg. v. d. Österreichischen Akademie der Wissenschaften in Wien, 1915–1971.
PRT	A pannonhalmi Szent-Benedek-Rend története, hg. v. L. Erdélyi/ P. Sörös. I–XII/B, 1902–1916.
Szentiványi	R. Szentiványi, Catalogus concinnus librorum manuscriptorum Bibliothecae Batthyányanae, ⁴1958.
Urk.	Urkundenbuch zur Geschichte der Deutschen in Siebenbürgen, hg. v. F. Zimmermann u. a., 1892–1991. [Abkürzung wird nur im Fließtext verwendet].

C. Lexika, Zeitschriften und Reihen

ADB	Allgemeine Deutsche Biographie
Arch.	Siebenbürgisches Archiv
AVSL	Archiv des Vereins für siebenbürgische Landeskunde
BBKL	Biographisch-Bibliographisches Kirchenlexikon, hg. v. F. W. Bautz und T. Bautz, 14 Bde, 1975–1998.
BLGS	Biographisches Lexikon zur Geschichte Südosteuropas, hg. v. M. Bernath, 4 Bde, 1974–1981.
DVjs	Deutsche Vierteljahresschrift für Literaturwissenschaft und Geistesgeschichte
GRM	Germanisch-romanische Monatsschrift
KASL	Korrespondenzblatt des Arbeitskreises für siebenbürgische Landeskunde
²Killy	Killy Literaturlexikon. Autoren und Werke des deutschsprachigen Kulturraumes, 2. Aufl., hg. v. W. Kühlmann, 12 Bde, 2008–2011.
KVSL	Korrespondenzblatt des Vereins für siebenbürgische Landeskunde
LexMA	Lexikon des Mittelalters, hg. v. N. Angermann u. a., 9 Bde, 1980–1998.
MAMűL	Magyar művelődéstörténeti lexikon. Középkor és kora újkor, hg. v. P. Kőszeghy, 14 Bde, 2003–2014.
MGH	Monumenta Germaniae Historica
MIÖG	Mitteilungen des Instituts für Österreichische Geschichtsforschung
MTU	Münchner Texte und Untersuchungen zur deutschen Literatur des Mittelalters
NDB	Neue Deutsche Biographie
PBB	Beiträge zur Geschichte der deutschen Sprache und Literatur
RAG	Repertorium Academicum Germanicum, URL: http://www.rag-online.org.
⁴RGG	Religion in Geschichte und Gegenwart. Handwörterbuch für Theologie und Religionswissenschaft, 4. Aufl., hg. v. H. D. Betz u. a., 8 Bde, 1998–2007.
TRE	Theologische Realenzyklopädie, hg. v. G. Müller u. a., 36 Bde, 1976–2004.
²VL	Die deutsche Literatur des Mittelalters. Verfasserlexikon, 2. Aufl., hg. v. K. Ruh u. a., 14 Bde, 1978–2008.
VL Hum	Deutscher Humanismus 1480–1520. Verfasserlexikon, hg. v. F. J. Worstbrock, 2 Bde, 2008–2013.
ZfdA	Zeitschrift für deutsches Altertum und deutsche Literatur
ZfdPh	Zeitschrift für deutsche Philologie
ZfSL	Zeitschrift für Siebenbürgische Landeskunde

Übersicht über die ungarischen Herrscher

(Großfürsten, ab 1000/01 Könige)

	Dt. Herrschername	Ung. Herrschername	Geschlecht
um 970–997	Géza	Géza	Arpaden
997–1038	Stephan I. der Heilige	I. (Szent) István	Arpaden
1038–1041	Peter Orseolo	Orseolo Péter	Orseolo
1041–1044	Sámuel Aba	Aba Sámuel	Aba
1044–1046	Peter Orseolo	Orseolo Péter	Orseolo
1046–1060	Andreas I.	I. András/Endre	Arpaden
1060/61–1063	Béla I.	I. Béla	Arpaden
1063–1074	Salomon	Salamon	Arpaden
1074–1077	Géza I.	I. Géza	Arpaden
1077–1095	Ladislaus I. der Heilige	I. (Szent) László	Arpaden
1095–1116	Koloman	Kálmán	Arpaden
1116–1131	Stephan II.	II. István	Arpaden
1131–1141	Béla II. der Blinde	II. (Vak) Béla	Arpaden
1141–1162	Géza II.	II. Géza	Arpaden
1161–1172	Stephan III.	III. István	Arpaden
1162–1163	Ladislaus II.	II. László	Arpaden
1163	Stephan IV.	IV. István	Arpaden
1172–1196	Béla III.	III. Béla	Arpaden
1196–1204	Emmerich	Imre	Arpaden
1204–1205	Ladislaus III.	III. László	Arpaden
1205–1235	Andreas II.	II. András	Arpaden
1235–1270	Béla IV.	IV. Béla	Arpaden
1270–1272	Stephan V.	V. István	Arpaden
1272–1290	Ladislaus IV. der Kumane	IV. (Kun) László	Arpaden
1290–1301	Andreas III.	III. András	Arpaden
1301–1304/05	Wenzel v. Böhmen (Ladislaus V.)	Vencel/László	Přemysliden
1305–1307/12	Otto von Bayern (Bela V.)	Ottó/V. Béla	Wittelsbacher
1308/10–1342	Karl I.	I. Károly Róbert	Anjou
1342–1382	Ludwig I. der Große	I. (Nagy) Lajos	Anjou
1382–1395	Maria	Mária	Anjou
1385–1386	Karl II. der Kleine	II. (Kis) Károly	Anjou
1387–1437	Sigismund	Zsigmond	Luxemburger
1437/38–1439	Albrecht	Albert	Habsburger
1440–1444	Ladislaus I. Jagiello	I. Ulászló	Jagellionen
1440/44–1457	Ladislaus V. Postumus	V. László	Habsburger
1458–1490	Matthias Corvinus	Hunyadi Mátyás	Hunyadi
1490–1516	Ladislaus II. Jagiello	II. Ulászló	Jagellionen
1516–1526	Ludwig II.	II. Lajos	Jagellionen

Glossar der Ortsnamen

Das Glossar gibt zu den gebräuchlichen ung., rum., slavischen, lat. oder älteren dt. Namensformen die dt. Namensform an, unter der der Ort verzeichnet ist. Orte, für die nur eine Namensform belegt ist, sind in dieses Verzeichnis nicht aufgenommen.

A. Teilband Ungarn

Alba Regalia/Regia – Stuhlweißenburg
Bátaszék – Badeseck
Bernaw – Pernau
Buda – Ofen
Buda-Felhévíz – Ofen-Aigen
Budaszentlőrinc – Ofen-St. Lorenz
Celldömölk – Kleinmariazell
Csepreg – Tschapring
Debrecen – Debrezin
Eger – Erlau
Ercsi – Ertsching an der Donau
Esztergom – Gran
Felsőtárkány – Feltarkan
Győr – Raab
Insula Thomae – Ertsching an der Donau
Kalocsa – Kollotschau
Kalotscha – Kollotschau
Kew – Kö
Kő – Kö
Kőszeg – Güns
Leveld – Waschludt
Lövöld – Waschludt
Mohács – Mohatsch
Magyaróvár – Ungarisch-Altenburg
Nagyvázsony – Großwaschon
Óbuda – Altofen (→ Ofen)
Pannonhalma – Martinsberg
Pásztó – Pastuch
Pécs – Fünfkirchen
Pécsvárad – Petschwar
Pest – Ofen bzw. Pest (→ Ofen)
Pornó – Pernau
Sopron – Ödenburg
Sopronbánfalva – Ödenburg-Wandorf
Strigonium – Gran
Székesfehérvár – Stuhlweißenburg
Szentgotthárd – St. Gotthard
Thul – Titel
Tutel – Titel
Vác – Waitzen
Városlőd – Waschludt
Veszprém – Wesprim
Visegrád – Plintenburg
Weißbrunn – Wesprim
Zalavár – Mosaburg

B. Teilband Rumänien

Agnita – Agnetheln
Aiud – Straßburg am Marosch
Alba ecclesia – Weißkirch
Alba Iulia – Weißenburg
Albeşti – Weißkirch
Alţina – Alzen
Alvinc – Winz
Archita – Arkeden
Aţel – Hetzeldorf
Băgaciu – Bogeschdorf
Bălcaciu – Bulkesch
Barcarozsnyó – Rosenau
Bazna/Bázna – Baaßen
Berethalom – Birthälm
Beszterce – Bistritz
Biertan – Birthälm
Bistriţa – Bistritz
Bod – Brenndorf
Bolkács – Bulkesch

Borberek – Burgberg
Botfalu – Brenndorf
Bozna – Baaßen
Brașov/Brassó – Kronstadt
Brateiu – Pretai
Brigondorf – Brenndorf
Budacul de Jos – Deutsch-Budak
Bulci/Bulcs – Bultsch
Bunești – Bodendorf
Buzu – Bußd bei Mediasch
Cârța – Kerz
Castrum Aranyaswar – Burgberg
Cața – Katzendorf
Cenad – Tschanad
Centumcollis – Hundertbücheln
Chizdul Săsesc – Keisd
Cibinum – Hermannstadt
Cincu – Großschenk
Cisnădie – Heltau
Cisnădioara – Michelsberg
Cluj-Mănăștur – Klausenburg-Appesdorf
Cluj-Napoca – Klausenburg
Cojocna – Kolosch
Copșa Mare – Großkopisch
Corona – Kronstadt
Crainimăt – Baierdorf
Cristian – Neustadt
Csanád – Tschanad
Csíksomlyó – Schomlenberg
Daia – Denndorf
Drăușeni – Draas
Dej – Desch
Dellendorf – Denndorf
Dés – Desch
Désakna – Salzdorf
Dobârca/Doborka – Dobring
Draoș – Draas
Ecél – Hetzeldorf
Egres – Egresch
Erked – Arkeden
Făgăraș – Fogarasch
Fehéregyháza – Weißkirch
Feldioara – Marienburg im Burzenland
Fogaras – Fogarasch
Forum Ruthenorum – Reußmarkt
Gârbova – Urwegen

Ghimbav – Weidenbach
Großschelken – Schelk
Großwardein – Wardein
Gușterița – Hammersdorf
Gyulafehérvár – Weißenburg
Hărman – Honigberg
Holcmány – Holzmengen
Homoróddaróc – Draas
Hozman – Holzmengen
Hunedoara – Eisenmarkt
Iacheșdorf – Jakobsdorf
Iacobeni – Jakobsdorf
Ighiu – Krapundorf
Igriș – Egresch
Jakabfalva – Jakobsdorf
Jidvei – Seiden
Kaca – Katzendorf
Karlsburg – Weißenburg
Keménynagyszőlős – Großalisch
Kerc – Kerz
Királynémeti – Baierdorf
Kisdisznód – Michelsberg
Kisselyk – Kleinschelken
Kloosmarkt – Kolosch
Kolozs – Kolosch
Kolozsmonostor – Klausenburg-Appesdorf
Laslea – Großlasseln
Magaré – Magarei
Marktschelken – Schelk
Medgyes – Mediasch
Mediaș – Mediasch
Mercheașa – Streitfort
Miercurea Ciuc-Șumuleu – Schomlenberg
Miercurea Sibiului – Reußmarkt
Mirkvásár – Streitfort
Moldovenești – Burgberg
Mons Mellis – Honigberg
Mons Mariae – Pretai
Mons Sancti Michaelis – Michelsberg
Mons Sancti Petri – Petersberg
Moșna – Meschen
Movile – Hundertbücheln
Muzsna – Meschen
Nagybaromlak – Wurmloch
Nagycsűr – Großscheuern
Nagydisznód – Heltau

Glossar der Ortsnamen

Nagyenyed – Straßburg am Marosch
Nagykapus – Großkopisch
Nagyekemező – Großprobstdorf
Nagysink – Großschenk
Nagyszeben – Hermannstadt
Nagyvárad – Großwardein (→ Wardein)
Nou – Neudorf bei Hermannstadt
Oradea – Großwardein
Orăştie – Broos
Orbó – Urwegen
Pelişor – Magarei
Prázsmár – Tartlau
Prejmer – Tartlau
Prengendorf – Brenndorf
Radna – Rodenau
Râşnov – Rosenau
Rimetea – Eisenburg
Rodna – Rodenau
Romos – Rumes
Roşia – Rothberg
Rotbav – Rothbach
Salinopolis – Thorenburg
Sálya – Schaal
Salzgrub – Kolosch
Sanctus Vincentius – Winz
Sânpetru – Petersberg
Şard – Schard bei Weißenburg
Saschiz – Keisd
Sebeş – Mühlbach
Segesvár – Schäßburg
Şeica Mare – Schelk
Şeica Mică – Kleinschelken
Seleuş – Großalisch
Sibiu – Hermannstadt
Sighişoara – Schäßburg
Şoala – Schaal
Stejărişu – Probstdorf
Suceava – Sutschawa
Şura Mare – Großscheuern
Szászbogács – Bogeschdorf
Szászbuda – Bodendorf
Szászbudak – Deutsch-Budak
Szászbuzd – Bußd bei Mediasch
Szászdálya – Denndorf

Szászhalom – Hundertbücheln
Szászhermány – Honigberg
Szászkézd – Keisd
Szászsebes – Mühlbach
Szászszentlászló – Großlasseln
Szászváros – Broos
Szatmár – Sathmar
Szeben – Hermannstadt
Szentágota – Agnetheln
Szentpéter – Petersberg
Szerdahely – Reußmarkt
Târgovişte – Tergowisch
Târnava – Großprobstdorf
Tărpiu – Treppen
Teaca – Tekendorf
Teliu – Kreuzburg
Temesvár – Temeswar
Timişoara – Temeswar
Torda – Thorenburg
Torockó – Eisenburg
Trăscău – Eisenburg
Turda – Thorenburg
Turuskou – Eisenburg
Vajdahunyad – Eisenmarkt
Valchid – Waldhütten
Valea Viilor – Wurmloch
Válhíd – Waldhütten
Várad – Wardein
Varfalău – Burgberg
Várfalva – Burgberg
Veresmart – Rothbach bzw. Rothberg
Villa Echelini – Hetzeldorf
Villa Felium – Katzendorf
Villa Humberti – Hammersdorf
Villa Jacobi – Jakobsdorf
Villa Ruetel – Heltau
Villa Salchelk – Kleinschelken
Vingard – Weingartskirchen
Vinţu de Jos – Winz
Vurpăr – Burgberg
Weresmarth – Rothbach
Winzendorf – Winz
Zalatna/Zlatna – Kleinschlatten

Ungarn

Badeseck (**Bátaszék**)

Zisterzienser (später: Benediktiner) von Cikádor (Szék/Zeek)

Patr.: Hl. Maria. — 1142–1421 bzw. bis 1478

Geschichte. Auf Initiative König Gézas II. wurde im Jahr 1142 Cikádor als erstes Zisterzienserkloster in Ungarn gegründet und von Mönchen aus Heiligenkreuz besiedelt. Bis ins 14. Jh. ist belegt, dass Cikádor seinen Nachwuchs weiterhin aus Heiligenkreuz bezog. Das Kloster erfuhr verschiedene Schenkungen und Begünstigungen durch die ung. Krone. In seinem Visitationsbericht von 1357 beschreibt Seifrid von Rein das Kloster als vernachlässigt; bald darauf kommt es wegen der Veruntreuung von Geldern und nicht legalisierten Verkäufen zu Konflikten im Kloster. Von 1365 bis 1367 übernimmt der Mönch Friedrich aus Österreich das Regiment für den korrupten Abt Andreas. Schließlich greift König Sigismund ein. Die Ursache der Missstände sieht er darin begründet, dass die Äbte des Klosters oft *extranearum nationum* seien und das Gesetz und die Bräuche des Landes (*regni nostri*) nicht beachteten (Hervay, S. 85). Unter Abt Emmerich von St. Gregor (1421–54) wurde das Kloster dem Benediktinerorden überantwortet und im März 1457 gab Papst Calixt III. dem Antrag Ladislaus' V. statt, das Kloster mit der Gemeinde → Ofen zusammenzuschließen und in ein Kollegiatskapitel umzuwandeln. Dies wurde allerdings nie durchgeführt, ebenso wenig wie die Rückgabe des Klosters an den Zisterzienserorden, die im September 1457 vom Generalkapitel beschlossen wurde. Nach 1478 ist Cikádor nicht mehr erwähnt.

Überlieferung. Die Bibliothek des Klosters ist nicht erhalten; allerdings sind einige Urkunden und Briefe aus Cikádor überliefert, aus den Jahren 1193 bis 1465 (vgl. Tomann, S. 173–178; Hervay, S. 86).

Literatur. M. Tomann, Cikádor, die erste Zisterzienserabtei in Ungarn, Analecta Cisterciensia 38 (1982), S. 166–180; F. L. Hervay, Repertorium Historicum Ordinis Cisterciensis in Hungaria, 1984, S. 83–89; 800 Jahre Zisterzienser im Pannonischen Raum, hg. v. J. Perschy, 1996; I. Valter, Die Erforschung der ungarischen Zisterzienserklöster unter besonderer Berücksichtigung der Abtei Cikádor, Beiträge zur Mittelalter-Archäologie in Österreich 12 (1996), S. 227–237; H. J. Ollig, Cikádor, erste ungarische Zisterzienserabtei, Unsere liebe Frau von Himmerod 71/4 (2001), http://www.cistopedia.org/index.php?id=2709 (27.7.2012).

Cora Dietl

Bakonybél

Benediktiner

Patr.: Hl. Mauritius — gegr.: 1018

Geschichte. Angeblich von Gunther von Niederaltaich (ca. 955–1045) soll das Kloster in B. auf dem Grund eines königlichen Herrenhofs im Jahr 1018 gegründet worden sein (Lang, S. 38f.). Gunther war Sohn des Reichsgrafen von Käfernburg (wohl einem Verwandten der Königin Gisela oder aber des Géza I.), der in Niederaltaich in den Benediktinerorden eingetreten war und sich 1008 in ein streng asketisches Einsiedlerleben im Bayerischen Wald zurückgezogen hatte (Struve, Sp. 1793), aber auch einige Zeit in einer Einsiedelei in Borostyánkút bei B. weilte (Sólymos, S. 593). In das Kloster zog sich in den 1020er Jahren der Hl. Gerhard zurück (Silagi, S. 636) und wurde von hier aus 1030 zum Bischof von Tschanad berufen.

Um 1280 brannte die Abtei mitsamt der Bibliothek aus; zudem verlor das Kloster nach dem Tod von Andreas III. weitgehend seine Selbstständigkeit und wurde der Krone unterstellt. Nachdem es zwischen 1330 und 1354 neue Privilegien durch den König und v. a. den Papst erhalten hatte, schloss es sich der Union der Abteien → Martinsberg, Somogyvár und Zalavár an; 1516 wurde es Martinsberg unterstellt.

Gründungsurkunde. Der vollständige Text der Gründungsurkunde (angeblich 1037 vom Hl. Stephan verfasst) ist in einer 1330 von König Karl I. in Auftrag gegebenen Abschrift überliefert, die im Archiv der Territorialabtei Martinsberg aufbewahrt wird. Demnach befreite König Stephan I. das Kloster von bischöflicher Gerichtsbarkeit, versah es mit Gütern und Privilegien und machte es vom bischöflichen und königlichen Einfluss unabhängig. Dem Kloster wurden u. a. die freie Abtwahl und der Bau von Kapellen und Oratorien in seinem Territorium gewährt. Zwischen 1230 und 1240 wurde die Urkunde durch Passagen aus der päpstlichen Bulle Gregors IX. ergänzt.

Überlieferung. Ein Vermögens- und Buchverzeichnis des Klosters B., das auf das Jahr 1086 datiert ist und von Ladislaus in Auftrag gegeben worden sein soll, zudem drei Erweiterungen im 12. und 13. Jh. erfahren hat (aufbewahrt im Territorialabteiarchiv von Martinsberg), ist in seiner Authentizität umstritten. Es verzeichnet drei Evangeliare und summarisch 84 weitere Bände (vgl. Bánhegyi, S. 598; Csapodi, S. 11). Im Jahr 1440 sind erneut zwei Missalen und zwei Psalterien aus B. erwähnt (Csapodi, S. 93). Glaubwürdiger, wenngleich nicht auf Vollständigkeit angelegt, ist das Visitationsprotokoll des Klosters von 1508 (Budapest, MOL, DI 21890/1-2, vgl. Csapodi, S. 232). In ihm wird ein Evangelistar erwähnt, von dem es heißt, es habe ursprünglich Gisela gehört. Weiterhin genannt sind je ein zweibändiges Exemplar der ‚Sermones discipuli' des Nürnberger Dominikaners Johannes Herolt, daneben 16 weitere theologische und liturgische Handschriften und *libri vetusti multi*. Unter den ebenfalls benannten Druckschriften des Klosters sind die Chronik des Thurocz und die bei Andreas Hess in → Ofen gedruckte ‚Chronica Hungarorum' zu erwähnen (Sarbak, S. 213f.). Nach dem Brand der Abtei um 1280 sind nur noch 21 authentische Urkunden aus B. aus der Arpadenzeit erhalten.

Ausgabe. Vita Guntheri eremitae, MGH SS 11, S. 276–279.

Literatur. Cs. Csapodi/K. Csapodiné Gárdonyi, Bibliotheca Hungarica. Kódexek és nyomtatott könyvek Magyarországon 1526 előtt, Bd. 1, 1988; Bd. 3, 1994. — P. Sörös, A bakonybéli apátság története, 1903; G. Lang, Der selige Gunther der Eremit, 1948; T. Struve, Gunther, Eremit, LexMA, Bd. 4, 1989, Sp. 1793; M. Vogelhuber, Eremiten, Inklusen und Wanderprediger im Mittelalter, 1994; G. Silagi, Bischof Gerhard von Csanád, in: Europas Mitte um 1000, hg. v. A. Wieczorek/H.-M. Hinz, 2000, Bd. 2, S. 636f.; Cs. D. Veress, Bakonybél története, 2000; M. Bánhegyi OSB, Hungarian Benedictine Libraries in the Middle Ages, in: Paradisum plantavit. Benedictine Monasteries in Medieval Hungary, hg. v. I. Takács, 2001, S. 598–601; A Béli Szent Mauríciusz Monostor története 1018–1998, hg. v. D. Kiss, 2002; G. Sarbak, Über das mittelalterliche Bibliothekswesen der Benediktiner in Ungarn, in: The Development of Literate Mentalities in East Central Europe, hg. v. A. Adamska/M. Mostert, 2004, S. 199–213.

Gyöngyi Sándor/Cora Dietl

Bélapátfalva

Zisterzienser von Bélháromkút (Trium Fontium/Beel)

Patr.: Hl. Maria. — 1232–ca. 1534

Geschichte. Kilit II., Bischof von Erlau, gründete 1232 das Kloster in Bélháromkút. Es sollte das Kloster seiner Familie (der Familie Bél) werden und wurde aus → Pilis besiedelt. Nach der Zerstörung des noch nicht fertig gestellten Klosters durch die Mongolen 1241 unterstand das fast entvölkerte Kloster zunächst dem Abt von Pilis. Durch Stiftungen und die Erteilung von Privilegien durch die Könige Ludwig I. und Sigismund gelangte es allmählich zu einem gewissen Wohlstand. Im lat. Visitationsbericht des Heinrich Waldstein aus Rein aus dem Jahr 1357 sind allerdings noch karge Zustände im Kloster vermerkt (Rostás, S. 15). Aus dem Jahr 1486 ist dokumentiert, dass einige Mönche, die aus dt. Klöstern nach Trium Fontium gekommen waren, Konflikte verursachten, da sie mit Gewalt eine Klosterreform durchzuführen versuchten (HERVAY, S. 57). Anschließend wurde das Kloster dem Bischof von → Erlau und späteren Erzbischof von → Gran, Thomas Bakócz, unterstellt, der 1495 Magister Paul von Werebél als Aufseher bestellte. Das Kloster blieb bis zur Reformation bestehen.

Über die Pflege der Wissenschaft im Kloster ist wenig bekannt. Die Bibliothek umfasste laut Inventar aus dem Jahr 1509 insgesamt 85 *libri communes* (HERVAY, S. 58). Der einzige Abt, für den ein Universitätsstudium belegt ist, ist Helias (1438–48), der spätere Bischof von Tripolis, der sich am 13.10.1438 am Generalstudium in Wien eingeschrieben hatte.

Überlieferung. Insgesamt 20 Briefe aus der Zeit zwischen 1359 und 1518, welche das Kloster betreffen, sind erhalten, davon zwei von Äbten des Klosters (HERVAY, S. 59). Die im Inventar des Klosters von 1509 (NYÁRY, S. 152) erwähnten Bücher sind nicht erhalten.

Literatur. A. NYÁRY, Registrum seu Inventarium omnium rerum existentium in domini Episcopatus Agriensis etc., Archaeológiai Közlemények 7 (1868), S. 150–155; F. L. HERVAY, Repertorium Historicum Ordinis Cisterciensis in Hungaria, 1984, S. 53–62; I. VALTER, Die Erforschung der ungarischen Zisterzienserklöster unter besonderer Berücksichtigung der Abtei Cikador, Beiträge zur Mittelalter-Archäologie in Österreich 12 (1996), S. 227 237; T. ROSTÁS, Bélapátfalva, ciszterci apátsági templom, in: Magyarország műemlékjegyzéke. Heves megye, hg. v. I. BARDOLY/A. HARIS, 2005. S. 15.

CORA DIETL

Boldva

Benediktiner

Patr.: Hl. Johannes. — 1175/80–1285

Geschichte. Im ‚Sacramentarium Boldvense' ist die dem Hl. Johannes dem Täufer geweihte Benediktinerabtei B. zum ersten Mal erwähnt. Dort heißt es, sie sei im Jahr 1203 abgebrannt. Die Abtei wurde wahrscheinlich zwischen 1175 und 1180 errichtet, wohl im Auftrag König Bélas III. Das nach dem Brand bis spätestens 1270 wieder aufgebaute Kloster brannte 1285 erneut nieder, als im Zuge des zweiten Mongolenzuges die Siedlung B. komplett zerstört wurde. Die Benediktinerabtei war damit endgültig aufgelöst.

Autoren/Werke. Eine als ‚Codex Pray' bzw. ‚Prayanus' oder auch ‚Sacramentarium Boldvense' bezeichnete Hs. (Budapest, OSZK, MNY 1) wurde wohl Ende des 12. Jh.s im Kloster B. angelegt, von wo aus der Codex im Jahr 1228 ins Benediktinerkloster in Deák (SK) gelangte. Auf fol. 10^v befindet sich, eingetragen in die Marginalie neben der ‚Vita regum ungarorum', ein Hinweis auf die Einweihung der Kirche in Deák im Jahr 1228 (vgl. BARTONIEK, S. 3). Noch im 13. Jh. gelangte der Codex ins Kollegiatskapitel in Pressburg (SK) (hier wurde eine lat. Elisabeth-Legende aus dem 15. Jh. eingebunden, fol. 1^v–7^r) und von dort aus 1813 in die Ung. Nationalbibliothek. Er enthält zwei zwischen 1192 und 1195 entstandene Texte, die als die ältesten erhaltenen ung. und wohl auch die ältesten finnougrischen Schriftzeugnisse gelten: die ung. Übersetzung eines ‚Sermo super sepulchrum' (fol. 136^r, 26 Zeilen) sowie eine ung. Fürbitte (‚Oratio', fol. 134^r, 6 Zeilen). Die Wurzeln des ‚Sermo' sind im sächs. Kulturkreis (Magdeburg) zu suchen. Zudem enthält der Codex den ‚Micrologus' des Bernold von Konstanz (fol. v–xxvi^v), Alkuins ‚Pippini regalis et nobilissimi iuvenis disputatio cum Albino' (fol. 16^{r-v}) sowie das älteste Textzeugnis einer Osterfeier bzw. eines Osterspiels aus Ungarn, ‚Exultet iam angelica turba' (fol. xxviii^v–1^r), dessen Struktur laut LIPPHARDT „fast genau" der ‚Visitatio Sepulchri' von Speyer entspreche (LIPPHARDT, S. 378).

Literatur. A. BARTONIEK, Codices latini medii aevi, 1940, S. 1–7; W. LIPPHARDT, Lateinische Osterfeiern und

Osterspiele, Teil 7, hg. v. H.-G. ROLOFF, 1990; Boldva, református templom, hg. v. I. ÉRI, 1991; Boldva története a kezdetektől 1919-ig: szélhajtotta, szakadt lapok egy történelemkönyvből, hg. v. J. KABDEBON/Z. TÖLTÉSSY, 2011.

GYÖNGYI SÁNDOR/CORA DIETL

Csatár

Benediktiner

Patr.: Hl. Peter. — gegr.: um 1138

Geschichte. Die ung. Adelsfamilie Gutkeled gründete das Hauskloster St. Peter im heutigen Komitat Zala in der Nähe von C. Es wurde für kurze Zeit mit notariellen Funktionen beauftragt. Im 16. Jh. wurde das Kloster befestigt, bevor es noch vor 1600 zerstört wurde. Heute markiert eine Säule den ehemaligen Standort.

Autoren/Werke. Die etwa 1140/50 in Salzburg (AT) entstandene zweibändige, in lat. Sprache geschriebene ‚Admonter Riesenbibel' (Wien, ÖNB, Cod. Ser. n. 2701–2702) zählt zu der Gruppe der romanischen Riesenbibeln, die ab dem Hochmittelalter nördlich der Alpen nach ital. Beispiel meist für den Export hergestellt wurden. Kurz nach ihrer Fertigstellung kam die Bibel nach Ungarn in das Benediktinerkloster St. Peter, vermutlich als Geschenk des Grafen Martin von Zala an die von ihm gestiftete Abtei. Der erste Band der Bibel enthält auf 262 Bll. die Bücher Genesis bis Hiob; Band zwei umfasst die Texte von den Psalmen bis zur Offenbarung des Johannes. Vermutlich wurde sie von lediglich einem Schreiber geschrieben, die Miniaturen der reichen Verzierung stammen dagegen nach BUBERL von vier Händen. Kurz nach der Abschrift wurde die Bibel redaktionell überarbeitet und erfuhr massive Eingriffe in den Text. Durch ihre liturgische Verwendung weist die Handschrift starke Gebrauchsspuren auf. An verschiedenen Stellen im Codex finden sich Hinweise darauf, dass sich die Handschrift im 12./13. Jh. im Besitz des Klosters befand: Bd. 1, fol. 52^r: Abschrift von Stiftungsurkunden an das Kloster aus dem Jahr 1138 (MAZAL, S. 361); Bd. 1, fol. 3^v oben: Schenkung von Naturalien an das Kloster C. im 13. Jh. (MAZAL, S. 359). Die Bibel wurde 1263 von den Gutkeleds bei einem → Eisenburger (RO) Händler namens Farkas verpfändet, in dessen Besitz sie zunächst blieb (Bd. 1, fol. 3^r; vgl. KÓKAY, S. 11; MAZAL, S. 359). Im 15. Jh. wurde sie Eigentum des steirischen Benediktinerklosters Admont.

Ausgabe. Die Admonter Riesenbibel, Wien ÖNB Cod. Ser. N. 2701–2702, hg. v. A. FINGERNAGEL, 2001.

Literatur. P. BUBERL, Die illuminierten Handschriften in Steiermark, 1. Teil, Die Stiftsbibliotheken zu Admont und Vorau, 1911; O. MAZAL/F. UNTERKIRCHER, Katalog der abendländischen Handschriften der Österreichischen Nationalbibliothek, *Series nova*, Teil 2: Cod. Ser. n. 1601–3200, 1963. — H. SWARZENSKI, Two unnoticed Leaves from Admont Bible, Scriptorium 10 (1956), S. 94–96; GY. KÓKAY, Geschichte des Buchhandels in Ungarn, 1990.

ANNA-LENA LIEBERMANN

Debrezin (**Debrecen**)

Geschichte. Im zwischen 1208 und 1235 angelegten ‚Regestrum Varadiense' wird D. als *villa Debrezun* erstmals erwähnt. Einen bedeutenden siedlungsgeschichtlichen Aufschwung erfuhr D. ab dem frühen 14. Jh. durch den Zusammenschluss des heutigen Stadtkerns um die Hauptkirche mit der Ortschaft *villa Sancti Ladislai* (BURSE, S. 31). Wohl zeitgleich, unter Dózsa Debreceni (Grundherr, 1318–21 siebenb. Woiwode und ab 1322 Palatin), setzten erste wirtschaftspolitische Erfolge ein. Trotz der unanfechtbaren Vormachtstellung des nahegelegenen Bistums von → Wardein (RO) erhielt D. 1405 das Privileg, den Gewohnheiten der Stadt → Ofen entsprechend eine „Selbstverwaltung deutschen Vorbild[s]" (BURSE, S. 42) umzusetzen. Matthias Corvinus versah D. u. a. 1477 und 1484 mit weiteren Privilegien.

Überlieferung. Zu den mittelalterlichen Archivalien der Stadt siehe die von HERPAY gesammelten Regesten von rund 300 Urkunden aus den Jahren 1294 bis 1526, die derzeit im Archiv des Komitats Hajdú-Bihar verwahrt werden.

Literatur. G. HERPAY, Debrecen szab. kir. város levéltára diplomagyűjteményének regesztái, 1916; B. IVÁNYI, Debrecen és a budai jog, 1924; K. BURSE, Stadt und Gemarkung Debrezin. Siedlungsraum von Bürgern, Bauern und Hirten im ungarischen Tiefland, 1942.

MARY-JANE WÜRKER

Zunftwesen

Die Entwicklung des D.er Zunftwesens lässt sich, wie auch in weiteren Städten des mittelalterlichen Königreichs Ungarns, mit dem Einfluss der privilegierten *hospites* in Verbindung bringen (vgl. BURSE, S. 41f.). Nachdem ihnen 1405 durch königliches Privileg die gleichen Rechte übertragen worden waren wie den *hospites* in → Ofen, schloss sich D. auch in der Ausbildung der städtischen Zünfte dem Ofener Vorbild an. So wandte sich die D.er Schneiderzunft 1479 an den Rat der Stadt → Ofen und bat um Mitteilung der dortigen Zunftregeln. Im Jahr 1512 übernahmen die Fleischer die Regeln der → Ofener Fleischerzunft (vgl. GÖNCZI, S. 80).

Literatur. B. IVÁNYI, Debrecen és a budai jog, 1924; K. BURSE, Stadt und Gemarkung Debrezin. Siedlungsraum von Bürgern, Bauern und Hirten im ungarischen Tiefland, 1942; K. GÖNCZI, Die Bedeutung des Ofener Stadtrechts, in: Ungarisches Stadtrecht aus europäischer Sicht. Die Stadtrechtsentwicklung im spätmittelalterlichen Ungarn am Beispiel Ofen, 1997, S. 74–80.

MARY-JANE WÜRKER

Erlau (**Eger**)

Inhalt. A. Bistum. B. Einzelpersonen.

Gräber und Kirchenruinen aus dem 10. Jh. lassen auf eine zentrale Funktion der frühen Siedlung schließen (vgl. FEDELES). König Stephan I. ernannte E. 1007 zum Bischofssitz (vgl. SUGÁR, S. 4). Zusätzlich zur kirchlichen und militärischen Wichtigkeit E.s wurde die Stadt zum Zentrum des kulturellen Lebens (vgl. SUGÁR, S. 4) der Region. Sie wurde jedoch 1241/42 durch die Mongolen fast zur Gänze zerstört. Erst unter König Matthias Corvinus erblühte E. im 15. Jh. wieder: Die Stadt wurde mit Mauern umgeben und die Kirche wurde zu einer Kirchenburg ausgebaut.

Literatur. I. SUGÁR, The Basilica of Eger, 1981; T. FEDELES, Art. Erlau/Eger, in: Online-Lexikon zur Kultur und Geschichte der Deutschen im östlichen Europa, 2012. URL: http://ome-lexikon.uni-oldenburg.de/57055.html (03.12.2013).

ANNA-LENA LIEBERMANN

A. Bistum

Kathedrale

Patr.: Hl. Johannes Evangelista. — gegr.: um 1007

Geschichte. König Stephan I. gründete mit seiner Ernennung E.s zum Bischofssitz das Bistum, das er mit beträchtlichen Gebieten des königlichen Besitztums ausstattete. E. war von Anfang an eines der wichtigsten Religionszentren. Die auf dem Burgberg errichtete Kathedrale wurde dem Hl. Evangelisten Johannes geweiht; hier wurde u. a. König Emmerich begraben. 1241 wurde die Kathedrale vollständig von den Mongolen zerstört.

Unter den Bischöfen von E. ist der aus Schlesien stammende Johann Beckensloer oder Beckenschlager (ca. 1435–89) zu erwähnen, der 1465 von Matthias Corvinus zum Bischof von → Wardein ernannt worden war, bevor er 1467 zum Bischof von E. und 1473 zum

Erzbischof von → Gran erhoben wurde (vgl. ZAISBERGER).

Autoren/Werke. Zwei Widmungsgedichte in der 1522 bei Hieronymus Vietor in Krakau (PL) gedruckten ‚**Vita divi Pauli primi eremitae**' des **Valentin Eck** richten sich an Angehörige des Bistums E.: an den Domherrn und Vikar Johannes Baptista Bonzagnus und an Georg Soós, Protegé des E.er Bischofs László Szalkai (1522–24). Mit seiner versifizierten Bearbeitung der vom Kirchenvater Hieronymus verfassten Legende ‚Vita sancti Pauli primi eremitae', die nachweislich nicht nur in E., sondern auch in → Ofen (Alexius Thurzó) rezipiert wurde, wollte sich Eck wohl u.a. als loyaler Bürger des Landes erweisen (vgl. GLOMSKI 2006, Sp. 596).

Literatur. F. ZAISBERGER, Johann III. Beckenschlager, NDB 10 (1974), S. 533; I. SUGÁR, The Basilica of Eger, 1981; J. GLOMSKI, Art. Valentin Eck, VL Hum 1 (2008), Sp. 589–600; D. ŠKOVIERA, Der ungarische Kontext der ‚Vita divi Pauli eremitae' von Valentius Ecchius, Acta Antiqua 49 (2009), S. 213–222; T. FEDELES, Art. Erlau/Eger, in: Online-Lexikon zur Kultur und Geschichte der Deutschen im östlichen Europa, 2012. URL: http://ome-lexikon.uni-oldenburg.de/57055.html (03.12.2013).

ANNA-LENA LIEBERMANN

B. Einzelpersonen

Thomas von Lucca

Es ist anzunehmen, dass in E. durch den Apotheker Thomas von Lucca Valentin Ecks ‚Vita divi Pauli primi eremitae' (Krakau: H. Vietor, 1522) rezipiert wurde. Dies legt das der ‚Vita' beigefügte Widmungsgedicht an den Apotheker nahe. Eine weitere Rezeption in E. (→ Kathedrale) und in → Ofen (Alexius Thurzó) ist anzunehmen (vgl. GLOMSKI, Sp. 596).

Literatur. J. GLOMSKI, Art. Valentin Eck, VL Hum 1 (2008), Sp. 589–600.

ANNA-LENA LIEBERMANN

Ertsching an der Donau
(**Ercsi**, Insula Thomae)

Cluniazenser (später andere Orden)

Patr.: Hl. Nikolaus — 1207–nach 1523

Ein *claustrum* zu E. ist 1186 erstmals erwähnt, als der Palatinus Thomas dort bestattet wird (vgl. HERVAY, S. 98). Im Jahr 1207/08 stiftete Andreas II. ein Kloster für den Cluniazenserorden in E. auf einer Donauinsel vor der Ortschaft, doch schon 1211 wurden die Mönche von dort vertrieben und der Benediktinerorden zog in E. ein. Im Jahr 1238 erklärte Papst Gregor IX. die Ansiedlung von Benediktinern in E. für gescheitert und forderte den Erzbischof von → Gran auf, das Kloster den Kartäusern zu übergeben. Nach der Zerstörung des Klosters durch die Mongolen wurde es schließlich 1253 von Papst Innozenz IV. den Zisterziensern anvertraut. Aber auch dieses Kloster bezeichnet Abt Seifrid von Rein in seinem Visitationsbericht von 1357 als gänzlich heruntergekommen (vgl. HERVAY, S. 99). Nach vergeblichen Reformversuchen (u.a. unter Abt Johannes Roseler, vor 1413) übergab Papst Sixtus IV. das Kloster 1482 den Augustinereremiten. Ludwig II. übertrug 1523 den gesamten Klosterbesitz dem Prior des Klosters und Theologiedozenten Blasius (vgl. HERVAY, S. 100).

Überlieferung. Die Bibliothek des Klosters ist verloren; allein ein Brief des Abts Gregor aus dem Jahr 1452 ist erhalten (Budapest, MOL, DL 88260). Zu den Dokumenten über das Kloster vgl. HERVAY, S. 98f.

Literatur. F. L. HERVAY, Repertorium Historicum Ordinis Cisterciensis in Hungaria, 1984, S. 98–100.

CORA DIETL

Feltarkan (**Felsőtárkány**)

Kartäuser von Tarkan (Tárkány)

Patr.: Hl. Maria — gegr.: um 1330

Geschichte. Das Kartäuserkloster Notre-Dame-du-Val-de-Secours (Vallis Auxilii), das im etwa 10 km nordöstlich von → Erlau gelegenen F. 1330–35 durch den Bischof von Erlau, Dörögdi Miklós (Nicolaus D., † 1361) erbaut worden war, wurde 1526 zusammen mit der Ortschaft durch die Osmanen zerstört.

Überlieferung. Für das Jahr 1432 ist der Verkauf von Büchern der niederösterr. Kartause Gaming nach Tarkan belegt. Daniel von Kuenheim erklärt auf den beiden Vorblättern einer heute in Berlin aufbewahrten Pergamenthandschrift einer Bibel (Berlin, SB, Ms. theol. lat. fol. 73, 15. Jh.), dass eben *diese Bibell* aus *dem zerstortenn Kloster Carkann* [lies: Tarkan] *anderthalb maill von Erlaw gelegenn* stamme und er sie am 18.10.1579 *allhie in der Moldaw* dem *Christenn Herman zur gedechtnus geschenket* habe.

Literatur. V. ROSE/F. SCHILLMANN, Verzeichnis der lateinischen Handschriften der Königl. Bibliothek zu Berlin, Bd. 2.1 u. 2.2, 1976, S. 18, Nr. 245; S. LORENZ, Ausbreitung und Studium der Kartäuser in Mitteleuropa, in: Bücher, Bibliotheken und Schriftkultur der Kartäuser, hg. v. DEMS., 2002, S. 1–19; H. M. BLÜM, Lexikalische Übersicht. Die Kartausen der vier ehemaligen deutschen Ordensprovinzen, in: Die Kartäuser. Der Orden der schweigenden Mönche, hg. v. M. ZADNIKAR/A. WIENAND, 1983, S. 288–344; A. GRUYS, Cartusiana. Un instrument heuristique, Bd. 2: Maisons, 1977, S. 366.

CLAUDIA KANZ

Fünfkirchen (**Pécs**)

Inhalt. A. Bistum. 1. Kathedrale. 2. Bischöfe. 3. Vikariatsgericht. 4. Kapitel. B. Klöster. 1. Franziskaner. 2. Karmeliter. C. Spital. D. Universität.

Bereits unter röm. Herrschaft war die Stadt unter dem Namen *Sopianae* das Verwaltungszentrum der Provinz Pannonien. Der Name *Quinque Ecclesiae* dürfte sich von den Basiliken der fünf Märtyrer, die im 3. Jh. hier beigesetzt wurden, ableiten; dieser ist auch bezeugt im Kontext der Weihe einer Kirche *ad Quinque basilicas* durch Liupram von Salzburg (AT) im 9. Jh. (ROTH/GÜNDISCH, S. 15). Stephan I. richtete hier einen Bischofssitz ein, der in der Folgezeit politisch und wirtschaftlich an Macht gewann. Die Universität der Stadt beruft sich auf eine Gründung durch König Ludwig I. den Großen 1367 und wäre damit eine der ältesten Universitäten in Mitteleuropa.

Literatur. H. ROTH/K. GÜNDISCH, Fünfkirchen/Pécs. Geschichte einer europäischen Kulturhauptstadt, 2010; T. FEDELES/L. KOSZTA, Pécs (Fünfkirchen). Das Bistum und die Bischofsstadt im Mittelalter, 2011.

GESINE MIERKE

A. Bistum

Nach erfolgreichem Feldzug gegen die ‚Schwarzen Ungarn' gründete König Stephan I. per Dekret am 23.8.1009, zeitnah zu den Gründungen der Diözesen → Kollotschau und → Erlau, das Bistum F. Dies geschah vermutlich auf der Synode zu → Raab, wie es die (allerdings nicht im Original erhaltene) Gründungsurkunde (Pécs, PPL, Df. 280 274) nahelegt. Das Patrozinium des Bistums (Hl. Petrus) sowie die 1009 erreichte Siebenzahl der Bistümer in der Kirchenprovinz hat FEDELES als eine Orientierung an Rom gedeutet; auch im ‚Libellus de institutione morum' (→ Gran) ist die Rom-Idee präsent.

Der Bischofssitz und die Schule des Kapitels waren ein wichtiges Kulturzentrum des mittelalterlichen Südungarns. Daneben war F. ein Zentrum der geistlichen Gerichtsbarkeit und Kirchenpolitik. Mindestens zwei Diözesansynoden sind in der Kathedrale von F. belegt, in den Jahren 1456 und 1515.

Literatur. Szent István, Erkölcstanító könyvecske avagy Intelmek, hg. v. L. Havas, 2004, S. VII–XCIX; P. Erdő, Kirchenrecht im mittelalterlichen Ungarn, 2005, S. 76; Geschichte Ungarns, hg. v. I. G. Tóth, 2005; J. Glomski, Patronage and Humanist Literature in the Age of the Jagiellons, 2007; T. Fedeles, Eine Bischofsresidenz in Südungarn im Mittelalter. Die Burg zu Fünfkirchen (Pécs), 2008; H. Roth/K. Gündisch, Fünfkirchen/Pécs. Geschichte einer Europäischen Kulturhauptstadt, 2010; T. Fedeles/L. Koszta, Pécs (Fünfkirchen). Das Bistum und die Bischofsstadt im Mittelalter, 2011.

Anna-Lena Liebermann

A.1 Kathedrale

Patr.: Hl. Peter — gegr.: um 1040

Der Bau der Kathedrale wurde um 1040 unter Bischof Maurus begonnen, der Unterstützung von König Peter Orseolo gehabt haben dürfte. An Ostern 1064, während des Festes zur dritten Krönung König Salomons als Besiegelung des Friedens von → Raab, zerstörte ein Feuer den Dom, den Bischofspalast und weitere Gebäude (vgl. Haas, S. 13f.). Dom und Bischofspalast wurden unter König Ladislaus I. wieder aufgebaut, es entstand eine dreischiffige romanische Pfeilerbasilika. Eine zweite Zerstörung erfolgte während des Mongolensturms 1241/42. Für den darauf folgenden Wiederaufbau gewährte Papst Clemens VI. einen Ablass. Die älteste literarische Beschreibung der Kathedrale stammt aus den in → Gran entstandenen, zwischen dem 11. und dem 13. Jh. zu datierenden ‚Gesta Hungarorum' (Budapest, OSZK, Cod. Lat. 403) des Anonymus; er berichtet über den Wiederaufbau des Doms.

Literatur. M. Haas, Gedenkbuch der königlichen freien Stadt Fünfkirchen, 1852; H. Roth/K. Gündisch, Fünfkirchen/Pécs. Geschichte einer Europäischen Kulturhauptstadt, 2010; T. Fedeles/L. Koszta, Pécs (Fünfkirchen). Das Bistum und die Bischofsstadt im Mittelalter, 2011.

Anna-Lena Liebermann

A.2 Bischöfe

Die F.er Bischöfe waren Suffraganbischöfe der Erzdiözese von → Gran und außerdem Erb-Obergespane des Komitats Baranya. Wie alle ung. Bischöfe waren sie seit dem 11. Jh. verpflichtet, die Diözese mit den notwendigen liturgischen Büchern zu versorgen, was in der Regel über die Domkapitel erfolgte. Einige der F.er Bischöfe sind darüber hinaus als Förderer von Literatur und Bildung und als Vermittler der Kultur aus dem dt.-sprachigen Raum von Bedeutung.

Der erste Bischof F.s, **(1) Bonipert** (1009–36), gilt der neueren Forschung nach als möglicher Autor des → Fürstenspiegels für Emmerich (vgl. Havas, S. VII–XCIX). Dass er Interesse an sprachlicher Bildung besaß, bezeugt er in einem Brief an Fulbert, Bischof von Chartres, in welchem er um ein Exemplar eines Handbuchs der lat. Grammatik bittet (vgl. Tóth, S. 131).

(2) Bertalan (1219–51) erlangte 1219 die Bischofswürde in F., gegen die zunächst wegen seines geringen Alters vom Konzil Einspruch erhoben wurde; die Klage wurde 1221 von Papst Honorius II. abgewiesen. Bertalan scheint sich für die Ansiedlung von Dominikanern in Ungarn eingesetzt zu haben (Koszta, S. 84). Um 1235 führte er die Eremiten, die ab 1234 in der Umgebung von F. belegt sind, zum Paulinerorden zusammen, dem er eine Kirche (St. Jacob) und angeblich 1235 eine Regel gab. Diese ist in den ‚Vitae fratrum' des Gyöngyösi (→ Ofen-St. Lorenz) wiedergegeben, vermutlich von diesem stark überarbeitet (vgl. Koszta, S. 82). Sie schreibt u. a. vor, dass sich die Mönche intensiv *studiis* widmen sollten.

(3) Wilhelms **von Koppenbach** (1361–74) Familie stammte aus Bliesgau im Saarland. Auf seine Bemühungen hin wurde die Niederlassung des → Karmeliterordens in F. genehmigt.

Zudem leistete er einen wichtigen Beitrag zur Gründung der F.er → Universität.

(4) Eberhard aus der Pfalz übernahm 1408–10 die Verwaltung des vakanten Bistums. Während seiner Verwaltungszeit wurde 1409 der Humanist Giordano Orsini vom Papst zum Kommendator des Bistums F. ernannt. Dieser sammelte 300 Handschriften, die er später der Petrusbasilika in Rom vermachte.

(5) Johannes II. von Alben (1410–21) ist ein in Meisenheim geborener Neffe Eberhards aus der Pfalz. In seinem 1433 in F. entstandenen Testament vermachte er dem Dom von F. u. a. Bücher.

(6) Heinrich von Alben (1421–44) war der jüngste Neffe Eberhards aus der Pfalz. Der Benediktiner studierte nachweisbar seit 1398 an der Artistenfakultät in Heidelberg. Eine Bischofsweihe ist nicht bezeugt. Damit die bischöflichen Aufgaben dennoch reibungslos erfüllt wurden, stand ihm ab 1423 der Karmeliter Konrad Frank aus Wien als Weihbischof zur Seite. Die Weihe → Veit Hündlers, des berühmteren F.er Karmeliters, zum Weihbischof, fällt bereits in die Zeit von Heinrichs Nachfolger. Von Heinrich stammen nicht nur reiche Stiftungen (wie die dem Hl. Mauritius, Schutzpatron der Ottonen und des Hl. Römischen Reichs, geweihte Kapelle am Dom aus dem Jahr 1428), sondern auch ein Inventar (PRT XII/B, S. 79) der Güter, Kirchengeräte und Bücher der Kathedrale (vgl. FEDELES, S. 118f.). In seinem Privatbesitz befand sich eine Hs. von Ambrosius' ,De officiis', die er aus Heidelberg mitgebracht hatte (FEDELES, S. 119, Anm. 625). Wohl noch zu Lebzeiten ließ er seine heute noch im Dom erhaltene Grabplatte anfertigen, in deren Inschrift *hic est septvltvs henricvs episcopus quinque ecclesiensis de [...] anno domini millesimo quadringetesimo* die letzte Ziffer der Jahreszahl ausgespart ist.

(7) Janus Pannonius (1459–72), der Neffe des Johannes Vitéz (→ Wardein, RO), besuchte die Domschule in Wardein, bevor er in Ferrara und Padua studierte. Er wurde zu einem der wichtigsten Vertreter des Humanismus in Ungarn (vgl. FEDELES/KOSZTA, S. 131). Unter Vorbehalt wurde er 1459 zum Bischof von F. ernannt; bis zum Erreichen seines 27. Lebensjahres durfte er die Diözese nur als Gubernator verwalten. Er wurde Mitglied des königlichen Rates in → Ofen und war dem Hof eng verbunden. Bei Vespasiano Bisticci und anderen Buchhändlern kaufte er „Bücher für sich selbst, seinen Onkel und vermutlich auch für den König" (FEDELES/KOSZTA, S. 133).

(8) Sigismund I. Ernuszt von Csáktornya (1473–1505), dessen Vater aus Wien stammte, studierte ab 1469 ebendort. Sein Studium beendete er in Ferrara, wo er eine humanistische Ausbildung erhielt. Einer seiner Lehrer war Lodovico Carbo, der in ,De divi Mathiae regis laudibus [...] dialogus' (um 1473–75) Sigismund als Gesprächspartner des Dichter-Ichs inszeniert, mit dem gemeinsam er Matthias Corvinus lobt. Mit finanzieller Unterstützung des Bischofs Sigismund wurde Ende des 15. Jh.s das → ,Missale Quinqueecclesiense' zusammengestellt, das einzige erhaltene mittelalterliche Missale aus F.

(9) Georg I. Szatmári (1505–22) stammte aus einer dt.-sprachigen Familie aus Kaschau (SK). Er war Humanist und versuchte, als Bischof das intellektuelle Milieu in F. zu stärken. Wichtig war ihm die Vermittlung humanistischer Bildung an talentierte Jugendliche, so ließ er u. a. seinen Neffen Lorenz Kretschmer studieren. Er gründete einen Humanistenkreis, der zu einem intellektuellen Zentrum Ungarns wurde. U. a. förderte er die Sammlung und Edition der Werke des Janus Pannonius und Ciceros. In seinem Besitz befand sich auch eine im 15. Jh. in Florenz angefertigte Hs. von Hilarius' Pictaviensis ,De synodis contra omnes haereses' (Wien, ÖNB, Cod. Lat. 872). Valentin Eck (→ Erlau, Kathedrale) preist in seinem Lobgedicht ,Iubilus heroicus' (Druck: Krakau, H. Vietor, 1520) Georg Szatmári als Glanzgestalt des Humanismus. Dieses Gedicht war ein Auftragswerk eines Freundes, der Eck wahrscheinlich während Georgs

Aufenthalt in Kaschau im September 1519 darum bat.

Ausgaben. Gregorius Gyöngyösi, Vitae fratrum eremitarum Ordinis Sancti Pauli primi eremitae, hg. v. F. Hervay, 1988, S. 37f.; DHA 1992, Bd. 1. Nr. 9/I, S. 54–58; Ludovicus Carbo, De divi Mathiae regis laudibus rebusque gestis dialogus, Faksimileausgabe mit der Transkription v. J. Ábel (1880) und der ungar. Übers. v. G. Kazinczy (1863), hg. v. M. Rozsondai u. a., http://carbo.mtak.hu/ (8. 6. 2014).

Literatur. PRT 1916; DHA 1992; Cs. Csapodi/K. Csapodiné Gárdonyi, Bibliotheca Hungarica. Kódexek és nyomtatott könyvek Magyarországon 1526 előtt, Bd. 1, 1988. — J. C. von Engel, Geschichte des Ungarischen Reichs und seiner Nebenländer, Bd. 1, 1797; L. Koszta, Un prélat français de Hongrie: Bertalan, évêque de Pécs (1219–1251), Cahiers d'études hongroises 8 (1996), S. 71–96; Szent István, Erkölcstanító könyvecske avagy Intelmek, hg. v. L. Havas, 2004, S. VII–XCIX; P. Erdő, Kirchenrecht im mittelalterlichen Ungarn, 2005, S. 76; Geschichte Ungarns, hg. v. I. G. Tóth, 2005; J. Glomski, Patronage and Humanist Literature in the Age of the Jagiellons, 2007; T. Fedeles, Eine Bischofsresidenz in Südungarn im Mittelalter. Die Burg zu Fünfkirchen (Pécs), 2008; H. Roth/K. Gündisch, Fünfkirchen/Pécs. Geschichte einer Europäischen Kulturhauptstadt, 2010; T. Fedeles/L. Koszta, Pécs (Fünfkirchen). Das Bistum und die Bischofsstadt im Mittelalter, 2011.

Anna-Lena Liebermann

A.3 Vikariatsgericht

Die mittelalterliche geistliche Gerichtsbarkeit in Ungarn stellte einen Generalvikar an der Spitze der mit der Macht des Bischofs versehenen geistlichen Gerichte. Dieser fungierte oft auch als Stellvertreter des Bischofs (Erdő 2005, S. 92). Von der Tätigkeit des Generalvikars Michael, der unter Bischof Georg von 1512 bis 1521 in F. wirkte, zeugt das ‚**Formelbuch**' von F. (Esztergom, FL, Ladula 50, Liber primus), das von ihm verwendete juristische Formeln festhält. Es gilt als eine der „wertvollsten Quellen der mittelalterlichen kurialen Gerichtsbarkeit" (Fedeles, 2011, S. 156).

Literatur. P. Erdő, Kirchenrecht im mittelalterlichen Ungarn, 2005; T. Fedeles/L. Koszta, Pécs (Fünfkirchen). Das Bistum und die Bischofsstadt im Mittelalter, 2011.

Anna-Lena Liebermann

A.4 Kapitel

Zu den üblichen Aufgaben eines Domkapitels zählen die (dem Propst überantwortete) Verwaltung der Güter, die (dem Dekan unterstellte) Erstellung der Gottesdienstordnung und Gewährleistung ihrer Durchführung sowie die Rechtsaufsicht mit innerer Strafgewalt, daneben der Betrieb von Kanzlei, Archiv und Domschule (vgl. Becker, Sp. 938f.). Diese Aufgabenteilung ist in Ungarn weitgehend mit der im Hl. Römischen Reich identisch, allerdings ist die geistliche Gerichtsbarkeit dem Generalvikar unterstellt (→ Vikariatsgericht). Zudem lässt die bereits erwähnte Pflicht der Bischöfe, das Bistum mit liturgischer Literatur zu versorgen, die Aufgabenbereiche von Bischof und Kapitel zum Teil ineinander greifen.

Unter den Pröpsten von F. ist insbesondere Jakob Piso (1470/80–1527) zu erwähnen, Kleinpropst von 1517 bis 1522. Sein literarisches Schaffen und Wirken spielte sich jedoch größtenteils in → Ofen ab.

Werke. Die **(1)** ‚**Sermones dominicales**' wurden vermutlich im Zusammenhang mit Johannes Capestrans Besuch in F. im Mai 1456 angelegt. Es handelt sich um eine Sammlung von 123 lat. Sonntagspredigten, die in zwei Hss. erhalten ist (Budapest, EK, Cod. Lat. 98; Franziskanische Zentralbibliothek). Die Predigten sind zu weiten Teilen aus anderen Predigtsammlungen (u. a. von Jacobus de Voragine) übernommen, aber mit einigen auf Ungarn bezogenen Details angereichert und reich in ung. Sprache glossiert. Die Sammlung hält sich an die Perikopen von F., außerdem spricht der Kompilator von „unserer Diözese Pécs". Die ältere Forschung hat den Kompilator mit Dénes Mohácsi, Kanonikus von F., der in Wien studiert hatte, identifiziert (Szilády 1910), die neuere neigt eher dazu, in ihm einen Mönch des Paulinerordens zu sehen (Tarnai 1983; vgl. Madas 2008, S. 54).

Das von Bischof Sigismund in Auftrag gegebene **(2) ‚Missale Quinqueecclesiense'** war vermutlich die Vorlage für den zwischen 1486 und 1488 bei Michael Wenssler in Basel erschienenen unfirmierten Druck eines Missales für den Gebrauch in F. (GW M2464510). Im Heiligenkalender des Missales fällt eine besonders starke Berücksichtigung von ung., aber auch dt. Heiligen auf. Mehrere Exemplare der Inkunabel sind erhalten, u. a. ein prächtig koloriertes Exemplar mit zeitgenössischen Benutzungs- und Bearbeitungsspuren in Wolfenbüttel (Wolfenbüttel, HAB, H: S 456.2° Helmst.).

A u s g a b e . Á. Szilády, Sermones dominicales. Két XV. századból származó magyar glosszás latin codex, 1910.

L i t e r a t u r . A. Tarnai, A budapest-németújvári Sermones dominicales, Irodalomtörténeti Közlemények 87 (1983), S. 23–30; G. Borsa, Problematische Angaben in der Bibliographie von Weale-Bohatta zu den in Ungarn gedruckten Messbüchern, Gutenberg-Jahrbuch 66 (1991), S. 127–134; H.-J. Becker, Art. Kapitel: Dom- und Stiftskapitel, LexMA 5 (2002), Sp. 938f.; E. Madas, The late-medieval book culture in Hungary from the 1430s to the late 1470s, in: A Star in the Raven's Shadow. János Vitéz and the Beginnings of Humanism in Hungary, hg. v. F. Földesi, 2008, S. 9–23; T. Fedeles/L. Koszta, Pécs (Fünfkirchen). Das Bistum und die Bischofsstadt im Mittelalter, 2011.

Cora Dietl

A.4.1 Kanzlei

Ab dem Ende des 12. Jh.s stellten die Bischöfe Urkunden mit eigenem Siegel aus. Seit 1214 war das Domkapitel von F. einer der *loca credibilia* Ungarns (Roth/Gündisch, S. 27). Die Institutionalisierung der Urkundenausstellung erfolgte jedoch erst im 14. Jh. (vgl. Fedeles/Koszta, S. 153). Die Leitung der Kanzlei übernahmen öffentliche Notare (vgl. Roth/Gündisch, S. 24). Der erste namentlich bekannte Notar ist Ende des 14. Jh.s Nikolaus von Cremona (Roth/Gündisch, S. 24). Ein gewisser Thomas Thoscha, ein Familiär Heinrichs von Alben, gehörte wohl ebenfalls zum Personal der bischöflichen Kanzlei und war befugt, als öffentlicher Notar zu fungieren (vgl. Fedeles/Koszta, S. 154).

L i t e r a t u r . H. Roth/K. Gündisch, Fünfkirchen/Pécs. Geschichte einer Europäischen Kulturhauptstadt, 2010; T. Fedeles/L. Koszta, Pécs (Fünfkirchen). Das Bistum und die Bischofsstadt im Mittelalter, 2011.

Anna-Lena Liebermann

A.4.2 Kathedralschule

Gegründet wurde die Schule 1020 von Bischof → Bonipert, der Unterstützung von Bischof Fulbert von Chartres erhielt (vgl. Roth/Gündisch, S. 24). Laut Koszta bot Fulbert Bonipert über den Vermittler Hilduin für die neu zu gründende Schule eine Priscian-Handschrift an (vgl. Koszta, S. 75). Fedeles schätzt die Anzahl der Schüler der zur Stadt gehörigen Domschule auf etwa zwanzig (vgl. Fedeles 2008, S. 179).

L i t e r a t u r . DHA 1992. — L. Koszta, Un prélat français de Hongrie: Bertalan, évêque de Pécs (1219–1251), Cahiers d'études hongroises 8 (1996), S. 71–96; T. Fedeles, Eine Bischofsresidenz in Südungarn im Mittelalter. Die Burg zu Fünfkirchen (Pécs), in: Palatium, Castle, Residence, hg. v. W. Falkowski, 2008, S. 179–218; H. Roth/K. Gündisch, Fünfkirchen/Pécs. Geschichte einer Europäischen Kulturhauptstadt, 2010; T. Fedeles/L. Koszta, Pécs (Fünfkirchen). Das Bistum und die Bischofsstadt im Mittelalter, 2011.

Anna-Lena Liebermann

B. Klöster

B.1 Franziskaner

Patr.: Hl. Franziskus — gegr.: vor 1301

Geschichte. Im Jahr 1301 stiftete die Familie Kórógy am Kórház-Platz eine *ecclesia Beati Franciscy* samt Kloster. Neben dem Dominikanerorden, der bereits 1238 einen Konvent in F. eingerichtet hatte, betrieben die Franziskanerminoriten von F. damit die zweitälteste Ordensniederlassung in der Stadt (vgl. ROTH/GÜNDISCH, S. 32). Bereits im frühen 14. Jh. fungierten die klösterlichen Räumlichkeiten der Franziskaner auch als Herberge der Chorherren während der Bischofswahlen, welche traditionell in der Kathedrale oder im Kapitelsaal der Bischofsburg stattfanden (KOSZTA, S. 468). Das Personal des Klosters lässt sich nicht mehr gänzlich rekonstruieren; im späten 15. Jh. ist aber zumindest ein dt.-sprachiges ordiniertes Mitglied des Konvents bezeugt: **Nicolaus de Briga** (aus Brzeg, PL). Wie aus einem auf den 11.10.1496 datierten Brief des F.er Ordenskustos und ung. *vicarius* der Franziskaner Nicolaus de Semenia an den Rat der Stadt → Hermannstadt (RO) hervorgeht (Urk. Nr. 5614), war Nicolaus de Briga früher Prediger in Hermannstadt und wurde 1496 auf Bitten des Hermannstädter Rats zum Prior des Hermannstädter St. Elisabeth-Konvents ernannt.

Überlieferung. Die Bibliothek der Franziskaner ist weitestgehend verloren. Erhalten ist nur eine Handschrift der ‚Moralia in Iob' Gregors des Großen aus dem 15. Jh. (Dubrovnik, Dominikanerbibliothek, 23 [36-VII-1]; CSAPODI, S. 180).

Ausgabe. Urkundenbuch zur Geschichte der Deutschen in Siebenbürgen, hg. v. F. ZIMMERMANN u. a., Bd. 8 (virt. Fortsetzungsband), Urk. Nr. 5614.

Literatur. Cs. CSAPODI/K. CSAPODINÉ GÁRDONYI, Bibliotheca Hungarica. Kódexek és nyomtatott könyvek Magyarországon 1526 előtt, Bd. 2, 1993. — L. KOSZTA, Die Bischofswahl im Jahre 1306 in Fünfkirchen (Pécs). Bemerkungen zur Archontologie des Bistums von Fünfkirchen am Anfang des 14. Jahrhunderts, in: Im Gedächtnis der Kirche neu erwachen. Studien zur Geschichte des Christentums in Mittel- und Osteuropa, hg. v. R. HAAS u. a., 2000, S. 463–477; H. ROTH/K. GÜNDISCH, Quinqueecclesiae – Fünfkirchen im Mittelalter (1009–1526), in: Fünfkirchen/Pécs. Geschichte einer Europäischen Kulturhauptstadt, 2010, S. 23–40.

MARY-JANE WÜRKER

B.2 Karmeliter

Patr.: Hl. Ladislaus — gegr.: 1372

Geschichte. Bischof Wilhelm von F. wies dem Karmeliterorden aufgrund seiner Urbanität 1372 ein Ordenshaus zu. Die Kirche des neuen Klosters wurde dem Hl. Ladislaus geweiht. Eberhard von Alben, Bischof zu Agram, ließ die Kirche 1410 erweitern und das Kloster verschönern. Bezeugt sind auch zahlreiche Schenkungen von Bürgern, u. a. erwähnt ist der Krieger Martin Sattelpoger, der dem Konvent Mitte des 15. Jh.s fünfzehn Gulden vermachte, um in ihm bestattet werden zu können (HAAS, S. 30). Um 1450 gingen beim Provinzial der dt. und ung. Ordensprovinz Klagen der Bürger von F. ein, dass die Karmeliter keinen dt. Prior mehr akzeptieren wollten. Im Jahr 1451 wurde aber Jakob Heubel und 1462 Konrad Frank aus Wien als Prior nach F. gesendet; letzterer war zugleich Weihbischof von F. Aus Augsburg, wo er *prior posterior et lector* war, kam Stephan Ringler 1492 als Prior zu den Karmeliten in F. Aus seinem Besitz sind zwei Augsburger Inkunabeln erhalten, eine Ausgabe der ‚Pantheologia' des Rainerius de Pisis (GW M36921, Augsburg, SSB, 2° Ink. 334) und ein Druck der ‚Sermones de tempore' des Conrad von Brundelsheim (GW 07408, Augsburg, SSB, 2° 386). Der sicherlich berühmteste der Prioren des Karmeliterklosters war Veit Hündler.

An das Karmeliterkloster schloss sich auch eine Skapulierbruderschaft an, deren Mitglieder an Prozessionen in der Stadt teilnahmen. Die Privilegien der Bruderschaft sind in einer Urkunde aus dem Jahr 1461 verbürgt (vgl. HAAS, S. 31).

Veit Hündler

Lebensweg. Der in → Ödenburg geborene Veit Hündler (um 1400–71), Vitus Hendl, Verwandter der Kronenräuberin Helene Kottanner (→ Stuhlweißenburg), schloss vermutlich an der Universität Wien seine theologische Ausbildung ab und trat dort dem Karmeliterorden bei. Als späterer Provinzial des Ordens in Deutschland und Ungarn wurde er auf Antrag des Bischofs Andreas von F. von Papst Nikolaus V. im Jahr 1447 zum Titularbischof von Bodony (Vidin, BG) ernannt. Da dieses Bistum aufgrund der Auseinandersetzungen mit den Türken unzugänglich blieb, ernannte man ihn zum Suffragan in F., später auch in → Wardein (RO). Obwohl er versuchte, sich in → Kronstadt (RO) zur Ruhe zu setzen, kehrte er nach F. zurück und ist hier zuletzt 1467 bezeugt.

Werke. Hündler ist literarisch v. a. durch sein sog. ‚**Briefbuch**' bekannt geworden, das Abschriften von lat. und dt.-sprachigen Briefen und Dokumenten sowie kürzeren Werken Hündlers aus den Jahren 1452–71 und eine Darstellung des *Vitus Hendl* mit seinem redenden Wappen (5ᵛ) enthält (Klosterneuburg, AC, Cod. 941). Die Sammlung bezeugt seinen Karriereweg, dokumentiert seine theologischen Interessen, gibt Einblick in geschäftliche Korrespondenzen (‚Epistolae', fol. 304ʳ–368ʳ) und einen kurzen Überblick über die Geschichte des Karmeliterordens (fol. 242ʳ–260ʳ). Außerdem weist sie Hündler als Verfasser geistlicher Lyrik aus (‚Proverbia Germanica', fol. 330ᵛ–331ᵛ). Hier ist v. a. seine dt. Übersetzung der Ostersequenz ‚Haec dies quam fecit dominus' bemerkenswert. In den elf volkssprachlichen didaktischen Sprüchen (ebd.) befasst er sich in der Tradition alttestamentlicher Weisheitsliteratur mit den Kennzeichen eines guten Königs, schlechten Richters, mit Tugenden und Lastern, verschiedenen Menschentypen und Charaktereigenschaften, um sein Publikum zu einem gottesfürchtigen und gottgefälligen Leben zu ermahnen. Daneben galten seine Bemühungen auch naturkundlichen und medizinischen Fragestellungen. Entsprechendes bezeugt das von ihm nach 1447 zusammengestellte, im Band nur unvollständig erhaltene, ‚Roßarzneibuch' (fol. 357ᵛ–364ᵛ), das er Bischof Andreas von F. gewidmet hat. Hündler stützt sich hier v. a. auf das ‚Roßarzneibuch' von Meister Albrant, das Einblicke in die Therapie von 36 Pferdekrankheiten gibt (in den Bearbeitungen von Sigmund von Königgrätz und Johann von Posenanie). Neben fachkundlichem Wissen lässt der Autor an verschiedenen Stellen Äußerungen über soziale Zustände der ethnisch-heterogenen Gesellschaft Ungarns einfließen, die den Verfasser als guten Beobachter auszeichnen und seinen Text volksnah erscheinen lassen.

Aus dem ‚Briefbuch' hat sich unter dem Titel ‚Sechs Dinge zieren den Adel' eine Liste von Tugenden und Untugenden, die in unterschiedlichen Lebenssituationen zum Tragen kommen, verselbstständigt, gedruckt als einseitige Flugschrift bei Peter Friedberg in Mainz um 1493 (erhalten u. a. in der StUB Frankfurt, Ausst. 340).

Ausgaben. J. Koller, Viti Huendler proverbia germanica, in: ders., Historia episcopatus Quinqueecclesiarum IV., 1796; L. Simmet, Veit Hündlers Rossarzneibuch. Ein Beitrag zur Geschichte der deutschen Pferdeheilkunde des 15. Jahrhunderts in Südosteuropa, 1955.

Literatur. Cs. Csapodi/K. Csapodiné Gárdonyi, Bibliotheca Hungarica. Kódexek és nyomtatott könyvek Magyarországon 1526 előtt, Bd. 1, 1988. — M. Haas, Gedenkbuch der königlichen freien Stadt Fünfkirchen, 1852; H. Rupprich, Das Wiener Schrifttum des ausgehenden Mittelalters, 1954, S. 99f.; W. Perino, Die Pferdearzneibücher des ausgehenden Mittelalters und der beginnenden Neuzeit. Eine geschichtliche Studie über ihre Entwicklung und Entfaltung, 1957; G. Eis/R. Rudolf, Altdeutsches Schrifttum im Nordkarpatenraum, 1960; G. Eis, Art. Hündler, Veit, NDB 9 (1972), S. 740.

Gesine Mierke

C. Spital

Patr.: Hl. Bartholomäus/(ab 1393) Hl. Elisabeth — gegr.: vor 1180

F. entwickelte sich von der Gründung des Bistums bis zum Spätmittelalter zu einem urbanen Zentrum Ungarns, das wie sonst vielleicht nur noch → Ofen über bedeutende städtische Einrichtungen verfügte. Dazu gehörten neben den Niederlassungen der Mendikanten auch Apotheken und Spitäler. Das städtische Spital, erstmals 1180 bezeugt, gehörte zur Pfarrkirche des Hl. Bartholomäus; die Spitalrektoren wurden vom Domkapitel bestellt. Ab 1393 ist für das Spital statt des Patroziniums des Hl. Bartholomäus das der Hl. Elisabeth nachgewiesen (vgl. FÜGEDI, Sp. 1026; MAJOROSSY/SZENDE, S. 431; FEDELES/KOSZTA, S. 180–184).

An das Spital angeschlossen war die Apotheke der Barmherzigen Brüder zu F. Sie war, wie aus einem Besitzervermerk und Exlibris hervorgeht, im Besitz einer 1503 verfassten Hs. der Bindarznei des Heinrich von Pfalzpaint (Budapest, SOM, S. 83).

Ausgabe. Buch der Bündth-Ertznei von Heinrich von Pfolsprundt, hg. v. H. HAESER/A. MIDDELDORPF, 1868.

Literatur. G. KEIL, Art. Heinrich von Pfalzpaint, ²VL 3 (1981), Sp. 856–862; E. FÜGEDI, Art. Fünfkirchen, LexMA 4 (1989), Sp. 1026f.; G. KÁRPÁTI/G. SZEKÉR, A pécsi ferences és domonkos kolostorok kutatása, in: Koldulórendi építészet a középkori Magyarországon. Tanulmányok, hg. v. A. HARIS, 1994, S. 235–256; J. MAJOROSSY/K. SZENDE, Hospitals in Medieval and Early Modern Hungary, in: Europäisches Spitalwesen. Institutionelle Fürsorge in Mittelalter und Früher Neuzeit, hg. v. M. SCHEUTZ u. a., 2008, S. 409–454; H. ROTH/K. GÜNDISCH, Fünfkirchen/Pécs. Geschichte einer Europäischen Kulturhauptstadt, 2010; T. FEDELES/L. KOSZTA, Pécs (Fünfkirchen). Das Bistum und die Bischofsstadt im Mittelalter, 2011.

ANDREA HAUFF

D. Universität

Geschichte. Die Gründung der ersten Universität (eigentlich ein Studium generale) des Königreichs Ungarn wurde durch König Ludwig I. in F. angeregt, um den Glauben, die Gerechtigkeit und die Kultur zu fördern. Er bat Papst Urban V. um die Privilegien zur Einrichtung sämtlicher Fakultäten. Die Gründung wurde 1367 genehmigt, allerdings ohne die theologische Fakultät. Das Examinationsrecht wurde dem Bischof von F., Wilhelm von Koppenbach, erteilt (SZÉKELY, S. 35). Eine beglaubigte Kopie der Bulle vom 1.9.1367 ist erhalten sowie eine dt. Übersetzung derselben (ROTH/GÜNDISCH, S. 33f.).

Die Universität wurde nach Koppenbachs und Ludwigs I. Tod nicht weiter gefördert und verschwand wohl noch vor 1395 (ROTH/GÜNDISCH, S. 37).

Wilhelm von Koppenbach (ca. 1313–74, vgl. ZIMMERMANN, S. 35) studierte, doch sein Studienort ist unbekannt. 1353 wird er als Kaplan im pfälzischen Bergzabern erwähnt, 1357 als Sekretär und Rat König Ludwigs I. vorgestellt. 1358 bekam er die kroatische Propstei Čazma, 1359 die von → Erlau. 1358 wurde er Kanzler Ludwigs I. Von 1361 bis 1374 war er Bischof von F. (→ Bistum). Er hat sowohl bei der königlichen Initiative zur Universitätsgründung in F. als auch beim Gründungsvorgang einen wesentlichen Beitrag geleistet. Der gelehrte Bischof wurde mit diplomatischen Aufgaben betraut. 1360 wurde er vom König nach Nürnberg gesandt, als Friedensvermittler zwischen Kaiser Karl IV. und dem österr. Herzog Rudolf. Als 1366 König Ludwig I. den Siebenbürger Sachsen das ‚Andreanum' (→ Provinz Hermannstadt, RO). bestätigte, wurde Wilhelm als vom König ernannter Generalvikar für die Siebenbürger Sachsen erwähnt.

Literatur. Liber Decanorum facultatis philosophicae Universitatis Pragensis, ab anno Christi 1367 usque ad annum 1585, 1830 (LIB. DEC.). — G. SZÉKELY, Universitätskanzler im Ungarn des 14.–15. Jahrhunderts, in: Universitas Budensis, 1395–1995, hg. v. L. SZÖGI/J. VARGA, 1997, S. 35–50; H. ZIMMERMANN, Wilhelm von Koppenbach, der Gründer der Universität Fünfkirchen, in: Die ungarische Universitätsbildung und Europa, hg. v. M. FONT/L. SZÖGI, 2001, S. 33–39; I. PETROVICS, A középkori pécsi egyetem és alapítója, Aetas 20 (2005), S. 29–40; H. ROTH/K. GÜNDISCH, Fünfkirchen/Pécs. Geschichte einer Europäischen Kulturhauptstadt, 2010.

PÉTER LŐKÖS

Studenten und Dozenten

(1) Hermann Lurcz aus Nürnberg (ID: 2036549127) studierte und lehrte wahrscheinlich an der Artistenfakultät in F. Als Zeugnis dient ein Eintrag ins ‚Liber decanorum' 1379 an der Universität in Prag, der bezeugt, dass Hermann Lurcz als Magister Artium von der Universität in F. nach Prag kam (LIB. DEC., S. 186). Später studierte er in Wien und Erfurt Medizin und Theologie und wurde Rektor beider Universitäten. Lediglich eine philosophische Abhandlung von ihm ist überliefert: ‚De paralogismis circa materiam SS Trinitatis fieri consuetis' (Berlin, SB, Ms. Magdeb. 12; vgl. FEDELES/KOSZTA, S. 206).

Ein gewisser **(2) Rudolf** aus dem dt. Sprachraum lehrte höchstwahrscheinlich ab 1372 Kirchenrecht. Im selben Jahr noch verlieh ihm Bischof Wilhelm von Bergzabern ein Kanonikat im → Erlauer Domkapitel (vgl. FEDELES/KOSZTA, S. 206).

(3) Ipolitus von Weresmarth ist zweimal in einer theologischen Sammelhandschrift aus den Jahren 1431–37 erwähnt, die u.a. den Dekalogtraktat des Heinrich von Friemar enthält (Wien, ÖNB, Cod. Lat. 3979). Ipolitus nennt sich mit Datum 1431 als Schreiber und Besitzer des Buchs; er sei Sohn des Ambrosius *de Senthgwrgh* (St. Georgen) und *studens* und *declinista* der *scola* von F. Aus dem Jahr 1453 stammt ein Eintrag, wonach er das Buch dem Cantor Magister Matthias Bach (wohl in → Ofen) anvertraut habe (CSAPODI, S. 78).

Werke. Ein unbekannter dominikanischer Gelehrter, wohl Student der Universität in F., zeichnete die ‚**Sermones compilatae in Studio generali Quinque Ecclesiensi in Regno Ungariae**' auf, die auch Viten Stephans I. des Heiligen, Ludwigs I. des Großen und der Heiligen Elisabeth von Thüringen beinhalten. Es wird vermutet, dass diese *Sermones* am *studium generale* von F. zwischen 1370 und 1380 gehalten wurden (vgl. ROTH/GÜNDISCH, S. 35f.).

Literatur. Cs. CSAPODI/K. CSAPODINÉ GÁRDONYI, Bibliotheca Hungarica. Kódexek és nyomtatott könyvek Magyarországon 1526 előtt, Bd. 1, 1988. — H. ROTH/K. GÜNDISCH, Fünfkirchen/Pécs. Geschichte einer Europäischen Kulturhauptstadt, 2010; T. FEDELES/L. KOSZTA, Pécs (Fünfkirchen). Das Bistum und die Bischofsstadt im Mittelalter, 2011; Hermann Lurcz, RAG.

ANNA-LENA LIEBERMANN/CORA DIETL

Gran (**Esztergom**, Strigonium)

Inhalt. A. Erzbistum. 1. Kathedrale. 2. Erzbischöfe. 3. Vikariatsgericht. 4. Kapitel. 5. Einzelpersonen. B. Klöster. C. Residenz der Arpaden. 1. Hof König Stephans I. 2. Hof König Ladislaus' I. 3. Hof König Kolomans. 4. Hof König Bélas III. 5. Hof König Andreas' II. D. Einzelpersonen.

G. teilte sich im Mittelalter in die Königsstadt am Ufer des kleinen Donauarms und in die sog. Wasserstadt (Esztergom Víziváros), d. h. die erzbischöfliche Stadt am Donauufer unterhalb des Burgbergs. In der Königsstadt sind im Mittelalter insgesamt elf Kirchen bezeugt, außerdem Klöster der Templer, Johanniter (mit Spital), Dominikaner und Franziskaner, ein Rathaus, eine Markthalle, eine bereits unter Stephan I. eingerichtete Münzprägestätte sowie einige Wohnhäuser. Besonders zu erwähnen sind die Laurentiuskirche, errichtet zu Beginn des 11. Jh.s, erstmals schriftlich bezeugt 1202, als die Pfarrkirche der königlichen Hofleute; die dem Patron der (dt.) Kaufleute geweihte Nikolaus-Pfarrkirche (erstmals erwähnt 1156) und die Peterskirche (erstmals erwähnt 1294), die offensichtlich auch eine dt. Gemeinde beherbergte, denn dort wurde 1508 die Familie eines Schneidermeisters Albert bestattet (ebd.). In der Kirche Mariahilf des Franziskanerklosters (erwähnt 1224) ist König Béla IV. mit seiner Familie beigesetzt.

Die Wasserstadt erhielt 1239 von König Béla IV. das Stadtrecht. Sie war mehrheitlich dt. besiedelt und barg in ihren Mauern drei Kirchen.

Rechtlich zwar an G. angeschlossen, zum Teil aber eigenständig, waren noch einige kleinere Stadtteile, u.a. Abony-Szentkirály mit der dem Hl. König Stephan geweihten Kirche und dem Kloster und Hospital des Kreuzritterordens sowie der Pfarrkirche St. Andreas, St. Lazarus mit der Kirche und dem Hospital des Lazarusordens und Sziget (Insel) mit dem Kloster der Benediktinerinnen und der Kirche Jungfrau Maria.

Literatur. M. Beke, Esztergom. The Hungarian Zion, in: A Thousand Years of Christianity in Hungary, hg. v. I. Zombori u.a., 2001, S. 183–188; I. Horváth, Esztergom im Mittelalter, in: Mariazell und Ungarn. 650 Jahre religiöse Gemeinsamkeit, hg. v. W. Brunner u.a., 2003, S. 137–153.

Cora Dietl

A. Erzbistum

Patr.: Hl. Stephan und Hl. Adalbert — gegr.: 1001

Im Jahr 973 schickte Großfürst Géza eine Gesandtschaft zu Kaiser Otto I. und bat um die Entsendung von Missionaren und Priestern aus dem Hl. Römischen Reich. Bald darauf traf, entsandt vom Bischof von Passau, eine Gruppe von Missionaren ein, die Bruno von St. Gallen anführte. Sie bewirkten, wie der Bericht eines Geistlichen aus dem Jahr 1397 behauptet (vgl. Horváth, S. 138), dass auf dem Burgberg von G. eine erste Kirche errichtet wurde, die dem Protomärtyrer Stephanus, dem Schutzpatron des Doms in Passau, geweiht wurde. Hier wurde am 1.1.1001 Gézas Sohn Stephan zum König von Ungarn gekrönt, welcher im selben Jahr das Erzbistum G. gründete.

Im Jahr 1382 wurden unter Erzbischof Demetrius die **(1) ‚Constitutiones Synodales'** des Erzbistums G. in ihrer ursprünglichen Fassung angelegt (Budapest, EK, Cod. Lat. 73). Die Diözesanstatuten wurden in verschiedenen Diözesen der Kirchenprovinz verwendet und den dortigen Synodalbüchern zugrunde gelegt (z.T. unter direkter Berufung wie in → Wesprim, 1515). Sie sind, wie Erdő nachgewiesen hat, zwar durch die Statuten der Diözese von Nîmes beeinflusst, beruhen aber hauptsächlich auf dem Krakauer Synodalbuch des Bischofs Nanker aus dem Jahr 1320 (Erdő, S. 46). Unter Kardinal-Erzbischof Dionysius von Szécs und unter Erzbischof Hippolytus d'Este erfuhren sie in den Jahren 1450 bzw. 1493 Überarbeitungen.

Bereits einer der ersten Drucke des Georg Stuchs († 1520), eines Nürnberger Buchdruckers im ausgehenden 15. Jh., das **(2) ‚Breviarium Strigoniense'** (GW 05469) von 1484, wurde für die G.er Erzdiözese angefertigt. Es fand wohl Anklang, denn es folgten weitere Aufträge, so die ‚Missale Strigoniense' im Jahr 1490 (Weale-Bohatta 1493) und die ‚Missale Strigoniense' im Jahr 1498 (C 4239) sowie das ‚Ordinarius Strigoniensis' (C 4511) und das ‚Obsequiale Strigoniense' (CIH 2461), beide im Jahr 1496 gedruckt. Außer dem letztgenannten Werk werden alle von Georg Stuchs gedruckten Bücher bei Baumann (1954) aufgeführt.

Literatur. Gesamtkatalog der Wiegendrucke (GW), 1968; Weale-Bohatta, 1928; Copinger (C), 1895–1902; Sajó-Soltész (CIH), 1970. — K. Steiff, Stüchs, ADB 36 (1893), S. 714–716; K. Schottenloher, Die Entwicklung der Buchdruckerkunst in Franken bis 1530, 1910; W. Baumann, Die Druckerei Stuchs zu Nürnberg (1484–1517), Gutenberg-Jahrbuch 29 (1954), S. 122–132; Gy. Györffy, Zu den Anfängen der ungarischen Kirchenorganisation auf Grund neuer quellenkritischer Ergebnisse, Archivum historiae pontificiae 7 (1969), S. 79–113; J. Benzing, Die Buchdrucker des 16. und 17. Jahrhunderts im deutschen Sprachgebiet, ²1985; M. Beke, Esztergom. The Hungarian Zion, in: A Thousand Years of Christianity in Hungary, hg. v. I. Zombori u.a., 2001, S. 183–188; G. Thoroczkay, The Dioceses and Bishops of Saint Stephen, in: Saint Stephen and His Country. A Newborn Kingdom in Central Europe: Hungary, hg. v. A. Zsoldos, 2001, S. 49–68; I. Horváth, Esztergom im Mittelalter, in: Mariazell und Ungarn. 650 Jahre religiöse Gemeinsamkeit, hg. v. W. Brunner u.a., 2003, S. 137–153; P. Erdő, Polnische Quellen des Großen Synodalbuchs von Esztergom (1382), in: ders., Kirchenrecht im mittelalterlichen Ungarn. Gesammelte Studien, 2005, S. 32–46; K. Walsh, Liturgische Reformbemühungen der Prager Domherren in nachhussitischer Zeit, in: Kirchliche Reformimpulse des 14./15. Jahrhunderts in Ostmitteleuropa, hg. v. W. EBERHARD/F. MACHILEK, 2006, S. 255–273.

CORA DIETL/KATHRIN LÖBKE

A.1 Kathedrale

Patr.: Hl. Adalbert — gegr.: 1001

Die kurz nach 1001 von Stephan I. gestiftete St. Adalberts-Kathedrale ist nicht nur die Begräbnisstätte der G.er Erzbischöfe bis 1543, sondern hier wurde auch 1172 König Stephan III. bestattet, in Anwesenheit Herzog Heinrichs von Bayern und Sachsen und Herzog Heinrichs von Österreich (HORVÁTH, S. 139).

Literatur. I. HORVÁTH, Esztergom im Mittelalter, in: Mariazell und Ungarn. 650 Jahre religiöse Gemeinsamkeit, hg. v. W. BRUNNER u. a., 2003, S. 137–153.

CORA DIETL

A.2 Erzbischöfe

Nach der Gründung des Bistums und der Einweihung der St. Adalberts-Kathedrale bezogen die G.er Erzbischöfe einen Palast, der an die königliche Burg angeschlossen war. Ab 1256 übernahmen die Erzbischöfe die königliche Burg. Sie wurde mehrfach umgebaut und wird von Besuchern als sehr beeindruckend beschrieben, so z. B. auch noch 1587 von Reinold von Lubenau, kurz bevor sie 1595 zerstört wurde (vgl. HORVÁTH, S. 140).

Die ersten Erzbischöfe G.s waren nach aktuellem Forschungsstand eng mit der dt. Kultur verbunden. Über das Leben des **(1) Dominicus (1001–02)**, dessen Name im Privilegienbrief von → Martinsberg 1002 bezeugt ist, ist zwar fast nichts bekannt, die Forschung vermutet aber, dass er entweder im 10. Jh. als Missionar aus Mainz gekommen war oder dass er zu den Begleitern Giselas gehört hatte (THOROCZKAY, S. 54f.).

Sein Nachfolger war wohl **(2) Radla (1002–07)**, der den monastischen Namen ‚Sebastian' trug (THOROCZKAY, S. 55). Ein „Sebastian" ist im Postskript des Privilegienbriefs von Martinsberg genannt; dieser wird in Hartviks ‚Stephans-Vita' als Erzbischof von G. identifiziert. Radla hatte gemeinsam mit dem Hl. Adalbert in Magdeburg studiert und hatte diesen anfangs begleitet, war aber dann nach Ungarn gegangen; bald nach 995 war er am → Hof Gézas in G. Es wird vermutet, dass seine Augenzeugenberichte zu den Hauptquellen von Brunos von Querfurt ‚Vita St. Adalberti' gehörten (ebd.).

Die Identität des **(3) Anastasius** Ascherich **(Astric)**, des dritten Erzbischofs von G., ist umstritten. THOROCZKAY (S. 57) vermutet, dass er ein Deutscher, Lothringer oder Burgunder war, der zunächst im Umkreis Adalberts aktiv war (vgl. auch SÓLYMOS, S. 592), dann Abt des poln. Klosters Meseritz wurde, bevor er in die Dienste Stephans eintrat. Er wurde auch für einen der möglichen Verfasser des Fürstenspiegels Stephans I. gehalten. Ende 1001 dürfte er Abt von Martinsberg, um 1002/03 Abt von Kollotschau geworden sein, bevor er 1007 den kranken Radla ablöste. Im November 1007 unterzeichnete er als Erzbischof aus Ungarn den Beschluss der Synode von Frankfurt, das Bistum Bamberg einzurichten, und um 1030 besuchte ihn Bruder Arnold von Regensburg in G. (THOROCZKAY, S. 56).

Erzbischof **(4) Lodomerius (1279–98)** wurde 1279 vom Papst aus politischen Gründen von → Wardein (RO) nach G. versetzt. Durch die Verstoßung seiner Ehefrau Isabella und die Betonung seines kumanischen Erbes hatte König Ladislaus IV. den Argwohn des Papstes geweckt. Nachdem er sich durch päpstliche Legaten nicht zu einem Zurückdrängen des Kumanischen in Ungarn zwingen ließ, steigerte sich der Konflikt zwischen Ladislaus und der Kirche so weit, dass der König schließlich aufgrund einer Anklageschrift Lodomers als „Heide" und „Häretiker" exkommuniziert wurde (GYÖRFFY, S. 3). Lodomer gilt als sehr gebildet; in seinem Besitz befanden sich vermutlich eine Horaz- und eine Vergil-Handschrift (CSAPODI 1994, S. 41f.). In Kontrast zum ‚unheiligen' König Ladislaus förderte er die Idee eines ‚heiligen' Königs von Ungarn und unterstützte den Stephans-Kult. Vermutlich in seinem Auftrag entstand die ab dem Ende des 13. Jh.s in Ungarn verbreitete lat. Sequenz auf den Hl. Stephan von Ungarn, ‚Corde voce mente pura' (vgl. DÉR, S. 88; BLUME, Nr. 315).

Während einer Sedisvakanz übernahm in den Jahren 1418–23 **(5) Georg Graf von Hohenlohe** (um 1350–1423) als Administrator die Leitung des Erzbistums. Georg von Hohenlohe stammte aus dem fränkischen Hochadel. Er wurde 1390 von Papst Urban VI. zum Bischof von Passau erklärt. Beim Konstanzer Konzil vertrat er Kaiser Sigismund, dessen Reichskanzler er ab 1421 war (MADER, S. 106).

(6) György Pálóci (1424–39) hatte 1409–12 in Wien studiert, bevor er nach G. berufen wurde. Er gilt als ein bedeutender Bücherfreund unter den G.er Erzbischöfen und brachte auch Literatur aus Wien nach Ungarn. Für ihn wurde um 1430 in G. ein Brevier angelegt (Salzburg, UB, Cod. M II 11), dessen Illustrator laut HAIDINGER (S. 419) aus einer Werkstatt stammte, die in dieser Zeit für das Benediktinerstift Melk tätig war. Dies könnte auf engere Kontakte zwischen G. und Melk während des Pontifikats des Pálóci hinweisen. Derselbe war zudem (laut Notiz auf fol. 1^r) im Besitz eines mit acht belebten Initialen und reicher Buchverzierung versehenen Missales des G.er Ritus (Budapest, OSZK, Cod. lat 359), das innerhalb des Erzbistums mehrfach den Besitzer wechselte. Es ging von Pálóci in den Besitz Mihálys, des Vikars von G., über und wurde von diesem 1501 dem Altar der Hl. Fabian und Sebastian im Dom von G. vermacht (vgl. CSAPODI 1988, S. 257). Aus dem Besitz des Erzbischofs Pálóci ist außerdem eine Handschrift der ‚Quaestiones in libros Meteorologicorum Aristotelis' des Johannes Buridanus überliefert (Wien, ÖNB, Cod. lat. 3976), in die ein Brief des György Pálóci an seinen Bruder, Palatin Máté Pálóci, eingebunden ist (KÖRMENDY, S. 356; CSAPODI 1988, S. 78); Pálóci hatte den Codex vermutlich während seines Studiums in Wien erworben (BÁLINT, S. 418).

Im Jahr 1465 wurde **(7) Johannes Vitéz**, der bereits unter Sigismund Mitglied der → königlichen Kanzlei in Ofen geworden und 1442 zum Propst des → Kapitels und 1445 zum → Bischof von Wardein (RO) erhoben worden war und dennoch weiterhin im Dienst der ung. Krone stand, von Matthias Corvinus zum Erzbischof von G. ernannt. Als solcher bemühte sich Vitéz vergeblich, die von Matthias gewünschte Universität von Pressburg (SK) zu gründen. Im Konflikt zwischen Matthias und Podiebrad wollte Vitéz zunächst eine vermittelnde Rolle einnehmen und widersprach im Namen des Landtags den königlichen Plänen eines Kriegs mit Böhmen. Dies führte zum Konflikt mit Matthias. Vitéz und sein Neffe Janus Pannonius gehörten schließlich zu den führenden Köpfen der Verschwörer, welche Kasimir von Polen zum neuen König erheben wollten. Matthias belagerte G., nahm Vitéz gefangen, der bald darauf (am 9.8.1472) starb. Nach seinem Tod blieb seine berühmte Bibliothek in G.; einzelne Exemplare, die in der Sammlung des Matthias Corvinus (→ Ofen) auftauchten, waren bereits zu seinen Lebzeiten dorthin gegeben worden (FÖLDESI, S. 103). Bei der Eroberung der Festung von G. durch die Türken 1543 wurde sie zerschlagen. Vitéz hatte seine Büchersammlung bereits in Wardein angelegt und die meisten seiner dortigen Bestände nach G. verlegt, wo er zunächst die an der Kathedrale vorhandenen Bücher in seine Sammlung aufnahm und seine Erwerbstätigkeit fortsetzte. Insgesamt dürfte Vitéz rund 500 Bücher besessen haben, von denen 36 erhalten und identifiziert sind. Außerdem sind 28 Autoren bekannt, deren Werke er besessen haben muss. (Für ein Verzeichnis der Handschriften und ihrer heutigen Signaturen vgl.

CSAPODI-GÁRDONYI 1984, S. 80–157). An dt. Autoren und Werken sind in der Sammlung vorhanden: Alberts des Großen ‚De mineralibus', Honorius' Augustodunensis ‚De imagine mundi', Georgs von Peuerbach ‚Canones pro compositione', seine ‚Tabula eclypsium seu tabulae Waradienses' und seine Planetenlehre; Johannes Regiomontans ‚Calendarium', seine ‚Canones LXIII', seine ‚Tabulae directionum' und der ‚Tractatus de torqueto', außerdem die von Johannes Regiomontanus und Georg von Peuerbach gemeinsam verfassten ‚Epitome Amalgesti Ptolemaei'.
Der Dominikaner Leonhard Huntpichler (ID: 118554891) verfasste am 6.7.1467 in Wien einen Dankesbrief (Vaticano, BAV, Cod. Vat., Ottob. lat. 689) an den → Johannes Vitéz, der ihm 12 Gulden übersandt hatte (vgl. FRANK 1966, S. 357). Gemeinsam mit Jakob Fabri beglückwünschte Huntpichler am 1.8.1467 Vitéz zu seiner Universitätsgründung in Pressburg (SK; vgl. FRANK 1966, S. 357).
Nach der Absetzung von Vitéz wurde im Jahr 1474 der Schlesier **(8) Johann Beckensloer (Beckenschlager)**, seit 1467 Bischof von → Eger, zum Erbischof von G. ernannt. Allerdings geriet auch dieser als Primas von Ungarn bald in Konflikt mit Matthias Corvinus. Unter Vorgabe einer Wallfahrt nach Aachen floh er 1476 nach Wien, wo er Sekretär Friedrichs III., 1477 Kanzler der Universität Wien und schließlich 1487 Erzbischof von Salzburg (AT) wurde. Dass Beckensloer einen Teil des ung. Kronschatzes nach Wien gebracht habe, wie lange Zeit vermutet wurde, lässt sich nicht nachweisen (ZAISBERGER 1974, S. 533).
Erzbischof **(9) Thomas Bakócz** (1498–1521) ließ in → Ofen das ‚Graduale Strigoniense' (Esztergom, FL Ms. I 1a) anfertigen; der reich illuminierte Band wurde allerdings nicht fertig gestellt. In der zweiten Hf. des 16. Jh.s ließ Nikolaus Olahus den Band durch *I. K.* weiter illustrieren (vgl. CZÉKLI, S. 328). Bakócz förderte auch die Arbeiten an der ersten vollständig erhaltenen Ungarnkarte von Georg Tannstetter und des *Lazarus secretarius*, die ‚Tabula Hungarie ad quatuor latera' (Ingolstadt: Apian, 1528). Lazarus, dessen Identität mit Lazarus Rosetus, Dekan und Kanoniker von St. Severin in Köln, nicht nachgewiesen werden kann, hatte wohl 1512 bei Tannstetter in Wien studiert und war ab 1514 einige Jahre in Ungarn und als Geheimsekretär des Bakócz tätig (ENGELMANN, S. 24; MESCHENDÖRFER/MITTELSTRASS, Anm. 19a).

Autoren/Werke. (1) **Arnold von Vohburg** (um 1000–vor 1050), Mönch und späterer Propst des Klosters St. Emmeram in Regensburg, besuchte, vom Abt von St. Emmeram entsandt, sechs Wochen lang Erzbischof Johannes in G. Während seines Aufenthalts in Ungarn verfasste er das ‚Emmeramsofficium' (um 1030), eine Sammlung von Antiphonen und Responsorium über den Hl. Emmeram, mit denen ein altes Offizium abgelöst werden sollte. In der Antiphon ‚In II. nocturno' wird der Hl. Märtyrer Emmeram gelobt, der *Baioariam veniens* [...] *a Theodone duce Pannoniam petendi licentiam petiit*, die Erlaubnis, nach Ungarn zu reisen, sei ihm allerdings nicht erteilt worden (513D). Damit ist Emmeram zu einem Vorläufer der Ungarnmission stilisiert. Das Officium ist in drei Handschriften erhalten, darunter lt. LANGOSCH (S. 468) die Originalhandschrift (München, BSB, Clm 14870, fol. 9–15) und zwei Abschriften aus dem 13. bzw. fruhen 15. Jh. (Clm 14262, Clm 14872). CSÓKA (S. 338) nimmt an, dass das St. Emmeramsofficium am 22.9.1031 von Studenten der → G.er Kathedralschule uraufgeführt worden sei (vgl. SÓLYMOS, S. 592); die Kathedralschule dürfte allerdings erst später gegründet worden sein.

Ein (2) ***Breviarium***, das laut Vorwort ausdrücklich für den Gebrauch in der Kirche und Diözese von G. gedacht ist (B^v), wurde im November 1480 im Auftrag von Michael Turon, Weihbischof von G., und aufgrund eines Mandats von Matthias Corvinus aus dem Jahr 1479 von dem Augsburger Erhard Ratdolt in Venedig gedruckt, vermittelt durch den *libra-*

rius Johannes Cassis aus Regensburg. Das in der ÖNB Wien erhaltene Exemplar (Ink 32-198) weist Benutzerspuren v. a. aus dem 15.–16. Jh. auf Latein, Slavisch, Ungarisch und Deutsch auf, darunter auch einige nachgetragene Notenzeilen zu den Hymnen, die auf einen Gebrauch im gottesdienstlichen Rahmen schließen lassen. Beachtenswert sind auch eine von einer Hand des 16. Jh.s eingetragene, ehemals 8 Verse lange, gereimte Bauernregel auf Deutsch (A2^r) und Latein (A^v) und auf das Jahr 1617 datierte lat. Einträge ins Kalendarium, die auf eine Benutzung als Familienbuch hinweisen.

Überlieferung. Aus der Zeit nach Pálóci stammt ein zweibändiges Antiphonar, das im Besitz der Erzbischöfe von G. war (Esztergom, FL, Ms. I 3c; Budapest, MTAK, K 483; Budapest, EK, Fr. 1 m. 236). Einige weitere erhaltene Antiphonare und liturgische Handschriften lassen sich nicht eindeutig der Kathedrale oder dem → Kapitel von G. zuordnen. Dies gilt ähnlich auch für das sog. ‚Chereödy Missale', das heute in der Kathedralbibliothek von G. aufbewahrt wird (vgl. Czékli, S. 328). Wann es nach G. gelangt ist, ist nicht bekannt. Es wurde 1511 bei Petrus Liechtenstein gedruckt, versehen mit einem illustrierten Holzschnitt eines ung. Meisters, der Maria als Schutzpatronin Ungarns darstellt. Aus dem Jahr 1592 trägt der Band einen Besitzereintrag und das Wappen des János Csereödi, *administrator ecclesiae Strigoniense*.

Aus den Beständen des Erzbischofs László Szalkai (1524–26) ist der von ihm selbst angelegte ‚Szalkai Codex' (1489/90; Esztergom, FK, Ms. II. 395) überliefert. Er enthält Abschriften aus lat. Lehrbüchern und Mitschriften Szalkais aus der Schule des Augustinerklosters in Patak.

Ausgaben. De sancto Stephano rege, Analecta Hymnica Medii Aevi 55 (1915), Nr. 315; Arnold von Vohburg, Officium proprium, in: Acta Sanctorum, hg. v. Société des Bollandistes, 1734–60, Sept. VI., S. 512–515; Tabula Hungarie ad quatuor latera, Faksimiledruck, 1982.

Literatur. Cs. Csapodi/K. Csapodiné Gárdonyi, Bibliotheca Hungarica. Kódexek és nyomtatott könyvek Magyarországon 1526 előtt, Bd. 1, 1988; Bd. 3, 1994. — F. Zaisberger, Bernhard von Rohr und Johann Beckenschlager, Erzbischof von Gran. Zwei Salzburger Kirchenfürsten aus der zweiten Hälfte des 15. Jahrhunderts, Diss. Wien 1964; I. W. Frank, Leonhard Huntpichler O. P. (gest. 1478), Theologieprofessor und Ordensreformer in Wien, Archivum Fratrum Praedicatorum 36 (1966), S. 313–388; J. L. Csóka, A latin nyelvű történeti irodalom kialakulása Magyarországon a XI–XIV. században, 1967; Gy. Györffy, Zu den Anfängen der ungarischen Kirchenorganisation auf Grund neuer quellenkritischer Ergebnisse, Archivum historiae pontificiae 7 (1969), S. 79–113; J. Gottschalk, Der Breslauer Johannes Beckensloer, Erzbischof von Gran und Salzburg, Archiv für Schlesische Kirchengeschichte 27 (1969), S. 98–129; F. Zaisberger, Johann III. Beckenschlager, NDB 10 (1974), S. 533; I. W. Frank, Der antikonziliaristische Dominikaner Leonhard Huntpichler, AÖG 131 (1976); K. Langosch, Art. Arnold von St. Emmeram, ²VL 1 (1977), S. 464–470; Gy. Györffy, Art. Ladislaus IV, BLGS 3 (1979), S. 3f.; G. Engelmann, Johannes Honter als Geograph, 1982; L. Stegena, Lazarus Secretarius. The First Hungarian Mapmaker and his Work, 1982; I. W. Frank, Art. Huntpichler (-puhler, Hundsbichler), Leonhard, ²VL 4 (1983), Sp. 312–316; K. Csapodi-Gárdonyi, Die Bibliothek des Johannes Vitez, 1984; F. Mader, Stadtarchiv Passau: Tausend Passauer, 1995; H. Meschendörfer/O. Mittelstrass, Siebenbürgen auf alten Karten, 1996; Gy. Kristó, Az első esztergomi érsekekről, Magyar egyháztörténeti vázlatok 11/3–4 (1999), S. 7–18 [mit engl. Zusammenfassung]; K. Körmendy, A Budai II. gyűjtemény esztergomi vonatkozású kódexei, Magyar Könyvszemle 116 (2000), S. 351–356; S. Sólymos OSB, The First Benedictine Monks in Hungary, in: Paradisum plantavis. Benedictine Monasteries in Medieval Hungary, hg. v. I. Takács, 2001, S. 588–596; M. Beke, Esztergom. The Hungarian Zion, in: A Thousand Years of Christianity in Hungary, hg. v. I. Zombori u. a., 2001, S. 183–188; B. Czékli, Master I. K. Graduale Strigoniense, ebd., S. 328; G. Thoroczkay, The Dioceses and Bishops of Saint Stephen, in: Saint Stephen and His Country. A Newborn Kingdom in Central Europe: Hungary, hg. v. A. Zsoldos, 2001, S. 49–68; I. Horváth, Esztergom im Mittelalter, in: Mariazell und Ungarn. 650 Jahre religiöse Gemeinsamkeit, hg. v. W. Brunner u. a., 2003, S. 137–153; T. Dér, A liturgikus énekek Szent Istvánja, Tiszatáj 57 (2003), S. 85–93; A. Bálint, Missale des György Pálóci, Erzbischof von Esztergom, in: Sigismundus Rex et Imperator. Kunst und Kultur zur Zeit Sigismunds von Luxemburg 1387–1437, hg. v. I. Takács, 2006, S. 417–419; A. Haidinger, Brevier des Georg Pálóci, Erzbischof von Esztergom, ebd., S. 319; F. Földesi: A society of scholars and books. The library of János Vitéz, in: A Star in the Raven's Shadow. János Vitéz and the Beginnings of Humanism in Hungary, hg. v. F. Földesi, 2008, S. 92–104; E. Marosi, Ungarn und Passau zur Zeit von König Sigismund von Luxemburg und Erzbischof Georg von Hohenlohe von Gran, in: Der Passauer Dom des Mittelalters, hg. v. M. Hauck/H. Wurster, 2009, S. 249–263; Leonhard Frater Huntpichler, RAG.

Cora Dietl/Krista E. Zach/
Anna-Lena Liebermann

A.3 Vikariatsgericht

Geschichte. Die mittelalterliche geistliche Gerichtsbarkeit in Ungarn sah (ähnlich wie in Italien und Spanien) vor, dass ein Generalvikar an der Spitze der mit der Macht des Bischofs versehenen geistlichen Gerichte stand. Dieser war zuweilen der Bischof selbst oder aber der Erzdiakon, ein Vize-Erzdiakon oder Abt (vgl. Erdő 2005, S. 92). In Papsturkunden werden die Generalvikare in dieser Eigenschaft auch *officiales* genannt, analog zur geistlichen Gerichtsbarkeit in anderen Ländern Europas.

Autoren/Werke. Das älteste Zeugnis eines Vikariatsgerichts in Ungarn ist ein Protokollbuch des entsprechenden Gerichts in G., angelegt von dem Generalvikar Bischof Demetrius von Nyás im Jahr 1525. Das ‚**Protocollum Annorum**' (1525, 1532, 1564) war durchgehend im Besitz der Erzdiözese G. Der älteste Teil der Papierhandschrift (Esztergom, PLE, Teil der *Acta Consistorialia*) ist auf Anfang 1525 datiert, als *dominus demetrius episcopus iudex in domo solito sedet pro tribunali* (S. 26, zit. nach Erdő 1994, S. 78). Die hier verzeichneten Gerichtsfälle sind teils geistlicher, teils profaner Natur, wie z. B. ein Fall *Anne Peczeli contra Petrum literatum de Pesth* (S. 3; Erdő 1994, S. 79). An die Protokolle schließt sich eine Sammlung von juristischen Definitionen und Formeln an, die zum Teil datiert sind. Die älteste Datierung reicht bis zum 12. 5. 1512 zurück (S. 50; Erdő 1994, S. 80). Von Demetrius von Nyás ist auch das wichtigste Formelbuch des mittelalterlichen Ungarns angelegt worden, das eine reiche Auswahl von Aktenformeln beinhaltet (vgl. ders. 1994, S. 82).

Literatur. P. Erdő, Ungarn (Kirchenprovinzen von Esztergom bis Kalocsa), in: The Records of the Medieval Ecclesiastical Courts, hg. v. C. Donahue, Bd. 1, 1989, S. 123–185; ders., Das älteste Protokollbuch des Vikariatsgerichtes von Esztergom (Ungarn), in: De Iure Canonico Medii Aevi, hg. v. P. Landau, 1994, S. 71–84, auch in: ders., Kirchenrecht im mittelalterlichen Ungarn. Gesammelte Studien, 2005, S. 105–135; ders.: Mittelalterliche Offizialate in Ungarn und in Polen, ebd., S. 87–104.

Cora Dietl

A.4 Kapitel

Geschichte. Ab dem 12. Jh. bis 1543 ist das Domkapitel in G. erwähnt, unter der Bezeichnung *Monasterium sancti Adalberti*. Eine Erweiterung fanden die Gebäude des Domkapitels, als 1391 unter Erzbischof János Kanizsai die wohl unter Fürst Géza im 10. Jh. errichtete Stephanskirche zu einem Kapitelsaal umgestaltet wurde (vgl. Horváth, S. 139).

Autoren/Werke. Offensichtlich in Ungarn, sowohl in der Nähe der Bischöfe von G. als auch im Umkreis Ludwigs I., eventuell im Kapitel von G., ist eine heute in Wien (ÖNB, Cod. 481) aufbewahrte Pergamenthandschrift gebunden und ergänzt worden. Sie entstand vielleicht Anfang des 14. Jh.s in Süditalien (Hermann, S. 18) und enthält ursprünglich Abschriften der für den Staufer Friedrich II. verfassten ‚Summa dictaminis' des Petrus de Vinea und der ‚Summa dictaminis' des Richardus de Pofis. Daneben aber enthält sie von einer Hand des späteren 14. Jh.s verschiedene **(1) Briefmuster und Formeln** (u. a. zur Exkommunikation von Glaubensabtrünnigen) und Abschriften von Briefen, insbesondere eine Aufforderung an die Priester des Landes, gegen die *tataros, saracenos, cumaros et neuga-*

rios zu predigen, von Erzbischof → Lodomer von G., sowie einen diesbezüglichen Briefwechsel Lodomers mit Papst Bonifaz VIII. (fol. 115ᵛ). Im Band aufgezeichnet ist auch der Brief eines Bischofs von → Fünfkirchen an die Gemeinde in Puschendorf (RO), in der seine Sorge um die Bewahrung des rechten (*orthodoxa*) christlichen Glaubens (fol. 228ᵛ) zum Ausdruck kommt. Diese Sammlung von Briefen scheint im Kontext neuer Bedrohungen des Christentums in Ungarn entstanden zu sein, der v. a. auch auf rhetorischem Feld begegnet werden sollte. Einen Hinweis zur Datierung der in Ungarn entstandenen Nachträge im Band könnte die Abschrift eines Privatbriefs Ludwigs I. (geb. 1326) an seine Mutter Elisabeth liefern (fol. 115ᵛ).

An weiteren in G. angelegten Gebrauchstexten sind der zwischen 1472 und 1530 angelegte **(2) ‚Liber proventuum capituli Strigoniensis'** (Esztergom, FK, Ms I.311, CSAPODI 1988, S. 328) zu erwähnen sowie das Formelbuch des Demetrius von Nyás, Vikar der Kirche von G., aus dem frühen 16. Jh. (Esztergom, FK, Ms II. 507, CSAPODI 1988, S. 330).

Überlieferung. Im Archiv des Kapitels wurden neben Originalurkunden zahlreiche Abschriften gelagert. Vom Beginn des 15. Jh.s ist ein ausführliches Archivregister erhalten, das drittälteste aus Ungarn. Es umfasst 207 Dokumente: von den ung. Königen ausgestellte Privilegien und Schenkungsurkunden, darunter u. a. eine Schenkungsurkunde der Königin Elisabeth sowie eine Abschrift der Goldenen Bulle aus dem Jahr 1318, sowie Briefe, welche den Besitz von Klöstern und Kapiteln betreffen, und wenige Dokumentationen von Rechtsstreitigkeiten. Von den genannten Titeln sind heute noch 174 erhalten: fast alle im Primatial- oder im Kapitelarchiv des Erzbistums G. (PROKOPP, S. 138).

Der ehemaligen Bibliothek des Kapitels oder der Kathedrale lassen sich zahlreiche liturgische Schriften zuordnen, v. a. Antiphonale, Missalen, Psalterien und Breviarien (vgl. CSAPODI 1988). An theologischen Schriften aus dem ehemaligen Bestand der Bibliothek ist eine im späten 12. Jh. von Bernhard von Perugia der Kathedrale gestiftete Handschrift des lat. Hoheliedkommentars des Haimo von Halberstadt (Esztergom, FK, Ms II. 3; CSAPODI 1988, S. 329) zu erwähnen. Im Besitz der Bibliothek in G. befand sich wohl auch noch im 16. Jh. eine in Leutschau (SK) angelegte Handschrift der ‚Lectiones antiqui officii ecclesiae Strigonienis', welche *Lectiones* des Hl. Gerhard enthält (KAINDL, S. 14).

In die Kapitelbibliothek ging wohl auch die Bibliothek des Propstes Ladislaus ein, die in seinem Testament aus dem Jahr 1277 dokumentiert ist (CSAPODI 1994, S. 40f.). Sie umfasste insgesamt 20 lat. Titel, darunter 11 rechtswissenschaftliche, ein Breviar, eine Bibel und sieben theologische Titel.

Ausgabe. Az esztergomi prímási levéltár 15. századi leltára, hg. v. G. PROKOPP, Levéltári Közlemények 37 (1966), S. 113–137.

Literatur. Cs. CSAPODI/K. CSAPODINÉ GÁRDONYI, Bibliotheca Hungarica. Kódexek és nyomtatott könyvek Magyarországon 1526 előtt, Bd. 1, 1988; Bd. 3, 1994. — R. F. KAINDL, Studien zu den ungarischen Geschichtsquellen. XIII, XIV, XV und XVI, Archiv für österreichische Geschichte 91 (1902), S. 1–38; H. J. HERMANN, Die italienischen Handschriften des Dugento und Trecento, Teil 1, 1928; G. BÓNIS, Útmutató az esztergomi prímási levéltárhoz. Archivum Ecclesiasticum, 2 Bde, 1964; G. PROKOPP 1966 (s. o.); M. BEKE, Esztergom. The Hungarian Zion, in: A Thousand Years of Christianity in Hungary, hg. v. I. ZOMBORI u. a., 2001, S. 183–188; I. HORVÁTH, Esztergom im Mittelalter, in: Mariazell und Ungarn. 650 Jahre religiöse Gemeinsamkeit, hg. v. W. BRUNNER u. a., 2003, S. 137–143; A. HEGEDŰS, Caput, Mater et Magistra. Die Rolle der Erzbischöfe von Esztergom in der tausendjährigen Geschichte des ungarischen Staates und der Kirche, ebd., S. 144–153.

CORA DIETL

A.4.1 Kathedralschule

Geschichte. Im Mittelalter war die Kathedralschule von G. eine der am höchsten angesehenen Ausbildungsstätten in Ungarn (vgl. Hegedűs, S. 151). Hinweise zu den Lehrinhalten in den Fächern Grammatik, Arithmetik, Astronomie und v. a. Rhetorik bieten die im ‚Chronicon Strigoniense' (Esztergom, FK, Ms. III.184) überlieferten – in ihrer Authentizität allerdings umstrittenen – Aufzeichnungen eines Schülers aus dem 12. Jh. (*Esztergomi diákjegyzet*): Der Band enthält ausführliche Exzerpte aus der ‚Rhetorica ad Herennium' (vgl. Mészáros, S. 201). Zwei erhaltene Exemplare der Schulordnung bzw. des Schulkanons aus dem 15. Jh. (Wien, BSS, Cod. Lat. 305; Budapest, OSZK, Cod. Lat. 410) vermitteln einen weiteren Eindruck des Curriculums an der Kathedralschule: Es handelt sich um einen weitgehend traditionellen Unterricht in den Artes und der Theologie. Unter den Lehrbüchern für die *septem artes liberales* ist u. a. auch der ‚Computus' des Johannes von Erfurt genannt (vgl. Csapodi, S. 31). Auffällig sind sowohl eine besondere Neigung zu Merksprüchen und Versfassungen der Lehrinhalte (wie zum Beispiel der Zehn Gebote) als auch ung. Glossen, die vermuten lassen, dass im Unterricht gelegentlich auch zur Volkssprache gegriffen wurde.

Autoren/Werke. Aus schulischem Gebrauch stammt wohl der ‚**Tractatus theologici et sermones in usum scholae Strigoniensis**' (Budapest, OSZK, Cod. Lat. 410), eine lat. Sammelhandschrift theologischer Traktate und Predigten aus der Zeit um 1463–76. Aus zwei zeitgenössischen Einträgen, *Secuntur impositiones hystoriarum per modum Strigniensem* (fol. 22^r) und *Expliciunt decem precepta domini in scola strigoniensi. M.-o Quaturcentessimo Sexagesimo Tercio etc* (fol. 138^r), sowie aus einem von neuerer Hand (15./16. Jh.) nachgetragenen Hymnus auf den Hl. Adalbert, den Patron der Kathedrale von G. (fol. 224^{r-v}), kann man schließen, dass die Handschrift für die Schule des Kapitels von G. angefertigt und in ihr verwendet wurde. Der Schreiber nennt sich auf fol. 10^r *Nicolaus plebanus*; er habe seine Arbeit im Jahr 1463 abgeschlossen. Eine zweite Datierung (31.3.1476) findet sich auf fol. 124^v: *Explicit Anno domini M.-o CCCC.-o septuagesimo sexto ante dominicam Iudica me deus* (vgl. Bartoniek, S. 370–376). Die Handschrift legt Zeugnis dafür ab, dass in G. die Werke des Thüringers Heinrichs von Friemar rezipiert wurden; im Kontext der Horen zu Lk 18 wird explizit auf ihn verwiesen: *sicut Henricus dicit de vrimaria de perfeccione inferioris hominis x gracias ago tibi quia exaudisti me. etc.* (76va). Literaturgeschichtlich ist die Sammlung nicht zuletzt dadurch bedeutend, dass sie auf fol. 140^r–143^r eine halbdramatische dialogische Darstellung der Aussendung der Apostel bietet.

Ausgaben. A XII. századi esztergomi diákjegyzet, hg. v. I. Mészáros, 1973.

Literatur. E. Bartoniek, Codices manu scripti latini 1: Codices latini medii aevi, 1940; Cs. Csapodi/ K. Csapodiné Gárdonyi, Bibliotheca Hungarica. Kódexek és nyomtatott könyvek Magyarországon 1526 előtt, Bd. 1, 1988. — I. Mészáros, Die Geschichte des tausendjährigen ungarischen Schulwesens, 1999; ders., Education and the Church, in: A Thousand Years of Christianity in Hungary, hg. v. I. Zombori u. a., 2001, S. 201–206, M. Beke, Esztergom. The Hungarian Zion, ebd., S. 183–188; K. Körmendy, Studentes extra regnum. Egyetemjárás és könyvhasználat az esztergomi káptalanban 1183–1543, 2007.

Cora Dietl

A.4.2 Collegium Christi

Geschichte. Als Unterinstitution der Kathedralschule wurde Ende des 14. Jh.s von János Budai, Erzdiakon von Bars, das Collegium Christi gegründet, für ärmere Studenten der Kathedralschule, denen ein Studium im Ausland ermöglicht werden sollte. Sie studierten zunächst an der Kathedralschule, wobei sie die eigene Bibliothek des Collegium Christi benutzen durften, und wechselten dann mit einem Stipendium nach Wien, Prag (CZ), Krakau (PL) oder an eine ital. Universität (vgl. MADAS 2008, S. 11).

Überlieferung. Von den mindestens 50 Büchern des Collegium Christi sind acht identifiziert worden: eine Bibel, zwei Bücher, die sich auf das Curriculum der Artes beziehen, zwei juristische und drei theologische Bände (vgl. KÖRMENDY 1983; CSAPODI, S. 32, 57). Unter diesen Werken befindet sich eine heute in der ÖNB Wien (Cod. 5051, vgl. UNTERKIRCHNER, S. 154) liegende Handschrift mit Kommentaren zu den ‚Decretalen' Gregors IX. aus der Hand des unter den Kanonikern aus G. namentlich bezeugten Simon Darvas aus Hanva (SK). Er schrieb sich 1442 in die Matrikel der Wiener Artistenfakultät ein, studierte dann von 1448 bis 1450 in Padua bei Jacobus de Zocchi kanonisches Recht. Dort fertigte er 1451 die Handschrift an. Laut Schreiberangabe (fol. 470ᵛ) war er zu dieser Zeit noch Magister der Freien Künste. Über seinen Mitstudenten László Kozárdi, Erzbischof von Bars (SK; KÖRMENDY 2008, S. 50), gelangte die Handschrift in die Bibliothek des Collegium Christi (Besitzereintrag fol. 470ᵛ). Erst später wurde Simon Darvas Canonicus in G. (vgl. KÖRMENDY 2008, S. 50).

Literatur. F. UNTERKIRCHNER, Die datierten Handschriften der Österreichischen Nationalbibliothek von 1451 bis 1500, 1974; Cs. CSAPODI/K. CSAPODINÉ GÁRDONYI, Bibliotheca Hungarica. Kódexek és nyomtatott könyvek Magyarországon 1526 előtt, Bd. 1, 1988. — K. KÖRMENDY, Az esztergomi Collegium Christi és könyvtára a XIV-XVI. században, Magyar Könyvszemle 99 (1983), S. 1–20; B. CZÉKLI, Chereődy Missale, in: A Thousand Years of Christianity in Hungary, hg. v. I. ZOMBORI u. a., 2001, S. 328; K. SZENDE, The Uses of Archives in Medieval Hungary, in: The Development of Literate Mentalities in East Central Europe, hg. v. A. ADAMSKA/ M. MOSTERT, 2004, S. 107–142; K. KÖRMENDY, Studentes extra regnum. Egyetemjárás és könyvhasználat az esztergomi káptalanban 1183–1543, 2007; DERS., Commentarius in Libros V Decretalium, in: A Star in the Raven's Shadow. János Vitéz and the Beginnings of Humanism in Hungary, hg. v. F. FÖLDESI, 2008, S. 50; E. MADAS, The late-medieval book culture in Hungary form the 1430s to the late 1470s, ebd., S. 9–23.

CORA DIETL

A.5 Einzelpersonen

A.5.1 Bruno von Querfurt

ca. 974–1009

Lebensweg. Bruno stammte aus dem Grafenhaus zu Querfurt bei Merseburg. Nach einem Studium in Magdeburg bei Thietmar von Merseburg wurde er bald Mitglied des dortigen Kapitels sowie Hofkaplan Ottos III. Diesen begleitete er 997 nach Rom, wo er Mönch des Alexiusklosters wurde. 1002 entschloss sich Bruno zur Ostmission und wurde vom Papst zum *archiepiscopus gentium* ernannt. Politische Konflikte zwischen Polen und dem Reich vereitelten seine Pläne der Prussenmission; so reiste er 1003 zu den heidnischen Széklern. Nach einer kurzen Rückkehr nach Merseburg 1004 missionierte er u. a. unter den Schwarzen Ungarn, schließlich brach er 1009 zur Prussenmission auf und erlitt bei dieser den Märtyrertod. Fast alle Informationen zu seinem Leben müssen aus seinen 1008 in Polen entstandenen Werken entnommen werden, der ‚Vita quinque Fratrum' und der ‚Epistola ad Henricum' (vgl. BERG, Sp. 1054; KORPELA, S. 119).

Werke. Brunos ‚Vita S. Adalberti Pragensis episcopi et martyris' liegt in einer älteren Lang- und einer jüngeren Kurzfassung vor. Während die jüngere 1008 in Polen entstanden sein dürfte, ist die ältere Fassung wohl 1004 entstanden, entweder nur auf der Grundlage der ‚Adalbertus-Vita' des Johannes Canaparius und verschiedener Quellen aus dem Alexiuskloster in Querfurt (BERG, Sp. 1054) oder aber zusätzlich unter Einbeziehung der Augenzeugenberichte → Radlas in G. (GÁBOR, S. 55; VOIGT, S. 145).

Ausgaben. Brun von Querfurt, Vita S. Alberti Pragensis episcopi et martyris, hg. v. J. Karwasinska, Mon. Pol. Hist. 4/2 (1969), S. 3–41; dt. Übers.: Voigt (s. u.), S. 333–376.

Literatur. H. G. Voigt, Brun von Querfurt. Mönch, Eremit, Erzbischof der Heiden und Märtyrer, 1907; D. Berg, Art. Brun von Querfurt, ²VL 1 (1978), Sp. 1053–56; J. Korpela, Ein Bischof zwischen zwei Heiligen. Bruno von Querfurt, St. Vladimir und Heinrich (II.) der Heilige, in: Bayern und Osteuropa, hg. v. H. Beyer-Thoma, 2000, S. 117–130; T. Gábor, The Dioceses and Bishops of Saint Stephen, in: Saint Stephen and His Country. A Newborn Kingdom in Central Europe: Hungary, hg. v. A. Zsoldos, 2001, S. 49–68.

Cora Dietl

A.5.2 Stephan Stieröchsel (auch Stieröxel, lat. Taurinus)

ca. 1485–1519

Lebensweg. Humanist, Geistlicher, Dichter, geboren in Zwickau. Stieröchsel gehörte in Olmütz (CZ) zum von Bischof Stanislaus Thurzó von Bethlenfalva ab ca. 1500 geförderten Gelehrtenkreis, der Sodalitas Marcomannica. Nach Studien in Wien (Magister Artium, um 1511), wo er im Humanistenkreis des Konrad Celtis u. a. mit Johannes Cuspinian, Joachim Vadian und Adrian Wolfhard verkehrte, besetzte Stieröchsel höhere geistliche Ämter in Olmütz, Brünn (CZ), Liegnitz (PL) und, in Diensten des Fürstprimas Ungarns Thomas Bakócz, in G. Mit Kardinal Bakócz reiste er 1513 nach Rom, um vom Papst die Kreuzzugsbulle für den Türkenkrieg Ungarns zu erwirken. 1517 war er Archidiakon in Hunyad und schließlich Generalvikar unter Bischof Franciscus Váradi in → Weißenburg (RO).

Werke. Über Dalmatien und Kroatien nach Ungarn zurückgekehrt, begann Stieröchsel in G. sein in → Weißenburg (RO) vollendetes Hauptwerk, die ‚Stauromachia' (griech: ‚Kreuzzug'). Wenig erforscht ist seine in → G. entstandene Gelegenheitsdichtung, wie etwa sein Widmungsgedicht ‚Ad Florum elimatissimum librum Stephani Taurini' in Cuspinians Ausgabe ‚Lucii Flori libri historiarum quatuor' (Wien: Johannes Winterburger 1511, VD16 F 1686), fol. 3ʳ.

Literatur. F. Babinger, Der mährische Humanist Stephan Taurinus und sein Kreis, Südost-Forschungen 13 (1954), S. 62–93; Sie förderten den Lauf der Dinge: Deutsche Humanisten auf dem Boden Siebenbürgens, hg. v. B. Capesius, 1967, S. 79–107; F. Machilek, Der Olmützer Humanistenkreis, Pirkheimer-Jahrbuch für Renaissance- und Humanismusforschung 12 (1997), S. 111–135; A. Strnad, Die Erneuerung von Bildung und Erziehung durch die Humanistenbischöfe in Schlesien, Mähren und Ungarn, in: Kirchliche Reformimpulse des 14./15. Jahrhunderts in Ostmitteleuropa, hg. v. W. Eberhard/F. Machilek, 2006, S. 179–215; L. Szörényi/L. Jankovits, A megíratlan és a megírt magyar tárgyú eposz 1519. Megjelenik Stephanus Taurinus Stauromachiája, in: A magyar irodalom történetei, hg. v. L. Jankovits/G. Orlovszky, Bd. 1, 2. Aufl. 2008, S. 195–203; L. Jankovits, Art. Adrianus Wolphardus, MAMűL 13 (2012), S. 58.

Krista Zach

B. Klöster

Franziskaner

Patr.: Hl. Anna — gegr.: 1224

Geschichte. König Béla IV. ließ 1224 in G. die Kirche Mariahilf errichten, als Kern des dort gegründeten Franziskanerklosters (das später der Hl. Anna geweiht wurde). In der Klosterkirche ist König Béla IV. mit seiner Familie beigesetzt (Horváth, S. 141f.). Das Kloster wurde Zentrum der spätestens 1228 eingerichteten Franziskanerprovinz Hungaria (bis 1523 mehrfach umbenannt, vgl. SPHR, S. 8f.). Zur Besiedlung des Klosters entsandte Johannes de Plano Carpini, der der Ordensprovinz Germania vorstand, Mönche aus seiner Ordensprovinz (vgl. SPHR, S. 7). Bis 1239 wurde die Provinz Hungaria, obgleich sie dem Erzbistum G. unterstand, vom Provinzial der Provinz Germania mit verwaltet; König Béla setzte 1240 mit Bestätigung des Papstes den ersten Provinzial der selbstständigen Ordensprovinz ein: Johannes, den Bruder des frz. Königs

Philipps III. des Kühnen (SPHR, S. 8). Ab der zweiten Hf. des 14. Jh.s ist die Herkunft der meisten Provinziale bezeugt; die Mehrheit stammt aus Ungarn; bis 1526 stammt ein Provinzial aus Siebenbürgen: Johannes de Zevles (→ Großalisch, RO), 1409–15 (SPHR, S. 11). Die Bibliothek des Franziskanerklosters wurde unter den Osmanen komplett zerstört. Die Bestände der im 19. Jh. neu eingerichteten Bibliotheken in G. sind keine ursprünglich G.er Bestände.

Literatur. Schematismus Provinciae Hungariae Reformatae nunc Sanctae Mariae nuncupatae Ordinis Minorum S. P. Francisci as annum Christi communem 1867 [SPHR], 1867; K. Körmendy, Az Esztergomi Főszékesegyházi Könyvtár, a ferences rendház és a Babits Mihály Városi Könyvtár állományának történeti áttekintése, Magyar Könyvszemle 107 (1991), S. 20–39; M. Beke, Esztergom. The Hungarian Zion, in: A Thousand Years of Christianity in Hungary, hg. v. I. Zombori u. a., 2001, S. 183–188; I. Horváth, Esztergom im Mittelalter, in: Mariazell und Ungarn. 650 Jahre religiöse Gemeinsamkeit, hg. v. W. Brunner u. a., 2003, S. 137–153.

Cora Dietl

C. Residenz der Arpaden
ca. 970 bis 1242

In der Römerzeit bereits Standort eines Militärlagers zur Sicherung des Donaulimes, wurde G. unter Großfürst Géza (970–997) zur festen Residenz der ung. Herrscher aus dem Haus der Arpaden. Gézas Sohn Vajk wurde vermutlich zwischen 967 und 980 (Kristó, S. 15) in oder in der Nähe von G. geboren; nach seiner Taufe auf den Namen Stephan (ung. István) und seiner Heirat mit der bay. Herzogstochter Gisela 995 oder 996 wurde er der Überlieferung nach am Weihnachtstag des Jahres 1000 zum König von Ungarn gekrönt. Von G. aus betrieben Géza und Stephan die Missionierung des Landes (Cséfalvay, S. 7), unterstützt durch das Bistum Passau und vorangetrieben v. a. durch Bruno von St. Gallen (Horváth 2003, S. 137). Die Arpaden pflegten auch enge Handelsbeziehungen mit dt. Städten; dies beweist u. a. die Ankunft von jüdischen Regensburger Kaufleuten in G. 1010 (ebd.). Unter Béla III. (1172–96) entstand die heute noch in Resten erhaltene Königsburg, auf der er 1189 auch Kaiser Friedrich I. Barbarossa auf seinem Kreuzzug ins Heilige Land mit großem Prunk empfing. Nach Zerstörungen durch die Tataren 1242 verlegte Béla IV. die königliche Residenz nach → Ofen, die Stadt G. blieb aber weiterhin ein religiöses und kulturelles Zentrum von Ungarn. 1543 wurde die Burg von den Türken eingenommen und stark zerstört, erst 1683 gelang nach mehreren erfolglosen Versuchen ihre endgültige Rückeroberung.

Baulich glich die Residenz aus der Arpadenzeit, wie man aus den erhalten gebliebenen Resten erschließen kann, den Pfalzen der Staufer in Goslar, Gelnhausen, Wimpfen oder Eger (Cheb, CZ) Ende des 12. Jh.s, allerdings schlossen sich hier die Gebäude von → Erzbistum und → Kapitel unmittelbar an die Burganlage an (Horváth 2003, S. 140).

Literatur. A. Balla, Esztergom, 1991; I. Horváth, Das mittelalterliche Esztergom (Gran) und seine Sakralbauten, 1997, S. 79–90; I. Horváth, Esztergom, 1999, S. 9–42; I. Horváth, Gran (Esztergom) zur Zeit Stephans des Heiligen, in: Europas Mitte um 1000. Beiträge zur Geschichte, Kunst und Archäologie, hg. v. A. Wieczorek u. a., 2000, S. 576–580; G. Kristó, The Life of King Stephen the Saint, in: Saint Stephen and His Country, hg. v. A. Zsoldos, 2001, S. 15–36; P. Cséfalvay, Die Basilika, der Domschatz und der Burgberg zu Esztergom, 2006.

Eva Spanier/Cora Dietl

C.1 Hof König Stephans I.
1000–1038

Der Beginn der dt. Besiedlung Ungarns ist auf Stephan I. (969–15. 8. 1038), den Begründer des christlichen Königreiches Ungarn, zurückzuführen. Taufe und Erziehung erhielt Stephan von dem Hl. Adalbert von Prag. Durch seine 995 in Regensburg geschlossene Ehe mit Gisela (vgl. Majoros, S. 63), der Schwester des späteren röm.-dt. Kaisers Heinrich II., die ihre Erziehung durch Wolfgang von Regensburg erhielt (vgl. Csóka, S. 34), förderte er die „Einbindung Ungarns in das westliche Christentum und in das System der Reiche europäischer Prägung" (Majoros, S. 64). In Giselas Gefolge kamen Geistliche und Adlige, ihrerseits mit Gefolge, dazu Kaufleute, Beamte und Handwerker (Greul, S. 544) aus Bayern ins Land. Mit der Hilfe dt. Ritter setzte sich Stephan gegen heidnische Aufständische, besonders gegen Koppány, durch und erhielt im Jahr 1000 zu seiner Königskrönung von Papst Silvester II. die sog. Stephanskrone zugesandt. Seine ‚Staatsgründung' gestaltete er nach röm.-dt. Vorbild (die ung. Komitate basieren auf dem Vorbild der dt. Grafschaften [vgl. Wünsch, S. 24]); für den Ausbau der Kirchenorganisation berief Stephan I. dt. Ordensleute, vorwiegend aus Bayern, nach Ungarn. Er gründete zwei Erzbistümer, acht Bistümer und vier Abteien; zudem ließ er Klöster errichten. → Stuhlweißenburg gestaltete er als „Zentrum der Dynastie" (Wünsch, S. 21) nach dt. Vorbild. Der Ausbau des königlichen Hofes und der Kirchenstruktur bedingte einen kulturellen Aufstieg des Landes (vgl. Adriányi, Sp. 1259).

Auch das Kanzleiwesen fand mit Stephan Einzug in Ungarn, der u. a. dt. Notare als Bischöfe nach Ungarn holte (Greul, S. 545; Wünsch, S. 23). Der Urkundenstil Stephans weist süddt. Einflüsse auf, die wahrscheinlich auf seinen Schwager Heinrich II. zurückgehen, der Stephan Amtshilfe beim Aufbau einer Kanzlei leistete (Wünsch, S. 23). Wohl ebenfalls unter dt. Einfluss verfasste er zwei Gesetzbücher (1001 und 1038; Hauszmann, S. 38). Seinen einzigen Sohn Emmerich (Heinrich) (1000/07–2. 9. 1031), nach Kaiser Heinrich II. benannt, ließ Stephan asketisch erziehen (nach der Legende von Bischof Gerhard von Tschanad) und ließ für ihn den → ‚Libellus de institutione morum' verfassen, vielleicht von → Thankmar. Es handelt sich hierbei um das älteste lat. Literaturdenkmal Ungarns. Schon zu Lebzeiten wollte Stephan I. seinen Sohn an der Herrschaft beteiligen, doch noch vor der Krönung starb Emmerich 1031, wie u. a. die ‚Hildesheimer Annalen' berichten, bei einem Jagdunfall in Hegyközszentimre (RO). Daraufhin ernannte Stephan gegen das Recht des Seniorats, das einen seiner Cousins Andreas oder Béla (beide spätere Könige Ungarns) als Thronfolger vorgesehen hätte, seinen Neffen Peter Orseolo zum Nachfolger.

Stephans und Emmerichs Kanonisierung erfolgten im Jahr 1083 durch König Ladislaus I.

Ausgabe. Szent István, Erkölcstanító könyvecske avagy Intelmek, hg. v. L. Havas, 2004.

Literatur. J. L. Csóka OSB, Geschichte des benediktinischen Mönchtums in Ungarn, 1980; G. Adriányi, Art. Stephan I., Hl. König von Ungarn (969–1038), BBKL 10 (1995), Sp. 1258–61; G. Klaniczay, Art. Emerich, ³LThK, 3, Sp. 625; J. Hauszmann, Ungarn. Vom Mittelalter bis zur Gegenwart, 2004; F. Majoros, Geschichte Ungarns. Nation unter der Stephanskrone, 2008; T. Wünsch, König Stephan I. von Ungarn. Herrschermemoria und politische Norm seit dem Mittelalter, Historisches Jahrbuch 129 (2009), S. 19–33; C. Greul, Deutsche Kanzleisprache in Ungarn, in: Kanzleisprachenforschung. Ein internationales Handbuch, hg. v. A. Greule u. a., 2012, S. 543–555.

Anna-Lena Liebermann

C.1.1 Thankmar
ca. 961–ca. 1030 (?)

Lebensweg. Thankmar war sächs. Abstammung. Er besuchte die Klosterschule in Corvey und übernahm um 984 die Leitung der Kathedralschule in Hildesheim. Unter Bischof Bernward, einem ehemaligen Schüler Thankmars, wurde Thankmar 993 zum Dekan des Domkapitels (und damit Kustos der Bibliothek und des Archivs) von Hildesheim ernannt. Nach dem Tod Bernwards im Jahr 1022 verlieren sich die Spuren Thankmars in Hildesheim. Csóka vermutet, dass er zu Königin Gisela nach Ungarn gegangen sei, um dort für Prinz Emmerich die ‚Institutio morum' zu verfassen (Csóka, S. 64f.). Indizien weisen darauf hin, dass sich Thankmar nach einigen Jahren am Hof nach → Martinsberg zurückgezogen haben und dort gestorben sein könnte (Csóka, S. 72).

Werke. Im Gewand eines Dialogs zwischen königlichem Vater und Prinz vermittelt der **(1) ‚Libellus de institutione morum ad Emericum'** (um 1030) zehn Hauptaufgaben eines künftigen Königs von Ungarn: Wahrung der rechten christlichen Lehre und Schutz der Kirche, Respektieren der Autorität der Bischöfe, quasi-verwandtschaftlicher Umgang mit den Fürsten, Grafen und Rittern des Landes, Wahrung des Friedens, der Gerechtigkeit, Achtung des weisen Rats, Ehrung der Gäste, Wahrung der Traditionen der Vorfahren, Bitte um die Gottesgabe der Weisheit und inneren Stärke und Wahrung des Kranzes der Tugenden. Csóka (S. 65–70) hat gezeigt, wie eng die Lehren des ‚Libellus' mit der Benediktinerregel verbunden sind, was mit Sicherheit auf einen gebildeten benediktischen Autor hinweise. Dass der Autor zu den *hospites* aus Deutschland gehöre, die mit Gisela ins Land gekommen waren, schließt er aus Kap. 6, ‚De detentione et nutrimendo hospitum' (Über das Halten und die Pflege von Gästen). Die Identifikation des Autors mit Thankmar ist freilich nicht unumstritten: Während z. B. Engel (S. 38) Anastasius, → Erzbischof von G., als Verfasser des ‚Libellus' annimmt, verweisen Fedeles (S. 45f.) und Havas (S. VII–XCIX) auf Bonipert, den ersten Bischof von → Fünfkirchen.

Nachdem Thankmar in Hildesheim an kirchenpolitischen und juristischen Entscheidungen des Bischofs beteiligt war, könnte seine Erfahrung für König Stephan I. bei der Neuordnung Ungarns nach der Christianisierung wertvoll gewesen sein. Csóka vermutet deshalb, dass das erste **(2) Gesetzbuch Stephans** von Thankmar verfasst worden sei, zumal es einige stilistische Analogien mit Thankmars Bernward-Biographie und dem ‚Libellus de institutione morum ad Emericum' aufweise (Csóka, S. 71). Auch unabhängig von der Identifikation des Verfassers kann Csóka einen eindeutigen dt. Einfluss auf das Gesetzbuch Stephans erkennen: In den ersten beiden Kapiteln werden Beschlüsse der Mainzer Synoden von 847 und 852 übernommen; in den folgenden Kapiteln sei ein Einfluss der ‚Lex Baiuvariorum' zu erkennen (Csóka, S. 71). Auch Hóman sieht im Kapitel ‚De his, qui hospites alterius sibi tollunt' einen Beweis dafür, dass die Schrift zweifellos von einem bay. Geistlichen verfasst worden sei (Hóman, S. 277).

Ausgabe. Szent István, Erkölcstanító könyvecske avagy Intelmek, hg. v. L. Havas, 2004.

Literatur. B. Hóman, Geschichte des ungarischen Mittelalters, Bd. 1: Von den ältesten Zeiten bis zum Ende des 12. Jahrhunderts, 1940; J. L. Csóka OSB, Geschichte des benediktinischen Mönchtums in Ungarn, 1980; P. Engel, The Realm of St. Stephen. A History of Medieval Hungary 895–1526, 2001; T. Fedeles/L. Koszta, Pécs (Fünfkirchen). Das Bistum und die Bischofsstadt im Mittelalter, 2011.

Cora Dietl

C.1.2 Gunther von Niederaltaich

ca. 955–1045

Der Sohn des Reichsgrafen Gunther von Käfernburg und Gründer des Klosters Rinchnach war u. a. im östlichen Europa missionarisch tätig. Laut der anonymen ‚Vita Guntheri' kam er auf Einladung Giselas nach Ungarn und setzte sich dort für Klostergründungen ein; Szala (Zalaapáti; 1019) und ggf. Bél (→ Bakonybél) gehen auf ihn zurück (Lang, S. 38f.). Legendarisch ist das ‚Pfauenwunder', das Gunther in G. gewirkt haben soll: Er erweckte angeblich an der Tafel des Königs einen gebratenen Pfau zum Leben (Vogelhuber, S. 30).

Ausgabe. Vita Guntheri eremitae, MGH SS 11, S. 276–279.

Literatur. G. LANG, Der selige Gunther der Eremit, 1948; M. VOGELHUBER, Eremiten, Inklusen und Wanderprediger im Mittelalter, Dipl. Arbeit (masch.), 1994.

CORA DIETL

C.2 Hof König Ladislaus' I.
um 1040/46–1095

Geschichte. Aus dem poln. Exil zurückgekehrt, hatten Ladislaus und sein älterer Bruder Géza 1074 ihren Cousin Salomon vom Thron gestürzt. Nach dem Tod Gézas I. wurde Ladislaus 1077 zum König von Ungarn gewählt – als Gegenkönig zu Salomon, der nach wie vor die Herrschaft beanspruchte und, unterstützt von seinem Schwager, Kaiser Heinrich IV., die Grenzfestung Pressburg (SK) besetzt hielt. 1080 konnte Ladislaus ihn zum Abdanken bewegen und damit Ungarn gegen Ansprüche des Reichs verteidigen.

Ladislaus' Politik ist geprägt durch Maßnahmen zur Wiederherstellung der während der Thronwirren verloren gegangenen Ordnung. Er erließ strenge Gesetze und sorgte für die Verbreitung des Christentums in Ungarn. So erwirkte er 1083 die Heiligsprechung von fünf ung. Heiligen, darunter Stephan I., Emmerich und Gerhard von Tschanad. Sie sollten als „himmlische Garanten der Arpaden-Dynastie" dienen (KLANICZAY, Sp. 585). In den Jahren 1090 bzw. 1092 gründete er die Bistümer Agram (Zagreb, HR) und → Wardein (RO) und richtete in den bestehenden Bistümern Domkapitel ein. Im Investiturstreit stand er zunächst auf der Seite Papst Gregors VII. und unterstützte den Gegenkönig Rudolf von Rheinfelden, dessen Tochter Adelheid († 1090) er 1077 geheiratet hatte. Mit der von ihm geleiteten Synode von Szabolcs 1092 aber wandte er sich auch mit Blick auf die Ostkirche von Gregor VII. ab und versöhnte sich mit dem Kaiser.

Autoren/Werke. Zwischen 1077 und 1083 dürfte die **(1) ‚Vita Stephani regis Ungariae'** (‚Legenda maior') entstanden sein, zur Unterstützung des Kanonisierungsverfahrens für Stephan I. (BOGYAY, S. 26; PRAŽÁK, S. 165), vermutlich im Auftrag Ladislaus'. Überliefert ist sie in vier Handschriften, in denen sie jeweils unvollendet abbricht und in denen die unter → Koloman entstandene ‚Legenda minor' auf sie folgt: im sog. ‚Ernst-kódex' (Budapest, OSZK Budapest, Cod. Lat. med. aevi 431, fol. 106^v–117^r) aus der 2. Hf. des 12. Jh.s, ehemals im Besitz des Klosters Hohenfurt, laut BARTONIEK (S. 388) aber ung. Provenienz, sowie in Handschriften der Klöster Heiligenkreuz (Cod. 13, fol. 114^v–118^v, 13. Jh.), Lilienfeld (Cod. 60, fol. 163^v–167^v) und Melk (Cod. 101, 15. Jh.). Der Text wie die Überlieferungslage lassen auf einen benediktinischen oder zisterzienschen Kontext schließen. Besonders auffällig sind dabei eine durch die Zusammenstellung der jeweiligen Sammelhandschriften erfolgte Engführung zwischen König Stephan und dem aus Pannonien stammenden Martin von Tours sowie eine im Text verankerte Verbindung Stephans mit dem Hl. Adalbert von Prag. Letztere kommt Ladislaus entgegen. PRAŽÁK (S. 166) sieht im Text sogar Ladislaus' spätere Politik, eine Balance zwischen der West- und der Ostkirche herzustellen, vorgezeichnet, was auf eine deutliche Nähe zum Königshof hinweist. Für seine Literaturzitate könnte der Verfasser nach Auffassung PRAŽÁKs (S. 167) auf die Bibliothek von → Martinsberg zurückgegriffen haben. Nicht zuletzt, da in der Legende eine Auseinandersetzung mit karolingischen Traditionen stattfindet und die Strukturen der Verwaltung in Tschechien auffällig akkurat abgebildet werden, ist wiederholt die Vermutung geäußert worden, dass der Autor aus Böhmen stammte (PRAŽÁK, S. 166; MACARTNEY, S. 162); diese These ist aber nicht unumstritten.

Die **(2) ‚Vita sancti Emerici'** ist wohl zwischen 1109 und 1112 im Zusammenhang mit dem Kanonisierungsprozess des Prinzen entstanden, den Ladislaus durch Erhebung der Gebeine Emmerichs am 5. November 1083 in → Stuhlweißenburg initiierte. Die

Legende zeichnet einen Prinzen, der von Jugend an durch außergewöhnliche Tugenden und Gnade begabt war. Er wurde von Gerhard von Tschanad asketisch erzogen und mit einer „adeligen Jungfrau von königlicher Abstammung" (HEYDENREICH, S. 246) verheiratet, mit der er in enthaltsamer Ehe lebte. Die Legende stilisiert ihn, wohl in Anlehnung an seinen kaiserlichen Onkel Heinrich II., dessen Heiligsprechung ab dem späten 11. Jh. betrieben wurde, „zum monastischen Asketen im Sinne der Kirchenreform und des Reformpapsttums" (HEYDENREICH, S. 246).

Im **(3) ‚Codex Thurócianus'** aus dem 15. Jh. (Budapest, OSZK, Cod. Lat. 407) ist neben der ‚Chronica Hungarorum' des Thurocz (→ Ofen) eine Sammlung von Dekreten der ung. Könige Stephan I., Ladislaus I. (fol. 85^r–94^r) und Koloman erhalten. Die Handschrift wird auf die letzten Jahre der Herrschaft des Matthias Corvinus datiert und gilt als Hauptzeuge der ung. Gesetzbücher.

Aus dem 16. Jh. stammt der zweite erhaltene Textzeuge: der **(4) ‚Codex Ilosvaianus'** (Budapest, OSZK, Fol. Lat. 4023). Die Gesetze des Hl. Ladislaus gliedern sich in drei Bücher: Das erste enthält die Beschlüsse der Synode von Szabolcs aus dem Jahr 1092. Sie schließen sich laut ENDLICHER (S. 23) in Inhalt und Wortlaut enger an fränkische Synodalbeschlüsse und Kapitularien an als andere ung. Gesetze. Das zweite Buch enthält Dekrete einer nicht datierten Reichsversammlung, die sich insbesondere gegen das Diebswesen in Ungarn richten; Buch III bietet Ergänzungen zum zweiten Buch sowie zu den Gesetzen Stephans I.

Ausgaben. Vita Stephani Regis Ungariae, hg. v. D. W. WATTENBACH, MGH 13 (1854), S. 222–242; Legendae sancti regis Stephani. Szent István király legendái, hg. u. komm. v. E. VARJÚ, 1928 [mit Faksimile des Ernst-kódex]; Vita Sancti Stephani regis, hg. v. E. BARTONIEK, Scriptores Rerum Hungaricarum 2 (1938), S. 377–392; Legenda Emerici, hg. v. E. BARTONIEK, SS rer. Hung. 2 (1938), S. 441–460; Szent István, Erkölcstanító könyvecske avagy Intelmek, hg. v. L. HAVAS, 2004.

Literatur. S. L. ENDLICHER, Die Gesetze des heiligen Stefan. Ein Beitrag zur ungarischen Rechtsgeschichte, 1849; L. ZÁVODSZKY, A Szent István, Szent László és Kálmán korabeli törvények és zsinati határozatok forrásai, 1904; C. A. MACARTNEY, The Medieval Hungarian Historians. A Critical and Analytical Guide, 1953; T. v. BOGYAY, Stephanslegenden, in: Die heiligen Könige, hg. v. T. v. BOGYAY u. a. 1976, S. 26–28 u. S. 166–177; GY. GYÖRFFY, Art. Ladislaus I., BLGS 3 (1979), Sp. 2f.; R. PRAŽÁK, The Legends of King Stephen, Hungarian Studies 1/2 (1985), S. 163–178; P. ERDŐ, Partikulare Kirchenrechtsquellen in Ungarn, in: DERS., Kirchenrecht im mittelalterlichen Ungarn. Gesammelte Studien, 2005, S. 71–83; GY. GYÖRFFY, Art. Ladislaus I. der Heilige, LexMA 5 (2002), Sp. 1610f.; G. KLANICZAY, Art. Emerich, ³LThK 3, Sp. 625; G. KLANICZAY, Art. Ladislaus, ³LThK 6, Sp. 584f.; C. HEYDENREICH, Der heilige Emmerich und die *Legenda sancti Emerici ducis* (frühes 12. Jahrhundert), in: Mirakelberichte des frühen und hohen Mittelalters, hg. v. K. HERBERS u. a., 2005, S. 246–253; E. SAUER, Art. Emmerich, BBKL 21 (2003), Ergänzungen 8, Sp. 364–365.

CORA DIETL/ANNA-LENA LIEBERMANN

C.3 Hof König Kolomans
1095–1116

Geschichte. Koloman (um 1074–1116), der aufgrund seiner überdurchschnittlichen Bildung und Kenntnis des heiligen Kanons den Beinamen ‚Bücherfreund' trug, gilt als der ung. Herrscher, in dessen Regierungszeit die Entfaltung der ung. Literatur fällt und an dessen Hof ein reges geistiges Leben entstand (vgl. KRISTÓ/MAKK, S. 235). Als eine Vertrauensperson des Königs gilt Bischof Hartvik, der seine Stephanslegende im Auftrag Kolomans verfasste.

Der stets papsttreue Koloman war 1092 zum Bischof von → Wardein (RO) ernannt worden, bevor er 1095 König von Ungarn wurde. Als solcher trat er energisch auf. Bereits 1096 erwies er seine Fähigkeiten als Heerführer durch einen Sieg über brandschatzende Kreuzfahrer. Nachdem sein älterer Bruder Álmos ihm den Thron streitig machte, ließ Koloman ihn und seinen Sohn Béla im Jahr 1115 blenden. Während seiner Amtszeit erließ er zwei Gesetzbücher und drei Synodenbeschlüsse, mit denen er Belange des Staats- und Kirchenlebens neu regelte.

Werke. Wohl basierend auf der ‚Legenda maior' des Hl. Stephan, die im Auftrag → Ladislaus' I. verfasst zu sein scheint, ist bald nach Ladislaus' I. Tod 1109 (der im Text erwähnt ist) die ‚**Vita s. Stephani regis minor**' entstanden. Sie ist ab der zweiten Hf. des 12. Jh.s in vier Handschriften überliefert, jeweils im unmittelbaren Anschluss an die ‚Legenda maior', als deren Ergänzung sie offensichtlich verstanden wurde. Pražák (S. 168) geht davon aus, dass sie im Auftrag Kolomans entstand und im Kontext einer Neudefinierung des Gründungsmythos des ung. Königreichs nach der Eroberung Kroatiens und Dalmatiens zu sehen ist. Das Bild des *rex pius* weicht dem eines energischen und erfolgreichen Kämpfers gegen die Heiden, der auch auf innere Widerstände mit Härte reagiert – und damit ähnliche Härten Kolomans rechtfertigt. Der Verfasser der ‚Legenda minor', wohl ein Benediktiner, verfügte offensichtlich über eine breite Bildung, auch wenn er sich im Prolog für seine *rusticitas* (seine bäuerliche Unbildung) entschuldigt. Im gleichen Prolog findet sich u. a. das älteste Horaz-Zitat in der ung. Literatur (Pražák, S. 170). Die recht abschätzige Beschreibung der heidnischen Ungarn (§ 1) wurde als Hinweis auf einen nichtung. Verfasser gewertet, während die Betonung der ‚Veredelung' Stephans durch lat. Bildung und durch die Hochzeit mit einer Frau aus dem Kaiserhaus als Indiz für eine dt. oder ital. Herkunft des Verfassers gesehen wurde (Macartney, S. 161). Eine Nähe zum Hl. Römischen Reich beweist der Verfasser schließlich, indem er das Todesjahr Stephans als das 30. Jahr der Herrschaft Kaiser Heinrichs II. bezeichnet (§ 8).

Überlieferung. Der König besaß wohl einige Stundenbücher (vgl. Kristó/Makk, S. 235). Csapodi nennt aus Kolomans Besitz weitere Bücher, die heute verschollen sind, u. a. ein Buch über Kirchenrecht und Dekrete des Konzils von G. (vgl. Csapodi, S. 12, 28).

Ausgaben. Vita Stephani Regis Ungariae, hg. v. D. W. Wattenbach, MGH 13 (1854), S. 222–242; Legendae sancti regis Stephani. Szent István király legendái, hg. u. komm. v. E. Varjú, 1928 [mit Faksimile]; Vita Sancti Stephani regis, hg. v. E. Bartoniek, Scriptores Rerum Hungaricarum 2 (1938), S. 377–392; Legenda minor, übers. v. G. Silagi, in: Die heiligen Könige, hg. v. T. v. Bogyay u.a., 1976, S. 61–71.

Literatur. Cs. Csapodi/K. Csapodiné Gárdonyi, Bibliotheca Hungarica. Kódexek és nyomtatott könyvek Magyarországon 1526 előtt, Bd. 3, 1994. — C. A. Macartney, The Medieval Hungarian Historians. A Critical and Analytical Guide, 1953; o. A., Art. Koloman, BLGS 2 (1976), S. 439f.; T. v. Bogyay, Stephanslegenden, in: Die heiligen Könige, hg. v. T. v. Bogyay u.a., 1976, S. 26–28 u. S. 166–177; R. Pražák, The Legends of King Stephen, Hungarian Studies 1/2 (1985), S. 163–178; Gy. Kristó/F. Makk, Die ersten Könige Ungarns. Die Herrscher der Arpadendynastie, 1999; J. Hauszmann, Ungarn. Vom Mittelalter bis zur Gegenwart, 2004; F. Majoros, Geschichte Ungarns. Nation unter der Stephanskrone, 2008.

Anna-Lena Liebermann/Cora Dietl

C.4 Hof König Bélas III.

1172–1196

Geschichte. Nachdem er einige Jahre am byzantinischen Hof zugebracht hatte, kehrte Béla nach dem Tod Stephans III. 1172 nach Ungarn zurück und wurde im darauffolgenden Jahr zum König gekrönt. Er unterhielt nicht nur weiterhin gute Beziehungen nach Byzanz, sondern stand, bedingt durch seine zweite Ehe mit der frz. Königstochter Margarethe Capet, auch im engen Kontakt zum Westen. Das Verhältnis zu Friedrich Barbarossa mag zeitweise getrübt gewesen sein, aber laut der Chronik Arnolds von Lübeck (IV, 8) wurde der Kaiser während des Dritten Kreuzzuges freundschaftlich von Béla III. in G. aufgenommen (vgl. Varga, S. 213f.). Als herausragende Tat seiner Regentschaft im Innern gilt die Einführung der ständigen Hofkanzlei (vgl. Hóman, S. 425f.), der auch der anonyme Verfasser der ‚Gesta Hungarorum' als Notar angehört haben soll.

Autoren/Werke. Der Verfasser der ‚**Gesta Hungarorum**', sich selbst als *P. dictus magister* bezeichnend, könnte Propst von → Ofen gewesen sein (vgl. Altmann/Bertalan, S. 116; dagegen Rady/Veszprémy, S. XXIV). Die ‚Gesta Hungarorum' erzählen vordergründig die Geschichte der Landnahme Ungarns, eigentliches Thema sind aber wohl die Probleme zur Zeit ihrer Abfassung (vgl. Kristó, S. 183f.). Allerdings ist die Entstehungszeit des Werkes, das von Simon von Kéza im 13. Jh. erweitert und fortgesetzt wurde, in der Forschung umstritten. So könnten die ‚Gesta Hungarorum' bereits von Andreas I. (1046–60) in Auftrag gegeben worden sein. Wahrscheinlich ist eine Redaktion des Textes unter Béla III. oder Andreas II. (1205–35) (vgl. Veszprémy, S. 868). Überliefert sind die ‚Gesta Hungarorum' in einer einzigen Hs., die in die Mitte des 13. Jh.s zu datieren ist (vgl. Rady/Veszprémy, S. XVII–XIX).

Ausgaben. Gesta Hungarorum Anonymi: P. Magister quondam Bele regis Hungariae notarius Gesta Hungarorum, hg. v. L. Juhász, 1932; Die Gesta Hungarorum des anonymen Notars. Die älteste Darstellung der ungarischen Geschichte, hg. v. G. Silagi, 1991; Simonis de Kéza, Gesta Hungarorum, hg. v. L. Veszprémy/F. Schaer, 1999; Anonimowego notariusza króla Béli Gesta Hungarorum, übers. v. A. Kulbicka u. a., 2006; The Gesta Hungarorum of Anonymus, the Anonymous Notary of King Béla, übers. v. M. Rady, Slavonic and East European Review 87, 4 (2009), S. 681–727; Anonymi Bele Regis Notarii Gesta Hungarorum. Anonymus, Notary of King Béla, The Deeds of the Hungarian, hg. v. M. Rady/L. Veszprémy, 2010.

Literatur. B. Hóman, Geschichte des ungarischen Mittelalters, Bd. 1: Von den ältesten Zeiten bis zum Ende des XII. Jahrhunderts, 1940; Gy. Györffy, Art. Béla III., Kg. v. Ungarn, LexMA 1 (1980), Sp. 1832f.; G. Silagi, Zum Text der Gesta Hungarorum des anonymen Notars, Deutsches Archiv 45 (1989), S. 173–180; J. Altmann/H. Bertalan, Óbuda vom 11. bis 13. Jahrhundert, in: Budapest im Mittelalter, hg. v. G. Biegel, 1991, S. 113–131; K. Szovák, „Wer war der anonyme Notar?". Zur Bestimmung des Verfassers der Gesta Ungarorum, Ungarn-Jahrbuch 19 (1991), S. 1–16; Gy. Kristó, Die Arpaden-Dynastie. Die Geschichte Ungarns von 895 bis 1301, 1993; L. Veszprémy, Gesta Hungarorum. Die Anfänge nationaler Chronistik im Mittelalter, in: Europas Mitte um 1000, Bd. 2, hg. v. A. Wieczorek/H.-M. Hinz, 2000, S. 868–870; G. Varga, Ungarn und das Reich vom 10. bis zum 13. Jahrhundert. Das Herrscherhaus der Árpáden zwischen Anlehnung und Emanzipation, 2003; J. Hauszmann, Ungarn. Vom Mittelalter bis zur Gegenwart, 2004; L. Veszprémy, Anonymus Belae regis notarius, in: The Encyclopedia of the Medieval Chronicle, hg. v. R. Dunphy, 2010, S. 101f.; ders., Simon of Kéza, ebd., S. 1362f.

Andrea Hauff

Empfang Barbarossas 1189

Über den Aufenthalt Friedrich Barbarossas in G. und seinen Empfang durch König Béla III. berichtet u. a. Arnold von Lübeck in seiner vor 1210 entstandenen Chronik. Darin betont er v. a. die Gastfreundschaft des ung. Königs und den Prunk seiner Geschenke an den röm.-dt. Kaiser (S. 134f.), die nicht zuletzt auch von der Macht und dem Reichtum der mittelalterlichen ung. Könige Zeugnis ablegten (Huba, S. 7); eine genauere Beschreibung von Burg und Stadt G. findet sich in Arnolds Chronik jedoch nicht (vgl. auch Horváth 1999, S. 38–40). Der Empfang Kaiser Friedrichs I. auf der Arpadenburg wird oft auch als maßgebliche Inspirationsquelle für die Erwähnung G.s als Residenz des Hunnenkönigs Etzel im ‚Nibelungenlied' (Str. 1497) angesehen, wobei in der Forschung jedoch Uneinigkeit darüber besteht, ob der Dichter des ‚Nibelungenliedes' selbst als Augenzeuge dieses Ereignisses anzusehen sei oder nicht (vgl. dazu Berndt, S. 238, im Gegensatz zu Hansen, S. 140). Ung. Forscher (Balogh 2002; Simon 1978) vertreten die These einer gemeinsamen dt.-ung. Texttradition, da Personennamen wie ‚Krimhild' als Ortsnamen in Ungarn belegt sind.

Ausgaben. Die Chronik Arnolds von Lübeck, hg. v. J. M. Lappenberg, übers. v. J. C. M. Laurent, 1853.

Literatur. H. Berndt, Das 40. Abenteuer. Auf den Spuren des Nibelungenliedes, 1968; L. Huba, Esztergom, ⁵1972; P. V. Simon, A Nibelung-ének magyar vonatkozásai, Századok 112 (1978) H. 2, S. 271–325; I. Horváth, Esztergom, 1999, S. 9–42; I. Horváth, Gran (Esztergom) zur Zeit Stephans des Heiligen, in: Europas Mitte um 1000. Beiträge zur Geschichte, Kunst und Archäologie, hg. v. A. Wieczorek u.a., 2000, S. 576–580; A. F. Balogh, Ungarn als Grenzgebiet in der deutschen Literatur um 1200, in: Literatur und Kultur in Grenzräumen, hg. v. T. Lange u.a., 2002, S. 25–34; W. Hansen, Wo Siegfried starb und Kriemhild liebte. Die Schauplätze des Nibelungenliedes, ²2005; H. G. Walther, Die handschriftliche Überlieferung der Chronik Arnolds von Lübeck, in: Die Chronik Arnolds von Lübeck. Neue Wege zu ihrem Verständnis, hg. v. S. Freund u.a., 2008, S. 7–23.

Eva Spanier

C.5 Hof König Andreas' II.

1205–1235

Lebensweg. Andreas II. wurde 1176/77 als Sohn König Bélas III. geboren. Mit seiner ersten Ehefrau Gertrud von Andechs-Meranien hatte er fünf Kinder, unter ihnen waren der spätere König Béla IV. und die Hl. Elisabeth von Thüringen. Gertrud pflegte enge Beziehungen zum dt.-sprachigen Raum. Viele der Deutschen, die sie nach Ungarn holte, bekleideten wichtige Ämter und erregten so den Neid der ung. Adligen (vgl. Zimmermann, S. 46).
Unter ihrem Einfluss verlieh Andreas II. 1206 dt. Siedlern im Südwesten Siebenbürgens Privilegien und stellte sie unter seinen Schutz (Budapest, MOL, DL 30354). Schon rasch umstritten war Andreas' Verleihung des Burzenlandes an den Deutschen Orden im Jahr 1211. 1213 wurde die Königin, die großen Einfluss auf die Politik ihres Gatten ausübte, ermordet. Der König selbst geriet, auch bedingt durch Schenkungen an Günstlinge, unter Druck. Die königlichen Servienten rangen ihm 1222 die ‚Goldene Bulle' (Budapest, MOL, DL 41173) ab (vgl. Zsoldos, S. 81f.). Diese aber hält auch die Freiheiten der *hospites* in Siebenbürgen fest. Ihr Wortlaut wurde in das ung. Gesetzbuch aufgenommen, das bis zur Schlacht bei → Mohács Gültigkeit besaß und somit die Privilegien der Siebenbürger Sachsen fortschrieb (Urk. Nr. 32). Von großer Bedeutung für die *hospites* war schließlich das 1224 erlassene ‚Andreanum', ein groß angelegter Freibrief für die Siebenbürger Sachsen (→ Provinz Hermannstadt, RO).

Literatur. T. v. Bogyay, Art. Andreas II. König von Ungarn, LexMA 1 (1980), Sp. 602; G. Gündisch, Sächsisches Leben im 13. und 14. Jahrhundert, in: Aus Geschichte und Kultur der Siebenbürger Sachsen. Ausgewählte Aufsätze und Berichte, hg. v. dems., 1987, S. 3–35; H. Zimmermann, Gewalt in der deutschen Ostsiedlung, in: Siebenbürgen und seine Hospites Theutonici. Vorträge und Forschungen zur südostdeutschen Geschichte, hg. v. G. Gündisch, 1996, S. 36–48; H. Zimmermann, Siebenbürgen in der europäischen Geschichte, ebd., S. 1–22; A. Zsoldos, Das Königreich Ungarn im Mittelalter (950–1382), in: Geschichte Ungarns, hg. v. I. G. Tóth, 2005, S. 47–144; Generalprobe Burzenland. Neue Forschungen zur Geschichte des Deutschen Ordens in Siebenbürgen und im Banat, hg. v. K. Gündisch, 2013.

Claudia Ansorge

D. Einzelpersonen

Winand von Steeg

1.5.1371–19.1.1453

Lebensweg. Der Frühhumanist Winand Ort von Steeg (ID: 118633562) wurde in Steeg bei Bacharach geboren. 1394 immatrikulierte er sich an der Universität in Heidelberg und erlangte 1396 den Grad des Bakkalaureus artium, 1401 den des Bakkalaureus iuris in Würzburg. Er war 1403–11 Lehrer des Kirchenrechts am Würzburger *studium generale* und Rechtsvertreter der Stadt Nürnberg beim Konzil von Konstanz. Nach Beendigung des Konzils 1418 folgte Winand König Sigismund nach Ungarn und wurde zum königlichen Sekretär ernannt. Er verließ den Hof im Frühjahr 1419 jedoch wieder. Winand starb in Koblenz. Die Bekanntschaft Winands mit Georg von Hohenlohe (→ Bischöfe) ist belegt. Dieser ist im Widmungsbild des ‚Adamas' hinter dem Autor stehend an Pontifikalgewändern und Wappen zu erkennen (BÜNZ, S. 50f.).

Werke. Der **(1) ‚Adamas colluctancium aquilarum'** (Vaticano, BAV, Cod. Pal. lat. 412; ‚Diamant der kämpfenden Adler'), ist eine Pergamenths. von 105 fol. Umfang. Sie entstand 1418–19 und enthält 55 mit Wasserfarbe lavierte Federzeichnungen, die Winand selbst anfertigte und die in direktem Zusammenhang mit dem Text stehen. Winand begann die Arbeit am ‚Adamas' unmittelbar nach der Beendigung des Konstanzer Konzils im Jahr 1418 in Nürnberg und beendete sie am 26.3.1419 als Sekretär Sigismunds in G. Der dem Pfalzgrafen Ludwig III. gewidmete ‚Adamas' stellt eine nachkonziliare Reformschrift dar, in der die ungelösten Aufgaben des Konstanzer Konzils (die Union mit der Ostkirche, die Bekämpfung der Wycliffiten und Hussiten, die Beseitigung der Missstände in Kirche und Welt, der Kampf gegen die Verweltlichung des Klerus und der Verfall des Studiums) aufgegriffen und mahnende Worte direkt an den König und seinen Kanzler Georg von Hohenlohe (vgl. BÜNZ, S. 51) gerichtet werden. Winand beschreibt den Kampf zwischen der streitenden Kirche Christi und der widerstreitenden Kirche des Teufels in ihren drei zentralen Erscheinungsformen: als schreitende Kirche (*Ecclesia gradiens*), als segelnde Kirche (*Ecclesia navigans*) und als fliegende Kirche (*Ecclesia volans*). Jeder dieser drei Erscheinungsformen ist ein Teil des Textes gewidmet. Er behandelt, gestützt auf eine Allegorese des Doppeladlers, die Kirchenreform und besonders die Rolle des Kaisers und der Universität (vgl. MAROSI, S. 249). Dabei tritt er energisch für die Vorherrschaft des *Sacerdotiums* ein und prangert kirchliche Missstände an. Zudem klagt Winand offen gegen die Unwirtlichkeit Ungarns, die Enge des Hoflebens, den Aufwand, den Sigismund für den Bau des Schlosses in → Ofen betreibt, und die Förderung des Hofnarren Borra (vgl. BÜNZ, S. 51f.). Zu Winands von Steeg **(2) weiteren Werken** gehören einige Predigten – erhalten ist u.a. seine im April 1419 in → Ofen in Gegenwart Sigismunds verfasste ‚Karfreitagspredigt' –, Offizien, Hymnen und juristische Schriften. Welche dieser Werke in G. entstanden sind, ist unklar.

Literatur. A. SCHMIDT/H. HEIMPEL, Winand von Steeg (1371–1453), 1977; B. OBRIST, Das illustrierte ‚Adamas colluctancium aquilarium' (1418-1419) von Winand von Steeg als Zeitdokument, Zeitschrift für Schweizerische Archäologie und Kunstgeschichte 40/2 (1983), S. 136–143; E. BÜNZ, Winand von Steeg, Rheinische Lebensbilder 15 (1995), S. 43–64; A. GRAF, Hildegard von Bingen bei Winand Steeg, Adamas colluctancium aquilarum (Vat.Pal.Lat.412). Ecclesia und Synagoge, in: Miscellanea Bibliothecae Apostolicae Vaticanae, Bd. 5: Palatina-Studien, 13 Arbeiten zu Codices Vaticani latini und anderen Handschriften aus der alten Heidelberger Sammlung, hg. v. W. BERSCHIN, 1997, S. 61–83; W. SCHOUWINK, Die Offiziendichtungen Winands von Steeg in Vat. Pal. La. 411, 412, 858 und Trier. Stadtbibliothek 1139/65, ebd., S. 237–286; M. EMBACH, Die Schriften Hildegards von Bingen. Studien zu ihrer Überlieferung und Rezeption im Mittelalter und in der Frühen Neuzeit, 2003; R. W. SOUKUP, Chemie in Österreich: Von den Anfängen bis zum Ende des 18. Jahrhunderts, Bd. 1, 2007; E. MAROSI, Ungarn und Passau zur Zeit von König Sigismund von Luxemburg und Erzbischof Georg von Hohenlohe von Gran, in: Der Passauer Dom des Mittelalters, hg. v. M. HAUCK/H. WURSTER, 2009, S. 249–263; Winand von Steeg, RAG.

ANNA-LENA LIEBERMANN

Großwaschon (**Nagyvázsony**)

Pauliner

Patr.: Hl. Stephan — gegr.: 1483

Geschichte. Das Kloster in Vázsony wurde 1483 von Pál Kinizsi gestiftet, kurz nachdem diesem von Matthias Corvinus die Burg von G.

übertragen worden war, als Dank für Kinizsis Verdienste in der Schlacht auf dem Brodfeld 1479. Das Kloster ist insbesondere bekannt als Entstehungsort verschiedener ung.-sprachiger Handschriften. So fertigten die Mönche 1492–94 ein prächtig ausgestattetes ung.Gebetbuch an, dekoriert mit den Wappen der Familien Kinizsi und Magyar, und schenkten es Benigna Magyar, der Frau Kinizsis (,Festetics Codex', Budapest, OSZK, MNy 73).

Autoren/Werke. Berühmt ist v. a. der in Vázsony entstandene **,Peer Codex'** aus dem frühen 16. Jh., der neben zentralen Texten für die lat. Liturgie v. a. ung.-sprachige Heiligenlegenden, -predigten, -lieder und -gebete umfasst, wobei die Legenden des Hl. Alexius und des Eremiten Paulus vorrangige Positionen einnehmen. Literaturhistorisch bedeutsam ist u. a. das zweisprachig ung.-lat. Lied ,De sancto ladilao' (fol. 154^r–163^r), welches Ladislaus' Rolle als König und Missionar Ungarns betont und seine Gründung der Marienkirche in → Wardein (RO), in welcher er bestattet liegt, lobt. Verschiedene lat. Nachträge zur Handschrift verzeichnen Messen, darunter sieben, die *quidem et Egregius / predicator in curia romana et in partibus almanie publicavit* (fol. 174^r). Diese Messen seien Gregor dem Großen zur Befreiung seiner Mutter aus dem Fegefeuer geschickt und von seinem Nachfolger (sic!) Karl dem Großen zum Lesen gegeben worden (fol. 174^r). Dem Hofprediger Karls wiederum sei ein Geist erschienen, der ihn dazu brachte, dass er diese Messen lesen ließ (fol. 175^r). Der Schreiber des Nachtrags scheint eine gerade Traditionslinie von diesem Hofprediger Karls zum Kloster in Vázsony zu ziehen.

A u s g a b e n . Festetics-Kódex, hg. v. C. N. ABAFFY, 1996; Peer-Kódex, hg. v. S. G. KOZOCSA, 2000 (dort auch Lit.).

L i t e r a t u r . B. KERTÉSZ, Festetics Codex, in: A Star in the Raven's Shadow. János Vitéz and the Beginnings of Humanism in Hungary, hg. v. F. FÖLDESI, 2008, S. 88f.

CORA DIETL

Güns (**Kőszeg**)

Die Ortschaft G. gelangte um 1245 in den Herrschaftsbereich der Grafen von Güssing. Sie siedelten hier *hospites* an, verliehen ihnen um 1263 Freiheiten und befestigten die Stadt. Daher gelten Heinrich und Johann von Güssing als ,Gründer' von G. Aufgrund des für die ung. Krone bedrohlichen Machtzuwachses der Güssinger im 13. Jh. entstanden Spannungen zwischen Yvan von Güssing und König Ladislaus IV., aus denen schließlich die Güssinger Fehde hervorging, von der Ottokars ,Österreichische Reimchronik' ausführlich berichtet (vgl. GÄNSER, S. 200f.). Sie endete 1289 mit dem Sieg Albrechts I. von Österreich über Yvan von Güssing. König Andreas III. sorgte allerdings 1291 für die Rückgabe der von Österreich besetzten Gebiete. Die ung. Politik änderte sich unter König Karl I. Er bestätigte 1328 den *hospites* in G. die ihnen von den Güssingern zugesicherten Freiheiten und sprach zugleich den freigewählten Richtern der Stadt das Recht zur Gerichtsbarkeit einschließlich der Blutsgerichtsbarkeit zu. Im gleichen Zuge unterstellte er die Stadt unmittelbar dem König (DEÁK, S. 456f.; BARISKA, S. 471). König Sigismund verlieh die Stadt 1392 Nikolaus Garai, dessen Familie bis 1441 über G. herrschte.

L i t e r a t u r . G. GÄNSER, Die Güssinger Fehde, in: Die Güssinger. Beiträge zur Geschichte der Herren von Güns/Güssing und ihrer Zeit (13./14. Jh.), hg. v. H. DIENST/I. LINDECK-POZZA, 1989, S. 197–207; E. DEÁK, Die Anfänge des Städtewesens im Burgenländisch-westungarischen Raum, ebd., S. 443–464; I. BARISKA, Güns-Kőszeg als Zentralort der Güns-Güssinger nach einer städtischen Quelle des 16. Jahrhunderts, ebd., S. 465–472.

CORA DIETL

Jakobskirche

Patr.: Hl. Jakob — gegr.: 1402–07

Vermutlich am Ort des ehemaligen Franziskanerklosters von G. (dieses war Mitte des 13. Jh.s erbaut und 1289 zerstört worden, VALTER, S. 483) ließ Nikolaus Garai zwischen 1402 und 1407 die Pfarrkirche St. Jakob errichten. Diese verfügte, wie ein Bücherverzeichnis aus dem Jahr 1535 belegt, über eine kleine Bibliothek. Sie barg 23 lat. Bücher für den Gottesdienstgebrauch (CSAPODI, S. 272). Die Formulierungen *Ordinarium oder Messpuch* und [Thes]a[ur]us *Novus: Sermones und sententiarum* (für *Thesaurus Novus: Sermones* und *Thesaurus Novus sententiarum*) deuten weniger auf dt. Bücher hin als darauf, dass dem Ersteller des Verzeichnisses die dt. Sprache näher lag als die Lateinische.

Vielleicht war an die Pfarrkirche auch eine Schule angeschlossen. Die Karriere des Johannes von G. (ID: 2147109300), der sich im Winter 1420/21 an der Universität Wien einschrieb und bereits im gleichen Jahr als Domherr in → Raab bezeugt ist, legt dies nahe.

Literatur. Cs. CSAPODI/K. CSAPODINÉ GÁRDONYI, Bibliotheca Hungarica. Kódexek és nyomtatott könyvek Magyarországon 1526 előtt, Bd. 3, 1994. — D. DERCSÉNYI, Kőszeg, Szent Jakab templom, 1982; I. VALTER, Die Grafen von Güssing als Bauherren und Kirchenpatrone, in: Die Güssinger. Beiträge zur Geschichte der Herren von Güns/Güssing und ihrer Zeit (13./14. Jh.), hg. v. H. DIENST/I. LINDECK-POZZA, 1989, S. 473–493; Johannes de Gunss, RAG.

CORA DIETL

Kleinmariazell (**Celldömölk**)

Benediktiner

Patr.: Hl. Maria — gegr.: 1133

Béla II. soll im Jahr 1133 das Benediktinerkloster K. gegründet haben, als Filiale des vermutlich zu dieser Zeit noch hauptsächlich dt. besiedelten Klosters → Martinsberg. Von dort erhielt K. auch eine Marienstatue, die zu einem beliebten Wallfahrtsziel wurde und 1446 von der Kirche als wundertätig anerkannt wurde. Das Kloster wurde durch die Osmanen komplett zerstört; die Marienstatue konnte gerettet werden, aber kein Schrifttum aus dem Kloster. K. wurde im 18. Jh. neu gegründet.

Literatur. D. FUXHOFFER u. a., Monasteriologia regni Hungariae, Bd. 1, 1803; J. L. CSÓKA, Geschichte des Benediktinischen Mönchtums in Ungarn, 1980.

CORA DIETL

Kö (**Kő**)

Benediktiner

Patr.: Hl. Stephan — gegr.: 11. Jh./1198–1527

Zur Zeit der Herrschaft König Stephans I. gründete der Ban Belus in K. (Bezirk → Kollotschau) eine Benediktinerabtei, die nach Passauer Vorbild dem Protomärtyrer Stephan geweiht wurde. Papst Innozenz III. übergab 1198 das Kloster den Augustinerchorherren von St. Abraham im Tal Hebron; später wurde es dem Erzbischof von → Kollotschau unterstellt. K. soll eine prächtige Bibliothek und ein berühmtes Skriptorium besessen haben (vgl. ZEMEK, S. 311). Von hier stammte auch der Chorherr Bartholomäus, der 1473 in der → Ofener Kanzlei des Matthias Corvinus tätig war. Die Bibliothek des Klosters ist in den Türkenkriegen verloren gegangen.

Literatur. M. ZEMEK, Kö, in: Die Stifte der Augustiner-Chorherren in Böhmen, Mähren und Ungarn, hg. v. F. RÖHRIG, 1994, S. 311.

CORA DIETL

Kollotschau (Kalotscha, **Kalocsa**)

Inhalt. A. Erzbistum. 1. Kathedrale. 2. Erzbischöfe. 3. Kapitel

Archäologischen Ausgrabungen zufolge befand sich am Ort des heutigen K. bereits in der Bronzezeit eine Siedlung. Im Rahmen der um 1000 einsetzenden Kirchenorganisation des Landes unter Stephan I. entwickelte sich das in einiger Entfernung südlich von Budapest gelegene K. zum Kirchenzentrum des südöstlichen Königreiches.

Literatur. T. KERNY, Kalocsa. Erzbischöfliche Residenz, 1996.

MARY-JANE WÜRKER

A. Erzbistum

Patr.: Hl. Paulus — gegr.: vor 1009

Die K.er Erzdiözese (*ecclesiae Colocensis*) gründete König Stephan I. im Zuge der kirchlichen Organisation des Landes zwischen 1002 und 1009. Ende des 11. Jh.s erfolgte unter König Ladislaus I. die Gründung der Erzdiözese Batsch und die Vereinigung der Diözesangebiete zum vereinten Erzbistum K.-Batsch, dem fortan die Bistümer → Tschanad (RO), → Wardein (RO), → Weißenburg (RO) und Agram (Zagreb, HR) unterstanden. Die Erzdiözese von K. war die einzige, die an zwei Orten (K. und Batsch) jeweils eine Bischofsresidenz und ein Domkapitel unterhielt.

A.1 Kathedrale

Patr.: Hl. Paulus, später Hl. Michael — gegr.: 11. Jh.

Die K.er Kathedrale, Krönungsstätte zahlreicher Arpadenkönige, wurde ursprünglich im 11. Jh. errichtet und wich im frühen 13. Jh. einer dem Hl. Michael geweihten Basilika. Nach der Schlacht von → Mohács, bei der auch Erzbischof Pál Tomori fiel, standen Bischofssitz und Kathedrale bis 1529 leer. Der mittelalterliche Kathedralbau hatte aber Bestand bis zur seiner Zerstörung durch einen Brand im Jahr 1602.

Literatur. F. GRESZL, Tausend Jahre deutsches Leben im Karpatenraum. Eine kirchen- und geistesgeschichtliche Untersuchung, 1971; J. UDVARDY, A kalocsai érsekek életrajza (1000–1526), 1991; G. THOROCZKAY, The Dioceses and Bishops of Saint Stephen, in: Saint Stephen and His Country. A Newborn Kingdom in Central Europe: Hungary, hg. v. A. ZSOLDOS, 2001, S. 49–68.

MARY-JANE WÜRKER

A.2 Erzbischöfe

Laut der Stephanslegende Hartviks erhob Stephan I. den vermutlich dt.-stämmigen **(1) Astric** (Anastasius Ascherich; † um 1015) zum ersten Bischof der neugegründeten Diözese. Die Identität des Astric, der auch als Erzbischof von → Gran amtierte, wird bis heute diskutiert (vgl. UDVARDY, S. 13; THOROCZKAY, S. 56f.).

Über familiäre Beziehungen zum ung. Königshaus gelangte **(2) Berthold von Meranien** (1206–13) zum Bischofsamt. Bis 1213 hielt Berthold weitere politisch einflussreiche Ämter; sein gesellschaftlicher Aufstieg ist für einen dt. *hospis* beispiellos. Aufgrund von zunehmenden Unruhen, die sich aus gesellschaftspolitischen Umständen im ung. Reich ergaben, zog sich Berthold nach der Ermordung seiner Schwester, Königin Gertrud († 1213), aus Ungarn zurück.

Der ung.-stämmige Humanist **(3) György Handó** (1478–80) studierte in Wien, Ferrara und Padua und begründete als Propst von → Fünfkirchen (ab 1465) die erste öffentliche Bibliothek des Landes. In den zeitgenössischen ,Vite di uomini illustri del secolo XV' des Vespasiano da Bistricci wird Handó als eifriger Käufer ital. Werke beschrieben, *e nell' una scienza e nell' altra venne singularissimo* (BARTOLI, S. 228). Während seiner Bischofszeit widmete er sich zudem der Gründung einer Bibliothek in Batsch, doch ist keines seiner Bücher bekannt.

(4) Péter Váradi (1481–1501), geb. um 1450 in → Wardein (RO), kam nach seinem Studium in Bologna als Schreiber in die königliche Kanzlei unter Matthias Corvinus und stieg innerhalb weniger Jahre zum Kanzleileiter empor (vgl. Csapodi-Gárdonyi, S. 363). Aus seiner Privatsammlung humanistischer Werke, die er dem K.er Domkapitel hinterließ, sind bislang knapp ein halbes Dutzend Exemplare identifiziert worden, darunter eine gedruckte Inkunabel der ‚Etymologien' Isidors von Sevilla (Augsburg: Günther Zainer 1472, GW M15250), ein Fragment der ‚Postilla super totam Bibliam' (fol. ii–iii) des Nicolaus von Lyra (Nürnberg: Anton Koberger 1481; Cluj, BA, Inc. 82. A.11; GW M26513) sowie ein 1498 in Venedig gedrucktes und prächtig illustriertes Exemplar des ‚Missale Strigoniense' (Budapest, OSZK, Cod. 2317).

Der ebenfalls in Italien ausgebildete **(5) Ladislaus I. Geréb** aus → Weingartskirchen (RO), ein Cousin des Matthias Corvinus, entstammte einem einflussreichen siebenb.-sächs. Geschlecht. Zwischen 1476 und 1501 hielt er das Bischofsamt in → Weißenburg (RO), seine letzten Jahre verbrachte er als Erzbischof von K. (1501–02). Hier war er im Besitz einer beachtlichen Sammlung mittelalterlicher Codizes, die er der Bibliothek der Kirche von Batsch vermachte, die aber nicht mehr rekonstruiert werden kann.

(6) Domonkos Kálmáncsehi (1503) studierte in Wien (1450), war ab 1474 Propst von → Stuhlweißenburg, 1495–1503 Bischof von → Wardein (RO), 1501–02 Bischof von Siebenbürgen in → Weißenburg (RO) und ab 1503 Erzbischof von K. Aus seiner Bibliothek sind noch vier liturgische Handschriften erhalten (vgl. Hoffmann): ein 1481 angelegtes Breviar (New York, PML, G. 7), ein von Francesco de Castello, Illuminator am Hof des Matthias Corvinus in → Ofen, illustriertes Breviar aus dem 15. Jh. (Budapest, OSZK, Cod. lat. 446, vgl. Wehli), ein zwischen 1474 und 1484 entstandenes Missale (Zagreb, Schatzkammer der Kathedrale, Nr. 355) sowie ein 1492 in Domonkos' Auftrag angefertigtes Stundenbuch (Paris, BN, Nouv. acq. Lat. 3119).

Ausgaben. Vespasiano da Bistricci, Vite di uomini illustri del secolo XV, hg. v. A. Bartoli, 1839; Die Enzyklopädie des Isidor von Sevilla, hg. v. L. Möller, 2008; Nicolaus de Lyra, Postilla super totam Bibliam, hg. v. M. Doering, Textdigitalisat der Ausgabe 1481 (Köln USB).

Literatur. E. Hoffmann, Középkori könyvkultúránk néhány fontos emlékéről, Magyar Könyvszemle 32 (1925), S. 28–51; L. Winkler, A kalocsai kastély és Főszékesegyházi Könyvtár története, 1932; K. Csapodiné-Gárdonyi, Die Reste der Bibliothek eines Ungarischen Humanisten, Péter Váradi, Gutenberg-Jahrbuch 52 (1977), S. 363–368; J. Udvardy, A kalocsai érsekek életrajza (1000–1526), 1991; Handbuch deutscher historischer Buchbestände in Europa: Ungarn, hg. v. B. Fabian, 1998; G. Thoroczkay, The Dioceses and Bishops of Saint Stephen, in: Saint Stephen and His Country. A Newborn Kingdom in Central Europe: Hungary, hg. v. A. Zsoldos, 2001, S. 49–68; P. Engel u. a., Magyarország története (1301–1526), 2005; P. Erdő, Kirchenrecht im mittelalterlichen Ungarn. Gesammelte Studien, 2005; J. Véber, Péter Váradi's Epistolarium, in: Infima Aetas Pannonica. Studies in Late Medieval Hungarian History, hg. v. P. E. Kovács/K. Szovák, 2009, S. 309–329; T. Wehli, Breviario di Domonkos Kálmáncsehi, in: Mattia Corvino e Firenze, hg. v. P. Farbaky u. a., 2013, S. 314f.

Mary-Jane Würker

A.3 Kapitel

gegr.: Anf. 11. Jh.

Geschichte. Das K.er Domkapitel (*C. b. Pauli eccl. Colocensis*) ist lt. Berauer bereits im Rahmen der Bistumsgründung eingerichtet worden (Berauer, S. 30), obwohl das genaue Gründungsjahr nicht überliefert ist. Zweimal fiel K. der Verwüstung durch einfallende Feinde zum Opfer. Sowohl im frühen 13. als auch im 16. Jh. wurden Kapitel und Kapitelbibliothek mitsamt ihrer mittelalterlichen Bestände vollständig zerstört.

Die Kanzlei des Kapitels unterstand einem Lektor (vgl. FEDELES, S. 166f.), der sich um die Wende zum 13. Jh. erstmals nachweisen lässt: In einem in K. angefertigten Auszug aus dem ersten Teil des ‚Decretum Gratiani' (Wien, ÖNB, Cod. 2179) nennt sich der Schreiber *Iohannes lector Colocensis* (fol. 7ᵛ). Die Bedeutung der Kanzlei wuchs im frühen 13. Jh., als ihr der Status eines *locus credibilis*, d. h. als Ausstellungsort beglaubigter Urkunden, zuerkannt wurde (vgl. ECKHART).

Überlieferung. Es lässt sich nur noch vermuten, dass die Bibliothek und das Archiv des Domkapitels einen recht umfangreichen Bestand mittelalterlicher Texte umfassten, darunter v. a. theologische Schriften und reichspolitisch relevante **Urkunden.** Andreas II. ließ z. B. die Aufbewahrung eines der sieben Exemplare der 1222 ausgestellten ‚Goldenen Bulle' im Kapitelarchiv anordnen (vgl. ECKHART, S. 485).

Literatur. F. ECKHART, Die glaubwürdigen Orte Ungarns im Mittelalter, MIÖG 9 (1914), S. 395–558; J. BERAUER, Geschichte des Volksschulwesens in der Erzdiözese Kalotscha-Batsch von den Anfängen bis 1896, 1983; J. UDVARDY, A kalocsai főszékeskáptalan története a középkorban, 1992; T. FEDELES, Die ungarischen Dom- und Kollegiatkapitel und ihre Mitglieder im Mittelalter. Forschungsstand, Aufgaben, Initiativen, in: Kapituly v zemích koruny české a v uhrách ve středověku, hg. v. V. LEDVINKA/J. PEŠEK, 2011, S. 161–196.

MARY-JANE WÜRKER

Martinsberg (**Pannonhalma**)

Benediktiner

Patr.: Hl. Martin von Tours — gegr.: 996

Geschichte. Auf dem *Mons Sacer Pannoniae* gründete Fürst Géza wohl 996 das erste Benediktinerkloster Ungarns. Der Bau des Klosters wurde unter König Stephan I. beendet, die Kirche wurde in den ersten Jahren nach dem Millennium eingeweiht. Das Kloster spielte im religiösen Leben Ungarns von Anfang an eine bedeutende Rolle, die ersten Bischöfe und Erzbischöfe des Landes kamen aus diesem Kloster, außerdem war es ein wichtiges Zentrum der christlichen Mission. Die Blütezeit der Abtei fällt ins 12./13. Jh. Der bedeutendste Abt dieser Epoche war Urias. Obwohl das Kloster selbst dem Mongolensturm nicht zum Opfer fiel, begann in der zweiten Hf. des 13. Jh.s eine Verfallsperiode. Dies ist einerseits mit der wachsenden Beliebtheit der Bettelorden, mit den immer spärlicheren königlichen und privaten Donationen, andererseits mit der unsicheren innenpolitischen Lage zu erklären. In der ersten Hf. des 14. Jh.s forderten mehrere Äbte (v. a. Abt Szigfrid [1355–65]) die Reformierung des Klosterlebens. Unter König Matthias Corvinus wurde das Kloster im gotischen Stil umgebaut. Im ersten Drittel des 16. Jh.s brachte die Amtsperiode von Matthäus Tolnai wieder ein Aufblühen der Abtei. 1543 mussten die Mönche wegen der Türkengefahr das Kloster verlassen. 1547 kehrten sie zwar zurück, aber das einstige Klosterleben erlosch. 1593 verließ auch der letzte Mönch das Kloster, das dann eine Zeitlang als Grenzburg diente. 1639 zogen wieder Mönche ins Kloster.

Äbte. Anfang des 15. Jh.s ist ein dt. Abt in M. bezeugt: **(1) Johannes II. von Alben** aus Meisenheim stand der Benediktinerabtei 1405–06 vor (vgl. FEDELES, 2011, S. 114).

(2) Matthäus/Máté Tolnai (?–1535) ist im Marktflecken Tolna geboren. 1479 wurde er als Kleriker der Diözese → Fünfkirchen an der Krakauer (PL) Universität immatrikuliert. Später war er längere Zeit als Notar in der königlichen Kanzlei in → Ofen tätig. 1493 wählten ihn die Venezianischen Dominikaner zum Konfrater. 1500 wurde er auf eigenen Wunsch von König Ladislaus II. zum Abt der Abtei M. ernannt. Dieses Amt hatte er bis zu seinem Tode inne. Er wurde vom König auch mit der Reform des Klosters bzw. des Benediktinerordens in Ungarn betraut, da der Verfall der Ordensdisziplin in der zweiten Hf. des 15. Jh.s immer gravierender wurde. Er führte die Visitationen wieder ein, 1510 wurde er als erster Erzabt von M. der Prinzipal der Benediktinerklöster Ungarns, 1512 fasste er die acht Benediktinerabteien königlicher Gründung zu einer Kongregation zusammen. Er ließ auch liturgische Bücher, wie das ‚Breviar von Pannonhalma' (Venedig, 1506, 1519) oder das ‚Diurnale Monasticum' (Venedig, 1515) drucken und bestellte illuminierte Hss. in Tirol, wie das ‚Evangelistar von Pannonhalma' (Pannonhalma, FK, BKA 2; vgl. MIKÓ 2010, S. 65). Seine Bemühungen um die Klosterreform hatten aber keinen dauernden Erfolg. Er stieß wiederholt auf Widerstand, und die lutherische Reformation sowie die chaotischen Verhältnisse nach der Niederlage bei → Mohács (1526) erschwerten die Durchführung seines Reformvorhabens. Ein großer Teil der Kunstwerke, die mit ihm in Verbindung gebracht werden können, ist von der Renaissance geprägt, wie die zwei Nebenchöre und mehrere Bogen der Kirche (MIKÓ 1996, S. 97).

Literatur. A pannonhalmi Szent-Benedek-Rend története, Bd. 1: A pannonhalmi főapátság története. Első korszak. A megalapítás és terjeszkedés kora, hg. v. L. ERDÉLYI, 996–1243, 1902, S. 121–134; A pannonhalmi Szent-Benedek-Rend története, Bd. 3: A pannonhalmi főapátság története. Harmadik korszak. Az uralkodók reformáló törekvései. A pannonhalmi apátságnak főapátsággá való szervezése 1405–1535, hg. v. DEMS., 1905, S. 64–73, 82–139 u. 141–161; I. TAKÁCS, Mű és személyiség a 13. században. Uros pannonhalmi apát művészetpártolásáról, Pannonhalmi Szemle 1 (1993), S. 97–106; Á. MIKÓ, Erzabt Matthäus Tolnai (1500–1535) und die Renaissance in Pannonhalma, Acta historiae artium Academiae Scientiarum Hungaricae 38 (1996), S. 97–105; Á. MIKÓ, Art. Reneszánsz miniatúrafestészet, MAMűL 10 (2010), S. 57–65; T. FEDELES, Pécs (Fünfkirchen). Das Bistum und die Bischofsstadt im Mittelalter, 2011.

PÉTER LŐKÖS

Werke/Urkunden. Das Benediktinerkloster auf dem M. ist 1002 erstmals erwähnt in einer im Auftrag König Stephans erlassenen **(1) Charta**, die dem Kloster, welches wohl von Stephans Vater Großfürst Géza gegründet wurde, weitere Privilegien zugesteht. Diese Urkunde ist das erste Zeugnis in lat. Sprache aus Ungarn. Sie ist im Original nicht erhalten, aber in einer Kopie aus dem frühen 12. Jh. [alternative Datierung: um 1200], welche die Handschrift eines dt. Schreibers zu kopieren scheint, der nach dem Tod Ottos III. an den Hof Stephans geflohen war, ein gewisser Heribert C. (CSÓKA 1998, S. 5).

Die heute verschollene **(2) ‚Chronica Hungarorum von Martinsberg'** (CSÓKA 1980, S. 121) basierte auf in Form von Annalen gehaltenen Aufzeichnungen des Konvents über wichtige Ereignisse aus dem Leben der Benediktiner, über die Herrschaft und das Ableben von Äbten, Bischöfen, Päpsten, Königen u. a. Sie wurde Mitte des 11. Jh.s in M. angelegt. Zurzeit König Ladislaus' I. des Heiligen wurde sie weitergeführt, unter Stephan III. dürfte die Chronik überarbeitet worden sein (vgl. CSÓKA 1980, S. 138). Ein ausführlicher Auszug aus der ‚Martinsberger Chronik' in den ‚Altaicher Annalen' kann als indirektes Zeugnis für die Chronik gelten, die offensichtlich einem Altaicher Benediktiner vorlag. Der Ausschnitt deckt hauptsächlich die Zeitspanne 1041–63 ab und behandelt die Ursachen und den Ablauf der ung.-dt. Kriege (vgl. CSÓKA 1980, S. 121). Um 1240 ließ **(3) Abt Urias** die wichtigsten Urkunden der Abtei in den sog. ‚Liber Ruber' kopieren. Diese Urkundensammlung ist das älteste ung. Chartularium, sie enthält 39 königliche Urkunden und 21 päpstliche Bullen. 1242 wurde die Abtei Pannonhalma erfolglos von den Tataren belagert. Abt Urias verstarb vermutlich kurz danach.

Literatur. J. L. CSÓKA OSB, Geschichte des benediktinischen Mönchtums in Ungarn, 1980; G. THOROCZKAY, Szent István pannonhalmi oklevelének historiográfiája, in: Mons Sacer 996–1996. Pannonhalma 1000 éve, hg. v. I. TAKÁCS, 1996, S. 90–109; G. CSÓKA u. a., Pannonhalma. Pictorial Guide to the History and Sights of the Benedictine Abbey, 1998.

ANNA-LENA LIEBERMANN/PÉTER LŐKÖS

Mihályi

M. im heutigen Komitat Győr-Moson-Sopron (Kreisgebiet Kapuvár) taucht urkundlich erstmals in einer Schenkungsurkunde König Emmerichs von 1198 auf, durch die das Gut in den Besitz des Bischofs Ugrinus von → Raab und dadurch in den der einflussreichen Familie Csák gelangte (Budapest, MOL, Dl. 40001; WAGNER, S. 34f.). Das Gut blieb die folgenden Jahrzehnte im Besitz dieser Familie. Über Nikolaus von Tschanad, Bruder des Raaber Bischofs, fiel es 1231 an Ugrinus' Neffen Isaak und 1255 an dessen Söhne Johannes und Markus (WAGNER, S. 135f., 246).

1223 verlieh König Andreas II. dem Gespan Nikolaus von Tschanad (einem Familienspross des Geschlechts Csák) das Recht, auf seinem Besitz *Mihal* unbehindert ausländische Gäste (*hospites*) aufzunehmen (Budapest, MOL, a. Dl. 61125). Die den *hospites* von M. zugesicherten Privilegien erfuhren bereits wenige Jahre später auf Initiative seines ältesten Sohnes Isaak signifikante Erweiterungen. Eine lat. Urkunde aus dem Jahre 1234, die allen auf dem Großbesitz Isaaks lebenden Untertanen, aber insbesondere jenen in M. und Kisfalud, Steuerfreiheit zusichert, ist erhalten (Budapest, MOL, b. Dl. 68185). Beide Urkunden schlossen sich dem 1224 ausgestellten ‚Andreanum' (→ Provinz Hermannstadt, RO) an, stellen jedoch bezüglich der Datierung und Lokalisierung einen Sonderfall dar.

Ausgabe. Urkundenbuch des Burgenlandes und der angrenzenden Gebiete der Komitate Wieselburg, Ödenburg und Eisenburg, hg. v. H. WAGNER, Bd. 1: Die Urkunden von 808 bis 1270, 1955.

MARY-JANE WÜRKER

Mohatsch (**Mohács**)

Schlacht von Mohács

29. 8. 1526

Geschichte. Am 29. 8. 1526 trafen bei M., südöstlich von → Fünfkirchen, die Heere des ung. Königs Ludwig II. und des osmanischen Sultans Süleyman I. aufeinander. Die Schlacht dauerte nur wenige Stunden und endete mit einer vernichtenden Niederlage der ung. Armee und dem Tod zahlreicher Mitglieder der ung. Führungsschicht, darunter zwei Erzbischöfe und mehrere Bischöfe; König Ludwig II. selbst kam vermutlich beim Rückzug im Bach Csele ums Leben (DALOS, S. 62). Nach ihrem Sieg drang die osmanische Armee weiter bis nach → Ofen und Pest vor, wo es zu schweren Plünderungen und Verwüstungen kam, zog sich danach jedoch noch im selben Jahr wieder nach Konstantinopel zurück (MATSCHKE, S. 238–243).

Autoren/Werke. Über die Schlacht bei M. haben sich zahlreiche zeitgenössische Berichte, zum Großteil in Form von Flugschriften und Liedern, erhalten. Sie nehmen in ihrer Schilderung der Ereignisse durchweg die Perspektive des christlich-abendländischen Beobachters ein, der die desaströse Niederlage der Ungarn und den Tod vieler Soldaten und führender Militärs, v. a. aber des gerade 20-jährigen Königs Ludwig II. schmerzlich beklagt und das grausame Vorgehen der türkischen Armee gegen die ung. Bevölkerung besonders bei der anschließenden Eroberung der Städte → Ofen und Pest scharf geißelt (MATSCHKE, S. 242). Dabei wird fast immer den chaotischen Zuständen im ung. Heer zumindest eine Teilschuld am Ausgang der Kämpfe zugeschrieben (vgl. GYALÓKAY, S. 234) sowie wichtigen Persönlichkeiten des ung. Adels eine Mitschuld angelastet, da sie Ludwig II. nicht ausreichend unterstützt oder sogar an die Türken verraten haben sollen, während der jugendliche König selbst als tugendhafter ritterlicher

Held erscheint, der sein Leben märtyrergleich im Kampf für sein Land und den christlichen Glauben verloren hat und der nicht zuletzt auch um dieser Verdienste willen von seiner Frau, der Königin Maria, aufrichtig betrauert wird (LILIENCRON, S. 558f.). Zu den frühesten Textzeugnissen über die Schlacht bei M. gehören sechs Flugschriften aus dem Jahr 1526:

(1) ‚New zeyttung wie der Turckischen Keyser mit dem König von Vngern dye schlacht gethan hat / auff den tag Johannis enthauptung Im Jar. M.D.XXVI': Diese relativ knappe Flugschrift nennt den Ort und den Zeitpunkt der Schlacht und listet die jeweiligen Heeresstärken sowie die Namen der Gefallenen auf; vom Tod König Ludwigs II. berichtet sie noch nichts (*Wo aber Königkliche Maiestat ist bliebẽ / ist mir nicht wißlich.*), da der König unmittelbar nach der Schlacht als verschollen galt und erst später tot in einem Bach aufgefunden wurde. Allerdings wird hier bereits der Tod eines großen Teils des ung. Adels beklagt (*Item eyn grosse zal ist vmbkommen in dieser schlacht [...] welche zal Got alleyn weyß*). Druck: Erfurt: Wolfgang Stürmer, 1526 (VD16 N 1040).

(2) ‚Newe zeyttung / wie es mit der schlacht zwüschen dem Künig von Vngern / vnd dem Türckischen Keyser ergangen': Hier werden v. a. die Bewaffnung der verschiedenen Heere (u. a. mit *geschütz*, einer *wagenburg* und *Cãmell thierern*) und die einzelnen Schlachtmanöver detailliert beschrieben. Außerdem berichtet diese Flugschrift bereits vom Tod des ung. Königs in einem Sumpf (*Vnd als nũ der Künig von Vngern henach geritten ist inn seynem Kyriß [...] vñ durch den sumpff reytten wöllẽ [...] do hat sich das Roß vff gebaümpt / vnd mit jm zurück gefallen [...] vnnd ist also todt blieben.*) sowie von der anschließenden Verheerung der Städte Ofen und Pest durch die türkischen Soldaten. Drucke: Speyer: Jakob Schmidt, 1526 (VD16 N 1055); Straßburg: Johann Prüß d. J., 1526 (VD 16 ZV 22629).

(3) ‚New zeytung. Die Schlacht des Turckischen Keysers mit Ludouico erwan Koenig zu Vngern geschehen am tag Johannis enthueptung. 1526': Diese Flugschrift zählt die Verluste an Menschen und Material und die Verwüstungen durch das türkische Heer bis hinauf nach Pressburg (SK) auf, betont aber auch mehr als die anderen erhaltenen Schriften das tragische Schicksal und die heftige Bedrängnis der verwitweten ung. Königin Maria (*Item die Königin von Vngern [...] lies sie yhr Königlichẽ schmuck [...] auß Breßburg gen Offen holen / aber die Vngern haben yhr dasselb alles genomen.*). Drucke: Leipzig: Jakob Stöckel, 1526 (VD16 ZV 11475, ZV 11476). Hamburg: Johann Wickradt d. Ä., 1526 (niederdt.; VD16 ZV 11520); Leipzig: Michael Blum, 1526 (VD16 ZV 2261, ZV 28052).

(4) ‚Newe zeytung Wie die Schlacht in Vngern mit dem Türckischen Keyser ergangen / hat einer von Wienn so dabey gewest / herauff gen Oringen schriben': Der Autor dieser Flugschrift nennt seinen Namen zwar nicht, behauptet von sich selbst jedoch, ein Augenzeuge der Schlacht bei M. gewesen zu sein. Er geht scharf mit den Defiziten im Heer Ludwigs II. ins Gericht, denen er zumindest einen Teil der Schuld an der ung. Niederlage zuschreibt; gegeißelt werden dabei die *zwitracht* unter den Heerführern sowie die chaotischen Zustände noch kurz vor Beginn der Schlacht (*vnd haben noch nit Haubtleut gehabt / da ist kein Ordnung im heer gewest*), v. a. aber der angebliche Verrat einiger ung. Adliger an ihrem jungen König (*Aber es solt ein kindt verstanden haben / das sie etliche Vngern selbst jren König verkauffen vnd verraten haben wöllen*, denn *jr vil habens heimlich mit dem Türcken gehabt.*). Außerdem werden der Ablauf der Schlacht und die anschließenden Gräueltaten der türkischen Truppen in den Städten des Landes wie *rauberey* und *mörderey* detailliert geschildert. Druck: Würzburg: Balthasar Müller von Würzburg, 1526 (VD16 N 1046; enthält z. T. auch die Flugschrift *Des Bluthunds, der sich nennt ein türkischen Kaiser, Getaten*, VD16 N 1045; s. u.).

(5) ‚Hernach volget des Bluthundts der sich nennet eyn Türckischen Kayser gethaten /

so er vnd die seinen / nach eroberung der schlacht / auff den xxviii. [sic] **tag Augusti negstuergangen geschehen**': Diese Flugschrift berichtet ihrem Titel entsprechend besonders ausführlich von der Zerstörung der Städte Ofen und Pest durch die Türken (*erobert / verbrent / vnd alles volck darinn gewesen vnd gelegen zu todt / zerhackt vnd erschlagen*). Pest wurde niedergebrannt und alle seine Bewohner getötet. Ofen widerstand länger, wurde aber schließlich ebenfalls erobert. Im jüdischen Stadtviertel fielen nach anhaltendem Widerstand dreieinhalbtausend türkische Krieger und fast viereinhalbtausend Juden. Die Flugschrift nennt die Namen der wichtigsten der insgesamt 15.000 Gefallenen auf ung. Seite und warnt alle Rezipienten eindringlich vor einem weiteren Vordringen des türkischen Heeres nach Westmitteleuropa. Sie endet mit einem Gebet, in welchem Gott um Verzeihung und um künftige Hilfe gegen die Türken angerufen wird. Von dieser Flugschrift sind vorwiegend aus dem süddt. Sprachraum auffällig viele Drucke überliefert, die z. T. auch noch ein Jahr oder zumindest mehrere Monate nach der Schlacht bei M. entstanden zu sein scheinen. Drucke: Nürnberg: Jobst Gutknecht, 1526 (VD16 B 5796); Nürnberg: Hans Hergot, 1526 (VD16 ZV 2106, B 5790, B 5791); Freiburg/Breisgau: Johann Wörlin, 1526 (VD16 B 5792); Würzburg: Balthasar Müller von Würzburg, 1526 (VD16 B 5793); Augsburg: Heinrich Steiner, 1526 (VD16 B 5794); Basel: Adam Petri, 1526 (VD16 B 5795); Regensburg: Paul Kohl, 1527 (VD16 B 5797).

(6) '**Verkündzdl. Die durchleüchtigen hochgebornnen Fürsten und herren herr Wilhelm und herr Ludwig gebrüder […] Hertzogen in Obern vnd Nydern Bairń […] Thun eüch […] zuwissen, das der Türgk den […] König zu Hungern […] in ainer veldschlacht […] nydergelegt**': In dieser Bekanntmachung werden aus der Perspektive der bay. Herzöge Wilhelm IV. und Ludwig X. nicht nur der Tod des *jungen vnschuldigen Christenlichen* Königs Ludwig II. und die grausamen Verwüstungen durch die Türken, die *ewig veindt des Christenlichen namens*, in Ungarn beklagt, sondern auch alle Untertanen der beiden Herzöge zum intensiven Gebet um Gottes Hilfe und Beistand aufgerufen, um ein solches Unheil von der ganzen Christenheit und v. a. vom Herzogtum Bayern (*Nun ist wol zübesorgen […] er werde […] sein graussame tyranney in die negst anstossenden Christenliche Fürstenthůmb erstreckhen.*) in Zukunft fernzuhalten. Druck: München: Hans Schobser, 1526 (München, BSB, 2 Bavar. 960, I,3 m).

Ebenfalls bekannt sind drei anonyme zeitgenössische Lieder über die Schlacht bei M. (vgl. LILIENCRON, S. 559–567):

(7) '**Ein new lied von der schlacht, die der ungerisch künig und der Türk mit einander gethan haben**' (LILIENCRON Nr. 402, S. 559–562): Dieses Lied schildert relativ detailreich den Ablauf der Schlacht bei *Mahaisch* (Str. 3, V. 3) und streicht dabei die Übermacht des türkischen und die Unordnung des ung. Heeres heraus (Str. 7, V. 1: *der Unger hielt kein ordnung gar*); außerdem beklagt es besonders intensiv den Tod König Ludwigs II. und anderer ung. Adliger. Drucke: Nürnberg: Merten Sporer, 1526 (VD16 S 8363) und 1530 (VD16 ZV 30095).

(8) '**Von der königin von Hungern**' (LILIENCRON, Nr. 404, S. 566–567): Aus der Ich-Perspektive der Königin Maria von Ungarn verfasst, lässt dieses Lied die verwitwete, *trostlos ellend[e]* (Str. 11, V. 5) junge Frau den Tod ihres Mannes König Ludwig II. beweinen, der hier als eine vollendete Verkörperung aller Herrschertugenden dargestellt wird, wozu auch gehört, dass er *mit ritterlichen sinnen* (Str. 4, V. 3) gleich einem Märtyrer gestorben ist, um sein Vaterland vor der türkischen Bedrohung zu bewahren: *Er sprach: "es mag nit anders sein, / ich můß helfen erretten / das vaterlande mein."* (Str. 2, V. 5–7). Drucke: Zwey schöne Lieder: von der Künigin von Hungern […]. Straßburg: Matthias Schürer Erben, 1526 (VD16 Z 700); Nürnberg: Georg Wachter, 1528 (VD16 Z 701); Wien: Hiero-

nymus Vietor, 1530 (VD16 Z 703); Lübeck: Johann Balhorn d. Ä. [um 1540] (niederdt., VD16 ZV 28153); Sraßburg: Jakob Frölich, 1545 (VD16 Z 702).

(9) ‚Mag ich unglück nicht widerstan': Dieses Lied, ist zunächst einem nicht näher bestimmten Sprecher-Ich in den Mund gelegt. Es stellt in seinem Kern eine Beschwörung des unbedingten Vertrauens auf Gottes Hilfe und Beistand auch und gerade in schweren Zeiten dar. Zwar finden sich in dem Lied selbst keine konkreten realhistorischen Bezüge, traditionell wird es jedoch fast immer als Gebet der verzweifelten Königin Maria von Ungarn interpretiert und mit der Schlacht bei M. in Verbindung gebracht (LILIENCRON, S. 559); für diese Interpretation spricht nicht zuletzt auch seine gemeinsame Überlieferung mit dem vorhergehenden Lied *Von der königin von Hungern* unter dem Titel *Zwey schöne lieder / Eyn Geystlichs vnnd ein weltlichs / von der Koeniginn vñ Hungern / Frawen Maria / vnd jrem gemahel Kônig Ludwig als er vñ jr jn streyt zoch wider den Türcken*. Drucke: s. o. (8).

Ein Beispiel für eine Beschreibung der Schlacht bei Mohács im Rahmen einer dt.-sprachigen Chronik findet sich schließlich in **(10) ‚Der Hungern Chronica'** des Johannes Thurocz in ihrer Übersetzung durch Hans Haug aus dem Jahr 1534, wobei viele der bereits aus den Flugschriften und Liedern vertrauten Motive wieder aufgegriffen werden. So werden die ung. Soldaten in der Schlacht bei *Felmahatz* (fol. 65ʳ) auch hier als *etwas lessig vnd vngehorsam* (ebd.) geschildert; ebenfalls werden der Tod vieler ung. Adeliger und der Verlust von Waffen und Kriegsgerät beklagt. Besonders betont werden schließlich auch in der Chronik die massiven Plünderungen und Zerstörungen durch die türkischen Heere sowohl in den Städten Ofen und Pest als auch im ganzen übrigen ung. Land: *Alle Stet / merck / vnnd das gantz land jemerlich verheret vnd verprent* (ebd.). Drucke: Nürnberg: Johann Petreius (Zitate nach dieser Ausg.)/ Wien: Hans Metzger, 1534 (VD16 T 1212); Nürnberg: Johann Petreius/ Wien: Hans Metzger u. Johannes Singriener d. Ä., 1534 (VD16 T 1213); Augsburg: Philipp Ulhart d. Ä. 1536 (VD16 T 1214).

Besonders weite Verbreitung hat die späte Bearbeitung eines Lieds über die Schlacht von M. gefunden: **(11) Hans Sachs: ‚Ein newer bergreie von künig Ludwig auß Ungern'** (LILIENCRON, Nr. 403a, S. 562f.): Dieses Lied lobt den tugendhaften jungen König Ludwig II., *der unschuldig gestorben ist* (Str. 1, V. 4); dabei wird ausdrücklich betont, dass er mit seiner Ehefrau Maria ein Leben in Frieden und Freude führte, ehe er von den ung. Adligen unter Führung von Johann Zápolya (*Janus Weida*, Str. 4, V. 1) an die Türken verraten wurde und schließlich durch ihre Schuld in der Schlacht den Tod fand, sodass dieser Verrat hier natürlich als ein besonders heimtückisches Verbrechen erscheinen muss: *iren künig theten sie verkauffen, / er mocht in nit entlauffen, / künig Ludwig der junge küne man.* (Str. 7, V. 7–9). Drucke: Nürnberg: Kunigunde Hergot, 1530 (VD16 N 1129, S 483); Wien: Johannes Singriener, 1530 (VD16 N 1128, S 481); Straßburg: Jakob Frölich [um 1550] (VD16 ZV 28094, N 1130); Nürnberg: Valentin Neuber, 1570 (VD16 ZV 11854); Nürnberg: Thiebold Berger, 1570 (VD16 S 483).

(12) ‚Von dem künig von Ungern, wie er umbkummen ist' (LILIENCRON, Nr. 403b, S. 564f.): Dieses Lied ist Hans Sachs' Lied in Inhalt und Aufbau sehr ähnlich und es handelt sich wohl um eine Bearbeitung desselben; es gestaltet in einigen zusätzlichen Versen jedoch noch nachdrücklicher den hinterhältigen Verrat der Ungarn an ihrem eigenen König (Str. 4, V. 1–5: *Das mochten die Ungern nit leiden, / sie trachten frü und spat, / wie sie ihn wölten vertreiben / und giengen ains tags zů rat, / ihren künig zů vertreiben*) und die grausamen Verheerungen durch die türkischen Soldaten überall im Land aus (Str. 7, V. 1f.: *Der Türk ließ niderhawen / was ihm kam under die hand*; Str. 10, V. 3f.: *der Türk der hat verprennet / im*

Ungerland also weit). Druck: Zwickau: Wolfgang Meyerpeck, 1545 (VD16 ZV 11582).

Ausgaben. R. v. Liliencron, Die historischen Volkslieder der Deutschen vom 13. bis 16. Jahrhundert, Bd. 3, 1867; Hernach folgt des Bluthunds, der sich nennet ein türkischen Kaiser, Getaten, in: Flugschriften des frühen 16. Jahrhunderts, hg. v. H.-J. Köhler, 1987, Nr. 4692 (Mikrofiche des Baseler Drucks).

Literatur. I. Hubay, Magyar és magyar vonatkozású röplapok, újságlapok, röpiratok az Országos Széchényi Könyvtárban 1480–1718, 1948. — V. Fraknói, A mohácsi csatáról szóló egykorú újságlapok a Magyar Nemzeti Múzeum Könyvtárában, Magyar Könyvszemle 1 (1876), S. 8–14; E. v. Gyalókay, Die Schlacht bei Mohács (29. August 1526), Ungarische Jahrbücher 6 (1927), S. 228–257; F. Szakály, A mohácsi csata, 1977, S. 9–42; Gy. Dalos, Ungarn in der Nußschale. Ein Jahrtausend und zwanzig Jahre. Geschichte meines Landes, ²2012; G. Perjés, The Fall of the Medieval Kingdom of Hungary: Mohács 1526 – Buda 1541, 1989; F. Szakály, Virágkor és hanyatlás 1440–1711, 1990, S. 108–115; I. Lázár, Kleine Geschichte Ungarns, 1990; P. Engel, The Realm of St. Stephen. A History of Medieval Hungary, 895–1526, 2001; I. Brodarics, Igaz leírás a magyaroknak a törökökkel Mohácsnál vívott csatájáról, hg. v. G. Szigethy, 2003; K.-P. Matschke, Das Kreuz und der Halbmond. Die Geschichte der Türkenkriege, 2004; T. Radek, Das Ungarnbild in der deutschsprachigen Historiographie des Mittelalters, 2008; J. B. Szabó/F. Tóth, Mohács (1526). Soliman le Magnifique prend pied en Europe centrale, 2009.

Eva Spanier/Gyöngyi Sándor

Mosaburg (**Zalavár**)

Nachdem Priwina, der ehem. Fürst von Nitra, das Land um den Fluss Zala von Ludwig dem Deutschen zum Lehen erhalten hatte, richtete er hier seinen Herrschaftssitz ein und ließ die ersten Kirchen errichten: eine Marienkirche (850), eine Hadrianskirche, eine Johanneskirche, außerdem 13 Kirchen außerhalb der Stadt (vgl. Szőke, S. 573). Die Kirchen wurden vom Bischof von Salzburg (AT) geweiht; dieser entsandte aus Salzburg Priester für die Marienkirche in M., darunter Swarnegel, der in der um 870 in Salzburg entstandenen ‚Conversio Bagoariorum et Carantanorum' als *praeclarus doctor* bezeichnet wird (Kap. 11, vgl. Szőke, S. 573); er kam 859 nach M. Bis zum Ende des 9. Jh.s besuchten der Salzburger Bischof und der Kaiser häufig M. Nach der Niederlage der Bayern gegen die Ungarn bei Pressburg (SK) im Jahr 907 wurde M. entvölkert, aber Anfang des 11. Jh.s wieder neu aufgebaut. Auf den Fundamenten des ehem. Herrschaftssitzes entstand ein 1015 dem Hl. Hadrian geweihtes Benediktinerkloster, das bis 1575 existierte.

Literatur. B. M. Szőke, Mosaburg/Zalavár during the Carolingian Period, in: Paradisum plantavit. Benedictine Monasteries in Medieval Hungary, hg. v. I. Takács, 2001, S. 573–588; B. M. Szőke, Mosaburg/Zalavár und Pannonien in der Karolingerzeit, Antaeus 31/32 (2010), S. 9–52.

Cora Dietl

Ödenburg (**Sopron**)

Inhalt. A. Archidiakonat. 1. Rogerius. 2. Jacob Resch. B. Kirchen und Kapellen. 1. Hauptpfarrkirche. 2. Marienkirche. 3. Annenkapelle. C. Klöster. D. Spital. E. Geistliche Bruderschaften. 1. Georgsbruderschaft. 2. Corpus-Christi-Bruderschaft. F. Jüdische Gemeinde. G. Stadt. 1. Rathaus. 2. Schule. 3. Zunftwesen. 4. Weltliche Bruderschaften. 5. Bürger der Stadt. 5. Geistliches Spiel.

Die Neubesiedlung der ehemals röm. Siedlung Scarbantia wurde im 10. Jh. durch die Landnahme der einwandernden magyarischen Stämme eingeläutet. Bereits um 1162 war Ö. der Hauptort des Komitats. Nach der Verwüstung durch die Tataren 1241 gelangte Ö. unter die Herrschaft Herzog Friedrichs II. von Österreich. In der Schlacht von Leitha 1246 eroberte König Béla IV. die drei Grenzkomitate und somit auch Ö. zurück. Zum Grenzschutz gegen Friedrich II. rief Béla den Johanniterorden ins Land (vgl. Greszl, S. 169), dessen Anwesenheit seit 1247 belegt ist und der bis 1351 auch die regionale Beglaubigungsstelle für Urkunden stellte. 1273 belagerte König Ottokar II. von Böhmen Ö. Als Belohnung für die Treue der Bürger, die sich Ottokar widersetzten, ernannte König Ladislaus IV. Ö. 1277 zur königlichen Freistadt. 1441 verpfändete Königin Elisabeth die Stadt an Kaiser Friedrich III., der Ö. 1463 an König Matthias zurückgab. Dieser verpfändete am 31. 10. 1471 die Stadt zusammen mit ihren Vororten an Zsigmond Weispriach, an den die jährlichen Steuern von 10.400 Forint abzugeben waren (Sopron, SL, Dl. 2157). Dieser bestätigte am 4. 12. 1471 den Ö.ern ihre bisherigen Privilegien (Sopron, SL, Dl. 2158).

Literatur. I. HOLL, Sopron (Ödenburg) im Mittelalter, Acta Archaeologica Academiae Scientiarum Hungaricae 31 (1979), S. 105–145; K. SZENDE, Quellen zur Geschichte der Stadt Ödenburg, Reihe A, Bd. 1, 1993; G. MAAR, Einführung in die Geschichte der westungarischen Stadt Scarbantia/Ödenburg/Sopron, 2000; M. FLOIGER, Das alte Ödenburg, Geographisches Jahrbuch Burgenland 33 (2009), S. 290–387.

ANNA-LENA LIEBERMANN

A. Archidiakonat

gegr.: 11. Jh.

Die mittelalterliche Stadt Ö. war Teil der von Stephan I. um 1009 gegründeten → Raaber Diözese, die bis 1034 vorrangig unter der Jurisdiktion des Passauer Erzbischofs, zeitweise auch unter jener des Freisinger Bischofs (vgl. GRESZL, S. 12) stand und erst 1127 anerkannt und dadurch der ung. Erzdiözese → Gran unterstellt wurde. Seit dem 11. Jh., so MOLLAY (S. 90), war Ö. Sitz eines Archidiakonats. Dessen Sitz war die dem Hl. Michael geweihte → Hauptpfarrkirche (vgl. MOLLAY, ebd. sowie HÁZI).

A.1 Rogerius

1243–1249

Der aus dem südital. Torre Maggiore stammende Rogerius (1200–66) war als Domherr und Erzdechant in → Wardein (RO) tätig, bevor er am 13. 11. 1243 das Amt des Erzdechanten in Ö. antrat. Im Zuge des Mongolensturms wurde Rogerius 1241 von den Mongolen verschleppt und blieb über ein Jahr in Gefangenschaft. In seinem ‚Carmen miserabile', das Rogerius seinem Gönner Jakob Pecorari (gest. 26. 6. 1244) widmete, beschreibt er die Gräuel des Mongolensturms. Er zeigt die Schwächen der ung. Verteidigung auf und warnt vor einer verheerenden Niederlage bei einem neuerlichen Angriff. Diese erste autobiografische historische Schrift der ung. Literatur entstand 1243, während Rogerius' Tätigkeit im damals dt.-sprachigen Ö. Dies lässt eine Zuordnung zur burgenländischen Literatur zu, obgleich das Buch in lat. Sprache verfasst wurde. In seiner Einleitung beleuchtet Rogerius die politischen Verhältnisse vor dem Mongolensturm, im Hauptteil wechselt er zwischen distanziert-objektivem Erzählen und Augenzeugenbericht. Das ‚Carmen miserabile' wurde 1488 als Anhang zur Chronik des Johannes Thurocz gedruckt: in Brünn (GW M14782) und Augsburg (GW M14775). Es diente als Vorbild für Stephan Brodarics' ‚De conflictu Hungarorum cum Turcis ad Mohatz verissima discriptio' (1527) und wohl auch für Antonio Bonfinis (→ Ofen) ‚Rerum Ungaricarum decades'.

Ausgabe. ROGERIUS, ‚Carmen miserabile'. Lat./dt. Übers. v. H. S. MILLETICH, hg. v. F. PROPST, 1979.

Literatur. J. HÁZI, Sopron középkori egyháztörténete, 1930; K. MOLLAY, Scarbantia/Ödenburg/Sopron. Siedlungsgeschichte und Ortsnamenkunde, 1944; I. HOLL, Sopron (Ödenburg) im Mittelalter, Acta Archaeologica Academiae Scientiarum Hungaricae 31 (1979), S. 105–145; F. PROPST, Das ‚Carmen miserabile' des Magisters Rogerius und seine Stellung in der lateinischen Literatur Ungarns im Mittelalter, in: siehe Ausg., S. 107–116; Beiträge zu einer Literaturgeschichte des Burgenlandes, hg. v. H. S. MILLETICH, Bd. 1, 2009.

ANNA-LENA LIEBERMANN

A.2 Jacob Resch

† 1485?

In seinem auf den 30. 4. 1485 datierten und vom Ö.er Notar Rudbert Sinreich bezeugten dt.-lat. Testament (Sopron, SL, Dl. 3019) nennt sich Resch *presbiter Jauriensis diocensis*. Eine genaue Lokalisierung des Priesters innerhalb der Diözese → Raab ist nicht möglich; wahrscheinlich ist eine Verortung an der Ö.er Michaels- oder der Marienkirche. Resch verfügte über eine kleinere Sammlung von v. a. geistlichen Schriften. Neben einer eigens hervorgehobenen, aber nicht näher spezifizierten Pergamenthandschrift (*speciale pergameneum*), die er der Marienkirche vermacht, nennt er ein Gebetbuch, ein Brevier, mehrere nicht näher bezeichnete Sexternen, einen *Haselpach* – vermutlich die ‚Sermones de tempore' des Thomas von Haselpach – und zwei wohl gleichfalls als Predigtsammlungen zu identifizierende Bücher mit den Incipits *Erunt signa in sole* und *Die salutis*, von denen er letztere Michael Dremel, dem Kaplan der Michaelskirche, vermachte. Das im Testament erwähnte Buch mit dem Incipit *Reverendo in Christo, patre et domino*, d. h. mit einer Widmung an einen kirchlichen Würdenträger, könnte mit dem im 15. Jh. in Gran vollendeten Werk ‚Tabulae directionum' des Regiomontanus zu identifizieren sein (vgl. Gössing). Dieses astrologische Tafelwerk erschien erstmals 1467 mit einer Widmung an den → Graner Erzbischof Johann Vitéz. Da Regiomontanus zwischen 1467 und 1471 an der Pressburger Universität (SK) lehrte, wäre eine Verbreitung im Ö.er Raum denkbar. Schließlich ist noch ein *Algorismus*, also ein mathematisches Lehrbuch, aufgeführt. Vielleicht handelt es sich dabei um ein handschriftliches Exemplar des sonst erst ab 1492 im Druck bezeugten (GW M36628) ‚Algorismus' des Wiener Gelehrten Georg von Peucrbach oder um ein Exemplar des ‚Algorismus Ratisbonensis'.

Ausgabe. J. Házi, Sopron szabad királyi város története, Bd. 2,1: Végrendeletek és egyéb feljegyzések 1390–1524, 1930.

Literatur. M. Zimmermann, Art. Algorismus Ratisbonensis, ²VL 1 (1978), Sp. 237–239; H. Grössing, Art. Regiomontanus (de Monteregio, von Königsberg; Müller), Johannes, ²VL 7 (1989), Sp. 1124–31.

Mary-Jane Würker

B. Kirchen und Kapellen

B.1 Hauptpfarrkirche

Patr.: Hl. Michael — gegr.: Anf. 11. Jh.

Geschichte. Die Kirche nebst Pfarre, die angeblich auf die Zeit Stephans I. zurückzuführen ist (Házi 2,1, S. 4) und den Sitz des Ö.er Archidiakonats bildete, lässt sich urkundlich erstmals anhand eines Testaments aus dem Jahre 1278 nachweisen (vgl. Házi 2,6, S. 1). Die Kirche wurde in ihrer jetzigen Form im 13. Jh. erbaut, einzelne Teile waren erst im 14. Jh. vollendet (vgl. Holl, S. 135). An der Südseite der Kirche befand sich eine Mitte des 13. Jh.s errichtete und dem Hl. Jakobus geweihte Friedhofskapelle. Die Pfarrkirche unterhielt seit Anfang des 13. Jh.s eine Bibliothek, die im 15. Jh. so stark anwuchs, dass sie in die Heilig-Geist-Kapelle überführt werden musste (Mollay, S. 13).

Kaplane. Von einigen Kaplanen und Kirchendienern der Michaelskirche ist ein Buchbesitz bezeugt. In der Regel handelt es sich um lat. geistliche, wissenschaftliche oder Gebrauchsliteratur, gelegentlich auch um dt.-sprachige Texte. **(1) Urban von Weyten**, Kaplan des Fronleichnamsaltars der Ö.er Pfarrkirche, ehemals Lehrer in der Klosterschule von Zell am See, hinterließ bei seinem Tod eine beachtliche Büchersammlung, die er zum Teil in mit Wachs versiegelten Fässern aufbewahrte, zum Teil zur Zeit seines Todes verliehen hatte. In seinem Testament vom 21. 4. 1400 (Sopron, SL, Dl. 2990) erwähnt er zum einen Bücher für den Gebrauch im Gottesdienst- und Seelsorgekontext (ein Messbuch, eine Bibel, zwei Kollektenbücher, ein Graduale *de sanctis et de tempore*, eine Pergamenthandschrift des ‚Quadragesimale' des Johannes de Voragine), theologische Werke (Lukians Auslegung der Evangelien, der Messe und der Psalmen), ethische und naturkundliche Werke (eine ‚Summa Virtutum' und Alberts des Großen ‚Naturalia'), klassische Bildungsliteratur (Pseudo-Bedas ‚De septem miraculis mundi' und ein *librum Vallerianum*, wohl die Vita Valerians nach der ‚Historia Augusta'), schließlich pragmatische Literatur (ein Formelbuch und ein Rechtsbuch), daneben andere Bücher, von denen er aber nur den Einband nennt. Einen Teil seiner Bücher vermachte er anderen Geistlichen, einige dem Krämer Jacob Luk und dem Schulmeister Hans.

(2) Jörg Preier, *gesell in Öudenwurck*, wohl Kirchendiener an der St. Michaelskirche, hinterließ nach seinem Tod, wie aus seinem am 10. 8. 1481 in Anwesenheit des Orgelmeisters Jörg und seines Beichtvaters ausgestellten Testament (Sopron, SL, Dl. 3002) hervorgeht, eine bedeutende Büchersammlung, die er unter seinen Bekannten und den Priestern der Kirche aufteilt. Sie umfasst neben einem *grossen prieff* (einem Einblattdruck oder einem sonstigen Dokument) v. a. geistliche Literatur: eine Bibel, eine ‚Biblia aurea' des Antonius de Rampegollis, ein Neues Testament, mehrere Breviere und zwei Bibelkommentare, ein Exemplar der ‚Pantheologia' des Rainerius de Pisis, ein *gruschen* (wohl eine Sammlung der Predigten des Schweizer Franziskaners Conrad Grusch (Mollay, S. 40), ein Legendar, ein Exemplar des ‚Rationale divinorum officiorum' des Wilhelm Durandus und das zweite Buch der ‚Summa Theologiae' des Thomas von Aquin. Daneben verzeichnet er aber auch einige Titel aus dem Bereich der Artes, der Philosophie und der Rechtswissenschaft: ein Exemplar des ‚Speculum Grammatice' des Hugo Spechtshart von Reutlingen und einen weiteren *Spiegel*, zwei Vokabularien, einen Almagest, ein naturkundliches oder geographisches Buch *fasciculum mundi*, ein Exemplar des ‚Liber de vita et moribus philosophorum' und ein *iudicarium*. Zu den von ihm vermachten Bänden gehören schließlich auch eine Chronik des Thomas Ebendorfer von Haselbach und eine nicht näher beschriebene *Judith*-Dichtung oder -Darstellung, die er für den Bürgermeister bestimmt, *wan er hatt geren sedtsams* (Házi 2,1, S. 198).

Laut Testament des **(3) Wolfgang Amändel** vom 19. 4. 1487 (Sopron, SL, Dl. 3022), Organist und Benefiziat des Kunigunden-Altars in der Michaelskirche, befinden sich in seinem Nachlass mehrere nicht näher identifizierbare Bücher, darunter *ain pettpuech in pergamen*, das in den Besitz des Pfarrers von Strausdorf zurückgelangen sollte, sowie zwei Bücher, *dy chörent heren Nicklasen, yecz in der Eysenstat vnd er hat ains von mir, das schaff ich im zw pehalten* (ebd.).

(4) Lorenz Hauser, *capellan des altars Allerheyligen in Sand Michels kirchen vnd des altars Sand Erasmen zw dem heyligen Geyst* (Házi 2,1, S. 228), formuliert 1489 seinen letzten Willen (Sopron, SL, Dl. 3029). In ihm erwähnt er mehrere *pettpuecher* (vgl. Csapodi, S. 164). Begünstigt werden u. a. die Priesterbruderschaft und der **Schulmeister.**

(5) Görg von Kchöczsee, Kaplan der Kirche St. Michael, verweist in seinem Testament (Sopron, SL, Dl. 3041) auf einige nicht näher identifizierte Bücher, *dy verslossen sein* und die er seinem Vetter Johannes vermache. Das Testament ist auf den 20. 7. 1495 datiert.

Kaplan **(6) Nicolaus Mautter** vermachte am 5. 9. 1500 per Testament dem Franziskus Gatterhofer von Kirchschlag, Presbiter der Diözese Salzburg (AT), u. a. sechs Bücher: eine Bibel, drei Predigtsammlungen und zwei Tagzeitenbücher, dazu *V kchlayn puechel scartekten* (wohl Urkunden oder kleine Einzelschriften; Sopron, SL, Dl. 3054; Csapodi, S. 204).

(7) Joannes Czehattner, Kaplan des Peter- und-Paul-Altars der Michaelskirche, verfasste am 11. 11. 1507 ein teils dt.-sprachiges, teils lat. Testament (Sopron, SL, Dl. 3084). In ihm erwähnt er *videlicet libros*, allerdings ohne nähere Angabe zu deren Inhalt.

Das Testament des **(8) Blasius Schwartz** (Sopron, SL, Dl. 3147), *beneficÿ vnd pfruendt der altar der heÿligen Dreikhinig peÿ Sand Jorigen vnd appostolorum peÿ Vnser frawen vnd Corporis Christi in dem gatter peÿ Sand Michel*, vom 31.8.1522 sticht durch den Umfang des literarischen Nachlasses hervor. Er nennt u. a. eine Ausgabe der ‚Sermones Quadragesimales Pomerii' des Pelbartus de Temesvar, eine zweibändige Sammlung der ‚Sermones divi Vincencii', ein Exemplar der ‚Gesta Romanorum', ein *breviarium antiquum* und *sermones bitonti*. Alle Bücher gehen an den Bruder Emericus.

Überlieferung. Unter den der Kirche St. Michael zuzuordnenden Dokumenten findet sich auch eine Reihe dt.-sprachiger Stiftungsdokumente, das früheste aus dem Jahr 1390 (Sopron, SL, Dl. 289), sowie ab der zweiten Hf. des 15. Jh.s eine Vielzahl von Krediten an namhafte Ö.er Bürger, wie etwa an den Arzt Stockpaur (Sopron, SL, Dl. 2014) oder an Pierenstingl, den Richter von → Wandorf (Sopron, SL, Dl. 2125).

Ausgabe. Sopron szabad királyi város története, hg. v. J. Házi, 13 Bde, 1921–43.

Literatur. o. A., Die St. Michaelskirche und die Jakobscapelle zu Ödenburg, Mitt. der K. K. Central-Commission zur Erforschung und Erhaltung der Baudenkmale 1 (1856), S. 107–109; J. Házi, Sopron középkori egyháztörténete, 1930; K. Mollay, Többnyelvűség a középkori Sopronban, II. A latin nyelv (1451–1549), Soproni Szemle 21 (1967), S. 10–24; I. Holl, Sopron (Ödenburg) im Mittelalter, Acta Archaeologica Academiae Scientiarum Hungaricae 31 (1979), S. 105–145; Cs. Csapodi/ K. Csapodiné Gárdonyi, Bibliotheca Hungarica. Kódexek és nyomtatott könyvek Magyarországon 1526 előtt, Bd. 3, 1994; G. Maar, Einführung in die Geschichte der westungarischen Stadt Scarbantia/Ödenburg/Sopron, 2000.

Cora Dietl/Mary-Jane Würker

B.2 Marienkirche

Patr.: Mariä-Himmelfahrt — gegr.: vor 1273

Geschichte. Ab 1330 stand die (1273 erstmals erwähnte) Marienkirche aufgrund von Umbauten an der Burg jenseits des Burggrabens und erhielt daher im Volksmund den Beinamen *unser frawn auf dem grabn*. Den Status einer Pfarrkirche erhielt die Kirche angesichts der Stellung der → Hauptkirche nicht, ihre Aktivitäten beschränkten sich auf die Seelsorge.

Überlieferung. Zu den frühen ausgestellten Urkunden in dt. Sprache zählen eine Reihe Kreditschreiben (Sopron, SL, Dl. 1848, 2152, 2107, 2146, 2178 2185). Am 15.6.1463 bezeugte W. Mischullinger, dem Pfarrer der Stadtkirche in Ö. jährlich 1 FD als Miete für das Herrenhaus und für den Obstgarten auszuzahlen (Sopron, SL, Dl. 1894). Mit Datum 12.3.1471 bestätigte die Gemeinde von Ö. die Gründungsurkunde der Stadtkirche, die ursprünglich von Mischullinger ausgegeben worden war (Sopron, SL, Dl. 2151). Erwähnenswert ist ein auf das Jahre 1462 datierbarer Prozess zwischen dem an der Marienkirche tätigen Pfarrer Wolfgang und zwei weiteren Parteien um den Nachlass Hans Phendels (Sopron, SL, Dl. 1847). Der Urteilsspruch schließt sich dem vom Wiener Offizial Hans von Ötting, *erczbriester ze Ödennburg vnd chorherr ze Raab* (Házi 2,1, S. 35), gefällten Urteil an, wonach der Nachlass vorrangig der Liebfrauenkirche zugute kommen sollte.

Ausgabe. Sopron szabad királyi város története, hg. v. J. Házi, Bd. 1,5: Oklevelek és levelek 1460–81, 1926.

Literatur. J. Házi, Sopron középkori egyháztörténete, 1930.

Anna-Lena Liebermann

B.3 Annenkapelle

Patr.: Hl. Anna — gegr.: 15. Jh. (?)

Geschichte. Durch die Besitzeinträge des Johannes Nef, der sich als *Capellanus de Sopronio S. Annae* (Vorau, StiB, Cod. 150, fol. 1ʳ) bzw. *Iohannes nef de Sopronio Capellani S. Anne* (Vorau, StiB, Cod. 138, fol. 1ʳ) bezeichnet, ist für das ausgehende 15. Jh. eine Annenkapelle in Ö. bezeugt. Sie ist auch belegt durch das auf den 25.10.1483 datierte Testament (Sopron, SL, Dl. 3011) des Georg Trosendorffer, der sich als *regirer vnd kapplon* der St. Anna-Kapelle bezeichnet.

Überlieferung. Nef besaß mehrere Hss., die um 1470 einem *dominus* → Caspar Fleuger gehörten (Vorau, StiB, Cod. 59, 138, 150; dort das Bücherverzeichnis Fleugers von 1468 auf fol. 1ʳ), der seinerseits zumindest Vorau, StiB, Cod. 59 von → Martin von Czepregh, Kanoniker in → Raab, erworben hatte. Dass Fleuger „vermutlich" in Ö. lebte (MBKÖ III, S. 102), ist nicht gesichert. Die Hss. Nefs (bzw. Fleugers) sind klassische Handwerkszeuge eines Seelsorgers: eine Hs. des Alten Testaments mit einem dt. Verzeichnis der biblischen Bücher sowie der Schriften des Aristoteles (Vorau, StiB, Cod. 59; 13. Jh., fol. 4ʳ⁻ᵛ), die ‚Summa Pisana' des Bartholomäus de S. Concordio (Vorau, StiB, Cod. 150, dat. 1465) sowie ein Band (Vorau, StiB, Cod. 138, dat. 1452/53), der u.a. die Heiligenpredigten, Bußvorschriften und das ‚Confessionale' des Nikolaus von Dinkelsbühl, Johannes Niders ‚Manuale confessorum', Thomas Ebendorfers ‚De sex operibus misericordiae', eine *Ars moriendi*, das ‚Cordiale' und weitere Kleintexte enthält. Aus dem Einband dieser Hs. wurden 1937 die ‚Nibelungenlied'-Fragmente V veröffentlicht. Auch Vorau, StiB, Cod. 59 enthält dt. Fragmente des 13. Jh.s im Einband.
Aus dem Besitz des Trosendörfer ist ein Stundenbuch bezeugt, welches er seinem Beichtvater Marx vermachte (Sopron, SL, Dl. 3011).

Ausgabe. Sopron szabad királyi város története, hg. v. J. Házi, Bd. II.1: Végrendeletek és egyéb feljegyzések 1390–1524, 1930.

Literatur. P. Fank, Catalogus Voraviensis seu Codices manuscripti Bibliothecae Canoniae in Vorau, 1936; MBKÖ III. — H. Menhardt, Vorauer Nibelungen-Bruchstücke, ZfdA 74 (1937), S. 149–163; V. Honemann, Aristoteles, ²VL 1 (1978), Sp. 440; G. Steer, Hugo Ripelin von Straßburg. Zur Rezeptions- und Wirkungsgeschichte des ‚Compendium theologicae veritatis' im deutschen Spätmittelalter, 1981, S. 159; K. Klein, Beschreibendes Verzeichnis der Handschriften des Nibelungenliedes, in: Die Nibelungen. Sage, Epos, Mythos, hg. v. J. Heinzle u.a., 2003, S. 213–238.

Christoph Fasbender/Mary-Jane Würker

C. Klöster

Franziskaner

Patr.: Hl. Maria — gegr.: 13. Jh.

Geschichte. Die Franziskaner siedelten sich im 13. Jh. in Ö. an. Der Orden ließ ab 1280 am städtischen Hauptplatz eine Kirche im gotischen Stil errichten. Die der Hl. Maria geweihte Kirche erscheint in Urkunden teils als Frauenkirche, ist aber nicht zu verwechseln mit der jenseits des Burggrabens stehenden → Kirche *unser frawn auf dem grabn*.

Überlieferung. Aus dem Besitz der Franziskaner ist neben dem Rechnungsbuch des → Paul Moritz ein weiteres, die Jahre 1518 bis 1522 umfassendes Register des Christian Fleischacker (Sopron, SL, Dl. 3382) überliefert. Erhalten sind außerdem dt.-sprachige Kreditverschreibungen an Ö.er Bürger (Sopron, SL, Dl. 1413; Dl. 2258) sowie Stiftungsbriefe (Sopron, SL, Dl. 754; Dl. 1106; Dl. 1126), die teils auf das frühe 15. Jh. datiert sind.

Ausgaben. Sopron szabad királyi város története, 13 Bde, hg. v. J. Házi, 1921–43; K. Mollay, Das Geschäftsbuch des Krämers Paul Moritz (1520–1529), Bd. 1, 1994.

Literatur. I. HOLL, Sopron (Ödenburg) im Mittelalter, Acta Archaeologica Academiae Scientiarum Hungaricae 31 (1979), S. 105–145; K. MOLLAY, Das Geschäftsbuch des Krämers Paul Moritz (1520–1529), Bd. 1, 1994, S. 8–23.

MARY-JANE WÜRKER

D. Spital

Patr.: Hl. Elisabeth — gegr.: um 1247

Geschichte. Der Johanniterorden, der sich 1247 in Ö. niederließ, errichtete das Spital, das zur Alten- und Krankenpflege diente (vgl. MAAR, S. 67). Als Einkommensquellen unterhielt das Spital „Häuser, eine Mühle, eine Fleischbank, Wiesen, Weingärten [und] einen Krautacker" (MAAR, S. 67), die es selbst verwaltete.

Überlieferung. Aus dem Schriftwechsel des Spitals sind eine Reihe von Briefen und Urkunden erhalten, die einen engen Kontakt des Spitals und der Spitalkirche zur dt.-sprachigen Bevölkerung von Ö. belegen. In einer Urkunde aus dem Jahr 1526 ist ein Pfarrer Wolfgang Wetzer an der Spitalkirche erwähnt (Sopron, SL, Dl. 2804). Zwei Stiftungsschreiben sind überliefert, zum einen durch den Lederer Niclas Jannsen und seine Frau 1399 (Sopron, SL, Dl. 308) zum anderen durch Ulrich Mosburger und seine Frau 1473 (Sopron, SL, Dl. 2168). Darüber hinaus sind Urkunden erhalten, die Kredite bezeugen, die das Spital Thomas Sinnig und seiner Frau 1468 (Sopron, SL, Dl. 2129), Michael Schwartz und seiner Frau 1470 (Sopron, SL, Dl. 2147), Mathes Kisling und seiner Frau 1473 (Sopron, SL, Dl. 2172), Gilig Reich und seiner Frau 1474 (Sopron, SL, Dl. 2180), Augustin Schön und seiner Frau 1474 (Sopron, SL, Dl. 2182), Martin Macz und seiner Frau 1475 (Sopron, SL, Dl. 2186), Hans Klaus und seiner Frau 1476 (Sopron, SL, Dl. 2202), dem Schneidermeister Illsam 1476 (Sopron, SL, Dl. 2205) und Michel Schöberl und seiner Frau 1478 (Sopron, SL, Dl. 2235) gewährte.

Das Spital betreffend sind ein dt.-lat. Einnahmen- und Ausgabenverzeichnis aus den Jahren 1436–37 überliefert (Sopron, SL, Dl. 3300), ein Ausgabenregister für die Jahre 1438–39 (Sopron, SL, Dl. 3306) und ein Einnahmenverzeichnis des Lienhart Schaffer, Angestellter im Ö.er Spital, aus dem Jahr 1439 (Sopron, SL, Dl. 3307). Zudem sind Aufzeichnungen über die Zahlungen des Hans Piberawrer an das Spital aus dem Jahr 1420 erhalten (Sopron, SL, Dl. 3273).

Ausgabe. Sopron szabad királyi város története, hg. v. J. HÁZI, 13 Bde, 1921–43.

Literatur. G. MAAR, Einführung in die Geschichte der westungarischen Stadt Scarbantia/Ödenburg/Sopron, 2000.

ANNA-LENA LIEBERMANN

E. Geistliche Bruderschaften

E.1 Georgsbruderschaft

gegr.: 1368

Die Georgsbruderschaft wurde gegründet, um den Bau der St. Georgskapelle in Ö. zu fördern. Den Großteil der Kosten übernahmen Johann Schmuckenpfennig und seine Schwester. Zu der sehr vermögenden Bruderschaft zählten die höchsten Würdenträger der Stadt. Nach 1450 übte die Bruderschaft das Patronatsrecht über die Kapelle aus (vgl. MAAR, S. 66).

Überliefert sind einige Urkunden, die zahlreiche Stiftungen an die Kapelle belegen (Sopron, SL, Dl. 368, 444, 445, 603, 692, 861, 932, 1043, 1179). Zudem bezeugen weitere Urkunden diverse Kredite, die die Kapelle Privatpersonen gewährte (Sopron, SL, Dl. 1390, 1418, 1615, 1837, 2174, 2231, 2249, 2252, 2254). Die Einnahmen und Ausgaben der Kapelle dokumentierte L. Hofmair 1515–17 in einem Verzeichnis (Sopron, SL, Dl. 3381). Ferner ist ein Kaufdokument erhalten (Sopron, SL, Dl. 1489), das den Verkauf des Weinbaugebiets von G. Schötel und seiner Frau an die Stiftung ‚Altar der Allerheiligen' in der St. Georg-Kapelle belegt. Alle Dokumente sind dt.-sprachig.

Ausgabe. Sopron. Szabad Királyi Város Története, hg. v. J. Házi, 13 Bde, 1921–43.

Literatur. G. Maar, Einführung in die Geschichte der westungarischen Stadt Scarbantia/Ödenburg/Sopron, 2000.

Anna-Lena Liebermann

E.2 Corpus-Christi-Bruderschaft

gegr.: vor 1456

Die Existenz einer Bruderschaft zur Pflege des (laut röm. Liturgie mit Prozessionen gefeierten) Fronleichnamsfests in Ö. ist durch eine dt.-sprachige Schuldverschreibung des Bürgermeisters, der Richter, des Stadtrats und der ganzen Gemeinde der Stadt Ö. an die Bruderschaft bezeugt, die auf den 27.5.1456 datiert ist (Sopron, SL, Dl. 1419). Die Corpus-Christi-Bruderschaft ist zudem in den dt.-sprachigen Testamenten des Michael Stadel vom 2.5.1499 (Sopron, SL, Dl. 3051) und des Schmieds Wolfgang vom 13.3.1513 (Sopron, SL, Dl. 3097) berücksichtigt. Eine Verbindung der Bruderschaft zu dem 1411/12 in Ö. belegten → geistlichen Spiel lässt sich nicht nachweisen.

Ausgabe. Sopron szabad király város története, hg. v. J. Házi, Bd. I.4: Oklevelek és levelek, 1925 u. Bd. 2.1: Végrendeletek és egyéb feljegyzések, 1930.

Literatur. L. Gross, Confreriile medievale în Transilvania (sec. XIV–XVI), 2009 [dt. Zusammenfassung, S. 219–268].

Cora Dietl

F. Jüdische Gemeinde

ab 13. Jh.

Den Bau der ersten Synagoge Ö.s datiert Holl auf das dritte Viertel des 13. Jh.s, den Bau der zweiten Synagoge auf das 14. Jh. (vgl. Holl, S. 135). Als frühesten schriftlichen Nachweis der Ö.er Juden nennt Maar ohne weiteren Verweis eine Urkunde von 1324, in der König Karl I. den Juden freie Zuwanderung zugesichert habe. Zudem erwähnt sie einen Juden Izrael, der wahrscheinlich zum Bau der zweiten Synagoge beitrug, die wohl auch als Schule diente (vgl. Maar, S. 54). Die erste Vertreibung erfuhren die Ö.er Juden 1360 unter Ludwig I., der 1368 diese Entscheidung rückgängig machte (vgl. ebd.). Zudem hatten laut Maar (S. 54) die Ö.er Juden im 15. Jh. enge Kontakte mit den Wiener Neustädter Juden. Die endgültige Vertreibung der Juden aus Ö. erfolgte 1526, womit auch die Zerstörung der Synagoge einherging.

Aus einer dt. Urkunde von 1490 geht hervor, dass die Ö.er Juden, nachdem sie die möglichen negativen Entwicklungen nach dem Tod des Königs Matthias Corvinus bedacht hatten, bei der Überwindung der Armut der Bürger und Leibeigenen von Ö. helfen wollten. Daher hätten sie beschlossen, auf Kreditzinsen für jene zu verzichten, die ihre Schuld bis zum Tag des Hl. Martin bezahlen würden. Sie steuerten zudem 100 FD zur Bezahlung des Soldes bei (Sopron, SL, Dl. 2313). Eine weitere Urkunde von 1526 bezeugt Beschwerden seitens der Bürger über die aus Ö. vertriebenen Juden (Sopron, SL, Dl. 2782).

Ausgabe. Sopron szabad királyi város története, hg. v. J. Házi, 13 Bde, 1921–43.

Literatur. I. Holl, Sopron (Ödenburg) im Mittelalter (Archäologisch-stadtgeschichtliche Studie), Acta Archaeologica Academiae Scientiarum Hungaricae 31 (1979), S. 105–145; G. Maar, Einführung in die Geschichte der westungarischen Stadt Scarbantia/Ödenburg/Sopron, 2000.

Anna-Lena Liebermann

Jüdische Schule

gegr.: vor 1441

Auf den 25.6.1441 datiert ist ein Brief Kaiser Friedrichs III. an Sigismund von Ebersdorf, *vnsern haubtman zcu Ödenburg* (den obersten Kämmerer und Hubmeister Österreichs), und den Bürgermeister, Richter und Rat der Stadt (Sopron, SL, Dl. 1088), in dem er die Stadt Ö. auffordert dafür zu sorgen, dass der Bestand der *Judenschůl* gesichert und die im Buch der *Judenschůl* der Stadt festgehaltenen Rechte der Juden bewahrt würden. Dies zeigt, dass Friedrich Interesse daran hatte, nicht nur die jüdische Gemeinde, sondern auch den multikulturellen Bildungsstandort Ö. zu schützen.

Ausgabe. (Abb.) K. G. Szende, Frigyes német király levele Sopron városához […], in: A Magyar iskola első évszázadai/Die ersten Jahrhunderte des Schulwesens in Ungarn (996–1526), hg. v. dems./P. Szabó, 1996, S. 199f.

Literatur. Szende (Ausg.), S. 199f.

Cora Dietl

G. Stadt

G.1 Rathaus

ab 1277

Geschichte. Ö. wurde 1277 von Ladislaus IV. zur königlichen Freistadt erhoben. Bis in die erste Hf. des 14. Jh.s war der Stadtrichter Repräsentant der Stadtverwaltung, seit etwa 1310 unterstützt durch ein Zwölfer-Gremium von *iurati*. Ab den 1320er Jahren lässt sich zudem das Amt des Bürgermeisters nachweisen, das in den 1370er Jahren das des Stadtrichters als des obersten städtischen Repräsentanten ablöste. Das Gremium der zwölf Geschworenen entwickelte sich zum Stadtrat, dem sogenannten Inneren Rat, der durch einen mit 24 Bürgern besetzten Äußeren Rat ergänzt wurde. Die Leitung der Stadt setzte sich damit seit dem frühen 15. Jh. aus dem Rat, dem Richteramt und dem Bürgermeisteramt als höchstem Amt zusammen (zur Entwicklung der Stadtverwaltung Goda, S. 11–14).

Überlieferung. Aus der Ö.er Administration, v. a. aus der im späten 14. Jh. eingerichteten städtischen Kanzlei, sind zahlreiche dt.-sprachige Archivalien des späten 14., 15. und 16. Jh.s erhalten (gesammelt bei Házi): u. a. Stadtbücher zur Niederschrift aktueller Angelegenheiten (das erste reicht von 1390 bis 1517 und enthält Statuten, v. a. aber Testamente; das zweite reicht von 1393–1472 und beinhaltet Notizen zu Abrechnungsangelegenheiten), Ratsprotokolle von 1455–1526 (Házi 2,2, S. 173–199) und ab 1533, das ‚Bürgerbüchl und Ächtbüchl' (mit dem Verzeichnis der Bürgerrechtsverleihungen 1476–1548), das ‚Gedenkbuch' (1492–1543), ein ‚Gerichtsbuch' (1423–1531, mit richterlichen Notizen) sowie Rechnungsbücher verschiedener Bürgermeister ab 1427. Außerdem erhalten sind eine Konskription der Häuser aus dem Jahre 1379 (ohne Signatur), das erste Grundbuch (ediert von Mollay, erfasst die Jahre von 1480–1553), eine erste Bürgerliste aus dem Jahr 1379: *Vermerkt, die Sailmas Innen und vor der Statt zw Ödennburg auff die Aker anno domini MCCCLXXIV Jahre austailt* (Házi 1,1, S. 183–190) und ein Priesterbuch (1494–1571). Die Dokumente gewähren detaillierte Einblicke in die Verwaltungspraxis und die administrativen Vorgänge der Stadt.

Christoph Schanze/Anna-Lena Liebermann

G.1.1 Bürgermeister

Aus den erhaltenen Urkunden lassen sich die Amtsgeschäfte und Kommunikationsfelder der Bürgermeister von Ö. z. T. gut rekonstruieren. Ein reiches Spektrum an teils privater, teils offizieller Korrespondenz weist z. B. die Überlieferung zu Bürgermeister **(1) Hans Joachim** auf: Aus den Jahren 1464/65 sind Briefe an Joachim erhalten, in denen es einerseits um rein Finanzielles geht (Sopron, SL, Dl. 1936: Erhartt Czukchenmantel aus Wolfsberg kündigt an, seine Schulden bald bezahlen zu wollen; SL, Dl. 1950: Oswalt Unterdemweg aus Kirchschlag informiert seinen Schwager Joachym, dass er die Schuld von Michel Frayler aus Lembach bezahlen wird; SL, Dl. 2041: Wennczlab Kamrer aus Ebenfurt begleicht die Schuld von Wolfganng Phettrer), andererseits auch um private und sonstige städtische Angelegenheiten (SL, Dl. 1982: Jorg Fasczieher, der Pfarrer von Markdorf, grüßt seinen Onkel Joachim, berichtet, dass es ihm gut gehe, klagt dann aber, *das es mir etliche iar ist kumerlich gangen, als von wegen der veindt, die mich des mein entfremdt haben*, und bittet um Unterstützung; SL, Dl. 1992: Leonhart Jembniczer schreibt aus Wiener Neustadt, erinnert daran, dass man ihm in Ö. viel Geld schuldig sei, und bittet darum, einen Winzer zu stellen, der sich um seine *weingërtn* kümmere; er könne nicht selber kommen, um die Angelegenheiten zu regeln, weil er fürchte, dass es aufgrund eines Fehlverhaltens des *hauptman*[s] von Ö. zu Gewalttätigkeiten kommen könnte).

Erhalten sind auch die Rechnungsbücher der Bürgermeister **(2) Thomas von Schadendorf** (1427/28: Sopron, SL, Dl. 3284; 1432/33, zum Teil lat.: SL, Dl. 3239; 1438 [Fragment]: SL, Dl. 3303), **(3) Oswalt Moser** (Bürgermeister seit 1439; Rechnungsbücher 1439/40 und 1440/41: Sopron, SL, Dl. 3310 bzw. SL, Dl. 3315; für 1441/42 wurden die Einnahmen und Ausgaben getrennt aufgezeichnet; Einnahmen: SL, Dl. 3319; Ausgaben: SL, Dl. 3320), **(4) Gilig Eylinsgrab** (Rechnungsbuch von 1443/44 als Stadtrichter, in dem die Ausgaben für Söldner notiert sind: Sopron, SL, Dl. 3324; 1452 wurde Eylinsgrab Bürgermeister; Verzeichnis der Einnahmen 1452: SL, Dl. 3326; Rechnungsbuch für 1453: SL, Dl. 3328; Ausgaben und Einnahmen 1455: SL, Dl. 3331), **(5) Jakob Joachim** (Rechnungsbuch 1483–93: Sopron, SL, Dl. 3362; Stadtrichter 1485/86 und Bürgermeister 1492) und **(6) Michael Schöttel** (Rechnungsbuch als Stadtkämmerer 2.5.1495–17.4.1496, das auch ein Verzeichnis der steuerpflichtigen Bürger Ö.s enthält: Sopron, SL, Dl. 3369; Einnahmen als Bürgermeister und Stadtkämmerer 24.8.1498–18.5.1499, u.a. auch *von mir selbs, als ich in meiner vörigen rayttumb gemeiner stat schuldig bin worden*: SL, Dl. 3373; Einnahmen und Ausgaben als Bürgermeister und Stadtkämmerer 15.6.1504–14.9.1505: SL, Dl. 3377) sowie das des Stadtkämmerers **(7) Peter Fleischacker**, der am 22.1.1522 *das kamermaisterambt auf dem rathawß enpfangen* hat (Einnahmen und Ausgaben 22.1.1522–20.1.1524: Sopron, SL, Dl. 3387).

A u s g a b e . Sopron szabad királyi város története, hg. v. J. Házi, Bd. 2,4: Különféle számadások és adójegyzékek 1454–1951, 1936, S. 351–392.

L i t e r a t u r . K. Mollay, Bürgerliches Leben in der zweiten Hälfte des 15. Jahrhunderts in Ödenburg/Soproni élet a 15. század második felében (A Haberleiter család története), Beiträge zur Volkskunde der Ungarndeutschen 2 (1979), S. 9–42; G. Maar, Einführung in die Geschichte der westungarischen Stadt Scarbantia/Ödenburg/Sopron, 2000, S. 70; K. Mollay/K. Goda, Gedenkbuch. Feljegyzési könyv. 1492–1543, 2006.

Christoph Schanze

G.1.2 Kanzlei

gegr.: 14. Jh.

Bereits im 14. Jh. verfügte die Stadtverwaltung Ö.s über ein wohlgeordnetes Urkundenwesen. Der früheste Hinweis auf einen (hauptamtlichen) Stadtschreiber findet sich 1354 mit Magister Seifried (*Sewfridus*). Mit ihm ging wahrscheinlich die Stadtverwaltung von der lat. auf die dt. Sprache über. Die Ö.er Schreiber und Notare kamen überwiegend aus Österreich oder Bayern und hatten meist in Wien studiert (vgl. Greul, S. 547). Die Anzahl der überlieferten dt.-sprachigen Archivalien aus Ö. ist beachtlich. Keine weitere ung. Stadt verfügt über eine so breite Überlieferung.

Die Namen einiger Stadtschreiber sind dem Gerichtsbuch und verschiedenen Testamenten zu entnehmen: Konrad Ernst (1419–50), Hans Ziegler (1450–75), Hans Steck (1475–

87), Hans Gugelweit (1487–95) – von ihm stammt vermutlich auch das älteste ung. Liebeslied, um 1490 auf dem Deckblatt des Stadtbuchs (Sopron, SIVK, 2989) niedergeschrieben –, Bernhard Schöckel (1495–1509), Wolfgang von Treskwitz (1514–18), Schwarzentaler (1518–21) und Jakob Auer (1521–34).

Werke. Aus der Zeit um 1380–90 ist ein ins Stadtbuch eingetragenes zweiseitiges **(1) lat.-ung. Wortverzeichnis** erhalten (Sopron, SL, Stadtbuch 1459), welches 217 ung. Wörter umfasst. Es wurde entweder vom Stadtschreiber Konrad Ernst selbst aufgezeichnet, oder es wurde für ihn als Verständnishilfe für den Umgang mit ung. Texten angefertigt. Es weist markante Ähnlichkeiten mit einem aus Ungarn stammenden Wortverzeichnis aus dem Jahr 1405 auf, das heute in Schlägl aufbewahrt wird (Schlägl, StiB, CPL 88 [817.156]).

Das **(2) ‚Gerichtsbuch'** (Sopron, SL, Dl. 3796) der Stadt Ö. enthält dt.-sprachige Aufzeichnungen aus den Jahren 1423–1531, die sich verschiedenen Rechtsbereichen (Verwaltungsrecht, Eigentumsrecht, Erbrecht, Schuldrecht, Prozessrecht und Strafrecht) zuordnen lassen. Meist handelt es sich um privatrechtliche Einträge wie Anmeldungen von Testamenten, Kaufgeschäfte, Erbansprüche, Priesterreverse oder Zunftregeln. Aber auch Richter- und Ratswahlen, Angelegenheiten der Beamten der Stadt, Bürgeraufnahmen, Bürgereide, bürgerliche Pflichten und die Kommunalordnung fanden Eingang in das Buch. Festgehalten ist z. B. der Text des Treuegelöbnisses der Stadtbewohner ohne Bürgerstatus aus dem Zeitraum 1450–76 (vgl. Házi/Németh, S. 101).

Die ersten Aufzeichnungen im **(3) ‚Gedenkbuch'** (Sopron, SL, IV. A. 1027; Dl. 3797) der Stadt Ö. stammen aus dem Jahr 1492. Das Buch wurde initiiert von dem Stadtschreiber Hans Gugelweit. Es ist als städtisches Notizbuch gemischten Inhalts angelegt, um die wichtigsten Angelegenheiten der Einwohner festzuhalten. Die auf 213 Bll. gesammelten Eintragungen enden im Jahr 1543. Meist handelt es sich um Einigungen in privatrechtlichen Streitfällen bzw. um Gerichtsurteile. Außerdem wurden Kaufverträge, Vormundschaftsfragen, Rechnungsstellungen verschiedener städtischer Amtsträger und Verordnungen, Schulden und Darlehen an die Stadt, Registrierungen neuer Bürger und Ratsbeschlüsse festgehalten. Zudem sind eine Namensliste des Stadtrats von 1510/11 und die Statuten der St. Wolfgang-Bruderschaft enthalten. Auch Tätigkeiten habsburgischer Kommissäre in Ö. und Namen von Bürgern aus Wien und Wiener Neustadt, die feste Beziehungen mit Ö. pflegten, wurden im ‚Gedenkbuch' niedergeschrieben. Insgesamt weist es 450 Quellenverweise aus mehr als fünf Jahrzehnten auf.

Ausgaben. J. Házi, A Soproni magyar-latin szójegyzék, 1924; J. Házi, Soproni virágének, 1929, S. 88–91 (mit Faksimiledruck); J. Házi, Sopron szabad királyi város története, 1921–43; J. Berrár/S. Károly, Régi magyar glosszárium, 1984; K. Mollay, Első telekkönyv. Erstes Grundbuch. 1480–1553, 1993; Gerichtsbuch. Bírósági könyv. 1423–1531, hg. v. J. Házi/J. Németh, 2005; K. Mollay/K. Goda, Gedenkbuch. Feljegyzési könyv. 1492–1543, 2006; C. Greul, Deutsche Kanzleisprache in Ungarn, in: Kanzleisprachenforschung. Ein internationales Handbuch, hg. v. A. Greule u. a., 2012, S. 543–555.

Literatur. K. Mollay, Gugelweit János, a Soproni virágének lejegyzője, Soproni Szemle 3 (1939), Nr. 3, S. 178–180; K. Mollay, Többnyelvűség a középkori Sopronban, Soproni Szemle 21 (1967), S. 10–24; J. L. Kovács, Zweisprachige Literatur in der Stadt Ödenburg/Siebenhundert Jahre Literatur in Sopron, Studia Caroliensia 2004/1, S. 17–26; Gerichtsbuch. Bírósági könyv. 1423–1531, hg. v. J. Házi/J. Németh, 2005; K. Mollay/K. Goda, Gedenkbuch. Feljegyzési könyv. 1492–1543, 2006; K. Goda, Die Rolle des ‚Gedenkbuches' in der Geschichte der Ödenburger Stadtverwaltung, ebd., S. 11f.; E. Madas, Art. Soproni Szójegyzék, MAMűL 10 (2010), S. 365; E. Madas, Art. Schlägli Szójegyzék, MAMűL 10 (2010), S. 254.

Anna-Lena Liebermann/Christoph Schanze

G.2 Schule

gegr.: 14. Jh.

Geschichte. In der Vorstadt, in unmittelbarer Nähe des ersten Pfarrhofs von Ö., lag die Pfarrschule (vgl. MAAR, S. 68). Die erste Angabe über die Bezahlung des Schulmeisters stammt aus dem Jahr 1354 (vgl. MAAR, S. 69); zu dieser Zeit muss die Schule folgerichtig schon existiert haben. Der Schulmeister wurde vom Stadtrat und Bürgermeister bestellt und für jeweils ein Jahr zu Georgi (23. April) aufgenommen. HÁZI schätzt die Zahl der Schüler der Pfarrschule auf 20–30 (HÁZI 1939, S. 241).

Schulmeister. Über die einzelnen Schulmeister ist nur Weniges bekannt. Es lässt sich anhand unterschiedlicher Archivalien nachweisen, dass es einen Schulmeister **(1) Hans** gegeben haben muss, denn Urban von Weyten, Kaplan am Fronleichnamsaltar der → Pfarrkirche St. Michael, vermachte ihm in seinem Testament vom 21.4.1400 (Sopron, SL, Dl. 2990) eine Handschrift der ‚Naturalia' des Albertus Magnus, ein Formelbuch und ein weiteres frisch von Hans für Urban gebundenes Buch. Für Magister **(2) Georg Kronberger** als Kandidaten für das Schulmeisteramt verwandte sich Albrecht von Pottendorf am 24.7.1462 in einem Brief an den Bürgermeister und Rat der Stadt Ö. (Sopron, SL, Dl. 1851), offensichtlich erfolgreich. Ein Schulmeister **(3) Peter** wird gleich dreimal, nämlich in einer Zusammenstellung des Vermögens und der Güter der Stadt aus dem Jahr 1463 (Sopron, SL, Dl. 3346) und in den Namenslisten der Steuerzahler in Ö. aus den Jahren 1463 (Sopron, SL, Dl. 3347) und 1464 (Sopron, SL, Dl. 3349) erwähnt; er war offensichtlich Nachfolger Kronbergers. Baccalaureus **(4) Wilpold Fechter**, der anschließend das Amt innehatte, dann als Schulmeister in Trifail/Steiermark tätig war, bewarb sich 1466 mit der Fürsprache Hans' von Thiernach erneut um das Schulmeisteramt in Ö., mit der Absicht, dadurch gesellschaftlich aufzusteigen *zu dem stand der priesterschafft* (Sopron, SL, Dl. 3586). Aus dem Jahr 1485 ist das Testament des Jacob Resch (→ Archidiakonat) überliefert (Sopron, SL, Dl. 3019), in welchem er den Schulmeister **(5) Valentin** begünstigt.

Autoren/Werke. Ein Hinweis auf ein mittelalterliches Mysterienspiel geht aus dem → Testament der Barbara Hofmaier hervor, in dem sie ihren Seidenschal und ihren schönsten schwarzen Umhang für das Fronleichnamsspiel stiftet (Sopron, SL, Dl. 3109). MAAR führt weiter an, dass am Gründonnerstag des Jahres 1522 ein Passionsspiel erwähnt sei, dessen Organisation, wie üblich, die Schulmeister übernommen hätten (MAAR, S. 69).

A u s g a b e n . Sopron szabad királyi város története, hg. v. J. HÁZI, 13 Bde, 1921–43; K. G. SZENDE, A Soproni iskola első évszázadai, A magyar iskola első évszázadai/Die ersten Jahrhunderte des Schulwesens in Ungarn (996–1526), hg. v. K. G. SZENDE/P. SZABÓ, 1996, S. 193f.; T. GRÜLL, Folyamodvány a városhoz iskolamesteri állásért/Bewerbung um die Schulmeisterstelle an die Stadt Ödenburg, ebd., S. 194.

L i t e r a t u r . J. HÁZI, Sopron középkori egyháztörténete, 1939; I. HOLL, Sopron (Ödenburg) im Mittelalter, Acta Archaeologica Academiae Scientiarum Hungaricae 31 (1979), S. 105–145; G. MAAR, Einführung in die Geschichte der westungarischen Stadt Scarbantia/Ödenburg/Sopron, 2000.

ANNA-LENA LIEBERMANN/CORA DIETL

G.3 Zunftwesen

ab 13. Jh.

Mit der Erhebung Ö.s zur Freistadt und der Verleihung des Marktrechts durch Ladislaus IV. im Jahr 1277 waren die Weichen für eine reiche Entwicklung des Handwerks in Ö. gestellt, worauf bereits im 13. Jh. auch die Straßennamen hinweisen. Die Gewährung von Zollfreiheit im ganzen Land durch Andreas III. im Jahr 1297 (MAAR, S. 47) und die Einrichtung eines Jahrmarkts unter Ludwig I. im Jahr 1344 taten das Ihrige, um die grundsätzlich durch den Weinbau bestimmte Stadt zu einem Zentrum des Handels und des Handwerks zu wandeln. Wegen des Stadtbrands von 1301 sind kaum Urkunden aus der Frühzeit des Handwerks in Ö. erhalten. Aber spätestens mit dem ab 1421 aufgezeichneten → Gerichtsbuch der Stadt sind sichere Dokumente der Zünfte überliefert.

Auch wenn relativ wenige Zeugnisse über die Schuster in Ö. existieren, so weist die für das Jahr 1427 belegte Mitgliedschaft des Schusters Michel im Äußeren Rat der Stadt (Házi/Németh, S. 11) auf eine bereits früh vorhandene Bedeutung dieser Zunft in Ö. hin. Im Jahr 1477 verabschiedete der Rat von Ö. schließlich eine dt.-sprachige Ordnung der **(1) Schusterzunft**. Sie ist im → Gerichtsbuch der Stadt niedergeschrieben (Sopron, SL, Dl. 3796; Házi/Németh, S. 128f.). Die Ordnung enthält zunächst Anforderungen an die moralische Integrität, die verbriefte ‚rechte' Abstammung und die fachliche Kompetenz von Meistern, zudem regelt sie den Aufnahmeprozess für Meister in die Zunft, die Ausbildung und Wanderzeit von Gesellen sowie den Umgang mit fremden Schustern, die auf den Jahrmärkten von Ö. ihre Waren anbieten.

Nur ein dt.-sprachiges Testament eines Schusters aus Ö. ist erhalten: das des Michel vom 9.7.1515 (Sopron, SL, Dl. 3105). Seine außergewöhnliche Verfügung, dass drei Priester bei seiner Bestattung zugegen sein sollten, zeugt einerseits von einer besonderen Besorgnis Michels um sein Seelenheil, andererseits aber auch von einem gewissen Geltungsbedürfnis dieses Schusters.

Im Jahr 1438 ist erstmals (im Rahmen eines Gerichtsverfahrens) ein Ö.er **(2) Schneider** namentlich erwähnt: Stephan (Házi/Németh, S. 105). Am 29.1.1477 verabschiedete der Rat der Stadt eine dt.-sprachige Ordnung der Schneiderzunft. Sie ist im → Gerichtsbuch von Ö. aufgezeichnet (Sopron, SL, Dl. 3796; Házi/Németh, S. 248–251). Die Ordnung regelt den Umgang mit fremden Schneidern und -lehrlingen in der Stadt, die Ausbildung und Prüfung von Schneidermeistern (für die der Nachweis der Herkunft und der ehelichen Geburt erforderlich ist), die Pflege der kirchlichen Feiertage (v. a. die Teilnahme am Hochamt zu Mariä Lichtmess und an der Fronleichnamsprozession), die Bestattung der verstorbenen Zunftmitglieder und das Tragen von Waffen.

Neben einzelnen Dokumenten über Schuldverschreibungen oder Streitigkeiten von Schneidern sind auch mehrere dt.-sprachige Testamente von Mitgliedern der Zunft erhalten: Das des Schneiderknechts Nicolasch (Sopron, SL, Dl. 2997) aus dem Jahr 1477, in welchem neben dem Zunftaltar zu St. Anna und der Verwandtschaft das Kloster und die Kirche St. Wolfgang bedacht werden, legt ein Zeugnis für die große Wolfgang-Begeisterung in der Region Ö. Ende des 15. Jh.s ab. Das Testament der Anna, Frau des Schneiders Peter Aichelsperger, vom 11.12.1487 (Sopron, SL, Dl 3023) gewährt nicht nur einen Einblick in die klare Besitzteilung zwischen Ehepartnern, sondern auch in den zum Teil beachtlichen Grundbesitz an Äckern und Weingärten, über den Ö.er Handwerker und ihre Frauen verfügten. Die besonders enge Bindung der Schneider (wie der meisten dt. Handwerker in Ö.) an die Kirche St. Michael erhellt schließlich das 1488 verfasste Testament des Schneidermeisters Lienhard (Sopron, SL, Dl. 3026).

Die **(3) Tucher** standen offensichtlich in enger Verbindung mit Wien. Dies belegt ein im Ö.er Stadtarchiv (Sopron, SL, Dl. 855) aufbewahrtes dt.-sprachiges Zeugnis, welches die Wiener Tuchmacherzunft für den Ö.er Tuchergesellen Rainold Buchard am 11.6.1431 ausgestellt und an den Ö.er Stadtrat geschickt hat. Ihm wird attestiert, dass er sich während seiner Lehrzeit in Wien bestens betragen habe.

Einzelne **(4) Weber** finden in Ö.er Dokumenten ab 1424 (Házi 1,2, Nr. 307) Erwähnung. Am 5.4.1524 bestätigte der Rat der Stadt Ö. die dt.-sprachige Ordnung der Leinweberzunft

(Sopron, SL, Dl. 2684), zu der auch die Zeche des Heiligdreikönigsaltars in der Michaelskirche gehörte. Die Ordnung regelt die Voraussetzungen (Geburts- und Lehrbrief) sowie die Zeremonie der Aufnahme von Meistern in die Zunft, die Heirat unter Angehörigen der Zunftmitglieder, das Verbot des Waffentragens, den Umgang unter Zunftmitgliedern, die Aufnahme und Ausbildung von *jungern*, die Sorge um Verstorbene und Witwen, die Pflege der Zunftlade, in welcher die Urkunden und der Schatz der Zunft aufbewahrt wurden, und das Schlüsselamt, schließlich die Feier bestimmter Festtage, v. a. des Dreikönigsfests und des St. Severintags.

Ausgaben. Sopron szabad királyi város története, hg. v. J. Házi, 1930–43; Gerichtsbuch. Bírósági könyv 1421–1531, hg. v. J. Házi/J. Németh, 2005.

Literatur. K. G. Szende, Miklós Soproni szabólegény végrendelete/Testament *Nicolaschen des sneiderknecht* von Ödenburg, in: A Magyar iskola első évszázadai/Die ersten Jahrhunderte des Schulwesens in Ungarn (996–1526), hg. v. K. G. Szende/P. Szabó, 1996, 244f.; G. Maar, Einführung in die Geschichte der westungarischen Stadt Scarbantia/Ödenburg/Sopron, 2000; K. Goda/J. Majorossy, Städtische Selbstverwaltung und Schriftproduktion im spätmittelalterlichen Königreich Ungarn. Eine Quellenkunde für Ödenburg und Pressburg, Pro Civitate Austriae 13 (2008), S. 60–98.

Cora Dietl

G.4 Weltliche Bruderschaften

Österreichische Drachengesellschaft

gegr.: 1409

Herzog Ernst von Österreich stiftete kurz nach der Gründung des Drachenordens (→ Ofen) durch König Sigismund mit einer dt.-sprachigen, in Ö. ausgestellten Pergamenturkunde (Wien, Haus-, Hof- und Staatsarchiv, Ung. Urkundenabteilung, Rep. 16–50 [Df. 287071]) vom 16.2.1409 mit 24 österr. und steirischen Adligen die Österreichische Drachengesellschaft. Deren Mitglieder verpflichteten sich dazu, die Statuten der *societas draconis* gegenüber den ung. Baronen einzuhalten. Drei Siegel der Urkunde sind unversehrt, eines fragmentarisch erhalten, insgesamt weist sie 25 Bänder von Hängesiegeln auf (vgl. Rácz, S. 351).

Ausgabe. Gründungsurkunde der österreichischen Drachengesellschaft, Abbildung und Transkription: http://www.sanktgeorg.net/content/az-osztrak-sarkanyos-tarsasag-alapitolevele-grundungsurkunde-der-osterreichischen (22.6.2014).

Literatur. G. Rácz, Stiftungsbrief der österreichischen Drachengesellschaft, in: Sigismundus Rex et Imperator. Kunst und Kultur zur Zeit Sigismunds von Luxemburg 1387–1437, hg. v. I. Takács, 2006, S. 351.

Anna-Lena Liebermann

E.4 Bürger der Stadt

E.4.1 Helene Kottanner

um 1400–um 1470

Lebensweg. Helene, die Tochter des Peter Wolfram aus Ö. und eine Verwandte des Veit Hündler, war in erster Ehe mit dem Ö.er Bürgermeister Péter Székeles und nach dessen Ableben (1430) mit dem Wiener Johann Kottanner verheiratet, dem Kammerherrn des Wiener Dompropstes (1432). Seit 1436 war sie in Kontakt mit Herzog Albrecht V. von Österreich und diente an seinem Hof als Erzieherin. Zur Akteurin der ung. Politik wurde sie 1440, als sie die ung. Königskrone aus → Plintenburg entwendete und nach Komorn zu Königin Elisabeth (Witwe König Albrechts und Tochter Kaiser Sigismunds) brachte, um damit den neugeboren Ladislaus V. zu krönen. Die Krönung erfolgte in → Stuhlweißenburg am 15. Mai 1440. Später lebte sie in Ö. und in Wien. 1452 wurde ihr für ihre Verdienste ein Lehen in Kisfalud (SK) auf der Schüttinsel verliehen; dies wurde 1466 und 1470 von Matthias Corvinus bestätigt.

Werk. Aller Wahrscheinlichkeit nach in Ö. entstanden ‚**Die Denkwürdigkeiten der Helene Kottannerin**‘, wohl um für Ladislaus V. die Umstände seiner Krönung festzuhalten. Als Entstehungszeit wird ca. 1445–52 angenommen (MOLLAY, S. 40f.), da über die Ereignisse zwischen April 1439 und Anfang Juli 1440 berichtet wird. Der Text ist nur in einer Handschrift überliefert (Wien, ÖNB, Cod 2920). Es handelt sich bei der 16 Bll. langen Schrift nicht um ein Autograph, obwohl auf fol. 15ʳ *mein man, der Kottanner* zu lesen ist. Vielmehr ist es eine von zwei verschiedenen Händen aufgezeichnete Schrift, die, wie MOLLAY annimmt, einem Diktat der Kottannerin folgt. Der Bericht wird von der ung. Historiographie besonders geschätzt (vgl. LÁSZLÓ, S. 125), weil er nicht nur die abenteuerliche Aktion des Kronenraubs am 20./21.2.1440 eindrücklich beschreibt, sondern auch die Festung von Plintenburg, die königliche Hofhaltung, die Akteure der Zeit, die Hofzeremonien, insbesondere die Königskrönung. Der Erzählstil ist spannend und detailreich. Helene Kottanner erkennt die gesellschaftlichen Nuancen der Aristokratie ihrer Zeit und gibt diese humorvoll wieder. Literaturwissenschaftlich von Bedeutung sind die ‚Denkwürdigkeiten‘ als die ältesten von einer Frau verfassten Memoiren des dt. Spätmittelalters. Die Sprache weist eine deutliche bay.-österr. Prägung auf.

Ausgabe. Die Denkwürdigkeiten der Helene Kottannerin (1439–1440), hg. v. K. MOLLAY, 1971; A korona elrablása. Egy magyarországi nő, Kottanner Jánosné emlékirata 1439–1440-ből, hg. v. K. MOLLAY, 1975.

Literatur. F. VON KRONES, Art. Kottanerin, Helene, ADB 16 (1882), S. 764 f.; W. STELZER, Art. Kottanner, Helene, ²VL 5 (1985), S. 326–328; I. LÁSZLÓ, A visegrádi vár története a kezdetektől 1685-ig, 2004; Helene Kottanner, in: Selbstzeugnisse im deutschsprachigen Raum, http://www.geschkult.fu-berlin.de/e/jancke-quellenkunde/verzeichnis/k/kottanner/(2012).

ANDRÁS F. BALOGH

E.4.2 Paul Moritz

in Ö. 1511–1530

Der Krämer Paul Moritz siedelte sich 1511 in Ö. an und wurde einer der zwölf zugelassenen Krämer am Platz um die Franziskanerkirche. Er war eines der acht Ratsmitglieder, die im Äußeren Rat die Innenstadt vertraten, und Kirchenvater der Ö.er Franziskaner, für die er ein Rechnungsbuch führte, Mitglied des Inneren Rates, Steuereinnehmer in der Innenstadt und Stadtrichter. Ferenc Magos griff 1517 im Dienste Gertrudes von Weispriach, der Burgherrin von Landsee, die Ö.er Kaufleute auf den Straßen an und beraubte sie. Am 21.7.1519 wurden Paul Moritz und seine Frau persönlich angegriffen. Moritz gehörte zu den ersten Anhängern der lutherischen Lehre. Vom 22.–30.10.1524 wurde in Ö. die erste Untersuchung gegen die lutherische Bewegung in Ungarn durchgeführt. Gegen Paul Moritz wurde ausgesagt, er bräche das Fasten und besäße lutherische Bücher, woraufhin er diese am 30. Oktober abgeben und öffentlich bereuen musste. Moritz wich 1529 der Türkengefahr aus und floh mit seinen Habseligkeiten nach Niederösterreich, wo er beraubt wurde. Er kam daraufhin nach Ö. zurück, wo er Anfang 1530 plötzlich verstarb.

Werke. Das **(1) ‚Geschäftsbuch‘** (Sopron, SL, Dl. 3390) des Paul Moritz ist ein Schuldnerbuch und das einzig erhaltene Geschäftsbuch der Ö.er Kaufleute und Krämer. Es wurde seit dem 19.11.1520 geführt; die letzte Eintragung von Moritz' Hand stammt vom 24.12.1529. Es enthält Angaben über Waren und ihre Preise, über Kleidung und über den Geschäftskreis des Krämers. Moritz selbst nahm die meisten Eintragungen vor; die zweite Hand stammt von Jakob Auer, Stadtschreiber (1525–34) und Schwager von Moritz. Die dritte und die vierte Hand sind unbekannt und wahrscheinlich schreibkundigen Dienern von Moritz zuzuordnen. Moritz schrieb ein in der Ö.er Mundart gefärbtes Deutsch, das mit lat. Floskeln durchsetzt ist. Datierungen sind nach dem kirchlichen Kalender vorgenommen. Die Reihenfolge der Kundenblätter scheint willkürlich (vgl. MOLLAY, S. 8–23). Überliefert sind darüber hinaus das erwähnte **(2) Rechnungsbuch** für die Franziskaner, außerdem ein Heiratsvertrag und Vermächtnisbrief von Moritz (Sopron, SL, Dl. 2644) sowie eine Urkunde, in der Moritz als *statrichter* erwähnt ist (Sopron, SL, Dl. 2764).

Literatur. K. MOLLAY, Das Geschäftsbuch des Krämers Paul Moritz. Moritz Pál kalmár üzleti könyve. (1520–1529), 1994.

ANNA-LENA LIEBERMANN

E.4.3 Testamente

ab 1400

Im Soproner Stadtarchiv werden 188 Testamente und Kodizillen von Ö.er Bürgern, von in der Stadt ansässigen Adligen und Geistlichen aus der Zeit zwischen 1400 und 1525 aufbewahrt (HÁZI 1930, S. 178–420; 1931, S. 1–17; 1943, S. 185–318); davon sind 170 in dt. Sprache, 12 in lat. Sprache und 6 gemischtsprachig verfasst. 87 Testamente sind von männlichen Bürgern, 4 von männlichen Adligen, 59 von Frauen, 3 von Ehepaaren und 36 von Geistlichen ausgestellt. Formal folgen sie weitgehend spätmittelalterlichen dt. Standards, nur wenige Formulierungen sind eigentümlich. So findet sich hier z. B. sehr häufig zu Beginn der Dispositio die Wendung *am ersten schaff ich mein arme sel dem almechtigen Got vnd den leib der cristenleichen begrebnus*. Sie wird ab dem frühen 16. Jh. dahingehend erweitert, dass die Seele nicht nur Gott, sondern auch einer zunehmend langen Reihe von Heiligen und Engeln überantwortet wird. Dies könnte auf ein gesteigertes Verlangen nach spiritueller Sicherheit hinweisen. Außerordentlich ist auch die deutliche Präferenz, die hier bis zum Anfang des 16. Jh.s die Invocatio *vermerckt/vernemet* genießt, welche eine Präsenz des Testators bei der schriftlichen und mündlichen Verkündung des Testaments inszeniert. In den wenigen Testamenten, die ausdrücklich von anderen niedergeschrieben und daher in der 3. Person gehalten sind, werden an besonders wichtigen Stellen wörtliche Zitate eingestreut, um den Eindruck von Unmittelbarkeit und Authentizität zu vermitteln. Der Schreiber ist in diesen Fällen (oft aber auch dort, wo konsequent die 1. Person durchgehalten wird) in der Regel einer der Stadtschreiber Ö.s. So wird eine formale Einheitlichkeit der Testamente gewährleistet.

Inhaltlich fallen zahlreiche und weit gestreute Stiftungen an Kirchen und kirchliche Institutionen in Ö. und Umgebung auf, während weltliche Institutionen (Zünfte, Gilden, die Schule etc.) eher selten Legate erhalten. Am häufigsten bedacht werden die städtische → Hauptpfarrkirche St. Michael, die → Marienkirche *auf dem grabn*, das → Spital und die Spitalskirche St. Elisabeth, das → Franziskanerkloster, das Paulinerkloster St. Wolfgang in → Wandorf, die Heiliggeistkirche, die Kirchen St. Johann, St. Leonhard und St. Sebastian, die → St. Georgskapelle, die St. Anna-Kapelle der Schneiderzunft, die St. Jacobskapelle der Fleischhauerzunft und die St. Magdalenakapelle in Wandorf, jeweils mit den ihnen zugeordneten Bruderschaften. An auswärtigen Kirchen werden besonders häufig die St. Jacobskirche in → Güns und die Marienwallfahrtskirchen in Altötting und Mariazell erwähnt. Gerade zu Mariazell bestand, wie KOVÁCS (S. 122) ausführt, für viele Ö.er Bürger eine emotionale Bindung.

Neben Geld und Immobilien (Weinbergen, Feldern und Häusern) zählen v. a. Kleidung und Stoffe, Lebensmittel, Wert- und Einrichtungsgegenstände, selten (insgesamt in 11 Fällen) Bücher zu den vererbten Gütern.

Ausgabe. Sopron szabad királyi város története, hg. v. J. HÁZI, Bd. 2,1–6. 1930–43.

Literatur. J. L. KOVÁCS, „Da er aber auf einer Kirchfahrt auf Zell verlobt ...". Die Wallfahrten der Ungarndeutschen nach Mariazell vom Mittelalter bis zur Gegenwart, in: Mariazell und Ungarn. 650 Jahre religiöse Gemeinsamkeit, hg. v. W. BRUNNER u. a., 2003, S. 121–133; C. DIETL, Formeln angesichts des Todes. Die Ödenburger Testamente aus dem Spätmittelalter, in: Kommunikative Routinen, hg. v. L. KOLEHMAINEN u. a., 2014, S. 57–73.

CORA DIETL

E.5 Geistliches Spiel
1412–1522

Das früheste Zeugnis eines in Ungarn aufgeführten Spiels ist ein auf den 20.6.1412 datierter Brief in dt. Sprache, der eine Aufführung in Ö. bezeugt. Das Schreiben (Sopron, SL, Dl. 411) stammt von dem Haschendorfer Bürger *Seýfried Grunspekch*, der sich an Bürgermeister, Richter und Rat der Stadt Ö. wendet und klagt, dass ihm *Stephlein Mawtter* einen Harnisch, den er für die Aufführung eines geistlichen Spiels geliehen hatte, nicht zurückgebe. Ungewiss ist, ob der in dem Schreiben erwähnte Aufenthalt Kaiser Sigismunds in Ö. auch mit dem Schauspiel in Verbindung stand, da sich in den datierten Kaiserregesten (hg. v. ALTMANN) kein Hinweis auf einen Besuch des Kaisers in diesem Zeitraum finden lässt. Erst 1516 gibt es einen weiteren Beleg für eine Spiel-Aufführung in Ö., im Testament der Barbara Hofmaier, die ihren Seidenschal und ihren schönsten schwarzen Umhang für das Fronleichnamspiel stiftet (Sopron, SL, Dl. 3109). MAAR weist zudem auf eine Aufführung eines Passionsspiels am Gründonnerstag 1522 hin, dessen Organisation, wie üblich, die Schulmeister übernommen hätten (vgl. MAAR, S. 69). Diese Hinweise scheinen GRESZLs These zu stützen, dass sich geistliche Spiele auf ung. Boden trotz dürftiger Quellenlage insbesondere ab dem 15. Jh. zunehmender Beliebtheit erfreuten (GRESZL, S. 33). Der Aufführungskontext bestätigt die von PUKÁNSZKY geäußerte Annahme, dass die ersten in den ung. Raum gelangten Spiele solche in dt. Sprache waren (PUKÁNSZKY, S. 92).

Ausgaben. W. ALTMANN, Regesta Imperii 11. Die Urkunden Kaiser Sigmunds, Bd. 1 (1410–1424), 1896; Sopron szabad királyi város története, hg. v. J. HÁZI, Bd. 1,2: Oklevelek és levelek 1407-től 1429-ig, 1923.

Literatur. B. PUKÁNSZKY, Geschichte des deutschen Schrifttums, Bd. 1, 1931; F. GRESZL, Tausend Jahre deutsches Leben im Karpatenraum, 1971; G. MAAR, Einführung in die Geschichte der westungarischen Stadt Scarbantia/Ödenburg/Sopron, 2000.

MARY-JANE WÜRKER

Ödenburg-Wandorf (**Sopronbánfalva**)

Der heutige Ortsteil von → Ödenburg ist erstmals durch eine Urkunde vom 20.11.1277 belegt, in der König Ladislaus IV. dem Ödenburger Richter Stefan das *Zuan* genannte Grundstück aus dem Ödenburger Burgeigentum verlieh. Die heutige Namensform W.s ist erstmals 1371 belegt. 1510 wurde W. während der Landseer Raubüberfälle durch den Ödenburger Bürger Magisch (gen. Kronberger) niedergebrannt (vgl. DEGENDORFER/ZIEGLER, S. 348).

Wolfgangskirche
Patr.: Hl. Wolfgang – gegr.: 1454

Die ursprüngliche Kapelle, in der aus Bayern stammende Eremiten den Hl. Wolfgang verehrten, wich 1441 einer Kirche, die 1454 dem Hl. Wolfgang geweiht wurde und einen tragbaren Altar erhielt. 1481 gründeten Ödenburger Bürger das Kloster St. Wolfgang, das 1482 per Stiftungsbrief dem Paulinerorden übergeben wurde (vgl. DEGENDORFER/ZIEGLER, S. 111). Die Paulinermönche waren lt. ZIEGLER wahrscheinlich die ersten Lehrer von W. (vgl. DEGENDORFER/ZIEGLER, S. 203), außerdem werden zwei Priester aus dieser Zeit erwähnt, Andreas Laur im Jahr 1501 und Wolfgang Elend 1503.

Aus dem Jahr 1459 ist eine Auflistung der Güter der Bürger von Ödenburg erhalten, die als

Grundlage der Steuerabgaben diente (Sopron, SL, Dl. 3339). Aus den Jahren 1519–22 ist ein dt.-lat. Inventar der Kirche überliefert (Sopron, SL, Dl. 3634), das u. a. drei Messbücher, eine Bibel, ein handgeschriebenes *mamotractum* (evtl. ein Vermögensbuch), ein Graduale und einen Psalter auflistet.

A u s g a b e . Sopron szabad királyi város története, hg. v. J. Házi, Bd. 2,6, 1943, S. 311f.

L i t e r a t u r . H. Degendorfer/M. Ziegler, Wandorf, 1991.

Anna-Lena Liebermann

Ofen (**Buda**) und Pest

Inhalt. A. Kirchen. 1. Liebfrauenkirche/Matthiaskirche. 2. Georgskirche. B. Klöster. 1. Dominikaner. 2. Franziskaner. 3. Karmeliter. 4. Klarissen. C. Spitäler. D. Geistliche Bruderschaften. E. Burg. 1. Hof Bélas IV. 2. Hof Andreas' III. 3. Hof Karls I. 4. Hof Ludwigs I. 5. Hof Sigismunds. 6. Hof Albrechts II. 7. Hof Ladislaus' V. Postumus. 8. Hof Matthias' Corvinus. 9. Hof Ladislaus' II. Jagiello. 10. Hof Ludwigs II. F. Stadt. 1. Rathaus. 2. Faktorei der Fugger. 3. Zunftwesen. 4. Bürger der Stadt. G. Ereignisse. 1. Aufstand vom April 1439. 2. Heilige Liga 1501. 3. Bauernaufstand 1514.

Auf röm. Fundamenten errichtet, bestand schon im 10. Jh. in Altofen (Óbuda) nördlich des Burgbergs eine fürstliche Residenz. Angeblich unter Stephan I., wohl aber erst unter König Peter Orseolo (Altmann/Bertalan 1991, S. 113), wurde hier ein dem Hl. Petrus geweihtes Kollegiatskapitel gegründet und mit dieser in ihrer Zeit sehr bedeutenden kirchlichen Institution die Grundlage der späteren *civitas* geschaffen, die sich rings um das Kapitel und den Königssitz bildete. Im Jahr 1212 ist erstmals ein Markt in Altofen erwähnt (Altmann/Bertalan 1991, S. 117).

Südlich des Burgbergs entstand im 11./12. Jh. am Donauübergang die Siedlung P. Sie zählte zum Besitztum des Königs und hatte zwei königliche Eigenkirchen: die Marienkirche am linken Donauufer und die Gerhard-Kirche am rechten Ufer. In der ersten Hf. des 13. Jh.s förderte König Andreas II. den Zuzug Deutscher nach P. Darunter waren u. a. Kaufleute aus Wien, Regensburg und dem Rheinland, aber auch Angehörige anderer Stände, wie der österr. Ritter Werner, der Ahnherr einer der bedeutendsten O.er Familien wurde (Kubinyi 1991, S. 15). Noch vor 1235 verlieh Andreas P. das Stadtrecht. Die Privilegien wurden nach der Zerstörung der Stadt im Mongolensturm von 1241 durch Béla IV. in der ‚Goldenen Bulle' von 1244 erneuert. In Erwartung eines erneuten Mongolensturms verlegte Béla 1248–55 die Stadt P. nach Norden, auf den Burgberg. Dieser war seit der zweiten Hf. des 13. Jh.s besiedelt und gehörte zum Gebiet der Ortschaft Buda. Ein Teil der Einwohner der von den Mongolen zerstörten Stadt Óbuda war ebenfalls dorthin gezogen.

Die Bürger von P. nahmen ihre Stadtprivilegien mit in die dadurch neu entstehende Stadt. Sie hieß ab 1255 offiziell *castrum novi montis Pestiensis*, ist aber in der Regel als ‚Buda' oder ‚Ofen' bezeugt (Kubinyi 1991, S. 16). Die neue Stadt übernahm allmählich die Rolle einer Hauptstadt und wurde im Spätmittelalter die Hauptresidenz des Herrschers, Sitz der königlichen Behörden und Gerichte. Sie war zudem eine bedeutende Handelsstadt und pflegte Handelsverbindungen mit Norditalien und Österreich, mit Sankt Gallen (CH), Nürnberg, Breslau (PL) und Krakau (PL) (Kubinyi 1972, S. 342f.). Ein Drittel der namentlich bekannten Bürger des spätmittelalterlichen O.s waren Handwerker. Die meisten unter ihnen waren Ungarn und Deutsche; in O. wohnten aber auch Italiener, Slaven, Böhmen, Polen, Juden und Armenier (Bencze 1991, S. 333).

Die Siedlung um die Thermalquellen wurde von der neuen Stadt als selbstständiges *suburbium de superioribus calidis aquis Budensis* (→ Ofen-Felhévíz) abgespalten (Kubinyi 1972, S. 15). Am linken Donauufer entstand erneut die Stadt P., mit wenigen Ausläufern auf dem rechten Donauufer. Die Dominika-

ner und Franziskaner gründeten hier noch im 13. Jh. Klöster. Der Richter von P. wurde nach dem O.er Stadtrecht vom Rat zu Buda ernannt; ab 1326 verfügte P. über einen eigenen Notar (Irás-Melis 1991, S. 372). P. erlebte ab den 1440er Jahren eine wirtschaftliche Blüte. Wegen der leichter zugänglichen Lage von P. wurden einige Reichstage und Jahrmärkte von Buda in die Schwesterstadt P. verlagert, die auch in zahlreichen Gerichtsverfahren mit Buda zusammenarbeitete. Bis zur ersten Hf. des 15. Jh.s war auch die P.er Ratsbürgerschaft weitgehend dt.-sprachig. Dies änderte sich in der zweiten Hf. des 15. Jh.s, als der Rat komplett ung. wurde. Zu Beginn des 16. Jh.s lassen sich aber wieder einige Deutsche im P.er Rat nachweisen – weitgehend Verwandte der Budaer Oberschicht. Von P. wiederum spaltete sich die Vorstadt Szenterzsébetfalva (später Szentfalva) ab, die ebenfalls das Marktrecht erhielt.
Nach der Zerstörung der Stadt O. durch die Osmanen wurden 1529 unter König Johann Szapolyai die Deutschen aus der Stadt ausgesiedelt (Kubinyi 1991, S. 35).

Literatur. A. Kubinyi, Die Anfänge Ofens, 1972; ders., Buda. Die mittelalterliche Hauptstadt Ungarns. Eine deutsch-ungarische Stadt in Ostmitteleuropa, in: Budapest im Mittelalter, hg. v. G. Biegel, 1991, S. 15–41; J. Altmann/V. Bertalan, Óbuda vom 11. bis 13. Jahrhundert, ebd., S. 113–131; K. Irás-Melis, Die Herausbildung und Entwicklung der Stadt Pest bis 1241, ebd., S. 132–143; Z. Bencze, Die Handwerker und Kaufleute der Stadt Buda vom Anfang des 14. bis zum ersten Drittel des 16. Jahrhunderts, ebd., S. 333–349; K. Magyar, Buda im 13. Jahrhundert, ebd., S. 153–184; K. Irás-Melis, Der Wiederaufbau der Stadt Pest und ihre Blüte im Spätmittelalter, ebd., S. 366–380; H. Zimmermann, Die deutsche Südostsiedlung im Mittelalter in: Deutsche Geschichte im Osten Europas. Land an der Donau, hg. v. G. Schödl, 1995, S. 21–88; K. Gönczi, Ungarisches Stadtrecht aus europäischer Sicht. Die Stadtrechtsentwicklung im spätmittelalterlichen Ungarn am Beispiel Ofen, 1997.

Cora Dietl

A. Kirchen

A.1 Liebfrauenkirche/Matthiaskirche

Patr.: Hl. Maria — gegr.: Mitte 13. Jh.

Geschichte. Erstmals dokumentiert ist eine O.er Liebfrauenkirche 1247/48 (Kubinyi, S. 34). Sie ging aber vermutlich in den Besitz der Dominikaner über und um 1255 wurde eine neue Gemeindekirche für die dt. Bürgerschaft errichtet; ein Pfarrer der Kirche ist 1276 erstmals erwähnt (Magyar, S. 166). Sie errang bald höhere Bedeutung als eine Pfarrkirche: Im 14. Jh. wurde sie zur ‚königlichen Kapelle', die der Jurisdiktion des Erzbischofs von → Gran unterstand. In ihr präsentierten sich die Könige nach ihrer Krönung in Gran das erste Mal ihrer Bürgerschaft (Tamussino, S. 73); König Karl I. wurde hier 1309 gekrönt (Magyar 1991, S. 166.). Die Könige schenkten die Pfründe der Kirche häufig ihren (oft ung.) Hofbeamten, die Pfarrer waren aber zumeist Deutsche (Kubinyi, S. 36).

Autoren/Werke. In den Jahren 1471–81 legte **(1) Hans Hammer** aus Straßburg, der nach eigenen Aussagen an Bauarbeiten an der Liebfrauenkirche beteiligt war, ein dt.-ung. Wörterverzeichnis an, das heute in der Herzog-August-Bibliothek aufbewahrt wird (Wolfenbüttel, HAB, Extravagantes 1141, B. 29, vgl. Mollay).

(2) Konrad Cordatus (Hertz) (1480/83–1546), bekannt v.a. als erster Herausgeber der ‚Tischreden' Luthers und als streitbarer Gegner Melanchthons in der Frage der Rechtfertigung, gehörte zu den energischen Befürwortern der Reformation in Ungarn. Nach humanistischer Ausbildung ab 1502 bei Konrad Celtis in Wien und im Anschluss in Ferrara, wo er den Grad eines Lizentiaten der Theologie erreichte (Hammann, S. 275), ist Konrad Cordatus ab 1510 an der Marienkirche in O. belegt. 1522 predigte er am Hof der Königin Maria von Ungarn in O., zog jedoch noch im selben Jahr nach Wittenberg, nachdem er in Ungarn der häretischen Predigt angeklagt und für kurze Zeit inhaftiert worden war. Bei einem in den Quellen nicht namentlich genannten Prediger, der 1524 erneut vor der Königin sprach und nach Angriffen gegen den Papst und kath. Würdenträger nur durch Marias Eingreifen vor dem Zorn der ung. Adligen geschützt werden konnte, dürfte es sich ebenfalls um Cordatus gehandelt haben (CSEPREGI, S. 52). Bereits 1525 predigte Cordatus erneut in ung. Bergbausiedlungen. Er wurde durch den Erzbischof von → Gran der Häresie angeklagt und für 38 Wochen eingesperrt. Danach hielt er sich zunächst erneut in Wittenberg auf. Vor 1528 ist er erneut im Umkreis der Königin belegt, wurde aber bald durch Johannes Henckel ersetzt (CSEPREGI, S. 56). Als Prediger in Zwickau gab Cordatus 1529 bei Melchior Sachse in Erfurt und im gleichen Jahr bei Gabriel Kantz in Zwickau seine Flugschrift *Vrsach warumb Vngern verstöret ist* (VD16 C 5056; ZV 3865) heraus. Im Vorwort erklärt er, er hätte vor sieben Jahren diese Schrift an die Ungarn und Österreicher adressieren sollen, er habe aber zuerst seine Verachtung gegenüber allen *vergeblichen papir kleckern* (A1ᵛ) überwinden müssen. Die kurze Schrift ist an Kriegsleute gerichtet, die „ungern viel lesen". Sie identifiziert als Ursache für die Türkengefahr die Ablehnung und Bekämpfung der Reformation durch die Römische Kirche. Cordatus beklagt den Tod des unschuldigen, im Stich gelassenen Königs Ludwig II. und verweist auf weitere Ursachen der Türkenkriege: die Zwietracht der Fürsten, den Ungehorsam der Untertanen, die Eigennützigkeit der Christen (v. a. der Venezianer) und viele weitere Sünden. Er ruft zu Buße, Umkehr und rechtem Glauben auf.

Überlieferung. Eine Vielzahl von Grabdenkmälern, die auf dem Gelände der Liebfrauenkirche gefunden wurden, bezeugt die Bedeutung der Kirche für die dt. Bevölkerung O.s. Zu erwähnen sind etwa die Grabplatten des Lyphardus Paulser und des Malers Abel (14. Jh.), des Malers Johannes († 1370), des Nürnbergers Berchthold Kraft († 1392) und des in Meißen geborenen Frenclin († 1404) (LÖVEI, S. 352f.)

Ausgaben. Vrsach warumb Vngern *verstoeret* ist/ Vnd ytzt Osterreich bekrieget wird, Erfurt: Melchior Sachse d. Ä. 1529 [Exemplar HAB Wolfenbüttel, Th Kapsel 12:17]; Vrsach/ warumb Vngern *verstoeret* ist/ Vnd ytzt Osterreich bekriget wird, Zwickau: Gabriel Kantz, 1529; A Wolfenbütteli Szójegyzék, Magyar Nyelv 82 (1986), S. 73–77.

Literatur. Z. CSEPREGI, Court Priests in the Entourage of Queen Mary of Hungary, in: Mary of Hungary. The Queen and Her Court 1521–1531, hg. v. O. RÉTHELYI u.a., 2005, S. 49–61; G. HAMMANN, Conradus Cordatus Leobachensis. Sein Leben in Österreich, Jahrbuch des Oberösterreichischen Musealvereins 109 (1964), S. 250–278; K. MOLLAY, A wolfenbütteli magyar-német szójegyzék, Magyar Nyelv 85 (1989), S. 1–9; A. KUBINYI, Die Anfänge Ofens, 1992; K. MAGYAR, Buda im 13. Jahrhundert, in: Budapest im Mittelalter, hg. v. G. BIEGEL, 1991, S. 153–184; P. LÖVEI, Mittelalterliche Grabdenkmäler in Buda, ebd., S. 350–365; U. TAMUSSINO, Maria von Ungarn. Ein Leben im Dienst der Casa de Austria, 1998.

CORA DIETL/HEINRICH HOFMANN/
ANDRÁS F. BALOGH

Schule der Liebfrauenkirche

gegr.: 15. Jh.?

Geschichte. Ab wann an die Liebfrauenkirche eine Schule angeschlossen war, ist nicht bekannt. Erst im 15. Jh. ist die Schule sicher bezeugt. Bis 1519 sind 20 Studenten aus O. an den Universitäten Prag und Wien graduiert worden; einige davon dürften zuvor die Schule der Marienkirche besucht haben.

Lehrer. (1) Ulrich Tobriacher (Toberslacher) aus Villach (ID: 2147106455), der ab Sommersemester 1496 in Wien studiert hatte (SZAIVERT/GALL, S. 246), war als Lateinlehrer an der *Schola Beatae Mariae Virginis* tätig; vermutlich ab 1512 war er Leiter der Schule (SPEKNER 1991, S. 316). Konrad Celtis verkaufte ihm, der offensichtlich als Büchersammler bekannt war, 1504 aus dem Nachlass des Vinzenz Lang eine Plato-Ausgabe, eine lat. Aristoteles-Übersetzung des Johannes Argyropolus, eine Bibel und zwei weitere ungenannte Bücher (RUPPRICH, S. 558). Joachim Vadianus und Georg Tannstetter besuchten ihn 1513 in O.; in seiner Widmung zu ‚Gallus pugnans' preist ihn Vadian als idealen Gastgeber (BONORAND, S. 69).

(2) Bartholomaeus Frankfurter (Francfordinus/Franck) Pannonius (um 1490–vor 1540) war vermutlich Sohn dt.-stämmiger Eltern aus O. Gemeinsam mit Johann Kressling (→ Georgskirche), der bereits zuvor in Wien studiert hatte, trug sich *Bartholomeus Bartholomei de Buda* im Oktober 1510 in die Matrikel der Universität Krakau (PL) (CHMIEL, S. 127) und 1515 als *Bartholomaeus Franck. Budensis magister* erneut in Wien ein. Um 1517 kehrte er nach O. zurück, von wo aus er 1518 drei Briefe an Joachim Vadianus richtete (ARBENZ, I, Nr. 125 u. Anh. Nr. 9; III, Nachtr. Nr. 31). Im ersten davon (Jan./Febr. 1518) erklärt er, dass er wegen seiner Verpflichtungen als Lehrer (*scholasticis negotiis*) nicht früher zum Schreiben gekommen sei. Aufgrund der engen Verbindungen Frankfurters zu Pfarrern der Liebfrauenkirche (v. a. zu → Konrad Cordatus) und zum → Hof Ludwigs II. ist davon auszugehen, dass er an der Schule der Marienkirche unterrichtete (vgl. BONORAND, S. 69); HAMMANN (S. 231) lokalisiert ihn dagegen an einer „Stadtschule". Anfang der 1520er Jahre ging er nach Schemnitz (SK) und war dort als Notar tätig. In einem Brief vom 21. 4. 1518 bittet Bartholomaeus Frankfurter Joachim Vadianus, dass dieser eines seiner Werke durchsehe und ihm den letzten Schliff gebe. Gemeint ist wohl eines seiner Theaterstücke, entweder ‚Gryllus' oder ‚Inter Torporem et Vigilantiam certamen Virtute Arbitra', die um 1519 bei Singriener in Wien gedruckt wurden und vermutlich zuvor in O. aufgeführt worden waren (KISS, S. 297). Sie sind Georg, dem späteren Markgraf von Brandenburg und damaligen Erzieher König Ludwigs II., bzw. Georg Szatmári, dem Bischof und Zentrum des Humanistenkreises von → Fünfkirchen, gewidmet.
Die an Plautus angelehnte lat. Komödie ‚Gryllus' und das sehr kurze Streit- und Gerichtsspiel, die beide mit pädagogischem Impetus gegen die Trunksucht wettern, galten in der älteren Forschung als von Pier Paolo Vergerios ‚Paulus' beeinflusst (KARDOS, S. 274–276). Kiss lehnt diese These als eine Überschätzung des Einflusses Vergerios, des ehemaligen Mitglieds der → Kanzlei Sigismunds, ab (KISS, S. 301f., 310f.) und weist stattdessen eine Erasmus-Rezeption in der Komödie ‚Gryllus' nach (ebd. S. 301–305, vgl. BLOEMENDAL, S. 635).

(3) Simon Grynaeus (Griner, Gruener) (um 1493–1541), in Veringendorf (Feringen) bei Sigmaringen geboren (ID: 11690240X), hatte nach dem Besuch der Stadtschule in Pforzheim, wo er ein Mitschüler Melanchthons war (BONORAND, S. 74), ab Oktober 1511 bei Vadian in Wien studiert (SZAIVERT/GALL, S. 383). Aus einem Brief eines sonst unbekannten Georgius Corenbechius Pannonus vom November 1533, der Grynaeus für den Unterricht *Budae et Vitebergae* dankt (STEUBER, S. 17), sowie aus einer Notiz des Konrad Cordatus, Prediger an der Marienkirche in O., geht hervor, dass Grynaeus wohl zu Beginn der 1520er Jahre (BORZSÁK, S. 75; BONORAND, S. 78f.) oder bereits 1517–19 (KARÁCSONYI, S. 552f.) als Lehrer an der dortigen Schule tätig war. Eher unwahrscheinlich ist es aber, dass er, wie nachträglich behauptet, zudem Kustos der Bibliotheca Corviniana war (BORZSÁK, S. 72–75). Laut Aussage von Severinus Sculteti (1599) wurden Simon Gynaeus und Veit Weinsheim, die an der Schule leitende Positionen inne hatten, wegen ihrer lutherfreundlichen Gesinnung im Zuge antireformatorischer Maßnahmen im Jahr 1525 aus O. vertrieben (KARÁCSONYI, S. 551). Bereits BORZSÁK (S. 69) hat auf den tendenziösen Ton des Berichts hingewiesen und Zweifel angemeldet; BONORAND (S. 79) konnte schließlich nachweisen, dass Weinsheim und Grynaeus bereits ab 1523 in Wittenberg weilten. Ob sich Veit Weinsheim jemals länger als nur während einer Studienreise in O. aufhielt, ist nicht bekannt.

Ausgaben. Simoni Grynaei [...] Epistolae, hg. v. W. T. STEUBER, 1847, Nr. 13, S. 16f.; Der Briefwechsel des Konrad Celtis, hg. v. H. RUPPRICH, 1934, Nr. 308, S. 556–560; Bartholomaeus Frankofordinus, Opera quae supersunt, hg. v. A. VARGHA, 1945; Die Vadianische Briefsammlung der Stadtbibliothek St. Gallen, hg. v. E. ARBENZ/ H. WARTMANN, 7 Bde, 1890–1913.

Literatur. A. CHMIEL, Album Studiosorum Universitatis Cracoviensis, Bd. 2 (1490–1551), 1892; W. SZAIVERT/F. GALL, Die Matrikel der Universität Wien, Bd. 2 (1451–1518/I), 1967. — J. KARÁCSONYI, Animadversiones criticae in nonnullas relationes primos apud Hungaros protestantismi progatores tangentes, in: Monumenta ecclesiastica tempora innovatae in Hungaria religionis illustrantia, Bd. 1 (1520–1529), 1902, S. 550–560; A. VARGHA, Bartholomaeus Frankfordinus Pannonius, Egyetemes Philologiai Közlöny 63 (1939), S. 65–74; T. KARDOS, A magyarországi humanizmus kora, 1955; G. HAMMANN, Bartholomaeus Francfordinus Pannonius, Symon Grynäus in Ungarn, Zeitschrift für Ostforschung 14 (1965a), S. 228–242; G. HAMMANN, Johannes Kressling, Jahrbuch für Schlesische Kirchengeschichte 44 (1965b), S. 7–12; S. BORZSÁK, War Simon Grynaeus Kustos der Bibliotheca Corviniana?, Acta classica universitatis scientiarum Debreceniensis (1965), S. 63–75; A. PIRNÁT, A magyar reneszánsz dráma poétikája, Irodalomtörténeti Közlemények 73 (1969), S. 527–555; U. M. SCHWOB, Der Ofener Humanistenkreis der Königin Maria von Ungarn, Südostdeutsches Archiv 17/18 (1974/75), S. 50–73; I. MÉSZÁROS, XVI. századi városi iskoláink és a studia humanitatis, 1981, S. 16–20; C. BONORAND, Vadians Humanistenkorrespondenz mit Schülern und Freunden aus seiner Wiener Zeit: Personenkommentar IV zum Vadianischen Briefwerk, 1988, S. 68–70 u. 74–84; E. SPEKNER, Das geistige Leben in Pest und Buda um die Wende vom 15. zum 16. Jahrhundert, in: Budapest im Mittelalter, hg. v. G. BIEGEL, 1991, S. 315–332; P. FARBAKY, Szathmári György, a mecénás, 2002; M. CZENTHE, Die Reformation in Oberungarn bei den Zipser Sachsen, in: Konfessionsbildung und Konfessionskultur in Siebenbürgen in der Frühen Neuzeit, hg. v. V. LEPPIN/U. A. WIEN, 2005, S. 153–163; G. F. KISS, Dramen am Wiener und Ofener Hof: Benedictus Chelidonius und Bartholomaeus Frankfordinus Pannonius (1515–1519), in: Maria von Ungarn (1505–1558). Eine Renaissancefürstin, hg. v. M. FUCHS/O. RÉTHELYI, 2007, S. 293–312; J. BLOEMENDAL, Central and Eastern European Countries, in: Neo-Latin Drama in Early Modern Europe, hg. v. J. BLOEMENDAL, 2013, S. 633–656; Ulrich Tobriacher, Simon Griner, RAG.

CORA DIETL

A.2 Georgskirche

Patr.: St. Georg — Mitte 14. Jh.–1686

Geschichte. Die von König Ludwig I. gestiftete Georgskirche auf dem Platz vor der königlichen Burg diente sowohl als königliche Kapelle als auch als Gemeindekirche. 1686 wurde sie durch einen Brand komplett zerstört. Im April 1508 schrieb sich Pleban **Johann Kressling** als *Johannes Kreßlinger de Buda* an der Universität Wien ein (SZAIVERT/GALL, S. 353); zum Wintersemester 1510/11 erscheint er zusammen mit Bartholomäus Frankfurter (→ Marienkirche) in den Matrikeln der Universität Krakau (PL), als *Johannes Johannis de Buda (Baccalarius Viennensis)* (CHMIEL, S. 127). 1515 ist er dann wieder in Wien und hält auf dem Fürstenkongress die Begrüßungsrede für Georg Szatmári, Bischof von → Fünfkirchen. Eventuell ermöglichte ihm dieser 1516/17 die Rückkehr nach O. (HAMANN 1965b, S. 8). HAMANN (1965a, S. 231) vermutet, dass er dort als Lehrer tätig war, bis er um 1520 *plebanus sancti Georgii Budensis* wurde (HAMANN 1965b, S. 8). Vermutlich gemeinsam mit Konrad Cordatus (→ Marienkirche) trat Kressling Anfang der 1520er Jahre zum Protestantismus über und musste deshalb kurz darauf O. verlassen. Er war anschließend als Prediger in Kremnitz, Breslau (PL) und Schemnitz (SK) tätig (vgl. HAMANN 1965b, S. 9f.; CZENTHE, S. 154).

Überlieferung. Das heute in der Nationalbibliothek aufbewahrte ‚Missale in usum ecclesiae cuiusdam Hungaricae' (Budapest, OSZK, Cod. Lat. 92) aus dem 14. Jh. konzentriert sich v. a. auf ung. Heilige in Verbindung mit dem Königshaus. Es ist laut einer Anmerkung auf fol. 228ʳ *pro rege* geschrieben (BARTONIEK, S. 84f.) und dürfte daher für die auch als königliche Kapelle dienende Georgskirche angefertigt worden sein. Eine Eingrenzung auf einen König ist bislang nicht gelungen.

Literatur. A. CHMIEL, Album Studiosorum Universitatis Cracoviensis, Bd. 2 (1490–1551), 1892; E. BARTONIEK, Codices manu scripti latini 1: Codices latini medii aevi, 1940; SZAIVERT/F. GALL, Die Matrikel der Universität Wien, Bd. 2 (1451–1518/I), 1967. — G. HAMMANN, Bartholomaeus Francfordinus Pannonius, Symon Grynäus in Ungarn, Zeitschrift für Ostforschung 14 (1965a), S. 228–242; G. HAMMANN, Johannes Kressling, Jahrbuch für Schlesische Kirchengeschichte 44 (1965b), S. 7–12; P. FARBAKY, Szathmári György, a mecénás, 2002; M. CZENTHE, Die Reformation in Oberungarn bei den Zipser Sachsen, in: Konfessionsbildung und Konfessionskultur in Siebenbürgen in der Frühen Neuzeit, hg. v. V. LEPPIN/U. A. WIEN, 2005, S. 153–163.

CORA DIETL

B. Klöster

B.1 Dominikaner

Patr.: Hl. Nikolaus — gegr.: vor 1254

Geschichte. Nachdem Paulus Hungarus 1221 in → Stuhlweißenburg das erste Dominikanerkloster in Ungarn eingerichtet hatte, verbreitete sich der Orden schnell. Im Jahr 1254 wurde das Großkapitel des Ordens in O. abgehalten, d. h. zu dieser Zeit war das St. Nikolaus-Kloster bereits fertiggestellt. Anfänglich hatte es vermutlich die 1247/48 erstmals erwähnte → Liebfrauenkirche übernommen (MAGYAR 1991, S. 168). Die Dominikaner hatten auch die Aufsicht über die (wohl zumindest zum Teil dt.-sprachigen) Beginen, die ab 1276 in O. bezeugt sind (KUBINYI 1972, S. 42f.).

Autoren/Werke. Der sonst unbekannte Frater **(1) Michael de Buda** fertigte um 1309–19 ein zum Teil neumiertes Ordens-Missale und -Prozessionale an (Budapest, OSZK, Cod. Lat. 69). Am Ende des Haupttextes, fol. 133ʳ, heißt es: *Agenda domini confratris Michaelis de Buda. et Socius domini Benedicti. Episcopi Transsilvani.* Die Handschrift gelangte bald nach Österreich: Bruder Leonhard schenkte sie dem Theologieprofessor Vincentius, dem Prior der Dominikaner in Tulln (AT), der sie seinerseits seinem Kloster überließ (fol. 136ᵛ), wo sie offensichtlich auch Einsatz in der *cura monialium* fand, wie die Nachträge weiblicher Formulierungen im Abschnitt zum Ritus der Aufnahme von Mönchen in das Kloster verraten. Von Tulln aus wurde sie auch einem armen Studenten aus Laibach (SI) geliehen (fol. 136ᵛ).

Frater **(2) Leonhard Regensberger** gab 1468 für das Dominikanerkloster von Buda eine Abschrift der von Thomas Antonio von Siena verfassten kurzen Legende der Hl. Katharina von Siena in Auftrag. Die Abschrift wurde von Frater Laurentius de Stopka angefertigt, gelangte dann aber, weil Regensberger mittlerweile die *cura monialium* im Dominikanerinnenkloster von Kaschau (SK) übernommen hatte (siehe Eintrag fol. 136ᵛ), in den Besitz des Konvents von Kaschau, als Teil einer geistlichen Sammelhandschrift, die u. a. Werke des Johannes Herolt beinhaltet (heute Alba Iulia, BB, Cod. I,112). Der Name Leonhard Regensbergers wurde in der Hs. später halb ausradiert (fol. 117ᵛ).

Frater **(3) Johannes Span** legte in den Jahren 1472/73, während seiner Zeit als Lektor für Theologie im Dominikanerkonvent in O. (fol. 190ᵛ, 212ʳ, 240ᵛ, 302ᵛ) (KELLER 2004, S. 374), Teile einer theologischen Sammelhandschrift an, die er 1474 in Pettau (fol. 202ʳ) erweiterte und schließlich dem Konvent in Eichstätt überließ (fol. 1ʳ, heute Eichstätt, UB, Cod. st 681). Sie enthält neben einem von ihm verfassten ‚Confessionale' (fol. 3ʳ–190ʳ, 191ʳ–200ᵛ), das sich in einigen *tituli* auf Auszüge aus dem ‚Confessionale' des Johannes Nider beruft (fol. 191ʳ–200ᵛ), u. a. eine Türkenrede des Papstes Pius II. aus dem Jahr 1460 (fol. 214ʳ–223ʳ) und eine ‚Visio Philiberti' (fol. 241ᵛ–246ʳ).

Überlieferung. Im Jahr 1409 sind drei Legendenbücher (*St. Helena, St. Margarita, alias legendas provinciae nostrae*) im Besitz des Klosters bezeugt (CSAPODI, S. 94); die weiteren dokumentierten Buchbestände dürften dem → Studium generale der Dominikaner zuzurechnen sein.

Neben der → Liebfrauenkirche ist das Dominikanerkloster einer der bedeutendsten Fundorte mittelalterlicher Grabplatten in O. Zahlreiche aus Italien stammende Personen waren hier bestattet (wie z. B. → Pier Paolo Vergerio, dessen Grabdenkmal aber nicht erhalten ist), aber auch Deutsche, darunter Johannes von Regensburg (Ende 13. Jh.) und Henricus Pauherren († 1373) (LÖVEI 1991, S. 353f.).

Studium generale
1304–1530

Geschichte. Das 1304 offiziell anerkannte Studium generale der Dominikaner in O. befand sich vermutlich in einem ans Kloster angeschlossenen Gebäude. 1377 ist mit Nicolaus de Buda der erste O.er Absolvent an der Prager Juristenfakultät eingeschrieben (ID: 1107948057), was für eine gewisse Bedeutung des Generalstudiums spricht. Allerdings studierten nicht alle O.er Dominikaner in der eigenen Schule; dies bezeugt u. a. Briccus de Buda, der 1408 in Prag zum Baccalaureus promoviert wurde, sein Artes-Studium in Wien und Prag fortsetzte und ab 1415 in Prag lehrte, bevor er sich 1417 in Wien für das Studium der Rechte einschrieb (ID: 1634655572). Eine besondere Blüte erlebte das O.er Generalstudium in der zweiten Hf. des 15. Jh.s, als Nicolaus de Mirabilis und Petrus Niger dort unterrichteten. Letzterer widmete sein Werk ‚Clipeus Thomistarum' König Matthias (MÉSZÁROS, S. 201). Das Großkapitel des Ordens verkündete 1507, dass es die Schule nach dem Vorbild der Universität Bologna strukturieren wolle; es betonte damit auch die Bedeutung des Generalstudiums. Im Jahr 1530 wurde es allerdings geschlossen (SPEKNER 1991, S. 317).

Überlieferung. Laut Eintrag (*librum fratrum praedicatorum de Buda*, fol. 208^v) aus der ersten Hf. des 15. Jh.s (vgl. HERMANN, S. 312) befand sich im Besitz des Dominikanerklosters (wohl des Generalstudiums), später der Burg von O. (Verzeichnis des Julius Pflugk, 1686), eine Ende des 10. Jh.s entstandene süddt. Sammelhandschrift (Wien, ÖNB, Cod. 55). Sie enthält musiktheoretische und mathematische Schriften des Hucbaldus, des Boethius und den Traktat ‚Musica enchiriadis'. Im späten 15. Jh. ist außerdem ein Druck des ‚Clypeus Thomistarum' des Petrus Niger im Besitz des Klosters bezeugt (CSAPODI, S. 146); letzterer gehörte zu den Büchern, die der Dominikanerfrater Emericus 1480/81 im Auftrag des Ordens in Venedig für den ung. Buchmarkt drucken lassen hatte (CSAPODI, S, 156). Im Leihverkehr mit → Gran werden schließlich 1515 drei lat. theologische Werke im Dominikanerkloster erwähnt, die offensichtlich aus dem Schulgebrauch stammen: Petrus' Lombardus ‚Sentenzenkommentar', Antonius' ‚Summa de casibus conscientiae' sowie ein Lehrbuch der Artes (CSAPODI, S. 247).

Literatur. H. J. HERMANN, Die deutschen romanischen Handschriften (Beschreibendes Verzeichnis der illuminierten Handschriften in Österreich, II/2), 1926. — D. CZVITTINGER, Specimen Hungariae literatae, 1711; A. HORÁNYI, Memoria Hungarorum, Bd. 2, 1776; L. SZABÓ, A sajóládi pálos kolostor története (1386–1786), 1940; CS. CSAPODI/K. CSAPODINÉ GÁRDONYI, Bibliotheca Hungarica. Kódexek és nyomtatott könyvek Magyarországon 1526 előtt, Bd. 3, 1994; K. H. KELLER/H. HILG, Die mittelalterlichen Handschriften der Universitätsbibliothek Eichstätt, Bd. 3, 2004; A. KUBINYI, Die Anfänge Ofens, 1992; K. MAGYAR, Buda im 13. Jahrhundert, in: Budapest im Mittelalter, hg. v. G. BIEGEL, 1991, S. 153–184; E. SPEKNER, Das geistige Leben in Pest und Buda um die Wende vom 15. zum 16. Jahrhundert, ebd., S. 315–332; P. LÖVEI, Mittelalterliche Grabdenkmäler in Buda, ebd., S. 350–365; G. BORSA: A Medieval Author in Britain. His person and a bibliography of his work between 1480–1621, 1998; I. MÉSZÁROS, Die Geschichte des tausendjährigen ungarischen Schulwesens, Budapest 1999; I. MÉSZÁROS, Education and the Church, in: A Thousand Years of Christianity in Hungary, hg. v.

I. ZOMBORI u. a., 2001, S. 201–206; Nikolaus de Buda u. Briccius de Buda, RAG.

CORA DIETL

B.2 Franziskaner

Patr.: Hl. Johannes Evangelist — 1260/70–1541

Geschichte. Um 1260/70 wurde auf dem Burgberg von O. ein Franziskanerkloster errichtet (MAGYAR 1991, S. 170). Bereits 1283 richtete die Witwe des Meisters Moys gegenüber dem Kloster ein Beginenhaus ein, für welches die Franziskaner schließlich die *cura monialium* übernahmen (MAGYAR 1991, S. 170). Die Bedeutung des Klosters zeigt sich zum einen darin, dass sich König Andreas III. († 1301) dort bestatten ließ; bis zu seiner Verlegung nach → Weißenburg (RO) war auch Ladislaus Hunyadi († 1457) dort bestattet. Sie zeigt sich aber v. a. in seiner Bedeutung als Zentrum der Franziskaner-Observantenprovinz ab 1444 bzw. als Austragungsort von Ordenskapiteln in den Jahren 1473–1515 (auch der ital. Prediger und spätere Heilige Johannes Capistrano hielt sich 1455 im Kloster auf) und in seiner bedeutenden Klosterschule, in der u. a. Pelbartus de Temesvar und Oswaldus de Lasko wirkten, die beide in der Klosterkirche begraben sind.

Autoren/Werke. (1) Pelbartus de Temesvar (um 1435/40–1504) hatte 1458–63 in Krakau (PL) studiert. Als Baccalaureus unterrichtete er spätestens 1483 an der O.er Ordensschule Theologie (KERTÉSZ 2009, S. 62). Er gilt zugleich als die bedeutendste Gestalt in der franziskanischen Literatur seiner Zeit (KARÁCSONYI 1922, S. 567; SPEKNER 1991, S. 320). Er legte umfangreiche Sammlungen eigener Texte in lat. Sprache an. Überaus erfolgreich war sein 1479/80 verfasster marianischer Predigt-Zyklus ‚Stellarium Corone benedicte Marie virginis'; er wurde innerhalb von 20 Jahren sechzehnmal gedruckt, zumeist in Nürnberg und Augsburg (vgl. BORDA 2007), sein ‚Pomerium sermonum de sanctis e tempore' (eine dreiteilige Sammlung von insgesamt 543 Predigten in der Anordnung des ‚Missale Romanum') sogar über zwanzigmal. Im Zentrum seiner Predigten stehen die Begriffe der ‚Gerechtigkeit' und der ‚Barmherzigkeit'. Auch Pelbarts ‚Aureum Rosarium Theologiae', ein von Oswaldus de Lasko vollendetes vierbändiges theologisches Werk nach der Art eines Sentenzenkommentars, bei dem er sich ausdrücklich auf Thomas von Aquin und Bonaventura beruft, wurde zuerst auf Vermittlung des Augsburger Buchhändlers Johann Rynman gedruckt und erfuhr dann mehrere Auflagen in internationalen Druckereien. In Bd. 2 des ‚Rosariums' stellt Pelbartus zahlreiche ung. Wörter als Verständnishilfe neben den lat. Text. Er zeigt damit ein frühes Verständnis für die Wichtigkeit der Verwendung der Volkssprache. Dasselbe Verfahren verwandte er auch in seiner 1504 (post mortem) erschienenen ‚Expositio compendiosa et familiaris'.

(2) Oswaldus (um 1450–1511) aus dem ung. Laskó ist 1474 als Student in Wien bezeugt, bevor er 1493 Aufseher des Franziskanerklosters in Szalárd (KERTÉSZ 2009, S. 67) und 1495–97 Aufseher des Franziskanerklosters von P. wurde. In den folgenden Jahren übernahm er mehrfach das Vikariat der ung. Franziskanerprovinz mit Sitz im St. Johannes-Kloster in Buda. 1499 verfasste er die ‚Constitutiones Fratrum Minorum', das Statut der Franziskanerobservanten, und eventuell auch einen Teil der Ordenschronik (SPEKNER 1991, S. 321). Außerdem sind von ihm zwei Sammlungen von Musterpredigten erhalten, die er im P.er Konvent verfasst hat (KERTÉSZ 2009, S. 69–71): die dreiteilige Sammlung der ‚Sermones Biga salutis' (insges. 280 Predigten, mit einem Anhang von 88 *exempla sive miracula* für den Predigtgebrauch, ab 1497 siebenfach gedruckt, stets ohne Verfasserangabe) und die ‚Gcmma fidei' (bestehend aus 71 Predigten, 1507 anonym gedruckt). In seinen Predigten reflektiert er über die göttliche Glorie und bringt einen ausgeprägten Dienstgedanken zum Ausdruck. Für seine Predigten über die ung. Heiligen griff er auch auf historiographische Quellen zurück, u. a. auf die ‚Chronica Hungarorum' des Johannes Thurocz (KERTÉSZ 2009, S. 72). Oswaldus de Lasko verfasste auch eine Vita des Hl. Johannes Capistrano, die nie gedruckt wurde und heute als verschollen gilt.

Überlieferung. Die rege literarische Tätigkeit Pelbarts und Oswalds führt SPEKNER (1991, S. 320) auf eine reich ausgestattete Bibliothek der Franziskaner in O. zurück. Diese ist allerdings nicht erhalten, abgesehen von einzelnen Fragmenten, u. a. eines Graduale, die in der Bajza József-Bibliothek in Gyöngyös aufbewahrt werden (CSAPODI, Bd. 1, S. 360). CSAPODI (Bd. 2, S. 290) erwähnt einen ehemals im Besitz der Franziskanerbibliothek in Buda oder P. aufbewahrten Druck eines ‚Breviarium Romanum' aus dem Jahr 1513 und geht ansonsten davon aus, dass die Bibliothek des St. Johannes-Klosters neben den Werken Pelbarts v. a. theologische und hagiographische Werke frz. und ital. Autoren umfasste sowie ein Exemplar der ‚Gesta Romanorum' (CSAPODI, Bd. 3, S. 146f.).

Ausgabe. Temesvári Pelbárt és Laskai Osvát munkái, hg. v. L. BORDAI, 2004.

Literatur. Á. SZILÁDY, Temesvári Pelbárt élete és munkái, 1880; C. HORVÁTH, Pomerius, 1894, S. 12f.; DERS., A magyar irodalom története, 1899; L. KATONA, Temesvári Pelbárt példái, 1902; K. TIMÁR, Laskai Osvát és a bibliográfia, Magyar Könyvszemle NF. 18 (1910), S. 122–153; Gy. P. SZABÓ, Ferencrendiek a magyar történelemben. Adalékok a magyar ferencrendiek történetéhez, 1921; J. KARÁCSONYI, Szt. Ferenc rendjének története Magyarországon 1711-ig, Bd. 1 u. 2, 1922/1924; J. P. ESZTERLE, Mikor jöttek a ferencesek Magyarországba és hol épült első kolostoruk?, 1925; J. GYÖRGY OFM, A ferencrendiek élete és működése Erdélyben, 1930, S. 25–30; R. HORVÁTH, Laskai Ozsvát, 1932; B. M. K. HOSZTÁK, Temesvári Pelbárt és irodalmi munkássága, Magyar Irodalmi Dolgozatok (1941), S. 7–32; Cs. CSAPODI/K. CSAPODINÉ GÁRDONYI, Bibliotheca Hungarica. Kódexek és nyomtatott könyvek Magyarországon 1526 előtt, 3 Bde,

1988–1994; K. MAGYAR, Buda im 13. Jahrhundert, in: Budapest im Mittelalter, hg. v. G. BIEGEL, 1991, S. 153–184; A. VÉGH/J. ZÁDOR, Topographie und Architektur der Stadt Buda im Spätmittelalter, ebd., S. 292–314; G. ADRIÁNYI, Art. Pelbárt von Temesvár, BBKL 7 (1994), Sp. 174–178; L. BORDA, Über die Inkunabelausgaben von Pelbartus de Themeswars ‚Stellarium', Gutenberg-Jahrbuch 82 (2007), S. 97–100; B. KERTÉSZ, Two Hungarian Friars Minor (Franciscian Observants) in the late middle ages: Pelbart de Temesvár and Oswald de Lasko, in: Infima aetas Pannonica. Studies in late medieval Hungarian history, hg. v. P. E. Kovács/K. SZOVÁK, 2009, S. 60–78.

CORA DIETL/GYÖNGYI SÁNDOR

B.3 Karmeliter

Patr.: Barmherzige Gottesmutter — gegr.: 2. Hf. 14. Jh.

Geschichte. Ludwig I. der Große, unter dem auch die Ansiedlung der Karmeliter in → Fünfkirchen erfolgte, förderte mit päpstlichem Einverständnis die Errichtung des Konvents in O. durch eine Schenkungsurkunde, die dem Orden 1372 ein zentrales Grundstück in der Stadt zuwies (vgl. REGÉNYI, S. 41f.). Ab 1411 Teil der böhm. Ordensprovinz der Karmeliter, gelangte der Konvent nach der Auflösung der Provinz im Jahr 1440 unter die Leitung der oberdt. Provinz (vgl. DECKERT, S. 35). Der Bedeutung des Konvents für die Karmeliter im Königreich Ungarn entsprach eine vergleichsweise rege Bautätigkeit im Kloster (REGÉNYI, S. 43); die von Michael Olvasógyártho gestiftete Anna-Kapelle wurde vielleicht bereits in der ersten Hf. des 15. Jh.s dem Verantwortungsbereich des Ordens übertragen, auch wenn ihre Zugehörigkeit zum Karmeliterorden erst 1515 belegt ist. Der Wohlstand des Konvents hielt sich bis ins 16. Jh.

Autoren/Werke. (1) **Johannes Carpentarius** war von 1463 bis 1472 Prior und Vicarius Hungariae im Karmeliterkloster in O. Von dort aus ging er nach Augsburg, wo er 1473–90 Provinzial war. Er starb 1491. Seine kirchenhistorisch bedeutenden Werke sind erst in Bayern entstanden.

Der vermutlich in Krakau (PL) (DECKERT/ HÖSLER, S. 6) geborene **(2) Andreas Stoß** (um 1480–1540), Sohn des Nürnberger Bildschnitzers Veit Stoß, trat 1496 in Nürnberg in den Karmeliterorden ein. Nachdem er dort sein Noviziat verbracht hatte, immatrikulierte er sich 1502 in Krakau für das Studium der Artes und 1508 für das Studium der Theologie an der Universität Wien. Bereits 1513 war er Prior der Karmeliter in O., von wo aus er 1517 den Grad des Doktors in Kirchenrecht der Universität Ingolstadt erwarb. Im Jahr 1520 wurde er zum Prior des Karmeliterklosters in Nürnberg berufen. Hier bekämpfte er vehement die lutherische Lehre, was ihm 1525 den Stadtverweis, 1528 die Berufung zum Prior von Bamberg und schließlich den Aufstieg zum Provinzial einbrachte. Als solcher zeichnete er ab 1534 die ‚Acta' der Ordensprovinz auf, die ihn zu einer kirchenhistoriographisch bedeutenden Gestalt machen. Nach Ungarn kehrte er aber nach 1520 nicht mehr zurück.

Ausgabe. Acta des Karmelitenprovinzials Andreas Stoß (1534–1538), hg. v. A. DECKERT/M. HÖSLER, 1995.

Literatur. A. DECKERT, Die oberdeutsche Provinz der Karmeliten nach den Akten ihrer Kapitel von 1421 bis 1529, 1961; A. KUBINYI, Die Anfänge Ofens, 1972; C. MACHAT, Veit Stoß. Ein deutscher Künstler zwischen Nürnberg und Krakau, 1998; K. M. REGÉNYI, Die ungarischen Konvente der oberdeutschen Karmelitenprovinz im Mittelalter, 2001.

CORA DIETL/MARY-JANE WÜRKER

B.4 Klarissen

Patr.: Hl. Maria — Gegr.: 1. H. 14. Jh.

Geschichte. Als Ludwig der Große (1342–82) beschloss, den königlichen Hof auf den Burgberg von O. zu verlegen, schenkte er dabei die Obudaer Burg seiner Mutter Elisabeth, Gemahlin des Königs Karl Robert von Anjou. Sie ließ unweit davon ein Klarissenkloster errichten. Im Jahre 1334 wurde von Papst Johannes XXII. die Erlaubnis erteilt, *in oppido Bude* (zu Ehren Klaras) *cum ecclesia, cimiterio, dominibus et aliis officinis necessariis* dieses Kloster zu gründen (THEINER, S. 601). Es wurde 1541 von den Osmanen zerstört.

Überlieferung. Der 199 Seiten starke ‚Nagyszombater Kodex' (Esztergom, FK, MSS III 178), benannt nach dem Auffindungsort Nagyszombat (Trnava, SK), wurde 1512–13 für die Altofener Klarissen kopiert. Der ung. Text beinhaltet u. a. die Übersetzung eines Teils der ‚Horologium sapientiae' von Heinrich Seuse und stellt damit ein frühes Zeugnis der Seuse-Rezeption in Ungarn dar (T. BALOGH, S. 184).

Ausgabe. Nagyszombati Kódex, hg. v. Cs. T. SZABÓ, 2000.

Literatur. A. THEINER, Vetera monumenta historica Hungariam sacram illustrantia, Bd. 1 (1216–1352), 1859; J. ALTMAN/H. BERTALAN, Óbuda im Spätmittelalter, in: Budapest im Mittelalter, hg. v. G. BIEGEL, 1991, S. 185–200; T. BALOGH: Das ‚Horologium sapientiae' als *allegoria in factis,* Magyar Könyvszemle 110/2 (1994), S. 184–87; C. JÄGGI, Frauenklöster im Spätmittelalter. Die Kirchen der Klarissen und Dominikanerinnen im 13. und 14. Jahrhundert, 2006.

MICHAEL SCHURK/ANDRÁS F. BALOGH

C. Spitäler

Spital an der Pfarrkirche St. Elisabeth

Patr.: St. Elisabeth — gegr.: 1. Hf. 15. Jh.

Im ‚Kreinfeld' oder *minor Pest* genannten Siedlungsgebiet, das 1225 erstmals urkundlich erwähnt ist, befand sich die Kirche und Pfarre St. Elisabeth. Gemäß einem am 30. 1. 1429 im Auftrag König Sigismunds an die Stadt → Ödenburg adressierten Schreiben (Sopron, SL, Dl. 783), welches der Schreiber Martin Hoenauer in dt. Sprache ausstellte, wurde der Bau des *newen spitals czu Ofen pey Sant Elsbeth* (HÁZI, S. 377) in der ersten Hf. des 15. Jh.s initiiert. Sigismund forderte ausstehende Zahlungen der Stadt Ödenburg ein, um damit die Fertigstellung des Spitals zu finanzieren.

Ausgabe. Sopron szabad királyi város története, hg. v. J. Házi, Bd. 1,2: Oklevelek és levelek 1407–1429, 1923, Nr. 442.

Literatur. A. Kubinyi, Die Anfänge Ofens, 1972.

Mary-Jane Würker

D. Geistliche Bruderschaften

Corpus Christi-Bruderschaft

Die *fraternitas* oder *cecha Corporis Christi* war wie in den meisten ung. Städten eine Vereinigung der städtischen Oberschicht. Unter ihren Vorstehern finden sich daher Ratsherren und Stadtschreiber, wie z. B. im Jahr 1467 → Konrad Wann. In O. war die Bruderschaft an die → Liebfrauenkirche der dt. Gemeinde gebunden, die ihrerseits dem Stadtrat untergeordnet war. Gegenüber dieser Kirche übte die Bruderschaft eine Schutzfunktion aus. Als 1436 der ung. Jurist und Gelehrte György mit einer Gruppe verbündeter Ungarn versuchte, die Liebfrauenkirche der ung. Pfarrkirche St. Maria Magdalena unterzuordnen, nahm die Corpus-Christi-Bruderschaft die Kleinodien der Kirche in Verwahrung (Bratislava, AMB, Urk. Nr. 1441, vgl. Kubinyi 1991, S. 27), bis ein Schiedsgericht die Gefahr abgewendet hatte.

Literatur. A. Kubinyi, Die Anfänge Ofens, 1972; ders., Buda. Die mittelalterliche Hauptstadt Ungarns. Eine deutsch-ungarische Stadt in Ostmitteleuropa, in: Budapest im Mittelalter, hg. v. G. Biegel, 1991, S. 15–41.

Cora Dietl

E. Burg
1249–1314, 1347–1355 und ab 1406/08

Zwischen 1243 und 1255 ließ Béla IV. eine mit Mauern umgebene Siedlung samt Burg auf dem bis dato kaum besiedelten Altofener Berg errichten. Dort sollten sich nach der Zerstörung P.s auch die privilegierten *hospites* niederlassen (vgl. Hauszmann, S. 7; Alföldy, S. 4). Umstritten ist, ob die unter Béla IV. erbaute Burg ausdrücklich als Königsresidenz fungieren sollte, da erst die unter König Stephan V. (1270–72) oder Ladislaus IV. (1272–90) ausgestellten Urkunden deutliche Evidenz für die zumindest temporäre Funktion der Burg als Königsresidenz liefern.

Karl I. (1308–42) verlagerte seinen Hof in Reaktion auf innenpolitische Konflikte 1315 ins östliche → Temeswar (RO). Er bezeichnete die O.er Burg zwar ausdrücklich als *civitas principalis*, verlegte aber auch nach überwundener Krise seine Residenz nicht mehr dorthin zurück, sondern bevorzugte die Burg in → Plintenburg. Auch Ludwig I., der ab 1347 in O. residierte und größere Umbauten am südlichen Burgkomplex vornehmen ließ, zog im September 1355 aus ungeklärten Gründen zurück nach Plintenburg (vgl. Alföldy, S. 5). Dagegen unterzog König Sigismund (1387–1437) die Burg umfangreichen Umbauten, um insbesondere nach seiner Wahl zum Kaiser des Heiligen Römischen Reichs eine „repräsentative Herrscherresidenz europäischen Formats" (Alföldy, S. 8) vorweisen zu können. Die Veränderungen des Gebäudekerns wie auch der beachtliche Ausbau der Nordseite des Burgkomplexes wurden von zahlreichen Zeitgenossen, darunter dem dt. Humanisten Caspar Ursinus Velius, gelobt.

Die Königsresidenz konnte nach Abschluss der Arbeiten zwischen 1406 und 1408 aus Plintenburg zurück nach O. versetzt werden. Obwohl König Sigismund wegen der geringeren Distanz von Wien längere Zeit in Pressburg (SK) residierte, avancierte O. schließlich zur endgültigen Residenz der zentralen Behörden (vgl. Engel, S. 372). Unter König Matthias Corvinus (1458–90) wurde die Burg erneut umfassend modifiziert und, v. a. bedingt durch den Einfluss seiner zweiten Frau Beatrix von Aragon, dem aktuellen Renaissance-Stil angepasst (vgl. Alföldy, S. 10). Als am 29. 8. 1526 das türkische Heer unter Sultan Süleyman I.

bei der Schlacht von → Mohács das von König Ludwig II. (1516–26) angeführte ung. Heer schlug, endete auch die Glanzzeit der O.er Burg, die unter der Herrschaft der Türken kontinuierlich vernachlässigt, von westlichen Anstürmen nachhaltig beschädigt und durch Schießpulverexplosionen bis 1686 weitreichend zerstört wurde.

Eine Beschreibung der mittelalterlichen Burganlage liefert die Chronik des ital. Geschichtsschreibers Antonio Bonfini ‚Rerum Hungaricarum Decades'; einen bildlichen Eindruck von der Burg vermittelt zudem die 1493 in Nürnberg erschienene ‚Schedelsche Weltchronik' (Bild 69).

Literatur. A. HAUSZMANN, A magyar királyi vár, 1912; P. ENGEL, Beilleszkedés Európába a kezdetektől 1440-ig, 1990; G. ALFÖLDY u. a., Die Jahrhunderte des königlichen Palastes in der Burg von Buda, 2000; I. TAKÁCS, Königshof und Hofkunst in Ungarn in der späten Anjouzeit, in: Sigismundus Rex et Imperator. Kunst und Kultur zur Zeit Sigismunds von Luxemburg 1387–1437, hg. v. DEMS., 2006, S. 68–86.

MARY-JANE WÜRKER

E.1 Hof König Bélas IV.

1235–1270

Geschichte. Der 1206 geborene und aus dem Haus der Arpaden stammende Béla IV. (November 1206–3. 5. 1270) wurde bereits 1214 zum *rex iunior* erhoben und am 14. 10. 1235 zum ung. König gekrönt. Unter ihm kam es zu einer dt. Besiedlung von O. und P. (1217) sowie von → Stuhlweißenburg, → Gran und → Raab nach dem Mongoleneinfall (GREUL, S. 544). Béla heiratete 1220 (nach HAUSZMANN, S. 64; 1222 nach BOGYAY, Sp. 1833) Maria Laskaris, die Tochter des byzantinischen Kaisers Theodor I. Laskaris (1204–22/Nikaia), was seinen Versuch, gleichzeitig von den Verbindungen mit dem Osten und dem Westen zu profitieren, verdeutlicht. Seine konservative Politik sah eine radikale Besitzrestauration vor, die eine Wiederherstellung der Besitzverhältnisse wie unter Béla III. anstrebte. Auf Protest stieß er mit dieser Politik sowohl bei den Magnaten, die er mit der Rücknahme der Schenkungen seines Vaters Andreas II. verärgerte, als auch bei Papst Gregor IX., der ihm 1236 eine schriftliche Abmahnung schickte. 1239 nahm Béla die vor den Mongolen fliehenden Kumanen in Ungarn auf, von denen er sich eine Stärkung seiner Militärmacht erhoffte. Diese verließen das Land jedoch nach der Ermordung ihres Anführers Kuthen wieder. Mit dem Einfall der Mongolen in Ungarn 1241 floh Béla aus P. Seine Bemühungen, Unterstützung europäischer Mächte für Ungarn zu gewinnen, blieben erfolglos. Nach dem Rückzug der Mongolen 1242 begann der Wiederaufbau des Landes: Béla unterstützte Befestigungen von Städten und verlieh in Form einer umfangreichen Städtepolitik städtische Freiheiten und weitgehende Privilegien (vgl. HAUSZMANN, S. 65). Zudem förderte er den privaten Burgenbau durch Schenkungen. 1247 begann er mit dem bereits 1243 in die Wege geleiteten Bau der O.er Burg. Er begünstigte darüber hinaus den Handel und das Handwerk, was die Ansiedlung von u. a. dt. Siedlern steigerte. Außerdem gelang es ihm, die 1242 von Herzog Friedrich II. besetzten Gebiete zurückzugewinnen und die Kumanen zurück ins Land zu holen. 1262 traf er mit seinem Sohn Stephan nach heftigen Streitigkeiten ein Abkommen, mit dem Ergebnis, dass die westliche Hf. des Landes in Bélas Besitz blieb, die östliche Hf. jedoch Stephan zufiel.

Urkunden. Das 1244 von König Béla IV. ausgestellte ‚**Ofener Privileg**' galt primär den dt. Kaufleuten von P. (vgl. MOLDT, S. 14). Der Wortwahl der Urkunde ist zu entnehmen, dass die Privilegien nicht zum ersten Mal vergeben wurden. In der Urkunde wird das Verhältnis der Sachsen zum König geregelt; Béla befreit sie von kirchlichen Abgaben und Abgaben für Salz, abgesehen vom Dreißigsten, dem königlichen Zoll. Den *hospites* wird das alleinige Recht des Grundstück- und Häusererwerbs zugesprochen, verbunden mit einer Verpflichtung, dort den Wohnsitz einzunehmen. Gewährt wird zudem das Recht der Wahl von Pfarrer und Oberen sowie der weltlichen Justiz. Grundsätzlich wird ein Gewaltverzicht verordnet; der Zweikampf wird ausdrücklich verboten. Die Urkunde wurde von Béla IV. mit einer Goldenen Bulle versehen (nicht zu verwechseln mit der Goldenen Bulle von 1222, die wegweisend für das ‚Andreanum' war, → Provinz Hermannstadt, RO) und bezeugt. In den Hss. des → O.er Stadtrechts aus dem 15. Jh. wird mehrfach auf die Goldene Bulle verwiesen, was die große Bedeutung derselben bezeugt.

Literatur. J. M. BAK, Art. Béla IV., BLGS 1 (1974), S. 174–176; A. KUBINYI, Zur Frage der deutschen Siedlungen im mittleren Teil des Königreichs Ungarn (1200–1541), in: Die deutsche Ostsiedlung des Mittelalters als Problem der europäischen Geschichte, hg. v. W. SCHLESINGER, 1975; T. V. BOGYAY, Art. Béla IV., Kg. v. Ungarn, LexMA 1 (1980), Sp. 1833f.; GY. KRISTÓ, Die Arpadendynastie. Die Geschichte Ungarns von 895 bis 1301, 1993; H. ZIMMERMANN, Die deutsche Südostsiedlung im Mittelalter, 1995; J. HAUSZMANN, Ungarn. Vom Mittelalter bis zur Gegenwart, 2004; D. MOLDT, Deutsche Stadtrechte im mittelalterlichen Siebenbürgen, 2009; C. GREUL, Deutsche Kanzleisprache in Ungarn, in: Kanzleisprachenforschung. Ein internationales Handbuch, hg. v. A. GREULE u. a., 2012, S. 543–555.

ANNA-LENA LIEBERMANN

E.2 Hof König Andreas' III.

1290–1301

Geschichte. Der letzte Arpadenkönig Ungarns (um 1265–14.1.1301), Sohn Stephans V. und der venezianischen Patriziertochter Thomasina Morosini, erhielt seine Erziehung am venezianischen Hof. Die Wahl zum König und die Krönung in → Stuhlweißenburg erfolgten am 13.7.1290; im selben Jahr ehelichte er die poln. Fürstentochter Fenena von Kujawien (1276–95). Der Krieg, den Andreas III. gegen Österreich führte, gipfelte 1291 in einem Feldzug des Königs zur Rückeroberung der von Herzog Albrecht besetzten Gebiete und endete in der Aufgabe Andreas' III. kurz vor seinem Sieg und einem Freundschafts- und Beistandspakt, dem Hainburger Frieden (vgl. KRISTÓ, S. 250). Um den Frieden u. a. gegenüber den übermächtigen Herren von → Güns zu sichern, versuchte Andreas Unterstützung durch die Kirche und den Kleinadel zu gewinnen. 1296 ehelichte er Albrechts Tochter Agnes von Österreich; 1298 verlobte er seine Tochter Elisabeth von Töss (ca. 1292–1336) mit dem Sohn König Wenzels II. (1283–1305) von Böhmen. Die Thronstreitigkeiten dauerten an und erlangten eine neue Dimension, als sich Papst Bonifaz III. explizit für die legitime Regentschaft der Anjous aussprach.

Autoren/Werke. Mit der Verleihung des **(1) Adelsprivileg**s vom 22.2.1291 kam Andreas III. der zu seiner Zeit bereits etablierten dt. Bevölkerung im ung. Reich entgegen (Urk. Nr. 242; Budapest, MOL, DL 30586, Beglaubigung durch das → Weißenburger Kapitel [RO], Urk. Nr. 258). Das Adelsprivileg diente der Machtbalancierung. Da die adligen Siebenbürger Sachsen bereits einen rechtlichen Sonderstatus genossen und „nach der Weise des Adels" lebten, wurden sie nun offiziell mit Adelsrechten ausgestattet (vgl. HELBIG, S. 517). Zugleich verbriefte Andreas die Freiheitsrechte der Adligen, befreite sie von allen Steuern, der Einquartierungspflicht und vom Kriegsdienst mit Ausnahme von Verteidigungskriegen (vgl. KRISTÓ, S. 247). Zudem stärkte er das Mitbestimmungsrecht der Adligen in allen Regierungsangelegenheiten (vgl. HAUSZMANN, S. 73).

Ob der aus der Dienstadelsfamilie der Herren von Strettweg stammende **(2) Ottokar** (ca. 1260/65–27.9. zwischen 1319 und 1321) tatsächlich in Ungarn weilte und somit ein authentisches historiographisches Werk schuf, das u. a. ausgewählte Stationen der ung. Geschichte unter Andreas III. integriert, ist bislang weder eindeutig be- noch widerlegbar. Ottokar, 1287 erstmals urkundlich erwähnt, genoss seine Ausbildung vermutlich in Kreisen des hohen steirischen Landadels, wie WEINACHT vermutet. Ebenso vermutet er ihn als fahrenden Sänger zwischen 1287 und 1297, was er aus der Tatsache fehlender Urkunden aus dieser Zeit schließt. Zusammenfassend behandelt Ottokars in vier Teile gegliederte ‚Steirische Reimchronik', in acht unvollständigen Hss. überliefert, die Reichsgeschichte und die Landesgeschichte Österreichs, der Steiermark und ihrer Nachbarländer der Jahre 1246–1306 (vgl. WEINACHT, Sp. 238–245). Der Verfasser widmet sich darin auch der Frage von Andreas' Abstammung (V. 39968–73). Er beschreibt einen negativen Charakter des Königs, der sich durch Hoffart (V. 40382–88), *unkiusche* (V. 74463), *überhuor* (V. 78027) und *trunkenheit* (V. 78027) auszeichne. Darüber hinaus schildert er den Aufenthalt des Königs am Habsburger Hof, den Belehnungsakt (V. 41335–48) und Andreas' Tod durch Vergiftung (V. 78328) durch den Grafen Dominicus und den Herren Diometrius (vgl. RADEK, S. 232–235). Laut MAJOROS verfasste Ottokar auch einen Augenzeugenbericht über die Krönung Andreas' III. in → Stuhlweißenburg (MAJOROS, S. 156).

Ausgabe. Ottokars Österreichische Reimchronik, nach den Abschriften F. LICHTENSTEINS hg. v. J. SEEMÜLLER, 1890 und 1893; Urkundenbuch zur Geschichte der Deutschen in Siebenbürgen, Bd. 1, 2007.

Literatur. J. M. BAK, Art. Andreas III., BLGS 1 (1974), S. 71; H. HELBIG, Die ungarische Gesetzgebung des 13. Jahrhunderts und die Deutschen, in: Die deutsche Ostsiedlung des Mittelalters als Problem der europäischen Geschichte, hg. v. W. SCHLESINGER, 1975, S. 509–526; H. WEINACHT, Art. Ottokar von Steiermark (O. aus der Geul), ²VL 7 (1989), Sp. 238–245; GY. KRISTÓ, Die Arpadendynastie. Die Geschichte Ungarns von 895–1301, 1993; G. VARGA, Ungarn und das Reich vom 10. bis zum 13. Jahrhundert. Das Herrscherhaus der Árpáden zwischen Anlehnung und Emanzipation, 2003; J. HAUSZMANN, Ungarn. Vom Mittelalter bis zur Gegenwart, 2004; A. VIZKELETY, Die deutsche Sprache und das deutsche Schrifttum im ungarischen Mittelalter, in: The Development of Literate Mentalities, hg. v. A. ADAMSKA/M. MOSTERT, 2004, S. 277–287; F. MAJOROS, Geschichte Ungarns. Nation unter der Stephanskrone, 2008; T. RADEK, Das Ungarnbild in der deutschsprachigen Historiographie des Mittelalters, 2008.

ANNA-LENA LIEBERMANN

E.3 Hof König Karls I.

1308–1315, 1315–1322 in → Temeswar (RO), 1323–1342 in → Plintenburg

Geschichte. Karl I. Robert, ung. Károly Róbert, wurde 1288 als Sohn Karls Martell von Anjou und Klementias von Habsburg geboren. Als Sprössling des frz.-neapolitanischen Hauses Anjou läutete die Krönung Karls I. im Jahr 1301 in → Gran ein Herrschaftsparadigma ein, durch das die Herrschaft der Arpaden beendet wurde. Aufgrund von Thronfolgestreitigkeiten bestieg Karl I. den Thron hingegen erst nach dem Tode Wenzels III. von Böhmen, dem Rücktritt Ottos von Bayern und der Wahl durch den ung. Reichstag am 10.10.1307. Trotz fortwährender Interessenkonflikte mit den ung. Magnaten gelang Karl I. die wirtschaftliche Stabilisierung des Königtums auf Grundlage von Währungsreformen und gewerbe- sowie handelstechnischen Intensivierungsmaßnahmen (vgl. SOLYMOSI, S. 372). Im verwaltungstechnischen Betrieb brachte der in seine Regierungszeit fallende Übergang von Pergament auf Papier einen enormen Zuwachs an administrativen Urkunden.

Urkunden. Das unter König Karl I. in dt. Sprache abgefasste ‚**Freythumb**' (1312, Budapest, MOL 203), ein Privileg für die dt.-sprachigen Bewohner der Zips, bezeugt den wachsenden Status der in die oberung. Region eingewanderten *hospites*. In Bestätigung der bereits durch König Stephan V. im Jahr 1271 verliehenen Freiheiten regelt das ‚Freythumb' insbesondere die Abgabe des Jahreszinses (FEJÉR, S. 435) und die Heeresfolge, zudem gewährt es den *hospites* die eigene Gerichtsbarkeit und die freie Pfarr- und Richterwahl (FEJÉR, S. 436; vgl. GRESZL, S. 21). Es bezieht sich auf nicht weniger als vierundzwanzig Ortschaften, die sich 1298 zum Zipser Bund zusammengeschlossen hatten und als „geschlossene politische Einheit" (PUKÁNSZKY, S. 21) offiziell anerkannt wurden. Die Auflösung des Zipser Bundes durch die Verpfändung von dreizehn Zipser Städten 1412 und drei weiterer zu späterer Zeit an Polen ist laut PUKÁNSZKY von der früheren Forschung überbewertet worden, da sich die „Zusammengehörigkeit der Städte" wie auch die dt. Kultur lange Zeit erhalten konnten (PUKÁNSZKY, S. 22; vgl. GRESZL, S. 22).

Ausgabe. Codex diplomaticus Hungaria ecclesiasticus ac civilis, Bd. 8, Ausgabe 1, hg. v. G. FEJÉR, 1832, S. 435–439.

Literatur. F. GRESZL, Tausend Jahre deutsches Leben im Karpatenraum, 1971; L. SOLYMOSI, Art. Karl I., BLGS 2 (1976), S. 371–371; B. PUKÁNSZKY, Geschichte des deutschen Schrifttums, Bd. 1, 1931.

MARY-JANE WÜRKER

E.4 Hof König Ludwigs I.

1347–1355, vorher (1342–47) und nachher (1347–82) in → Plintenburg

Geschichte. Ludwig I. der Große wurde 1326 geboren und regierte Ungarn von 1342 bis zu seinem Tod 1382; den poln. Thron bestieg er 1370 (vgl. GAWLAS, Sp. 2190). Wie bereits sein Vater Karl I. betrieb der Anjou-König eine Außenpolitik, die „in alle vier Himmelsrichtungen" (ZSOLDOS, S. 124) ausstrahlte und v. a. wirtschaftliche und missionarische Interessen verfolgte. Ludwig bemühte sich trotz zwischenzeitlicher Differenzen um ein gutes Verhältnis mit den Luxemburgern und Habsburgern. Seine Tochter Maria wurde mit Sigismund, dem Sohn Kaiser Karls IV., verheiratet, seine Tochter Hedwig zuerst mit Wilhelm von Habsburg, dem Sohn Herzog Leopolds III. (vgl. DE FERDINANDY, S. 75) verlobt, später mit Jogaila, Großfürst von Litauen. Hierdurch ermöglichte Ludwig I. die spätere dt.-ung. Personalunion Kaiser Sigismunds. Unter Ludwig I. entwickelte sich O. endgültig zur Hauptstadt, auch wenn er zwischenzeitlich in → Plintenburg residierte. Der König stiftete u. a. die → Georgskirche im dt. Teil der Hauptstadt und förderte die Ansiedlung von Nürnberger Händlern und Handwerkern in der Taschentaler Vorstadt, in der 1372 auch ein Karmeliterkloster erbaut wurde (vgl. KUBINYI, S. 43–45). Das Wiener Recht hatte in dieser Zeit einen starken Einfluss auf das Stadtrecht O.s, v. a. im wirtschaftlichen Bereich. O. entwickelte sich im 14. Jh. zudem zum „Hauptort historiographischer Tätigkeit" (KERSKEN, S. 656): Neben der Biographie Ludwigs entstanden auch zahlreiche Redaktionen der ung. Chronik, darunter die lat. Reimchronik des Heinrich von Mügeln.

Literatur. M. DE FERDINANDY, Ludwig I. von Ungarn (1342–1382), Südost-Forschung 31 (1972), S. 41–80; A. KUBINYI, Die Anfänge Ofens, 1972; S. GAWLAS, Art. Ludwig I. der Große, LexMA 5 (1991), Sp. 2190f.; N. KERSKEN, Geschichtsschreibung im Europa der *nationes*: Nationalgeschichtliche Gesamtdarstellung im Mittelalter, 1995; A. ZSOLDOS, Das Königreich Ungarn im Mittelalter (950–1382), in: Geschichte Ungarns, hg. v. I. G. TÓTH, 2005, S. 47–144.

CLAUDIA ANSORGE

Autoren/Werke. Der österr. Dichter **(1) Peter Suchenwirt**, Verfasser von mindestens 52 Gedichten (BRINKER, Sp. 484) in der Zeit zwischen 1347/49 und 1395, stand spätestens in den 1450er Jahren zeitweise im Dienste Ludwigs I. von Ungarn (am Hof in → Plintenburg oder eher in O.), zeitweise in dem Markgraf Ludwigs von Brandenburg. Ab 1377 ist er in Wien bezeugt (vgl. ebd., Sp. 482).

Ein als ‚Von König Ludwig von Ungerland' (1356/67) betiteltes Preisgedicht Suchenwirts in geblümter Rede lobt Ludwig als einen Herrscher, der eine prächtige Ritterschaft an seinem Hof versammle und sich besonders freigebig zeige (V. 49f.), was wohl auch als indirekte Bitte um eine Förderung des Dichters zu verstehen ist. Das Sprecher-Ich erklärt bedauernd, dass es nicht alles über Ludwig wisse, dass es aber gerne auch die bestverborgenen Dokumente nach seinen Taten durchforsten möchte (V. 64–69). Ob dies als ein Hinweis auf eine Abwesenheit oder nur kurze Aufenthaltszeit des Dichters vom bzw. am Hof Ludwigs oder auf die Abwesenheit des Königs von O. zu deuten ist, ist ungewiss. Das Sprecher-Ich jedenfalls deutet eine ung. Innenperspektive an, wenn es vom Ruf Ludwigs spricht, der sich in *vrömden landen* (V. 87) und *in di lande weit* (V. 165) verbreite, wo man überall den Schlachtruf Ludwigs kenne (V. 207f.). Diese *lande* scheinen die der Gegner Ludwigs zu sein; erwähnt werden die Feldzüge und Schlachten Ludwigs in Raszien, Reußen, Litauen, Preußen, Dalmatien, Kroatien, Apulien, der Lombardei und Serbien, vor Zadar und Trevisio in den Zeiten um 1345 sowie 1354–56 (vgl. PRIMISSER, S. 173, 186). Vielleicht hat sich Suchenwirt in diesen Jahren am ung. Königshof aufgehalten.

Suchenwirts Ehrenrede ,Von Graff Ulreichen von Tzili' (1368/69) auf den 1368 verstorbenen Ulrich I. von Cilli (1331–68) mit Sitz im Celje (SI) könnte eventuell ebenfalls im Auftrag Ludwigs entstanden sein, da insbesondere die Kriegstaten Ulrichs hervorgehoben werden, die er im Dienste Ludwigs tätigte, und da im Text die Erben Ulrichs, die als Förderer des Gedichts in Frage kommen könnten, unerwähnt bleiben.

Ausgabe. Peter Suchenwirt's Werke aus dem 14. Jahrhunderte, hg. v. A. PRIMISSER, 1827 (Nachdr. 1961).

Literatur. C. BRINKER VON DER HEYDE, Art. Suchenwirt, Peter, ²VL 4 (1995), Sp. 481–488; F. P. KNAPP, Die Literatur des Spätmittelalters in den Ländern Österreich, Steiermark, Kärnten, Salzburg und Tirol von 1273 bis 1439, 2. Halbband, 2004, S. 89–105.

CORA DIETL

Das auf 1358 datierte **(2) ‚Chronicon Pictum'** (Budapest, OSZK, Cod. Lat 404), welches die Geschichte Ungarns von den Anfängen (inklusive der Abstammungsmythen von Noah und von Aeneas) bis zu Karls I. Feldzug gegen Basarab im Jahr 1330 erzählt, gilt als die prächtigste illustrierte mittelalterliche Handschrift aus Ungarn. Die 72 Pergament- und (etwas neueren) 30 Papierblätter, in einer sehr akkuraten gotischen Minuskel zweispaltig beschrieben, sind mit insgesamt 147 Miniaturen und belebten Initialen sowie reichem Rankenschmuck ausgestattet. Die Chronik ist für Ludwig I. angelegt worden, den die Anfangsinitiale zeigt. Im Text wird insbesondere die Kontinuität der Herrscher Ungarns von Etzel über die Arpaden bis hin zu den Königen von Anjou hervorgehoben; besonderes Lob findet der Hl. Ladislaus, den Ludwig als sein besonderes Vorbild eines ritterlichen Königs feierte. Aus Notizen in einer Abschrift der Bilderchronik lässt sich schließen, dass Ludwig die Hs. Karl V. von Frankreich schenkte, evtl. anlässlich der Verlobung von Ludwigs I. Tochter Katharina mit Ludwig, dem zweiten Sohn Karls V. im Jahr 1374. Karl schenkte sie wohl 1456 Georg Brankovics, Despot von Serbien; 1462 war sie wieder in Ungarn, gelangte von dort in die Hofbibliothek in Wien (BARTONIEK, S. 365f.), von wo aus sie 1934 nach Budapest zurückerstattet wurde.

Als Autor des Chroniktextes, der noch in fünf nicht illustrierten Abschriften aus dem 15. Jh. vorliegt (Teleki-Codex, Budapest, MTAK, Cod. lat. 12; Csepreghy-Codex, Abschr., Târgu-Mureș, BTB, Fol. 1902; Béldi-Codex, Eger, FK; Thuróczy-Codex, Budapest, OSZK, Cod. Lat. 407), ist Mark von Kált vermutet worden; die Zuschreibung gilt allerdings heute als widerlegt (vgl. KARSAI), nicht zuletzt, da Mark von Kált wohl 1358 gestorben ist, also in dem Jahr, in welchem laut Prolog die Arbeit an der Chronik erst begonnen wurde. Ebenso unsicher ist auch die Identifizierung des Illustrators als Nikolaus, Sohn des Hofmalers Hertul (DERCSÉNYI, S. 22, 31). Als Quellen der

Chronik sind u.a. die ‚Gesta Hungarorum' des Anonymus, eine verlorene Geschichte der Hunnen aus dem 13. Jh., die ‚Chronik' des Simon von Kéza (1282–85) sowie die des Magister Ákos (1244–72), die verlorene Franziskanische Chronik von O. (um 1323–31), die ‚Historia Scholastica' des Petrus Comestor und der Bibelkommentar des Nikolaus von Lyra identifiziert worden (VESZPRÉMY, S. 19); als Vorlagen für die Miniaturen werden frz. Chroniken, Psalterien und Breviare, hagiographische Literatur und v. a. illustrierte Bibeln aus Bologna und Neapel vermutet (WEHLI, S. 38). DERCSÉNYI sieht einen unmittelbaren Einfluss des Texts der Chronik → Heinrichs von Mügeln auf die Illuminationen des ‚Chronicon Pictum', da einige Illustrationen (wie z. B. die zur Sage vom weißen Ross Árpáds) über das im lat. Text der Bilderchronik Beschriebene hinausgehen (vgl. DERCSÉNYI, S. 31). Der Illustrator müsste demnach über Deutschkenntnisse verfügt haben. Der Buchmaler scheint sich auch bei den Krönungsbräuchen und Familienverhältnissen der ung. Könige besser auszukennen als der Chronist (vgl. ebd., S. 35).

Ausgabe. Chronica Picta. Faksimile der Hs Clmae 404, hg. v. T. SZÁNTÓ, 1991.

Literatur. E. BARTONIEK, Codices manu scripti latini 1: Codices latini medii aevi, 1940; G. KARSAI, Névtelenség, névrejtés és szerzőnév középkori krónikáinkban, Századok 97 (1963), S. 666–677; D. DERCSÉNYI, Die Bilderchronik und ihre Zeit, in: Bilderchronik. Chronicon Pictum. Chronica de Gestis Hungarorum, hg. v. DEMS., übers. v. G. GOTTSCHILG, 1968, Bd. 2, S. 13–62; K. CSAPODI-GÁRDONYI, Schicksal und Beschreibung der Bilderchronik, ebd., S. 63–69; F. HERVAY, Quellen und Gliederung des Textes, ebd., S. 70–75; K. CSAPODI-GÁRDONYI, Beschreibung und Erläuterung der in der Bilderchronik erhaltenen Illustrationen, ebd., S. 76–92; L. VESZPRÉMY, The Illuminated Chronicle in the Library of the Nation, in: The Book of the Illuminated Chronicle, hg. v. L. VESZPRÉMY u. a., 2009, S. 11–35; T. WEHLI, The Illuminated Chronicle from the Point of View of Illumination, ebd., S. 37–193.

CORA DIETL

Die Lebensdaten des Dichters **(3) Heinrich von Mügeln**, dessen Schaffenszeit in die zweite Hf. des 14. Jh.s fällt, sind größtenteils unbekannt. Aus seinem Werk lässt sich schließen, dass er aus dem Meißnischen stammte, und Widmungen zeigen, dass er sowohl enge Beziehungen zum Prager und Wiener Hof als auch zum Hof Ludwigs I. von Ungarn pflegte. Der als Meistersinger bekannte Heinrich verfasste u. a. eine lat. und eine mhd. Ungarnchronik (vgl. STACKMANN, Sp. 816f.). Heinrichs mhd. Ungarnchronik ist in Prosa verfasst und erzählt in 73 Kapiteln die ung. Geschichte von der Sintflut bis zum Jahre 1333. Sie ist Rudolf IV. von Österreich gewidmet und wohl auch in seinem Umkreis entstanden. Die Forschung ist sich uneinig, ob sie eher zur Familie des ‚Chronicon Budense' oder der ‚Wiener Bilderchronik' gehört. Die mhd. Prosachronik ist in 10 Handschriften des 15. Jh.s, davon einmal fragmentarisch, überliefert. Von ihr abhängig ist die lat. Ungarnchronik, die in Strophenform verfasst ist. Diese ist lediglich in einer Sammelhandschrift des späten 14. Jh.s erhalten und liegt heute in Wien (Wien, ÖNB, Cod. 3352). Die lat. Reimchronik ist nur einmal fragmentarisch überliefert und bricht nach Kapitel 49 (d. h. im Jahr 1071/72) ab (vgl. KERSKEN, S. 682). Ob der Abbruch überlieferungs- oder produktionsbedingt ist, kann nicht mit Sicherheit geklärt werden. Die lat. Fassung ist König Ludwig I. von Ungarn gewidmet und vermutlich an dessen Hof entstanden. STACKMANN hält es für wahrscheinlich, dass die Chronik zwischen 1359 und 1362 verfasst wurde, „in einer Periode engerer politischer Bindungen zwischen Rudolf IV. und Ludwig I." (STACKMANN, Sp. 817). Der Verfasser nennt sich in seinem Werk nicht, doch benutzt er Meistersinger-Töne, die er als *nota mensurata auctoris* bezeichnet und die als Töne Heinrichs von Mügeln identifiziert wurden. Nach den Prologen (Kap. 1–4) behandelt ein erster inhaltlicher Schwerpunkt die Herkunft der Hunnen und deren Ausbreitung in Ungarn, Germanien und anderen Gebieten sowie das Leben und die Taten Attilas (Kap. 5–15). Weiterhin wird von der Landnahme der Ungarn, vom Aufstieg und Fall der Arpaden sowie vom Missionswerk des Heiligen Stephan I. (Kap. 16–32), danach von der Vertreibung Peters, vom Leben und Werk des Königs Sámuel Aba sowie vom Streit zwischen Béla I. und Andreas I. berichtet (Kap. 33–44). Die Reimchronik handelt, bevor sie abbricht, noch von König Salomon sowie von den Thronfolgestreitigkeiten zwischen Bélas Söhnen Géza I. und Ladislaus I. (Kap. 45–49). In der Darstellung sind zahlreiche Bezüge sowohl zum dt. Raum als auch zur dt. Literatur zu erkennen, weshalb die Forschung annimmt, dass es sich bei dem Verfasser der lat. Reimchronik tatsächlich um den mhd. Dichter Heinrich von Mügeln handelt.

Überlieferung. CSAPODI erwähnt neun Schriften aus Ludwigs Besitz, die heute nicht mehr erhalten sind, darunter theologische und religiöse Gebrauchsliteratur (u. a. den Genesis-Kommentar des Nikolaus von Lyra), hagiographische Literatur mit deutlichem Ungarn-Bezug (,Gesta S. Ladislai regis'; ,Historia de translatione Sancti Pauli Thebani'), die von Johannes de Küküllő verfasste ,Vita Ludovici regis', Chroniken (*Chronicae diversae veteres*), kriegstechnische und politische Literatur: Vegetius' ,De re militari' und eine Rede Petrarcas, die dieser vor König Ludwig gehalten hatte (vgl. CSAPODI, S. 69).

Ausgabe. Heinrich von Mügeln, Chronicon rhythmicum. Praefatus est, textum recensuit, annotationibus instruxit Alexander Domanovszky, in: Scriptores rerum Hungaricarum. tempore ducum regumque stirpis Arpadianae gestarum, Bd. 2, hg. v. E. SZENTPÉTERY, 1938, S. 225–272.

Literatur. W. WILMANNS, Ein lateinisches Gedicht Heinrichs von Müglin, ZfdA 14 (1869), S. 155–162; G. ROETHE, Heinrichs von Mügeln Ungarische Reimchronik, ZfdA NF 18 (1886), S. 345–350; J. HENNIG, Chronologie der Werke Heinrichs von Mügeln. Diss. 1972; K. STACKMANN, Art. Heinrich von Mügeln, ²VL 3 (1981), Sp. 815–827; Cs. CSAPODI/K. CSAPODINÉ GÁRDONYI, Bibliotheca Hungarica. Kódexek és nyomtatott könyvek Magyarországon 1526 előtt, Bd. 3, 1994; N. KERSKEN, Geschichtsschreibung im Europa der *nationes*: Nationalgeschichtliche Gesamtdarstellungen im Mittelalter, 1995.

CLAUDIA ANSORGE

E.5 Hof König Sigismunds
1387–1437

Geschichte. Sigismund von Luxemburg, Sohn des röm.-dt. Kaisers Karl IV. und Markgraf von Brandenburg (1378–1415), wurde 1385 mit Maria, der Tochter König Ludwigs I., die nach dem Tod ihres Vaters zur Königin von Ungarn gekrönt wurde, vermählt; am 31. 3. 1387 wurde er in → Stuhlweißenburg zum König von Ungarn gekrönt, nachdem Maria von Anhängern des (möglicherweise) ermordeten frz. Königs Karl VI. (vgl. DRASKÓCZY, S. 13), gefangen genommen worden war. Nach dem Tod Marias vermählte sich Sigismund 1405 mit Barbara von Cilli. Am 21. 7. 1411 wurde Sigismund zum dt. König gekrönt. Nicht zuletzt auf Initiative Sigismunds wurde das Konstanzer Konzil (1414–18) einberufen. Insbesondere die Überwindung des ,Abendländischen Schismas' und die Bekämpfung der Hussiten, die er bis zu seinem Tod verfolgte, waren Sigismunds Anliegen. Aufgrund der immer größer werdenden Türkengefahr berief Sigismund 1429 den Deutschen Ritterorden zur Verteidigung der Christen nach Ungarn und übergab das Grenzgebiet um Szörény dem Orden. Bereits 1432 nahm er das Gebiet wieder zurück, nachdem die Deutschordensritter eine schwere Niederlage erlitten hatten (vgl. DRASKÓCZY, S. 22). Am 31. 5. 1433 erfolgte in Rom die Krönung zum Kaiser des Heiligen Römischen Reiches durch Papst Eugen IV.

Als wichtigste Verdienste Sigismunds sind v. a. die Einheit der Kirche und die Wiederherstellung einer allgemein respektierten Reichsgewalt zu nennen. Zudem ermöglichte Sigmund Ungarn eine positive wirtschaftliche und gesellschaftliche Entwicklung. Erfolglos blieben allerdings seine Versuche einer Universitätsgründung in Ungarn. Im Jahr 1395 hatte er in Altofen eine Universität gestiftet. Eine Bestätigung der Gründung erfolgte durch Papst Bonifaz IX. am 6.10.1396, jedoch löste sich die Universität bereits um 1400 wieder auf (vgl. Draskóczy, S. 22; Diener, S. 278). Den zweiten Versuch einer Universitätsgründung unternahm er 1410 und erhielt dafür am 1.8.1410 das Privileg von (Gegen)papst Johannes XXIII., das spätestens mit dessen Absetzung auf dem Konstanzer Konzil nichtig wurde.

Literatur. H. Diener, Zur Geschichte der Universitätsgründungen in Alt-Ofen (1395) und Nantes (1423), Quellen und Forschungen aus italienischen Archiven und Bibliotheken 42/43 (1963), S. 265–284; J. Hoensch, Itinerar König und Kaiser Sigismunds von Luxemburg 1368–1437, 1995; R. A. Müller, Humanismus und Universität im östlichen Mitteleuropa, in: Humanismus und Renaissance in Ostmitteleuropa vor der Reformation, hg. v. W. Eberhard/A. A. Strnad, 1996, S. 245–272; I. Draskóczy, Sigismund von Luxemburg und Ungarn, in: Sigismundus Rex et Imperator. Kunst und Kultur zur Zeit Sigismunds von Luxemburg 1387–1437, hg. v. I. Takács, 2006, S. 11–23; I. Draskóczy, Art. Luxemburgi Zsigmond, MAMűL 12 (2012), S. 296–303; Kaiser Sigismund (1368–1437), hg. v. K. Hruza/A. Kaar, 2012.

Anna-Lena Liebermann

Autoren/Werke. (1) Conrad Kyeser, 1366 in Eichstätt geboren, trat 1394 in den Dienst König Sigismunds, um das ung. Heer im Kampf gegen die Osmanen zu unterstützen. Die Schlacht von Nikopolis (1396), die mit der Niederlage des westlichen Aufgebots endete, führte zum Bruch zwischen Sigismund und Kyeser. In Ungnade gefallen, warb Kyeser um die Gunst Wenzels, des Bruders und Gegenkönigs Sigismunds, und geriet in Gefangenschaft († 1405).

In der Bibliothek der ‚Ungarischen Akademie der Wissenschaften' wird ein um 1414/15 entstandenes Fragment (acht Einzelblätter) von Conrad Kyesers ‚Bellifortis' aufbewahrt (Budapest, MTAK, K 465), einer militärwissenschaftlichen und astrologischen Schrift, die ursprünglich 1402–05 im Auftrag König Wenzels IV. verfasst worden ist. Die mit großen Reiterbildern illustrierte Handschrift dürfte am Oberrhein entstanden sein. Die Gestalt des Reiters *Sol*, der die Züge Sigismunds von Luxemburg trägt, wurde dahingehend gedeutet, dass die Hs. für Sigismund angefertigt worden sei und evtl. zu den Resten der königlichen Bibliothek Ungarns gehörte. Diese These wird von Marosi bezweifelt, der u. a. darauf hinweist, dass Kyeser ein strenger Kritiker und Widersacher Sigismunds war, was freilich nicht gänzlich gegen ein Interesse Sigismunds an seiner Schrift spreche (Marosi, S. 389).

Literatur. F. Feldhaus, Art. Kyeser von Eichstädt, Konrad, ADB 52 (1906), S. 768f.; Cs. Csapodi, Ein ‚Bellifortis-Fragment' von Budapest, mit sechs Abb., Gutenberg-Jahrbuch 49 (1974), S. 18–28; R. Leng, Ars belli. Deutsche taktische und kriegstechnische Bilderhandschriften und Traktate im 15. und 16. Jahrhundert, Bd. 2, 2002; E. Marosi, Bellifortis (Fragment), in: Sigismundus Rex et Imperator. Kunst und Kultur zur Zeit Sigismunds von Luxemburg 1387–1437, hg. v. I. Takács, 2006, S. 397f.

Cora Dietl/Mary-Jane Würker

(2) Eberhard Windeck (oder Windecke, um 1382–1440) fuhr im Auftrag von Kaufleuten 1406 erstmals nach Ungarn. Etwa um 1410–13 trat er in den Dienst Sigismunds, zu jener Zeit vorerst nur König von Ungarn. Mit der Hilfe seiner ersten Frau, Elisabeth, erwarb er das Bürgerrecht von Pressburg (SK). Dort geriet er wegen dubioser Machenschaften mit der Bürgerschaft in Konflikt und musste die Stadt verlassen. Etwa bis 1425 blieb er in Ungarn, vorwiegend in O. und in Pressburg, von wo aus er lange Reisen quer durch Europa unternahm. Er kehrte nach Mainz zurück, hier heiratete er noch ein zweites Mal und verfasste um 1437 ‚Die Denkwürdigkeiten zur Geschichte des Zeitalters Kaiser Sigismunds' (erhalten in sieben Hss. des 15. Jh.s, vgl. insbesondere die illuminierte Hs. Wien, ÖNB, Cod. 13.975). Am 29.12.1439 ist Windeck das letzte Mal lebend bezeugt, so ist sein Sterbedatum auf 1440 anzusetzen.

Ausgabe. Eberhart Windeckes Denkwürdigkeiten zur Geschichte des Zeitalters Kaiser Sigmunds, hg. v. W. Altmann, 1893.

Literatur. A. Wyss, Art. Windeck, Eberhard, ADB 43 (1898), S. 381–387; P. Johanek, Art. Windeck (Windecke), Eberhard, ²VL 10 (1999), Sp. 1197–1206; J. Schneider, Das illustrierte ‚Buch von Kaiser Sigmund' des Eberhard Windeck. Der wiederaufgefundene Textzeuge aus der ehemaligen Bibliothek von Sir Thomas Philipps in Cheltenham, MGH 61 (2005), S. 169–180; R. Skorka, Előszó [Vorwort], in: Eberhard Windecke emlékirata Zsigmond királyról és koráról, hg. v. R. Skorka, 2008, S. 5–15; www.mgh-bibliothek.de/dokumente/a/a129301.pdf.

András F. Balogh

Der Sprachlehrer **(3) Johannes Rotenborg** (von Rothenberg), ein Deutscher aus Böhmen, kam 1420 nach O., um bei Sigismund zu arbeiten. Hier lernte er ung. und erstellte oder kopierte ein Wortverzeichnis. Dieses Glossar, das ung. Wörter und Redewendungen, Verwandtschaftsnamen, Speisen, Bekleidung, ja sogar einige obszöne Ausdrücke auf Latein und auf Ungarisch deutet, blieb in einem Codex erhalten, der in seinem Besitz war (Wien, ÖNB, Cod.Vind. 35239).

Ausgaben. Ó-magyar olvasókönyv, hg. v. E. Jakubovich/D. Pais, 1929; J. Molnár/Gy. Simon, Magyar nyelvemlékek, 3. Aufl. 1980.

Literatur. A. Vizkelety, Art. Rotenborg Johannes magyar nyelvmester (1420–1422), MAMűL 10 (2010), S. 162; A. S. Hámori, Linguistik. Die altungarische Zeit, in: Ritterkönige. Die Anjou- und Sigismundzeit in Ungarn (1301–1437). Encyclopaedia Humana Hungarica 03, online: http://mek.oszk.hu/01900/01967/html/index238.html.

András F. Balogh

Königliche Kanzlei

1387–1437

Geschichte. Infolge von Reformen in den 1370er Jahren wurde die Kanzlei Sigismunds in zwei Sektionen aufgeteilt, zum einen in die größere Kanzlei, „deren Schriftstücke Sigismund mit einem großen oder doppelten Siegel authentifizierte" (Draskóczy, S. 18), zum anderen in die königliche Geheimkanzlei, die über das Sekretsiegel verfügte. Die Leitung der Kanzlei übertrug Sigismund weltlichen Herren, denen er mehr vertraute als Geistlichen. Da der Kanzler Ende des 14. Jh.s in den Rang eines Oberrichters des Landes aufstieg und Leiter des Gerichts der besonderen königlichen Anwesenheit (*specialis presentia regia*) wurde, ordnet Draskóczy der Kanzlei zudem das Büro des Gespans der königlichen Kapelle zu, wo die an den Hof kommenden Prozessparteien ihre Beschwerden einreichen konnten. Dieses Büro bestand bis in die 1430er Jahre und vertrat den König dauerhaft. Bald wurde es zu einem selbstständigen Organ der Rechtsprechung. In den Angelegenheiten bestimmter Personen sprach der König zusammen mit den Mitgliedern des königlichen Rates Recht (*personalis presentia regia*), in Angelegenheiten, die in Berufung vor ihn kamen, sowie in den schwerwiegendsten Straftaten fällte der König selbst die Urteile. Durch seine ständigen Auslandsaufenthalte war Sigismund jedoch häufig gezwungen, diese Aufgabe an Vikare zu delegieren, was dazu führte, dass sich dieses Forum der Rechtsprechung zu einem selbstständigen Gericht entwickelte. Nach 1435 stand diesem Gericht bereits ein Großkanzler vor.

Literatur. I. Draskóczy, Sigismund von Luxemburg und Ungarn, in: Sigismundus Rex et Imperator. Kunst und Kultur zur Zeit Sigismunds von Luxemburg 1387–1437, hg. v. I. Takács, 2006, S. 11–23.

Anna-Lena Liebermann

Urkunden. Das überlieferte Korpus von rund 30.000 Urkunden, Briefen und Mandaten Sigismunds vermittelt ein detailliertes Bild von den Amtsgeschäften des Kaisers des Heiligen Römischen Reiches (1411–37). Die primär in lat., tschech. und dt. Sprache vorliegenden Dokumente stellen allerdings angesichts der Fülle des Materials einen bislang nur wenig erschlossenen Forschungsgegenstand dar. Unter den in dt. Sprache formulierten Schreiben Sigismunds sind nach dem Verzeichnis W. ALTMANNS (1896–1900) 721 in O. ausgestellt, 202 in → Plintenburg, 87 in → Stuhlweißenburg, 62 in → Gran und 6 in → Altenburg. Ein Großteil dieser Dokumente bezieht sich auf reichsinterne Spannungen und Konflikte, welche schon seit Beginn des 14. Jh.s durch die Vorrangstellung dt. *hospites* verursacht waren. König Sigismund stärkte seinerseits die Position der *hospites* durch zahlreiche Privilegien und Schenkungen. Weitere zentrale Themen in den deutschsprachigen Dokumenten aus Ungarn sind die wachsende Bedrohung durch die Türken, die Verhandlungen mit dem Deutschen Orden und die Organisation der Nationsuniversität.

Ausgabe. W. ALTMANN, Regesta Imperii 11. Die Urkunden Kaiser Sigmunds, Bd. 1 (1410–1424) und Bd. 2 (1424–1437), 1896–1900.

Literatur. F. B. FAHLBUSCH, Städte und Königtum im frühen 15. Jahrhundert. Ein Beitrag zur Geschichte Sigmunds von Luxemburg, 1983; W. BAUM, Kaiser Sigmund. Hus, Konstanz und Türkenkriege, 1993.

MARY-JANE WÜRKER

Aus dem Jahr 1412 ist eine dt.-sprachige **(1) Gästeliste** (Budapest, MOL, DL 39277) überliefert, welche die Gäste der Festlichkeiten, die König Sigismund zu Ehren des poln. Königs Ladislaus II. Jagiello am 22.5.1412 veranstaltete, auflistet. Neben König Sigismund und dem poln. König werden zahlreiche europäische Würdenträger, Reichsfürsten, Herzöge, Grafen, Ritter und Bischöfe genannt.

Literatur. G. RÁCZ, Namensverzeichnis der Fürsten und Vornehmen, die am Hof Sigismunds in Buda weilten, in: Sigismundus Rex et Imperator. Kunst und Kultur zur Zeit Sigismunds von Luxemburg 1387–1437, hg. v. I. TAKÁCS, 2006, S. 454f.

ANNA-LENA LIEBERMANN

Der in Capodistria (IT) geborene Humanist **(2) Pier Paolo Vergerio** (1368/70–1444) stand bald nach seiner Dichterkrönung während des Konstanzer Konzils 1417 im Dienst Kaiser Sigismunds. Der ehemalige Mitarbeiter der päpstlichen Kurie, der sich in Konstanz nachdrücklich für eine Kirchenreform eingesetzt hatte, war durch sein pädagogisches Werk *De ingenuis moribus et liberalibus studiis adulescentiae* (Padua, um 1402) bekannt geworden. Vergerio folgte Sigismund nach Passau, Prag und Breslau und trat als Unterstützer des kaiserlichen und päpstlichen Kampfes gegen die Hussiten hervor. Ab wann er in der Kanzlei in O. tätig war und in welcher Position, ist nicht bekannt. In der ältesten *vita* Vergerios, die kurz nach seinem Tod entstanden ist, wird er als in Ungarn hoch geschätzter Gelehrter gepriesen, der dort lange gelebt habe (vgl. KATCHMER 1998, S. 41). In Buda übersetzte er um 1433/37 für Sigismund die Werke des Arrianus von Nikomedien über Alexander den Großen (*Anabasis, Indike*) aus dem Griechischen in ein ausgesprochen schlichtes, den Lateinkenntnissen des Kaisers angemessenes Latein. Außerdem verfasste er lat. Fazetien, in denen Italiener, Böhmen und Polen als Protagonisten auftreten (*Epist.*, 452f., vgl. MCMANAMON 1996, S. 159–161); weitere fazetienartige Anekdoten finden sich in seinen Briefen aus den 1430er Jahren (ebd., S. 161–163), die er v. a. mit ital. Humanisten austauschte. Nach dem Tod Sigismunds 1437 scheint Vergerio nicht mehr aktiv am Hof tätig gewesen zu sein; eventuell hielt er sich längere Zeit in → Wardein (RO) auf (vgl. CSAPODI-GÁRDONYI 1984, S. 21f.; SPEKNER 1991, S. 323) oder er zog sich in sein eigenes Haus in O. zurück (→ O., Haus des Vergerio), wo er 1444 starb.

(3) Johannes Vitéz (ca. 1408–72) aus Zredna (HR) gelangte nach einem Studium in Wien wohl über die Vermittlung von Mátyás Gatalóczi (Propst in → Fünfkirchen) in die königliche Geheimkanzlei. Näheres über seine frühe Schreiber-Tätigkeit ist allerdings nicht bekannt. Erst unter König → Albrecht wurde er eine bedeutende Gestalt der königlichen Kanzlei. Zur Zeit Sigismunds lernte er in der Kanzlei Vergerio kennen, der ihm später einen Teil seiner Bibliothek vermachte.

Ausgabe. Epistolario di Pier Paolo Vergerio, hg. v. L. Smith, 1934.

Literatur. B. Ziliotto, Nuove testimonianze per la vita di Pier Paolo Vergerio il veccio, Archeografo Triestino, ser. III 2 (1906), S. 59–69; K. Csapodi-Gárdonyi, Die Bibliothek des Johannes Vitéz, 1984; E. Spekner, Das geistige Leben in Pest und Buda um die Wende vom 15. zum 16. Jahrhundert, in: Budapest im Mittelalter, hg. v. G. Biegel, 1991, S. 315–332; G. Beinhoff, Die Italiener am Hof Kaiser Sigismunds (1410–1437), 1995; J. M. McManamon, Pierpaolo Vergerio the Elder: the humanist as orator, 1996; M. Katchmer, Pier Paolo Vergerio and the *Paulus*, a Latin Comedy, 1998; J. M. McManamon, Pierpaolo Vergerio the Elder and Saint Jerome, 1999.

Cora Dietl

Überlieferung. Ein Großteil der im dt. Raum angefertigten **Wappenbriefe** an namhafte Ungarn geht auf die Periode des Konstanzer Konzils zurück (1414–18); etwa der Wappenbrief des Antal Somkereki (dat. Konstanz, 26.01.1415, lat.; Budapest, MOL, Dl 104871) oder der des Albert Nagymihályi (dat. Konstanz, 29.03.1418; Budapest, MOL, Dl 85682). Weitere Briefe wurden primär im süddt. Raum ausgestellt (u. a. Speyer, Passau, sowie mehrere Exemplare 1431 in Nürnberg). Die lat.-sprachigen, teils versiegelten Urkunden lassen unterschiedliche Annahmen zur Beschäftigung dt. Werkstätten und Miniaturmalermeister unter Kaiser Sigismund zu, doch lassen v. a. die in Konstanz gefertigten Prachtexemplare auf ausgezeichnetes Können schließen (Jékely, S. 410–11).

Literatur. Z. Jékely, Ausgewählte Wappenbriefe, in: Sigismundus Rex et Imperator. Kunst und Kultur zur Zeit Sigismunds von Luxemburg 1387–1437, hg. v. I. Takács, 2006, S. 408–413.

Mary-Jane Würker

E.6 Hof König Albrechts

1437–1439

Geschichte. Albrecht II. von Habsburg wurde als Sohn Herzog Albrechts IV. und der Herzogin Johanna von Bayern-Straubing geboren. Bereits 1411 machte ihn König Sigismund als Albrecht V. zum Herzog von Österreich. Im selben Jahr fand die Verlobung mit Elisabeth, der erst zweijährigen Tochter König Sigismunds, statt, die er 1422 heiratete. Seine enge Bindung zu seinem Schwiegervater Sigismund kam v. a. durch den gemeinsamen Kampf gegen die Hussiten zustande. Ihm hatte er auch seine zweijährige Regentschaft als König von Ungarn zu verdanken. Die Krönung mit der Stephanskrone fand am 1.1.1438 in → Stuhlweißenburg statt; gewählt wurde er einige Tage zuvor, am 18.12.1437. Bereits drei Monate später, am 18.3.1438, wurde Albrecht zum röm.-dt. König gewählt. Im Mai 1439 hielt er in O. einen Reichstag ab.

Urkunden. Noch vor Herrschaftsantritt verlieh Herzog Albrecht von Österreich in einem Geleitbrief (Wien, OeStA, HHStA UR AUR, 1425 VI 13) den zur Beratung wichtiger Reichsangelegenheiten nach Wien kommenden Kurfürsten und ihrem Gefolge freies und sicheres Geleit in seinen Landen. Der Brief wurde am 13.6.1425 in O. ausgestellt und ist in dt. Sprache verfasst. Der das Reitersiegel Albrechts tragende Geleitbrief auf Pergament richtet sich an die Kurfürsten des Reiches, v. a. an den Erzbischof von Mainz. Am 5.7.1439 verbot König Albrecht in einer Urkunde (Urk. Nr. 2348) allen Zolleinnehmern im Königreich Ungarn, von den Sachsen der Sieben Stühle Zölle zu erheben.

Überlieferung. Welche Hss., die mit Albrecht in Verbindung zu bringen sind, tatsächlich den Weg an seinen O.er Hof gefunden haben, ist nicht endgültig zu klären, doch sind sie allesamt erst in seinen letzten Regierungsjahren ab 1435 entstanden (vgl. PIRKER-AURENHAMMER, S. 11). Zwei Gebetsbücher befanden sich in seinem Besitz, das ‚Albrechtgebetbuch' (Wien, ÖNB, Cod 2722) und das ‚Melker Gebetbuch' (Melk, StB, Cod. 1080). In ersterem, wohl vor dem 18.12.1437 entstanden, wird Albrecht sowohl bildlich dargestellt als auch mehrfach namentlich genannt. Letzteres enthält eine Illumination (fol. 1ᵛ), die u.a. Albrecht in betender Position (NEUWIRTH, S. 189) zeigt. Anhand der Wappen kann das Buch zweifelsfrei König Albrecht zugeordnet werden (NEUWIRTH, S. 190). Ob dieser das ‚Gebetbuch' jedoch jemals erhielt, wird bezweifelt, da die Entstehungszeit auf etwa 1438/39 geschätzt wird, kurz vor Albrechts Tod. Hinzu kommen ein ‚Fürstenspiegel' nach Aegidius Romanus (München, BSB, Cgm. 1107), der 1437 in Wien verfasst wurde, ein ‚Viridarium imperatorum et regum Romanorum' von Dietrich von Nieheim (Wien, ÖNB, Cod. 496) und die ‚Ambraser Bibel' (Wien, ÖNB, Cod. 1187, 1187*, 1187**). Es wird des Weiteren vermutet, dass sich in Albrechts Besitz ein Codex (Privatbesitz, Sammlung Gutmann, heute Heribert Tenschert) befunden habe, der in abweichender Reihenfolge die Werke aus dem ‚Kriegstechnischen Kompendium' (Wien, ÖNB, Cod. 3062) aus dem Jahr 1437 enthält (vgl. VESZPRÉMI, S. 399). Der Codex besteht demnach aus dem ‚Feuerwerksbuch' von 1420, dem ‚Liber ignium' von Marcus Graecus, Johannes Hartliebs ‚Onomatomantia' und dem ‚Iconismis bellicis', der ebenfalls von Hartlieb stammen könnte. Letzteres ist eine Überarbeitung von Kyesers ‚Bellifortis', wobei die dt.-sprachigen Beschriftungen als Eigenleistung und nicht als Übersetzung des lat. Originaltextes anzusehen sind. Zudem wurden die Illustrationen um solche aus der Büchsenmeister-Literatur ergänzt (vgl. VESZPRÉMI, S. 398).

Ausgabe. Urkundenbuch zur Geschichte der Deutschen in Siebenbürgen, hg. v. F. ZIMMERMANN, 1892–1991.

Literatur. J. NEUWIRTH, Studien zur Geschichte der Miniaturmalerei in Österreich, Sitzungsberichte der phil.-hist. Classe der kaiserl. Akademie der Wissenschaften 113 (1886), S. 129–211; H. QUIRIN, Art. Albrecht II., NDB 1 (1953), S. 154f.; H. DOPSCH, Art. Albrecht II., BLGS 1 (1972), S. 28f.; P. OCHSENBEIN, Art. Gebetbücher für Erzherzog Albrecht V., ²VL 2 (1980), Sp. 1123f.; E.-M. EIBL, Albrecht II., in: Deutsche Könige und Kaiser des Mittelalters, hg. v. E. ENGEL/E. HOLTZ, 1989, S. 355–359; V. PIRKER-AURENHAMMER, Das Gebetbuch für Herzog Albrecht V. von Österreich (Wien, ÖNB, Cod. 2722), 2002; Sigismundus Rex et Imperator. Kunst und Kultur zur Zeit Sigismunds von Luxemburg 1387–1437, hg. v. I. TAKÁCS, 2006, S. 63; L. VESZPRÉMI, Kriegstechnisches Kompendium, ebd., S. 398f.

ANNA-LENA LIEBERMANN

Elisabeth von Luxemburg

Königin Elisabeth, Albrechts Gemahlin, stellte in Pressburg (SK) am 22.10.1444 dem → Raaber Heinrich Czeczko von Partomwicz einen Schuldbrief (Wien, OeStA, HHStA UR AUR, 1444 X 22) über 7500 Goldgulden aus. Der auf Pergament geschriebene Schuldbrief ist in dt. Sprache verfasst.

Literatur. I. FAZEKAS, [Schuldbrief], in: Sigismundus Rex et Imperator. Kunst und Kultur zur Zeit Sigismunds von Luxemburg 1387–1437, hg. v. I. TAKÁCS, 2006, S. 63f.

ANNA-LENA LIEBERMANN

E.7 Hof König Ladislaus' V. Postumus

1440/44–1457

Geschichte. Der aus der albertinischen Linie des Hauses Habsburg stammende Ladislaus V. Postumus (22.2.1440–23.11.1457) wurde bereits am 15.5.1440 von seiner Mutter Elisabeth und mit Hilfe der Hofdame Helene Kottanner (→ Ödenburg) mit der gestohlenen Stephanskrone zum König von Ungarn gekrönt. Seine Vormundschaft übte Kaiser Friedrich III. aus. Bis zu ihrem Tod 1442 verteidigte Elisabeth die Regentschaft ihres Sohnes gegen den erst 16-jährigen Polenkönig Ladislaus III., der von der Mehrheit der ung. Stände am 17.7.1440 zum König gewählt wurde und sich nach dem Tod Elisabeths als König von Ungarn als Ladislaus I. Jagiello behauptete, jedoch bereits 1444 im Türkenkampf fiel. Nun wurde Ladislaus V. Postumus als König anerkannt, aber Friedrich III. verweigerte dessen Herausgabe. Erst nach der Belagerung von Wiener Neustadt durch Ulrich von Cilli (1406–56) gab er den König frei (vgl. POSSONYI, S. 4), der nun dem Reichsverweser Johannes Hunyadi (→ Eisenmarkt) zugeordnet wurde, der zum eigentlichen Herrscher Ungarns wurde. Nach dessen Tod 1456 trat, nachdem die Hunyadi-Partei den von Ladislaus bestimmten Nachfolger Ulrich von Cilli ermordet hatte, Ladislaus Hunyadi in die Fußstapfen seines Vaters, der jedoch im März 1457 von König Ladislaus V. hingerichtet wurde; Ladislaus floh nach Prag. Im selben Jahr wurden Vorbereitungen zu seiner Vermählung mit Magdalena, Tochter Karls VII. von Frankreich, getroffen, die jedoch wegen des frühen Tods Laudislaus' nicht mehr zustande kam.

Autoren/Werke. 1454 ernannte Ladislaus V. Postumus **(1) Georg von Peuerbach** (1423–8.4.1461) zu seinem Hofastrologen; dieser wechselte bereits 1457 an den Hof Kaiser Friedrichs III. in Wien. Peuerbach hatte nach dem Studium in Wien zwischen 1448 und 1451 die Universitäten Padua, Bologna, Ferrara und Rom besucht, wo er Bekanntschaft mit den Kardinälen Nikolaus von Cues und Basilius Bessarion schloss. Nach seiner Rückkehr erlangte er 1453 in Wien den Grad des Magister Artium und lehrte Astronomie und Poetik. Zu seinen Schülern zählte u. a. Johannes Regiomontanus. In Wien begann er nicht nur Gedichte zu verfassen, sondern er hatte auch Kontakte zum Wiener Humanistenkreis um Konrad Celtis und schloss Freundschaft mit Enea Silvio Piccolomini. Seine ‚Epitoma in Almagestum' entstanden in Wien. In Ungarn war für Peuerbach die Freundschaft mit Johann Vitéz, 1445–65 Bischof von → Wardein (RO) und Primas von Ungarn, von besonderer Bedeutung. Ihm widmete Peuerbach seine *tabula varadiensis*.

In einem nicht näher bestimmten Abhängigkeitsverhältnis von Ladislaus stand auch der aus Brixen im Thale stammende Wiener Dominikaner (2) **Leonhard Huntpichler** (ID: 118554891; *Leonardus de Valle Brixinensi*; nach 1400–8.4.1478), ein späterer Parteigänger Friedrichs III. Nach dem Studium in Wien (M.A. 1426; Dr. theol. 1448) lehrte er nach FRANK kurze Zeit an einer ung. Lateinschule (vgl. FRANK 1983, Sp. 313); 1439 trat er in das Wiener Dominikanerkloster ein (vgl. FRANK 1983, Sp. 313). Als Professor Stipendiatus war er ab 1450/51 in Wien tätig. 1454–57 war Huntpichler mit der Aufgabe betraut, eine Reform der ung. Dominikaner durchzuführen, auf die die ung. Magnaten drängten (vgl. FRANK, S. 331). In dieser Zeit (1454) verfasste er auf Bitten des Königs Ladislaus von Ungarn, des Erzbischofs von → Gran, des Wiener Bürgermeisters u. a. seinen ‚Tractatus de communione sub utraque specie'. Die Reinschrift (Wien, BDK, cod. 220/186) wurde 1461 angefertigt. Huntpichler bekämpft in diesem Traktat die Hussiten nicht explizit, vielmehr belehrt er all jene, die der böhm. Propaganda ausgesetzt waren (vgl. FRANK 1976, S. 197). Er beklagt in erster Linie, dass die Hussiten aus der *ecclesia universalis* (FRANK 1966, S. 368) ausbrechen und sich gegen die päpstliche Autorität verschwören, was sie von Wyclif übernommen hätten (vgl. FRANK 1976, S. 204).

Literatur. A. CZERNY, Aus dem Briefwechsel des großen Astronomen Georg von Peuerbach, Archiv f. österr. Geschichte 72 (1888), S. 281–304; I. W. FRANK,

Leonhard Huntpichler O.P. (gest. 1478), Theologieprofessor und Ordensreformer in Wien, Archivum Fratrum Praedicatorum 36 (1966), S. 313–388; DERS, Der antikonziliaristische Dominikaner Leonhard Huntpichler, 1976; L. POSSONYI, Art. Ladislaus V., BLGS 3 (1979), S. 4f.; G. HÖDL, Art. Ladislaus Postumus, NDB 13 (1982), S. 393f.; I. W. FRANK, Art. Huntpichler (-puhler, Hundsbichler), Leonhard, ²VL 4 (1983), Sp. 312–316; H. GRÖSSING, Art. Peuerbach, Georg (von) (G. Aunpeck), ²VL 7 (1989), Sp. 528–534; DERS., Der die Sterne liebte. Georg von Peuerbach und seine Zeit, 2002; Sigismundus Rex et Imperator. Kunst und Kultur zur Zeit Sigismunds von Luxemburg 1387–1437, hg. v. I. TAKÁCS, 2006, S. 64; K. NEHRING, Art. Ladislaus V. Postumus, Kg. v. Ungarn, LexMA 5 (1991), Sp. 1611f.; Leonhard Frater Huntpichler, RAG.

ANNA-LENA LIEBERMANN/RUDOLF WINDISCH/
LIDIA GROSS

Urkunden. (1) König Ladislaus V. belehnt in einer Urkunde vom **9. 8. 1455** (Wien, OeStA, HHStA UR AUR, 1455 VIII 09) Jörg von Winden und dessen Familie mit der Burg Arnstein bei Maria Raisenmarkt in Niederösterreich, zudem mit einigen weiteren Besitzungen im Umland von Wien. Die Urkunde ist in dt. Sprache verfasst, auf Pergament geschrieben und mit dem Siegel des Königs versehen.
(2) In einer am **24. 5. 1455** in Wien ausgestellten dt.-sprachigen Urkunde (28,8 × 42,1 cm, Pergament, mit rotem Siegel; Nürnberg, SA, Rep. 1b: Reichsstadt Nürnberg, Päpstliche und Fürstliche Privilegien, Nr. 269) bestätigt König Ladislaus V. Postumus den Nürnberger Kaufleuten das Privileg, mit ihren Waren sicher und ungehindert auf allen von ihnen frei gewählten Wegen zu Land und zu Wasser von und nach Prag und weiter durch das Königreich Böhmen nach Ungarn, Polen, Schlesien, Mähren und Österreich zu reisen. Er beruft sich hierbei v. a. auf die historischen Verdienste, die sich die Stadt Nürnberg und ihre Bewohner um seine Vorfahren, die Röm. Kaiser und Böhm. Könige, erworben haben und auf deren weitere Beständigkeit er vertraue. Gründe für die Ausstellung der Urkunde waren sicherlich auch wirtschaftspolitische Erwägungen wie die Aussicht auf Zolleinnahmen durch den zunehmenden Transitverkehr (JAHN u. a., S. 157).

Literatur. K. v. SAVA, Die Siegel der österreichischen Regenten bis zu Kaiser Max I., 1871, S. 146f., mit Abb. auf S. 147; Bayern, Ungarn. Tausend Jahre. Katalog zur Bayerischen Landesausstellung 2001, hg. v. W. JAHN u. a., 2001, S. 156f. (Abb. der Urkunde S. 156).

EVA SPANIER/ANNA-LENA LIEBERMANN

E.8 Hof König Matthias' Corvinus
1458–1490

Geschichte. Der 1443 in → Klausenburg (RO) geborene Matthias, Sohn des Johannes Hunyadi, wurde 1458 von einer Magnatenliga zum König gewählt, während Kaiser Friedrich III. als Gegenkönig im Besitz der Stephanskrone war. Im Vertrag von Wiener Neustadt 1463/64 wurde Matthias die Stephanskrone zuerkannt, er musste aber dem Haus Habsburg die Erbfolge in Ungarn zugestehen, falls er ohne Erben sterben sollte. Matthias wurde am 29. 3. 1464 in → Stuhlweißenburg gekrönt. Seine Politik war weitgehend durch den Konflikt mit Habsburg bestimmt. Von Friedrich III. zur Verteidigung Österreichs gegen Böhmen zur Hilfe gerufen, eroberte er die österr. Kronländer Böhmens, ließ sich 1469 zum Gegenkönig von Georg von Podiebrad wählen und zwang Friedrich III. 1474 und erneut 1477, seine Herrschaft über Böhmen anzuerkennen. Der Konflikt mit Friedrich spitzte sich weiter zu, bis Matthias 1482 die Steiermark und Kärnten angriff, Teile Niederösterreichs eroberte und schließlich am 1. 6. 1485 Wien einnahm und sich ‚Herzog von Österreich' nannte. Friedensverhandlungen mit Friedrichs III. Sohn Maximilian blieben vergeblich. Innenpolitisch zeichnete sich Matthias' Politik durch eine starke Tendenz zur Zentralisierung und durch eine sich auch in Kulturförderung niederschlagende Machtdemonstration aus. Der Hof des Corvinus war ein bedeutendes kulturelles Zentrum seiner

Zeit, an dem herausragende Gelehrte, Wissenschaftler und Künstler der Zeit aus Ungarn, Italien und dem Römischen Reich verkehrten.

Autoren/Werke. In welchem Verhältnis der in Ferrara tätige Mediziner und Astrologe **Antonius Torquatus** (oder: Arquatus) zu Matthias Corvinus stand, dem er 1480 sein ‚Prognosticon de Eversione Europeae' widmete, ist nicht bekannt (vgl. OSCHEMA, S. 359). Die Schrift, welche sehr gute Kenntnisse der Situation und der Spannungen im Reich bezeugt, war außerordentlich beliebt. Sie wurde bereits 1490 in ital. Sprache bei Gabriel de Grasses (Ferrara) verlegt, 1491 wurde sie erstmals auf Latein gedruckt: bei Laurentius de Rubeis in Ferrara. Häufig wurde sie neu aufgelegt, in Ferrara, in Venedig, Bologna, Salamanca, Rom, schließlich 1534 bei Peypus in Nürnberg (VD16 T 1578) und bei Lufft in Wittenberg (VD16 T 1579) (u. ö.). In dt. Übersetzung erschien sie zuerst bei Maler in Erfurt 1535 (VD16 T 1581) und bei Wagner in Worms 1536 (VD16 T 1583). Die Prophezeiungen decken die Jahre 1480 bis 1538 ab und beschreiben verschiedene Katastrophen und kriegerische Konflikte in Europa, den Tod des ung. Königs im Türkenkrieg und den ung. Erbstreit, den Untergang des Byzantinischen Reichs, die Kirchenspaltung, den engen Bund zwischen Ungarn und den Deutschen, schließlich den Sieg der christlichen Mächte unter der Führung des Kaisers über die Türken im Jahr 1538 und die Bekehrung der Türken und Inder sowie die Rückkehr der Ketzer in den Schoß der Kirche. Alle Ereignisse, die bis zum Druck bereits eingetroffen sind, sind in den Ausgaben markiert und kommentiert.

Ausgaben. Weyssagung des hochberumbten Astrologi vnd Artzten doctoris Antonij Torquati von Ferrer […] o. O. 1535; Prognosticon Anthonij Torquati / weiland eynes berFmpten Astrologi zuo Ferrarien / Vom jar M.CCCC.LXXX. bisz auff das M.D.XL. werende. Aus dem Latein verdeutscht. Zuo Wormbs truckts Sebastianus Wagner 1536 (Exemplar HAB Wolfenbüttel, NX 34).

Literatur. T. KLANICZAY, Matthias Corvinus und die Renaissance in Ungarn 1458–1541, 1982; E. GAMILLSCHEG, Matthias Corvinus und die Bildung der Renaissance, 1994; K. NEHRING, Art. Matthias I. Corvinus, LexMA 6 (2002), Sp. 402f.; M. TANNER, The Raven King. Matthias Corvinus and the Fate of his Lost Library, 2008; Matthias Corvinus und seine Zeit. Europa am Übergang vom Mittelalter zur Neuzeit zwischen Wien und Konstantinopel, hg. v. C. GASTGEBER, 2011; K. OSCHEMA, Ego Europa, die Zukunft eines Kontinents und der Untergang der Welt, in: Die Aktualität der Vormoderne, hg. v. K. RIDDER/S. PATZOLD, 2013, S. 341–372.

CORA DIETL

E.8.1 Bibliothek
ab ca. 1458/67

Die O.er Bibliothek des Königs Matthias Corvinus (Bibliotheca Corviniana, zeitgenössische Benennung: Bibliotheca Augusta) gilt nach der Vaticana als die zweitgrößte frühneuzeitliche Büchersammlung der Welt (CSAPODI 1981, S. 7). Sie diente nicht nur der königlichen Repräsentation, sondern in erster Linie der Idee, den kulturellen Werten der Zeit Fortbestand zu sichern. Nicht zuletzt sei erwähnt, dass der lateinkundige König die gesammelten Bücher selber nutzte (TELEKI, S. 454f.); sein privates Interesse diente letzten Endes als Motor der Entwicklung der Bibliothek.

Dieses Interesse fußte auf seiner humanistischen Ausbildung. Seit seiner Jugend befasste er sich mit der Wissenschaft. Die für ihn entscheidenden humanistischen Impulse, auch die Idee der Errichtung einer Bibliothek, kamen aus Norditalien, genauer den frühhumanistischen Zentren in Ferrara, Padua und Florenz. Die meisten Bücher der Sammlung sind auch dort bestellt worden; die Bibliothekare kamen aus dieser Region und die Schreiber und Illuminatoren der Bibliothek erhielten ihre Ausbildung ebenfalls in Norditalien. Allerdings darf auch der dt. Einfluss auf das ung. Bibliothekswesen seit der Regierungszeit Sigismunds nicht übersehen werden. Es ist bekannt, dass Ladislaus V. den bibliothekarischen Nachlass Sigmunds Friedrich III. abgewinnen und nach

Ungarn holen wollte (HOFFMANN, S. 29–36). Darin darf man einen ersten Schritt zur systematischen Anlage einer Biblitohek in Ungarn durch Matthias sehen. Ein Gründungsdatum der Bibliothek kann nicht genannt werden, da sich diese aus dem Nachlass Sigismunds und dem Nachlass von Matthias' Vater bildete und zunächst durch den Zugewinn von dem König gewidmeten Büchern (das erste davon stammt aus dem Jahr 1466) organisch wuchs. Im Jahr 1467 schaffte Corvinus dann mehrere Bücher an. Ein Drittel der als Corvinen bezeugten Bücher stammt ebenfalls von vor 1470 (ZOLNAI/ FITZ, S. 106). Das erste Dokument, das eine gezielte Sammeltätigkeit des Königs bezeugt, ist ein Antwortbrief des Matthias an Pomponius Laetus, den Präsidenten der röm. Akademie, aus dem Jahr 1471 (TELEKI, S. 454f.). In dieser Zeit wurde Galeotto Marzio (Galeottus Narniensis) zum ersten Bibliothekar des Königs (Galeottus, Kap. 24) ernannt. Ob sich die hohe Zahl der griech. Corvinen mit einer Beschlagnahmung der Sammlung des Janus Pannonius, des Bischofs von → Fünfkirchen, nach dessen Flucht nach Wien 1472 erklären lässt oder ob Janus Pannonius vor seinem Konflikt mit Matthias selbst einige Bücher für den König besorgte und ihm auch einige schenkte, ist in der Forschung umstritten (FEDELES/KOSZTA, S. 131). Während des Konflikts mit Janus Pannonius wendete sich Matthias jedenfalls vom Humanismus ab; so stagnierte die Entwicklung der Bibliothek erstmals. Damit endete die erste Phase der Bibliotheksgeschichte. Für den neu in O. eingetroffenen Drucker → Andreas Hess bedeutete dies eine unglückliche Wendung, da er auf diese Weise ohne königliche Aufträge blieb.

Erst nach der Eheschließung des Königs mit Beatrix 1476 erhielt die Bibliothek wieder Zuwachs und wurde das Interesse des Königs gegenüber der Renaissance in Italien wieder geweckt. Die meisten Bücher kamen nun aus Florenz. Neuer Bibliothekar wurde Taddeo Ugoleto, unter dessen Organisationstätigkeit die Bibliothek um 1485 ihren Höhepunkt erreichte. Griech. Codizes wurden weiter angeschafft, Mobiliar wurde angefertigt, die äußere Erscheinung der Bücher wurde durch die Anbringung des königlichen Wappens vereinheitlicht, die neu bestellten Corvinen wurden einheitlich gebunden und die in Auftrag gegebenen Arbeiten wurden kontrolliert, um die höchste Qualität der Texte und der Ausstattung zu erreichen. Die Bücher wurden im ersten Stock des Palas neben der Kapelle in zwei Räumen untergebracht.

Die Eroberung Wiens 1485 durch ung. Truppen wirkte sich positiv auf die Entwicklung der Bibliothek aus. Matthias fühlte sich in seiner politischen Machtposition bestätigt und wollte durch das Bibliotheksprojekt nun auch seine kulturelle Überlegenheit den anderen Königshöfen gegenüber demonstrieren (FÖLDESI 2002, S. 96). Weiteren Ansporn für die Sammeltätigkeit gab die Überzeugung des Königs, als Machthaber für die Tradierung der antiken Kultur und des klassischen Wissens verantwortlich zu sein. Daher wollte er das gesamte Wissen der Zeit so schnell wie möglich in einer einzigen Bibliothek vereinen und das Projekt in einem überschaubaren Zeitraum abschließen. Deshalb ließ er nach seinem Einzug in Wien – dargestellt im ‚Philostratus-Codex' (Budapest, OSZK, CLMAE 417, fol 2^r) – auch dort Bücher kopieren und illuminieren (vgl. FONTIUS, S. 36).

Der Tod des Königs 1490 in Wien bedeutete das abrupte Ende der Sammeltätigkeit. Viele der in Florenz bestellten Bücher konnten wegen der ausbleibenden Zahlung nicht mehr beendet werden oder gelangten in den Besitz anderer Käufer. Zwar versuchten Matthias' Nachfolger die Sammlung vor Ort unversehrt und geschlossen zu halten, jedoch wurden manche Exemplare entwendet oder erschlichen – und damit gerettet, denn 1526 eroberten die Türken das erste Mal O. und trugen die Bibliothek auseinander. Ein Großteil der Corvinen wurde nach Istanbul gebracht. Die in O. verbliebenen Reste, die mit anderen Büchern gemeinsam aufbewahrt wurden, beschreibt der

Wiener Hofbibliothekar Peter Lambeck 1666 als einen zusammengeworfenen Bücherhaufen in elendem Zustand (LAMBECK, S. 948); diese Restsammlung wurde 1686 nach der Befreiung O.s nach Wien gebracht.

Der genaue Bestand der Bibliothek ist nicht rekonstruierbar. CSAPODI schätzt die Zahl der Bücher im O.er königlichen Palas um 1490 auf 3.000 (CSAPODI 1981, S. 22), darin sind auch die religiösen Bücher der Kapelle und die kleinere Sammlung der Königin inbegriffen. Ein Katalog oder eine Beschreibung der Sammlung ist nicht erhalten. Der literarhistorische Wert der Sammlung besteht heute v. a. in der Bewahrung einiger Texte, die nur in der für die Bibliotheca Corvinia angefertigten Abschrift erhalten sind; in ihrer Zeit bestand er v. a. in der Idee der Sammlung des antiken und humanistischen Wissens. Darunter befinden sich manche Werke dt. Autoren. Diese sind in der Regel Humanisten, die in Kontakt mit Matthias standen, v. a. Astrologen und Historiographen. An der Erstellung der Manuskripte waren auch dt. Schreiber beteiligt.

Autoren/Werke. (1) Regiomontanus (Johann Müller aus Königsberg, 1436–76) war einer der bedeutendsten Gelehrten seiner Zeit. Aus Wien folgte er dem Ruf von Johannes Vitéz auf eine Professur an der Universität von Pressburg (SK). Danach wurde er Hofastronom bei König Matthias. In der Bibliotheca Corviniana wurden mindestens drei seiner Werke aufbewahrt: die ‚Canones LXIII in tabulam primi mobilis cum tabula, cum dedicatione ad regem Matthiam' (Budapest, OSZK, Cod. Lat. 412), ein Matthias gewidmeter Pergamentcodex, der allerdings bereits 1524 den Besitzer gewechselt hatte, wie ein Besitzereintrag des *Marpacher Benedictus in Perg* (?) zeigt; die von Peuerbach verfasste und von Regiomontanus vervollständigten ‚Epitome Almagesti seu Megales Syntaxeos Ptolemaei […] Bessarionem' (Wien, ÖNB, Cod. 44) und die ‚Tabulae directionum profectium' (Wolfenbüttel, HAB, Cod. Guelf 69.9 Aug. 2).

(2) Johannes Tolhopff studierte 1466–67 bei Regiomontanus in Leipzig und wurde dort später Professor. 1471 wechselte er an die neugegründete Universität in Ingolstadt; zwischen 1473 und 1475 bekleidete er das Amt des Dekans. Der genaue Zeitpunkt seines Aufenthaltes in O. ist unbekannt, sicher gilt aber seine Position als Astronom des Königs. Sein Hauptwerk, das ‚Stellarium' (Wolfenbüttel, HAB, Cod. Guelf. 84.1. Aug. 2), trägt eine auf das Jahr 1480 datierte Widmung an Matthias. Das Werk fasst die astronomischen Kenntnisse der Zeit zusammen (GAZDA, S. 25) und beschreibt die Fixsterne und die Bewegung der anderen Himmelskörper von O. aus betrachtet. Nach Matthias' Tod verließ Tolhopff Ungarn und starb in Regensburg.

Zu den Corvinen zählt u. a. auch die evtl. 1414/15 für → Sigismund angefertigte Handschrift von **(3) Conrad Kyeser**s ‚Bellifortis' (Budapest, MTAK, K 465, fol. 5^v).

Eine besondere Bedeutung kommt den **(4) dt. Schreibern** zu, die manche Bücher zu echten Zimelien machten. Um 1470 legte Gregorius Scherer in O. eine Xenophon-Abschrift (Budapest, OSZK, Cod. Lat 422) an (Nennung: fol. 2^v). Die ‚Homiliae' des Basilius Magnus (Budapest, OSZK, Cod.Lat 426) wurden etwa im gleichen Jahr in O. von Sebastian Bintzli (Nennung fol. 42^r), dem Schreiber des Bischofs von Wien, kopiert – Bintzlis Name ist in Wien 1540 belegt. Benno Kistenfeger erstellte um 1470 in O. eine Isocrates-Handschrift (Budapest, OSZK, Cod. Lat 430, Nennung des Schreibers: fol. 50^r). Heinrich Phleger war im 15. Jh. sowohl in Florenz tätig, wo er den ‚Altividi de immortalitate animae liber' des Chalcidius (Budapest, OSZK, Cod. Lat 418; Nennung: fol. 52^r) kopierte, als auch in O.; dort fertigte er eine Abschrift von Baptista Buarinis Reden an (Budapest, OSZK, Cod. Lat 423; Nennung: fol. 1^r u. 35^r). Der um 1488–90 in Florenz tätige Schreiber des ‚Philostratus' (Budapest, OSZK, Cod. Lat 417) war Jacobus Kriechlin (Nennung: 171^v); Christoph Seyfrid kann als der Schreiber der im 15. Jh.

in Florenz angelegten Handschrift der Werke des Johannes (eigentlich: Basilius) Bessarion (Budapest, OSZK, Cod. Lat. 438, 15. Jh., Florenz) nachgewiesen werden. Ein gewisser Galoysius Haudry, möglicherweise ein Schweizer (PORT-VALAIS, S. 62), dürfte der Schreiber der ‚Comoediae' des Publius Terentius Afer gewesen sein (Budapest, EK, Cod. Lat. 31.). Über diese Schreiber weiß man außer dem Ort ihrer Tätigkeit so gut wie nichts.

Einige der gedruckten Corvinen entspringen dt.-sprachigen Offizinen, wie etwa die 1480 dem Kartäuserkloster in → Waschludt geschenkte, 1477 von Anton Koberger in Nürnberg gedruckte ‚Pantheologia' des Rainerius de Pisis (Esztergom, FL, Inc. I. 1) aus dem Jahr 1477 oder die 1488 vom dt. Verleger Theobald Feger aus O. in Augsburg in Auftrag gegebene ‚Chronica Hungarorum' des → Johannes Thurocz (Budapest, OSZK, Inc. 1143).

Nachwirkung. Die Bibliotheca Corviniana wurde rasch zur Legende. Die reiche Ausstattung und kostbare Illumination sowie die sorgfältig erstellten Einbände der Bücher beeindruckten ebenso wie die Sammlung des Wissens der Zeit (FÖLDESI 2008, S. 17). Manche Zeitgenossen, so auch Brassicanus und Cuspinian, kamen in den Besitz einiger Corvinen. Bei Cuspinian konnte man folgende Titel nachweisen: Q. Asconius Pedianus: ‚Commentarii in Ciceronis orationes' (Budapest, OSZK, Cod. lat. 427); Georg von Trapezunt: ‚Compendium grammatice' (Budapest, OSZK, Cod. lat. 428). Heute sind etwa 200 Corvinen identifiziert. Sie sind über zahlreiche Bibliotheken und Länder verstreut. Die meisten (53 Exemplare) befinden sich in der Ung. Nationalbibliothek in Budapest und in der Bibliothek der Ung. Akademie der Wissenschaften. Die Corvinen aus der Nationalbibliothek wurden 2005 in die Liste des Unesco-Weltkulturerbes aufgenommen.

Ausgaben. Bartholomaeus Fontius, Epistolarum libri, hg. v. L. JUHÁSZ, 1931; Galeottus Martius Narniensis, De egregie, sapienter, iocose dictis ac factis regis Mathiae ad ducem Johannem, eius filium liber, hg. v. L. JUHÁSZ, 1934; S.-B. DE PORT-VALAIS, Colophons de Manuscrits Occidentaux des Origines Au XVI Siecle, hg. v. d. Bénédictines de Bouveret, Bd. 1, 1965, S. 62; Bibliotheca Corviniana, hg. v. Cs. CSAPODI, ³1981.

Literatur. P. LAMBECK (Lambecius), Comentarii de Augustissima Bibliotheca Vindobonensi, Vindobonae 1769; J. TELEKI, Hunyadiak kora Magyarországon, Bd. 11, 1855; E. HOFFMANN, Régi magyar bibliofilek, 1929; K. ZOLNAI/J. FITZ, Bibliographia Bibliothecae Mathiae Corvini, 1942; Cs. CSAPODI, Wann wurde die Bibliothek des Königs Matthias Corvinus vernichtet?, Gutenberg-Jahrbuch (1971), S. 384–390; I. GAZDA, Kuriózumok a magyar művelődés történetéből, 1990; F. FÖLDESI, From Buda to Vienna, in: Uralkodók és corvinák, hg. v. O. KARSAY, 2002, S. 97; Á. MIKÓ, Stories of the Corvinian Library, ebd.; Sigismundus Rex et Imperator. Kunst und Kultur zur Zeit Sigismunds von Luxemburg 1387–1437, 2006, Nr. 4.107–4.110; F. FÖLDESI, Bibliotheca Corviniana. Die Bibliothek und ihr Gedächtnis, in: Ex Bibliotheca Corviniana. Die acht Münchener Corvinen, hg. v. C. FABIAN/E. ZSUPÁN, 2008; E. MADAS, The late-medieval book culture in Hungary from the 1430s to the late 1470s, in: A Star in the Raven's Shadow. János Vitéz and the Beginnings of Humanism in Hungary, hg. v. F. FÖLDESI, 2008, S. 9–23; T. FEDELES/L. KOSZTA, Pécs (Fünfkirchen). Das Bistum und die Bischofsstadt im Mittelalter, 2011; digitale Rekonstruktion der Sammlung: http://www.corvina.oszk.hu (seit 2001).

ANDRÁS F. BALOGH

E.8.2 Königliche Kanzlei

In den Kanzleien sowohl weltlicher als auch geistlicher Institutionen Ungarns entstanden im 14. und 15. Jh. zahlreiche Formelbücher (vgl. VIZKELETY). Ein herausragendes Beispiel eines Formelbuchs der königlichen Kanzlei (das auch wegen eines in ihm enthaltenen ung. Vierzeilers (‚Mert mit egyszer') für die ung. Literaturgeschichte von Bedeutung ist) wurde von **(1) János Magyi**, Notar der königlichen Kanzlei in O. und wohl zugleich der Stadt P. (SPEKNER, S. 319), zwischen 1476 und 1493 zusammengestellt: der ‚Stylus curiae regiae'. Es enthält rund 500 lat. Musterurkunden mit lat.

und z. T. ung. Glossar. Magyi hatte vermutlich in → Eger die Lateinschule besucht und trat 1476 in den Dienst der Kanzlei des Kapitels von Altofen, bevor er noch im gleichen Jahr an die königliche Kanzlei wechselte, wo er mindestens bis 1493 tätig war. Das Formelbuch enthält königliche, städtische, kirchliche und bischöfliche Urkunden, letztere vermutlich von Johannes Beckensloer, Bischof von → Wardein (RO), später Bischof von Eger und Erzbischof von → Gran.

(2) **Johannes Thurocz** (ca. 1435–ca. 1488/89), Magister der Rechte in der Kanzlei des Landesrichters in O., war Verfasser der umfangreichsten spätmittelalterlichen Prosa-Chronik der Ungarn in lat. Sprache (BODEMANN 2004, Sp. 797). Thurocz wirkte ab 1467, später erneut ab 1475 als Notar der Königlichen Kurie, u. a. bei István Hásságyi und Stephan Báthori. 1468 war er Prokurator des Königs, daneben 1465–66 und 1470–79 Notar des Prämonstratenser-Konvents in Ság (Šahy, SK). Während seiner Tätigkeit als Protonotar unter Kanzler Thomas de Drag 1486–88 erhielt Johannes Thurocz von diesem die Anregung, die in alten *gesta* erzählte Geschichte der Hunnen neu aufzuarbeiten und die Geschichte Ungarns im 15. Jh. zu schreiben. Seine ‚Chronica Hungarorum' vermittelt zwischen mittelalterlichem und humanistischem Geschichtswissen und zeichnet sich durch eine besonders detaillierte Personenbeschreibung aus, welche MÁLYUSZ (S. 152) als ein Merkmal des Humanismus identifiziert.

Die erste Ausgabe seiner lat. ‚Chronica Hungarorum' erschien 1483 ohne Druckerangabe in Augsburg (GW M14774), die zweite 1488 in Brünn bei Conrad Stahel und Mathias Preinlein (Budapest, OSZK, Inc. 668, GW M14782). Noch im gleichen Jahr wurde sie in einer überarbeiteten Fassung bei Erhard Ratdolt in Augsburg gedruckt, im Auftrag des Buchhändlers Theobald Feger (München, SB, 4 Inc. c.a. 607; vgl. FITZ, S. 97, GW M14775). Die Ratdolt'sche Ausgabe war dem dt. Rezipientenkreis angepasst: Der österr. Herzogtitel des Matthias Corvinus und die Eroberung Wiens durch Corvinus sind in ihr nicht mehr enthalten (vgl. VARJÚ, S. 396). Auf die ältere Textfassung gehen zwei dt. Übersetzungen des Textes zurück: aus der Zeit um 1490 (Heidelberg, UB, Cpg 156) und aus der Zeit um 1500 (Cambridge/Mass., Harvard College Libr., MS Ger 43).

Urkunden. Die von der Kanzlei des Matthias Corvinus ausgestellten Urkunden sind in der Regel in lat. Sprache verfasst; nur in Einzelfällen sind dt.-sprachige Urkunden seiner Kanzlei erhalten. Dazu zählen drei heute in Berlin aufbewahrte aus den Jahren 1479 und 1482, die an Barbara, Herzogwitwe von Schlesien und Tochter der Kurfürsten Albrecht Achilles von Brandenburg, gerichtet sind. Sie regeln die Abgeltung für Barbaras Ansprüche auf das Fürstentum Glogau (Berlin, GSAPreußKB, VII. HA, Märkische Ortschaften, Crossen, 18; VII. HA, Weltliche Reichsstände in Beziehung zur Mark, Schlesien Nr. 12; VII. HA, Märkische Ortschaften, Crossen, 20).

Ausgaben. Scriptores rerum Hungaricarum veteres ac genuini, hg. v. J. G. SCHWANDTNER, Bd. 1, 1746, S. 56–291, Kap. X–LXVII; Johannes de Thurocz, Chronica Hungarorum, hg. v. E. SOLTÉSZ-JUHÁSZ, 1972; Johannes de Thurocz, A magyarok krónikája, hg. v. I. BELLUS u. a., 2001.

Literatur. E. BARTONIEK, Codices latini medii aevi, 1940; Archivdatenbank des Geheimen Staatsarchivs Preußischer Kulturbesitz, http://www.gsta.pk.findbuch.net/php/main (29.05.2014). — E. VARJÚ, A Turóczi-krónika kiadásai és a Magyar Nemzeti Múzeum Könyvtárában őrzött példányai, Magyar Könyvszemle (1902), S. 362–402; V. FRAKNÓI: Mátyás király megbízásából nyomtatott politikai röpirat, Magyar Könyvszemle 23/1+2 (1915), S. 1–4; J. FITZ: Hess András, a budai ősnyomdász, 1932; J. FITZ, Die Ausgaben der Thuroczy-Chronik aus dem Jahre 1488, Gutenberg-Jahrbuch 12 (1937), S. 97–106; E. MÁLYUSZ, A Thuróczy-krónika és forrásai, 1967; Kódcxck a középkori Magyarországon, hg. v. A. VIZKELETY, 1985; K. SZENDE, János Magyi, in: Enciklopédia Humana Egyesület, 1998, http://mek.oszk.hu/01900/01966/html/index371.html; W. HEMPEL, Chronica Hungaricum, in: The Nibelungen Tradition: An Encyclopedia, hg. v. F. G. Gentry u. a., 2002; K. Szende, The Uses of Archives in Medieval Hungary, in: The Development of Literate Mentalities in East Central Europe, hg. v. A. Adamska/M. Mostert, 2004, S. 107–142; U. Bodemann, Art. Johannes von Thurocz, ²VL 11 (2004), Sp. 797–801; E. Spekner, Das geistige Leben in Pest und Buda um die Wende vom 15. zum 16. Jahrhundert, in: Budapest im Mittelalter, hg. v. G. Biegel, 1991, S. 315–332; B. Kertész, Magyi János formuláskönyve, in: Magyar nyelvemlékek, http://nyelvemlekek.oszk.hu/adatlap/magyi_janos_formulaskoenyve (29.05.2014).

Cora Dietl/Silvia Petzoldt

E.8.3 Beatrix von Aragón

14.11.1457–13.9.1508

Lebensweg. Beatrix war das vierte Kind von Ferdinand I. von Aragón, König von Neapel. Ihre Lehrer waren Antonio de Sarcellis und möglicherweise auch Diomede Carafa. 1474 wurde sie mit Matthias Corvinus verlobt, der sich politischen Einfluss in Italien erhoffte (vgl. Pásztor, Sp. 1744f.). Von der Hochzeit im Jahr 1476 liegen zwei dt.-sprachige Berichte vor: von Hans Seybolt, ehem. Schreiber des Klosters Seligental (München, BSB, Cgm 331), und vom Breslauer Chronisten Peter Eschenloer (Wrocław, UB, IV F 151a). Beatrix trieb die Verbreitung der ital. Renaissance in Ungarn voran und übte auch politischen Einfluss auf Matthias Corvinus aus. Der ung. Adel war ihr nicht wohlgesonnen. Da es ihr nach dem Tod ihres Ehemannes 1490 nicht gelang, die Königsherrschaft zu behalten, ehelichte sie im selben Jahr Ladislaus II. Jagiello, den Sohn des Königs von Polen, welchen sie als König vorschlug. Diese Ehe wurde jedoch 1500 annulliert (vgl. Pásztor, Sp. 1744f.).

Überlieferung. Csapodi vermutet, dass Beatrix eine eigene Bibliothek im Umfang von ca. 50 bis 100 Bänden besaß, da sich in einigen Codices neben dem Wappen des Matthias auch das Wappen des Hauses von Aragón findet (vgl. Csapodi, S. 93–95). Madas (S. 71) listet die neun heute erhaltenen Hss. auf, die zu Beatrix' Beständen gehörten. Darunter befand sich auch die später in die → Bibliotheca Corviniana eingegangene Hs. der ‚Epitome Almagesti Ptolemaei' des Johannes Regiomontanus (Wien, ÖNB, Cod. 44), der mehrere Jahre am Hof des Matthias Corvinus lebte (vgl. Grössing, Sp. 1123f.). Das Manuskript wurde vermutlich in O. zwischen 1485 und 1490 im Auftrag von Matthias oder Beatrix geschrieben. Die Illustrationen, darunter ein Porträt von Beatrix, wurden von Francesco d'Antonio del Cherico angefertigt (vgl. Hermann, S. 85). In Beatrix' Sammlung befand sich außerdem ein Manuskript des ‚Symposion sive de virginitate et pudicitia coniugali' des Antonio Bonfini (Budapest, OSZK, Cod. Lat. 421). Der Text beschreibt ein fiktives dreitägiges Gespräch zwischen Matthias Corvinus, Beatrix und verschiedenen Humanisten und Klerikern.

Weitere Manuskripte aus Beatrix' Bibliothek sind: ‚De bello Gothorum' von Agathias Scholastikos (Budapest, OSZK, Cod. Lat. 413) mit einem Porträt von Beatrix; eine um 1471–75 in Neapel angefertigte Handschrift von Quintus Curtius Rufus' ‚De rebus gestis Alexandri Magni' (Budapest, EK, Cod. Lat. 4); eine 1476 in Neapel entstandene Handschrift von Diomede Carafas ‚De institutione vivendi' (Parma, BP, G.G III.170.1654); ein Exemplar der Homilien des Origenes (Modena, BEst., Cod. Lat. 458) sowie ein Stundenbuch (Melk, STB, Cod. 1845), ein Psalterium (Wolfenbüttel, HAB, Cod. 39. Aug 4°) und ein Chorbuch (Napoli, BN, VI-E-40).

Literatur. H. J. Hermann, Die Handschriften und Inkunabeln der italienischen Renaissance, 1932; K. Schneider, Die deutschen Handschriften der Bayerischen Staatsbibliothek München: Cgm 201–350, Editio altera, 1970, S. 344–347; Cs. Csapodi, The Corvinian Library, History and Stock, Studia Humanitatis, Bd. 1, 1973; Biblioteca Corviniana, OSZK, http://www.corvina.oszk.hu/corvinas-html/hub1codlat421.htm. — E. Pásztor, Art. Beatrix (Beatrice) v. Aragón, LexMA 1 (1999), Sp. 1744f.; E. Madas, La Bibliotheca Corviniana et les corvina authentiques, in: De Bibliotheca Corviniana,

Matthias Corvin, les bibliothèques princières et la genèse de l'état moderne, hg. v. J.-F. MAILLARD, 2009; H. GRÖSSING, Art. Regiomontanus, ²VL 7 (2010), Sp. 1123-31.

CAROLINE WILL

E.9 Hof König Ladislaus' II. Jagiello

1490–1516

Geschichte. Nach dem Tod von Matthias Corvinus entbrannte der Kampf mehrerer Thronprätendenten um die ung.-böhm. Krone, der schließlich mit der Wahl Ladislaus' II. Jagiello (1.3.1456–13.3.1516) zu Gunsten der ung. Magnaten ausfiel. Am 18.9.1490 wurde er in → Stuhlweißenburg gekrönt. Obwohl er bereits 1471 König v. Böhmen war, hielt sich Ladislaus größtenteils in O. auf (vgl. BUES, S. 136). Die außenpolitische Lage war insbesondere geprägt von den Implikationen des 1491 geschlossenen Friedensabkommens zwischen Ladislaus II. und Maximilian I., in dessen Zentrum das Vorhaben einer Doppelhochzeit von Anna Jagiello mit Ferdinand I. und Ludwig II. mit Maria stand. Die habsburgisch-jagiellonische Heiratspolitik sollte dafür Sorge tragen, dass die ung.-böhm. Krone mit dem Aussterben des Jagiellonengeschlechts den Habsburgern zugesichert sei. Den innenpolitischen Herausforderungen widmete sich Ladislaus II. dagegen in nur bedingtem Maße und überließ solche Angelegenheiten u. a. einigen Oligarchen des Landes, wie dem ung. Primas Thomas Bakócz. Auch finanzielle Schwierigkeiten führten dazu, dass sich das unter Matthias Corvinus etablierte humanistische Klima am O.er Hof nur partiell halten konnte.

Überlieferung. Ladislaus II. Jagiello verfügte nicht nur über eine umfangreiche königliche Privatbibliothek, die größtenteils der Hinterlassenschaft des → Matthias Corvinus zu verdanken war, er setzte sich auch für die Fertigstellung einiger Corvinen in den zuständigen Werkstätten ein (vgl. STUDNIČKOVÁ, S. 234). Für die Verzierung der in Florenz kopierten Werke war die seit den 1470ern in O. etablierte Miniatorenwerkstatt zuständig, die auch unter Ladislaus II. noch für geraume Zeit betrieben wurde.

Literatur. Z. HERMANN, Art. Wladislaw II., BLGS 4 (1981), S. 470–472; J. K. ZEMAN, Art. Vladislav II, in: The Contemporaries of Erasmus: A Biographical Register of the Renaissance and Reformation, hg. v. P. B. BIETENHOLZ/T. B. DEUTSCHER, Bd. 4, 1987, S. 413f.; M. STUDNIČKOVÁ, Sub serenissimo principe et domino Wladislao rege ungarie bohemie ... vita regularis est. Die Entwicklung der böhmischen Buchmalerei zur Zeit der Jagiellonen und ihr Verhältnis zu den Nachbarländern, in: Die Jagiellonen. Kunst und Kultur einer europäischen Dynastie an der Wende zur Neuzeit, hg. v. D. POPP, 2002, S. 233–243; G. TÖRÖK, Die Ursprünge der jagiellonischen Renaissance in Ungarn während der Regierungszeit des König Matthias Corvinus (1458–1490), in. ebd., S. 215–226; A. BUES, Die Jagiellonen, 2010.

MARY-JANE WÜRKER

Autoren/Werke. Der aus Schweinfurt stammende Dichter und Diplomat Johann Spießheimer (1473–19.04.1529), bekannt unter dem latinisierten Namen **(1) Johannes Cuspinian**, tätigte als *orator* Kaiser Maximilians I. ab 1510 zahlreiche Reisen an den ung. Hof zu Ladislaus II. und → Ludwig II. Nach eigenen Angaben sei Cuspinian allein bis zum Jahre 1515 insgesamt 24mal nach Ungarn gereist („Congressus' 1515, fol. a11). Die 1515 im Rahmen des Ersten Wiener Kongresses erfolgreich verhandelte habsburgisch-jagiellonische Doppelvermählung kann als Höhepunkt seines diplomatischen Wirkens betrachtet werden. Auch in den Folgejahren hielt sich Cuspinian regelmäßig in ung. Landen auf, wo ihm neben politischen Amtstätigkeiten Studien in der hinterlassenen Bibliothek des → Matthias Corvinus ermöglicht wurden. Angesichts der Türkengefahr überführte Cuspinian einzelne Corvinen nach Wien, wohin er sich nach 1526 als führende Persönlichkeit der ‚Sodalitas Danubiana' vollends zurückzog (vgl. BERGER, S. 169). Cuspinians umfassende Tagebuchaufzeichnungen der Jahre 1501–27 (,Ephemerides'), wurden Anfang des 20. Jh.s aus unterschiedlichen Quellen erfolgreich rekonstruiert und liefern Einblicke in die Hintergründe zahlreicher Gesandtschaftsreisen. Erhalten geblieben sind zudem über 60 größtenteils lat. Briefe von und an Cuspinian (ANKWICZ-KLEEHOVEN 1933). Hier sei ein dt.-sprachiger Brief an den Vitztum Laurenz Saurer (1514) hervorgehoben, der den Kreis ung. Würdenträger, mit denen Cuspinian verkehrte, erahnen lässt (ebd., S. 60–67; Wien, OeStA, Maximiliana Fasz. 25b, fol. 25, 26. Abschr. von Kanzleihand). Cuspinians reges Pendeln zwischen Wien und O. spiegelt sich mitunter in einigen seiner im dt. Raum veröffentlichten Werke wider, darunter in einer Schilderung magyarischer Verhältnisse in der ,Oratio protreptica' (Wien 1526; München, BSB, 999/Caps.46/8, VD16 C 6487) oder in der Herausgabe der ,Tabulae Hungarie ad quatuor latera' des Lázár deák (Ingolstadt 1528; Budapest, MOL, Régi Nyomtatványok Tára, App. M. 136).

Ausgaben. H. ANKWICZ-KLEEHOVEN, Das Tagebuch Cuspinians, MIÖG 30 (1909), S. 280–326; Johann Cuspinians Briefwechsel, hg. v. DEMS., 1933.

Literatur. H. ANKWICZ-KLEEHOVEN, Der Wiener Humanist Johannes Cuspinian. Gelehrter und Diplomat zur Zeit Kaiser Maximilians I., 1959; R. BERGER, Cuspiniana. Neue Beiträge zum Lebensbild des Wiener Humanisten Johannes Cuspinian, Wiener Geschichtsblätter 26 (1971), S. 168–177; W. STELZER, Art. Johann Cuspinian (Spießhaymer), VL Hum 1 (2008), Sp. 519–537.

MARY-JANE WÜRKER

Königliche Kanzlei

Werke/Autoren. Der aus einer Adelsfamilie stammende **(1) Jakob Stephan Werbőczy** (1458–1541) wurde 1483 als Familiaris des Stephan Báthori zum Archivar der kleineren Kanzlei ernannt, die von den Personalis geleitet wurde. An der Krakauer Universität (PL) immatrikulierte er sich 1492 und genoss dort seine grundlegende humanistische Ausbildung, u. a. lernte er Latein, Griechisch und wahrscheinlich auch Deutsch. In seiner weiteren Laufbahn wurde er Assessor (1512), Personalis (1514) und Palatin des Landes am Hofe des ung. Königs (1525). Er beteiligte sich an der Kompilation der Rechte von 1486 und 1494, welche die Privilegien des mittleren und niederen Adels vereinigte (vgl. LENDVAI, S. 89). Er pflegte gute Beziehungen zu den Wiener Humanisten und gab die Gedichte des Janus Pannonius heraus (vgl. SZOVÁK).

Das ,Tripartitum des Gewohnheitsrechts des ruhmreichen Königreiches Ungarn' (VD16 W 1965), ein im königlichen Auftrag verfasstes Gesetzeswerk (HAUSZMANN, S. 90), stellte Werbőczy 1514 vor und gab es 1517 auf eigene Kosten in Wien heraus (vgl. SZOVÁK). Werbőczy orientierte sich in seinem ,Tripartitum' am Magdeburger Recht und am ,Schwabenspiegel' (vgl. MOLDT, S. 38). Gesetzeskraft erlangte es nie (vgl. HAUSZMANN, S. 91). Die lat. Originalhandschrift, die weiteren Abschriften als Vorlage diente, u. a. 1519 in die dt. Sprache, liegt heute in Budapest (Budapest, OSZK, RMK III. 214/3).

Ausgabe. Triptartitum opus iuris consuetudinarii inclyti regni Hungarie: per Stephanum de Werbewcz personalis presentie regie maiestatis locum tenentem: acuratissime editum, hg. v. A. WOLF, Wien 1517, Faksimiledruck mit einer Einleitung von GY. BÓNIS, 1971.

Literatur. P. LENDVAI, The Hungarians. 1000 Years of Victory in Defeat, 2003; J. HAUSZMANN, Ungarn. Vom Mittelalter bis zur Gegenwart, 2004; D. MOLDT, Deutsche Stadtrechte im mittelalterlichen Siebenbürgen, 2009; K. SZOVÁK, Art. István Werbőczy, in: Encyclopaedia Humana Hungarica, online: http://mek.niif.hu/01900/01966/html/index819.html (31. 03. 2014).

ANNA-LENA LIEBERMANN

Der → Fünfkirchener Bischof **(2) Sigismund I. Ernuszt von Csáktornya** wurde 1494 von Ladislaus II. zum Schatzkämmerer ernannt. Während dieser Zeit entstand 1494–96 das ,Ernuszt'sche Rechenschaftsbuch' (Budapest, OSZK, Cod. Lat. medii. aevi 411), das als Fragment erhalten ist und ein sehr ausführliches Bild über den Stand der spätmittelalterlichen königlichen Schatzkammer gibt. Es entstand aufgrund einer Veruntreuungsklage gegen Sigismund und enthält, 14 Komitate ausgenommen, die Steuerkonskriptionen des ganzen Landes. Im Laufe der Ermittlungen wurden die Rechenschaften der Jahre 1494 und 1495 in ein gemeinsames Buch kopiert (vgl. FEDELES, S. 140f.).

Literatur. T. FEDELES/L. KOSZTA, Pécs (Fünfkirchen). Das Bistum und die Bischofsstadt im Mittelalter, 2011.

ANNA-LENA LIEBERMANN

(3) Johannes Schlechta von Wschehrd (1466–1525) stammt aus altem böhm. Adel. Nach einem Studium in Prag wurde er um 1495 zum Sekretär König Ladislaus' II. Jagiello ernannt. Er pflegte humanistische Freundschaften u. a. mit seinem Verwandten → Augustinus Moravus in O. und mit Hieronymus → Balbi, der später auch am Hof in O. tätig war, sowie mit → Bohuslaus Lobkowitz und mit Konrad Celtis, die O. 1497 bzw. 1499 besuchten. Mit beiden Briefpartnern tauschte Schlechta Literatur und Karten aus. Erwähnt sind konkret eine ,Ptolemäus-Handschrift, ein ,Solarium' sowie ,Praecepta Graeca' (Celtis-Briefe, Nr. 198 u. 200) sowie Origenes' ,De principiis', Epigramme des Janus Pannonius, die ,Historien' des Antonio Bonfini und *littera vernacula lingua scriptae* des Schlechta (Lobkowitz-Briefe, Nr. 59 u. Nr. 61). Mehrfach bat Lobkowitz auch Schlechta, ihm zu helfen, eine mehrbändige Ausgabe der ,Kaiserviten' Plutarchs zurückzuerhalten, die er der königlichen Bibliothek in O. geliehen hatte (Lobkowitz-Briefe, Nr. 58, 59, 97). Nach seiner Heirat mit Magdalena Strassnicz 1504 zog sich Schlechta auf die Burg Kostelitz an der Elbe zurück (MARTÍNEK, S. 218).
Keines der Werke Schlechtas ist erhalten, auch nicht der philosophische ,Microcosmos', den Lobkowitz und Balbi lobend erwähnen (vgl. RETZER, S. 49 u. 57; Lobkowitz-Briefe Nr. 63 u. 67). Überliefert sind nur Teile seines Briefwechsels.

Ausgaben. Hieronymus Balbus, Opera, Bd. 1, hg. v. J. v. RETZER, 1791; Celtis, Briefwechsel, hg. v. H. RUPPRICH, 1934; Bohuslaus Hassenstein von Lobkowitz, Episolae, hg. v. J. MARTÍNEK/D. MARTÍNKOVÁ, Bd. 2, 1980.

Literatur. (siehe Ausgaben).

CORA DIETL

Der aus Olmütz (CZ), wohl aus einer dt.-böhm. Mischehe (vgl. MARTÍNEK, S. 214), stammende, mit → Johannes Schlechta von Wschehrd verwandte **(4) Augustinus Moravus** (Käsenbrot/Olomucensis/von Wssehrd; 1467–1513) erfuhr eine humanistische Ausbildung, u. a. in Padua. Sein ,Prognostikon' für das Jahr 1492 (GW 03059) widmete er König Ladislaus II. Jagiello (vgl. BAUCH, S. 121) und im Widmungsbrief seines 1493 gedruckten ,Dialogus in defensionem poetices' (GW 03057) betont er, dass u. a. auch die Fürsten in Pannonien sich um die Pflege *bonarum litterarum et antiquitatis* bemühten (fol. a2ᵛ). 1496 wurde er schließlich als Sekretär in die Kanzlei Ladislaus' II. nach O. berufen, wo er allmählich zum Vizekanzler aufstieg (Celtis-Brief, Nr. 313). Nachdem er bereits 1494 nominell zum Dompropst von Olmütz ernannt worden war und 1506 die Stelle offiziell angetreten hatte, verließ er 1511 die Kanzlei und zog nach Olmütz (vgl. Brief Ladislaus', WOTKE, S. 48).
In O. tat sich Augustinus Moravus als energischer Widersacher der Böhm. Brüder und als Verfechter des Frühhumanismus hervor. Er hielt Kontakt zu humanistischen Kreisen in Olmütz und in Wien. Mit Konrad Celtis (der O. 1497 besucht hatte), Hieronymus → Balbi (der später an den O.er Hof wechselte), → Cuspinian, → Bohuslaus Lobkowitz u. a. stand er in regem Austausch von Briefen und Literatur, auch von halbfertigen Manuskripten. Aus Wien erhielt Augustinus eine Samm-

lung ‚Erotica', die ‚Silesia' und die ‚Epigrammata' Celtis', ein nicht erhaltenes satirisches ‚Auri et Priapi de eminentia certamen', Celtis' ‚Rhapsodia' und ein Gedicht auf die Schutzheiligen Österreichs sowie Cuspinians Edition von Marbods von Rennes ‚De lapidis preciosis' (Wien: Vietor 1511). Seinerseits sandte er eine Karte Schlesiens nach Wien sowie eigene Werke, die heute nicht mehr erhalten sind: Elegien, ein *carmen heroicum* und Fazetien (Celtis-Briefe, Nr. 181, 184, 189, 231, 313, 320, 325; Cuspinian-Brief, Nr. 8).

Der kunstvolle lat. Brief, mit dem sich Augustinus am 20. 8. 1493 König Ladislaus II. Jagiello als Sekretär empfahl, liegt heute in München (BSB, Clm 24106, fol. 3^v–6^r). Aus der O.er Zeit Augustinus' sind Teile seines privaten Briefwechsels erhalten (ein Brief an Bohuslaus von Hassenstein, elf Briefe an Konrad Celtis sowie ein Brief von Cuspinian), außerdem eine Reihe von Briefen und Schriften gegen die Böhm. Brüder aus der Zeit 1500–12. Zu erwähnen ist darunter insbesondere der ‚Tractatus de secta Waldensium', der 1500 bei Conrad Baumgarten in Olmütz verlegt wurde (GW 03061). In einer von Augustinus selbst in den Jahren 1510–12 angelegten Sammlung, welche den ‚Fehlglauben' der Böhm. Brüder dokumentieren soll (Leipzig: Melchior Lotter 1512, VD16 / 442), ist der ‚Tractatus' erneut abgedruckt (ebd., B3^v–D1^r), zusammen mit Briefen des Augustinus aus den Jahren 1500–07 an Johannes Niger und an Ladislaus II. Jagiello, in denen er mit zunehmendem Nachdruck vor den ‚Waldensern' oder ‚Pigharden' warnt und den König drängt, er solle zur Stabilisierung seiner Herrschaft gegen diese vorgehen. In die Sammlung aufgenommen sind auch die Gegendarstellungen der Böhm. Brüder, wie u. a. die ‚Excusatio fratrum Valdensium contra binas litteras doctoris Augustini datas ad regem' (ebd. D2^v–F2^r).

Zwar in Augustinus' O.er Zeit, vermutlich aber während seiner Aufenthalte in Olmütz, ist der ‚Catalogus episcoporum Olomucensium' entstanden, der am 8. 3. 1511 bei Vietor und Singriener in Wien gedruckt wurde (VD16 K 8).

Die Bibliothek des Augustinus, die → Valentin Eck in seinem 1512 in Krakau (PL) gedruckten ‚Panegyricus in laudem […] Augustini Moravi' preist (WOTKE 1898, S. 62–64), war zu der Zeit bereits von O. nach Olmütz transferiert worden (GLOMSKI 2007, S. 103). Sie umfasste eine große Zahl von lat. Klassikern und spätantiken Autoren. In Ecks Lobgedicht sind außer Homer keine griech. Autoren und gar keine zeitgenössischen oder volkssprachlichen Autoren genannt. Dies dürfte nicht zuletzt Ecks spezifisches Interesse an der Bibliothek spiegeln.

Ausgaben. A. Olomucensis, Episcoporum Olomucensium series […], hg. v. F. X. RICHTER, 1831; A. Moravus, Brief an Wladislaw II, in: WOTKE 1898 (s. Lit.), S. 66–70; A. Olomucensis, Tractatus de secta Valdensium, hg. v. J. NECHUTOVÁ/M. RÖSSLEROVÁ, Studia minora Facultatis philosophicae Universitatis Brunensis E 30 (1985), S. 133–147; Bohuslaus Hassenstein von Lobkowitz, Epistulae, hg. v. J. MARTÍNEK/D. MARTÍNKOVÁ, Bd. 2, 1980; Johann Cuspinian, Briefwechsel, hg. v. H. ANKWICZ-KLEEHOVEN, 1933; Konrad Celtis, Briefwechsel, hg. v. H. RUPPRICH, 1934.

Literatur. K. WOTKE, Augustinus Olomucensis. Augustinus Käsenbrot von Wssehrd, Zeitschrift des Vereins für die Geschichte Mährens und Schlesiens 2 (1898), S. 47–71; G. BAUCH, Zu Augustinus Olomucensis, Zeitschrift des dt. Vereins für die Geschichte Mährens und Schlesiens 8 (1904), S. 119–136; J. GLOMSKI, Patronage and Humanist Literature in the Age of the Jagiellons, 2007; R. CZAPLA, Art. Augustinus Moravus, VL Hum 1 (2008), Sp. 61–72.

CORA DIETL

Der aus Nordböhmen stammende **(5) Bohuslaus Lobkowitz von Hassenstein** (Bohuslaw Hassenstein von Lobkowicz; um 1461–1510) gilt als der berühmteste Vertreter des böhm.-mähr. Humanismus um 1500 (MÜLLER, Sp. 1035). Nach einem Studium in Bologna und seiner Promotion zum Doktor des kanonischen Rechts in Ferrara 1482 war er bereits ab 1485 in der königlichen Kanzlei in Prag tätig, als er nach einem Besuch in O. 1499, einem Treffen mit Konrad Celtis 1501 und Verhandlungen mit dem königlichen Sekretär → Johannes Schlechta schließlich 1502 an die Kanzlei Ladislaus' II. Jagiello nach O. berufen wurde. Im Mai 1502 zog er vermutlich mit seiner Bibliothek (MARTÍNEK, S. XII) dorthin um. Bereits 1503 kehrte Lobkowitz allerdings nach Hassenstein zurück. MÜLLER (Sp. 1035) vermutet als Hintergrund Querelen mit dem Hof.

Während seiner Zeit in O. verfasste Lobkowitz insges. 42 kurze lat. Gedichte und Epigramme (VACULÍNOVÁ, Nr. 115–156). Die meisten sind an Johannes Schlechta oder an König Ladislaus gerichtet, manche an andere Mitglieder von Hof und Kanzlei, an → Augustinus Moravus (VACULÍNOVÁ, Nr. 149) und den königlichen Sekretär Georg Nedeker (VACULÍNOVÁ, Nr. 148), oder an Vertreter der mit dem Hof verbundenen ung. Geistlichkeit: an Paulus Paul, Dekan von → Wardein (RO) (VACULÍNOVÁ, Nr. 129), und an Thomas Bakócz, Erzbischof von → Gran (VACULÍNOVÁ, Nr. 147). In ihnen beleuchtet Lobkowitz zum Teil warnend die Lage in Ungarn und am Hof, wobei der Blick auf Literatur und Kultur und der Blick auf die Politik ineinander greifen. Besonders hervorzuheben ist die ‚Comparatio Bohemiae et Pannoniae', in der nicht nur Prag und O. einander gegenübergestellt werden, sondern auch der Böhme Johannes Schlechta und der Ungar Janus Pannonius (VACULÍNOVÁ, Nr. 118). In ‚Boemia ad Hungariam sororem' (VACULÍNOVÁ, Nr. 117) fordert das personalisierte Böhmen Ungarn auf, den König zurückzugeben. Andere Gedichte erwähnen Werke, die Lobkowitz in O. aus- oder verleiht, wie u. a. die Werke des Georg von Trapezunt (VACULÍNOVÁ, Nr. 121) und des Petrus Hispanus (VACULÍNOVÁ, Nr. 127). Unmittelbar nach seiner Heimkehr nach Hassenstein verfasste er die ‚Ecloga sive Idyllion Budae' (VACULÍNOVÁ, Nr. 157). In ihr unterhalten sich die aus der antiken Mythologie bekannten Hirten Lycidas und Battus über dessen Erfahrung in der Stadt, aus der Battus nach kurzer Zeit heimkehrt.

Aus der O.er Zeit des Bohuslaus Lobkowitz sind fünf lat. Briefe überliefert: In den Briefen an Adelmann vom August 1502 und vom Anfang des Jahres 1503 (MARTÍNEK 1980, S. 99–101) zeichnet er das Bild einer gelehrten Umgebung, die den Humanisten ebenso erfreut wie befremdet: Man schätze hier die antike Literatur höher als das Christentum. Er habe schon einige Titel griech. und lat. Literatur entdeckt, darunter die ‚Ethik' des Aristoteles. Als er im Februar und im Mai 1503 Johannes Schlechta schreibt (MARTÍNEK 1980, S. 101), ist die Stimmung bereits umgeschlagen: Bohuslaus Lobkowitz äußert mit Blick auf die aktuelle Politik und v. a. auf die aggressive Haltung der Deutschen konkrete Kriegsangst. Im Juni 1503 ist er fest entschlossen, Ungarn zu verlassen; die Bücher, die Johannes Schlechta ihm geliehen hatte, hat er bereits nach Prag geschickt (MARTÍNEK 1980, S. 103f.). Seine Ausstände, konkret eine vierbändige Plutarch-Ausgabe, fordert er vom ung. König zurück, zunächst vergeblich (MARTÍNEK 1980, S. 104).

Ausgaben. Bohuslai Hassensteinii a Lobkowicz Epistulae, hg. v. J. MARTÍNEK/D. MARTÍNKOVÁ, 1969; Bohuslaus Hassensteinius a Lobkowicz, Opera poetica, hg. v. M. VACULÍNOVÁ, 2006.

Literatur. MARTÍNEK/MARTÍNKOVÁ 1969 (s. o.); J.-D. MÜLLER, Art. Hassenstein, Bohuslaus Lobkovicz von, VL Hum 1 (2008), Sp. 1032–48.

CORA DIETL

Der Venezianer Humanist **(6) Hieronymus Balbi** (um 1460–nach 1529), ehemals Professor für kanonisches Recht an den Universitäten Wien und Prag und ein Mitglied der Sodalitas Danubiana um Konrad Celtis, um 1503/04 in → Fünfkirchen zum Priester geweiht, gelangte über die Vermittlung Bischof Georgs von Szatmár (über die Stationen → Erlau und → Waitzen) an den Hof König Ladislaus' II. Jagiello und erhielt eine Anstellung als Geheimsekretär und von ca. 1512–15 als Erzieher der Königskinder Ludwig und Anna. Als Gelehrter genoss er am Hof hohes Ansehen und hatte, wie aus seinem Briefwechsel hervorgeht (u. a. mit Georg Tannstetter, 1513; vgl. SOMMER, Nr. 42), auch die Möglichkeit, befreundeten Gelehrten den Zutritt zur Handschriftensammlung des → Königs Matthias zu verschaffen. Ladislaus II. betraute Balbi mit politischen Missionen; er spielte u. a. eine entscheidende Rolle bei den Heiratsverhandlungen mit den Habsburgern. Hierfür verlieh ihm Ludwig eine Propstei in Pressburg (SK). – Außer lat. Korrespondenz sind aus dieser Zeit keine Werke Balbis überliefert.

Ausgaben. Hieronymus Balbus, Opera, Bd. 1, hg. v. J. v. RETZER, 1791; Hieronymus Balbus, Opera omnia quae supersunt, hg. v. A. F. W. SOMMER, 1991.

Literatur. A. F. W. SOMMER 1991 (s. o.).

CORA DIETL

Urkunden. Neben zahlreichen lat. sind einzelne dt.-sprachige Urkunden aus den Jahren 1493–1516 erhalten, welche die königliche Kanzlei unter Ladislaus II. Jagiello ausgestellt hat. Sie richten sich an die Kurfüsten von Brandenburg und werden heute in Berlin aufbewahrt. Inhaltlich beziehen sie sich auf die unter König → Matthias erfolgte Verpfändung von Crossen, Züllichau, Sommerfeld und Bobersberg an Barbara, Herzogwitwe von Schlesien, und ihre Erben (Berlin, GSaPreußKB, VII. HA, Märkische Ortschaften, Crossen Nr. 27 und 38) sowie auf die Belehnung Kurfürst Johann Ciceros von Brandenburg mit Cottbus, Peitz, Teupitz, Bernwalde und dem Hof zu Groß Lobben (Berlin, GSaPreußKB, VII. HA, Weltliche Reichsstände in Beziehung zur Mark, Böhmen, 13; VII. HA Märkische Ortschaften, Cottbus, 51) bzw. Kurfürst Joachims I. von Brandenburg mit Zossen (Berlin, GSaPreußKB, VII. HA, Märkische Ortschaften, Zossen, 35).

Literatur. Archivdatenbank des Geheimen Staatsarchivs Preußischer Kulturbesitz, http://www.gsta.pk.findbuch.net/php/main (29. 05. 2014).

CORA DIETL

E.10 Hof König Ludwigs II.
1516–1526

Geschichte. Ludwig II. (1. 7. 1506–29. 8. 1526) bestieg nach dem Tod seines Vaters Ladislaus II. Jagiello im Jahr 1516 den ung. Thron. Aufgrund seines jungen Alters oblagen Herrscherangelegenheiten zunächst den Händen seiner Erzieher, unter denen sich u. a. Thomas Bakócz (Erzbischof von → Gran) und Markgraf Georg von Brandenburg befanden. Die Heirat mit Maria aus dem Hause Habsburg war Teil einer im Rahmen des am 20. 3. 1506 geschlossenen Geheimvertrages zwischen Kaiser Maximilian I. und Ladislaus II.; das am 22. 7. 1515 im Stephansdom in Wien vollzogene Ehebündnis wurde durch eine offizielle Zeremonie im Jahr 1522 der nun Volljährigen in der → Liebfrauenkirche zu O. zementiert. Das Hofgeschäft überließ Ludwig II. schließlich zunehmend seiner Gattin (vgl. HEISS, S. 55). Außenpolitisch war die Herrscherperiode von der wachsenden Bedrohung durch das osmanische Heer unter Süleyman I. geprägt, da sich die westlichen Mächte bereits 1521 jeglicher militärischer Unterstützung versagt hatten. Die Schlacht bei → Mohács am 29. 8. 1526, durch die das Vordringen der Osmanen in das europäische Lager ihren Zenit erreichte, führte zur völligen Niederlage des ung. Aufgebots und dem Tod des Königs.

Autoren/Werke. Bereits bei König Ladislaus II. Jagiello war der Venezianer Humanist **(1) Hieronymus Balbi** (um 1460–nach 1529), der über beste Verbindungen zu den Humanisten im Umkreis Maximilians verfügte, Geheimsekretär gewesen; von etwa 1512 bis 1515 war er Erzieher Ludwigs II. Als Ludwig die Nachfolge seines Vaters antrat, blieb

Balbi sein Sekretär und Orator bis zu seiner Ernennung zum Bischof von Gurk 1523. Der König sandte ihn auf anspruchsvolle diplomatische Missionen, u. a. im Zusammenhang mit der Nachfolge auf dem Römischen Thron nach dem Tod Maximilians 1519 und mit Gesuchen um eine Unterstützung Ungarns gegen die Türken; Balbi hielt sehr beachtete Reden, insbesondere die ‚Oratio habita in imperiali conventu Vuormaciensi' am 3. 4. 1521 auf dem Reichstag zu Worms, die noch im gleichen Jahr von Maximilianus Transsilvanus herausgegeben und (mit einer Widmung an den Kardinal von Salzburg, AT) zweimal gedruckt worden ist: in Augsburg und in Wien. Sie beginnt als Lobrede auf den Kaiser, der als Beschützer der Christen gegen die Türken angerufen wird. Schließlich verkehrt sie sich in einen Appell an die anwesenden Fürsten, dass sie erkennen, dass die Osmanen auch für Deutschland eine Gefahr darstellen, selbst wenn man derzeit noch meine, am Rhein in sicherer Entfernung zu sein. Ähnliches Lob wie diese Rede erntete auch Balbis am 9. 2. 1523 (bereits als designierter Erzbischof von Gurk) vor Papst Hadrian VI. in Rom gehaltene Rede, in welcher er den Papst auffordert, den Frieden zwischen den Fürsten in Europa wiederherzustellen. Neben den Reden und Briefen Balbis sind aus seiner Zeit am Hof Ludwigs II. einzelne lat. Lieder, Gelegenheitsgedichte und Epigramme überliefert, wie zum Beispiel das in Hexametern verfasste Gedicht ‚De legibus Hungariae' über das Verhältnis von Gesetz und Gewalt bei den Ungarn, welche hier im Gewand der antiken Skythen auftreten: eine Beigabe zum Wiener Druck des ‚Opus tripartitum juris consuetudinarii inclyti regni hungariae' des Jakob Stephan Werbőczy (Wien: Singriener 1517, vgl. SOMMER 1991, S. 220f.).

Im Jahr 1523 erschien mit **(2) ‚Des Künigs von Hungern sendprieff an Kayserlich Statthalter und Regiment, zugesagter hilff gegen Tyrckischer Tyrannei'** eine dt.-sprachige Flugschrift, die den Tenor Balbis hinsichtlich des erstarkenden osmanischen Heeres explizit aufnimmt (München, BSB, Res/4 J.pract. 154; VD16 U 153). Auf 4 Bll. werden der Vormarsch und die Rüstungsgewalt des feindlichen Heeres beschrieben, die Notlage des ung. Königreichs und folglich die Notwendigkeit militärischer Unterstützung. Historisch betrachtet gibt der Textgehalt die politische Situation authentisch wieder; dass die Schrift im Auftrag Ludwigs II. verfasst wurde, ist daher wahrscheinlich. Der Datierung zufolge sollte die Schrift am 16. 4. 1523 an die Stadt Olmütz (CZ) (fol. 4ᵛ) gehen und wird somit, zumindest ursprünglich, nicht für die öffentliche Verbreitung gedacht gewesen sein. Die Schrift wurde 1526 in der Augsburger Werkstatt Philipp Ulharts als Teil eines Büchleins mitsamt der ‚Abschrifft auß dem Original, so der Türck sampt dem Künig von Cathey vnnd Persien allen Christlichen stenden des Römischen Reychs geschriben haben' erneut gedruckt (München, BSB, Res/4 Turc. 81,9; VD16 T 2197).

Überlieferung. Die nachweislich hohe Zahl humanistischer Gelehrter, die am Hof Ludwigs II. weilten, lässt den Umfang literarischer Werke, die dort produziert, gesammelt oder rezipiert wurden, lediglich erahnen. Unter den Gebildeten befanden sich u. a. der *poeta laureatus* Caspar Ursinus Velius oder der ab 1522 als königlicher Schatzmeister agierende Alexius Thurzó. Beide standen in engem Kontakt mit Jakob Piso, dessen Haus Treffpunkt zahlreicher europäischer Humanisten gewesen sei. Es lässt sich weiterhin vermuten, dass insbesondere die spürbaren (vor-)reformatorischen Impulse am Hofe näherer Untersuchungen bedürfen würden, da sowohl Erasmus von Rotterdam als auch Martin Luther teils in direkter Korrespondenz zu Amtsträgern im königlichen Umfeld und den Würdenträgern selbst standen. Das Interesse des Königspaars an Literatur dokumentieren zahlreiche indirekte Quellen, doch liegen bislang keine konkreten Angaben über die von Ludwig II. oder Maria erworbenen Schriften vor. Freilich stand dem Königspaar noch ein umfangreicher Bücherbestand aus der von → Matthias Corvinus hinterlassenen Bibliothek zur Verfügung. Die Einschätzung des Verhältnisses des Königspaars zur Bildung ist allerdings keineswegs eine einheitliche: Während Maria als große Bücherfreundin gilt, wird Ludwig II. auch von der neueren Forschung zuweilen als ihr bibliophober Gegenpart beschrieben (vgl. TAMUSSINO, S. 80f.).

Ausgaben. Girolamo Balbi, Oratio habita in Imperiali conuentu Vuormacien [...] (Augsburg: Otmar) 1521 (Exempl. HAB Wolfenbüttel, 104.7 Quodl. (9); der Band enthält auch die Römer-Rede); Girolamo Balbi: Oratio in imperiali conventu Bormaciensi, coram divo Carolo Caesare, ac principibus totius imperij die 3. Apr. 1521 per inclyti Regis Hungarie ac Bohemie etc. oratores habita. Wien: Singriener 1521 (Exempl. HAB Wolfenbüttel, 36.1 Rhet. (4)); Hieronymus Balbus. Poet, Humanist, Diplomat, Bischof. Opera omnia quae supersunt, hg. v. A. F. W. SOMMER, 1991; Des Künigs von Hungern sendprieff an Kayserlich Statthalter und Regiment [...] (1523), MDZ-Textdigitalisat, http://daten.digitale-sammlungen.de/~db/0004/bsb00049985/images/ (16. 11. 13).

Literatur. L. NYIKOS, Erasmus und der böhmisch-ungarische Königshof, Zwingliana 6 (1937), S. 346–374; G. HEISS, Art. Ludwig II., BLGS 3 (1979), S. 54–56; A. F. W. SOMMER 1991 (s. o.); U. TAMUSSINO, Maria von Ungarn. Ein Leben im Dienst der Casa de Austria, 1998.

CORA DIETL/MARY-JANE WÜRKER

Königin Maria von Habsburg

1521–1526

Lebensweg. Maria aus dem Hause Habsburg (15. 09. 1505–17. 10. 1558), Tochter Philipps des Schönen und Johannas von Kastilien, wurde ab 1507 am Mechelener Hof unter der Obhut Margaretes von Österreich und ab 1514 am Wiener Hof erzogen. Im Rahmen der von Maximilian I. und → Ladislaus II. Jagiello verhandelten Doppelhochzeit erfolgte 1515 die Heirat mit Ludwig II., die mit eintretender Volljährigkeit der Ehepartner 1522 rechtskräftig wurde. Ab 1517 hielt Maria einen gemeinsamen Hofstaat mit Anna Jagiello in Innsbruck; 1521 siedelte sie nach O. über. Nach der Niederlage des ung. Heers in der Schlacht von → Mohács 1526 floh Maria nach Pressburg (SK). Die nach dem Tod ihres Gatten auftretenden Thronwirren ging sie trotz teils heftigen Widerstands von Seiten der ung. Magnatentafel an. Als bedeutendster Berater der Königswitwe fungierte zu jener Zeit der aus → Hermannstadt (RO) stammende Humanist Nikolaus Olahus, der ihr nach Brüssel folgte, wo Maria am 3. 1. 1531 auf Bitten ihres Bruders Kaiser Karl V. das Amt der Statthalterin in den Niederlanden übernahm. Ihre letzten Jahre verbrachte sie mit ihren Geschwistern Karl V. und Eleonora in Yuste.

Die Königin bemühte sich – wenn auch nicht sehr erfolgreich – darum, dem Protestantismus zugeneigte Persönlichkeiten wie Konrad Cordatus oder Johannes Hess als Hofprediger am ung. Hof zu halten (vgl. TAMUSSINO, S. 93). Unter den in ihrem Umkreis tätigen Künstlern ist insbesondere der aus Schweidnitz stammende Komponist Thomas Stoltzer (um 1490–1526) hervorzuheben, der 1522 auf Bitten Marias die Stelle des *magister capellae* an der O.er Hofkapelle annahm. Ab 1523 nachweislich in O. anzutreffen, vertonte Stoltzer als zu seiner Zeit erster Musiker in einem kath. kulturellen Zentrum Luther'sche Psalmen (vgl. WINKLER 1993, S. 213). Gemäß einem dt.-sprachigen, aus O. an den Markgrafen Albrecht von Brandenburg adressierten Brief hat Königin Maria die Vertonung des *psalm[s] Noli Emulari* (Ps 37) angeregt (vgl. HOFFMANN-ERBRECHT 1964, S. 25, 33f.).

Briefe. Marias Korrespondenz liefert einen widersprüchlichen Einblick in ihre Haltung zur Reformation. Im Jahr 1524 fordert sie in einem dt.-sprachigen Brief an den Kurfürsten Joachim von Brandenburg und den Mainzer Erzbischof Albrecht zur Verfolgung der *luterischen secten* auf (GStA PK, XX. HA, Herzogliches Briefarchiv A5, K. 267, Nr. 34; ein Abdruck findet sich bei CSEPREGI 2007, S. 68). Bald darauf beginnt ihr privater Briefwechsel mit Martin Luther. Erhalten ist ein Brief vom 1.11.1526, in welchem Luther sein Bedauern darüber äußert, dass *der Turcke diesen jamer und elend hat angericht* und sie *des lieben gemalhs beraubt* habe (Abschrift bei TAMUSSINO, S. 134f.). Der Brief, der einem von Hans Herrgott 1527 in Nürnberg gedruckten Büchlein (Budapest, OSZK, Röpl. 81) mit der lutherischen Auslegung vier ausgewählter Psalmen (Ps 37, 62, 94 u. 109) vorangestellt wurde, erzeugte einen öffentlichen Skandal. Der für Maria bestehende Konflikt zwischen persönlichen und politisch-öffentlichen Interessen wird z. B. auch in der frz.-sprachigen Korrespondenz mit ihrem Bruder Ferdinand deutlich.

Die prekäre außenpolitische Lage, die mit der verlorenen Schlacht von → Mohács ihren Tiefpunkt erreichte, wird in einem Brief Marias an Johann Lamberg vom 31.8.1526 deutlich (vgl. TAMUSSINO, S. 112f.), den sie auf der Flucht nach Pressburg (SK) verfasste. Er gibt Einblick in Marias Unsicherheit bezüglich des Verbleibs und Befindens ihres Gemahls, auch warnt sie den Österreicher vor dem raschen, gewaltigen Vordringen des türkischen Heeres.

Werke. Einen nach wie vor rege diskutierten Forschungsgegenstand bildet eine **Sammlung anonymer Lieder**, die entweder aus der Hand der Königin selbst oder aus dem direkten Umkreis zu stammen scheinen (vgl. TAMUSSINO, S. 129–133). Dies betrifft das achtstrophige Lied ‚Künig Ludwig aus Ungern', das elfstrophige Lied ‚Ach got, was sol ich singen?' sowie das in mehreren gedruckten Fassungen vorliegende ‚Der Königin Maria von Ungern Lied' (‚Mag ich unglück nicht widerstan'). Insbesondere das letzte Lied, das laut Georg von Brandenburg (Brief vom 15.1.1529 an den Ansbacher Magistrat) der Königin zugerechnet werden kann, ist von der neueren Forschung als Indiz für die ambivalente Haltung der Würdenträgerin zur reformatorischen Wende gewertet worden (vgl. CSEPREGI, S. 58; dagegen TAMUSSINO, S. 133f.). Die Rezeption des Liedtextes im 16. Jh. war insbesondere im dt. Sprachraum enorm (vgl. BALOGH, S. 124f.). In der frühesten Fassung erschien der Text 1526 bei Schürer in Straßburg (VD16 Z 700), dann 1528 bei dem Nürnberger Drucker Georg Wachter (VD16 Z 701), schließlich in einer weiteren Variante im Erfurter Gesangsbüchlein von 1531. Weniger gesichert ist die Autorschaft Marias bei ‚Ach got, was sol ich singen?', obgleich dieses Lied in mehreren Drucken gemeinsam mit dem ‚Königin Maria von Ungern Lied' veröffentlicht wurde; so bei Schürer und Wachter (s. o.), dem Lübecker Johann Balhorn d. Ä. um 1540 (VD16 ZV 28153), um 1530 von Hieronymus Vietor in Wien (VD16 Z 703) und von Jakob Frölich 1545 in Straßburg (VD16 Z 702).

Überlieferung. Maria galt nicht nur als äußerst bibliophile Persönlichkeit, auch hielt sie stets Kontakt zu humanistischen Gelehrten ihrer Zeit, Bekannten und Freunden. Allein die Briefwechsel an mehrere Vertreter des Hauses Brandenburg lassen umfangreichere Korrespondenzen, die von der Königin nicht selten in dt. Sprache gepflegt wurden, erahnen. Dem Einfall des osmanischen Heeres sind zahlreiche Schriftstücke dieser Art, wie auch die zurückgelassenen Werke der Corviniana, zum Opfer gefallen.

Ausgaben. F. M. BÖHME, Altdeutsches Liederbuch, 1877 (Neudr. 1966); L. HOFFMANN-ERBRECHT, Thomas Stoltzer. Leben und Schaffen, 1964; Martin Luther, Vier tröstliche Psalmen an die Königin zu Ungarn, in: WA 19, S. 552; U. TAMUSSINO, Maria von Ungarn. Ein Leben im Dienst der Casa de Austria, 1998 (Textauswahl).

Literatur. L. HOFFMANN-ERBRECHT 1964 (s. o.); L. HOFFMANN-ERBRECHT, Stoltzeriana, Die Musikforschung 27/1 (1974), S. 18–36; G. HEISS, Politik und Ratgeber der Königin Maria von Ungarn in den Jahren 1521–1531, MIÖG 82 (1974), S. 119–180; L. POSSONYI, Art. Oláh, Miklós, BLGS 3 (1979), S. 350f.; U. TAMUSSINO 1998 (s. o.); G. J. WINKLER, Thomas Stoltzer, ein ‚protestantischer' Komponist am ungarischen Königshof, in: Reformation und Gegenreformation im pannonischen Raum, hg. v. G. REINGRABNER/G. SCHLAG,

1999, S. 213–226; E. Böröcz, Martin Luther: Vier Trostpsalmen an die Königin Maria von Ungarn, Beiträge zur ostdeutschen Kirchengeschichte 4 (2001), S. 1–11; A. F. Balogh, Literarische Querverbindungen in der ersten Hälfte des 16. Jahrhunderts, in: Deutschland und Ungarn in ihren Bildungs- und Wissenschaftsbeziehungen der Renaissance, 2004, S. 117–134; M. Fuchs/O. Réthelyi, Mary of Hungary. The Queen and Her Court 1521–1531, 2005; Maria von Ungarn (1505–1558). Eine Renaissancefürstin, hg. v. M. Fuchs/O. Réthelyi, 2007; O. Réthelyi, Mary of Hungary in Court Context 1521–1531, 2010.

Mary-Jane Würker

F. Stadt

F.1 Rathaus

Geschichte. Das Stadtregiment der 1255 neu gegründeten Stadt O. wurde zunächst von einem aus der Bürgerschaft gewählten Richter geführt. Béla IV. setzte um 1265 das Richterwahlrecht aus und ernannte einen Rektor: zuerst Heinrich Preussel, einen österr. Ritter. Die Rektoren gehörten der Oberschicht O.s an; diese bestand weitgehend aus dt.-sprachigen ritterlichen Familien (vgl. Kubinyi 1991, S. 21), die sich laufend aus Wien und dem oberdt. Raum ergänzten. Ab 1347 trat das alte Richterwahlrecht wieder in Kraft. Die Macht blieb in der Hand der patrizischen Oberschicht, doch markiert das späte 14. Jh. anwachsende soziale Spannungen (vgl. Gönczi, S. 71f.). Im Rat saßen jetzt aber auch einige Mitglieder der gehobenen Mittelschicht, in der v.a. auch Kaufleute, darunter zahlreiche neue dt. Einwanderer (insbesondere aus Nürnberg), vertreten waren (vgl. Kubinyi 1991, S. 23). 1402–04 war ein dt. Metzger, Andreas, Richter der Stadt, bis mit Unterstützung König Sigismunds die patrizische Oberschicht wieder die Macht übernahm. Erst als Folge der bewaffneten Konflikte zwischen der ung. und der dt. Bevölkerung in Folge der Ermordung des O.er → Goldschmieds János 1439 wurde ein Wahlgremium für den Rat und den Richter eingesetzt, das paritätisch mit Ungarn und Deutschen besetzt war (vgl. Zimmermann, S. 77; Kubinyi 1991, S. 27).

Ratsherren. (1) Berchthold Kraft aus Nürnberg gehört zu der großen Zahl von oberdt. Kaufleuten, die nach O. kamen und dort Einfluss erlangten (vgl. Kubinyi, S. 23). 1392 wurde er Ratsherr der Stadt und starb noch im gleichen Jahr. Seine monumentale Grabplatte, die sich ursprünglich in der → O.er Marienkirche befand, trägt die Inschrift: *Sepulcrum Perchtoldi Kraft de Nuremberg ciuis Budensis, obiit anno domini CCCLXXXXII vigilii circumcisionis domini* (v. Stromer 1971, S. 360). Auch für einen aus Bamberg nach O. eingewanderten Mitbürger befand sich an eben dieser Stelle eine Grabplatte. **(2) Heinrich Mehlmeister** aus Bamberg wurde Ratsherr, Conrad Mehlmeister (wohl sein Sohn) wurde 1427 Bürgermeister von O. Das Monument trägt die Inschrift: *hic est sepultus honorabilis Henricus dictus Melmeyster de Babenberga qui obijt fer[iis] ante festum sancti Pauli kathedra reges anno domini m°cccc°xj°*. (v. Stromer 1971, S. 360). Die Grabplatten werden heute im Historischen Museum von Budapest verwahrt.

Stadtrichter. Über **(3) Johannes *dictus Rotenberg*** *iudex Castri Novi Montis Pestensis*, vermutlich identisch mit dem 1420–22 am Hof → Sigismunds bezeugten Johannes Rotenborg, erfahren wir durch eine lat. Urkunde aus dem Jahr 1422, in welcher er vor dem Rat und der Bürgerschaft O.s bestätigt, dass Johannes, Sohn des Nicolai, die Vollmacht besitze, seinen Grundbesitz in der Nähe der Stadt zu verkaufen. Johannes dürfte wohl in diesem Jahr O. verlassen haben. Die Urkunde ist nicht im Original erhalten, vielmehr findet sich von ihr eine Abschrift nachgetragen in eine um 1418 in Iglau (SK) angelegte und unter Simon Reuchlin ins Kloster Mondsee gelangte Sammelhandschrift (Wien, ÖNB, Cod. 3523). Diese enthält grammatische und rhetorische Schriften sowie die ‚Laurea sanctorum' des Hugo von Trimberg. Die Vollmacht findet sich dort (fol. 150ᵛ) im Anschluss an eine Formelsammlung, gleichsam als Beispieltext.

Überlieferung. Eine 100 × 41 × 25 cm große Kalksteinplatte zur Begrüßung der „dt. Gäste" mit der lat., in gotischen Majuskeln verfassten Aufschrift GAVDEAT HIC SOSPES VENIENS HUC CIVIS ET OSPES AC VENIAM LAPSI CAPIANT ET PREMIA IVSTI (Budapest, MNM, 61.12. B, zit. nach JAHN u. a., S. 132) stammt wahrscheinlich aus O., wo sie in der zweiten Hf. des 13. Jh.s möglicherweise an einem Stadttor oder auch am Rathaus der Stadt angebracht war (JAHN u.a., S. 132). Ihr genauer Entstehungs- und Verwendungszusammenhang ist unbekannt; sie lässt sich jedoch mit der Städtegründungs- und Siedlungspolitik der ung. Könige nach dem Einfall der Mongolen 1241 in Verbindung bringen (JAHN u.a., S. 132), als v. a. aus dem Süden des Deutschen Reiches fremde Siedler, die sog. *hospites teutonici*, unter Gewährung weitreichender Privilegien nach Ungarn angeworben wurden, um die nach den Kriegshandlungen zerstörten Städte und Landstriche wieder neu zu bevölkern und wirtschaftlich zu erschließen.

Literatur. Tabulae codicum manu scriptorum praeter graecos et orientales in Bibliotheca Palatina Vindobonensi asservatorum, hg. v. Academia Caesarea Vindobonensis, Bd. 3, 1864–99; W. v. STROMER, Oberdeutsche Hochfinanz 1350–1450, Vierteljahrschrift für Sozial- und Wirtschaftsgeschichte, Beih. 57 (1970), S. 90–154; DERS., Fränkische und Schwäbische Unternehmer in den Donau- und Karpatenländern im Zeitalter der Luxemburger 1347–1437, Jahrbuch für fränkische Landesforschung 3 (1971), S. 355–365; F. UNTERKIRCHER, Die datierten Handschriften der Österreichischen Nationalbibliothek von 1401 bis 1450, 1971; A. KUBINYI, Die Anfänge Ofens, 1972; DERS., Buda. Die mittelalterliche Hauptstadt Ungarns. Eine deutsch-ungarische Stadt in Ostmitteleuropa, in: Budapest im Mittelalter, hg. v. G. BIEGEL, 1991, S. 15–41; H. ZIMMERMANN, Die deutsche Südostsiedlung im Mittelalter, in: Deutsche Geschichte im Osten Europas. Land an der Donau, hg. v. G. SCHÖDL, 1995, S. 21–88; K. GÖNCZI, Ungarisches Stadtrecht aus europäischer Sicht. Die Stadtrechtsentwicklung im spätmittelalterlichen Ungarn am Beispiel Ofen, 1997; Bayern, Ungarn. Tausend Jahre. Katalog zur Bayerischen Landesausstellung 2001, hg. v. W. JAHN u.a., 2001, S. 132; ÖNB-HANNA, http://data.onb.ac.at/rec/AL00173568.

CORA DIETL/EVA SPANIER

Ofner Stadtrecht

Das ‚Ofner Stadtrechtsbuch' ist eine dt.-sprachige Rechtssammlung des spätmittelalterlichen Ungarns, die sich sowohl auf deutsches Recht als auch einheimische Siedlerprivilegien stützt. Laut MOLLAY (S. 24) fand die Redaktion des Stadtrechts zwischen 1402/03, dem Jahr des Aufstands der dt. Handwerker und Ungarn in O., der sich gegen die machthabenden Patrizier dt. Herkunft richtete, und 1439, der Erlangung der Vertretung der Ungarn im O.er Magistrat, statt. Als Verfasser des Rechtsbuches ist in Art. 1 ein *Johannes* erwähnt (MOLLAY, S. 59); evtl. könnte es sich bei ihm um den aus der Nähe von Preschau (SK) stammenden Johannes Siebenlinder handeln, der 1406/07 und 1412 in O. als Geschworener bzw. Stadtrichter bezeugt ist. Siebenlinders Tätigkeit als Stadtschreiber ist allerdings nicht dokumentiert (vgl. BLAZOVICH/ SCHMIDT 2001/I, S. 144). Die Sprache des Rechtsbuches trägt sowohl mitteldt. als auch bay.-österr. Züge. Stilistisch fallen die Verwendung von gereimter Prosa und zahlreiche Bibelzitate auf, was für ein gewisses Bildungsniveau des Verfassers spricht.

Das Ofner Stadtrecht fußt in erster Linie auf dem von → König Béla IV. verliehenen Siedlerprivileg der P.er Deutschen, dem ‚Ofener Privileg' von 1244 (GÖNCZI, S. 95). Der Hinweis auf Magdeburg (Vorrede, Art. 1) verleiht dem Werk Autorität; inhaltliche Einflüsse sind aufgrund der süddt. Herkunft der O.er Kaufmannschaft allerdings eher beim Wiener Rechtskreis zu suchen (vgl. KUBINYI, S. 81f.; GÖNCZI, S. 172). Wichtige Quellen waren zudem der ‚Sachsen-' und der ‚Schwabenspiegel', das ‚Iglauer' und das ‚Schlesische Landrecht' sowie das ‚Freiburger Stadtrecht'.

Der Aufbau des Stadtrechtsbuches variiert in den drei überlieferten Abschriften: Bratislava, SAV, Cod. 443 (1430/40); Budapest, SEK, B 0910/60 (16. Jh.) sowie EK, Ms. B/31 (1541–59); identisch sind die Themenkreise bzw. Schichten des Stadtrechts (die Regierung und Verwaltung der Stadt, die Stadtverfassung, Handelsrecht und -beziehungen, die Rechtsprechung in O., Erbrecht, Strafrecht usw.). Im Prolog werden die geistigen und ideologischen Grundlagen des Stadtrechtsbuches benannt. In mehreren Artikeln kommen die zum Konflikt mit den Ungarn führenden Vorrechte der O.er Deutschen zur Geltung, u. a. was die Wahl des Stadtrichters betrifft. So heißt es in Art. 24 *Von erwellung eines Stat Richters: Also, das derr selbig richterr von deutscherr art sey von allem seinem geschlächt* (Mollay, S. 67).

Inwiefern das O.er Stadtrechtsbuch in anderen ung. Städten rezipiert wurde und das mittelalterliche Rechtssystem in Ungarn prägte, ist umstritten. Nach der Eroberung O.s durch die Osmanen geriet die Rechtssammlung in Vergessenheit.

Ausgaben. Ofner Stadtrecht von MCCXLIV–MCCCCXXI, hg. v. A. Michnay/P. Lichner, 1845; Das Ofner Stadtrecht. Eine deutschsprachige Rechtssammlung d. 15. Jh.s aus Ungarn, hg. v. K. Mollay, 1959, S. 34–205 (zit.).

Literatur. N. Relković, Buda város jogkönyve, 1905; G. Didovácz, A Budai jogkönyv hangtana, 1930; N. Relković, A budai jogkönyv harmadik kézirata a Fővárosi Könyvtárban, A Fővárosi Könyvtár évkönyve 11 (1941), S. 1–23; A. Kubinyi, Die Anfänge Ofens, 1972; P. Johanek, Art. Ofner Stadtrechtsbuch, ²VL 7 (1989), Sp. 19–21; K. Gönczi, Ungarisches Stadtrecht aus europäischer Sicht. Die Stadtrechtsentwicklung im spätmittelalterlichen Ungarn am Beispiel Ofen, 1997; Buda város jogkönyve I–II, hg. v. L. Blazovich/J. Schmidt, 2001.

Silvia Petzoldt

F.2 Faktorei der Fugger in O.

Ende 15. Jh.–1549

Gegen Ende des 15. Jh.s begann der sog. ung. Handel der Fugger und der Familie Thurzó, welcher im Laufe der Zeit stark expandierte. Die wichtigsten Zentren des Unternehmens waren die Kupferbergwerke und die Faktorei in Neusohl (Banská Bystrica, SK), die Faktorei in O. und die Salzbergwerke in → Thorenburg (RO) in Siebenbürgen. Im Juni 1525 schwebte die Faktorei in O. wegen eines Aufstandes in Gefahr. Nach der Verhaftung des Faktors wollte → König Ludwig II. (1516–26) die Fugger'schen Bergwerke übernehmen. Die Verhandlungen mit der ung. Krone über die Schadenersatzforderungen wurden im April 1526 abgeschlossen, die Pacht des Kupferbergbaus wurde auf 15 Jahre für die Fugger gesichert. Das Ende des ung. Handels bedeutete die Aufgabe der Pacht des Kupferbergbaus 1546 und die Übergabe der Neusohler Bergwerke 1549 an König Ferdinand I. von Habsburg (Ogger, S. 87–91, 244, 271–277, 290f.; Jeggle, S. 416).

Autoren/Werke. Hans Dernschwam wurde am 23. 3. 1494 in Brüx (Most, CZ) geboren und starb vermutlich Ende 1568 in Schattmansdorf (Částá bei Tyrnau/Trnava, SK). Die Familie gehörte wahrscheinlich zum Patriziat. Er studierte an der Universität Wien und in Leipzig, wo er 1510 den Baccalaureat der philosophischen Fakultät erwarb (Müller, S. 199f.). Als ehemaliger Wiener Studienkollege des Humanisten Stephan Stieröchsel (Taurinus, → Gran) fand er Zugang zum ung. Kardinal Thomas Bakócz. 1514–17 war er am Hofe des → Königs Ladislaus II. Jagiello (1490–1516) im Dienste des Humanisten → Hieronymus Balbi (Tardy 1984, S. 11–14). 1525 war er Kassierer der Fugger in O., wo er die Faktorei gegen die Übergriffe der Aufständischen verteidigte, indem er deren Geschäftsbücher, Gelder und Materialvorräte rechtzeitig sichern konnte. 1528–31 war er für die Organisation der Fugger'schen Salzbergwerke in → Thorenburg (RO) zuständig. Während seiner Reisen in Ungarn sammelte er Kopien über röm. Inschriften, die er in ‚Inscriptiones Romanae e lapidibus in territoriis Hungariae et Transsylvaniae repetis a 1520–30 collectae' zusammenstellte, überliefert in einer aus 20 Bll. bestehenden Papierhandschrift des 16. Jh.s (Wien, ÖNB, Cod. 13821). Dernschwams Bibliothek war bereits zu seinen Lebzeiten berühmt und wurde nach seinem Tode noch eine Zeit lang bewahrt (vgl. BERLÁSZ 1964).

Literatur. O. v. HEINEMANN, Die Augusteischen Handschriften 3. Cod. Guelf. 32.7 Aug. 2° – 77.3 Aug. 2°, 1898 (Nachdr. 1966); F. M. BARTOŠ, Soupis rukopisů Národního Musea v Praze. Catalogus codicum manu scriptorum Musaei Nationalis Pragensis, Bd. 2, 1927, S. 392 (Nr. 3861); Dernschwam János könyvtára, hg. v. J. BERLÁSZ, 1964; Die Bibliothek Dernschwam. Bücherinventar eines Humanisten in Ungarn, hg. v. J. BERLÁSZ, 1984; Hans Dernschwam. Erdély, Besztercebánya, Törökországi útinapló, hg. v. L. TARDY, 1984; G. OGGER, A Fuggerek. Császári és királyi bankárok, 1999 (Erstveröffentl.: Die Fugger. Bankiers für Kaiser und Könige, München, 1978); W. PETZ, Art. H. Dernschwam, in: Bayern-Ungarn Tausend Jahre, hg. v. W. JAHN u. a., 2001, S. 182–184; C. JEGGLE, Die fremde Welt des Feindes? H. Dernschwams Bericht einer Reise nach Konstantinopel und Kleinasien 1553–1556, in: Das Osmanische Reich und die Habsburgermonarchie. Akten des internationalen Kongresses zum 150-jährigen Bestehen des Instituts für Österreichische Geschichtsforschung Wien, hg. v. M. KURZ, u. a., 2005, S. 413–426; R. C. MÜLLER, Prosopographie der Reisenden und Migranten ins Osmanische Reich (1396–1611). Berichterstatter aus dem Heiligen Römischen Reich, außer burgundische Gebiete und Reichsromania, Bd. 2, 2006, S. 199–220.

KLÁRA BERZEVICZY

F.3 Zunftwesen

Ab dem 14. Jh. sind in O. Handwerker schriftlich bezeugt: Schmiede und Messerschmiede, Schneider, Bäcker, Schuster, Weber, Pfeilhersteller, Kürschner und Goldschmiede. Das Übergewicht, das auf den Metall verarbeitenden und Textil herstellenden Gewerben liegt, erklärt BENCZE (S. 334) mit dem Bedarf der Aristokratie an Kleidern, Schmuck und Waffen. Buda war zudem der bedeutendste Markt für Erze aus Oberungarn. Die Zahl der Handwerker und Gewerbe in O. steigerte sich im Laufe des 15. Jh.s auf 69 unterschiedliche bezeugte Handwerksberufe; die meisten davon sind im → ‚Ofener Stadtrecht' erwähnt. Die Handwerker waren vorwiegend Deutsche und Ungarn, gehörten aber auch anderen Ethnien an, wie z. B. der 1438 bezeugte Glasbläser *Antonius Italicus* (Budapest, MOL, Dipl. Lev. 13179; BENCZE, S. 343).

Die älteste Zunfturkunde aus Pest ist die der Schuhmacher aus dem Jahr 1444. In der ersten Hf. des 15. Jh.s existierte zudem die Metzgerzunft der Deutschen. Ab der zweiten Hf. des 15. Jh.s sind in P. vermehrt Zünfte belegt; bis 1529 sind elf nachweisbar. Die jüngste P.er Zunfturkunde stammt aus dem Jahr 1529 von den Goldschmieden. Die Regeln der P.er Zünfte sind in dem ‚Formelbuch' des János Magyi überliefert und in zwei Perioden, um 1440 und um 1460, verfasst (IRÁS-MELIS, S. 378).

Literatur. Z. BENCZE, Die Handwerker und Kaufleute der Stadt Buda vom Anfang des 14. bis zum ersten Drittel des 16. Jahrhunderts, in: Budapest im Mittelalter, hg. v. G. BIEGEL, 1991, S. 333–349, K. IRÁS-MELIS, Der Wiederaufbau der Stadt Pest und ihre Blüte im Spätmittelalter, ebd., S. 366–380.

CORA DIETL

F.3.1 Goldschmiedezunft

Geschichte. Aufgrund archäologischer Befunde ist davon auszugehen, dass ab der Mitte des 13. Jh.s Goldschmiede in O. tätig waren (BENCZE, S. 337). Ihre Werkstätten waren spätestens ab dem 14. Jh. über die Stadt verstreut, nicht zuletzt aufgrund der verschiedenen (v. a. ung., dt. und ital.) Ethnien, denen die Goldschmiede angehörten (vgl. HOLL, S. 81). Schwerpunkte der Ansiedlung von Goldschmieden lassen sich in der Nähe der Kirchen und auf dem Gebiet der königlichen Burg ausmachen. Ab 1460 ist die Goldschmiedgasse (*platea Aurifabrorum*) gegenüber dem Dominikanerkloster St. Nikolaus urkundlich bezeugt, in der mehrere Werkstätten lagen (ebd., S. 80).

Stadtgeschichte schrieb der ung. Goldschmied János, der 1436 an den Bestrebungen des György zur Unterordnung der O.er → Liebfrauenkirche unter die ung. Pfarrkirche St. Maria Magdalena beteiligt war. Der mit einer Deutschen verheiratete Stadtrichter László Farkas ließ ihn 1439 ermorden und löste damit blutige Konflikte zwischen der dt. und der ung. Bevölkerung O.s aus, die vom König geschlichtet werden mussten (vgl. KUBINYI, S. 27).

Briefe. Aus dem 15. und 16. Jh. sind Briefe dt. Goldschmiede aus O. überliefert. So schrieben im letzten Viertel des 15. Jh.s die O.er Goldschmiede **(1) Paul** und **Stephan** an die Goldschmiedezunft in Klausenburg (RO) und warnten diese vor einem Goldschmiedmeister Lorenz, der gegen die Regeln der Zunft eine Ausbildung bei Bruder Janusch in der St. Anthonius-Kirche zu P. erfahren habe und vor den Auflagen der Zunft geflohen sei (Cluj-Napoca, AN, Colecţia Bresle Nr. 16; Urk. Nr. 4084).

Vom O.er Goldschmied **(2) Michael Wibel** ist ein Brief aus dem Jahr 1523 an Bartholomäus Frankfurter, ehem. Lehrer an der → Schule der Liebfrauenkirche und mittlerweile Notar in Schemnitz, überliefert (Budapest, MOL, Dipl. Lev. 47530, Q10, Nyáry; KISS, S. 312). In diesem erinnert er Bartholomäus, seinen *gueten herren vnd frvnt*, an die seit Jahren fällige Wohnungsmiete, an noch offen stehende Kosten für Verpflegung sowie an die entsprechenden Schuldzinsen.

Ausgaben. Urkundenbuch zur Geschichte der Deutschen in Siebenbürgen, hg. v. F. ZIMMERMANN u.a., 1892–1991; G. F. KISS, Dramen am Wiener und Ofener Hof: Benedictus Chelidonius und Bartholomaeus Frankfordinus Pannonius (1515–1519), in: Maria von Ungarn (1505–1558). Eine Renaissancefürstin, hg. v. M. FUCHS/O. RÉTHELYI, 2007, S. 293–312.

Literatur. I. HOLL, Mittelalterliche Goldschmiede in Buda. Handwerk und Topographie, Beiträge zur Mittelalterarchäologie in Österreich 7 (1991), S. 79–91; A. KUBINYI, Buda. Die mittelalterliche Hauptstadt Ungarns. Eine deutsch-ungarische Stadt in Ostmitteleuropa, in: Budapest im Mittelalter, hg. v. G. BIEGEL, 1991, S. 15–41; Z. BENCZE, Die Handwerker und Kaufleute der Stadt Buda vom Anfang des 14. bis zum ersten Drittel des 16. Jahrhunderts, ebd., S. 333–349; G. F. KISS 2007 (s. o.).

CORA DIETL

F.3.2 Fleischerzunft

Geschichte. Laut Zunfturkunde aus dem Jahr 1481 existierte bereits seit der Zeit Bélas IV., d. h. seit dem 13. Jh., eine dt.-sprachige Fleischerzunft in O. (KIS/PETRIK, Nr. 1f.). Allerdings bezweifelt KUBINYI (S. 89–91) die Glaubwürdigkeit dieser Aussage und die Authentizität der in der Zunfturkunde kopierten alten Urkunden. Vertrauenswürdig sind dagegen die im Jahr 1514 von König Ladislaus II. Jagiello angefertigten Transkriptionen von Urkunden Sigismunds und Matthias' Corvinus aus den Jahren 1405–74 (KIS/PETRIK, Nr. 16), in denen auf Privilegien verwiesen wird, die den O.er Fleischern unter Ludwig I. verliehen wurden (KUBINYI, S. 91). Diese Urkunden sind aus Streitigkeiten der Fleischer mit den Fischern in O. sowie mit ihren Konkurrenten in P. und Altofen um die Rechte des Fischhandels hervorgegangen (KIS/PETRIK, Nr. 3–9), einem Streit, der Anfang des 16. Jh.s noch einmal entbrannte (KIS/PETRIK, Nr. 15–17). Die Handelsbeziehungen der Fleischer reichten allerdings deutlich weiter als nur bis in die Vorstädte. Aufgrund ihres Fernhandels mit Italien und Süddeutschland (BARACZKA, S. 180) waren die Fleischer ein wichtiger Wirtschaftsfaktor O.s und der Zunft gehörten auch Mitglieder der städtischen Führungsschicht an. Im → O.er Stadtrecht sind die Fleischer daher prominent erwähnt. Auch überlieferungsgeschichtlich ist die Fleischerzunft von großer Bedeutung für O., denn die einzigen zwölf mittelalterlichen Dokumente, welche das Archiv der Stadt Budapest heute besitzt, sind 1529 in der Truhe der Zunft der dt. Fleischer von Buda nach Pressburg (SK) transportiert und damit gerettet worden (SZENDE, S. 192). Unter diesen Dokumenten befinden sich auch die Privilegien und das Zunftbuch der Fleischer (KENYERES).

Werke. Die lat. **Zunfturkunde** vom 2. 5. 1481 (Budapest, BFL, XV.5,3; KIS/PETRIK, Nr. 10) wurde auf Bitten der Zunftmeister Hans Czoff und Nicolaus Ruperti vom O.er Rat ausgestellt, als Ersatz für einen verbrannten Zunftbrief. Sie regelt in 9 Artikeln das Verhältnis der Zunftmeister zum Rat, die Zeit und Umstände des Schlachtens von Tieren und des Verkaufs von Fleisch und Häuten sowie die Pflege der Feiertage, die Aufnahme von Gesellen und ihre Ausbildung, die Heirat unter Angehörigen der Zunftmitglieder, die Sorge für Witwen und schließlich den Umgang mit Schuldnern. Am 22. 3. 1482 ließen dieselben Zunftmeister die Urkunde in ein Privileg umschreiben (Budapest, BFL, XV.5,4; KIS/PETRIK, Nr. 11), am 26. 3. 1484 noch einmal kopieren und von König Matthias und Thomas Bakócz bestätigen (Budapest, BFL, XV.5,6; KIS/PETRIK, Nr. 12). Ein weiteres Mal wurde sie am 2. 12. 1494 von König Ladislaus II. Jagiello transkribiert (Budapest, BFL, XV.5,5; KIS/PETRIK, Nr. 14). Zwischen 1500 und 1529 wurde das dt.-sprachige **Zunftbuch** der Fleischer angelegt (Budapest, BFL, XV.5,8). Es ist nicht das einzige Buch der Geschäftsführung der Zunft, aber es enthält zentrale Informationen über die Geschäftsvorgänge der Zunft bis zu ihrer Flucht 1526 und dann wieder im Jahr 1529. Aus dem Zunftbuch gehen u. a. die Verbindungen der Zunft zum O.er → Karmeliterkloster hervor (KUBINYI, S. 103). Das Zunftbuch enthält auch Abschriften von Statuten und Erlässen der Zunft sowie Besitz- und Mitgliederregister. Mitglieder waren allein dt.-sprachige Fleischer; allerdings finden im Zunftbuch einige ung. Fleischer als Nicht-Mitglieder Erwähnung (KUBINYI, S. 116).

A u s g a b e n . Das mittelalterliche Zunftbuch der deutschen Fleischer zu Ofen, hg. v. I. BARACZKA u. a., in: A budai mészárosok középkori céhkönyve és kiváltságlevelei/ Zunftbuch und Privilegien der Fleischer zu Ofen aus dem Mittelalter, hg. v. I. KENYERES, 2008, S. 175–327; Mittelalterliche Urkunden der Fleischerzunft zu Ofen (1235/1270–1519), hg. v. P. KIS/I. PETRIK, ebd., S. 329–389.

L i t e r a t u r . A. KUBINYI, Die Fleischerzunft zu Ofen im Mittelalter, in: A budai mészárosok középkori céhkönyve és kiváltságlevelei/ Zunftbuch und Privilegien der Fleischer zu Ofen aus dem Mittelalter, hg. v. I. KENYERES, 2008, S. 87–138; I. BARACZKA, Register der deutschen Fleischerzunft zu Ofen (1500–1529), ebd., S. 180f.; K. SZENDE, Geschichte und Archäologie bei der Erforschung der mittelalterlichen Stadtentwicklung in Ungarn, in: Die mittelalterliche Stadt erforschen. Archäologie und Geschichte im Dialog, hg. v. A. BAERISWYL u. a., 2010, S. 193–202.

CORA DIETL

F.4 Bürger der Stadt

F.4.1 Pier Paolo Vergerio

um 1425–1444

Lebensweg. Mitte der 1420er Jahre kam der ital. Humanist Pier Paolo Vergerio, der seit 1418 im Dienst Sigismunds (→ Kanzlei Sigismunds) stand, nach O. Eventuell war er hier auch in der Lehre tätig (CSAPODI-GÁRDONYI, S. 25, Anm. 57); jedenfalls genoss er in der Stadt hohes Ansehen als Gelehrter. Nach dem Tod Sigismunds 1437 zog sich Vergerio vom Hof zurück, eventuell nach → Wardein (RO) (CSAPODI-GÁRDONYI, S. 21f.), vermutlich aber in sein Haus in O.

Werke. Vermutlich in O. begann Vergerio, seinen lat. ‚Dialogus de morte' zu verfassen, orientiert am Modell von Pseudo-Senecas ‚De remediis fortuitorum'. Er blieb allerdings unvollendet („Epist.', S. 308–310, 445f.). Neben einem Briefwechsel (v. a. mit ital. Humanisten) ist aus der ‚privaten' Zeit Vergerios in O. v. a. sein Testament überliefert, datiert auf den 4. 5. 1444 („Epist.', S. 463–471). Darin verfügt er, dass er in St. Nicolai in O. bestattet werden sollte. Anfang Juli 1444 starb er in O.

Überlieferung. Die reiche Bibliothek Vergerios (vgl. ‚Epist.', S. 474f.), die er zum Teil von Francesco Zabarella geerbt hatte (vgl. McManamon 1996, S. 159), lässt sich in Ansätzen rekonstruieren: Sie umfasste ital. Handschriften aus dem 13.–15. Jh., welche Werke der röm. Klassiker (Seneca, Lucan, Livius, Cicero) enthalten, lat. Übersetzungen griech. und arab. Literatur und Philosophie sowie Werke ital. und frz. Scholastiker und Humanisten (vgl. McManamon 1999, S. 259–266). Einige der Bücher sind von Vergerios Hand glossiert. Sie gingen zum Teil in den Besitz von Johannes Vitéz (→ Kanzlei Sigismunds) über, der weitere Glossen hinzufügte und über den manche in die Bibliothek des Erzbistums → Gran, manche in die → Bibliothek des Matthias Corvinus gelangten.

Ausgabe. Epistolario di Pier Paolo Vergerio, hg. v. L. Smith, 1934.

Literatur. B. Ziliotto, Nuove testimonianze per la vita di Pier Paolo Vergerio il veccio, Archeografo Triestino, ser. III 2 (1906), S. 59–69; K. Csapodi-Gárdonyi, Die Bibliothek des Johannes Vitéz, 1984; J. M. McManamon, Pierpaolo Vergerio the Elder: The Humanist as Orator, 1996; M. Katchmer, Pier Paolo Vergerio and the 'Paulus', a Latin Comedy, 1998; J. M. McManamon, Pierpaolo Vergerio the Elder and Saint Jerome, 1999.

Cora Dietl

F.4.2 Konrad Wann

ca. 1441–1482

Lebensweg. Konrad und sein Bruder Paul (später Domherr zu Passau) stammten aus einer bay. Familie, die durch Zinnbergbau und Zinnverarbeitung reich wurde. Sie sind zunächst in Kemnath/Oberpfalz bezeugt, bevor sie sich 1441 an der Universität Wien immatrikulierten. Konrad verließ die Universität als *magister artium* und ging nach O., wo er als Schulmeister tätig war. Bereits 1457/58 ist er dort als Kaufmann nachweisbar. Offensichtlich durch eine günstige Eheschließung befördert, wurde er 1462 Ratsherr in O. Im Jahr 1467 ist er als Stadtschreiber bezeugt; später nennen ihn Urkunden wiederum einen Ratsherrn und den Vorsteher der → Corpus-Christi-Bruderschaft. Im Jahr 1482 ist er zuletzt erwähnt. Seine drei Söhne Paul, Johann und Jeremias studierten wie er in Wien. Der älteste von ihnen (Paul) wurde Pfarrer der → Liebfrauenkirche in O.

Briefe. Vier von Paul an seinen Bruder Konrad Wann, *scolarum Bud. lector*, gerichtete Briefe sind in einer von Paul Wann angelegten, von anderen Händen fortgeführten Sammelhandschrift erhalten (Straubing, BJTG, Y213; fol. 150^v, 153^r, 154^r, 154^v). Die Hs. versammelt u. a. medizinische Gebrauchstexte, Abschriften von päpstlichen Bullen und von Briefen geistlicher und weltlicher Würdenträger, v. a. im Kontext der Türkengefahr, darunter auch (fol. 14^{r-v}) die Kopie eines Briefs König Podiebrads von Böhmen gegen Aufständische in Ungarn (Brünn, 12. 8. 1459).

Literatur. A. Huber, Eine spätmittelalterliche Sammelhandschrift des Passauer Domherrn Paul Wann in der Bibliothek des Johannes-Turmair-Gymnasiums, Jahresbericht des Historischen Vereins für Straubing und Umgebung 89 (1987), S. 65–81; A. Huber/A. Kubinyi, Laufbahn eines Ofener (Budaer) Schulmeisters in der zweiten Hälfte des 15. Jahrhunderts, in: A magyar iskola első évszázadai/Die ersten Jahrhunderte des Schulwesens in Ungarn (996–1526), hg. v. K. G. Szende/P. Szabó, 1996, S. 51–59.

Cora Dietl

F.4.3 Andreas Hess

† vor 1492

Lebensweg. Die Herkunft von Andreas Hess ist unsicher; vermutet wird eine augsburgische. Er wurde auf Initiative des Erzbischofs → Johannes Vitéz von dem O.er Propst László Karai von Rom nach Ungarn eingeladen. Hess gründete in O. die erste, wenn auch kurzlebige und wenig erfolgreiche, Druckerei des Königreichs Ungarn. Nach einiger Zeit verliert sich jede Spur von ihm. GÁRDONYI schließt aus zwei Gerichtsakten, dass er vor 1492 starb.

Werke. Johannes Vitéz war wohl der Auftraggeber der von Hess verlegten ‚**Chronica Hungarorum**' (GW 06686) aus dem Jahr 1473, des ersten in Ungarn erschienenen Buchs. Der Band ist László Karai gewidmet. Es war die zweite im Druck erschienene Chronik in Europa, die die Geschichte einer Nation erzählt. Das Werk wurde in ca. 240 Exemplaren gedruckt. Die aus vier Textteilen bestehende Chronik ist eine Kompilation aus verschiedenen früheren historiographischen Werken. Von Hess selbst stammen nur ca. 5 % des gesamten Werks. Der erste Textteil erzählt die Geschichte der Ungarn von den Hunnen bis 1334, im zweiten Teil wird über einige Ereignisse der Jahre 1335–42 bzw. über den Tod König Karls I. berichtet. Der dritte Textteil enthält die Geschichte der Herrschaft König Ludwigs I. (1342–82), während der vierte Teil kurz über die Ereignisse der Jahre 1382–1468 berichtet. Von den ca. 240 Exemplaren der ‚Chronica Hungarorum' sind heute nur noch neun bekannt, sie liegen in Budapest, Krakau, Leipzig, Paris, Prag, Rom, Sankt Petersburg und Wien. Die zwei bekannten Exemplare des anderen Drucks liegen in Eichstätt und Wien (vgl. BORSA 1988, S. 3).
Ein zweiter, ebenfalls 1473 erschienener Druck von Hess enthält die lat. Übersetzung von zwei Schriften in griech. Sprache: die von Leonardo Bruni übersetzte Rede über die Lektüre der heidnischen Bücher ‚De legendis poetis' des Bischofs und Kirchenlehrers Basilius Magnus bzw. die Übersetzung der von dem antiken Historiker Xenophon stammenden Verteidigungsrede des Sokrates ‚Apologia Socratis'.

A u s g a b e. Chronicon Budense, hg. v. J. PODHRACZKY, 1838; Chronica Hungarorum, A Budai Krónika. Vorwort: V. FRAKNÓI. Faksimile, 1900; Chronica Hungarorum, übers. v. J. HORVÁTH, Nachwort v. Z. SOLTÉSZ. Faksimile, 1973; Chronica Hungarorum 1473, hg. v. Országos Széchényi Könyvtár, 2006.

L i t e r a t u r. J. FITZ, Hess András, a budai ősnyomdász, 1932; J. FITZ, Andreas Hess, der Erstdrucker Ofens. Ein Auszug aus einer ungarischen Monographie, 1932; A. GÁRDONYI, Karai László és Hess András Budán, Magyar Könyvszemle 65 (1941), S. 332–341; B. VARJAS, Das Schicksal einer Druckerei im östlichen Teil Mitteleuropas (Andreas Hess in Buda), Gutenberg-Jahrbuch 52 (1977), S. 42–48; G. BORSA, A hazai ősnyomtatványok változatai, Magyar Könyvszemle 104 (1988), S. 1–19; G. BORSA, Könyvtörténeti írások I. A hazai nyomdászat, 15.–17. század, 1996.

PÉTER LŐKÖS

F.4.4 Drucker des ‚Confessionale'

um 1477

Die Pioniertätigkeit des Andreas Hess wurde von einem unbekannten Drucker fortgesetzt, der in der Forschung als „der Drucker der Confessionale" bezeichnet wird, wegen des 1477 von ihm verlegten ‚Confessionale' des Erzbischofs Antoninus Florentinus. In der Offizin wurden zudem Ablasszettel eines deutschen Kaplans aus Pressburg (SK) gedruckt sowie weitere geistliche Schriften in lat. Sprache.

L i t e r a t u r. Z. SOLTÉSZ, A második magyarországi ősnyomda nyomai, Magyar Könyvszemle 74/2 (1958), S. 144–157.

ANDRÁS F. BALOGH

F.4.5 Theobald Feger

† nach 1509

Theobald (Theobaldus, Diebolt) Feger *de Kirchen* war zwischen 1484 und 1498 der älteste dem Namen nach bekannte Buchhändler in Ungarn. In den 1490er Jahren war er der ständige Kommissionär des größten dt. Verlegers des 15. Jh.s, Anton Koberger in Nürnberg (KÓKAY 1990, S. 29). Feger erwarb 1468 das Bakkalaureat an der Heidelberger Universität und besaß eine Buchhandlung in Colmar. Er gab eine Reihe von liturgischen Büchern heraus und veranlasste im Jahr 1488 bei dem Verleger Erhard Ratdolt in Augsburg eine bearbeitete Auflage der ‚Chronica Hungarorum' des Johannes Thurocz, die sog. *Ratdoltsche* Ausgabe (→ König Matthias Corvinus, Kanzlei). FITZ (S. 106) vermutet, dass Feger die Vorbereitungen für die Ausgabe bereits in Angriff genommen hatte, als die Brünner Ausgabe der ‚Chronica Hungarorum' noch in Druck war. Die reich illustrierte Augsburger Ausgabe der Chronik enthält einen Widmungsbrief Fegers an König Matthias Corvinus, in dem Feger die Notwendigkeit der weiten Verbreitung von Literatur für die Bewahrung der *fama* der ung. Könige (und v.a. des Matthias) betont, was aufgrund der begrenzten Zahl von Schreibern handschriftlich nicht zu bewältigen sei.

Ausgabe. JOHANNES DE THUROCZ, Chronica Hungarorum. Mit Widmungsbrief des Autors an Kanzler Thomas de Drag, 1488 (SB München, 4 Inc.c.a. 607).

Literatur. J. FITZ, Die Ausgaben der Thuroczy-Chronik aus dem Jahre 1488, Gutenberg-Jahrbuch (1937), S. 97–106; DERS., A magyar könyv története 1711-ig, 1959; K. STEIFF, Art. Feger, Theobald, ADB 48 (1904); Neudruck 1971), Sp. 507f.; G. KÓKAY, Geschichte des Buchhandels in Ungarn, 1990.

SILVIA PETZOLDT

F.4.6 Mathias Milcher

† nach 1519 in Wien?

Mathias Milcher war Ende des 15./Anfang des 16. Jh.s Buchhändler (*Librarius Budensis*) und Verleger (*Bibliopola Budensis*) in O. In einer Schuldner-Liste des Wieners Lucas Atlantse ist Milcher als *Mathias in Ofen* erwähnt. 1514 siedelte Milcher nach Wien über.

Laut KÓKAY (S. 33) gab Milcher zwischen 1510 und 1519 insgesamt vier Werke heraus. 1510 erschien in Lyon Milchers erstes, zusammen mit dem Buchhändler und -binder Urbanus Kaim gedrucktes Werk, eine Ausgabe des ‚Ordinarium Strigoniensis' für die Erzdiözese von → Gran (Budapest, OSZK, FM2/4743). 1514 folgte in Wien bei dem Buchdrucker Johannes Winterburger das → Graner Messbuch ‚Missale Strigoniense' (Budapest, OSZK, App. H. 103). Zudem war Milcher 1511 Herausgeber der zweiten Ausgabe der ‚Vita divi Pauli priori heremite'. In Wien erschien 1519 ‚Proprium Sanctorum Regni Hungariae' – das letzte Werk Milchers, das einen Ungarn-Bezug aufweist.

Literatur. V. FRAKNÓI, Hadnagy Bálint munkái (1497–1511), Magyar Könyvszemle 2 (1901), S. 115; O. B. KELÉNYI, A Buda melletti Szent Lőrinc pálos kolostor történetének első irodalmi forrása (1511), Tanulmányok Budapest múltjából 4 (1936), S. 87–110; J. FITZ, A magyar nyomdászat, könyvkiadás és könyvkereskedelem története, 1959; G. KÓKAY, Geschichte des Buchhandels in Ungarn, 1990.

SILVIA PETZOLDT

F.4.7 Georg Rüm

† 1498

In der Zeit von 1490 bis 1493 war Georg Rüm (oder Ruem) als Buchhändler in O. tätig. Im September 1490 ließ er in Venedig ein lateinisches Messbuch (‚De officio missae') drucken, in der Hoffnung, dass die O.er Kirchenbezirke der Anordnung des Königs Matthias folgen und Messbücher anschaffen würden. Mit dem Tod des Königs platzte dieser Markt und Rüm verarmte (KÓKAY, S. 141).

Ähnliche Lebenswege und Geschäftsschicksale lassen sich für die ebenfalls aus Deutschland nach Ungarn übersiedelten Buchhändler Johann Paep, Urban Kaym, Jacobus Schaller und Michael Prischwitz nachweisen, durch deren Tätigkeit zahlreiche Inkunabeln nach Ungarn kamen.

Literatur. Gy. Kókay, Art. Könyvkereskedelem, MAMűL 6 (2006), S. 140–148.

András F. Balogh

F.4.8 Jakob Piso

ca. 1470/80–März 1527

Lebensweg. Der bedeutende siebenb. Humanist Jakob Piso (Jacobus Pistoris de Medgasch) wurde in → Mediasch (RO) geboren. Er studierte in Bologna und in Rom, erwarb 1499 den Magistergrad in Wien und 1501 die Doktorwürde in Kirchenrecht. Seine Krönung zum *poeta laureatus* in Wien 1502 erfolgte auf Empfehlung Konrad Celtis' durch Maximilian I. 1514 war Piso im päpstlichen Auftrag in Polen, um den Friedensschluss zwischen König Sigismund und dem Moskauer Großfürsten durchzuführen. Er stand in engem Kontakt mit Erasmus von Rotterdam und sorgte für die Verbreitung von dessen Gedankengut. 1515 kehrte Piso nach Ungarn zurück, wo er Lehrer und Erzieher → Alexius Thurzós und ein Jahr später Ludwigs II. wurde. 1517–22 war Piso Kleinpropst in → Fünfkirchen, 1517–26 Sekretär an der königlichen Kanzlei Ludwigs II., 1522 schließlich Propst des → Kollegiatkapitels in O. Sein O.er Haus wurde zum Mittelpunkt des intellektuellen Lebens, wo außer ung. Humanisten oft ausländische Freunde und Anhänger von Erasmus zusammenkamen. Den Winter 1525/26 verbrachte Piso zusammen mit Caspar Ursinus Velius in O. Um die beiden versammelte sich ein immer größer werdender Kreis von Humanisten, Fürsten und Geistlichen, darunter László Szalkai (→ Gran), Stephan Brodarics, Nikolaus Olahus, Georgius Silesius Logus und Königin Maria von Ungarn mit ihrem Beichtvater Johannes Henckel. Nach der Schlacht von → Mohács folgte Piso Königin Maria nach Pressburg (SK), wo er schließlich mittellos starb.

Werke. Piso schrieb einige Lobgedichte auf László Szalkai, Erzbischof von → Gran, wohl um 1524, als Szalkai Erzbischof wurde (vgl. Trausch, S. 59); dieser förderte ihn anschließend. Georg Werner gab posthum (1554) eine Sammlung der Gedichte und Epigramme Pisos unter dem Titel ‚Jacobi Pisonis Transsylvani, oratoris et poetae excellentis, schedia' (VD16 P 2989) heraus, in der die Zustände in Ungarn kritisch beleuchtet werden. Sie richten sich nicht nur an Szalkai, sondern auch an Philipp Móré, Bischof von → Fünfkirchen, und Ursinus Velius (vgl. Trausch, S. 59). Den Abschluss der Sammlung bildet Pisos eigene Grabschrift: *Christe tuas cecini vivo qui pectore laudes, / Mortuus hic Piso nunc jaceo, et taceo* (Dein Lob, Christus, sang ich im Leben, nun liege ich, Piso, hier tot und schweige). Zu den von Piso bewerkstelligten Klassikereditionen gehört u. a. die ‚Oratio matutina ad omnipotentem deum' des Decimus Magnus Ausonius (Wien: Winterburger 1502, VD16 A 4402).

Ausgaben. Analecta nova ad historiam renascentium in Hungaria litterarum spectantia, hg. v. E. Ábel/S. Hegedűs, 1903, S. 408–422; Fünf Gedichte von Jacob Piso, hg. v. H. Hienz, 1914.

Literatur. F. Teutsch, Art. Jacob Piso, ADB 26 (1888), S. 184f.; L. Nyikos, Erasmus und der böhmisch-ungarische Königshof, Zwingliana 6/7 (1937), S. 346–374; J. Trausch, Art. Piso Jakob, in: Schriftsteller-Lexikon der Siebenbürger Deutschen, hg. v. J. Trausch u. a., 1871 (Nachdr. 1983), S. 54–60; L. Domonkos, Art. Jacobus Piso, in: Contemporaries of Erasmus A Biographical Register of the Renaissance and Reformation, hg. v. P. Bietenholz, Bd. 3, 1987, S. 94f.; L. Jankovits, Jacobus Piso Schediája, in: A magyar irodalom történetei, hg. L. Jankovits, G. Orlovszky, Bd. 1, ²2008, S. 266–273; T. Fedeles, Die personelle Zusammensetzung des Domkapitels zu Fünfkirchen im Spätmittelalter (1354–1526), 2012.

Anna-Lena Liebermann

F.4.9 Valentin Eck

1494–1556

Lebensweg. Der in Lindau am Bodensee geborene Dichter war Schützling des königlichen Sekretärs Alexius Thurzó am → Hof Ludwigs II., der ihn neben anderen namhaften ung. Humanisten unterstützte. Thurzó genoss aller Wahrscheinlichkeit nach selbst eine humanistische Ausbildung in Krakau (PL; vgl. Katona, S. 14). Janocki (S. 62–64) zufolge hielt sich Eck zeitweise in Ungarn auf, wahrscheinlich in O., um Thurzós Tochter zu unterrichten. Als weiteres Indiz für einen Aufenthalt Ecks in O. kann sein Preis der Bibliothek des → Augustinus Moravus in O. gelten, der in seinem 1512 in Krakau gedruckten ‚Panegyricus in laudem […] Augustini Moravi' erhalten ist (vgl. Wotke, S. 62–64).

Werke. Den humanistischen Panegyricus ‚De antiquissima nominis et familiae Thurzonum origine' (Krakau: H. Vietor, 1519) verfasste Eck zu Ehren seines Gönners Thurzó. Es handelt sich um eine Verherrlichung von dessen Familie; Eck stellt zunächst eine Verbindung des Hauses Thurzó mit dem Gott Neptun her, anschließend fasst er Leben und Leistungen Alexius Thurzós zusammen. Das Werk sollte wohl der Stärkung von Thurzós Stellung am Hof von O. dienen (vgl. Glomski 2008, Sp. 595f.). Ecks Widmungsrede zu ‚De mundi contemptu et virtute amplectenda dialogus' (Krakau: H. Vietor, 1519), einem Dialog über die Verachtung der *voluptas* und das Ziel der *virtus*, ist eine panegyrische Persönlichkeitsschilderung Thurzós vom 5.2.1519 (vgl. Glomski 2008, Sp. 592). Die ‚Vita divi Pauli primi eremitae' (Krakau: H. Vietor, 1522), eine versifizierte Bearbeitung der ‚Vita sancti Pauli primi eremitae' des Hieronymus, gab Eck auf eigene Kosten heraus, mit einer einleitenden Widmung an Thurzó; an die Stelle eines Epilogs tritt ein Gebet für Ungarn und für Thurzó. Eck fügte der ‚Vita' Huldigungsgedichte bei, die sich auf drei → Erlauer Bürger, darunter Thomas von Lucca, beziehen. Das Werk dürfte eine breite Rezeption in Ungarn gefunden haben (vgl. Glomski 2008, Sp. 596). Eck verfasste noch zahlreiche weitere Gedichte zu Themen von ung.-nationalem Interesse und hängte diesen stets Lobgedichte auf bzw. Widmungsbriefe an Alexius Thurzó an (vgl. Glomski, 2008, Sp. 591–599).

Literatur. J. D. Janocki, Ianociana sive clarorum atque illustrium Poloniae auctorum maecenatumque memoriae miscellae, Bd. 1, 1776, S. 62–71; K. Wotke, Augustinus Olomucensis. Augustinus Käsenbrot von Wssehrd, Zeitschrift des Vereins für die Geschichte Mährens und Schlesiens 2 (1898), S. 47–71; K. H. Burmeister, Zwei gelehrte Dichter in Krakau: Rudolf Agricola († 1521) aus Wasserburg und Valentin Eck († 1550) aus Lindau, Jahrbuch des Landkreises Lindau 13 (1998), S. 85–88; J. Glomski, Art. Valentin Eck, VL Hum 1 (2008), Sp. 589–600; dies., Patronage, Poetry and the Furnishing of a Nobleman's House: Valentin Eck's ‚Supellectilium Fasciculus' (1519), in: Syntagmatia. Essays on Neo-Latin literature in honour of Monique Mund-Dopchie and Gilbert Tournoy, hg. v. J. Papy/D. Sacré, 2009, S. 261–269; D. Škoviera, Der ungarische Kontext der ‚Vita divi Pauli eremitae' von Valentius Ecchius, Acta Antiqua. Academiae Scientiarum Hungaricae 49 (2009), S. 213–222; T. Katona, Caritas und Memoria. Eine Leutschauer Stiftung im Dienste der Bildungsförderung in der Zips des 16. Jahrhunderts, 2011.

Anna-Lena Liebermann

G. Ereignisse

G.1 Aufstand vom April 1439

Geschichte. Albrecht II. wurde am 1.1.1438 in → Stuhlweißenburg zum König von Ungarn gekrönt. Seine Ankunft in O. verzögerte sich wegen der Thronstreitigkeiten in Böhmen bis in den April des Folgejahres. Während dieser Zeit der Abwesenheit des legitimen Königs verschärften sich in O. schon lange existierende Spannungen zwischen Deutschen und Ungarn, die in O. im jährlichen Wechsel Richter und Schultheiß stellten. Ende April 1439 kam es zu Tumulten gegen die Deutschen, denen man vorwarf, das Richteramt ganz an sich ziehen zu wollen.

Autoren/Werke. Ein gewisser **Kipfenberger** kommentierte die O.er Ereignisse in einem mehrstrophigen, wahrscheinlich nach dem Tod Albrechts (23.10.1439) überarbeiteten Lied (vgl. MÜLLER, S. 294f.). Die notorisch untreuen Ungarn hätten keine andere Absicht gehabt als den König zu stürzen (Str. 2). Dafür sei eine Leiche aus der Donau geholt und nachträglich geschändet worden (Str. 4). Nun machen die Ungarn in der Stadt *sakman* (Str. 3,2). Die Intervention des Franziskaners Jacob verfängt nicht (Str. 7), wohl aber das beherzte Eingreifen des László Farkas (Str. 8), der freilich selbst Reißaus nehmen muss (Str. 13f.). Der König, der sich *als ein weiser man* (Str. 10,4) in seiner Burg verschanzt, steht am Schluss ohne alle Getreuen da (Str. 15) und muss den Ungarn Zugeständnisse machen, um am Leben zu bleiben (Str. 17). Das Nahen türkischer Heere bietet dem bedrängten Albrecht auf einem Landtag am 30.5. Gelegenheit, nach der Führung zu greifen (Str. 18), doch lassen ihn die Ungarn, unzuverlässig wie eh (Str. 24f.), schließlich im Stich.

Ausgabe. R. v. LILIENCRON, Die historischen Volkslieder der Deutschen vom 13. bis 16. Jahrhundert, Bd. 1, 1865, S. 366–371 (Nr. 75).

Literatur. U. MÜLLER, Untersuchungen zur politischen Lyrik des deutschen Mittelalters, Göppingen 1974, S. 231f., 253, 294f., 360; DERS., Art. Kipfenberger, ²VL 4 (1983), Sp. 1149f.; S. FOIDL, Art. Kipfenberger, in: Deutsches Literatur-Lexikon. Das Mittelalter, hg. v. W. ACHNITZ, Bd. 3, 2012, Sp. 746f.

CHRISTOPH FASBENDER

G.2 Heilige Liga 1501

1501 trat Ungarn unter Ladislaus II. Jagiello der von Papst Alexander VI. gegründeten antitürkischen Liga bei, einem Dreierbündnis, dem sich auch Frankreich und Venedig angeschlossen hatten.

Werke. Ein anonymer Gast des O.er Domherrn Ruprecht Haller berichtet über die zwischen dem 12.5. (dem am Servatiustag offiziell vollzogenen Beitritt Ungarns zu der Allianz) und dem 10.6.1501 in der Burg zu O. organisierten Veranstaltungen und Feierlichkeiten. Der Bericht erschien bereits im gleichen Jahr als Flugschrift unter dem Titel ‚**Die ordnung zu Ofen wider den Türcken […]**' an mehreren dt. Druckorten: bei Johann Schaur in Augsburg und Hans Zainer in Ulm (VD16 O 891), bei Hans Schobser in München (O 892) und bei Ambrosius Huber in Nürnberg (O 983); des Weiteren auch bei Matthias Hupfuff in Straßburg. Erklären lässt sich die Verbreitung der Schrift insbesondere durch ein allgemeines europäisches Interesse an den außenpolitischen Mobilisierungsmaßnahmen im Osten (vgl. DUNTZE, S. 223). ‚Die ordnung zu Ofen wider den Türcken …' berichtet diesbezüglich ausführlich von den Teilnehmern der Liga an den in O. organisierten Festlichkeiten, unter denen sich auch die ernannten Häupter der drei ung. Heere befanden: Herzog Johannes Corvin, Ban von Kroatien, Hauptkapitän Józsa Somi und Bertalan Drágffy, Woiwode von Siebenbürgen. Die für Ungarn für die Türkenkriege gewährte jährliche Hilfe des Papstes betrug 40.000, die des spanischen Königs 60.000, die der Venezianer 100.000 Florentinische Goldgulden. Anlässlich der Prozession wurde die Stimmung zu Kampf durch das symbolische Aufhängen und Abschießen von Mohammeds Sarg und durch den theatralischen Zusammenstoß von zwei Galeeren (die der Türken und der Christen) stimuliert. Freudenfeuer, ‚Te Deum' und Glockengeläut begleiteten die die ganze Nacht dauernden Feierlichkeiten, Wein floss aus der von den Ungarn aufgestellten Engelfigur sowie aus der Löwenstatue der Venezianer.

Ausgabe. Die Ordnung zu Ofen wider den Türken gemacht durch unsern allerheiligsten Vater, den Papst, in: Flugschriften des frühen 16. Jahrhunderts, hg. v. H.-J. Köhler, 1987, Nr. 2308, 3025 (Mikrofiche).

Literatur. Ö. Sz. Barlay, Szemtanú levele az 1501-es Úrnapi szabadtéri színjátékról Budán, Magyar Könyvszemle 99 (1983), S. 42–45; G. Borsa, A törökök ellen Magyarországon hirdetett 1500. évi búcsú és az azzal kapcsolatos nyomtatványok, 1960, S. 241–279; ders., Egy 1501. évi budai tudósítás kiadásai és azok nyomdászai, Magyar Könyvszemle 101 (1985), S. 141–149; O. Duntze, Ein Verleger sucht sein Publikum. Die Straßburger Offizin des Matthias Hupfuff 1497/98–1520, 2007.

Gyöngyi Sándor

G.3 Bauernaufstand 1514

Geschichte. Unter der schwachen Herrschaft → König Ladislaus' II. Jagiello brach die Zentralregierung zusammen; die Unzufriedenheit verbreitete sich auch unter den Bauern. Am 9.4.1514 verkündete Kardinal Thomas Bakócz, Erzbischof von → Gran, auf der Grundlage der päpstlichen Bulle Leos X. einen Aufruf zum Kreuzzug gegen die Türken. Hierfür gewährte der Papst den Bauern die Befreiung aus der Leibeigenschaft. Mit der Aufstellung des Bauernheeres wurde György Dózsa beauftragt, der jedoch im Mai mit seinem Heer gegen den ung. Adel zog, der die Begünstigung der Bauern nicht akzeptierte.

Werke. Die Flugschrift ‚**Ain gross wunderzaichen** das da geschehen ist durch das Creütz, das ain Cardinal hat außgeben jnn dem ganntzen Hungerischen lannd wider die Türckhen' enthält Teile eines anonymen, am 25.5.1514 (vermutlich in Süddeutschland) verfassten Briefes über die jüngsten Zusammenstöße zwischen Bauern und Adel. Am 15. Mai verbot der Kardinal die Werbung weiterer *Creützer*, deren angegebene Zahl in diesem Brief 50.000 Mann beträgt. Das von der Fahne dreimal herabgefallene Kruzifix, als Wegweiser in den Krieg verstanden, überzeugte nun doch die Mehrheit der sich zunächst widersetzenden 5.000 Soldaten. Die unzufriedenen Bauernheere setzten nahe O. das Haus eines Edelmanns in Brand und töteten zwanzig Edelleute. Dann versammelten sie sich vor dem Franziskaner- und dem Dominikanerkloster zu O., um gegen die den Widerruf des Kreuzzugs verkündenden Mönche zu protestieren. Gedruckt wurde die Flugschrift u.a. bei Hans Schobser in München (VD16 G 3478), bei Erhard Öglin in Augsburg (VD16 G 3474), bei Georg Stuchs in Nürnberg (VD16 G 3479), bei Martin Landsberg in Leipzig (VD16 G 3476) und bei Matthias Hupfuff in Straßburg (VD16 G 3475).

Ausgabe. Ein Gross Wunderzeichen, das da geschehen ist durch das Kreuz, das ein Kardinal hat ausgeben wider die Türken, in: Flugschriften des frühen 16. Jahrhunderts, hg. v. H.-J. Köhler, 1987, Nr. 3365, 3654, 3147, 3148 (Mikrofiche).

Literatur. S. Márki, Dósa György 1470–1514, 1913; G. Borsa, A magyarországi parasztháborúról szóló német tudósítások kiadásai és azok nyomdászai, Magyar Könyvszemle 100 (1984), S. 24–33; A. Herber u.a., Történelem 1500-tól 1789-ig, Bd. 4, 2004, S. 100–103; F. Szakály, Virágkor és hanyatlás 1440–1711, 1990, S. 104–108; J. Szűcs, A ferences obszervancia és az 1514. évi parasztháború: Egy kódex tanúsága, Levéltári Közlemények 43 (1972), S. 213–263.

Gyöngyi Sándor

Ofen-Aigen (**Buda-Felhévíz**)

Geschichte. Bereits in röm. Zeit waren die Thermalquellen nördlich des Burgbergs von Buda gefasst worden. Die Siedlung um die Quellen spaltete sich im Zuge der Neugründung von Ofen als *castrum novi montis Pestensis* in der Mitte des 13. Jh.s als selbstständiges *suburbium de superioribus calidis aquis Budensis* von Ofen ab (Kubinyi 1972, S. 15). Der spätere → Fünfkirchener Bischof Georg I. Szatmári, der aus einer dt.-sprachigen Familie stammte, wurde 1499 vom König aufgrund dessen Patronatsrecht zum Propst von A. ernannt (vgl. Fedeles/Koszta, S. 145).

Literatur. P. Farbaky, Dominus det nobis et regno pacem. Ein Mäzen unter den Jagiellonen: György Szatmári (1457–1524), in: Die Jagiellonen. Kunst und Kultur einer europäischen Dynastie an der Wende zur Neuzeit, hg. v. D. Popp/R. Suckale, 2002, S. 317–325; T. Fedeles/L. Koszta, Pécs (Fünfkirchen). Das Bistum und die Bischofsstadt im Mittelalter, 2011.

Anna-Lena Liebermann

Michael Harsch

† vor 1443

Lebensweg. Über Michael Harsch aus Göppingen ist nur wenig bekannt. Er lebte bei Ladislaus de Kethnig (Tschitnek, László Csetneky), der *magister cruciferatus* an der Kirche St. Trinitatis in A. war. Harsch ist ab 1412 in den Wiener Universitätsmatrikeln belegt, wo er den Magistergrad erlangte; 1431 ist er in Ofen und 1432 wieder in Wien belegt. Sein Tod kann vor 1443 angenommen werden.

Werke. Michael Harsch fertigte in A. um das Jahr 1427 eine heute in Nürnberg liegende Sammelhandschrift an (Nürnberg, GNM, Hs. 168; von ihm stammen mindestens fol. 51–98; vgl. Kolophon fol. 97^r und hinterer Spiegel: ‚Librum hunc scripsit magister Michael Barsch [sic] de Geppingen alias Furndow in domo'). Der lat.-dt. Papiercodex vereint auf 206 Blatt alchemistische und medizinische Rezepte und Traktate, u. a. ‚De mineralibus' des Albertus Magnus (fol. 2^r–47^r), die ‚Epistola de retardatione senectutis' Roger Bacons (fol. 51^r–97^r), Bruno Longoburgensis' ‚Chirurgia magna' (fol. 153^v–160^r), Zacharias' Salernitanus ‚De passione oculorum' (fol. 165^r–169^v), Remedia und Rezepte. Mitte des 15. Jh.s wurde der Codex nach Österreich in die Kartause Aggsbach verbracht (Vorderspiegel, 15. Jh.: *Iste liber est domus porte beate Marie in Axssach ordinis Carthusiensis in Austria*), wo wahrscheinlich (wenn nicht noch kurz vorher) die Nachträge auch in dt. Sprache (südbairisch) vorgenommen wurden: Haarpflege-, Haarwuchs- und Haarfärberezepte (fol. 1^r–2^v), Augen- und Pestrezepte (fol. 48^v, 50^v, 206^r).

Literatur. MBKÖ 1, 1915, S. 523–525, 609 (K 13 [lies: K 14], 1); Die Matrikel der Universität Wien 1, 1956, S. 93; H. Hilg, Die lateinischen mittelalterlichen Handschriften: Teil 1. Hs. 17a–22921, 1983. — F. X. Linzbauer, Die warmen Heilquellen der Hauptstadt Ofen, 1837; J. Csontosi, Magyarországi könyvmásolók és betűfestők a középkorban (Scribes and Illuminators in the Hungarian Middle Ages), Magyar Könyvszemle 1881; A. Kubinyi, Die Anfänge Ofens, 1972; K. Thir u. a., Die Kartause Aggsbach, 2000; Die Kartäuser und die Künste ihrer Zeit, Bd. 2, 2001; B. Láng, Unlocked Books. Manuscripts of Learned Magic in the Medieval Libraries of Central Europe, 2008.

Claudia Kanz

Ofen-St. Lorenz (**Budaszentlőrinc**)

Pauliner

Patr.: Hl. Lorenz — gegr.: 1. Hf. 13. Jh.

Geschichte. Der Paulinerorden ging aus mehreren ung. Eremitengemeinschaften aus der ersten Hf. des 13. Jh.s hervor. Mit Unterstützung des päpstlichen Legaten Gentile da Montefiore gelang es der Gemeinschaft, die sich auf den Eremitenheiligen Paulus von Theben berief, 1308, die Kanonisierung zu erlangen. Im Jahr darauf gab sich der Orden im St. Lorenzkloster im damaligen St. L., das bis zum Ende des Mittelalters Sitz des Generalpriors sein sollte, seine eigene Regel. Das weiße Habit der Pauliner führte der Generalprior Nikolaus der Deutsche (1341–36) ein (Bencze 1991, S. 416). Eine Blütezeit erlebte der Orden im 14./15. Jh., in dem er sich über Mittel- und Südeuropa verbreitete, unterstützt durch die ung. Könige. Mit der Überführung der wundertätigen Reliquien des Hl. Paulus aus Venedig nach St. L. am 14.11.1381 wurde das Kloster zu einem wichtigen Wallfahrtsort. Das Bildungsniveau wurde in den Klöstern zunächst niedrig gehalten, auch wenn bescheidene Bestände geistlicher Bücher nachgewiesen sind. Dies könnte auch für einen deutlichen Rückgang der Mitgliederzahlen im Frühhumanismus verantwortlich sein. Mit der Ernennung Bálit Hadnagys zum *praedicator* des Ordens 1505 und v. a. mit der Wahl von Gregorius Gyöngyösi zum Generalprior 1520 war eine neue Politik der Bildungsförderung im Orden eingeleitet.

Autoren/Werke. (**1**) **Nicolaus Strabmair** ist 1447 als Ordensmitglied und als Schreiber einer Handschrift mit Werken Bonaventuras bezeugt (Göttweig, SB, Ms 282/463). Vermutlich ist er identisch mit dem als Schreiber und Kompilator einer 1447 in St. L. begonnenen und 1461 in → Erlau beendeten Sammlung katechetischer Literatur (Göttweig, SB, Ms 243/446) bezeugten *frater Nicolaus de weyttnsted jam de Rana* bzw. *frater Thewthunicus de Rana* (RÓMER, S. 112f.).

Der Ungar (**2**) **Antonius de Thata** (Antal Tatai) war nach einem Studium in Wien (Immatrikulation 1467) zunächst Prediger des Paulinerklosters in St. L., bevor er 1487 Generalvikar des Ordens wurde. Er gilt in der Ordensgeschichte als Mann außerordentlicher Bildung. Als erster gab er das um 1381 entstandene Breviar und das Missale des Ordens in den Druck (vgl. ‚Vitae fratrum', § 61).

Im Auftrag des Generalpriors István verfasste (**3**) **Bálint Hadnagy**, Prediger des Klosters St. L. evtl. noch 1507 seine ‚Vita divi Pauli primi heremite' (1507/11), die neben der eigentlichen Vita einen Bericht über die Überführung der Reliquien und Wunderberichte (hieraus lässt sich das nicht überlieferte Mirakelbuch der Pauliner in St. L. rekonstruieren) sowie verschiedene liturgische Texte auch aus dem Bereich der Marienverehrung umfasst. Zu den Quellen Hadnagys gehört neben Hieronymus' Vita des Eremiten Paulus u. a. auch das 1486/90 in Basel im Auftrag des Antonius de Thata gedruckte Breviar. In einem der ‚Vita' vorausgeschickten 12 Strophen langen Gedicht erklärt Hadnagy seinen quasi-wissenschaftlichen Anspruch bei der Faktensammlung aus vertrauenswürdigen Quellen. Als ‚objektive' Darstellung der Bedeutung des Ordenspatrons dient die ‚Vita' Hadnagys den Versuchen des Ordens, sich in Krisenzeiten zu behaupten. Überliefert ist der Text in einer Hs. aus dem Paulinerkloster in Ranna (Göttweig, SB, Cod. 223, fol. 60va–62va) sowie als Frühdruck: B. Hadnagy: ‚Vita divi Pauli primi heremite. Translatio eiusdem sancti viri. Lectiones. Miracula'. Venedig: Giacomo Penzio für Mathias Milcher (→ Ofen), 1511. Dem Buchhändler Mathias Milcher sprach der Prior István das ausschließliche Publikationsrecht des Drucks zu.

(**4**) **Albert von Tschanad** (Albert Csanádi, Adalbertus Chanadinus) trat 1494 in den Paulinerorden ein und war ab 1500 als Prediger in St. L. tätig. Er verfasste mehrere Predigten zur Ehre des Hl. Paulus des Eremiten sowie eine Vita desselben in heroischen Versen, diese Werke verbrannte er aber, als sie auf Kritik stießen (vgl. ‚Vitae fratrum', § 73). Zwei seiner lat. Hymnen aus dem Jahr 1515 sind in den ‚Vitae fratrum' überliefert: ein *pange lingua*-Hymnus auf Mariä Verkündigung sowie ein Hymnus auf die Engelhierarchien. Besonders hervorgehoben wird in diesem Hymnus Gabriel, dem die Gnade zuteil wurde, Christi Geburt zu verkünden. Als hoch geschätzter Rhetoriker predigte Albert in verschiedenen Klöstern des Ordens. Er starb in → Fünfkirchen.

Der um 1472 geborene (**5**) **Gregorius aus Gyöngyös** (Komitat Heves), später auch Gregorius Pannonius genannt, wurde nach einem Studium in Krakau (PL) und einer Tätigkeit als Prediger und als Sekretär des Generalpriors von St. L. (1501–04) sowie als Prior des Paulinerklosters Santo Stefano Rotondo in Rom im Jahr 1520 zum Generalprior von St. L. ernannt. Aus gesundheitlichen Gründen legte Gyöngyösi 1522 sein Amt nieder, nahm es aber 1524–28 erneut auf. Bereits in Rom hatte er verschiedene Schriften über den Orden und die Aufgaben eines Ordensführers veröffentlicht; in St. L. erstellte er 1520–22, basierend auf Vorarbeiten des Marcus de Dombro, Regesten der Urkunden von insgesamt 68 Klöstern, darunter fünf slawonischen und zwei österr., das ‚Inventarium privilegiorum omnium et singularium domorum Ordinis Heremitrarum Sancti Pauli Primi Heremitae'. Der Hs. (Budapest, EK, Cod. Lat. 115) sind als zweiter Teil Abschriften von Privilegien des Ordens aus der Zeit bis 1538 beigefügt. Als Gyöngyösis Hauptwerk gilt die Ordensgeschichte ‚Vitae fratrum', die auf Vorarbeiten des Marcus de Dombro aus dem Jahr 1496 und des Johannes de Zalánkemén (1516–24) beruhen. Entweder 1520 oder 1528 begann Gyöngyösi mit der Überarbeitung der Ordenschronik, die er 1541 unvollendet ließ und die Bálint Hadnagy abschloss. Die ‚Vitae fratrum' stilisieren den Orden entsprechend dem Vorbild der ‚Devotio Moderna', dabei übernimmt Gyöngyösi, wie SARBAK (1993 u. ö.) nachweisen konnte, zahlreiche Formulierungen des Thomas a Kempis. Inhaltlich stützt er sich auf die ‚Chronica Hungarorum' des Johannes Thurocz (SARBAK 2009, S. 253).

Die **(6) Formelsammlung** des Ordens (Budapest, EK, Cod. Lat. 131) enthält u. a. Musterbriefe mit den in Urkunden gebräuchlichen Wendungen, dazu das ‚Directorium' des Gregorius Gyöngyösi, in welchem er neben der Verwaltungsstruktur auch den *modus scribendi* des Ordens erklärt. Vermutlich wurde sie ab den frühen 1530er Jahren angelegt (ROMHÁNYI/SARBAK, S. XIVf.).

Überlieferung. Von der Existenz einer Bibliothek des Klosters zeugen Dokumente aus der Mitte des 15. Jh.s (CSAPODI, S. 94). Sie weisen auch darauf hin, dass in der Schreibstube des Klosters lat. theologische Texte kopiert wurden (CSAPODI, S. 225f.). Ein Bücherverzeichnis aus dem späten 15. Jh. führt allerdings nur 10 Titel auf, in lat. und ung. Sprache. Es handelt sich hierbei um Literatur für den Gottesdienstgebrauch sowie um Ordensregularien, verfasst von Thomas von Sabaria u. a. (CSAPODI, S. 147f.). Das Kloster wurde 1526 von den Osmanen zerstört. Die Privilegienurkunden des Klosters konnten auf die Burg der Familie von Revicke gerettet werden; sie werden in einer Liste der geretteten Gegenstände von 1532 genannt (BENCZE 2000, S. 419). Einzelne Bücher sind noch erhalten: ein Missale des Ordens aus dem 15. Jh. (Göttweig, SB, Ms 217/234) und ein Druck der ‚Postilla' des Guilelmus Parisiensis von 1512 (Budapest, RKP, Vet 12/62); verschollen ist die ehemals in Szeged aufbewahrte Cassiodor-Ausgabe (Venedig, 1517) aus dem Besitz des Klosters (CSAPODI, S. 291).

Eine andere Form der Überlieferung aus dem Paulinerkloster stellen die mittelalterlichen Grabplatten dar, die im 19. Jh. hier gefunden wurden. Unter ihnen befindet sich auch die des 1424 gestorbenen Bambergers Heinrich Mehlmeister (LÖVEI, S. 355).

Ausgaben. G. GYÖNGYÖSI, Vitae fratrum eremitarum ordinis sancti Pauli primi eremitae, hg. v. F. L. HERVAY, 1988; B. HADNAGY, Miracula Sancti Pauli primi heremite, hg. und ins Ung. übers. v. G. SARBAK, 2003; Formularium maius ordinis Sancti Pauli primi heremite. Textedition des Pauliner-Formulariums aus der ersten Hälfte des 16. Jahrhunderts (Cod. Lat. 131 der Universitätsbibliothek zu Budapest), hg. v. B. F. ROMHÁNYI/G. SARBAK, 2013.

Literatur. Cs. CSAPODI/K. CSAPODINÉ GÁRDONYI, Bibliotheca Hungarica. Kódexek és nyomtatott könyvek Magyarországon 1526 előtt, Bd. 3, 1994. — F. F. RÓMER, Könyvtári buvárlataim Altenburgban és Gottweigban, Magyar Könyvszemle 6/2+3 (1881), S. 99–116; Z. BENCZE, Der Paulinerorden im mittelalterlichen Ungarn, in: Budapest im Mittelalter, hg. v. G. BIEGEL, 1991, S. 415–425; P. LÖVEI, Mittelalterliche Grabdenkmäler in Buda, ebd., S. 350–365; G. SARBAK, Die ungarischen Pauliner und die Devotio Moderna, in: Wessel Gansfort (1419–1489) and Northern Humanism, hg. v. F. AKKERMAN u. a., 1993, S. 170–179; Z. BENCZE, Das Kloster St. Lorenz bei Buda (Budaszentlőrinc) und andere ungarische Paulinerklöster. Archäologische Untersuchungen, in: Beiträge zur Geschichte des Paulinerordens, hg. v. K. ELM, 2000, S. 157–190; Symposium zur Geschichte des Paulinerordens, hg. v. S. ŚWIDZIŃSKI, 2005; G. SARBAK, Der Paulinerorden an der Schwelle zur Neuzeit, in: Bettelorden in Mitteleuropa. Geschichte, Kunst, Spiritualität, hg. v. H. SPECHT/R. ANDRASCHEK-HOLZER, 2008, S. 316–325; G. SARBAK, Prior General Gregory Gyöngyösi and the History of the Pauline Fathers in the Early 16th Century, in: Infima Aetas Pannonica. Studies in Late Medieval Hungarian History, hg. v. P. E. Kovács/K. SZOVÁK, 2009, S. 250–260; G. SARBAK, Der Paulinerorden, 2010.

CORA DIETL

Pastuch (**Pásztó**)

Benediktiner/Zisterzienser

Patr.: Hl. Nikolaus — vor 1138–1544

Geschichte. Das Kloster in P. ist 1138 erstmals erwähnt, als Cerebanus, ein Kleriker aus Venedig, in der Bibliothek der Abtei zwei griech. Bücher ins Lat. übersetzte und diese Übersetzungen Abt David von → Martinsberg schickte. Zu dieser Zeit war P. vermutlich ein Benediktinerkloster. Im Jahr 1191 wurde es auf Initiative Bélas III. in ein Zisterzienserkloster umgewandelt, als Tochterkloster von → Pilis. Nach der Zerstörung durch die Mongolen und dem Wiederaufbau fand eine Neubesiedlung des Klosters aus Bélháromkút, → Ertsching und Pilis statt (vgl. HERVAY, S. 132). Im Jahr 1480 wurde Heinrich Mülich gemeinsam mit einigen Mönchen aus Kloster Ebrach nach P. gesandt. Mülich übernahm bis 1483 das Amt des Abts, dann aber musste er aus gesundheitlichen Gründen nach Franken zurückkehren, wo er 1498 starb. Im Jahr 1544 wurde das Kloster unter dem Druck der Eroberungen der Türken aufgegeben. Es wurde 1698 neu gegründet.

Überlieferung. Die Bibliothek und das Archiv des Klosters sind verloren, aber fünf Briefe der Äbte und der Konventsmitglieder aus den Jahren 1264–1342 sind erhalten (vgl. HERVAY, S. 131). Zu Dokumenten über das Kloster vgl. HERVAY, S. 127–130.

Literatur. F. L. HERVAY, Repertorium Historicum Ordinis Cisterciensis in Hungaria, 1984, S. 127–132; I. VALTER, Die Erforschung der ungarischen Zisterzienserklöster mit besonderer Berücksichtigung der Abtei Cikador, Beiträge zur Mittelalterarchäologie in Österreich 12 (1996), S. 227–237; M. BÁNHEGYI OSB, Hungarian Benedictine Libraries in the Middle Ages, in: Paradisum plantavit. Benedictine Monasteries in Medieval Hungary, hg. v. I. TAKÁCS, 2001, S. 598–601.

CORA DIETL

Pernau (**Bernaw, Pornó**)

Zisterzienser

Patr.: Hl. Margarethe — gegr.: 1234–1532

Auf Betreiben des Banus Chepan wurde 1219–21 das Kloster eingerichtet, als Filiale von → St. Gotthard an der Raab. Nachdem bereits im Jahr 1357 ein miserabler Zustand des Klosters festgestellt worden war, unterstellte es König Ladislaus V. Postumus 1455 schließlich dem Burgenländer Berthold Elderbach aus Eberau (HERVAY, S. 155). Als dessen Familie 1496 ausstarb, übernahm Thomas Bakócz, Bischof von → Raab und ab 1497 Erzbischof von → Gran, die Obhut des Klosters. Spätestens 1532 wurde es aufgelöst. Das Archiv und die Bibliothek von P. sind komplett verloren gegangen.

Literatur. F. L. HERVAY, Repertorium historicum ordinis Cisterciensis in Hungaria, 1984.

CORA DIETL

Petschwar (**Pécsvárad**)

Benediktiner

Patr.: Hl. Maria u. Hl. Benedikt — 1015–1530/31

Geschichte. Unter Stephan I. wird die Benediktinerabtei von P., vormals Vasashegy, bei → Fünfkirchen im heutigen Komitat Baranya, gegründet, um den ersten Abt, Astric bzw. Anastasius, mit der Bekehrung der umliegenden Volksstämme zu betrauen. Die Ausstellung beglaubigter Urkunden, die im mittelalterlichen Ungarn den *loca credibila* oblag, tätigten Notare der Benediktinerabtei von P. insbesondere ab Mitte des 13. Jh.s, als die Zahl der Ausstellungsorte vom König reduziert wurde und die Ausübung der Schreibertätigkeiten in P. beträchtlich zunahm (vgl. Csóka, S. 235f.). Nachweislich zählte die Abtei im Jahr 1439 dreizehn geweihte Mitglieder und sechs Kleriker (ebd., S. 267). Die enge Verbindung der Abtei zum Königshaus demonstriert die von Matthias Corvinus betriebene Ernennung des aus einer dt.-sprachigen Breslauer Ratsherrenfamilie stammenden Johannes Beckensloer (Beckenschlager) zum Abt von P. und gleichzeitig zum Propst von → Fünfkirchen. 1465 wurde er zum Bischof von → Wardein (RO) ernannt (vgl. Zaisberger). Dass im 15./16. Jh. drei Brüder des Klosters in Wien studierten (Georgius 1427, Johannes 1458 und schließlich *Frater Thomas ordinis sancti Benedicti ex Peschwaradina* 1521), spricht für einen recht hohen Bildungsstand in P. Dem in der zweiten Hf. des 15. Jh.s einsetzenden Zerfall vieler Abteien im gesamtung. Reich sah sich auch P. ausgesetzt: Nur durch die Intervention Papst Pauls II. entging P. 1465 den Besitzansprüchen der Diözese Agram. Bald nach dem Einfall der Osmanen mussten unter Abt László Móré 1530/31 die letzten Mönche die Abtei verlassen; das Kloster zerfiel.

Autoren/Werke. Demeter de Lasco (Laskói), ein Schüler des Johannes von Rothenberg, war maßgeblicher Schreiber einer zwischen 1427 und 1435 in P. angelegten lat. Sammelhandschrift für den benediktinischen Schulgebrauch, des sog. **(1) ‚Laskai-Codex'** (Šibenik, St. Francis Klosterbibliothek, Cod. 10), der Lehrinhalte der Grammatik, Kalenderberechnung und Theologie in sich vereint (vgl. Madas, S. 11; Holl). Als einer von fünf Schreibern fertigte Demeter einen Großteil desselben im Zeitraum von 1433 bis 1435 an. Der Codex enthält auch ein frühes Zeugnis ung.-sprachiger Literatur, die sog. Laskai-Zeilen (ung. ‚Laskai sorok'), ein fünf Zeilen umfassendes Gebet in Versform, das auf diverse lat. Vorlagen zurückgeht (vgl. Mátai, S. 85f.). Ob der im Kolophon genannte *Dameter de Zemlén* mit Demeter de Lasco identisch ist, ist in der Forschung umstritten (Mészáros 1986, S. 127; Sarbak, S. 210).

Wohl nur durch den Druckort Wien mit dem dt. Sprachgebiet verbunden ist der berühmte Reisebericht ‚Compendiosa quedam nec minus lectu iocunda descriptio vrbis Hierusalem' des **(2) Gabriel Pécsváradi** († um 1527), des Leiters der Franziskanerprovinz Ungarn von 1509 bis 1513. Das Werk berichtet von seiner Pilgerfahrt nach Jerusalem in den Jahren 1514–17.

Die vermutlich im Auftrag → Ladislaus' I. zwischen 1077 und 1083 verfasste **(3) ‚Legenda maior Sancti Stephani'** lässt sich auf Grundlage des Einflusses benediktinischer Ordensregeln und der Hinwendung zur Legende des Hl. Benedikt eindeutig dem monastischen Kontext einer benediktinischen Abtei zuweisen. Als Autor kommt mit hoher Wahrscheinlichkeit ein Mönch aus P. in Frage (vgl. Csóka, S. 122f.).

Überlieferung. In der Anfang des 13. Jh.s gefälschten, auf das Jahr 1015 datierten Gründungsurkunde der Abtei P. wird eine Reihe von Büchern genannt, welche die Abtei besessen habe. Diese Bücherbestände werden von der Forschung durchaus als „glaubhaft" eingeschätzt (Sarbak, S. 206). Die Liste umfasst insgesamt 34 Bände, davon der Großteil liturgische Bücher, zwei Exemplare der ‚Benediktinerregel' und zwei Bibelkommentare. Keine der typischen Titel des 13. Jh.s sind genannt – wohl um die Fälschung glaubwürdig zu machen (vgl. Bánhegyi, S. 599).

Ausgaben. Gabriel de Pechwaradino, Compendiosa quedam [...] descriptio vrbis Hierusalem. Wien: Singriener 1521 (VD16 G 11); G. Pécsváradi, Jeruzsálemi utazás, übers. v. B. Holl, 1983.

Literatur. Die Matrikel der Universität Wien, Bd. 1–3, 1956–1967. — F. Zaisberger, Art. Johann III. Beckenschlager, NDB 10 (1974), S. 544; L. Csóka, Geschichte des benediktinischen Mönchtums in Ungarn, 1980; B. Holl, Egy ismeretlen középkori iskoláskönyv és verses magyar nyelvemlék 1433 ból, Magyar Könyvszemle 100 (1984), S. 3–23; I. Mészáros, Középkori hazai iskoláskönyvek, Magyar Könyvszemle 102 (1986), S. 113–134; M. D. Mátai, Ein ungarisches Sprachdenkmal aus dem Jahre 1433, Finnisch-ugrische Mitteilungen 20 (1996), S. 83–89; M. Bánhegyi OSB, Hungarian Benedictine Libraries in the Middle Ages, in: Paradisum plantavit. Benedictine Monasteries in Medieval Hungary, hg. v. I. Takács, 2001, S. 598–601; G. Sarbak, Über das mittelalterliche Bibliothekswesen der Benediktiner in Ungarn, in: The Development of Literate Mentalities in East Central Europe, hg. v. A. Adamska/M. Mostert, 2004, S. 199–213; E. Madas, The late-medieval book culture in Hungary from the 1430s to the late 1470s, in: A Star in the Raven's Shadow. János Vitéz and the Beginnings of Humanism in Hungary, hg. v. F. Földesi, 2008, S. 9–23.

Cora Dietl/Mary-Jane Würker

Pilis

Zisterzienser

Patr.: Hl. Maria — 1184–1526

Geschichte. Auf Initiative Bélas III. wurde 1184 das Kloster P. als Tochterkloster von Acey gegründet. Es wurde an der Stelle eines älteren Benediktinerklosters errichtet (vgl. Valter, S. 231). In der Nähe des Klosters wurde 1213 Gertrud von Andechs-Meranien, die erste Frau König Andreas' II., bei der Jagd von ung. Edelleuten ermordet, aus Protest gegen die Vergabe königlicher Ländereien an Deutsche aus dem Umkreis Gertruds. Gertrud wurde im Kloster P. bestattet. Das Kloster wurde so unversehens zu einem Denkmal der konfliktreichen Begegnung zwischen Deutschen und Ungarn. Nach der Zerstörung durch die Mongolen 1242 wurde P. von Frankreich aus neu besiedelt. Die engen Kontakte nach Frankreich hielten bis ins 14. Jh. Im Jahr 1356 wurde erstmals ein österr. Abt ins Kloster entsandt (Heinrich, 1356–79, zuvor *cellerarius* im Heiligenkreuz, Österreich); im 15. Jh. mehrte sich der dt. und österr. Einfluss: 1480–86 bekleidete Jodocus Rösner, der zuvor Prior in Ebrach war, das Amt des Abts; 1494 wurde der Abt von Heiligenkreuz nach P. gesandt, um es zu visitieren und zu reformieren; 1518 entsandte das Generalkapitel den Abt von Heilsbronn nach P., um dem dortigen Abt Johannes von Normann zu untersagen, Apostaten im Kloster aufzunehmen. Im Jahr 1521 trat Markgraf Joachim I. von Brandenburg als Gönner des Klosters auf (vgl. Hervay, S. 145).

Überlieferung. Die Bibliothek und das Archiv des Klosters sind zwar verloren, aber ein Privileg Bélas IV., im Jahr 1254 für das Kloster ausgestellt, wurde bis 1950 im Archiv des Klosters von Zirc aufbewahrt; es ist heute verschollen (vgl. Hervay, S. 147). Ein Brief Papst Bonifaz' VIII. an den Abt von P. aus dem Jahr 1295 wird heute in → Wesprim aufbewahrt (Veszprém, ML, n. 48); zudem sind 31 Briefe aus dem Kloster aus der Zeit von 1226 bis 1517 erhalten (vgl. Hervay, S. 147–149). Ein Lobgedicht auf die Bibliothek des Klosters ist in einem Codex aus der Zeit zwischen 1505 und 1516, der Eindrücke von Visitationen verschiedener Klöster enthält, überliefert (München, StB, Clm. 19822, fol. 167^r, vgl. Hervay, S. 149).

Literatur. F. L. Hervay, Repertorium Historicum Ordinis Cisterciensis in Hungaria, 1984, S. 141–153; I. Valter, Die Erforschung der ungarischen Zisterzienserklöster mit besonderer Berücksichtigung der Abtei Cikador, Beiträge zur Mittelalterarchäologie in Österreich 12 (1996), S. 227–237; H. J. Ollig, Das Zisterzienserkloster Pilis im Donauknie/Ungarn. Online-Veröffentlichung 2007: http://www.cistopedia.org/index.php?id=2147&L=0.

Cora Dietl

Plintenburg (**Visegrád**)

Inhalt. A. Burg. 1. Hof Karls I. und Ludwigs I. 2. Hof Sigismunds.

Bereits im 4. Jh. n. Chr. wurde im nördlichen Teil der heutigen Stadt, auf dem sog. Sibrik-Hügel, ein röm. Militärlager (Pons Navatus) zur Überwachung der Donaugrenze der Provinz Pannonien errichtet. Den Namen erhielt der Ort von den dort ansässigen Slawen. Nach dem Mongolensturm ließ König Béla IV. hier um 1246/47 eine der wichtigsten Steinburgen Ungarns erbauen. Sie hatte neben der militärischen auch eine administrative Funktion. Zur gleichen Zeit wurden hier *hospites* angesiedelt, u. a. dt. Im Jahr 1474 war der Marktflecken entvölkert; König Matthias forderte Siebenbürger Sachsen auf, hier zu siedeln (Urk. Nr. 3991).

A. Burg

Die von Béla IV. errichtete Steinburg diente im letzten Viertel des 13. Jh.s auch als Königspfalz. 1323 verlegte König Karl I. seinen Sitz nach P., das dann (bis auf die Jahre 1347–55, als unter König Ludwig I. dem Großen der königliche Hof in → Ofen war) bis 1408 der Sitz der ung. Könige blieb. 1335 fand in P. ein Treffen der Könige von Ungarn, Polen und Böhmen statt, bei dem ein Friedensvertrag unterzeichnet wurde. 1421–22 wurden die Reichsinsignien des Heiligen Römischen Reiches hier aufbewahrt. König Albert ließ 1439 die ung. Krönungsinsignien aus → Gran nach P. bringen. Nach seinem Tod ließ dessen Witwe Elisabeth die Stephanskrone 1440 mit Hilfe der Helene Kottanner aus der Burg stehlen.

Ausgabe. Urkundenbuch zur Geschichte der Deutschen in Siebenbürgen, hg. v. F. Zimmermann, Bd. 7, 1991, Nr. 3991, S. 10f.

Literatur. L. Iván, A visegrádi vár története a kezdetektől 1685-ig, 2004; A visegrádi fellegvár, hg. v. G. Buzás, 2006; I. Feld, Art. Visegrád, MAMűL 12 (2011), S. 452–467.

Péter Lőkös

A.1 Hof Karls I. und Ludwigs I.
1310–1346

Geschichte. Die Königsburg in P. war eines der wichtigsten politischen und intellektuellen Zentren des angevinischen Zeitalters in Ungarn (1310–87). Der königliche Sitz spielte während der Herrschaft von Karl I. von Anjou eine erstrangige politische Rolle: Hier fanden 1335, 1338 und 1339 die berühmten Herrschertreffen von P. statt, wo die luxemburgisch-piastischen Anliegen mit Vermittlung des ung. Königs geschlichtet wurden. Darüber hinaus ist auch das kulturelle Gewicht des Ortes nicht zu unterschätzen. Um die angevinischen Könige (Karl I. und Ludwig I.) herum tauchten viele neue und v. a. auswärtige Ritter und Diplomaten auf, die teilweise auch mit P. zu verbinden sind, z. B. die Brüder Wolfhard, Moritz von Haunfeld, Burkhard von Ellerbach, Ulrich von Walse, Ulrich von Cilli und Heinrich Paucher. Besonders wichtig ist die Rolle des aus Westfalen stammenden Johannes Bredenscheid, der jahrzehntelang im königlichen Dienste stand.

Nach dem Tod Karls I. (1342) musste P. bald mit → Ofen konkurrieren, wohin nach 1346 auch das Zentrum der Regierung verlegt wurde. In Ofen sind die wichtigsten historiographischen Darstellungen der Angevinen (Das → ,Chronicon pictum', die Ungarnchronik und die Reimchronik von → Heinrich von Mügeln) zu verorten, und auch → Peter Suchenwirt, der in einem längeren Gedicht Ludwig I. lobt, soll in Ofen gewirkt haben.

Literatur. D. Dercsényi, Nagy Lajos kora, ²1990.

Dániel Bagi

Autoren/Werke. Der aus Dortmund stammende **Johannes Bredenscheid** agierte am P.er Hof als Rechtsberater König Ludwigs I. und war Ende des 14. Jh.s. u. a. als Gesandter beim Hl. Stuhl in Avignon. Er wird 1391 zuletzt erwähnt. Bredenscheid war maßgeblicher Auftraggeber einer in zwei Bänden vorliegenden Abschrift des theologischen Hauptwerks Gregors des Großen, ‚Moralia in Iob'. Der erste Band (Klosterneuburg, AC, CCl 240) enthält die ersten achtzehn Bücher, der zweite die Bücher neunzehn bis fünfunddreißig (ebd., CCl 238). Die Hs. CCl 238 gibt eingangs an, dass die Arbeit im Jahr 1367 in P. vollendet wurde. Prächtige Fleuronnéeinitialen zieren das 246 und 219 Bll. umfassende Werk, an dem mindestens zwei Schreiber beteiligt waren (vgl. HAIDINGER 2006). Die Bände gelangten im 15. Jh. nach Klosterneuburg.

Literatur. H. PFEIFFER/B. CERNIK, Catalogus codicum manuscriptorum, qui in bibliotheca Canonicorum regularium S. Augustini Claustroneoburgi asservantur, Bd. 1, 1922, S. 233–235; A. HAIDINGER u. a., Katalog der Handschriften des Augustiner Chorherrenstiftes Klosterneuburg, Bd. 3, 2012. — A. HAIDINGER, Gregorius Magnus, Moralia in Iob, in: Sigismundus Rex et Imperator. Kunst und Kultur zur Zeit Sigismunds von Luxemburg 1387–1437, hg. v. I. TAKÁCS, 2006, S. 106f.

MARY-JANE WÜRKER

Königliche Kanzlei

Bis zur Zeit Karls I. war das königliche Archiv geteilt in eine Sammlung privater Dokumente, die in der jeweiligen Residenz aufbewahrt wurden, und das offizielle Archiv königlicher Dokumente in → Stuhlweißenburg. Dies änderte sich mit der Archivreform unter den Königen Karl und Ludwig, welche die beiden Archivteile in der Hofkanzlei zusammenführten. Sie führten auch die sog. *libri regii* ein, d. h. ein Zentralregister der von der königlichen Kanzlei ausgestellten Urkunden, nach dem Vorbild der päpstlichen Kanzlei. Wann genau das Zentralregister eingeführt wurde, ist nicht sicher belegt; Datierungsversuche rangieren zwischen den Jahren 1331 und 1357 (GÁRDONYI, S. 51f.; SZENDE, S. 115). Das Register wurde von der Kanzlei geführt, seit → Sigismund sogar unter namentlicher Nennung des jeweiligen Notars, der die Einträge tätigte. Es wurde während der Bearbeitung in der Kanzlei aufbewahrt, unter Aufsicht der *conservatores*; nach Fertigstellung wurden die einzelnen Bände in das königliche Schatzhaus überführt (SZENDE, S. 116).

Literatur. I. HAJINIK, A királyi könyvek a vegyes házakbeli királyok korszakában, 1879; A. GÁRDONYI, I. Károly király nagypecsétjei, Turul 25 (1907), S. 30–57; K. SZENDE, The Uses of Archives in Medieval Hungary, in: The Development of Literate Mentalities in East Central Europe, hg. v. A. ADAMSKA/M. MOSTERT, 2004, S. 107–142.

CORA DIETL

Urkunden. König Ludwig I. richtet sich in einer Urkunde (Urk. Nr. 1104) vom 1.5.1379 an die Großen der Sachsen der Sieben Stühle. Angesichts von Uneinigkeit und Streit unter den Sachsen wolle er in seiner königlichen Rolle deren Beilegung erreichen. Dazu sollen die Sieben Stühle zunächst in einer Versammlung untereinander Einigkeit über ihre alten und neuen Privilegien und Freiheiten gegenüber kirchlichen und weltlichen Würdenträgern herstellen. Im Anschluss will der König ihre Boten empfangen, die Freiheiten der Sachsen bestätigen und verbessern, sofern bestehende Regelungen bzw. Formulierungen für sie nicht zufriedenstellend seien.

Ausgabe. Urkundenbuch zur Geschichte der Deutschen in Siebenbürgen, hg. v. F. ZIMMERMANN u. a., 1892–1991.

HEINRICH HOFMANN

A.2 Hof König Sigismunds

1387 bis 1406/08

Geschichte. In der ersten Herrschaftsphase König Sigismunds fungierte der Burgpalast von P. als Residenz des Hofstaates, doch lässt sich nachweisen, dass sich der Herrscher ab 1387 jeweils nur kurzzeitig in P. aufhielt und längere Aufenthalte aufgrund seiner Reisen nicht stattfanden. Ab dem Jahre 1402 nahm die Zahl der Besuche in P. weiter ab; eventuell plante der König ab diesem Zeitpunkt die Verlagerung seiner Residenz ins nahe gelegene → Ofen, wo entsprechend umfangreiche Umbauten am Königspalast vorgenommen wurden. Der letzte längere Besuch in P. fand vom 14. bis 20. 2. 1405 statt.

Literatur. Itinerar König und Kaiser Sigismunds von Luxemburg 1368–1437, hg. v. J. K. Hoensch, 1995; Sigismundus Rex et Imperator. Kunst und Kultur zur Zeit Sigismunds von Luxemburg 1387–1437, hg. v. I. Takács, 2006.

Mary-Jane Würker

Briefe. Ein Brief König Sigismunds an den siebenb. Vizewoiwoden Loránd Lépes wurde angeblich im Klosterarchiv von → Klausenburg-Appesdorf (RO) verwahrt. Er war datiert auf den 2. 7. 1426 aus P. und enthielt die Aufforderung zu Verhandlungen mit dem (siebenb.) Adel und den Sachsen über die Wiederaufnahme des Deutschen Ordens in Siebenbürgen zur Türkenabwehr. Weder Original noch Kopien sind erhalten, lediglich eine Edition von Kemény. Dieser benutzte angeblich die schon zerfallene Originalurkunde im Archiv des Klosters Appesdorf (RO). Die Echtheit der Urkunde wird bezweifelt (vgl. Zimmermann, S. 214).

Ausgabe. J. Kemény, Archivarische Nebenarbeiten, 1: Die durch König Sigmund im Jahre 1426 beabsichtigte Wiederansiedlung des deutschen Ordens in Siebenbürgen, in: A. Kurz, Magazin für Geschichte, Literatur und alle Denk- und Merkwürdigkeiten Siebenbürgens, Bd. 2 (1846), S. 89–99.

Literatur. H. Zimmermann, Der Deutsche Orden in Siebenbürgen. Eine diplomatische Untersuchung, 2011.

Anna-Lena Liebermann

Autoren/Werke. (1) Conrad Kyeser, aus Eichstädt, der 1394 bis 1396 im Dienst Sigismunds stand, hat sich in dieser Zeit wohl auch am P.er Hof aufgehalten. Die um 1415 angefertigte Budapester Handschrift seines ‚Bellifortis' (Budapest, MTAK, K 465) aber dürfte, sofern sie tatsächlich noch zur Zeit Sigismunds in die königliche Bibliothek Ungarns gelangte (Marosi, S. 389), eher in → Ofen aufbewahrt worden sein.

Literatur. F. Feldhaus, Art. Kyeser von Eichstädt, Konrad, ADB 52 (1906), S. 768–769; Cs. Csapodi, Ein ‚Bellifortis-Fragment' von Budapest, mit sechs Abb., Gutenberg-Jahrbuch 49 (1974), S. 18–28; R. Leng, Ars belli. Deutsche taktische und kriegstechnische Bilderhandschriften und Traktate im 15. und 16. Jahrhundert, Bd. 2, 2002; E. Marosi, Bellifortis (Fragment), in: Sigismundus Rex et Imperator. Kunst und Kultur zur Zeit Sigismunds von Luxemburg 1387–1437, hg. v. I. Takács, 2006, S. 397f.

Cora Dietl

(2) Oswald von Wolkenstein trat 1415 auf dem Konzil von Konstanz in den Dienst König Sigismunds und unternahm in dessen Auftrag sowohl 1415/16 als auch 1432 Gesandtschaftsreisen durch Europa. 1419, 1422 und 1425 sind Aufenthalte Oswalds am Pressburger Hof des Königs (SK) belegt. 1419 hielt er sich zudem in P. auf, wo er eine Aufbesserung seines Wappens durch Verleihung eines Ehrenzeichens durch Herzog Przemko I. von Troppau erfuhr. Ein Aufenthalt in → Ofen, von dem Király spricht (S. 107), ist nicht nachzuweisen. Oswalds Lieder, in denen er eine beschwerliche und erfolglose Reise zum ung. König beschreibt (Kl 23, 30, 55), sind vielleicht in Zusammenhang mit seiner Reise nach Pressburg 1425 entstanden (Müller, S. 18), mit Sicherheit nicht im heutigen Ungarn.

Literatur. U. MÜLLER, Oswald von Wolkenstein: Zeittafel zur Biographie, in: Oswald von Wolkenstein. Leben, Werk, Wirkung, hg. v. U. MÜLLER/M. SPRINGETH, 2011, S. 14–22; P. KIRÁLY, Art. Zenei élet a királyi és a fejedelmi udvarban, MAMűL 13 (2012), S. 95–117.

ANNA-LENA LIEBERMANN

Raab (Győr)

Inhalt. A. Bistum. 1. Bischöfe. 2. Kanoniker. B. Klöster.

Geschichte. Auf dem Kapitelhügel von R. stand bereits im 10. Jh. eine Ansiedlung, evtl. bereits eine Burg. Hier stellte König Stephan I. im Jahr 1009 die Gründungsurkunde für das Bistum → Fünfkirchen aus. Das Bistum R. war demnach bereits vorher eingerichtet worden. Ein Kollegiatskapitel in R. ist ab 1138 erwähnt. Als Gespansburg besaß R. bis ins 13. Jh. große Bedeutung, dann findet vermehrt der ‚Burggrund' urkundliche Nennung, auf dem *hospites* angesiedelt wurden. Im 12. Jh. entstanden zwei Pfarrkirchen (Hl. Benedikt und Protomartyrus Stephanus) und eine Propstei (Hl. Adalbert), im 13. Jh. kamen ein Dominikaner- und ein Franziskanerkloster hinzu. Schon früh entwickelte sich R. zum wichtigen Handelszentrum mit Stapelrecht. 1271 erhielt R. von König Stephan V., der *hospites* in der Burg ansiedelte, Privilegien nach dt. Recht (bestätigt und erweitert 1295, 1323, 1455, 1465 und 1496). Die in der Stadt verbliebenen Hofbauern, Burgleute und Hörigen des Domkapitels erhielten 1273 das Bürgerrecht. König Karl I. ließ die Burg, die 1240 von Friedrich II. von Österreich und 1273 von Truppen Ottokars II. eingenommen wurde, ab 1310 durch königliche Burgvögte verwalten. Die Witwe König Albrechts, Elisabeth, eroberte 1442 R. für ihren Sohn Ladislaus V. Postumus. 1442–47 fiel R. in die Hände Kaiser Friedrichs III. (vgl. GYÖRFFY, Sp. 379).

Literatur. GY. GYÖRFFY, Art. Győr, LexMA 7 (1995), Sp. 379. P. TOMKA/L. CSABA, Staatsgründung, Gespansburg, Komitat, weltliche und kirchliche Zentren an der Wende vom 10. zum 11. Jahrhundert, 2000.

ANNA-LENA LIEBERMANN/CORA DIETL

A. Bistum

A.1 Bischöfe

(1) Bischof Hartvik (bis Anf. 12. Jh.) war ein dt. Benediktinermönch, man identifizierte ihn auch mit Hartwig von Hersfeld, der seit 1072 Abt des Klosters Hersfeld, von 1085 bis 1088 Gegenbischof von Magdeburg war. Sicher ist, dass Hartvik 1088 nach Ungarn kam und bis nach 1100 Bischof von R. war. Er war ein Vertrauter des Königs Koloman, der ihn um 1100 mit dem Verfassen einer neuen Legende des ung. Königs Stephan I. beauftragte. Die ‚Legenda Hartviciana' ist eine Bearbeitung der zwei früheren Stephanslegenden, der entweder vor 1083 oder während der Regierung Kolomans entstandenen ‚Legenda maior' und der nach 1095 entstandenen ‚Legenda minor'. Unter Hartviks weiteren Quellen findet sich die gefälschte Decretalen-Sammlung ‚Collectio Pseudo-Isidoriana', aber er kannte wohl auch andere hagiographische Werke; aus seiner Vorrede kann man auf seine antike Bildung schließen. Hartviks Legende wurde im Interesse aktualpolitischer Ziele verfasst. Sie kann als eine Antwort auf die Rechtsansprüche des Reformpapsttums betrachtet werden und sie betont die die Kirchenführung betreffenden Rechte des ung. Königs dem päpstlichen Supremat gegenüber. Hartvik versuchte, diese Rechte des Herrschers auf Stephan I. zurückzuführen und zu beweisen, dass sie nicht vom Heiligen Stuhl stammen. Die Legende ist in neun Hss. überliefert. Hartviks Legende war seit dem 12. Jh. die ‚offizielle' Vita von Stephan I., ihre Daten wurden später von mittelalterlichen Chronisten übernommen.

Ausgaben. Scriptores rerum Hungaricarum tempore ducum regumque stirpis Arpadianae gestarum, hg. v. E. Szentpétery, Bd. 2, 1938, S. 377–440; Árpád-kori legendák és intelmek, hg. v. G. Érszegi, ²1987, S. 34–53.

Literatur. E. Varjú, Legendae Sancti Regis Stephani. Szent István király legendái, 1928; Z. Tóth, A Hartvik-legenda kritikájához (A Szent Korona eredetkérdése), 1942; J. Gerics, A Hartvik-legenda mintáiról és forrásairól, Magyar Könyvszemle 97 (1981), S. 175–188; Gy. Kristó, A nagyobbik és a Hartvik-féle István-legenda szövegkapcsolatához, Acta Universitatis Szegediensis. Acta Historica 91 (1990), S. 43–62; J. Gerics/E. Ladányi, A Hartvik legenda keletkezési körülményeiről, Magyar Könyvszemle 120 (2004), S. 317–324.

Péter Lőkös

(2) Bischof Johannes II. (Hédervári; 1386–1415) betreffend sind zwei Urkunden in dt. Sprache überliefert: zum einen ein Dokument, in dem er am 14.7.1413 den → Ödenburger Bürgermeister und den Stadtrichter *Czekan Paulen* bittet, die noch ausstehende Geldschuld *Paulen von Wogath, vnserm purgrafen zw Chreuzpach*, zu überreichen (Sopron, SL, Dl. 423), zum anderen eine Urkunde, in der *Pawl, graue zum Varichtenstain*, am 10.4.1424 den Kauf eines Zehents von Bischof Johannes bezeugt (Sopron, SL, Dl. 646).

Ausgabe. Sopron szabad királyi város története, hg. v. J. Házi, Bd. 1,2, 1921–1943.

Anna-Lena Liebermann

A.2 Kanoniker

Über das Leben des R.er Kanonikers **Martin von Czepregh** aus dem 15. Jh. ist nichts Näheres bekannt. Der Vorauer Cod. 59, ein Altes Testament des 13. Jh.s mit dt. Titelverzeichnis der biblischen Bücher und der Werke des Aristoteles (fol. 4ʳ⁻ᵛ), enthält auf Bl. 1ʳ neben Federproben des 15. Jh.s den Namen des Besitzers *Martini de Czepregh Canonici Jauriensis.* Auf fol. 3ᵛ findet sich die Bemerkung *Emit dominus Caspar Flewger anno LXX°*. Die Handschrift lässt sich damit neben weiteren (Hss. 131, 138, 150) 1470 im Besitz Fleugers verorten, welcher die Codices 59 und 131 wahrscheinlich in R. erworben hat, woraufhin sie mit den beiden anderen Ende des 15. Jh.s nach Vorau gelangten.

Literatur. P. Fank, Catalogus Voraviensis seu Codices manuscripti Bibliothecae Canoniae in Vorau, 1936; H. Menhardt, Vorauer Nibelungen-Bruchstücke, ZfdA 74 (1937), S. 149–163.

Claudia Kanz

B. Klöster

Franziskaner

Patr.: Hl. Elisabeth — gegr.: um 1229

1229 sandte der dt. Ordensprovinzial Johann Carpini Ordensleute nach Ungarn, die sich u.a. in R. niederließen. Die ersten Niederlassungen der Franziskaner wurden jedoch im Tatarensturm 1241 zerstört (vgl. Juhás, S. 187). Bruder *Pawl von Chassa* berichtet in seinem Amt als *custos der gustrei von Rab ordinis minorum* dem → Ödenburger Rat u.a. von einem verlorengegangenen Buch (Sopron, SL, Dl. 1163).

Ausgabe. Sopron szabad királyi város története, hg. v. J. Házi, Bd. 1,3, 1921–43.

Literatur. K. Juhász, Das Tschanad-Temesvarer Bistum im frühen Mittelalter 1030–1307, 1930; Gy. Györffy, Art. Győr, LexMA 7 (1995), Sp. 379; T. Fedeles, Art. Raab/Győr, in: Online-Lexikon zur Kultur und Geschichte der Deutschen im östlichen Europa, 2012, URL: http://ome-lexikon.uni-oldenburg.de/57056.html (07.09.2012).

Anna-Lena Liebermann

St. Gotthard (**Szentgotthárd**)

Zisterzienser

Patr.: Hl. Gotthard — 1184–1532

Geschichte. Auf Initiative König Bélas III. wurde 1184 das Kloster St. G. gegründet und von Mönchen aus Troisfontaines besiedelt. In der Folgezeit erhielt es reiche Schenkungen der Könige und des Adels und wurde zu einem wohlhabenden Kloster, aus dem bereits 1221 die erste Filialgründung (→ Pernau) erfolgte. Unter dem von König Matthias Corvinus eingesetzten dt. Abt Heinrich Scholl (1480–89) erfolgte, in Kooperation mit Abt Johannes von Ebrach, eine Klosterreform. Spätestens 1532 wurde St. G. angesichts der osmanischen Invasion verlassen und erst 1605 wieder neu gegründet.

Überlieferung. Aus dem Archiv des mittelalterlichen Klosters sind 20 Originalbriefe erhalten, die heute im Nationalarchiv in Budapest liegen; 47 weitere werden in der Heiligkreuzabtei in Österreich aufbewahrt; zudem weist HERVAY (S. 165f.) auf eine Streuüberlieferung einzelner Dokumente und Fragmente aus der ehemals reichen Bibliothek des Klosters hin.

Literatur. F. L. HERVAY, Repertorium Historicum Ordinis Cisterciensis in Hungaria, 1984, S. 159–169.

CORA DIETL

Stuhlweißenburg (**Székesfehérvár**, Alba Regalis, Alba Regia)

Inhalt. A. Archidiakonat. 1. Basilika. 2. Kapitel. B. Residenz der Arpaden. C. Stadt. D. Ereignisse. 1. Krönung Ladislaus' V. Postumus 1440. 2. Hochzeit Matthias' Corvinus 1476.

Rings um die Residenz und die Basilika von S. hatte sich bereits eine Siedlung gebildet, als zwischen 1147 und 1172 die ersten *hospites Latini*, also frz. und wallonische Siedler, eintrafen, denen Stephan III. besondere Freiheiten einräumte (DEÉR, S. 11), denn bereits 1009 wird in der Stiftungsurkunde des Bistums → Wesprim die *civitas Alba* erwähnt; in den ‚Altaicher Annalen' von 1063 ist sie *metropolis* genannt (ebd., S. 12f.; vgl. OEFELE, S. 63). Die Bedeutung der Stadt wuchs durch die Funktion der Basilika als Krönungsstätte, Schatzkammer und Grabeskirche der Arpaden und ihrer → Propstei als königlicher Kanzlei und Reichsarchiv ab dem 13. Jh. S. war zudem Ort der Gerichts- und Reichstage der Arpaden, für die bereits Stephan I. den 15. August (Mariä Himmelfahrt) als regulären Termin einführte (vgl. DEÉR, S. 17).

Ausgabe. Annales Altahenses Maiores, hg. v. E. OEFELE, 1891.

Literatur. J. DEÉR, Aachen und die Herrschersitze der Arpaden, MIÖG 79 (1971), S. 1–56; J. HADAS, Székesfehérvár, 1988; J. C. HORVÁTH, Ein Führer zur Stadtgeschichte und zum Archiv, übers. v. A. MAGYAR, 2003.

CORA DIETL

A. Archidiakonat

A.1 Basilika

Patr.: Hl. Maria — ab 1018/1038

Die der Hl. Jungfrau Maria geweihte Basilika von S. wurde von Stephan I. gestiftet. Zeitlich fällt die Stiftung mit der Verlegung der → Residenz der Arpaden nach S. sowie der Wiederöffnung des Pilgerwegs nach Jerusalem nach der Unterwerfung Bulgariens unter byzantinische Herrschaft zusammen (vgl. BOGYAY, S. 172). Geweiht wurde die Kirche erst nach dem Tod Stephans 1038, nach Aussage der Legende anlässlich seiner Bestattung (vgl. SILAGI, S. 53). Das Gebäude und seine Ausstattung waren zu seiner Zeit überaus beeindruckend; sowohl Bischof Hartvik (um 1100) als auch bereits vor ihm die anonyme ‚Vita maior' des Hl. Stephan beschreiben sie in voller Bewunderung (vgl. SILAGI, S. 41; HADAS, S. 19). Als Institution verband die Basilika die Aufgaben einer Eigenkirche mit denen eines Kollegiatsstifts. DEÉR sieht hierin eine „institutionelle […] und funktionelle […] Nachbildung" des Aachener Mariendoms, der einstigen Palastkapelle Karls des Großen (DEÉR, S. 23–27). Die Marienkirche war bis zum Ende des Mittelalters Ort der ung. Krönungsfeierlichkeiten, der königlichen Hochzeiten und Bestattungen sowie Ort von insgesamt 46 Landtagen und zahlreichen Gesetzestagen. In dem sich an sie anschließenden → Kapitel wurde bereits zur Zeit Stephans I. eine Stiftsschule eingerichtet, in der u. a. Gerhard von Tschanad unterrichtet haben soll (vgl. HADAS, S. 19).

Ausgabe. Stephansvita des Bischofs Hartwick, übers. v. G. SILAGI, in: Die heiligen Könige, hg. v. T. VON BOGYAY u. a., 1976, S. 29–60.

Literatur. J. DEÉR, Aachen und die Herrschersitze der Arpaden, MIÖG 79 (1971), S. 1–56; T. V. BOGYAY, Stephanslegenden, in: Die heiligen Könige, hg. v. DEMS. u. a., 1976, S. 26–28 u. 166–177; J. HADAS, Székesfehérvár, 1988; J. C. HORVÁTH, Ein Führer zur Stadtgeschichte und zum Archiv, übers. v. A. MAGYAR, 2003.

CORA DIETL

‚Codex Albensis'

Das in S. entstandene Antiphonar ‚Codex Albensis' eines unbekannten Schreibers ist auf die 1. Hf. des 12. Jh.s zu datieren, was FALVY/MEZEY sowohl anhand des Offiziums zu Ehren König Stephans als auch an der Schriftart des Codex (die der Schrift der in → Csatár verorteten ‚Admonter Riesenbibel' sehr ähnlich ist) belegen (S. 17f.). Der Entstehungsort *Alba Regia* lässt sich aus einem Eintrag am unteren Rand auf fol. 58ᵛ erschließen, in dem „ein Priester namens Mora […] einen Meister Jakob, Dechant und Chorherr von Alba [Regia], [bittet], ihm eine gewisse Angelegenheit beim Domkantor zu erledigen" (FALVY/MEZEY, S. 24). Die Vorlage der S.er Handschrift wird auf um 1000 datiert und kann dem süddt., genauer dem St. Galler Raum zugewiesen werden, die Notation ist mit geringen Unterschieden die gleichmäßige Notation von St. Gallen (vgl. FALVY/MEZEY, S. 49). Der ‚Codex Albensis' ist höchstwahrscheinlich das Ergebnis der Niederschrift eines Diktats. Dies legt die ungewöhnlich hohe Quote an Fehlern nahe, die nur mit einem im Lateinischen nicht geübten Schreiber zu erklären ist, der nach Gehör schrieb. FALVY und MEZEY verorten dementsprechend die Entstehung des Codex an der Domschule, an der ein Kantor im Rahmen des Gesangsunterrichts den Text der zu erlernenden Gesänge den Scholaren zum Niederschreiben diktierte (vgl. FALVY/MEZEY S. 27). Der Codex wurde anschließend von Weltgeistlichen verwendet (vgl. FALVY/MEZEY, S. 20). Als lokale Eigenart ist der Graner Usus auszumachen, wogegen der Hl. Adalbert, Patron der → Graner Erzdiözese, nur mit einer Kommemoration gefeiert wird, die in das Offizium des Hl. Georg eingefügt ist (vgl. FALVY/MEZEY, S. 24). Die Federzeichnungen unter dem Text des Protomärtyrer-Stephan-Offiziums weichen vom süddt. Vorbild ab und weisen ins volkstümlich Ungarische.

Ausgabe. Codex Albensis. Ein Antiphonar aus dem 12. Jahrhundert, hg. v. Z. FALVY/L. MEZEY, 1963 (Faksimileausgabe).

Literatur. Z. FALVY/L. MEZEY (s. o.).

ANNA-LENA LIEBERMANN

A.2 Kapitel

Geschichte. Die von Stephan I. zu Ehren von Mariä Verkündigung errichtete Propstei (Kollegiatkapitel) war eine der bedeutendsten kirchlichen Institutionen des Königreichs Ungarn und besaß mehrere Privilegien, so u. a. das Privileg der Exemption oder das Privileg des Gebrauchs von zugleich zwei Rationalen. Der König wurde vom Erzbischof von → Gran, die Königin aber vom Bischof von → Wesprim gekrönt. Es wurden zunächst – abweichend von anderen Beglaubigungsorten im Königreich – Chirographen als Beglaubigungsform genutzt.

Erst im Zeitraum von 1235 bis 1237 wurden Urkunden auch hier mit Siegel bekräftigt. Im Königreich Ungarn wurden lediglich hier Urkunden *per transfixum* angeheftet, bloß zwei dieser Urkunden sind erhalten. Der Propst von S. bekleidete das Amt des Vizekanzlers des Königs in der königlichen Kanzlei.

Überlieferung. Die Propstei war Aufbewahrungsort der Herrschaftszeichen und der königlichen Schätze sowie der wichtigsten Urkunden, Privilegien, Nekrologien, von Gesten, Chroniken und hagiographischen Texten. Die Propstei fungierte als einer der ältesten Beglaubigungsorte (Gottesurteile, Eidablegungen; Beurkundungstätigkeit) des Königreichs Ungarn. Aus der Beurkundungstätigkeit des Kapitels sind – im Original und als Abschrift – rund 150 Urkunden, davon 13 aus dem Zeitraum von 1184–1238 vor dem Mongolensturm, erhalten geblieben. Von 1250 an wurde hier ein Urkundenregister geführt.

Literatur. E. JAKUBOVICH, Adalékok legrégibb nyelvemlékes okleveleink és krónikáink íróinak személyéhez, Magyar Nyelv 21/1–4, 1925, S. 25–38; G. KARSAI, Névtelenség, névrejtés és szerzőnév középkori krónikáinkban, 97 (1963), S. 666–677; J. DEÉR, Die Heilige Krone Ungarns, Österreichische Akademie der Wissenschaften, 1966; G. BÓNIS, Székesfehérvár az Árpádház székhelye, in: Székesfehérvár évszázadai, hg. v. A. KRALOVÁNSZKY, 1. Az államalapítás kora. Székesfehérvár, István Király Múzeum Közleményei 13 (1967), S. 49–61; J. HORVÁTH, Die ungarischen Chronisten der Angiovinenzeit, Acta Linguistica Academiae Scientiarum Hungaricae 21 (1971), S. 321–377; GY. KRISTÓ, A Képes Krónika szerzője és szövege, A Képes Krónika latin eredetijének magyar fordítása, ford.: Bellus Ibolya, 1987, S. 111–127; P. ENGEL, Temetkezések a középkori székesfehérvári bazilikában. Függelék: A székesfehérvári koronázások 121 (1987), S. 613–637; A székesfehérvári Boldogasszony Bazilika történeti jelentősége. Az 1996. május 16-án rendezett tudományos tanácskozás előadásai. Közlemények Székesfehérvár város történetéből, hg. v. G. FARKAS, 1996; G. THOROCZKAY, A székesfehérvári rationalék 138 (2004), S. 413–432.

TÜNDE RADEK

B. Residenz der Arpaden

Der Name ‚Weißenburg' wird in der Forschung dahingehend gedeutet, dass er auf eine aus Stein erbaute herrschaftliche Burg (im Gegensatz zu den üblichen Erdwall- und Holzbefestigungen) verweise (BOGYAY, S. 172). Die Festung geht nach Auffassung GYÖRFFYS (S. 241) auf den Großfürsten Szabolcs zurück; unter Géza wurde sie wohl ausgebaut, zudem dort ein Herrschersitz eingerichtet. BAK (Sp. 258) dagegen betrachtet Stephan I. als den Erbauer der Burg. Stephan verlegte jedenfalls in der zweiten Hf. seiner Regierungszeit die königliche Residenz von → Gran nach S., nachdem Bulgarien unter Kaiser Basileios II. 1015–18 besiegt und dem Byzantinischen Reich einverleibt worden war. Dabei gestaltete er die Burg nach dt. Vorbild (um) (WÜNSCH, S. 21). Die Kirche von S. erklärte er zur königlichen Kapelle, wodurch sie aus der bischöflichen Oberhoheit entlassen wurde (vgl. HAUSZMANN, S. 39). S. blieb Königstadt bis zur Verlegung der königlichen Residenz nach → Ofen im 13. Jh.

Literatur. GY. GYÖRFFY, A honfoglaló magyarok települési rendjéről, Archaeologiai Értesítő 97 (1970), S. 191–242 [dt. Zusammenfassung: S. 239–242]; J. DEÉR, Aachen und die Herrschersitze der Arpaden, MIÖG 79 (1971), S. 1–56; T. v. BOGYAY, Stephanslegenden, in: Die heiligen Könige, hg. v. DEMS., 1976, S. 26–28; DERS., Anmerkungen zur Stephansvita des Bischofs Hartwick, ebd., S. 166–176; J. HADAS, Székesfehérvár, 1988; J. BAK, Art. Stuhlweißenburg, LexMA 8 (1997), Sp. 258; J. C. HORVÁTH, Ein Führer zur Stadtgeschichte und zum Archiv, übers. v. A. MAGYAR, 2003; J. HAUSZMANN, Ungarn. Vom Mittelalter bis zur Gegenwart, 2004; T. WÜNSCH, König Stephan I. von Ungarn. Herrschermemoria und politische Norm seit dem Mittelalter, Historisches Jahrbuch 129 (2009), S. 19–33.

CORA DIETL/ANNA-LENA LIEBERMANN

C. Stadt

‚Stuhlweißenburger Privileg'
um 1165

Bak (Sp. 258) nimmt für das nicht überlieferte ‚Stuhlweißenburger Privileg' König Stephan III. als Verfasser an. Die These, der Ursprung des Texts in einem Privileg von König Stephan I. zu sehen, widerlegt Gönczi (S. 17). Ursprünglich galt das 1237 von König Béla IV. bestätigte ‚Stuhlweißenburger Privileg' für die *latini* aus Frankreich, Flandern und Italien. Die ung. Könige erkannten darin die Siedlerfreiheiten der *hospes*-Gemeinden an und bestätigten diese. Die S.er Freiheiten dienten als Vorlage für weitere Siedler- und Stadtprivilegien im 13. Jh. Das Privileg sicherte den *latini* freie Richterwahl sowie Zollfreiheit und Schutz gegen die Gewalt der königlichen Würdenträger zu. Die Freiheiten dieses Privilegs galten später ebenso für alle weiteren *hospites*, somit auch für dt. Siedler. Abgelöst wurde das ‚Stuhlweißenburger Privileg' zunächst nach dem Tatarensturm und später durch die Verlegung des Königssitzes nach → Ofen durch das ‚Ofener Recht'. Die Annahme, dass das ‚Stuhlweißenburger Privileg' auf Grundlage des Wiener Rechts verfasst wurde, widerlegt Gönczi (S. 157).

Literatur. Fejér, Bd. 9/1, 1829. — K. Gönczi, Ungarisches Stadtrecht aus europäischer Sicht: die Stadtrechtsentwicklung im spätmittelalterlichen Ungarn am Beispiel Ofen, 1997; J. Bak, Art. Stuhlweißenburger Privileg, LexMA 8 (1997), Sp. 258f.; D. Moldt, Deutsche Stadtrechte im mittelalterlichen Siebenbürgen, 2009, S. 13.

Anna-Lena Liebermann

D. Ereignisse

D.1 Krönung Ladislaus' V. Postumus 1440

Am 15.5.1440 wurde der eben geborene Ladislaus V. Postumus in S. gekrönt. Die Umstände der Krönung werden in den **‚Denkwürdigkeiten der Helene Kottannerin'** festgehalten, die um 1445–52 in → Ödenburg entstanden sein dürften. Neben der abenteuerlichen Aktion des Kronraubs aus → Plintenburg am 20.–21.2.1440 und der Hofhaltung in Plintenburg beschreibt Helene Kottanner sehr detailreich die Königskrönung.

Ausgaben. Die Denkwürdigkeiten der Helene Kottannerin (1439–1440), hg. v. K. Mollay, 1971; A korona elrablása. Egy magyarországi nő, Kottanner Jánosné emlékirata 1439–1440-ből, hg. v. K. Mollay, 1975.

Literatur. I. László, Észrevételek Kottáner Jánosné emlékiratainak Mollay-féle kiadásával és fordításával kapcsolatban, in: ders., A visegrádi vár története a kezdetektől 1685-ig, 2004; F. v. Krones, Art. Kottannerin, Helene, ADB 16 (1882), S. 764f.; Helene Kottanner, in: http://www.geschkult.fu-berlin.de/e/jancke-quellenkunde/verzeichnis/k/kottanner/.

András F. Balogh

D.2 Hochzeit Matthias' Corvinus 1476

1474 verlobte sich der ung. König Matthias Corvinus mit Beatrix von Aragón, der Tochter Ferdinands I. von Aragón. Matthias Corvinus erhoffte sich politischen Einfluss auf Italien, da der Vater der Braut König von Neapel war. Die Hochzeit fand 1476 statt. Sie wurde u.a. von zwei dt.-sprachigen Chronisten ausführlich beschrieben: Hans Seybolt (München, SB, Cgm 331) sowie Peter Eschenloer (Breslau, UB, IV F 151a).

Literatur. E. Pásztor, Art. Beatrix (Beatrice) v. Aragón, LexMA 1 (1999), Sp. 1744f.; V. Honemann, Der König heiratet. Die Hochzeit des Matthias Corvinus mit Beatrice von Aragón 1476 in städtischer und höfischer Geschichtsschreibung, in: Literaturlandschaften. Schriften zur deutschsprachigen Literatur im Osten des Reiches, hg. v. dems., 2008, S. 365–382; K. Schneider, Die deutschen Handschriften der Bayerischen Staatsbibliothek München: Cgm 201–350, 1970, S. 344–347; E. Madas, La Bibliotheca Corviniana et les corvina authentiques, in: J.-F. Maillard, De Bibliotheca Corviniana, Matthias Corvin, les bibliothèques princières et la genèse de l'État moderne, 2009, S. 71.

Caroline Will

Titel (**Thul**, Tutel)

Augustinerchorherren

Patr.: Hl. Emmerich und Hl. Sophia — 1268–1543

Die Gründung des Augustinerchorherrenstifts St. Emmerich und St. Sophia, die Papst Clemens IV. im Jahr 1268 bestätigte, geht auf eine private Stiftung zurück. Laut Wunsch der Stifter (ung.-, slav.- und dt.-stämmige Privatpersonen, darunter Dietrich und Haymo, die Söhne Oduns von Kecsel) sollte es dem Hl. Emmerich als Patron anvertraut werden. Im Jahr 1294 wurde das Stift Erzbischof Lodomer von → Gran unterstellt. Die Bibliothek des Klosters ist in den Türkenkriegen verloren gegangen.

Literatur. M. Zemek, Titel. Thul, in: Die Stifte der Augustiner-Chorherren in Böhmen, Mähren und Ungarn, hg. v. F. Röhrig, 1994, S. 321f.

Cora Dietl

Tschapring (**Csepreg**)

In den → Ödenburger Archivalien lassen sich einige dt.-sprachige Dokumente finden, die die Stadtadministration T.s betreffen. So sind sieben Urkunden überliefert, die der Vorstand von T. ausstellte (Házi, 1,4, Nr. 382, 449, 462; Házi, 1,5, Nr. 43, 135, 154 und 207), zwei, in denen sich jeweils ein T.er Hauptmann an den Rat wendet (Házi, 1,4, Nr. 255, Házi, 1,5, Nr. 55), und eine Urkunde des T.er Rats an den Ödenburger Rat (Házi, 1,4, Nr. 200). Außerdem sind zwei Urkunden des Richters von Feketeváros (Purbach, AT) H. Senft erhalten, der um Nachrichten aus T. bittet (Házi, 2,6, Nr. 165 und 166).

Ausgabe. Sopron szabad királyi város története, hg. v. J. Házi, 13 Bde, 1921–43.

Anna-Lena Liebermann

Ungarisch-Altenburg (**Magyaróvár**)

Inhalt. A. Stadt. B. Einzelpersonen.

A. Stadt

Geschichte. Im 13. Jh. fielen Teile des Komitats Wieselburg (Moson) an die Familie der Grafen von Poth/Győr, eine der ältesten dt. Adelsfamilien in Ungarn. Konrad I. von Győr errichtete dort die Altenburg. Im Laufe des 14. Jh.s gelangte das Gut in den Besitz der Krone. Mitte des 14. Jh.s bestellte der ung. König hierfür den aus Deutschland eingewanderten Ritter Ulrich Wolfart (Révész, S. 16) als Verwalter. Dessen Nachkomme Paul erhielt 1414 U. A. erneut als Lehen. Danach wurde das Gut Gegenstand von Erbstreitigkeiten zwischen den Bösingern, in die Pauls Witwe einheiratete, und der Familie Wolfart. In diesem Kontext wurden 1451 erstmals alle zu U. A. gehörenden Märkte und Dörfer aufgelistet (vgl. Révész, S. 17). Nach dem Aussterben der Bösinger fiel das Gut an die ung. Krone zurück. Ludwig II. schenkte es (vermutlich 1524, vgl. Heiss, S. 370) Maria.

Dokumente. Die meisten dt.-sprachigen Dokumente, die in U. A. ausgestellt wurden, betreffen Rechtshändel der Gräfen von St. Georgen (bei Eisenstadt, AT). Von Graf Georg von St. Georgen sind zwei Briefe an den Richter und Rat der Stadt Pressburg (SK) überliefert, in denen er sich zum einen gegen Behauptungen, seine Heiratsurkunde sei ungültig, wehrt, zum anderen sich über einen gewissen Pawblick aus Pressburg äußert, der Briefe verschwinden lassen habe und diese jetzt von Georgs Burggrafen Peter einfordere (4. 1. 1442/12. 2. 1445; Budapest, MNM, Q 10, DL-DF 44329/ 44389).

Am 22. 1. 1512 stellte Caspar Stomnitzer, Pfarrer zu Jois (AT), für den U. A.er Bürger Hanns Stibitz eine dt.-sprachige Urkunde aus, in der ein Finanzstreit mit Graf Peter von St. Georgen beigelegt wird (Budapest, MOL, Q 305;

DL-DF 25540). Derselbe Caspar Stomnitzer wurde dann auch von Ludwig II. beauftragt, anlässlich der Schenkung U.A.s an Maria ein Urbar der Herrschaft U.A. anzufertigen. Es ist unter dem Titel ‚Warhaftigs Gruntpuech geen Altenburg' überliefert, datiert auf das Jahr 1525 (Budapest, OSZK, Quart. Germ. 168).

A u s g a b e. Collectio Diplomatica Hungarica. A középkori Magyarország levéltári forrásainak adatbázisa. Internetes kiadás (DL-DF 5.1), 2009.

L i t e r a t u r. A. ERNST, Die Grafen Poth bis zum Verlust der Herrschaft Ungarisch-Altenburg, 1956; G. HEISS, Königin Maria von Ungarn und Böhmen (1595–1558). Ihr Leben und ihre wirtschaftlichen Interessen in Österreich, Ungarn und Böhmen, Diss. (masch.) 1971; S. RÉVÉSZ, Zur Geschichte der Herrschaft Ungarisch-Altenburg mit besonderer Berücksichtigung der wirtschaftlichen Entwicklung, Diplomarbeit (masch.) 1991.

CORA DIETL

B. Einzelpersonen

Michel Beheim

In Spruch Nr. 324 (vgl. GILLE/SPRIEWALD, S. 652–654) berichtet Michel Beheim als Augenzeuge von der Hochzeit eines bedeutenden Mitglieds einer Pösinger Adelsfamilie namens Sigmund, auf der Lieder vorgetragen wurden. Im Zentrum von ‚Wy es mir zu Altenburg in Ungern ging', abgefasst in der *Hohen guldin Weise*, steht ein Missverständnis: Die Hochzeitsgäste brechen den Vortrag des Autors ab und verspotten ihn, der nicht begreift, warum er nicht geduldet werde. Erst am Ende des Festes erklärt ihm ein Sänger, die Zuhörer dachten, er sei ein Mann des Kaisers und gehöre nicht wie die Teilnehmer des Festes zur Gefolgschaft Herzog Albrechts VI. von Österreich. Der Text gibt nicht an, ob sprachliche oder andere Gründe zu diesem Missverständnis führten. Aus Wut über seine Missachtung bezeichnet Michel Beheim das Publikum als die ‚Narren von Tamerlan' als Betrüger und Gauner. Der Text ist nur in einer Hs. überliefert (Heidelberg, UB, Cpg. 334, fol. 317^(ra)).

A u s g a b e. Die Gedichte des Michael Beheim, hg. v. H. GILLE/I. SPRIEWALD, Bd. 2, 1970, Lied Nr. 324, S. 652–654.

ANDRÁS F. BALOGH

Waitzen (**Vác**)

I n h a l t. A. Bistum. B. Zunftwesen.

Die Etymologie des Städtenamens W. bzw. Vác (vor der Herrschaft König Gézas I. möglicherweise auch ‚Vitze') ist nicht gänzlich geklärt. Eventuell ist er von der Volksgruppe der Vacianen oder vom Namen des Baches Verovácz (Verőcze) abgeleitet. Dennoch wurde zur Tradition, den Namen der Stadt auf den Hl. Vácz zu beziehen. Noch unter Géza wurde auch ein königlicher Palast in W. erbaut.

Infolge der Heirat Stephans I. mit Gisela waren zahlreiche Bayern und Burgunder ins Land gekommen; einige davon wurden in der Region von W. angesiedelt. Die älteste Quelle, in der die Stadt erwähnt wird, ist die Gründungsurkunde der Abtei von Garamszentbenedek (Sankt Benedikt, heute Hronský Beňadik, SK) aus dem Jahr 1075. In ihr überträgt König Géza I. der Abtei die Ortschaft W. als Pfründe; namentlich erwähnt wird dabei der Goldschmied Nesku (Neskő). Ein florierender Handel sowie der Status als Residenzstadt brachten der Stadt im 12. Jh. einen steilen wirtschaftlichen Aufschwung. Nach 1241 bestand die Stadt W., in den Urkunden jetzt als *civitas* erwähnt, aus drei Teilen: aus der Burg, aus der im 11./12. Jh. gegründeten Siedlung Schloßgrund (der späteren sog. ung. Stadt) und aus der um die Mitte des 13. Jh.s nach dem Tatarensturm gegründeten sog. dt. Stadt. Die beiden Städte wurden zum ersten Mal 1319 in einer vom W.er Bischof Laurentius ausgestellten Urkunde als voneinander unabhängig erwähnt.

Zur Zeit des Bischofs Miklós Báthori war W. ein angesehener Ort für die ung. Renaissancekunst und wurde nach → Ofen und neben

153

→ Gran und → Wardein (RO) die bedeutendste Stadt Ungarns. Während am Anfang des 16. Jh.s in der Stadt noch zahlreiche Bewohner mit dt. Namen lebten, war die dt. Bevölkerung nach zweieinhalb Jahrhunderten nicht mehr klar von der ung. zu trennen.

Literatur. A. A. Karcsú, Vácz város története, 1880; I. Tragor, Vác múltja és jelene. Vác monográfiája 1928; ders., Vác művészete a középkorban, 1929; ders., Vác történetének összefoglalása, 1929; ders., Vác műemlékei és művészei, 1930; ders., Az emberi élet Vácon és vidékén az őskortól napjainkig, 1936; Vác története, hg. v. V. Sápi, 1983; „egyházat építek itt!", hg. v. G. Mándli/F. Horváth, 2001.

Gyöngyi Sándor/Cora Dietl

A. Bistum

Patr. Hl. Vatus — ab 11. Jh.

Geschichte. Schon unter Stephan I. soll das Bistum W. gegründet worden sein; eine erste romanische Kathedrale in W. ließ Géza I. errichten, zum Andenken an den Sieg bei Mogyoród (1074), den der Selige Vácz/Vatus, ein Mönch aus der Adelsfamilie Helthey in Oberungarn, prophezeit hatte, was zur Traditionsbildung der Namensherkunft führte.

Unter den **Bischöfen und Pröbsten** aus W. sind zwei Humanisten besonders hervorzuheben: Vor seinem Amtsantritt als Erzbischof von → Gran war der aus Patak (Sárospatak) stammende László Szalkai (1513–22) Bischof von W. Der um 1503/04 zum Priester geweihte Hieronymus Balbi (→ Ofen) wurde 1515 von Bischof Georg von → Fünfkirchen zum Propst in W. ernannt (vgl. Sommer, S. 25).

Überlieferung. Der Kanoniker Valentin von Grünberg (PL), *Valentiunus de Monteviridi*, ist als Kompilator einer mnemotechnischen Sammelhandschrift (Wrocław, OS, Cod. 734) bezeugt, welche u.a. die ‚Epitoma in utramque Ciceronis rhetoricam cum arte memorativa nova et modo epistolandi utilissimo' (1492) des Konrad Celtis enthält. Die Kompilation entstand in den Jahren 1478, 1493/94 und 1504/05, wobei zumindest der Abschluss laut Kolophon in W. erfolgte: *1504 Wacie in profesto trinitatis* (fol. 171ᵛ).

Csapodi verweist weiter auf ein Sakramentar, das sich im Besitz der Kathedrale befunden haben soll (Bd. 3, S. 18), sowie auf eine Abschrift von Hartviks Stephan-Legende im Besitz des Kapitels (Bd. 3, S. 82).

Literatur. Hieronymus Balbus, Opera omnia quae supersunt, hg. v. A. F. W. Sommer, 1991; Cs. Csapodi/ K. Csapodiné Gárdonyi, Bibliotheca Hungarica. Kódexek és nyomtatott könyvek Magyarországon 1526 előtt, Bd. 1 u. 3, 1988, 1994; R. Wójcik, Straßburg, Freiburg, Paris, Krakau. Zu den möglichen Inspirationsquellen Thomas Murners, des Autors von ‚Chartiludium logicae sive logica memorativa' (1507/1509), Daphnis 40 (2011), S. 63–88.

Anna-Lena Liebermann/Gyöngyi Sándor

B. Zunftwesen

Geschichte. Die Könige Géza I. und Ladislaus I. warben im 12. Jh. viele (auch frz.-sprachige) Handwerker und andere Berufsgruppen aus dem Gebiet des heutigen Luxemburg an. Die späteren Arpadenkönige und der ung. Hochadel ließen weitere Gewerbetreibende und Künstler aus dem Osten, Süden und Westen Europas kommen. Nach dem Tatarensturm rief König Béla IV. neue Einwanderer aus den süddt. und tschech. Gebieten ins Land. Die Gäste (*hospites*) verfügten alle über die sog. Hospitesfreiheit, auch wenn sie aus dem Inland gekommen waren.

W. hatte als Hafenstadt an der Donau eine günstige geographische Lage. Aufgrund der regen Landwirtschaft und des Weinbaus sowie wegen des aktiven Zunftlebens und der zunehmenden Handelskontakte zu Städten wie Wien, Augsburg und Nürnberg erfuhr W. zwischen etwa 1450 und 1500 seine Blütezeit.

Autoren/Werke. Von Johannes, Illuminator im Dienste des Bischofs Miklós Ilosvai von W. (1419–30), ist 1423 ein prächtiges Messbuch angefertigt worden, welches dem Lob des Hl. Bischofs Eligius, des Schutzheiligen der Goldschmiede, gewidmet ist (Budapest, OSZK, Cod. Lat. 377, hier fol. 7ʳ, 1ᵛ). Die Zunft der Goldschmiede in W. ist bereits ab dem 11. Jh. erwähnt (Mándli/Horváth, S. 84). Den Anfang eines Antiphons auf Eligius schmückt ein Bild des Heiligen in seiner Goldschmiedewerkstatt (fol. 7ʳ); die Initialen im Text sind mit Portraits von Mönchen, Nonnen und Bürgerlichen verziert und unterstreichen so die offensichtlich intendierte Verbindung zwischen Handwerkerzunft und Geistlichkeit. Ob Johannes in der Tat den Codex geschrieben und illuminiert hat oder nur der Schreiber war, ist in der Forschung umstritten; stilistische Ähnlichkeiten zwischen der Egidius-Miniatur und dem Golgota-Altar in Garamszentbenedek legen es nahe, dass Tamás Kolozsvári, der Künstler des Golgota-Altars, auch der Illustrator des Messbuchs war (vgl. Poszler, S. 592; Mándli/Horváth, S. 83). Nach dem Tod des Johannes erwarb im Jahr 1425 Heinrich Giesperger, ein Mitglied der Goldschmiedezunft, das Buch (fol. 1ᵛ). Auf dem hinteren Vorsatzblatt (fol. 19ʳ) ist teils in dt., teils in lat. Sprache eine Aufforderung zur Fürbitte für die toten und lebenden Mitglieder der Goldschmiedezunft nachgetragen. Namentlich genannt sind Heinrich Giesperger d. J. und seine Frauen Dorothee und Elisabeth, Heinrich Giesperger d. Ä. und seine Frau Katharina, Hans Zibstein aus Eger (Cheb, CZ) und (von späterer Hand hinzugefügt) Caspar Nagel. Das Messbuch gelangte später nach Eger, wie aus dem Besitzereintrag des Hans Ribstain aus Eger zu erkennen ist (Sápi, S. 55). Es ist nicht auszuschließen, dass der Codex bereits bald nach seiner Anfertigung in die tschech. Stadt verkauft wurde; möglicherweise stammte Heinrich Giesperger, der nicht anderweitig belegt ist, selbst aus Eger (Mándli/Horváth, S. 85). Das freilich hieße, dass die im Buch genannte Goldschmiedezunft eventuell nicht die aus W. ist (ebd., S. 84).

Literatur. E. Bartoniek, Codices manu scripti latini 1: Codices latini medii aevi, 1940, S. 332. — A. A. Karcsú, Vácz város története, 1880; I. Tragor, Vác múltja és jelene. Vác monográfiája, 1928; ders., Vác művészete a középkorban, 1929; ders., Vác történetének összefoglalása, 1929; ders., Vác műemlékei és művészei, 1930; ders., Az emberi élet Vácon és vidékén az őskortól napjainkig, 1936; Vác története, hg. v. V. Sápi, 1983; „egyházat építek itt!", hg. v. G. Mándli/F. Horváth, 2001; G. Poszler, Ritualbuch einer Schmiedezunft, in: Sigismundus Rex et Imperator. Kunst und Kultur zur Zeit Sigismunds von Luxemburg 1387–1437, hg. v. I. Takács, 2006, S. 592.

Cora Dietl/Gyöngyi Sándor

Waschludt (Leveld, Lövöld, **Városlőd**)

Die Siedlung *Lueld* ist erstmals 1240 erwähnt. Im Zuge der Gründung des Kartäuserklosters stieg sie um 1350 zum Marktflecken auf, blieb aber stets im Schatten des Klosters.

Kartäuser zu Lövöld

Patr.: Hl. Michael — 1342/62–1552

Geschichte. Das Kartäuserkloster zu Lövöld ist eine der angevinischen Sakralstiftungen. Es wurde zwischen 1342 und 1362 von Ludwig I. von Anjou im sogenannten ‚Paradiestal' (Valle Paradisii, Kom. Veszprém) errichtet. Das Kloster verfügte über ein ausgedehntes Gutsnetz im Königreich Ungarn, v. a. in Transdanubien (Kom. Veszprém, Zala und Somogy), und genoss das Patronat sowohl elitärer Akteure als auch der königlichen Dynastie.

Überlieferung. Das Kloster in W. wurde rasch zu einem Zentrum der Schriftkultur. Besonderes Augenmerk ist einer um 1467 im Kloster *per fratem Mathaeum monachum* (fol. 155ʳ, vgl. Tóth, S. 158) angelegten Sammelhandschrift zu schenken, die Nikolaus Kempfs ‚De caritate et vitiis' und ‚De discretione' enthält. Der Codex (Budapest, UB, Cod. 72, *olim* A 143) enthält neben den beiden Werken des Straßburger Kartäusers Kempf, die zu Beginn des Codex stehen, Thomas' a Kempis ‚De imitatione Christi', Ps-Columbans ‚Instructio V.' sowie den Bernhard von Clairvaux zugeschriebenen Traktat ‚De oculo cognitionis et dilectionis', d. h. weitgehend asketische Schriften.

Daneben ist eine Reihe von Inkunabeln aus dem Bestand des W.er Klosters erhalten, von denen die meisten im dt.-sprachigen Gebiet gedruckt worden sind. Aus Nürnberger Offizinen stammen die W. er Exemplare der Sentenzen des Petrus Lombardus (GW M32527), des von Johannes Beckenhaub herausgegebenen ‚Repertorium morale' (GW 03866); in Straßburg gedruckt wurden die Exemplare der von Matthias Doering herausgegebenen ‚Postilla super totam Bibliam' des Nikolaus von Lyra (GW M26532) und des ‚Speculum morale' des Pseudo-Vincentius (GW M50617); aus Mainzer Offizinen stammen die erhaltenen Exemplare des ‚Dialogus rationis' des Matthäus von Krakau (GW M21753) und der ‚Summa de articulis fidei' des Thomas von Aquin (GW M46416). Die Kartäuser verfügten außerdem über einen Baseler Druck der Werke des Ambrosius (GW 01599) und einen Kölner Druck des ‚Confessionale' des Antoninus Florentinus (GW 02082) (Csapodi 1988, S. 293, 332–336; 1993, S. 200). Nachgewiesen werden können außerdem drei Florentiner Inkunabeln theologischer Werke aus dem Besitz der Kartäuser (Csapodi 1988, S. 170, S. 335; 1993, S. 222).

Zu den Glanzstücken der Bibliothek des Klosters in W. gehörte die sogenannte ‚Lövölder Corvina', ein Nürnberger Druck der ‚Pantheologia' des Rainerius de Pisis (Koberger, 1477; GW M36940), der dem Kloster 1480 von Matthias Corvinus (→ Ofen) und seiner Frau Beatrix von Arragon gestiftet worden war.

Literatur. Cs. Csapodi/K. Csapodiné Gárdonyi, Bibliotheca Hungarica. Kódexek és nyomtatott könyvek Magyarországon 1526 előtt, Bd. 1 + 2, 1988/1993; Catalogus Codicum Latinorum Medii Aevi Bibliothecae Universitatis Budapestiensis, hg. v. P. Tóth, 2008.

Dániel Bagi

Wesprim (Weißbrunn, **Veszprém**)

Inhalt. A. Bistum. 1. Dom. 2. Bischöfe. 3. Kapitel mit Schule.

Geschichte. König Stephan I. gründete auf dem Boden einer awarischen oder fränkischen Siedlung 1009 das Bistum, das dem Erzengel Michael geweiht war (vgl. Fedeles). Stephans Frau Gisela wählte W. als Residenz, eine Tradition, die die ung. Königinnen im Mittelalter beibehielten, was W. den Beinamen ‚Stadt der Königinnen' einbrachte. W. ging ab dem 13./14. Jh. vom Arpadenhaus in den Besitz des Bistums und des Domkapitels über (vgl. Pál, S. 5). Die Burg wurde Komitatszentrum. Als Gespane des Komitats dienten ab dem 14. Jh. die W.er Bischöfe (vgl. Fedeles). 1278 wurde die Burg von Peter Csák und seinen Truppen besetzt und niedergebrannt.

Albert Vetési, ein humanistischer Geistlicher (1458–86) aus W., war geheimer Kanzler des Königs Matthias Corvinus.

Literatur. A. Kralovánszky, The Settlement History of Veszprém and Székesfehérvár in the Middle Ages, in: L. Gerevich, Towns in Medieval Hungary, 1990, S. 54–95; R. Pál, Ave Beata Regina Gisela. Die Stadt der Königin Gisela in der Arpadenzeit, Ausstellung zum 1000jährigen Jubiläum der christlichen ungarischen Staatsgründung im Veszprémer Museum Dezső Laczkó, 07. Mai 2000 bis 31. Dezember 2001, hg. v. Veszprém Megyei Múzeumi Igazgatóság, 2000; T. Fedeles, Art. Wesprim/Veszprém, in: Online-Lexikon zur Kultur und Geschichte der Deutschen im östlichen Europa, 2012. URL: http://ome-lexikon.uni-oldenburg.de/57057.html (07.09.2012).

Anna-Lena Liebermann

A. Bistum

A.1 Kathedrale

Patr.: Hl. Michael — gegr.: ca. 1000

Geschichte. Entweder König Stephan I. oder bereits Großfürst Géza gründete in W. einen Bischofs- und Gespanschaftssitz. Um das Jahr

1000 wurde in W. die Kapelle St. Georg eingerichtet, welcher Stephan I. die Kopfreliquie des Hl. Georg überantwortete. Bald darauf ließ er den St. Michaels-Dom errichten, über den Königin Gisela und später die jeweilige ung. Königin das Patronat ausübte. An den Dom war ein Trivium angeschlossen, das im 13. Jh. in hohem Ruf stand.

Literatur. J. REGENYE u.a., Ave Beata Regina Gisela. Die Stadt der Königin Gisela in der Arpadenzeit, 2000; Cs. VÁRADI, Kulturelle Beziehungen zwischen Veszprém und Passau. Historische, politische und kulturelle Verhältnisse in Geschichte und Gegenwart, 2009.

CORA DIETL

A.2 Bischöfe

(1) Bischof Johannes II. von Alben (1406–10), der spätere Bischof von → Fünfkirchen, war ein in Meisenheim geborener Neffe Eberhards aus der Pfalz. Seine Bischofswürde in W. wurde nie vom Heiligen Stuhl bestätigt. Dass dieser Umstand auf keine Widerstände stieß, verdankte Johannes wahrscheinlich König Sigismunds Verhältnis zum Heiligen Stuhl: Offene kirchliche Stellen durfte der König per *placetum regium* eigenständig besetzen. Johannes' späterer Bücherbesitz, den er testamentarisch dem Dom von Fünfkirchen vermachte, lässt darauf schließen, dass Johannes auch in W. Bücher besessen hat.

(2) Bischof Georgs I. Szatmári (1499–1501) dt.-sprachige Familie stammte aus Kaschau (SK). 1505–22 war Georg Bischof von Fünfkirchen und versuchte in diesem Amt, ein intellektuelles Milieu in Fünfkirchen zu schaffen. Der gebildete Humanist förderte die Entwicklung mehrerer begabter Jugendlicher, er ließ u.a. seinen Neffen Lorenz Kretschmer studieren. Zudem gründete er einen Humanistenkreis, der zu einem intellektuellen Zentrum Ungarns wurde. Darüber hinaus förderte er die Sammlung und Edition der Werke des Janus Pannonius sowie den Druck eines Werkes von Cicero. Valentin Eck (→ Ofen, Alexius Thurzó) verfasste unter dem Titel ‚Iubilus heroicus' ein Lobgedicht auf Georg (Druck: Krakau, H. Vietor, 1520).

Literatur. T. FEDELES/L. KOSZTA, Pécs (Fünfkirchen). Das Bistum und die Bischofsstadt im Mittelalter, 2011.

ANNA-LENA LIEBERMANN

A.3 Domkapitel mit Schule

Geschichte. Als 1276 Peter Csák aus familiärer Rivalität gegenüber Bischof Peter (1275–88) W. zerstörte und plünderte, verzeichnete die Schulbibliothek gravierende Verluste (vgl. REGENYE u.a., S. 12). Dom und Schule wurden in der Folgezeit mehrfach zerstört und immer wieder neu aufgebaut. Ein Verzeichnis aus den Jahren 1495–1534 zeigt, dass zu dieser Zeit jährlich über 20 *magistri* an der Schule tätig waren, von denen die meisten aus Ungarn oder Siebenbürgen stammten, dazwischen einzelne Italiener, Böhmen (wie z.B. Johannes von Brünn, 1495) oder Deutsche (wie z.B. Johannes von Passau, 1496).

Überlieferung. Verschiedene spätmittelalterliche Buchinventare des Domkapitels von W. sind erhalten, aus den Jahren 1352 (BORSA), 1435 (SOLYMOSI 2009) und 1472–1502 (VIZKELETY, S. 172). Sie umfassen insgesamt 153 Bände. Der Sammlungsschwerpunkt liegt deutlich im Bereich des kanonischen Rechts, während die Bestände an theologischer Literatur eine eher geringe Spezialisierung aufweisen: Neben einer großen Zahl von Bibelkommentaren ist nur theologische Basisliteratur verzeichnet. Aus den Jahren 1482–1504 sind insgesamt 24 Leihvorgänge von Büchern registriert, welche es ermöglichen, die Nutzung der Bibliothek zu rekonstruieren.

Ausgabe. Liber divisorum capituli Vesprimiensis (1495–1534). Chronica (1526–1558). Beneficiati et beneficia (1550, 1556), hg. v. L. KREDICS u.a., 1997.

Literatur. I. Borsa, A veszprémi püspökség levéltárának első jegyzéke 1352-ből, Levéltári Közlemények 20–23 (1942–45), S. 384–388; L. Solymosi, Könyvhasználat a középkor végén, in: Tanulmányok a középkori magyarországi könyvkultúráról, hg. v. N. L. Szelestei, 1989, S. 77–119; A. Vizkelety, Inventar des Domkapitels von Veszprém mit Eintragungen über Buchausleihungen, in: A magyar iskola első évszázadai/Die ersten Jahrhunderte des Schulwesens in Ungarn (996–1526), hg. v. K. G. Szende/P. Szabó, 1996, S. 172f.; J. Regenye u. a., Ave Beata Regina Gisela. Die Stadt der Königin Gisela in der Arpadenzeit, 2000; K. Szende, The Uses of Archives in Medieval Hungary, in: The Development of Literate Mentalities in East Central Europe, hg. v. A. Adamska/M. Mostert, 2004, S. 107–142; E. Madas, Les bibliothèques des chapitres de Veszprém, de Presbourg et de Zagreb d'après leurs inventaires, in: Formation intellectuelle et culture du clergé dans les terroires Angevins, hg. v. M.-M. de Cervins/J.-M. Matz, 2005, S. 221–230; E. Madas, The late-medieval book culture in Hungary form the 1430s to the late 1470s, in: A Star in the Raven's Shadow. János Vitéz and the Beginnings of Humanism in Hungary, hg. v. F. Földesi, 2008, S. 9–23; L. Solymosi, The Library of Veszprém Cathedral and its Borrowers in the Late Middle Ages, in: Infima Aetas Pannonica. Studies in Late Medieval Hungarian History, hg. v. P. E. Kovács/K. Szovák, 2009, S. 261–272.

Cora Dietl

Rumänien

Agnetheln (**Agnita**, Szentágota)

Geschichte. Das *oppidum* A. liegt am Harbach im Schenker Stuhl, im ältesten Siedlungsgebiet der Siebenbürger Sachsen. Seine Ersterwähnung, früher im 13. Jh. angenommen, ist mit Nussbächer auf frühestens 1319 zu verschieben. Das etwa zeitgleiche päpstliche Steuerregister von 1317–20 verzeichnet einen A.er Pleban namens Hermann, der zum → Hermannstädter Stadtpfarrer berufen wurde. 1376 mit Marktrecht, 1466 mit Blutgerichtsbarkeit privilegiert, mit einer in mehreren Zünften organisierten Handwerkerschaft, wurde A. wirtschaftliches Zentrum des Altsiedellandes östlich von → Hermannstadt. Mit 187 Wirten bei der Volkszählung 1488 war es der sechstgrößte Ort der sächs. Sieben Stühle. 1448 urkundete hier Johannes Hunyadi. 1481 diente A. als Sammelpunkt des Heeresaufgebots. 1523 beherbergte der Ort einen siebenb. Landtag. Die Bestätigung des Marktrechtes 1409 erbat u. a. *magister Stephanus literatus civis noster de villa sanctae Agnethis*. Zwischen 1389 und 1500 wurden an der Universität Wien 20 Studenten aus A. immatrikuliert, darunter 1460 *Georgius filius scolasti de valle Agnetis*, der Sohn des dortigen Schulmeisters. 1486 urkundeten Hann, Rat und Altschaft mit *sigillvm civium de valle sancte agnetis*. Die Volkszählung von 1488 verzeichnete neben dem Schulmeister zehn Nonnen. Weitere Hinweise zu einem dortigen Frauenkloster, gar über dessen Buchbestände, sind nicht zu ermitteln.

Überlieferung. 1493 kaufte *Anthonius de valle Agnetis*, möglicherweise der 1474 in Wien immatrikulierte *Antonius Herman de Phalagnetis*, den 1484 in Straßburg gedruckten ‚Thesaurus novus'. Der Band gelangte über Albert Huet in die Brukenthalbibliothek (Sibiu, BB, Inc. 121).

Ausgabe. Urkundenbuch zur Geschichte der Deutschen in Siebenbürgen, hg. v. F. Zimmermann u.a., 1892–1991.

Literatur. V. Jugăreanu, Biblioteca Muzeului Brukenthal. Catalogul de incunabule, 1969. — Summa 1900. Aus der Vergangenheit und Gegenwart des königl. freien Marktes Agnetheln, hg. v. V. A. Eitel/H. Fabritius, 1900 (Nachdr. 2000); G. Gündisch, Die Bibliothek des Sachsengrafen Albert Huet 1537–1607, KASL 4 (1974), S. 32–51; G. Nussbächer, Aus Urkunden und Chroniken, Bd. 10, 2012, S. 29–45.

Martin Armgart

Alzen (**Alţina**)

Im Jahr 1291 ist A. erstmals als eine sächs. Ortschaft urkundlich bezeugt (Urk. Nr. 257). Ein Pfarrer von A., *Johannes Plebanus de Alczina*, ist 1349 erstmals erwähnt (Sibiu, AB, ev. CA, II, 491/13, Nr. 2; Urk. Nr. 638). Um 1500 erscheint A. als eine freie Gemeinde des Leschkircher Stuhles mit einem eigenen Schulmeister (Berger, S. 56) und steigt auch rasch zur größten Gemeinde des Stuhls auf (Fabini, S. 18). Die Tätigkeit der Schule in A. ist auch dadurch indirekt bezeugt, dass sich *Vendelius Spies ex Altzen* am 17.1.1516 an der Artistenfakultät in Wien einschrieb (Nussbächer, S. 15).

Ausgabe. Urkundenbuch zur Geschichte der Deutschen in Siebenbürgen, hg. v. F. Zimmermann u. a., 1892–1991.

Literatur. Die Matrikel der Ungarischen Nation an der Wiener Universität (1453–1630), hg. v. K. Schrauf, 1902 — A. Berger, Volkszählung in den 7 und 2 Stühlen, im Bistritzer und Kronstädter Distrikte vom Ende des XV. und Anfang des XVI. Jahrhunderts, KVSL 17 (1894), S. 49–76; H. Fabini, Atlas der siebenbürgisch-sächsischen Kirchenburgen und Dorfkirchen, Bd. 1, 1998; G. Nussbächer, Aus Urkunden und Chroniken, Bd. 5, 2000.

Cora Dietl

Arkeden (**Archita**, Erked)

Erstmals urkundlich erwähnt ist A. im Jahr 1238 als *villa Saxonum de Erkud* (Urk. Nr. 75). Nicht viel später erfolgte der Bau der Kirche, die im 15. Jh. zur Wehrkirche ausgebaut wurde (AMLACHER, S. 181). Die Sachsen von A. beteiligten sich 1356 an Überfällen verschiedener sächs. Dörfer auf die Besitzungen des Gräfen Jakob und auf die Kirche von → Bodendorf, in der die Besitzurkunden des Gräfen aufbewahrt wurden (Urk. Nr. 704). Auch in späteren Jahren ist A. mehrfach im Kontext von Streitigkeiten der Sachsen mit dem Woiwoden oder dem lokalen Adel bezeugt (FABINI, S. 26). Als freie Gemeinde des → Schäßburger Stuhls ist A. 1456 erwähnt, 1500 als Gemeinde des → Keisder Kapitels. Zu dieser Zeit ist in A. auch ein Schulmeister nachweisbar (BERGER, S. 67).

Ausgabe. Urkundenbuch zur Geschichte der Deutschen in Siebenbürgen, hg. v. F. ZIMMERMANN u.a., 1892–1991.

Literatur. A. BERGER, Volkszählung in den 7 und 2 Stühlen, im Bistrizer und Kronstädter Distrikte vom Ende des XV. und Anfang des XVI. Jahrhunderts, KVSL 17 (1894), S. 49–76; H. FABINI, Atlas der siebenbürgisch-sächsischen Kirchenburgen und Dorfkirchen, Bd. 1, 1998; E. AMLACHER, Wehrbauliche Funktion und Systematik siebenbürgisch-sächsischer Kirchen- und Bauernburgen, 2002.

CORA DIETL

Baaßen (**Bazna**, Bozna, Bázna)

Um 1271 übertrug König Stephan V. Graf Bozouch die Ortschaft B., die dieser im Jahr 1302 dem Kapitel von → Weißenburg stiftete (Urk. Nr. 292). Der 1359 erstmals als freie Gemeinde auf Königsboden erwähnte Ort (Urk. Nr. 743) war im 14. bis 16. Jh. mehrfach in Hattertstreitigkeiten verwickelt (FABINI, S. 31f.), die sogar 1415 auf dem Konstanzer Konzil zur Sprache kamen (Urk. Nr. 1770, 1773). Von einem gewissen Reichtum von B. zeugt die Nikolauskirche, die im 13. Jh. errichtet und im 14. Jh. in eine Kirchenburg umgebaut wurde. Bei Restaurierungsarbeiten wurden 1924 an der Nordwand des Chors mittelalterliche Fresken und Spruchbänder entdeckt (AMLACHER, S. 186). Die Kirchenglocken sind mit lat. Inschriften aus der Zeit um 1400 versehen (FABINI, S. 34). Wohl an die Kirche angeschlossen war eine Schule, die ab 1516 bezeugt ist (ebd., S. 32).

Ausgabe. Urkundenbuch zur Geschichte der Deutschen in Siebenbürgen, hg. v. F. ZIMMERMANN u.a., 1892–1991.

Literatur. H. FABINI, Atlas der siebenbürgisch-sächsischen Kirchenburgen und Dorfkirchen, Bd. 1, 1998; E. AMLACHER, Wehrbauliche Funktion und Systematik siebenbürgisch-sächsischer Kirchen- und Bauernburgen, 2002.

CORA DIETL

Baierdorf (**Crainimăt**, Királynémeti)

Die erste urkundliche Erwähnung von B. stammt aus dem Jahr 1264 (Urk. Nr. 106): eine Ermahnung König Stephans durch Papst Urban IV. Die der Hl. Maria gewidmete spätgotische Kirche erhielt B. Ende des 15./Anfang des 16. Jh.s. Unter besonderem Schutz des Königs Sigismund standen die Sachsen von B. in der Streitsache Thomas Farkas de Monyorós. Der König schaltete sich am 30.7.1414 ein und beauftragte mit einer in Speyer ausgestellten Urkunde (Urk. Nr. 1748) den Szeklergrafen Michael und den Vizewoiwoden Ladislaus mit der Untersuchung der Angelegenheit und dem Schutz der B.er Sachsen. Das Dokument ist in lat. Sprache verfasst, auf der Rückseite der Urkunde befindet sich ein von einer Hand des 15. Jh.s geschriebener Nachtrag: *Pro Bayerdorf contra Thomam Farckasch*.

Ausgabe. Urkundenbuch zur Geschichte der Deutschen in Siebenbürgen, hg. v. F. ZIMMERMANN u. a., 1892–1991.

Literatur. A. BERGER, Urkunden-Regesten aus dem Archiv der Stadt Bistritz in Siebenbürgen 1203–1570, Bd. 1, aus dem Nachlass hg. v. E. WAGNER, 1986; H. FABINI, Atlas der siebenbürgisch-sächsischen Kirchenburgen und Dorfkirchen, Bd. 1, 1998.

ANNA-LENA LIEBERMANN

Birthälm (**Biertan**, Berethalom)

Die Gründung der sächs. Siedlung B. kann mit großer Wahrscheinlichkeit in die Mitte des 13. Jh.s datiert werden, die erste urkundliche Erwähnung stammt aus dem Jahr 1283 (Urk. Nr. 203). König Karl I. vereinigte am 12.8.1315 die Sachsen von → Mediasch, → Schelk und B. mit jenen von → Hermannstadt und verlieh ersteren dieselben Freiheiten (Urk. Nr. 342). 1365 erhielt B. von König Ludwig I. das *Privilegium confirmationale* über die freie Pfarrerswahl. Die volle Selbstständigkeit erhielt B. erst 1402 unter König Sigismund. 1418 erhielt B. das Marktrecht (Urk. Nr. 1836) und den Blutbann (Urk. Nr. 1837) und 1468 das Recht, den dritten Teil seiner Bürger vom Kriegsdienst zu befreien (Urk. Nr. 3649).

Marienkirche

Patr.: Hl. Maria — gegr.: vor 1402

Die erste Kirche B.s wird erstmals 1402 erwähnt und wurde schon früh mit einer Wehranlage ausgerüstet. In diesem Jahr bewilligte Papst Bonifaz IX. in einer Urkunde für die Marienkirche einen dreitägigen Ablass (Urk. Nr. 1466) nach dem Vorbild der Aachener Marienkirche (vgl. WAGNER, S. 56). Um 1500 riss man die Kirche bis auf die Fundamente ab und errichtete eine Hallenkirche, die 1524 vollendet wurde. Die steinerne Kanzel wurde 1523 von einem Steinmetzmeister aus → Kronstadt namens Ulrich geschaffen. Ein gewisser Johann Reychmut, → Schäßburger Schreiner, fertigte zwischen 1514 und 1523 das Chorgestühl. Der Flügelaltar mit Szenen aus dem Marienleben ist vermutlich das Werk eines Wiener Meisters.

Ausgabe. Urkundenbuch zur Geschichte der Deutschen in Siebenbürgen, hg. v. F. ZIMMERMANN u. a., 1892–1991.

Literatur. J. M. SALZER, Der königliche freie Markt Birthälm in Siebenbürgen. Ein Beitrag zur Geschichte der Siebenbürger Sachsen, 1881; E. WAGNER, Art. Birthälm, in: Lexikon der Siebenbürger Sachsen. Geschichte, Kultur, Wissenschaften, Wirtschaft, Lebensraum Siebenbürgen (Transsilvanien), 1993, S. 56; W. ZIEGLER, Art. Biertan, in: Siebenbürgen, hg. v. H. ROTH, 2003. S. 21–24; T. NÄGLER, Marktort und Bischofssitz Birthälm in Siebenbürgen, 2004; A. FRANKE, Das wehrhafte Sachsenland. Kirchenburgen im südlichen Siebenbürgen, 2010.

ANNA-LENA LIEBERMANN

Bistritz (**Bistrița**, Beszterce)

Inhalt. A. Kirchen. B. Klöster. C. Stadt. 1. Stadtrat. 2. Stadtgericht. 3. Zunftwesen. 4. Bürger der Stadt.

Geschichte. Als Wirtschaftszentrum der Kleinregion Nösnerland, an der Kreuzung mehrerer Handelswege gelegen, war B. (urspr. ‚Nösen') eine der wichtigsten Städte Siebenbürgens. Die slawische Protosiedlung am Fluß Bistrița wurde nach 1141 von sächsischen Bergbauarbeiter besiedelt; die erste urkundliche Erwähnung – noch vor dem Mongolensturm – stammt aus dem Jahre 1241, als die Stadt verwüstet wurde. Im 13. Jh. kamen die Dominikaner, danach die Minoriten nach B. Ab 1330 konnte sich B. vom Woiwoden durch die eigene Gerichtsbarkeit lösen, später wurde auch eine eigene Stadtverwaltung aufgestellt. 1367 wurde die erste Zunftsatzung erlassen. Der Transithandel in die Moldau, der Bergbau und die Zünfte brachten der Stadt Einkünfte. 1452 wurde B.

mit 25 umliegenden Gemeinden zu einer Erbgrafschaft umgewandelt, wodurch die Rechte der Städtebewohner stark eingeschränkt wurden. Um die Stadt und Region zu sichern, ließ Johannes Hunyadi oberhalb der Stadt eine Burg bauen. Durch überhöhte Abgabenforderungen verursachte sein Nachfolger Mihály Szilágyi 1458 Konflikte des Adels mit der Bürgerschaft. Erst 1464 kehrte wieder Ruhe ein, als Matthias Corvinus die Grafschaft auflöste. Eine Reihe von Bauten, die 1470–90 entstanden sind, zeugen von einer beeindruckenden Entwicklung der Stadt nach Erlangung der Freiheit.

Die Schule von B. hat im 16. Jh. einen berühmten Schüler zu verzeichnen: den späteren Humanisten und Reformator Christian Pomarius (Baumgarten, 1500–28.8.1565), der Mitte des 16. Jh.s historiographische Werke verfasste und die Regestenbücher der → Hermannstädter, → Kronstädter und B.er Archive erstellte.

Literatur. O. DAHINTEN, Geschichte der Stadt Bistritz in Siebenbürgen, aus dem Nachlass hg. v. ERNST WAGNER, 1988; GY. GYÖRFFY, Az Árpád-kori Magyarország történeti földrajza, Bd. 1, 1962; Beiträge zur Geschichte der Stadt Bistritz in Siebenbürgen, hg. v. E. WAGNER, 6 Bde, 1980–92; K. GÜNDISCH, Christian Pomarius und die Reformation im Nösnerland, in: Luther und Siebenbürgen, hg. v. G. WEBER, 1998, S. 115–134; K. GÜNDISCH, Art. Bistrița, in: Siebenbürgen, hg. v. H. ROTH, 2003, S. 25–27.

ANDRÁS F. BALOGH/IOANA VELICA

A. Kirchen

Stadtkirche

Patr.: Hl. Nikolaus — gegr.: 14./15. Jh. (?)

Geschichte. Die Entstehungszeit der romanischen Basilika ist unbekannt, jedoch war diese bereits Ende des 15. Jh.s baufällig (vgl. DAHINTEN, S. 210). An die Nordseite der Kirche angegliedert war eine der Hl. Dorothea geweihte Kapelle (bis 1478), an die Südseite eine dem Hl. Michael geweihte Kapelle (bis 1533, vgl. DAHINTEN, S. 236). Der Neubau des Kirchturms erfolgte zwischen 1478 und 1519. Am oberen Rand des dritten Stocks ist die Jahreszahl 1509 mit den Namen Fabian Eiben und Stefanus Sartor zu erkennen (vgl. DAHINTEN, S. 213).

Überlieferung. Petrus Kreczmer beschenkte in seinem Testament vom 13.7.1432 den Allerheiligenaltar der Nikolauskirche (Urk. Nr. 2161). In seinem Testament vom 5.11.1502 (BR1, Nr. 412) vermachte Martinus von Birthalben, Leiter des Spitals in B. (vgl. DAHINTEN, S. 234), seine gesamten Bücher der St. Michaels-Kapelle. Beide Urkunden sind auf Latein ausgestellt.

Ausgaben. A. BERGER, Urkunden-Regesten aus dem Archiv der Stadt Bistritz in Siebenbürgen. 1203–1570, aus dem Nachlass hg. v. ERNST WAGNER, Bd. 1, 1986; Urkundenbuch zur Geschichte der Deutschen in Siebenbürgen, hg. v. F. ZIMMERMANN u. a., 1892–1991.

Literatur. O. DAHINTEN, Geschichte der Stadt Bistritz in Siebenbürgen, aus dem Nachlass hg. v. ERNST WAGNER, 1988.

ANNA-LENA LIEBERMANN

B. Klöster

Dominikaner

Patr.: Hl. Kreuz — gegr.: im 13. Jh.

Geschichte. An das aus dem 13. Jh. stammende Heiligkreuzkloster war zum einen die Kirche *Ecclesia ad sanctum Spiritum* angegliedert, zum anderen ein unter der Verwaltung der Dominikaner stehendes Spital, das urkundlich erstmals 1295 belegt ist (Urk. Nr. 272, vgl. DAHINTEN, S. 207 und 308). Die zum Spital gehörige Kirche war der Hl. Elisabeth geweiht, dem Spital angegliedert war das Aussätzigen-Spital ‚Zum heiligen Geiste' (vgl. DAHINTEN, S. 307). Zum Nonnenkloster *ad sanctam Trinitatem* der Dominikaner gehörte die Kirche *Ecclesia ad sanctam Crucem* (DAHINTEN, S. 207).

Überlieferung. Zwei dt.-sprachige Dokumente aus dem Kloster sind erhalten: eine Rechnung über Einnahmen und Ausgaben des B.er Aussätzigen-Spitals ‚Zum heiligen Geiste' vom 20.2.1512, zum Teil in lat., zum Teil in dt. Sprache (BR1, Nr. 554), sowie ein Brief aus → Klausenburg vom 8.2.1509, in dem „Peter, Graf von St. Georgen und Bösing, Woiwode von Siebenbürgen, [...] dem Konvent des Heiligkreuz-Klosters der B.er Predigermönche Mitteilung über den Stand der Übernahme des Dorfes Szent-Márton [macht]" (BR1, Nr. 504a, S. 144).

Ausgaben. A. BERGER, Urkunden-Regesten aus dem Archiv der Stadt Bistritz in Siebenbürgen. 1203–1570, aus dem Nachlass hg. v. E. WAGNER, Bd. 1, 1986; Urkundenbuch zur Geschichte der Deutschen in Siebenbürgen, hg. v. F. ZIMMERMANN u. a., 1892–1991.

Literatur. O. DAHINTEN, Geschichte der Stadt Bistritz in Siebenbürgen, aus dem Nachlass hg. v. E. WAGNER, 1988.

ANNA-LENA LIEBERMANN

C. Stadt

C.1 Stadtrat

Der Rat von B. wurde für gewöhnlich zwischen Weihnachten und Neujahr von der Bürgerschaft aus ihrer Mitte gewählt, zunächst die zwölf Geschworenen bzw. Ratsherren, die wiederum den Richter und die übrigen Beamten wählten (DAHINTEN, S. 59). Aus dem B.er Stadtrat sind einige Ratsherren aufgrund urkundlicher Überlieferung namentlich bekannt, so Ladislaus Konrad (Urk. Nr. 3261), Notar Johann Barth (BR1, Nr. 140, 141), Ulrich Thümmel, ein Kürschner Demetrius (BR1, Nr. 142; lt. DAHINTEN wahrscheinlich identisch mit Demetrius Kretschmer, Richter: BR1, Nr. 689, 822, 1111, 1298, 1307, 1360, 1450, 1477, 1485, 1510, 1542, 1545, 1550, 1587, 1594, 1625/26, 2652), Seifried Nessiger, Richter Georg Eiben (Urk. Nr. 3425, BR1 Nr. 141, 142, 148, 150, 150a, und ein weiterer Georg Eiben: BR1, Nr. 232a, 246, 378/79), Demetrius Eisenburger (Urk. Nr. 3169), Jakob Kretschmer (Urk. Nr. 3398, 3425; BR1, Nr. 142) und Magister Paulus nebst Gattin → Ursula Meister Paulin.

Am 24.4.1353 verlieh König Ludwig I. B. das Jahrmarktsrecht und bestimmte, dass alle Streitsachen der ausschließlichen Gerichtsbarkeit des B.er Rates unterliegen (Urk. Nr. 679). Am 6.1.1367 (Urk. Nr. 885/886) wurde in einer Vereinbarung zwischen den Bürgern der Stadt und dem Distrikt u. a. beschlossen, dass der städtische Rat jährlich die Weinpreise der Schankwirte festsetzen solle und diejenigen zu bestrafen habe, die ihn teurer verkaufen. Gleichzeitig wurde für die Gewerbetreibenden bestimmt, dass die Preise jährlich vom Rat festgesetzt werden (DAHINTEN, S. 58). Am 4.11.1472 (Urk. Nr. 3930) übertrug König Matthias das ihm zustehende Patronatsrecht in den sächs. Gemeinden Dürrbach, Lechnitz und Mettersdorf an Richter und Rat der Stadt B., was er am 3.6.1475 (BR1, Nr. 277) rückgängig machte (DAHINTEN, S. 67–69).

Überlieferung. Weitere erhaltene dt.-sprachige Dokumente sind das Bruchstück eines städtischen Rechnungsbuches aus dem Jahr 1517 (BR1, Nr. 639), ein Schriftstück vom 28.6.1518, in dem der Florentiner Kaufmann Rasson Wontemp bestätigt, vom B.er Rat 300 Gulden erhalten zu haben (BR1, Nr. 648), und eine Urkunde vom 26.9.1525, in der der Rat von B. die Aussagen mehrerer B.er Bürger über den Stand der Streitsache zwischen Pastor Simon und Petrus Thar mitteilt (BR1, Nr. 840).

Im städtischen Archiv sind außerdem Testamente einzelner Bürger von B. überliefert, darunter das dt.-sprachige Testament des Sigismund Teylner vom 5.3.1519 (BR1, Nr. 657).

Ausgabe. A. BERGER, Urkunden-Regesten aus dem Archiv der Stadt Bistritz in Siebenbürgen. 1203–1570, aus dem Nachlass hg. v. E. WAGNER, Bd. 1, 1986.

Literatur. O. Dahinten, Geschichte der Stadt Bistritz in Siebenbürgen, aus dem Nachlass hg. v. E. Wagner, 1988.

Anna-Lena Liebermann

C.2 Stadtgericht

Geschichte. Die Blutgerichtsbarkeit wurde den Siebenbürger Sachsen in der Region Nösnerland erstmals 1330 durch Königin Elisabeth, die Gemahlin Karls I., zugestanden. Darin wurden die *civi[es] et hospit[es] nostr[i] de Bezturche* von fremder Gerichtsbarkeit befreit und zur selbstständigen Richterwahl privilegiert. An solche bereits im ‚Andreanum' (→ Provinz Hermannstadt) von 1224 reglementierten Rechte gelangte B. durch den Freibrief König Ludwigs I. 1366 in vollem Umfang; in diesem Dokument wurde zugleich die Vormachtstellung der Stadt für den gesamten Bezirk festgelegt. Unter König Sigismund wurde B. zusätzlich Appellationshof für → Klausenburg und Sächsisch-Regen (vgl. Dahinten, S. 59). Bis zum Jahre 1486, der Gründung der Sächsischen Nationaluniversität, bildete das B.er Stadtgericht die höchste Gerichtsinstanz der Bewohner des Distrikts, dem 1330 26 Gemeinden unterstellt waren (vgl. Kroner, S. 26).

Urkunden. Zahlreiche dt.- und lat.-sprachige Urkunden geben Einblick in die judikative Praxis des B.er Stadtgerichts. Vermehrt lässt sich eine dt.-sprachige Korrespondenz insbesondere im Amtszeitraum des Stadtrichters Georg Eyb (ca. 1460–79) nachweisen (Cluj, AN, Inv. 58ff, Nr. 47, Nr. 115, Nr. 694, alle dt.). Dass sich in diesen Schriftstücken u. a. der → Rat von Hermannstadt an diesen wendet, deutet auf einen auf verwaltungstechnischer Ebene konventionalisierten dt. Sprachgebrauch jenseits der Bezirksgrenzen hin. Weitere dt. Schriftstücke sind erst im frühen 16. Jh. wieder aufzufinden, darunter eine Notiz im Rahmen einer Streitsache um den Mord an einem B.er Bürger namens *Lörincz Wolff* (1519), ein Schuldverzeichnis des Stadtrichters Wolfgang Forster (1521) und ein aus → Ofen an den Stadtrichter Jörg Woltenstorfer adressiertes Schreiben einer Sophia, Frau des Wolfgang Tubolt, betreffend die Schuldzahlung ihres Bruders Bartosch Golczmidt (1523, vgl. Berger).

Ausgaben. Urkundenbuch zur Geschichte der Deutschen in Siebenbürgen, hg. v. F. Zimmermann u. a., 1892–1991; A. Berger, Urkunden-Regesten aus dem Archiv der Stadt Bistritz in Siebenbürgen. 1203–1570, aus dem Nachlass hg. v. E. Wagner, Bd. 1, 1986.

Literatur. O. Dahinten, Geschichte der Stadt Bistritz in Siebenbürgen, aus dem Nachlass hg. v. E. Wagner, 1988; M. Kroner, Geschichte der Nordsiebenbürger Sachsen. Nösnerland und Reener Ländchen, 2009.

Mary-Jane Würker

Aus dem ersten Viertel des 16. Jh.s ist ein **Zeugenverhör** über die Tötung eines B.er Söldners durch mehrere Kronstädter Söldner im Feldlager am Szamosfluss überliefert (BR1, Nr. 401c). Auf der ersten Seite des Protokolls sind die Zeugenaussagen in lat. Sprache mitgeteilt, auf der dritten und vierten Seite in dt. Sprache (vgl. BR1, S. 117).

Literatur. A. Berger, Urkunden-Regesten aus dem Archiv der Stadt Bistritz in Siebenbürgen. 1203–1570, aus dem Nachlass hg. v. E. Wagner, Bd. 1, 1986, S. 117.

Anna-Lena Liebermann

C.3 Zunftwesen

B., 1349 erstmals als *civitas* erwähnt, gehörte im Spätmittelalter zu einem der wichtigsten Handwerkszentren in Siebenbürgen. Bis zum Jahr 1533 sind hier 16 verschiedene Zünfte bezeugt (Dahinten, S. 450). Sehr früh, 1353, erhielt B. auch das Privileg zum Abhalten von Jahrmärkten, was den Fernhandel sehr beförderte, und im Jahr 1523 erhielt es das Stapelrecht (Niedermaier, S. 44).
Die früheste Erwähnung von B.er Zünften hat die ältere Forschung in einem Streit zwischen den **Fleischhauern** und den **Tuchschneidern**

um die Rechte zum Verkauf von Stoffen gesehen, den König Ludwig I. in einer Urkunde, ausgestellt am 7.3.1361 in → Wardein, zugunsten der Tuchschneider entschied (Urk. Nr. 781, 782, vgl. DAHINTEN, S. 447). MOLDT (S. 129) weist allerdings darauf hin, dass es hierbei um Kaufmanns-, nicht um Handwerksrechte geht. Die Beschlüsse des B.er Rats bezüglich des Weinhandels und der **Weinherstellung** vom 6.1.1367 (Urk. Nr. 885) darf dagegen als die erste ‚Zunftordnung' Siebenbürgens betrachtet werden, da sie u. a. Regeln für die Qualität und die Preise des Weins sowie für die Ausbildung von Weingärtnern festlegt (MOLDT, S. 130f.).

Zu den ältesten Zünften in B. gehörten auch die **Schuster**, die laut einem Schreiben von König Ladislaus II. Jagiello vom 18.10.1515 bereits um 1415 im Besitz einer Lohmühle waren. Eben diese war Gegenstand eines rund hundert Jahre andauernden Streits mit den **Lederern** (WITTSTOCK 1864, S. 13f.; BERGER Nr. 609a, 644a, 681a, 682). Ladislaus verteidigte mehrfach die Rechte der Schusterzunft, auch die ihnen 1455 verliehenen Privilegien (BERGER, Nr. 355a, 565a, 610a, 610b, 613). Dass die Schuster Ende des 15. Jh. zu den dominanten Zünften in B. gehörten, geht aus einem bruchstückhaft erhaltenen dt.-sprachigen Brief des obersten Zunftmeisters von → Klausenburg an die Schusterzunft in B. hervor. In diesem fordert er sie auf, die Klausenburger und Hermannstädter Zünfte beim Kampf und die Freiheiten und Rechte der siebenb. Zünfte zu unterstützen und Abgesandte zu einer Zunftversammlung in → Hermannstadt zu entsenden, wie es in früheren Jahren die Lederer getan hätten (Urk. Nr. 4085).

Eine dt.-sprachige Satzung der **Kürschnerzunft** ist aus dem Jahr 1500 überliefert (WITTSTOCK 1864, S. 36–60). In ihr werden die Voraussetzungen zur Erlangung des Meistergrads, die Verpflichtungen zur Ehrung der Toten und zum Gottesdienst (inklusive der Teilnahme am Fronleichnamsfest), der Verkauf und die Anforderungen an die Qualität der Felle geregelt, dazu der Umgang mit Zunftgenossen, mit dem Gesinde und mit Gesellen sowie die Ausbildung von Lehrlingen. Auffällig ist das strenge Verbot, die eigenen Waren durch einen *wolochyn* oder einen sonstigen Fremden auf dem Markt verkaufen zu lassen (WITTSTOCK 1864, S. 38). Mit diesem Verbot sollte es erleichtert werden, fremde Händler vom siebenb. Fellmarkt fern zu halten. König Ladislaus II. Jagiello sprach schließlich 1513 den Kürschnern der siebenb. Städte das alleinige Recht auf Fellhandel im Land zu. Dieses Privileg wurde von Ludwig II. am 16.3.1519 noch einmal bestätigt (WITTSTOCK 1860, S. 93f.; BERGER, Nr. 569, 658, 673).

Die B.er **Schmiede** sind 1489 erstmals erwähnt, als Matthias Corvinus ihnen den Verkauf von Sicheln auf dem Gebiet der sieben und zwei Stühle untersagte (DAHINTEN, S. 448); 1502 verbot dann König Ladislaus II. Jagiello dem Rat von → Mediasch und → Schäßburg, die B.er Schmiede am Besuch der dortigen Jahrmärkte zu hindern (WITTSTOCK 1860, S. 96f.; BERGER, Nr. 410).

Die aus dem B.er Ratsarchiv erhaltene dt.-sprachige Zunftordnung der **Leinenweber** von 1505 setzt einen strengen Zunftzwang durch und bekämpft verschiedenste Formen der Ausübung des Handwerks, der Ausbildung im Handwerk oder des Verkaufs von Leinenweberprodukten außerhalb der Zunft; zudem gibt sie Normgrößen für die Tücher vor (WITTSTOCK 1860, S. 91–93). Vergleichsweise jung ist die B.er Zunft der **Schlosser**. Sie gab sich 1516 ihre Ordnung (DAHINTEN, S. 447).

Literatur. A. WITTSTOCK, Nösner Zustände unter Wladislaus II. und Ludwig II. 1490–1527, AVSL N.F. 4/3 (1860), S. 1–120; H. WITTSTOCK, Älteres Zunft- und Gewerbewesen in Bistritz bis ins 16. Jahrhundert, in: Programm des evangelischen Obergymnasiums in Bistritz, 1864, S. 1–44; A. VERESS, Bistritzer Zünfte, AVSL N.F. 16 (1893), S. 39–41; A. BERGER, Urkunden-Regesten aus dem alten Bistritzer Archive, in: Programm des evangelischen Obergymnasiums A.B. und der damit verbundenen Lehranstalten, dann der evangelischen Mädchenschule A.B. zu Bistritz, hg. v. G. FISCHER, 1893, S. 3–58, und 1894, S. 3–44; DERS., Urkunden-Regesten aus dem Archiv der Stadt Bistritz in Siebenbürgen 1203–1570, aus dem Nachlass hg. v. E. WAGNER, 3 Bde, 1986–1995; O. DAHINTEN, Geschichte der Stadt Bistritz in Siebenbürgen, aus dem Nachlass hg. v. E. WAGNER, 1988; P. NIEDERMAIER, Städtebau im Spätmittelalter. Siebenbürgen, Banat und Kreischgebiet (1348–1541), 2004; D. MOLDT, Deutsche Stadtrechte im mittelalterlichen Siebenbürgen, 2009.

CORA DIETL

C.4 Bürger der Stadt

Thomas Zwanziger

15. Jh.

Ein kurzes, auf den 19.5.1484 datiertes Schreiben bezeugt die einzig bekannte Korrespondenz eines B.er Bürgers namens Thomas *der alte Zwanziger zu Nösen*. Zwanziger informiert den → Kronstädter Bürger Johannes Mwesz über den Ersuch des Dieners von Mwesz, Andreas Schönwetter, der mit einer staatlich besiegelten Rechnung Zwanziger um 16 Gulden ersucht habe, die ordnungsgemäß bezahlt wurden. Zwanziger fragt Mwesz, wofür die Mittel entfielen, und gibt an, er habe auch den Bürgermeister über diese Rechnung informiert, was auf Unsicherheit über die Echtheit der Rechnung (d. h. einen möglichen Fall von Urkundenfälschung und Veruntreuung Schönwetters) hindeutet.

Ausgabe. Urkundenbuch zur Geschichte der Deutschen in Siebenbürgen, hg. v. F. ZIMMERMANN u. a., Bd. 7, 1991, Nr. 4562, S. 358f.

Literatur. O. DAHINTEN, Geschichte der Stadt Bistritz in Siebenbürgen, aus dem Nachlass hg. v. E. WAGNER, 1988.

SHARON D. KING

Bodendorf (**Buneşti**, Szászbuda)

B. wurde wohl in der zweiten Hf. des 13. Jh.s von dt. Einwanderern gegründet (AMLACHER, S. 197). Erstmals urkundlich erwähnt ist das Dorf 1337 (Urk. Nr. 540). Es war freies Dorf des Königsbodens. Mehrfach war B. im 14. Jh. an Widerständen der Sachsen gegen die Gräfen beteiligt. Beim Aufstand der sächs. Städte → Keisd, → Arkeden, Radeln, Deutschkreuz, Meschendorf und Klosdorf gegen Gräf Jakob im Jahr 1356 wurde B. selbst in Mitleidenschaft gezogen. Jakob hatte seine Urkunden in der Kirche in B. aufbewahrt. Die Kirche wurde gestürmt, die Urkunden wurden gestohlen (Urk. Nr. 704).

Weitere Dokumente über die Ortschaft betreffen v. a. die Zugehörigkeit zur Hermannstädter Provinz der Sieben Stühle im 15. Jh. sowie Grenzstreitigkeiten im 15./16. Jh. (FABINI, S. 75f., AMLACHER, S. 197). Im Jahr 1488 ist eine Schule in B. bezeugt, von der allerdings nur aus der zweiten Hf. des 16. Jh. Schüler namentlich bekannt sind (NUSSBÄCHER, S. 37).

Ausgabe. Urkundenbuch zur Geschichte der Deutschen in Siebenbürgen, hg. v. F. ZIMMERMANN u. a., 1892–1991.

Literatur. J. FABRITIUS-DANCU, Sächsische Kirchenburgen aus Siebenbürgen, 1980; G. NUSSBÄCHER, Aus Urkunden und Chroniken, Bd. 2, 1985; H. FABINI, Atlas der siebenbürgisch-sächsischen Kirchenburgen und Dorfkirchen, Bd. 1, 1998; E. AMLACHER, Wehrbauliche Funktion und Systematik siebenbürgisch-sächsischer Kirchen- und Bauernburgen, 2002.

CORA DIETL

Bogeschdorf (**Băgaciu**, Szászbogács)

Vermutlich wurde B. nach dem Mongoleneinfall von 1241/42 von Überlebenden zerstörter Dörfer gegründet (AMLACHER, S. 203). Erstmals erwähnt ist es 1351 (Urk. Nr. 661), 1359 ist es als freie Gemeinde des Stuhls → Mediasch dokumentiert (Urk. Nr. 743). Wie viele sächs. Ortschaften stand auch B. im Konflikt mit dem lokalen Adel, wie u. a. anderen aus der Aussage Ladislaus' von Zuckmantel hervorgeht, der 1366 einige Sachsen aus B. und

Kirtsch des Mordes an einem Adligen bezichtigte (Urk. Nr. 847). Ende des 15. Jh.s gelangte B. offensichtlich zu neuem Reichtum. Pleban Georgius Lötz konnte 1496 die neue Marienkirche von B. einweihen, die unter seinem Vorgänger Johannes fertiggestellt und komplett ausgemalt worden war (FABINI, S. 80). Der Altar der Kirche trägt das Datum 1518 und wird den Malern Hans Dürer und Hans von Kulmbach aus Krakau (PL) zugeschrieben (FABRITIUS-DANCU, S. 59; AMLACHER, S. 205). In die Zeit des Neubaus der Kirche scheint auch die Einrichtung des Schulmeisteramts in B. zu fallen, das im Jahr 1516 erstmals bezeugt ist (FABINI, S. 79).

Ausgabe. Urkundenbuch zur Geschichte der Deutschen in Siebenbürgen, hg. v. F. ZIMMERMANN u. a., 1892–1991.

Literatur. J. FABRITIUS-DANCU, Sächsische Kirchenburgen aus Siebenbürgen, 1980; H. FABINI, Atlas der siebenbürgisch-sächsischen Kirchenburgen und Dorfkirchen, Bd. 1, 1998; E. AMLACHER, Wehrbauliche Funktion und Systematik siebenbürgisch-sächsischer Kirchen- und Bauernburgen, 2002.

CORA DIETL

Brenndorf (Brigondorf, Prengendorf, **Bod**, Botfalu)

Die Ortschaft B. ist 1368 bezeugt, als freie Gemeinde des → Kronstädter Distrikts (Sibiu, AN; Urk. Nr. 918, S. 316, und Brașov, AN, Col. Priv., 9; Urk. Nr. 1085, S. 479–481). Im Jahr 1429 ist erstmals ein Pleban der B.er Stadtkirche St. Nicolaus erwähnt: *magister Johannes Theutunicus organista in castro Mariae*, der in seinem Haus einige Zeit lang einen Wiener Student aufgenommen hatte (Urk. Nr. 2075). Nach ihm lässt sich eine fast geschlossene Reihe von Plebanen rekonstruieren. Sie umfasst u. a. Nicolaus von Tartlau (1455), Gregorius de Slathna (1455/56) und Hieronymus Rewchin (ab 1474), der zuvor Rektor der Lateinschule in → Kronstadt gewesen war. Ob bereits zu dieser Zeit die Schule in B. existierte, ist ungewiss. Sie ist erstmals 1510 bezeugt. Bereits zuvor sind die ersten Studenten aus B. erwähnt: *Nicolaus de Prengendorff* schrieb sich 1426 in die Matrikel von Wien ein; drei weitere sollten bis 1525 folgen (PHILIPPI, S. 194). Politische Bedeutung erhielt B. vorübergehend, als während der Türkenkriege der Vizewoiwode Stephan Báthory im November 1521 hier residierte.

Ausgabe. Urkundenbuch zur Geschichte der Deutschen in Siebenbürgen, hg. v. F. ZIMMERMANN u. a., 1892–1991.

Literatur. Die Matrikel der Ungarischen Nation an der Wiener Universität (1453–1630), hg. v. K. SCHRAUF, 1902; Die Matrikel der Wiener Universität, hg. v. F. GALL, Bd. 1, 1956. — M. PHILIPPI, Kronstädter und Burzenländer Studenten an der Wiener Universität 1382–1525, Beiträge zur Geschichte von Kronstadt in Siebenbürgen, hg. v. P. PHILIPPI, 1984, S. 179–224; H. FABINI, Atlas der siebenbürgisch-sächsischen Kirchenburgen und Dorfkirchen, Bd. 1, 1998; G. NUSSBÄCHER, Aus Urkunden und Chroniken. Beiträge zur siebenbürgischen Heimatkunde, Bd. 7: Burzenland, 2008, S. 23–28.

CORA DIETL

Broos (**Orăștie**, Szászváros)

Im 12. Jh. stand in B. bereits eine Rundkirche. Unter dem Namen *Waras* ist die Ortschaft 1224 erstmals erwähnt: im ‚Andreanum' (→ Provinz Hermannstadt). Wahrscheinlich schon aus dieser Zeit stammt die geographische Selbstbezeichnung der Sachsen, deren Gebiet sich von Broos bis → Draas erstreckte. Nach der Zerstörung der Kleinstadt im Mongolensturm erlebte die Gemeinde einen Aufschwung; in diesem Zusammenhang wurden auch neue kirchliche Einrichtungen gegründet: 1302 entsteht ein Franziskanerkonvent und 1334 ist ein Frauenkloster belegt. Auch in der ersten siebenbürgischen Zunftordnung ist B. erwähnt.

Stephan Olahus, der Vater des Humanisten Nikolaus Olahus (1493–1568), war Stadtrichter von B.; so dürfte wohl der Knabe einen Teil seiner Kindheit in dieser Stadt verbracht haben.

Literatur. A. E. Dörner, Urkunden und Chroniken über die Geschichte und der Stadt und des Stuhles Broos 1200–1541, 2002; ders., Art. Orăştie, in: Siebenbürgen, hg. v. H. Roth, 2003, S. 21–24.

András F. Balogh

Franziskaner

Patr.: Hl. Elisabeth — gegr.: 1239 (?)

Die Datierung der Gründung des Franziskanerkonvents in B. ist umstritten. Die Vorschläge reichen von 1239 bis 1370 (Dörner, S. 17). Auf den 30. 1. 1302 ist ein Brief des Bruders German, Kustos der Franziskanermönche aus Siebenbürgen, datiert, der in B. ausgestellt wurde (Urk. Nr. 291, Dörner, S. 19), weshalb 1302 oft als Gründungsdatum angenommen wird. Spätestens 1309 existierte eine Schule der B.er Minoriten, da in einem Schreiben des päpstlichen Gesandten Kardinal Gentile an die sächs. Kapitel aus diesem Jahr ein *Petrus lector fratrum Minorum de Varasio* (Urk. Nr. 314) erwähnt ist. Wie die Franziskaner- und Dominikanerkonvente in → Weißenburg, → Mühlbach und → Hermannstadt, → Winz und → Bistritz, so litt auch der Konvent in B. stark unter dem Einfall der Türken 1442 und erhielt daraufhin vom Papst das Recht, seinen Besuchern einen Ablass zu erteilen (Urk. Nr. 2489, 2495). Auch durch private Stiftungen wurde der Wiederaufbau des Konvents finanziert. Am 4. 9. 1523 berücksichtigte ihn Klara Tobiássy, die Frau des → Hermannstädter Richters Mark Pempfinger, in ihrem Testament (Dörner, S. 157).

Ausgabe. Urkundenbuch zur Geschichte der Deutschen in Siebenbürgen, hg. v. F. Zimmermann u. a., 1892–1991.

Literatur. Collectio Maior, II: Relatio e provincia Transylvanica Sancti Regis Stephani Ordinis Minorum Strictioris Observantiae, hg. v. J. Kemény, 1775; G. F. Marienburg, Verzeichnis der ältesten Pfarrer des *Decanatus de Sebus*, d. i. des Unterwälder Kapitels aus urkundlichen Quellen des 13. und 14. Jahrhunderts zusammengestellt, AVSL 8 (1867/69), S. 284–324; H. Fabini, Atlas der siebenbürgisch-sächsischen Kirchenburgen und Dorfkirchen, Bd. 1, 1998; A. Dörner, Urkunden und Chroniken über die Geschichte der Stadt und des Stuhls Broos, Bd. 1: 1200–1541, 2002.

Cora Dietl

Bulkesch (**Bălcaciu**, Bolkács)

1319 wird B. in einer Urkunde von König Karl I. erstmals als *Bolkach* erwähnt (Urk. Nr. 368). Um die sächs. Gemeinde B. und das benachbarte → Seiden gab es viele Jahre Besitzstreitigkeiten. Die Gräfen Nikolaus und Johannes von Talmesch vererbten die Orte an ihre Schwester Katharina und ihren Mann Gräf Peter von Heltau. Nach Nikolaus' Tod fielen B. und Seiden jedoch zunächst an König Ludwig I., erst 1343 an Katharina; 1366 dann an Peter de Bogath (Urk. Nr. 841) und 1395 an den Woiwoden Frank und dessen Bruder Simon (Urk. Nr. 1369, 1395); 1424 gingen Teile von B. und Seiden an → Hermannstadt und 1441 an Petrus von Bogath (Urk. Nr. 2401). Am 23. 7. 1434 befreite Ladislaus, Woiwode von Siebenbürgen, die Grundhörigen von B. und Seiden, die zur → Hermannstädter Pfarrkirche gehörten, von Abgaben (Urk. Nr. 2201); eine Bestätigung durch Johannes Hunyadi erfolgte am 23. 5. 1443 (Urk. Nr. 2458). Dieser nahm die Bewohner von B. und Seiden am 31. 7. 1448 schließlich gegen die Gewalttaten der Kastellane von Kokelburg in Schutz (Urk. Nr. 2652). 1450 waren die Einwohner B.s der Gerichtsbarkeit der Hermannstädter Provinz der Sieben Stühle unterstellt (Urk. Nr. 2696). 1453 erhielt der Ort die Blutgerichtsbarkeit (Urk. Nr. 2812), 1482 das Marktrecht (Urk. Nr. 4516). Bereits

1469 gehörte B. in Steuer- und Gerichtsangelegenheiten zur Hermannstädter Provinz (Urk. Nr. 3707).

Ausgabe. Urkundenbuch zur Geschichte der Deutschen in Siebenbürgen, hg. v. F. ZIMMERMANN u. a., 1892–1991.

Literatur. H. FABINI, Atlas der siebenbürgisch-sächsischen Kirchenburgen und Dorfkirchen, Bd. 1, 1998, S. 105–109; E. AMLACHER, Wehrbauliche Funktion und Systematik siebenbürgisch-sächsischer Kirchen- und Bauernburgen, 2002.

ANNA-LENA LIEBERMANN

Bultsch (**Bulci**, Bulcs)

Benediktiner

Patr.: Hl. Maria — gegr.: vor 1225

Das wohl auf den Fundamenten eines röm. Castrums errichtete Benediktinerkloster B. ist 1225 erstmals erwähnt, als Papst Honorius III. den Abt von B. bevollmächtigte, gemeinsam mit dem Abt von → Petschwar (HU) eine Kapitelsitzung einzuberufen (JUHÁSZ, S. 53). Trotz einiger Keramikfunde aus dem 10.–12. Jh. zögert ȚEICU mit einer Frühdatierung der Klostergründung (ȚEICU, S. 148). Aus dem 13. und 14. Jh. sind nur wenige Zeugnisse des Klosters und seiner Äbte erhalten; die Situation änderte sich aber im 15. Jh. Während einer Vakanz des Abtsstuhls 1408–23 war der Florentiner Gelehrte Filippo Scolari, der zuvor dem Erzbischof Demetrius von → Gran (HU) und König Sigismund gedient hatte, als *specialis gubernator* eingesetzt. Anschließend konnten erneut Äbte für B. bestellt werden; die Lage des Klosters blieb aber kritisch. 1464 erlaubte der Papst die Zusammenlegung von B. mit der Arader Propstei; sie erfolgte allerdings erst im 16. Jh. (JUHÁSZ, S. 59f.).

Überlieferung. Laut Besitzeintrag auf fol. 1ʳ war eine prächtig illustrierte, um 1470 in Florenz hergestellte Livius-Handschrift (Wien, ÖNB, Cod. 18) Ende des 15. Jh.s im Besitz von Abt Emmerich von B. (HERMANN, S. 69).

Literatur. H. J. HERMANN, Die Handschriften und Inkunabeln der italienischen Renaissance. Teil 3, Bd. 4, 1932. — K. JUHÁSZ, Die Stifte der Tschanader Diözese im Mittelalter, 1927; D. ȚEICU, Historic Geography and Archaeological Topography at Bulci and Căpâlnaș, Analele Banatului, S.N., Archeologie – Istorie 20 (2012), S. 147–155.

CORA DIETL

Burgberg (**Moldovenești**, Varfalău, Várfalva, castrum Aranyaswar)

Das im Kreis Cluj liegende B. findet erstmals 1075 als *castrum Turda* Erwähnung, allerdings in einer Urkunde, deren Echtheit bezweifelt wird (vgl. GÜNDISCH, S. 121). Ausgrabungen deuten auf eine früh erbaute Erdburg hin, die sich auf die Zeit Stephans I. datieren lässt. Aus dieser Erdburg, die ursprünglich wohl der Überwachung des Salzabbaus bei → Thorenburg und des Zugangs zu den Goldvorkommen der siebenb. Westgebirge diente, entwickelte sich im 13. Jh. das Komitat Thorenburg. Bereits 1241 von den Mongolen zerstört, wurde das Gebiet 1260 als Dank für Kriegsdienste den Szeklern überlassen (Schenkungsurkunde von 1289, vgl. GÜNDISCH, S. 121f.).

Literatur. K. GÜNDISCH, Art. Moldovenești, in: Siebenbürgen, hg. v. H. ROTH, 2003, S. 121f.

ANNA-LENA LIEBERMANN

Burgberg (**Vurpăr**, Borberek)

Die Geschichte von B. ist durch die gemeinsame Mieresch-Brücke engstens mit → Winz verbunden. Sehr oft bildeten die beiden Ortschaften eine Doppelgemeinde, so sind sie auch in einem Freibrief des Woiwoden Laurentius aus dem Jahr 1248, in dem den deutschen

Siedlern aus der Doppelgemeinde die Rechte der → Hermannstädter Provinz verliehen werden (Urk. Nr. 84), erstmals erwähnt. B. lebte v. a. von Schiffbau, Brückenmaut und Salzförderung. Im 14. Jh. ist eine turmlose Basilika nachzuweisen. Die Dominikaner des Dorfes sind 1361 erstmals genannt. 1393 befreite König Sigismund B. von der Gerichtsbarkeit des Woiwoden und vereinigte es mit den Sieben Stühlen (Urk. Nr. 1308); 1430 verlieh er ihm das Stadtrecht (Urk. Nr. 2086).

Ausgabe. Urkundenbuch zur Geschichte der Deutschen in Siebenbürgen, hg. v. F. ZIMMERMANN u. a., 1892–1991.

Literatur. G. KISS, Erdélyi várak, várkastélyok, 1987; H. ROTH: Art. Vințu de Jos, in: Siebenbürgen, hg. v. H. ROTH, 2003, S. 216f.

ANDRÁS F. BALOGH

Bußd bei Mediasch (**Buzu**, Szászbuzd)

Im Jahr 1356 (Urk. Nr. 705) setzt eine recht dichte Überlieferung von Dokumenten bezüglich B. ein, das als freie Gemeinde des Stuhls von → Mediasch in verschiedene Streitigkeiten verwickelt war und sich dabei u. a. auf ein Privileg aus dem Jahr 1334 berief. Die Zehntstreitigkeiten, die der Pleban Antonius und seine Nachfolger mit dem Woiwoden führten, wurden schließlich 1418 vom Papst zurückgewiesen (Urk. Nr. 3239; vgl. AMLACHER, S. 215). Im Jahr 1516 ist ein Schulmeister in B. bezeugt (FABINI, S. 122).

Ausgabe. Urkundenbuch zur Geschichte der Deutschen in Siebenbürgen, hg. v. F. ZIMMERMANN u.a., 1892–1991.

Literatur. H. FABINI, Atlas der siebenbürgisch-sächsischen Kirchenburgen und Dorfkirchen, Bd. 1, 1998; E. AMLACHER, Wehrbauliche Funktion und Systematik siebenbürgisch-sächsischer Kirchen- und Bauernburgen, 2002.

CORA DIETL

Căpâlna (Csicsókápolna, Kápolna)

Die ersten urkundlichen Erwähnungen von C. knüpfen sich an das einzige bedeutende Ereignis in der Gemeinde: Nachdem im benachbarten Dorf Albrecht (Bobâlna) ein Abkommen mit den aufständischen Bauern ausgehandelt worden war, wurde hier am 16. September 1437, dem Ruf des Vizewoiwoden Loránd Lépes folgend, ein Landtag abgehalten, auf dem eine Vereinbarung (*fraterna unio*) getroffen wurde, die später den Namen *Unio trium nationum* erhielt.

Literatur. J. KÁDÁR, Szolnok-Dobokavármegye monographiája, Bd.4, 1901, S. 212; K. MIHÁLY, Art. Bobâlna, in: Siebenbürgen, hg. v. H. ROTH, 2003. S. 30.

ANDRÁS F. BALOGH

Unio trium nationum 1437

Ursprünglich aus konkretem Anlass ein Schutzbündnis gegen innere und äußere Feinde, entstand aufgrund der ersten brüderlichen Unio (*fraterna unio*), die 1437 zu C. geschlossen und 1438 in → Thorenburg bestätigt wurde (Urk. Nr. 2293 und 2302), allmählich ein Rechtsinstitut, das über drei Jahrhunderte die Machtverhältnisse in der ung. Provinz bzw. im Fürstentum Siebenbürgen bestimmte. Der historische Anlass der Unionsbündnisse sind die zwischen 1395 und 1442 verlustreichen Türkeneinfälle im Süden und 1437/38 die Bauernrevolten mit hussitischen Zügen im Nordwesten Siebenbürgens (vgl. K. GÜNDISCH, S. 315). Der zweite, auf dem Landtag zu → Mediasch 1459 geschlossene Unions-Vertrag ist als Einigungsbündnis (*foedus unionis*, Urk. Nr. 3198) bereits ein landständisches Instrument mit sieben Artikeln; 1463 enthält die Heerfahrtordnung König Matthias' den Sammelbegriff *universitas trium nationum* (Urk. Nr. 3330), und ähnlich 1506 die Einladung zum → Schäßburger Landtag (vgl. TEUTSCH, S. 66), wofür sich ab 1542 der Terminus *Unio trium nationum* einbürgerte. Er steht sinnbildlich für das gemeinsame Agieren der drei Stände im Landtag (vgl. KAHL, S. 67f., 90; ZACH, S. 180–185). Missverständlich erscheint er, wenn in frühneuzeitlichen Kontexten der Union mittelalterlicher *nationes* ethnische Konnotationen und verschwörerische Absicht zugeordnet werden (vgl. K. GÜNDISCH, S. 315f.). Die Vertreter dreier mit „besonderen Vorrechten, Freiheiten und altverbrieften Privilegien" (WAGNER, S. 81) begabter Personenverbände und zugleich Gebietskörperschaften treffen erstmals 1437 gemeinsame Absprachen. Damit sollen Bauernrevolten und Osmanenüberfälle abgewehrt, 1459 Privilegien vor königlichem Zugriff und Territorien gegen Angriffe der Türken wie anderer, selbst des Königs, geschützt werden (Urk. Nr. 3198, Art. 2, 4, 6). Im siebenb. Landtag vertreten sie die mittelalterlichen *nationes* (auch *universitates*), d. h., drei rechtlich durch die ‚Goldene Bulle' (1222), das ‚Andreanum' (1224, → Provinz Hermannstadt) sowie Gewohnheitsrecht privilegierte, territorialbasierte, teils steuerpflichtige und zum Heeresdienst verpflichtete Gemeinschaften aus den Adelskomitaten, den Szekler und sächs. Stühlen.

Ausgabe. Urkundenbuch zur Geschichte der Deutschen in Siebenbürgen, hg. v. F. ZIMMERMANN u. a., 1892–1991.

Literatur. F. TEUTSCH, Die ‚Unionen' der drei ständischen ‚Nationen' in Siebenbürgen bis 1542, 1874; H.-D. KAHL, Einige Beobachtungen zum Sprachgebrauch von *natio* im mittelalterlichen Latein mit Ausblicken auf das neuhochdeutsche Fremdwort Nation, in: Aspekte der Nationsbildung im Mittelalter, hg. v. H. BEUMANN/W. SCHRÖDER, 1978, S. 63–108; G. GÜNDISCH, Siebenbürgen in der Türkenabwehr, in: DERS., Aus Geschichte und Kultur der Siebenbürger Sachsen, 1987, S. 36–64; K. GÜNDISCH, Das Patriziat siebenbürgischer Städte im Mittelalter, 1993; K. ZACH, Begriff und Sprachgebrauch von *natio* und Nationalität in vorhumanistischen Texten des 13. bis 16. Jahrhunderts aus Siebenbürgen, in: K. ZACH, Konfessionelle Pluralität, Stände und Nation, hg. v. J. BAHLCKE/K. GÜNDISCH, 2004, S. 5–15.

KRISTA ZACH

Denndorf (Dellendorf, **Daia**, Szászdálya)

Die 1280 erstmals bezeugte Ortschaft D. (Urk. Nr. 197) war als freie Gemeinde dem Stuhl in → Schäßburg zugeordnet. Ihre Marien- und St. Petrikirche wurde im 13./14. Jh. errichtet (AMLACHER, S. 220) und stufenweise ausgebaut (FABINI, S. 79). Ab dem Ende des 13. Jh.s sind die Gräfen von D. mehrfach erwähnt, als Vertreter der Sachsen in diplomatischen Kontexten. Valentin von D. etwa reiste 1431 zusammen mit dem → Hermannstädter Ratsherren Mathias nach Konstanz, um von Sigismund einen Schutzbrief gegen ungesetzliche Zolleinnahmen zu erwirken (Urk. Nr. 2104). Er war auch Vertreter des Stuhles Schäßburg bei der Versammlung der Sieben Stühle. Um 1500 ist eine Schule in D. bezeugt (BERGER, S. 67). Sie muss allerdings bereits früher bestanden haben, denn schon 1439 immatrikulierte sich *Michael Sartoris de Dellendorf* an der Universität Wien (SANTIFALLER, S. 214).

Ausgabe. Urkundenbuch zur Geschichte der Deutschen in Siebenbürgen, hg. v. F. ZIMMERMANN u. a., 1892–1991.

Literatur. Die Matrikel der Universität Wien, hg. v. L. SANTIFALLER, Bd. 1, 1956. — A. BERGER, Volkszählung in den 7 und 2 Stühlen, im Bistritzer und Kronstädter Distrikte vom Ende des XV. und Anfang des XVI. Jahrhunderts, KVSL 17 (1894), S. 49–76; H. FABINI, Atlas der siebenbürgisch-sächsischen Kirchenburgen und Dorfkirchen, Bd. 1, 1998; E. AMLACHER, Wehrbauliche Funktion und Systematik siebenbürgisch-sächsischer Kirchen- und Bauernburgen, 2002.

CORA DIETL

Desch (**Dej**, Dés)

Das ursprünglich als Wohnsitz von Salzgrubenarbeitern bereits um die Jahrtausendwende bewohnte Land wurde um 1200 von dt. Hospites neu besiedelt. MOLDT betont, dass trotz zahlreicher Urkunden die Rechtsentwicklung des Ortes nicht klar nachvollziehbar ist (vgl. MOLDT, S. 185), da zwei Urkunden als Fälschungen ausgemacht wurden. Die Urkunde von Béla IV. (Urk. Nr. 74), auf 1236 datiert, in der die Rechte und Pflichten der *hospites* von D. bestätigt werden, ist ebenso eine Fälschung wie deren Bestätigung von 1261 durch König Stephan V. (Urk. Nr. 94). Bestätigungen der Urkunde von 1261 erfolgten 1279 durch Ladislaus IV. (Urk. Nr. 195), 1291 durch Andreas III. (Urk. Nr. 248), der den Deutschen von D. freie Richterwahl zusprach, 1310 (Urk. Nr. 323) und 1320 durch König Karl I. (Urk. Nr. 374), schließlich 1447 durch das Konvent von → Klausenburg-Appesdorf (Urk. Nr. 2584) und 1504 durch König Wenzel. Eine Befreiung von Kriegsdiensten lässt sich ab dem Jahr 1478 (Urk. Nr. 4255) nachweisen. Rolandus, Siebenbürger Woiwode, bestätigte 1296 den Einwohnern der Stadt das Recht, einen Donnerstagsmarkt abzuhalten. 1331 nahm Woiwode Thomas die eigene Gerichtsbarkeit der Deutschen von D. gegen die königlichen Beamten in Schutz (Urk. Nr. 490). Im selben Jahr stellte König Karl I. einen Schutzbrief gegen die Beschlagnahmung von Gütern und Personen von D. aus (Urk. Nr. 491). 1351 verbot Herzog Stephan, die D.er *hospites* vor einem fremden Gericht zu belangen (Urk. Nr. 665). Zollfreiheit und Handelsprivilegien wurden der Stadt 1466, 1474, 1475 und 1478 gewährt (Urk. Nr. 3486, 3985, 4045, 4268). 1435 erließ König Sigismund den Bewohnern von D. sämtliche über sie verhängten gerichtlichen Geldstrafen (Urk. Nr. 2225).

Ausgabe. Urkundenbuch zur Geschichte der Deutschen in Siebenbürgen, hg. v. F. ZIMMERMANN u.a., 1892–1991.

Literatur. P. NIEDERMAIER, Städtebau im Spätmittelalter. Siebenbürgen, Banat und Kreischgebiet (1348–1541), 2004; D. MOLDT, Deutsche Stadtrechte im mittelalterlichen Siebenbürgen. Korporationsrechte/Sachsenspiegelrecht/Bergrecht, 2009.

ANNA-LENA LIEBERMANN

Zunftwesen

Im Salzbau- und Handelsort D. sind im 15. Jh. auch Handwerker erwähnt: Schmiede (Urk. Nr. 2655), Gerber, Fleischer und Tschismenmacher, d.h. Schuster (NIEDERMAIER, S. 193). Letzteren bewilligte am 16.10.1465 Laurentius de Bayon, Kammergraf von D. und Sic, zusammen mit dem Rat der Stadt einen Verkaufsplatz auf dem D.er Marktplatz (Urk. Nr. 3443). Noch im Laufe des 15. Jh.s verlor D. seine Bedeutung (es wird daher in Urkunden ab der zweiten Hf. des 15. Jh.s nur noch als *oppidum* und nicht mehr als *civitas* bezeichnet) und erlitt einen bedeutenden Bevölkerungsverlust (NIEDERMAIER, S. 193).

Ausgabe. Urkundenbuch zur Geschichte der Deutschen in Siebenbürgen, hg. v. F. ZIMMERMANN u.a., 1892–1991.

Literatur. P. NIEDERMAIER, Städtebau im Spätmittelalter. Siebenbürgen, Banat und Kreischgebiet (1348–1541), 2004; D. MOLDT, Deutsche Stadtrechte im mittelalterlichen Siebenbürgen. Korporationsrechte/Sachsenspiegelrecht/Bergrecht, 2009.

CORA DIETL

Deutsch-Budak (**Budacul de Jos**, Szászbudak)

In einer Verleihungsurkunde König Andreas' II. aus dem Jahr 1228 wird D. erstmals urkundlich erwähnt (Urk. Nr. 56). Im Jahr 1453 verlieh König Ladislaus V. Postumus Johannes Hunyadi → Bistritz mitsamt den dazugehörigen Ortschaften, worunter sich auch D. befand (Urk. Nr. 2836 und 2865) (vgl. FABINI, S. 131).

Nikolaikirche

Patr. Hl. Nikolaus — gegr.: Anfang 15. Jh.

Die gotische Saalkirche wird 1453 erstmals in einer Urkunde des Papstes Nikolaus V. erwähnt, in der dieser Martin Petri, Pfarrer der Kirche in D., den Ablass verleiht (Urk. Nr. 2833). 1332–35 ist ein Pfarrer Heinrich von *Bodako* belegt, der dem Gesandten des Papstes Steuern zahlt (DIR, C, XIV, III, S. 135, 147, 162, 175 und 213). WAGNER (S. 69) führt Peter Helner, Pfarrer von D., für das Jahr 1519 als Student in Wien auf.

Literatur. DIR, C — H. FABINI, Atlas der siebenbürgisch-sächsischen Kirchenburgen und Dorfkirchen, Bd. 1, 1998; E. WAGNER, Die Pfarrer und Lehrer der evangelischen Kirche A.B. in Siebenbürgen, Bd. 1: Von der Reformation bis zum Jahre 1700, 1998.

ANNA-LENA LIEBERMANN

Dobring (**Dobârca**, Doborka)

Die vermutlich um 1200 entstandene sächs. Siedlung (vgl. AMLACHER, S. 227) findet erstmals 1309 in einer Prozessurkunde (Urk. Nr. 314), in der ein *Johann[e]s pleban[us] de Drobrica* genannt wird, Erwähnung (vgl. FABINI, S. 149). Von Beginn an war D. freie Gemeinde des Stuhls → Reußmarkt, 1462 wurde dies erstmals beurkundet (Urk. Nr. 3308). Für das Jahr 1488 ist ein Schulmeister in D. belegt (BERGER, S. 53).
Die romanische Pfeilerarkadenbasilika in D. entstand nach TREIBER (S. 82) bereits vor 1200, nach NUSSBÄCHER (S. 38) Mitte des 13. Jh.s und wurde ab 1481, nach der Zerstörung während des Türkeneinfalls 1479, zu einer gotischen Saalkirche umgebaut. Die Fertigstellung lässt sich mithilfe einer Inschrift auf das Jahr 1515 datieren; bereits um 1500 wurde die Kirche mit einer Ringmauer versehen (vgl. FABINI, S. 149f.). Hier war 1525 der in → Hermannstadt geborene Georg Tobiaschi, Pfarrer, der nachweislich in Wien studierte (vgl. WAGNER, S. 104).

Literatur. A. BERGER, Volkszählung in den 7 und 2 Stühlen, im Bistritzer und Kronstädter Distrikte vom Ende des XV. und Anfang des XVI. Jahrhunderts, KVSL 17 (1894) 5, S. 49–76; G. TREIBER, Mittelalterliche Kirchen in Siebenbürgen, 1971; G. NUSSBÄCHER, Aus Urkunden und Chroniken, Bd. 2, 1985; H. FABINI, Atlas der siebenbürgisch-sächsischen Kirchenburgen und Dorfkirchen, Bd. 1, 1998; E. WAGNER, Die Pfarrer und Lehrer der evangelischen Kirche A.B. in Siebenbürgen, Bd. 1: Von der Reformation bis zum Jahre 1700, 1998; E. AMLACHER, Wehrbauliche Funktion und Systematik siebenbürgisch-sächsischer Kirchen- und Bauernburgen. Ein Beitrag zur europäischen Burgenkunde, 2002.

ANNA-LENA LIEBERMANN

Draas (Draoș, **Drăușeni**, Homoróddaróc)

Erstmals bezeugt ist die *terra Daraus* 1224 (Urk. Nr. 43); die Reste der ersten Kirche in D. weisen allerdings bis ins 12. Jh. zurück (AMLACHER, S. 231). Die Nikolauskirche ist mehrfach erneuert worden. An ihr sind auch Spuren zisterziensischen Einflusses und der Bauhütte von → Kerz nachgewiesen worden (FABRITIUS-DANCU, S. 35). Im Mittelschiff befinden sich Reste einer Ausmalung aus dem 14. Jh. mit Szenen aus dem Leben der Hl. Katharina. FABRITIUS-DANCU (S. 35) führt sie auf einen mitteldt. oder böhm.-dt. Maler zurück. Um 1500 ist in D. ein Schulmeister bezeugt (BERGER, S. 57).

Ausgabe. Urkundenbuch zur Geschichte der Deutschen in Siebenbürgen, hg. v. F. ZIMMERMANN u.a., 1892–1991.

Literatur. A. BERGER, Volkszählung in den 7 und 2 Stühlen, im Bistritzer und Kronstädter Distrikte vom Ende des XV. und Anfang des XVI. Jahrhunderts, KVSL 17 (1894), S. 49–76; J. FABRITIUS-DANCU, Sächsische Kirchenburgen aus Siebenbürgen, 1980; H. FABINI, Atlas der siebenbürgisch-sächsischen Kirchenburgen und Dorfkirchen, Bd. 1, 1998; E. AMLACHER, Wehrbauliche Funktion und Systematik siebenbürgisch-sächsischer Kirchen- und Bauernburgen, 2002.

CORA DIETL

Egresch (**Igriș**, Egres)

Über die Geschichte des Dorfs E. ist wenig bekannt, sie ist durch das Kloster bestimmt. In einem Anhörungsprotokoll aus dem Jahr 1330 sind erstmals Einwohner von E. erwähnt.

Literatur. GY. GYÖRFFY, Az Árpád-kori Magyarország történeti földrajza, Bd. 1, 1962; J. VISTAI ANDRÁS, Tekintő. Erdélyi helynévkönyv. Bd. 1. o. J. [2006].

IOANA VELICA

Zisterzienser

Patr.: St. Maria. — 1179–1502/14

Geschichte. Béla III. ließ 1179 das Kloster E. gründen, als Tochterkloster von Pontigny. Als Grabstätte von Königin Yolanda (1233) und König Andreas II. (1235) erhielt es im 13. Jh. große Bedeutung; 1225 gehörte es neben Lilienfeld (AT) und → Kerz zu den von Papst Honorius III. zur Beobachtung des Dt. Ordens bestellten Klöstern (vgl. HERVAY, S. 112). Zudem diente es spätestens ab 1239 als Beglaubigungsstelle für Urkunden. Nach der Zerstörung durch die Mongolen 1241 wurde es rasch wieder aufgebaut und 1247 neu besiedelt. Die ung. Könige, v. a. Ladislaus IV., hielten sich mehrfach in E., das sie als Bollwerk gegen die *paganos* begriffen, auf und bedienten sich auch des Skriptoriums. Im 14./15. Jh. verarmte das Kloster. In den Jahren 1476–85 verlor E. die ihm unterstellten Dörfer, die → Hermannstadt und den Sieben Stühlen zugeschlagen wurden (Urk. Nr. 4133, 4630).

Überlieferung. Einige Urkunden, die das Kloster betreffen, drei in E. entstandene Briefe Ladislaus' IV. aus dem Jahr 1288 und ein Brief Abt Martins aus dem Jahr 1502 sind erhalten (vgl. HERVAY, S. 92, 94). Die Bibliothek des Klosters ist komplett verloren, aber eine Handschrift von Randulph Flaviacensis' ‚In Leviticum' aus dem 12. Jh. aus Pontigny (Montpéllier, UBMed, Ms. 12, vgl. RAVAISSON, S. 289, 697–710) enthält eine Liste von Büchern, welche in E. aufbewahrt wurden und die der Benutzer der Hs. dort einsehen wollte. Sie umfasst Werke des Augustinus, Hieronymus, Gregors des Großen, Gregors von Nazianz, die ‚Meditationes' Anselms von Canterbury, Predigten Ivos von Chartres, Schriften des Hl. Mammertus, Bischof von Wien, eine Sammlung von Sentenzen der Kirchenväter sowie ein Kalendarium (HERVAY, S. 94f.; CSAPODI, S. 26f.).

Ausgabe. Urkundenbuch zur Geschichte der Deutschen in Siebenbürgen, hg. v. F. ZIMMERMANN u. a., 1892–1991.

Literatur. F. RAVAISSON, Catalogue général des manuscrits des bibliothèques publiques des départements, publié sous les auspices du ministre de l'instruction publique, Bd. 1, 1849; K. JUHÁSZ, Die Stifte der Tschanader Diözese im Mittelalter, 1927; F. L. HERVAY, Repertorium Historicum Ordinis Cisterciensis in Hungaria, 1984; Cs. CSAPODI/K. CSAPODINÉ GÁRDONYI, Bibliotheca Hungarica. Kódexek és nyomtatott könyvek Magyarországon 1526 előtt, Bd. 3, 1994.

CORA DIETL

Eisenburg (**Rimetea**, Trăscău, Torockó, Turuskou)

E. entstand Anfang des 14. Jh.s als „Hospites-Bergbauort" (MIHÁLY, S. 152), der dt. Ortsname fand jedoch lediglich unter den Bergleuten Verwendung (vgl. MIHÁLY, S. 152). Die erste urkundliche Erwähnung des Ortes stammt aus dem Jahr 1332 (DIR, C, XIV, III /123, 143, 183), in der auch ein Pleban von *Thuruzkor* genannt wird. Die 1291 ausgestellte Urkunde (Urk. Nr. 250) von Andreas III., der darin den zugezogenen Bergleuten und Eisenarbeitern in E. Freiheiten zusprach, hat sich als Fälschung erwiesen (vgl. FABINI, S. 172). Angeblich aus dem Jahr 1473 stammt ein Namensverzeichnis, das zu zwei Dritteln dt. Namen anführt (vgl. FABINI, S. 172). Eine erste Zerstörung erfuhr der Ort 1514 durch die aufständischen Bauern unter György Dózsa (vgl. MIHÁLY, S. 153).

Ausgabe. Urkundenbuch zur Geschichte der Deutschen in Siebenbürgen, hg. v. F. ZIMMERMANN u. a., 1892–1991.

Literatur. DIR, C — K. MIHÁLY, Art. Rimetea, in: Siebenbürgen, hg. v. H. ROTH, 2003, S. 151f.; H. FABINI, Atlas der siebenbürgisch-sächsischen Kirchenburgen und Dorfkirchen, Bd. 1, 1998, S. 172.

ANNA-LENA LIEBERMANN

Eisenmarkt (**Hunedoara**, Vajdahunyad)

Die Erdburg *Hunyadvár* dürfte im 11. Jh. wohl Teil eines Verteidigungssystems der ung. Könige gewesen sein. Urkundlich ist die Ortschaft, genauer gesagt der Archidiakon *Ceba de Hungnod*, erst 1265 erwähnt. Strategisch war die nahe gelegene Burg Diemrich im Mieresch-Tal strategisch wichtiger als die Burg von E., die erst dadurch Bedeutung erlangte, dass sie 1409 durch eine Schenkung König Sigismunds in den Besitz der Familie Hunyadi kam. Johannes Hunyadi baute sie im gotischen Stil um. Der Ort, der über eine Eisenmine verfügte, war Handelsort für Bodenschätze der Region (Eisen, Salz, Silber, Gold). Aus dem 13. Jahrhundert ist ein Franziskanerkloster in E. bezeugt sowie eine orthodoxe Steinkirche, die 1456 die Bauerlaubnis erhielt.

Literatur. A. E. DÖRNER/H. ROTH, Art. Hunedoara, in: Siebenbürgen, hg. v. H. ROTH, 2003, S. 100–103; J. VISTAI ANDRÁS, Tekintő. Erdélyi helynévkönyv. Bd. 1. o. J. [2006].

ANDRÁS F. BALOGH

Johannes Hunyadi
1407/09–11.8.1456

Lebensweg. Das Leben des Feldherren Johannes Hunyadi war v. a. gekennzeichnet durch seinen steten Kampf gegen die in das ung. Reich eindringenden Osmanen. Aus einer Bojarenfamilie aus der Walachei stammend, trat er um 1430 in den Dienst König Sigismunds und wurde später vertrauter Rat König Ladislaus' I. Jagiello, der ihn zum Woiwoden von Siebenbürgen und zum Obergespan von Temesch machte (beide Ämter 1441–46, vgl. NEHRING, S. 194). Am 5. 6. 1446 wurde er von den ung. Ständen für die Zeit der Unmündigkeit Ladislaus' V. Postumus zum Reichsverweser gewählt, dessen Wahl zum König er durchsetzte. Dieser ernannte ihn 1453 zum Erbgrafen von → Bistritz (vgl. GÜNDISCH, S. 219). Er wurde zudem Landeskapitän und Hauptverwalter der Landeseinnahmen (vgl. NEHRING, S. 195). Als Sitz der Hunyaden diente E., was auf eine Schenkung der Burg König Sigismunds 1409 an den Vater des Johannes Hunyadi zurückgeht (vgl. DÖRNER/ROTH, S. 102). Die ursprüngliche Erdburg wurde Mitte des 15. Jh.s unter Hunyadi zu einer gotischen Burg umgebaut. Durch beträchtlichen Landerwerb legte er zudem den Grundstein für die spätere Erlangung der Königswürde seines Sohnes Matthias.

Urkunden. 1456 wagten die Türken einen weiteren Vorstoß gegen das Königreich Ungarn, wurden jedoch von Johannes Hunyadi am 22. 7. 1456 erfolgreich zurückgedrängt. Um diesbezüglich Hilfe von den Sachsen zu erhalten, verfasste er zwei Schreiben, das erste am 22. 6. 1456 (Urk. Nr. 3026), in dem er den Sachsen der Sieben Stühle auftrug, mit ihrem Heer zu seinem Heer zu stoßen, während er in dem zweiten (vom 3. 7. 1456) erneut um Unterstützung bat und ihnen zudem mitteilte, dass er den Schutz ihres Gebietes dem Woiwoden Vlad übertragen habe (Urk. Nr. 3029).

Ausgabe. Urkundenbuch zur Geschichte der Deutschen in Siebenbürgen, hg. v. F. ZIMMERMANN u. a., 1892–1991.

Literatur. K. Nehring, Art. Hunyadi, in: Biografisches Lexikon zur Geschichte Südosteuropas 2 (1976), S. 193–196; K. Gündisch, Art. Johannes Hunyadi, in: Lexikon der Siebenbürger Sachsen. Geschichte, Kultur, Wissenschaften, Wirtschaft, Lebensraum Siebenbürgen (Transsilvanien), 1993, S. 219; A. E. Dörner/H. Roth, Art. Hunedoara, in: Siebenbürgen, hg. v. H. Roth, 2003, S. 100–103.

Anna-Lena Liebermann

Fogarasch (**Făgăraş**, Fogaras)

Aufgrund archäologischer Befunde wird die Gründung der Burg F. auf ca. 1150 datiert (Fabini, S. 189). Das Gebiet um F. wurde 1222 von König Andreas II. dem Deutschen Orden zur Verfügung gestellt (Urk. Nr. 31); die rum. Bevölkerung hatte bereits 1223 F. zum Teil verlassen (Urk. Nr. 38). Um 1372 beginnt eine Neubesiedlung von F., und 1397 ist erstmals F. als *villa* bezeichnet (Urk. Nr. 1402), in der sich Sigismund kurzfristig aufhielt. Im Jahr 1456 beschwert sich Johannes Hunyadi, dass die Rumänen, *infideles Wolachy*, seine Burg F. (*fortalitium nostrum Fogaras*) belagerten (Urk. Nr. 3005); im gleichen Jahr bezeichnet sich Vlad Ţepeş als *dominus terrarum de Fogaras et Omlas* (Urk. Nr. 3038). Unter König Matthias wechselte F. mehrfach seinen Besitzer zwischen Johannes Gereb von → Weingartskirchen (1464, Urk. Nr. 3393; 1471, Urk. Nr. 3886) und den Sieben Stühlen (1469, Urk. Nr. 3763, 3766, 3768; 1472, Urk. Nr. 3927; 1483, Urk. Nr. 4540). Auf diese Weise bildete sich in der Stadt und im Umland eine besondere religiöse und ethnische Vielfalt aus.

Ausgabe. Urkundenbuch zur Geschichte der Deutschen in Siebenbürgen, hg. v. F. Zimmermann u. a., 1892–1991.

Literatur. O. Maniţiu, Făgăraşul, 1963; H. Fabini, Atlas der siebenbürgisch-sächsischen Kirchenburgen und Dorfkirchen, Bd. 1, 1998; M. Cosma/H. Roth, Art. Făgăraş, in: Siebenbürgen, hg. v. H. Roth, 2003, S. 81–84.

Cora Dietl/András F. Balogh

Großalisch (**Seleuş**, Keménynagyszőlős)

Die Ortschaft ist 1348 erstmals erwähnt, als sich der Abt von → Klausenburg-Appesdorf beschwert, dass eine Reihe von Dörfern, darunter auch G., die zum Besitz des Klosters gehörten, in fremder Hand seien (Urk. Nr. 634). Um 1500 zählte G. zu den Gemeinden des → Schäßburger Stuhls. In dieser Zeit ist auch eine Schule in G. bezeugt (Berger, S. 69). Ob sie schon so früh existierte, dass Johannes de Zevles, der spätere Provinzial der Franziskaner (1409–15) in → Gran (HU), sie besucht haben könnte, ist nicht nachweisbar; vermutlich besuchte er eher eine Ordensschule.

Von Aktivitäten des **Petrus,** *plebanus de zewles*, in offensichtlich heiklen kirchenrechtlichen Angelegenheiten Anfang des 15. Jh.s erfahren wir aus einem Briefwechsel Peters mit einem *P. Concivis in Mediomonte* (Mittelstadt), offensichtlich identisch mit einem Priester und *capellanus* Paulus, der im September 1419 bei Peter sein Testament notariell hinterlegte. Paul hatte zunächst vor, die Sache persönlich mit Peter zu besprechen, wurde allerdings an der Reise gehindert. So vertraute er auf das Urteil Peters, der selbst hoffte, die Angelegenheit eines Johannes Elekes und seines *consors* korrekt nach Vorschrift und befriedigend erledigt zu haben. – Abschriften der Briefe und der Urkunde der Testamentshinterlegung sind, zusammen mit Briefen und Schriftstücken aus verschiedenen Gemeinden des Königreichs Ungarn, v. a. aus der Region Zips (SK), → Sathmar und → Gran (HU), überliefert in einer im 14./15. Jh. wohl in Böhmen entstandenen lat.-dt. geistlichen Sammelhandschrift (Budapest, EK, Cod. Lat. 48, fol. 205rb, 205vb, 206vb und 207^{v}), die ab dem 17. Jh. im Besitz des Kloster Lechnitz (SK) war (vgl. Tóth, S. 24–33).

Ausgabe. Urkundenbuch zur Geschichte der Deutschen in Siebenbürgen, hg. v. F. ZIMMERMANN u. a., Bd. 2, 1897.

Literatur. A. BERGER, Volkszählung in den 7 und 2 Stühlen, im Bistritzer und Kronstädter Distrikte vom Ende des XV. und Anfang des XVI. Jahrhunderts, KVSL 17 (1894), S. 49–76; H. FABINI, Atlas der siebenbürgisch-sächsischen Kirchenburgen und Dorfkirchen, Bd. 1, 1998; P. TÓTH, Catalogus codicum latinorum medii aevi bibliothecae Universitatis Budapestinensis, 2008.

CORA DIETL

Großkopisch (**Copșa Mare**, Nagykapus)

Die erste urkundliche Erwähnung der sächs. Gemeinde erfolgte 1283. Aus dieser Urkunde geht hervor, dass G. Gemeinde des → Mediascher Kapitels war. 1359 ist G. als freie Königsbodengemeinde erwähnt (Urk. Nr. 743). Mehrfach sind im 14. Jh. Konflikte der Sachsen in G. mit den Gräfen und mit Nachbargemeinden bezeugt (Urk. Nr. 607 und 608). 1366 erlangte Peter, Vizewoiwode von Siebenbürgen, vom → Weißenburger Kapitel eine Untersuchung gegen die Sachsen von G. (Urk. Nr. 878, 881). 1455 erhielt die Gemeinde das Jahrmarkts- und Wochenmarktsrecht (Urk. Nr. 2963).

Ausgabe. Urkundenbuch zur Geschichte der Deutschen in Siebenbürgen, hg. v. F. ZIMMERMANN u. a., 1892–1991.

Literatur. H. FABINI, Atlas der siebenbürgisch-sächsischen Kirchenburgen und Dorfkirchen, Bd. 1, 1998.

ANNA-LENA LIEBERMANN

Großlasseln (**Laslea**, Szászszentlászló)

Mit der Erwähnung von *Ulricus decanus de districtu de sancto Ladislao* im Zusammenhang der Bestätigung eines neuen Bischofs in → Weißenburg ist G. erstmals urkundlich bezeugt (Urk. Nr. 317). Erfolglos beanspruchten die Äbte von → Klausenburg-Appesdorf in den Jahren 1348 und 1411 die Herrschaft über G.; es war freie Königsbodengemeinde (Urk. Nr. 634, 1665). Wiederholt sind in G. im 14./15. Jh. Hattertstreitigkeiten bezeugt (FABINI, S. 231). Eine Schule ist erstmals um 1500 erwähnt (NUSSBÄCHER, S. 43; BERGER, S. 67).

Ausgabe. Urkundenbuch zur Geschichte der Deutschen in Siebenbürgen, hg. v. F. ZIMMERMANN u. a., 1892–1991.

Literatur. A. BERGER, Volkszählung in den 7 und 2 Stühlen, im Bistritzer und Kronstädter Distrikte vom Ende des XV. und Anfang des XVI. Jahrhunderts, KVSL 17 (1894), S. 49–76; G. NUSSBÄCHER, Aus Urkunden und Chroniken, Bd. 2, 1985; H. FABINI, Atlas der siebenbürgisch-sächsischen Kirchenburgen und Dorfkirchen, Bd. 1, 1998; E. AMLACHER, Wehrbauliche Funktion und Systematik siebenbürgisch-sächsischer Kirchen- und Bauernburgen, 2002.

CORA DIETL

Großprobstdorf (**Târnava**, Nagyekemező)

Die erste urkundliche Erwähnung von G. stammt aus dem Jahr 1331 und ist einem Zehntverzeichnis des → Weißenburger Kapitels zu entnehmen (DIR, C, XIV, III/22). 1359 gehörte G. (*villa Eythkmyn*) der → Hermannstädter Propstei (Urk. Nr. 751), nach deren Auflösung 1424 der Stadt → Hermannstadt (Urk. Nr. 1956). Ab 1469 hatte G. denselben rechtlichen Status wie die Sieben Stühle (Urk. Nr. 3707).

Einer Aufschrift an der Außenseite der Chorwand der spätgotischen Ladislaus-Kirche von G. ist zu entnehmen, dass der Bau 1505 abgeschlossen war. Ihm ging offensichtlich ein älterer Kirchenbau voraus, worauf auch der alte Ortsname *Bä der Lasslä Kirch* verweist. Ein Pleban von G., Michael Leonhard, geb.

in → Seiden, studierte in Bologna und Ferrara und erwarb 1520 den Grad eines Doktors beider Rechte.

Literatur. DIR, C, — H. Fabini, Atlas der siebenbürgisch-sächsischen Kirchenburgen und Dorfkirchen, Bd. 1, 1998; A. Franke, Das wehrhafte Sachsenland. Kirchenburgen im südlichen Siebenbürgen, 2010.

Anna-Lena Liebermann

Großschenk (**Cincu**, Nagysink)

Das Dorf G. wurde im 13. Jh. von → Hermannstadt aus besiedelt und ist 1329 erstmals urkundlich erwähnt. Im Jahr 1474 ist es als *oppidum* bezeugt. Gemeint ist damit wohl die mit zweifachem Mauerring geschützte Kirchenburg; die Kleinstadt selbst war damals nur mit Palisaden geschützt. 1494 gewann G. den Wettstreit gegen → Agnetheln um die Vorherrschaft in der Kleinregion und wurde zum Sitz des Stuhlgerichts und des Königsrichters.

Literatur. N. H. Măzgăreanu, Art. Cincu Mare, in: Siebenbürgen, hg. v. H. Roth, 2003, S. 100–103; J. Vistai András, Tekintő. Erdélyi helynévkönyv. Bd. 3. o. J. [2006].

András F. Balogh

Kirche

Patr.: Hl. Maria — gegr.: 1. H. 13. Jh.

Geschichte. Der Bau der G.er Pfeilerbasilika lässt sich mit hoher Wahrscheinlichkeit mit der Errichtung der freien → Ladislauspropstei in Hermannstadt in Verbindung bringen, die 1191 auf Initiative des → Graner (HU) Erzbischofs von Papst Coelestin III. bestätigt wurde (vgl. Gross, S. 17). Während der Kirchenbau architekturgeschichtlich auf die 1. Hf. des 13. Jh.s datiert werden kann (Antoni, S. 6), ist die Kirche urkundlich erst 1474 bezeugt, durch ein Privileg König Matthias' Corvinus (Urk. Nr. 4014). Zu Beginn des 16. Jh.s fanden weitreichende Umbauten mit einem Ausbau zur Wehrkirche statt, die 1526 beendet oder abgebrochen werden mussten. Laut Inschrift aus diesem Jahr waren an ihnen die beiden siebenb.-sächs. Konstrukteure Valentin Dellendorfer und Johannes Katzendorfer maßgeblich beteiligt (Antoni, S. 13).

Autoren/Werke. Unter den im → Hermannstädter Brukenthalmuseum aufbewahrten Messbüchern, anhand derer Reinerth das spezifisch siebenb.-sächs. Textkorpus des ‚Missale Cibiniense' identifiziert, sticht ein besonders aufwendig gestaltetes und in G. angefertigtes Exemplar des ‚Missale Cibiniense (C4)' aus dem Jahr 1430 heraus. Die 236 Bll. umfassende Pergaments. (Sibiu, BB, Bruk. Ms.595) schließt sich dem Typus Cib 2 an. Sie wurde von dem aus Regensburg stammenden Schreiber Heinrich Halbgebachsen während seiner Zeit als G.er Schul- und Chorleiter (*regens*) angelegt. Das Messbuch beginnt mit einem Kalendarium und schließt mit einer von anderer Hand nachgetragenen Marienmesse ab. Lediglich dem Osterlob ‚Exultet iam angelica turba' sind Noten beigefügt (Schullerus, S. 303).

Literatur. A. Schullerus, Geschichte des Gottesdienstes in der siebenbürgisch-sächsischen Kirche, AVSL 41 (1928), S. 299–522; K. Reinerth, Missale Cibiniense. Gestalt, Ursprung und Entwicklung des Meßritus der siebenbürgisch-sächsischen Kirche im Mittelalter, 1972; E. Antoni, Die Großschenker Kirchenburg. Kunstgeschichtliche Darstellung ihrer Architektur, Plastik und Malerei, 1982; R. Gross, Von der Gründung des Ortes [Großschenk], in: Großschenk in Siebenbürgen. Ein Heimatbuch, hg. v. F. Untch, 1994, S. 17–20; H. Fabini, Großschenk, in: Atlas der siebenbürgisch-sächsischen Kirchenburgen und Dorfkirchen, Bd. 1, 1998, S. 243–249.

Mary-Jane Würker

Großscheuern (**Șura Mare**, Nagycsűr)

Geschichte. Die Gründung G.s durch dt. Siedler vermutet Roth in der 2. Hf. des 12. Jh.s. Die erste urkundliche Erwähnung findet sich in einer päpstlichen Steuerliste des Jahres 1335 (DIR, C, XIV, III/221). Seit 1349 gehörte G. zum Kirchenkapitel von → Hermannstadt, seit 1380 zum Hermannstädter Stuhl (Urk. Nr. 1131; *Magno horreo*). Die erste Erwähnung einer Schule stammt aus dem Jahr 1512, man kann aber von einer früheren Gründung ausgehen (vgl. AMLACHER, S. 259), denn der um 1500 in G. geborene Hieronymus Ostermeyer, Kronstädter Organist, hinterließ hier ein „handschriftliches sowie ein gedrucktes Geschichtswerk" (AMLACHER, S. 259). Auch der Grefensohn Goblinus, 1376–84 einziger Sachse auf dem → Weißenburger Bischofsstuhl, stammte aus G. 1494 studierte der G.er Matthaeus Kauffmann in Wien (vgl. AMLACHER, S. 259).

Die Kirche in G. erfuhr mehrere Bauphasen: bis 1238, um 1300 und um 1500–23. Der Bildungsstand der G.er Plebane war auffällig hoch: Pleban Leo schrieb sich 1377 an der Universität Wien ein (WAGNER, S. 36) und wurde dort zum *doctor decretarum* promoviert (vgl. AMLACHER, S. 259). Pleban Johannes Siwart, später ein militanter Gegner des Hieronymus von Prag und des Jan Hus, war Dekan der Juristischen Fakultät in Wien. Pleban Jacobus wurde 1386 in Wien immatrikuliert.

Autoren/Werke. Marcus Knoll, G.er Pleban, ließ 1507 eine Gebetssammlung, das ‚Vigiliale', abschreiben: *Hoc vigiliale fecit fieri Venerabilis dominus Marcus Knoll plebanus In Magnohorreo pro usu et conservacione omnium et singulorum fratrum Cibiniensium: protunc Collector Capituli eiusdem In anno domini millesimo quingentesimoseptimo* (Sibiu, BB, Ms. 633; Abb. bei WITTSTOCK/SIENERTH, S. 305; siehe auch SCHULLERUS, S. 309).

Literatur. A. SCHULLERUS, Geschichte des Gottesdienstes in der siebenbürgisch-sächsischen Kirche, AVSL 41 (1928), S. 299–522; K. WALSCH, Magister Johannes de Septemcastris an der Universität Wien, in: Ex ipsos rerum documentis, hg. v. K. HERBERS, 1991, S. 557–569; J. GRAU, Großscheuern, Siebenbürgische Zeitung, 1995;

Die deutsche Literatur Siebenbürgens, von den Anfängen bis 1848, Hbd. 1, hg. v. J. WITTSTOCK/S. SIENERTH, 1997; H. FABINI, Atlas der siebenbürgisch-sächsischen Kirchenburgen und Dorfkirchen, Bd. 1, 1998; E. WAGNER, Die Pfarrer und Lehrer der evangelischen Kirche A.B. in Siebenbürgen, Bd. 1, Von der Reformation bis zum Jahre 1700, 1998; E. AMLACHER, Wehrbauliche Funktion und Systematik siebenbürgisch-sächsischer Kirchen- und Bauernburgen, 2002; H. ROTH, Art. Şura Mare, in: Siebenbürgen, hg. v. H. ROTH, 2003, S. 194f.; A. FRANKE, Das wehrhafte Sachsenland. Kirchenburgen im südlichen Siebenbürgen, 2010.

ANNA-LENA LIEBERMANN

Hammersdorf (**Guşteriţa**, Villa Humberti)

Die Anfänge der Gemeinde H. gehen, wie die Reste der ältesten Kirche St. Andreas bezeugen, auf das frühe 13. Jh. zurück. Die erste urkundliche Erwähnung des Orts, der später eine freie Gemeinde des → Hermannstädter Stuhls war, ist zugleich die erste Erwähnung eines Plebans vom H.: *Johannes plebanus in villa Humberti* wird 1309 in einem Zehntprozess gegen den Bischof von Siebenbürgen als Zeuge berufen (Urk. Nr. 314). Außer Johannes hat noch eine Reihe weiterer Plebane von H. urkundliche Erwähnung gefunden: 1332–35 ist Pleban Michael in den päpstlichen Steuerlisten notiert (FABINI 1998, S. 267); 1375–77 studierte Pleban Tilmann Jura in Prag und in Wien (ID: 372489074); 1414 ist Pleban Georg erwähnt (Urk. Nr. 1738); 1525 wird Georg Tobiaschi aus Hermannstadt kurz nach seiner Promotion zum Dr. iur. in Wien Pfarrer in H. (WAGNER 1998, S. 104).

Literatur. H. FABINI, Atlas der siebenbürgisch-sächsischen Kirchenburgen und Dorfkirchen, Bd. 1, 1998; E. WAGNER, Geschichte der Siebenbürger Sachsen, 1998; P. TÓTH, Catalogus codicum latinorum medii aevi bibliothecae Universitatis Budapestinensis, 2008, S. 24–33; Tilmann de villa Humperti, RAG.

CORA DIETL

Heltau (**Cisnădie**, Nagydisznód, Villa Ruetel)

Inhalt. A. Kirchen. B. Stadt.

Archäologische Befunde weisen darauf hin, dass H. im 12. Jh. von Einwanderern aus der Region Köln-Aachen-Lüttich und/oder der Saar-Mosel-Gegend besiedelt worden ist (FABINI, S. 283). Als eine *civitas*, in der der Talmescher Gräf Nikolaus ein Haus besaß, ist H. 1323 erstmals erwähnt (Urk. Nr. 400). Die Gemeinde gehörte dem → Hermannstädter Kapitel an (Urk. Nr. 414). Im Spätmittelalter ist H. mehrfach urkundlich bezeugt, im Zusammenhang von Streitigkeiten mit Nachbarstädten bzw. -gemeinden (FABINI, S. 283) sowie von Konflikten zwischen den Sachsen in H. und den in der Nähe wohnenden Rumänen (Urk. Nr. 565).

A. Kirchen

Basilika

Patr.: Hl. Walpurga — gegr.: ca. 1200

Geschichte. Die Basilika, die wohl Ende des 12. oder Anfang des 13. Jh.s errichtet worden ist – im Chor sind noch Reste der Wandmalerei aus dem 13. Jh. erhalten (AMLACHER, S. 271) –, ist 1349 (Urk. Nr. 59) erstmals erwähnt; das Patronat der Hl. Walpurga ist 1430 beurkundet (Urk. Nr. 400). Primär für seelsorgerische und liturgische Zwecke wurde im Spätmittelalter eine Bibliothek der Basilika angelegt. Sie dürfte im 16. Jh. in der Schatzkammer der Kirche in der Apsidiole des südlichen Seitenschiffs untergebracht gewesen sein, in der zahlreiche kostbare Kirchengeräte aus Silber und Gold aufbewahrt wurden (AMLACHER, S. 271).

Werke. (1) ,Heltauer Marienlied'. Das anonym überlieferte und nach dem Ort seiner Entdeckung benannte Lied *Maria aller verllt eyn trost* besteht aus sieben nur sporadisch gereimten Strophen, die eine mit dem Lobpreis Mariens verbundene Anrufung bieten. Das Lied befand sich auf einem Blatt, das einem von H. WITTSTOCK (S. 161) nicht näher beschriebenen ,Buch' der H.er Kirchenbibliothek beigelegt war. Weil dieses Blatt laut SCHEINER (S. 286, Anm. 1) und O. WITTSTOCK (S. 37) seit 1916 verloren ist, müssen wir uns mit den von H. WITTSTOCK gebotenen spärlichen kodikologischen Informationen begnügen (zu einem möglichen Fehlurteil vgl. KESSLER, S. 206, Anm. 1) und uns auf die Zuverlässigkeit seiner Transkription verlassen (vgl. dazu jedoch GOTTZMANN, S. 241). Das Marienlied gilt seit BARTSCH als ein „eigentümlich siebenb. Produkt" (so zuletzt auch SIENERTH, S. 74), trotz verschiedentlich geäußerter Zweifel (vgl. SCHEINER und KESSLER, S. 205). In der Tat spricht einiges dafür, dass lediglich „der Heltauer Text in Siebenbürgen aufgezeichnet wurde" (GOTTZMANN, S. 253). Darauf lässt eine von GOTTZMANN identifizierte Parallelüberlieferung in einer Hs. schließen, die in den 80er, spätestens den 90er Jahren des 15. Jh.s wohl im Skriptorium eines Klosters im mittelbair. Sprachgebiet entstanden ist (Graz, UB, Ms. 1972, fol. 29^r–30^r; vgl. dazu NEMES). Sie zeichnet sich nicht nur durch (geringfügige) Wort- und Strophenvarianz aus, sondern v. a. dadurch, dass sie das Lied mit einer Melodieangabe versieht (vgl. GOTTZMANN, S. 239f.). Bemerkenswerterweise ist das referierte Lied *Suesser vater herre got* (vgl. demnächst Nr. 603 und 604 bei LÜTOLF) ausschließlich in (mittel-)bair. Hss. des späten 15. und des 16. Jh.s bezeugt (vgl. NEMES), was dafür spricht, dass die Verbindung der Grazer Version des Marienliedes mit der Melodie von *Suesser vater herre got* und damit seine texttypologische Einordnung als ,Ruf' erst in diesem Raum erfolgte. In denselben Raum verweisen zwei andere Hss. aus dem letzten Viertel des 15. Jh.s, die das Lied mit Melodienotation überliefern: Paris, BN, Ms. lat. 16664, fol. 4^r (vgl. Nr. 480 bei LÜTOLF) und Wien, ÖNB, Cod. 3835, fol. 82^v–84^r (vgl. Nr. 479 bei LÜTOLF). In den

Hss. der bairischen Überlieferung liegt eine Textversion vor, die stellenweise sekundär erscheint, wenn man sie mit der (wohl der ostmitteldt. Texttradition entstammenden) Abschrift aus H. vergleicht (vgl. Nemes).

(2) ‚Heltauer Missale'. Im H.er Pfarramtsarchiv wird unter der Inventar-Nr. D. 25 (olim 8/13/m) der ‚Codex Heltensis' aufbewahrt, eine Pergamenthandschrift aus der Zeit zwischen 1350 und 1360 (Reinerth 1963, S. 2). Es handelt sich um ein Vollmissale, das offensichtlich im Gebrauch der Gemeinde H. war. Im Laufe des 15. Jh.s wurde in H. der Ritus der → Hermannstädter Ladislauspropstei übernommen. Daher wurde aus dem Missale der Kanon herausgeschnitten und durch neue Blätter mit dem Kanontext des ‚Missale Cibiniense' ersetzt. Reinerth 1963 hat auffällige Parallelen des Sakramentars des ‚Codex Heltensis', das dem von Alkuin erweiterten gregorianischen Ritus folgt, mit dem der Lütticher Hs. Bibl. Ecc. Metr. 157 der Kölner Dombibliothek nachgewiesen und vermutet daher, dass das ‚Heltauer Missale' auf ein Sakramentar zurückgeht, das aus dem Raum Köln-Aachen-Lüttich stammte. Aus weiteren Textvergleichen schließt er, dass dieses Sakramentar im Gebiet um Magdeburg um einige Heiligenmessen erweitert und durch ein Lektionar und Graduale ergänzt wurde, bevor es Mitte des 12. Jh.s mit den *Flandrenses* nach Siebenbürgen gelangte. Hier wurde es schließlich durch das Benediktionale erweitert, das in sich wiederum ndt., aber auch St. Galler Elemente vereint. Bei der Anlage der H.er Hs. wurden weitere Anpassungen an die Orts- und Zeitverhältnisse durchgeführt und Einflüsse aus Rom, aus → Gran (HU) und von den Zisterziensern in das Messbuch aufgenommen (Reinerth 1963, S. 138f.; Amlacher, S. 271; Gündisch 2011, S. 4f.).

(3) **Glossare**. Eine im Archiv der Kirchengemeinde von H. in den 1960er Jahren entdeckte Hs., die heute die Inventar-Nr. D. 12 (olim Ms. II/8.4) trägt, enthält drei Vokabularien, die (wie die Hs. selbst) seit der Bekanntmachung von Capesius/Ising so gut wie unbeachtet geblieben sind und dies, obwohl ihr Wortmaterial ins ‚Siebenb.-sächs. Wörterbuch' seit dem dritten Band (1971) Eingang gefunden hat. Eines der Glossare (Teil C) gehört zur dreiteiligen Vokabulariengruppe *Abba – Avis – Abbreviare* (vgl. Schnell 1997 und 1998, ohne diese Hs.), denn es stimmt mit dem Glossar aus → Kronstadt weitgehend überein. Es wird vermutet, dass beide Hss. auf eine ostmitteldt. Vorlage zurückgehen, „die in Siebenbürgen mehrfach abgeschrieben bzw. bearbeitet worden sein dürfte" (Capesius/Ising, S. 11). Teil F umfasst ein lat.-dt. Synonymwörterbuch mit Einleitungen und Zwischentexten, das in ein Sachglossar übergeht und mit einem Verzeichnis von Pflanzennamen endet. Es könnte sich Capesius/Ising (S. 12) zufolge um ein „autochthones siebenb. Werk" handeln, das „wahrscheinlich unter Verwendung verschiedener Vorlagen" (Capesius/Ising, S. 23) entstand. Teil E enthält ein nicht identifiziertes lat.-dt. Wörterverzeichnis. Außer den Glossarien findet man in D. 12 mehrere lat. Texte geistlichen Inhalts (eine Auslegung der Hymnen Gregors des Großen und vielleicht den Traktat *Dialogus rationis et conscientiae* des Matthäus von Krakau) und medizinische Kurztexte (von Petrus Hispanus?). Die Hs. wurde von verschiedenen Händen geschrieben (manche von ihnen kehren auch an anderen Stellen der Hs. wieder, was auf eine ortsgebundene Verwahrung bzw. Benutzung schließen lässt) und ist (vorbehaltlich kodikologischer Untersuchungen) über einen längeren Zeitraum entstanden, wobei der Anfangsteil „vermutlich" (Capesius/Ising, S. 10) noch aus dem 14. Jh. stammt. Im 3. Viertel des 15. Jh.s scheint die Hs. in ihrer heutigen Form vorgelegen zu haben, denn sie enthält auf der letzten Seite eine Eintragung mit Namen von zwei für den genannten Zeitraum urkundlich bezeugten Plebanen aus dem Umkreis von → Hermannstadt (vgl. Capesius/Ising, S. 11).

Ein zweites Vokabularium aus der Gruppe *Abba – Avis – Abbreviare* wurde in der Hs. D. 28 entdeckt. Sie stammt aus dem 15. Jh.

Überlieferung. Um 1500 dürfte die H.er Bibliothek mindestens 20 Bücher besessen haben. Damit gehörte sie zu den gut ausgestatteten Pfarrbibliotheken des Spätmittelalters (BUZÁS, S. 107). Heute werden im H.er Pfarrarchiv noch drei Inkunabeln und zwölf mittelalterliche Kodizes aufbewahrt, die vermutlich aus dem ursprünglichen Bestand der Bibliothek stammen: als einzige Pergamenthandschrift das erwähnte Missale, zudem elf Papierhandschriften aus dem 15. Jh., nämlich die beiden erwähnten Glossare, Predigthandschriften, Sakramentare und Sakramentsauslegungen (D. 5, 7, 11, 26–28, 45) sowie juristische Literatur (D. 14, 43). Reste eines kirchenrechtlichen Textes in dt. Sprache sind erhalten in D. 27: *incipit* (fol. 423): *Von Simonei. Simonei ist ein fleissiger will cze kauffen oder czu verkauffen ain geistlich ding.*
Zum Bestand der Kirche gehörte ursprünglich auch eine Inkunabel der Klausenburger Akademiebibliothek (Inc. 45), außerdem zwei fragmentarisch erhaltene Handschriften des ‚Missale Cibiniense' aus dem späten 15. Jh. (CHl 1, CHl 2: Sibiu, Brukenthalmuseum; REINERTH 1972, S. 8f.) und ein Predigtbuch, das heute in Hermannstadt aufbewahrt wird (Sibiu, Brukenthal, Ms. 657). Dieses ist von mehreren Schreibern angelegt. Einer davon nennt sich *N. Franck* und datiert seine Arbeit auf das Jahr 1469 (fol. 199ʳ). Ergänzungen stammen von Johannes Zeckel, der angibt, er habe die von ihm aufgezeichneten Predigten selbst gehalten, eine zum Georgsfest 1502 *in ecclesia mea* (fol. VIʳ), die andere in → Hermannstadt (fol. 201ʳ).

Schule

Eine Schule und ein Schulmeister von H. sind 1428 erstmals erwähnt (Urk. Nr. 325); inwiefern die Schule an die Basilika angegliedert war, geht aus der Erwähnung nicht hervor. Allerdings könnten die offensichtlich für den Schulkontext angelegten Glossare auf eine solche Verbindung hindeuten. Die Tatsache, dass sich bereits 1385 *Nicolaus de Helthau* in die Matrikel der Wiener Universität einschrieb, weist zudem darauf hin, dass die Schule offensichtlich bereits früher existierte. In der Zeit von 1385 bis 1519 studierten laut NUSSBÄCHER (S. 143f.) insgesamt 37 H.er in Wien und vier in Krakau (PL).

Literatur. H. WITTSTOCK, Ein Marienlied, AVSL 10 (1872), S. 161–163; K. BARTSCH, Mitteilung, AVSL 10 (1872), S. 474; A. SCHEINER, Die ‚Saxonismen' des Heltauer Marienlieds, Zeitschrift für Deutsche Mundarten 18 (1923), S. 286–289; O. WITTSTOCK, Deutsche Zucht jenseits der Wälder, in: DERS., Im Kampf um Brot und Geist, 1927; K. REINERTH, Das Heltauer Missale. Eine Brücke zum Land der Herkunft der Siebenbürger Sachsen, 1963; B. CAPESIUS/G. ISING, Eine Heltauer Handschrift mit Wörterverzeichnissen aus dem 15. Jahrhundert (1969), in: B. CAPESIUS, Linguistische Studien. Auswahl und Bibliographie von H. KELP, 1990, S. 203–217; K. REINERTH, Missale Cibiniense. Der Meßritus der siebenbürgisch-sächsischen Kirche im Mittelalter, 1972; L. BUZÁS, Deutsche Bibliotheksgeschichte des Mittelalters, 1975; S. SIENERTH, Geschichte der siebenbürgisch-deutschen Literatur. Von den Anfängen bis zum Ausgang des 16. Jahrhunderts, 1984; G. NUSSBÄCHER, Aus Urkunden und Chroniken, Beiträge zur siebenbürgischen Heimatkunde, Bd. 2, 1985; D. KESSLER, Ein Marienlied aus dem frühen 16. Jahrhundert. Das älteste deutsche Gedicht aus Siebenbürgen, Südostdeutsche Vierteljahresblätter 38 (1989), S. 204–206; C. L. GOTTZMANN, Das Heltauer Marienlied und seine Grazer Fassung. Ein früher deutscher Text aus Siebenbürgen, in: Geist und Zeit. Wirkungen des Mittelalters in Literatur und Sprache, hg. v. C. L. GOTTZMANN und H. KOLB, 1991, S. 229–253; B. SCHNELL, Art. Vokabulariengruppe Abba–Avis–Abbreviare, ²VL 10 (1997), Sp. 491–493 und ²VL 11 (2004), Sp. 1638; B. SCHNELL, Zur Überlieferung der lateinisch-deutschen Vokabulare im spätmittelalterlichen Schlesien. Die ‚Vokabulariengruppe Abba–Avis–Abbreviare', in: Studien zu Forschungsproblemen der deutschen Literatur in Mittel- und Osteuropa, hg. v. C. L. GOTTZMANN und P. HÖRNER, 1998, S. 133–148; H. FABINI, Atlas der siebenbürgisch-sächsischen Kirchenburgen und Dorfkirchen, Bd. 1, 1998; E. AMLACHER, Wehrbauliche Funktion und Systematik siebenbürgisch-sächsischer Kirchen- und Bauernburgen, 2002; Geistliche Gesänge des deutschen Mittelalters. Melodien und Texte handschriftlicher Überlieferung bis um 1530, hg. v. M. LÜTOLF, Bd. 1–8; K. GÜNDISCH, Auf der Suche nach den Heltauer Wurzeln (II), Heltauer Nachrichtenblatt 75 (2011), S. 3–5; B. J. Nemes, Das ‚Heltauer Marienlied' in Handschriften außerhalb von Siebenbürgen. Untersuchungen zur Überlieferung und Edition, in: Grundlagen. Forschungen, Editionen und Materialien zur deutschen Literatur und Sprache des Mittelalters und der Frühen Neuzeit, hg. v. R. Bentzinger u. a., 2013, S. 329–347.

Balázs J. Nemes/Adinel Dincă/Cora Dietl

B. Stadt
Zunftwesen

Unter den sächs. Handwerkern kommt in H. zunächst den **Sichelschmieden** die größte Bedeutung zu; 1475 wurde ihnen von den Sieben Stühlen ein Verkaufsmonopol zugesichert, das ihnen 1479 Stephan Báthori, 1487 Matthias Corvinus und bis 1664 insgesamt 12 Fürsten und Könige bestätigten (Nussbächer 1985, S. 4f.). Eine Zunftordnung erhielten sie allerdings erst 1544 (Schemmel 2004, S. 83).

Wollweber sind in H. erstmals 1504 erwähnt, wenn sie sich Zunftstatuten geben. Die Regelungen betreffen v. a. den Einkauf der Wolle (wie das Verbot, sie von den Kürschnern zu beziehen), die Qualität und Größe der hergestellten Tücher, den Handel und die Ausbildung. Bei den Webern handelt es sich bereits zu dieser Zeit um eine reiche Zunft (Schemmel 2004, S. 85).

Literatur. G. Nussbächer, Făurarii de seceri din Cisnădie, 1961; G. Nussbächer, Aus Urkunden und Chroniken. Beiträge zur siebenbürgischen Heimatkunde, 1981; G. Nussbächer, Aus Urkunden und Chroniken, Bd. 2, 1985; M. Schemmel, Gewerbe und Industrie, in: Heltau. Geschichte und Kultur einer siebenbürgisch-sächsischen Gemeinschaft, hg. v. K. Gündisch, ²2004, S. 82–145; P. Niedermaier, Städtebau im Spätmittelalter. Siebenbürgen, Banat und Kreischgebiet (1348–1541), 2004.

Cora Dietl

Hermannstadt (Sibiu), Provinz

Bereits 1206 verlieh Andreas II. dt. Gastsiedlern in den im Südwesten Siebenbürgens gelegenen Dörfern Krakau (Cricău), Krapundorf und Rumes besondere Rechte und stellte sie unter seinen Schutz. In dieser lat. Urkunde (Budapest, MOL, DL 30354) werden die Siedler in Siebenbürgen, neben Klerikern und Rittern sind dies v. a. Bauern, erstmals als *Saxones* (Urk. Nr. 17) bezeichnet. Zu ihren Privilegien gehörte u. a. die Befreiung von der Gerichtsbarkeit des siebenb. Woiwoden sowie von Steuern, Zehnten und sonstigen Abgaben, z. B. Weinanbau oder Viehzucht betreffend. Zudem durften sie uneingeschränkt ihre Bräuche pflegen und waren im Kriegsfall nur dem König unterstellt. Auch in der ‚Goldenen Bulle' von 1222 (Budapest, MOL, DL 41173) wird auf die Freiheiten der Gastsiedler verwiesen. Diese Urkunde wiederum wurde in das ung. Gesetzbuch aufgenommen, das bis zur Schlacht bei → Mohács Gültigkeit besaß und somit auch die Privilegien der Siebenbürger Sachsen fortschrieb (Urk. Nr. 32).
Weitere die Siebenbürger Sachsen betreffende Privilegien sind überliefert: Eine Verordnung zur Abgabenfreiheit der Sachsen im ganzen Reich erließ König Sigismund am 14. 4. 1413 (Urk. Nr. 1710); bestätigt wurde sie am 18. 7. 1413 durch Königin Barbara von Cilli (Urk. Nr. 1717). Am 19. 3. 1471 bestätigte König Matthias den Sachsen von H. und den Sieben Stühlen das Recht, Gold zu waschen und *salnitrium* herzustellen (Urk. Nr. 3859). In einem erhaltenen Entwurf (17. 1. 1480–30. 3. 1481) wenden sich die Siebenbürger Sachsen an König Matthias, um wichtige Angelegenheiten, die Rechte und Gewohnheiten der Sachsen betreffend, vorzubringen (Urk. Nr. 4331).
Vom 9. 11. 1376 ist die erste Zunftsatzung der H.er Zünfte überliefert. Mit Zustimmung der Gewerbsleute vereinbarten die Sieben Stühle die Satzungen für H., → Schäßburg, → Mühlbach und → Broos. Die Vereinbarung erfolg-

te unter dem von König Ludwig I. anbefohlenen Beirat des Bischofs Goblinus und des Kastellans Johann (Urk. Nr. 1057).

‚Andreanum'

1224

Der in lat. Sprache ausgestellte Freibrief der Siebenbürger Sachsen, nach seinem Verleiher König Andreas II. (→ Gran, HU) auch ‚Andreanum' genannt, gilt „als das wichtigste in die Zukunft weisende Rechtsinstrument der sächs. Geschichte" (GÜNDISCH, S. 4). Er ist im Original nicht erhalten, wird jedoch das erste Mal 1317 von König Karl I. bestätigt (Urk. Nr. 350) und bis ins 17. Jh. hinein von mehreren siebenb. Fürsten und ung. Königen wieder eingeschaltet (Urk. Nr. 43). Bereits im 12. Jh. hatte Géza II. die Ansiedlung dt. Gastarbeiter u. a. in Siebenbürgen vorangetrieben und ihnen bestimmte Rechte gewährt. Das im ‚Andreanum' zu einer politischen Einheit (Hermannstädter Provinz) zusammengefasste Gebiet erstreckte sich von → Broos im Westen bis → Draas im Osten und schloss auch das Szeklerland mit ein. Die *Theuthonici Ultrasiluani* unterstanden dem Hermannstädter Gräfen, der vom König eingesetzt wurde. GÜNDISCH nimmt an, dass die Siebenbürger Sachsen „aus der bedrängten Lage König Andreas II. Kapital zu schlagen gewußt haben" (GÜNDISCH, S. 26), denn dieser war auf Verbündete angewiesen, die ihn v. a. bei den Auseinandersetzungen mit aufständischen ung. Adligen und dem Deutschen Orden, der mit päpstlicher Unterstützung nach Unabhängigkeit strebte, unterstützen sollten. Zu den Rechten, die das ‚Andreanum' den Gastsiedlern zusicherte, gehörten sowohl die Wahl eigener Richter und Beamter als auch die Berufung eigener Pfarrer. Vor Gericht durften sich die Siebenbürger Sachsen auf ihr Gewohnheitsrecht berufen, Wälder und Gewässer wurden ihnen zur freien Verwendung überlassen. Auch in Bezug auf die zu leistenden Abgaben hatten die Siedler Sonderrechte. Zwar mussten sie eine jährliche Zahlung von 500 Silbermark an den König leisten, aber sonstige Abgaben wie Handelszölle oder Marktgebühren wurden nicht erhoben. Im Gegenzug waren die Siebenbürger Sachsen dazu verpflichtet, den König im Kriegsfall zu unterstützen und der Krone Treue zu leisten. In späteren Bestätigungen der Urkunde wurden die Freiheitsrechte auch auf andere dt. Siedlungsgebiete, wie z. B. das Nösnerland und das Burzenland, ausgedehnt (vgl. ZIMMERMANN b, S. 7).

Ausgabe. Urkundenbuch zur Geschichte der Deutschen in Siebenbürgen, hg. v. F. ZIMMERMANN u. a., 1892–1991.

Literatur. T. v. BOGYAY, Art. Andreas II. König von Ungarn, LexMA 1 (1980), Sp. 602; G. GÜNDISCH, Sächsisches Leben im 13. und 14. Jahrhundert, in: Aus Geschichte und Kultur der Siebenbürger Sachsen. Ausgewählte Aufsätze und Berichte, hg. v. DEMS., 1987, S. 3–35; H. ZIMMERMANN (a), Gewalt in der deutschen Ostsiedlung, in: Siebenbürgen und seine Hospites Theutonici. Vorträge und Forschungen zur südostdeutschen Geschichte, hg. v. DEMS., 1996, S. 36–48; H. ZIMMERMANN (b), Siebenbürgen in der europäischen Geschichte, ebd., S. 1–22; A. ZSOLDOS, Das Königreich Ungarn im Mittelalter (950–1382), in: Geschichte Ungarns, hg. v. I. G. TÓTH, 2005, S. 47–144.

CLAUDIA ANSORGE/ANNA-LENA LIEBERMANN

Hermannstadt (**Sibiu**, Szeben, Cibinium)

Inhalt. A. Propstei. B. Kirchen. C. Klöster. 1. Dominikaner. 2. Franziskaner. D. Geistliche Bruderschaften. 1. Kalandsbruderschaft. 2. Corpus-Christi-Bruderschaft. E. Stadt. 1. Rathaus. 2. Stadtbibliothek. 3. Zunftwesen. 4. Bürger der Stadt.

Bereits um 1100 existierte eine Niederlassung von Grenzwächtern in der späteren Unterstadt. H. wurde um 1150 durch die Ansiedlung dt. Siedler, hauptsächlich Handwerker, als *villa Hermanni* nahe dem Fluss Cibin gegründet. Der Name geht auf den angeblich

Ortsgründer Hermann zurück (vgl. NIEDERMAIER, S. 176). Die erste urkundliche Erwähnung stammt aus einer Urkunde aus dem Jahr 1191, in der Papst Coelestin III. die Gründung einer Propstei der dt. Hospites mit Sitz in H. bestätigte (Urk. Nr. 1; in Verbindung mit Urk. Nr. 2, vgl. NIEDERMAIER, S. 176). Durch das ‚Andreanum' (Urk. Nr. 43, → Provinz H.) von 1224 erhielten die dt. Siedler eine Reihe von Privilegien. Bereits 1241 wurde H. von den Mongolen zerstört, es erfolgten eine stärkere Befestigung der Burg und der Ausbau der Oberstadt. Als ältester der Sieben Stühle ist 1302 der H.er Stuhl bezeugt (vgl. LUPU, S. 6, ohne Angabe der Quelle), seit 1324 kommt H. die Funktion des ersten Stuhls innerhalb der Sieben Stühle zu, 1355 wird die Provinz H., bestehend aus den Sieben Stühlen, urkundlich attestiert (Urk. Nr. 694). Die fortlaufende wirtschaftliche Entwicklung der Stadt und deren große Bedeutung im Fernhandel sind u. a. den vielen Zünften zu verdanken und mit zahlreichen Privilegien zu belegen. 1376 wurden 19 Zünfte mit 25 Gewerben gezählt. Aber auch Märkte, das Stapelrecht (1382) und die Ansiedlung der siebenb. Berg- und Münzkammer bis 1400 waren Teil der Voraussetzungen des städtischen Reichtums. 1432 kam es zur ersten türk. Belagerung der Stadt. 1438 erwähnt Papst Eugen IV. H. als eine Verteidigungsbastion für das gesamte Christentum. Ende des 15. Jh.s wird die Sächs. Nationsuniversität gegründet, deren Sitz H. war, das somit zum politischen Zentrum der Siebenbürger Sachsen wurde.

Ausgabe. Urkundenbuch zur Geschichte der Deutschen in Siebenbürgen, hg. v. F. ZIMMERMANN u. a., 1892–1991.

Literatur. N. LUPU, Sibiu (Hermannstadt) und seine historischen Bauten, 1969; P. NIEDERMAIER, Art. Sibiu, in: Siebenbürgen, hg. v. H. ROTH, 2003, S. 176–182; S. SIENERTH, Leseangebot und Buchzirkulation in Siebenbürgen zwischen Humanismus und Aufklärung, in: Buch- und Wissenstransfer in Ostmittel- und Südosteuropa in der Frühen Neuzeit, hg. v. D. HABERLAND, 2007, S. 281–309; A. FRANKE, Städte im südlichen Siebenbürgen. Zehn kunsthistorische Rundgänge, 2010, S. 167–220; A. DINCĂ, The Lost Libraries of Transylvania. Some Examples from the 15th and 16th Centuries, 2009, URL: http://conference.ifla.org/past/2009/78-dinca-en.pdf (21.10.2013).

ANNA-LENA LIEBERMANN

A. Propstei

Patr.: Hl. Ladislaus. — gegr.: um 1190–1424

Geschichte. Um 1190 errichtete König Béla III. die „freie königliche St. Ladislauspropstei" in H. Ursprünglich sollte sie das ganze den *hospites nostri Theutonici Ultrasilvani* von Géza II. verliehene *desertum* umfassen (REINERTH 1942, S. 321), wie aus der päpstlichen Bestätigungsbulle von 1191 hervorgeht (Urk. Nr. 1). Ab der Mitte des 13. Jh.s umfasste die Propstei die Gemeinden der drei Stühle H., → Leschkirch und → Schenk. Eine weitere Ausweitung aber gelang nicht, nicht zuletzt weil der Bischof von Siebenbürgen in → Weißenburg seine Ansprüche gegen die Propstei geltend machte, die den dt. Siedlern die Freiheit von bischöflicher Jurisdiktion zusicherte und die die Verbindung zwischen den Siedlern und der ung. Krone, welche die Pröpste ernannte, stärkte. Am Widerstand des Bischofs scheiterten auch die Pläne König Andreas' II., die Propstei in ein Bistum umzuwandeln (REINERTH 1942, S. 332). Nach dem Mongolensturm erfolgte in den 1260er Jahren eine vom Erzbischof von → Gran (HU) geleitete Neustrukturierung der Propstei (Urk. Nr. 104, 105). Er stellte über den vom König ernannten Propst den vom Kapitel gewählten Dekan. Der Dekan erhielt die Jurisdiktion über die Pfarreien der drei Stühle. Die Pfarrer der Gemeinden wurden in das Kapitel aufgenommen und wählten den Dekan. Die Kanoniker in H. verloren damit an Bedeutung. Die Macht und Befugnis der Dekane war in den darauffolgenden Jahrzehnten wiederholt Gegenstand von Streitigkeiten. Innerhalb von H. kam es im 14. Jh. zu Spannungen zwischen der Propsteikirche St. Ladislaus und der → Pfarrkirche St. Maria. Als der Propst das geistliche Patronat über die Pfarrkirche beanspruchte, weckte dies den Widerstand der Bürgergemeinde (Reinerth 1942, S. 571). Gegen die Ansprüche von Propst Nikolaus legte 1321 der Pfarrer Heidenreich Berufung ein und appellierte an den Papst (Urk. Nr. 380). Der vom Papst mit dem Schiedsspruch beauftragte Bischof von Olmütz (CZ) gab 1322 der Bürgergemeinde Recht; trotzdem bezog der Propst weiterhin den Zehnten von der Gemeinde (Urk. Nr. 389, Reinerth 1942, S. 572).

Reicher Landbesitz sicherte die Propstei ab; so gehörten → Groß- und Kleinprobstdorf spätestens ab 1359, Reußen (ab 1424) sowie eine Salzgrube in Salzburg (Ocna Sibiului) zu ihrem Besitz (Reinerth 1942, S. 332 u. 569). Einen Hinweis auf den Reichtum der Propstei könnte u. a. das Testament von Propst Martin (ca. 1380), ehemals Pfarrer von → Großscheuern, geben, in dem eine beachtliche Summe für den Ausbau des Hl. Geist-Spitals in H. vorgesehen war (Urk. Nr. 1207).

Mehrere der frühen **Pröpste** waren zugleich Kanzler oder Vizekanzler am königlichen Hof, so z. B. Desiderius (1199–1202) und Thomas (1202), der zugleich Propst von → Wesprim (HU) war (Reinerth 1942, S. 331), außerdem Benedikt (1261–62) und Theodor (1284–87) (ebd., S. 359). Propst Paul (1358–72) war Kaplan König Ludwigs I. (ebd., S. 577); zur Zeit Sigismunds war die Überschneidung dieser Ämter keine Seltenheit mehr, deshalb hatte König Sigismund zunächst vor, die Propstei mit der königlichen Kapelle zu vereinigen (Reinerth 1942, S. 584); 1424 löste er sie aber auf, weil sie angeblich durch Pflichtvergessenheit der Pröpste heruntergekommen sei und die Priester ihren Pflichten zur Abhaltung der täglichen Gottesdienste nicht nachkamen (Urk. Nr. 1956). Den Besitz der Propstei und ihre Priester gliederte er in die H.er Kirchengemeinde ein (vgl. Reinerth 1972, S. 1). Die Aufhebung der Propstei wurde 1426 vom Papst bestätigt (Urk. Nr. 1979).

Werke. ‚Missale Cibiniense'. Für die Gemeinden der der Ladislauspropstei unterstellten Stühle wurde vermutlich im 14. Jh. auf der Grundlage eines von dt. Siedlern aus der Heimat mitgebrachten Sakramentars (Reinerth 1972, S. 331) ein Messbuch angelegt. Es weist deutliche Nähe zum Messritus der Region Köln-Aachen auf, aber auch Einflüsse aus anderen Regionen, v. a. aus dem Hl. Römischen Reich, aus Böhmen, Polen und Ungarn, insbesondere Einflüsse des → ‚Missale Strigoniense' aus Gran (HU). Insgesamt sind 11 Textzeugen des ‚Missale Cibiniense' überliefert. Manchen dieser Handschriften lassen sich frühere Besitzer zuordnen (Reinerth 1972, S. 7–13): das H.er Kapitel (Hs C5, C10), die H.er → Kalandsbruderschaft, die → Marienkirche in Großschenk, die → Corona-Kirche in Kronstadt und die → Basilika St. Walpurgis in Heltau. Einflüsse des ‚Missale Cibiniense' lassen sich auch für das ‚Prosarium' der → Pfarrkirche St. Margarethe in Mediasch nachweisen (Reinerth 1972, 14). Der älteste Textzeuge des ‚Missale Cibiniense' ist Handschrift CR (Sibiu, BB, Ms. 602), entstanden um 1350, offensichtlich in einer dt. oder nach dt. Traditionen arbeitenden Schreibstube (Reinerth 1972, S. 7f.). Bis zur Aufhebung der Propstei in H. war, wie Reinerth (1972, S. 6) vermutet, in ihr Hs C9 (Sibiu, BB, Ms. 601, 2. Hf. des 14. Jh.s) in Gebrauch. Sie gilt als die Hauptvertreterin der 1. Redaktion des ‚Missale Cibiniense', welche einen deutlichen böhm. Einfluss aufweist.

Überlieferung. Mehrere Bücherverzeichnisse der Propstei sind bekannt (Madas 1997, S. 172). Das älteste (2. Hf. 14. Jh.) verzeichnet 25 Bände: lat. theologische, kirchenrechtliche und seelsorgerische Literatur sowie die ‚Historia Scholastica' des Petrus Comestor (Csapodi, 1994, S. 74–76). Im Jahr 1442 werden 71 Bände erwähnt, die zu der Bibliothek *in laterio* gehören: v. a. (antike und scholastische) philosophische sowie theologische Literatur, Bibeln, Bibelkonkordanzen, liturgische, seelsorgerische, kirchenrechtliche, ethische Literatur, aber auch Historiographie (u. a. Cassiodors ‚Tripartita historia' und eine ‚Historia Troiana'), ein Rhetorikhandbuch und eine Vergil-Ausgabe. An (lat.) Werken dt. Autoren sind hier zu nennen: der Sentenzenkommentar und der Paternoster-Kommentar des Nikolaus von Dinkelsbühl sowie zwei Abschriften des Prologs von Ruperts von Deutz ‚Victoria Verbi Dei' (CSAPODI 1994, S. 104–111). Zusätzlich werden noch 11 Bände genannt, die *ad curiam in Cibinio* gehören: Literatur für den Gottesdienstgebrauch, dazu die oben bereits genannte ‚Scholastica historia' des Petrus Comestor und eine ‚Summa' eines Nicolaus, eventuell des Nicolaus von Straßburg (CSAPODI 1994, S. 111).

In der Kapelle der ehem. Ladislauspropstei wurde 1592 die ev. Kapellenbibliothek eingerichtet (vgl. ALBU 2002, S. 97–100).

Kapitel

Über das dem Propst zugeordnete Kapitel der Ladislauspropstei ist in den Anfangsjahren wenig bekannt. Vermutlich umfasste es zunächst sechs Kanonikate (REINERTH 1942, S. 330). Urkundlich bezeugt ist aber nur ein einziger Kanoniker: Theodor, zugleich Pleban von → Mühlbach (1245) (Urk. Nr. 80). Im Jahr 1351 wurde eine Satzung des Kapitels festgesetzt und in der → Marienkirche vom kaiserlich autorisierten Notar Johannes Johannis de Lerinda aufgeschrieben (Urk. Nr. 666). Das Kapitel, geleitet vom jeweiligen Dekan, bestand nach der Auflösung der Propstei weiter (REINERTH 1942, S. 588).

Literatur. K. REINERTH, Die freie königliche St. Ladislaus-Propstei zu Hermannstadt und ihr Kapitel, Deutsche Forschung im Südosten 1 (1942), S. 319–361, 567–597; K. REINERTH, Missale Cibiniense. Der Meßritus der siebenbürgisch-sächsischen Kirche im Mittelalter, 1972; Cs. CSAPODI/K. CSAPODINÉ GÁRDONYI, Bibliotheca Hungarica. Kódexek és nyomtatott könyvek Magyarországon 1526 előtt, Bd. 3, 1994; E. MADAS, Handschriften und Inkunabeln des Peregrinus in Ungarn, in: Die Anfänge des Schrifttums in Oberschlesien bis zum Frühhumanismus, hg. v. G. KOSELLEK, 1997, S. 169–182; I. ALBU, Inschriften der Stadt Hermannstadt aus dem Mittelalter und der Frühen Neuzeit, 2002.

CORA DIETL

B. Kirchen

Stadtpfarrkirche

Patr.: Hl. Maria — gegr.: um 1320

Geschichte. Die Marienkirche wurde um 1320 als gotische Basilika an der Stelle einer früheren romanischen Kirche errichtet; im 15./16. Jh. wurde sie mehrfach umgebaut und erweitert. 1520 war die spätgotische Bauphase abgeschlossen, zahlreiche aus der Hauptkirche entfernte Grabplatten/Epitaphien, z. B. die der Bürgermeister Georg Hecht und Nikolaus Proll, wurden 1853 in der Ferula aufgestellt (vgl. ALBU, Nr. 18, 21, 25). An der Nordwand des Mittelschiffs finden sich Epitaphien, ein gotisches Taufbecken und ein Flügelaltar; bedeutend ist u. a. das Wandgemälde des Johannes von Rosenau von 1445 (oder 1495?) mit der Passion Christi an der Nordseite des Chors (vgl. FABINI, 1996; NIEDERMAIER, 2003).

Als ein früher Beleg für Fragen der Verwaltung der H.er Stadtpfarrkirche lässt sich exemplarisch der Auftrag von 1322 von Papst Johannes XXII. an den Bischof von Olmütz (CZ) anführen (Urk. Nr. 389), den Streit zwischen Stadt, Pfarrer und Propst um das Patronatsrecht zu schlichten.

Werke. Die ‚Matricula Plebaniae Cibiniensis', das sog. H.er Kirchenbuch vom Anfang des 14. Jh.s (1310?), ist das älteste siebenb.-sächs. Schriftzeugnis. Es ist nur als Fragment erhalten (41 Bl.).

Überlieferung. Ab der zweiten Hälfte des 14. Jh. bis ins Jahr 1630 sind verschiedene lat. Verzeichnisse von Grundbesitz, Stiftungen,

Geldanlagen, Kirchengeräten und weiteren Besitztümern sowie eine Liste der Pfarrer der Marien-Kirche überliefert, darunter mehrere Bücherverzeichnisse (vgl. SEIWERT, S. 332–367). Um 1360–76 sind 15 lat. Bücher für den Gottesdienstgebrauch aufgelistet und 3 Agenden; davon war eine im Seuchenhospital (CSAPODI 1994, S. 74). Der H.er Pleban Nicolaus Sybenlinder vermachte der Marienkirche 1424 insgesamt 35 Bücher in lat. Sprache: theologische, liturgische, seelsorgerische, kirchenrechtliche und ethische Literatur, darunter der Apokalypsekommentar des Haymo von Halberstadt und ein von Theodoricus geschriebenes ,Breviarium novum magnum' (CSAPODI 1994, S. 111–113).

Ausgabe. Matricula-Plebaniae-Cibiniensis (1310?–1630); 1754 restituta CHR. ROTH, Alba Iulia BB (Sign. F5.V.12).

Literatur. Cs. CSAPODI/K. CSAPODINÉ GÁRDONYI, Bibliotheca Hungarica. Kódexek és nyomtatott könyvek Magyarországon 1526 előtt, Bd. 3, 1994. — G. SEIWERT, Das älteste Hermannstädter Kirchenbuch, AVSL 11 (1874), S. 323–410; H. FABINI, Die Stadtpfarrkirche in Hermannstadt, 1996; I. ALBU, Inschriften der Stadt Hermannstadt aus dem Mittelalter und der Frühen Neuzeit, 2002; P. NIEDERMAIER, Art. Sibiu, in: Siebenbürgen, hg. v. H. ROTH, 2003, S. 176–182 (mit Lit.); A. FRANKE, Hermannstadt-Sibiu. Ein kunstgeschichtlicher Rundgang durch die Stadt am Zibin, 2007.

RUDOLF WINDISCH/CORA DIETL

C. Klöster

C.1 Dominikaner

Patr.: Hl. Kreuz — gegr.: zw. 1221 und 1240

Geschichte. Angeblich ließ König Andreas II. die Kapelle des Hl. Kreuzes vor den Stadtpforten von H. erbauen. Später wurde diese Kapelle an das dominikanische Kloster angeschlossen, nachdem dieses 1241 während des Mongolensturms niedergebrannt wurde. Als die Dominikaner 1474 die Erlaubnis des Rates erhielten, ihr Kloster und ihre Kirche innerhalb der Stadtmauer zu erbauen (Urk. Nr. 4022), zogen sie 1475 in das Zentrum der Stadt und übergaben das Kloster und die Kirche außerhalb der Stadtmauern der Stadt, die hier ein Lepra-Krankenhaus einrichtete. Angehörige der Dominikaner in H. waren mehrheitlich Deutsche (vgl. ROTH, S. 75).

Das Kreuz der Kreuzigungsgruppe, die sich im Chor der Kreuzkapelle befindet, die ehemals Teil der Dominikanerkirche war, trägt die Inschrift *Hoc opus fecit petrus lantregen von oesterreich. Anno domini milesimo cccc° xvii.* [1417]. Das Kreuz wurde im Auftrag des Klosters angefertigt (vgl. ALBU, S. 6). ALBU bezweifelt die Sage der Errichtung der Kreuzkapelle durch König Andreas II. Zwar könne die Gründung durchaus zwischen 1221 und 1240 angenommen werden, aber sie könnte auch vom Gräfen und Königsrichter Andreas (1411–28) vorgenommen worden sein; diesen Schluss lässt die Datierung des Kreuzes auf 1417 zu (vgl. ALBU, S. 6). Kirche und Klostergebäude gingen später in den Besitz der Ursulinen über (ALBU, S. 7).

Im Jahr 1525 beschloss der Orden die Einrichtung eines Studium generale in H. (vgl. GÜNDISCH, S. 133). Damit wurde der Konvent für kurze Zeit ein Zentrum wissenschaftlicher Bildung.

C.1.1 Bibliothek

Die Dominikaner in H. besaßen eine beträchtliche Sammlung mittelalterlicher Bücher, die im 16. Jh. von der Stadtbibliothek übernommen wurde. Darunter befanden sich u. a. mehrere Bände, die Matthaeus de Rupe der Dominikanerbibliothek vermacht hatte: theologische und juristische Literatur (CSAPODI 1994, S. 279). Zu Beginn des 16. Jh.s besaß die Bibliothek aber auch einige griech. und röm. Klassiker wie Aristoteles, Ovid, Cicero u. a. (LUPU, S. 30f.). DINCĂ (S. 5) schließt aufgrund der Überlieferung von über 30 Inkunabeln und einer erheblichen Anzahl von Hss. in der Stadtbibliothek auf einen beträchtlichen

Besitz der Dominikaner-Bibliothek. LUPU (S. 30f.) geht für das Jahr 1442 von insgesamt 138 Hss. aus.

Werke von Autoren aus dem dt. Sprachgebiet. Ein Teil der Bestände, die sich bereits vor 1526 in dem Dominikanerkloster befanden, lässt sich rekonstruieren. Darunter war als einziges dt.-sprachiges Werk ein 1480 in Augsburg gedrucktes ‚Leben der Heiligen' (JUGĂREANU, Inc. 204; Copinger II 3526); daneben befanden sich einige lat. Werke dt. oder aus dem dt. Sprachgebiet stammender Verfasser in der Bibliothek: u.a. die ‚Sermones de tempore. Pars hiemalis' (vgl. CSAPODI 1993, S. 70) und die ‚Sermones de sanctis' des Conrad von Brundelsheim (auch Soccus) aus dem Jahr 1432 bzw. (spätestens) 1478 (GW 07412, aus der Reutlinger Druckerei des Michael Greyff); das ‚Praeceptorium divinae legis' (GW M26941) des Johannes Nider, gedruckt zu Straßburg bei Georg Husner; Werner Rolevincks ‚Fasciculus temporum' aus der Kölner Druckerei des Nikolaus Götz, das auf etwa 1473 zu datieren ist (JUGĂREANU, Inc. 270 in 269; GW M38682); sowie zwei Exemplare des ‚Speculum exemplorum' des in Deutschland wirkenden Augustiners Johannes Busch, verlegt in Straßburg beim Drucker des Jordanus von Quedlinburg (lt. INKA: Georg Husner), 1490 und 1495 (JUGĂREANU, Inc. 178+215; GW M42954+M42959); die ‚Consolatio theologiae' des Johannes von Dambach (GW M14759), verlegt vom Drucker des Henricus Ariminensis (Georg Reyser), die in Straßbrug gedruckten ‚Sermones de tempore et de sanctis' des Petrus de Lutrea (GW M32606) und ein bei Adolf Rusch in Straßburg gedrucktes Exemplar des ‚Opus de universo' (JUGĂREANU, S. 264, Inc. 262; GW n0187) des Hrabanus Maurus.

Drucke aus Offizinen aus dem dt. Sprachgebiet. Weitere Drucke aus dem Besitz des Dominikanerklosters, die aus dt. Druckereien stammen, sind etwa die aus der Nürnberger Druckerei des Anton Koberger. Allein sechs Drucke aus dieser Offizin lassen sich nachweisen, darunter zwei Bände der ‚Pantheologia seu Summa universae Theologiae' (H 13018) des Rainerius de Pisis, Nicolaus' de Tuschedis ‚Lectura super V libris Decretalium' (GW M47828), das ‚Supplementum Summae Pisanellae' (GW M26233) des Nicolaus de Ausimo, die ‚Summa angelica de casibus conscientiae' des Angelus de Clavasio, eine ‚Biblia Latina' (GW 4289) und die ‚Sermones de tempore et de sanctis' des Vinzenz Ferrer (GW 9840). Aus der Kölner Offizin des Heinrich Quentell stammten die ‚Questiones super libro de coelo et mundo et metheorum Aristotelis. Cum textu' (GW M50235) des lange Zeit in Köln tätigen frz. Dominikaners Johannes Versor und die ‚Copulata super tres libros Aristotelis de anima' des Niederländers Lambertus de Monte Domini um 1485 (JUGĂREANU, Inc. 37; GW M16768). Ebenfalls in Köln gedruckt, aber bei Ulrich Zell, wurden die ‚Sermones aurei de sanctis' (GW M17886) des Leonardus de Utino. Die Schrift ‚De efficatia aquae benedictae' (H 15738) des Johannes de Turrecremata stammte aus der Augsburger Druckerei des Anton Sorg, aus der Offizin des Druckers des Jacobus de Paradiso in Burgdorf stammte der Druck ‚De apparitionibus animarum post exitum' (GW M10819) und aus der Speyrer Druckerei des Peter Drach die ‚Postilla super epistolas et evangelia' des Guilelmus Avernus (JUGĂREANU, Inc. 298, in: 297; GW 11924, nicht vor 1476).

Auch aus Straßburg stammten einige Drucke des Dominikanerklosters, so aus der Druckerei des Johann Prüß die anonym verfasste ‚Legenda sanctorum regni Hungariae' (GW M17600), aus der Offizin des Johannes Mentelin die ‚Epistolae' von Aurelius Augustinus (GW 2905), aus der des Adolf Rusch der ‚Liber pandectarum medicinae' des Mathaeus Silvaticus (JUGĂREANU, Inc. 301; GW M42133). Die ‚Sermones thesauri novi de sanctis' des Petrus de Palude (JUGĂREANU, Inc. 104; GW M41817) aus der Straßburger

Offizin des Druckers der ‚Vitas Patrum' waren ebenfalls im Besitz der H.er Dominikaner.

Aus der Baseler Druckerei des Berthold Ruppel stammte sowohl ein Druck der ‚Moralia in Iob' des Papstes Gregor I. (GW 11430) als auch der ‚Summa theologiae' des Thomas von Aquin (GW M46480). Ebenfalls aus Basel, aus der Offizin des Johann Amerbach, stammte die Schrift ‚De institutis coenobiorum' des Johannes Cassianus aus dem Jahr 1485 (JUGĂREANU, Inc. 23; GW 6160).

Außerdem besaßen die Dominikaner ein Exemplar der ‚Expositio in libros posteriorum Aristotelis' des Paulus Venetus, die 1481 bei Johannes Herbort in Venedig für Johann von Köln gedruckt wurde (JUGĂREANU, Inc. 236; GW M30309).

Literatur. JUGĂREANU 1969. — F. MÜLLER, Die Incunabeln der Hermannstädter Capellenbibliothek, AVSL 14 (1877), H. 2–3; G. GÜNDISCH, Klosterschulen im Sachsenland. Ein Studium generale in Hermannstadt am Vorabend der Reformation, KVSL 58 (1935), S. 132–134; L. SIEVERT, Die Wiegendrucke des Baron Brukenthalischen Museums, 1944; N. LUPU, Sibiu (Hermannstadt) und seine historischen Bauten, 1969; Cs. CSAPODI/ K. CSAPODINÉ GÁRDONYI, Bibliotheca Hungarica. Kódexek és nyomtatott könyvek Magyarországon 1526 előtt, Bd. 2–3, 1993–1994; I. ALBU, Inschriften der Stadt Hermannstadt aus dem Mittelalter und der Frühen Neuzeit, 2002; P. NIEDERMAIER, Art. Sibiu, in: Siebenbürgen, hg. v. H. ROTH, 2003, S. 176–182; H. ROTH, Hermannstadt. Kleine Geschichte einer Stadt in Siebenbürgen, 2007; A. DINCĂ, The Lost Libraries of Transylvania. Some Examples from the 15th and 16th Centuries, 2009, URL: http://conference.ifla.org/past-wlic/2009/78-dinca-en.pdf (22.04.2014).

ANNA-LENA LIEBERMANN

C.1.2 Druckerei

um 1525–1530

Am 5.1.1525 gaben der dominikanische Drucker **Lucas Trapoldner** und Valentin Corvinus (Raabe) aus → Kronstadt (vgl. BORSA 2009) in H. einen lat. Kalender (*Tabula Festorum Mobilium Ad Quinquaginta Aunos* [sic!] *duratura*) für die Jahre 1525–75 heraus (SIMON, S. 3), den sie in einem lat. Brief an den H.er Magistrat lobten und zum Verkauf anboten. Der Kalender ist nur in Bruchstücken erhalten, der Brief, geschrieben auf die Rückseite eines Blattes aus dem Kalender (SIMON/DÓCZY S. 5), aber in vollem Wortlaut.

Aus Textfunden geht hervor, dass die Druckerei von Trapoldner zu dieser Zeit nicht nur diesen Kalender, sondern auch religiöse Lieder und Gebete (‚Vaterunser', ‚Ave Maria', die Zehn Gebote, das Apostolische Glaubensbekenntnis) veröffentlichte (SIMON, S. 20). Etwas später (1529) wurde eine lat. Grammatik von Thomas Gemmarius veröffentlicht, und 1530 folgte ein Pestbuch in dt. Sprache von Sebastian Pauschner (→ Kronstadt). Nach diesen Daten fehlen weitere Hinweise, so darf man annehmen, dass sich die Druckerei auflöste.

Ausgabe. Z. SIMON, Az első szebeni nyomtatványok 1525-ből. Lat. Texte übers. v. Ö. DÓCZY, Magyar Könyvszemle 125 (2009), S. 1–29.

Literatur. Katalog der alten ungarischen Drucke, http://www.arcanum.hu/oszk/lpext.dll/ — J. ECSEDY V., Art. Szeben nyomdászata és könyvkiadása, MAMűL 10 (2010), S. 489; G. BORSA, Az első szebeni nyomda történetéhez, Magyar Könyvszemle 125 (2009), S. 357–358; DERS., Az első szebeni nyomda Erdélyben (1528–1530), Könyvtörténeti írások 1 (1996), S. 116–121; K. POPA, Neue Erkenntnisse über den siebenbürgischen Buchdrucker Lucas Trapoldner, Magyar Könyvszemle 112 (1996), S. 358–361; The Hand-press Period on the Web-Site of the National Széchényi Library, hg. v. J. ECSEDY V./ S. BÁNFI, http://typographia.oszk.hu/html/uk/impresszum_uk.htm (30.04.2011); P. PERGER, Az első szebeni nyomda betűi és díszei, Magyar Könyvszemle 128 (2012), S. 417–425.

ANDRÁS F. BALOGH

C.2 Franziskaner

Patr.: Hl. Elisabeth — gegr.: 2. H. 13. Jh.

Geschichte. Die Kirche des Minoritenordens lässt sich urkundlich erstmals durch eine

Schenkungsurkunde der Witwe Elisabeth aus dem Geschlecht Kelling im Jahr 1300 nachweisen: *fratribus Minoribus ad opus ecclesiae sanctae Elysabeth* (Urk. Nr. 286, vgl. SEIWERT, S. 8). Auch wenn im nächsten Halbsatz der Urkunde von Prädikanten die Rede ist, *decem fratribus Praedicatoribus in Vinch existentibus* (Urk. Nr. 286), ist POPA (S. 68) zu folgen, der die Elisabeth-Kirche dem Franziskaner- und nicht dem Dominikanerorden zurechnet. Die Arbeiten an Kirche und angegliedertem Kloster erstreckten sich wohl über das gesamte 14. Jh. (vgl. ROTH, S. 14; MUNTEANU-BEŞLIU, S. 31). Im 15. Jh. wurde die Kirche, möglicherweise in Zusammenhang mit dem Türkeneinfall von 1442, zerstört und in rudimentärer Form wiederaufgebaut (MUNTEANU-BEŞLIU, S. 29); 1987 wurde sie abgerissen.

In einem lat. Brief des → Fünfkirchener (HU) Vikars Nicolaus de Semenia an die Stadt H., datiert auf den 11. 10. 1496, ist die Beschäftigung eines aus dem niederschlesischen Brieg (Brzeg, PL) stammenden Pfarrers namens **Nicolaus** an der H.er St. Elisabeth-Kirche belegt (Urk. Nr. 5614). Der Vikar bestätigt die Beschäftigung von Nicolaus als Leiter des → Fünfkirchener (HU) Franziskanerkonvents als Reaktion auf eine (wohl schriftliche, aber verschollene) Empfehlung des H.er Rats. Der *Deutsche und zudem ihr früherer Prediger,* wie Nicolaus hier genannt wird, muss also vor Abfassung des Briefes als H.er Pfarrer tätig gewesen sein. Weitere Textzeugen zur mittelalterlichen Geschichte der Klosterkirche sind nicht bekannt.

A u s g a b e . Urkundenbuch zur Geschichte der Deutschen in Siebenbürgen, hg. v. F. ZIMMERMANN u. a., 1892–1991.

L i t e r a t u r . G. SEIWERT, Die Stadt Hermannstadt, 1859; P. MUNTEANU-BEŞLIU, Zur Geschichte einer Hermannstädter Klosterkirche aus der zweiten Hälfte des 13. Jahrhunderts, ZfSL 16 (1993), S. 12–31; K. POPA, Eine Hermannstädter Klosterkirche oder die Hermannstädter Franziskanerkirche?, ZfSL 17 (1994), S. 67f.; H. ROTH, Von der Villa Hermanni zur reichen Handelsmetropole (ca. 1150–1526), in: DERS., Hermannstadt. Kleine Geschichte einer Stadt in Siebenbürgen, ²2006, S. 3–57.

MARY-JANE WÜRKER

D. Geistliche Bruderschaften

D.1 Kalandsbruderschaft

ab 14./15. Jh.

Geschichte. Mit ‚Kaland' bezeichnete man in vorreformat. Zeit kirchliche Bruderschaften (*sodalitates/confraternitates*), die aus der Zusammenkunft der Pfarrgeistlichen nach dem Gottesdienst jeweils am Monatsersten, den ‚Kalenden' des röm. Kalenders, hervorgingen und entsprechend der lat. Bezeichnung dieses Tages als *fraternitas kalendarum* benannt wurden. Ursprünglich war die Mitgliedschaft den Rektoren der Pfarrkirchen, Priestern, Adligen sowie ‚hohen' Laien vorbehalten, doch wurden bereits früh Kalandsbruderschaften mit städtischen Klerikern und (männlichen und weiblichen) Laien gegründet. Diese waren als Gebetsbruderschaften um das Seelenheil ihrer verstorbenen Mitglieder besorgt, um ein feierliches Grabgeleit und das Totengedächtnis. Die Gründung der H.er Kalandsbruderschaft lässt sich zu Beginn des 14. Jh.s vermuten; der Bruderschaft gehörten anfänglich alle „Plebane der Stuhlsgemeinden" sowie, ab der zweiten Hf. des 15. Jh.s, „alle bekannten Laienpersönlichkeiten der Stadt" an (ROTH, S. 50f.).

Autoren/Werke. Auf Anforderung der H.er Kalandsbruderschaft stellte der Pleban Michael aus Kleinscheuern (am 17. 1. 1390) ein Messbuch zusammen, den ‚Liber specialis missarum' (Sibiu, BB, Sign. L. M., vermisst), 112 Bl., Pergament. Auf fol. 1^r–3^r steht das Verzeichnis der Mitglieder des H.er Stuhls bis in das 16. Jh.; die Eingangsformel zum liturgischen Teil des ‚Missale' (fol. 12^r) in der Abschrift des Theodoricus (vgl. SCHULLERUS, S. 300) lautet *Incipit liber specialis missarum.*

Qui pertinet ad fraternitatem per cybynium [Zibin]. *Quem compilavit dominus mychael plebanus in parvo horreo*, Jahreszahl: *MCCCXCIIII*. Es folgen eine Liste päpstlicher Ablässe und ab fol. 20ʳ die Sonntagsoffizien zum 1. Advent, ab fol. 38ᵛ die Offizien für die Heiligenfeste, ab fol. 72 die Offizien der Heiligen, allgemeine Messen u. a. (keine dt.-sprachigen Anmerkungen). Laut PUKÁNSZKY ist Theodoricus, der sich als *scriptor* des ‚Liber missarum' (laut REINERTH, S. 10f. eine kunstvoll ausgestattete Hs. unter den elf Varianten der als → ‚Missale Cibiniense' aus dem 14./15. Jh. zusammengefassten Hss. und Fragmente) zu erkennen gibt, der erste dt.-ung. weltliche Buchschreiber, vermutlich Lehrer im Kreis H., mit Abschriften eines Messbuches und Breviers. In einer zeitgenössischen Urkunde, datiert auf den 26. 7. 1388, wird Theodoricus als ehemaliger → Kronstädter Schullehrer ausgewiesen (*quondam scolarium succentor in Corona*), was auf sächs. Herkunft schließen lässt. Der kaiserliche Notar *Sthephanus Heynczimanni in villa Rosarum plebanus* (Pfarrer von Rosenau) hätte einem nicht-sächs. Mitbürger wohl kaum einen Leumund ausgestellt (Urk. Nr. 1230). Als *scriptor* könnte Theodoricus zweisprachig dt.-ung. gewesen sein; seine Tätigkeit als „[Frauenbacher/] Nagybányaer Schulrektor" (Urk. Nr. 1230; heute Baia Mare) und in → Kronstadt (wo er erstes namentlich bekanntes Mitglied war) dürfte er an der dt. Schule ausgeübt haben. Diese waren bereits um 1370 sowohl in H. wie auch in Kronstadt eingerichtet worden.

Ausgaben. K. REINERTH, Missale Cibiniense. Gestalt, Ursprung und Entwicklung des Meßritus der siebenbürgisch-sächsischen Kirche im Mittelalter, 1972, Beschreibung der 11 Varianten des ‚Missale Cibiense'; Urkundenbuch zur Geschichte der Deutschen in Siebenbürgen, hg. v. F. ZIMMERMANN u. a., Bd. 2, 1897.

Literatur. A. SCHULLERUS, Geschichte des Gottesdienstes in der siebenbürgisch-sächsischen Kirche, AVSL 41 (1928), S. 299–522; B. v. PUKÁNSZKY, Geschichte des Deutschen Schrifttums in Ungarn, 1931; K. REINERTH, Missale Cibiniense. Gestalt, Ursprung und Entwicklung des Meßritus der siebenbürgisch-sächsischen Kirche im Mittelalter, 1972; E. HOFFMANN, Art. Kaland, LexMA 5 (1991), Sp. 864f.; H. ROTH, Hermannstadt. Kleine Geschichte einer Stadt in Siebenbürgen, ²2006; L. GROSS, Confreriile medievale în Transilvania (sec. XIV–XVI), 2009.

LIDIA GROSS/RUDOLF WINDISCH

D.2 Corpus-Christi-Bruderschaft

Geschichte. In H. gibt es bereits eine frühe Erwähnung der Corpus-Christi-Bruderschaft durch ein Schreiben des Magistrats vom 10. 8. 1372 (Urk. Nr. 989). Darin erteilt der Stadtrat unter Führung des *magister civium* Michael *Nonnencleppil* Erlaubnis zur Errichtung eines eigenen Altars „beim Lesepult/Leseraum"[?] in der Pfarrkirche der Hl. Jungfrau Maria, die von der Corpus-Christi-Bruderschaft zur regelmäßigen Feier der hl. Eucharistie erbeten wurde.

Hinweise auf die Corpus-Christi-Bruderschaft in → Kronstadt sind überliefert aus dem Jahr 1408 (vgl. GROSS, S. 254–266), in → Klausenburg 1414 und in → Bistritz 1531. Die H.er Corpus-Christi-Bruderschaft ist noch am 28. 11. 1533 in einem Protokoll der ‚Sächsischen Nationsuniversität' (*universitas saxonum*, oberste Verwaltungs- und Gerichtsbehörde mit Sitz in H.) nachgewiesen (GROSS, S. 240).

Ausgabe. G. SEIWERT, Die Brüderschaften des Heiligen Leichnams in Hermannstadt, AVSL 10 (1872), S. 314–360; Urkundenbuch zur Geschichte der Deutschen in Siebenbürgen, hg. v. F. ZIMMERMANN u. a., 1892–1991.

Literatur. SEIWERT 1872 — O. KÖHLER, Art. Corpus Christianum, TRE 8 (1981), Sp. 206–216; R. WEIGAND/B. U. HERGEMÖLLER, Art. Bruderschaft, LexMA 2 (1983), Sp. 738–741; V. CATTANA, Art. Corpus-Christi-Kongregation (Kongregation vom hl. Fronleichnam), LexMA 3 (1986), Sp. 261f.; A. HÄUSSLING, Art. Fronleichnam, LexMA 4 (1989), Sp. 990f.; F. STOLZ u. a, Art. Bruderschaften, ⁴RGG 1 (1998), Sp. 1783–89; A. HEINZ/K. S. FRANK, Art. Fronleichnam, LThK³ 4, 1995, Sp. 172–174; K. ZIPPERT, Art. Kommunitäten, Schwesternschaften und Bruderschaften, in: Evang. Staatslexikon, 2006, Sp. 1286–91; W. A. BAUMGÄRTNER, Die Nationsuniversität, in: Im Zeichen des Halbmondes. Siebenbürgen in der Zeit der Türkenkriege (bis 1526), hg. v. DEMS., 2009, S. 86–102; L. GROSS, Confreriile medievale în Transilvania (sec. XIV–XVI), 2009, S. 219–268.

LIDIA GROSS/RUDOLF WINDISCH

E. Stadt

E.1 Rathaus

E.1.1 Bürgermeister

(1) Niklas Pfeffersack ist 1419 und 1431 als Bürgermeister von H. belegt, 1438 als Kammergraf. 1419 bezeugt er gemeinsam mit Niklas Koscha in dt. Sprache den Ehevertrag zwischen Jakob, dem Sohn des ehemaligen Bürgermeisters, und Katharina, der Tochter des Gräfen Johann. Das Dokument hält fest, welche ererbten Güter von Katharinas verstorbenem ersten Mann Matheus de Waldo, ehemals Kammergraf zu Salzburg (Ocna Sibiului), dem neuen Ehemann zur Verfügung stehen sollen (Urk. Nr. 1874). 1431 tritt Pfeffersack als Zeuge in der (lat. formulierten) Beilegung des Grenzstreites zwischen → Großlasseln und Dunnesdorf in Erscheinung (Urk. Nr. 2137).

Ausgabe. Urkundenbuch zur Geschichte der Deutschen in Siebenbürgen, hg. v. F. ZIMMERMANN u.a., 1892–1991.

CORA DIETL

(2) Oswald Wenzel war 1454–62 Bürgermeister von H.; 1456 ist er, zusammen mit anderen Begünstigten, als Inhaber des Münzrechts auf die im siebenb. Bergbau geschürften Edelmetalle (Gold, Silber) verzeichnet, nachdem die Münz- und Bergkammer unter König Sigismund um 1430 zum Schutz vor den Türken von Offenburg nach H. verlegt worden war (vgl. ROTH, S. 40f.; NIEDERMAIER, S. 399). Auf den 15. 5. 1454 ist ein **Brief** Wenzels (Urk. Nr. 2911) an den Wiener Kollegen Oswald Reicholf datiert, in dem er dem Bürgermeister und Rat der Stadt Wien seine Kenntnisse über die Eroberung Konstantinopels durch die Türken mitteilt. Er ist wohl unter Berücksichtigung des ihm von Bischof Samile aus Konstantinopel zugestellten Briefes vom 6. 8. 1453 (Kopie: München, BSB, Clm 9503, Bl. 350; Abdr.: Urk. Nr. 2869) verfasst. Oswald Wenzel bekräftigt seinen Willen zur Verteidigung H.s gegen die Türken, vor denen Samile kurz nach der Eroberung Konstantinopels im April 1453 gewarnt hatte: *auch dise Hermanstat […], ist bey den Türken fur ander stet des kunigreichs ze Vngernn naemhaeftiger, […] damit hoffen si wann sy dise stat gewunnen so mechten sy, […] dez dy Hermanstat als ein schilt vnd scherem ist, sunder auch der ganzen kristenhait dester leuechter nach ihrer poshait willen schaden vnd irrung bringen*. Schreckensberichte über den Fall Konstantinopels und die Furcht vor den Türken in den von ihnen jahrhundertelang bedrohten Ländern Südosteuropas zirkulierten in vielfältigen Berichten (z. B. im ‚Türkenbüchlein' des aus der Nähe von → Mühlbach stammenden Georgius).

Ausgaben. Deutsche Sprachdenkmäler aus Siebenbürgen, hg. v. F. MÜLLER, 1864 (Neudr. 1986); Urkundenbuch zur Geschichte der Deutschen in Siebenbürgen, hg. v. F. ZIMMERMANN u.a., Bd. 5, 1975.

Literatur. T. NÄGLER, Ein Brief des Bischofs Samile aus Konstantinopel an den Hermannstädter Bürgermeister Oswald Wenzel (1453), Transylvanian Review 9 (2000), S. 8–11; H. ROTH, Hermannstadt. Kleine Geschichte einer Stadt in Siebenbürgen, ²2006; P. NIEDERMAIER, Städte, Dörfer, Baudenkmäler. Studien zur Siedlungs- und Baugeschichte Siebenbürgens, 2008; W. A. BAUMGÄRTNER, Im Zeichen des Halbmondes. Siebenbürgen in der Zeit der Türkenkriege (bis 1526), 2009.

LIDIA GROSS/RUDOLF WINDISCH

Über **(3) Thomas Altemberger**s Familie und Geburt ist nichts bekannt; Altemberger († 1491) war 1470–90 Bürgermeister von H. und Stadtrichter, 1481–86 Königsrichter. Die erste Erwähnung Altembergers unter dem Namen Thomas Thonhauser findet sich in den Wiener Universitätsmatrikeln (vgl. GÜNDISCH, S. 129).

Der nach Thomas Altemberger benannte ‚Codex Altemberger' (Bukarest, MNI, Ms. 554) ist eine prachtvolle, illuminierte Hs., die um 1400 in Nürnberg oder Wien verfasst und von Altemberger 1481(?) nach H. gebracht wurde. Der Codex enthält drei mittelalterliche dt. Gesetzessammlungen: (1) das Schwäbische Landrecht oder ‚Schwabenspiegel', einschließließlich mehrerer Paragraphen zum ‚Juden-Eid' (vgl. VON MUTIUS) mit Teilen des ‚Sächs. Land- und Weichbildrechts', (2) das ‚Magdeburger Weichbild-Recht', (3) das ‚Iglauer Stadt- und Bergrecht'. Der (umstrittene) Titel *nüeren pergisch recht* (‚Nürnberger Recht') ist laut LINDNER (in: ECKHARDT, S. 112) eine „neue, urkundlich bisher nicht nachgewiesene Benennung" für den ‚Schwabenspiegel', die für die Teile (2) und (3) ohnehin keine Berechtigung habe. Der ‚Codex Altemberger' zeigt Übereinstimmung mit der sog. Langform des ‚Schwabenspiegels' (München, SA, Hs. M; vgl. LINDNER, S. 86) und ist somit von kultur- und rechtshistorischer Bedeutung: erstens wegen der „seltenen Zusammenstellung des schwäb. Landrechts mit dem Magdeburger Weichbildrecht und dem Yglauer Recht" und seiner verwandtschaftlichen Beziehungen zu einer Brünner (CZ) und Danziger ‚Schwabenspiegel'-Hs.; zweitens enthalte der ‚Codex Altemberger' zwar nur das Landrecht des ‚Schwabenspiegels', dieses aber in einer Form, die für „die Wiederherstellung des präsumptiven Urtextes von schwäb. Landrecht nicht ohne Belang sein dürfte" (LINDNER, S. 140). Innerhalb der frühen siebenb. Schriftlichkeit diente der Codex als Kompendium einer praktizierten Rechtsordnung; er kann wegen seiner aus den verschiedensten dt. Sprachräumen übernommenen Sprach-Varianten aber nicht als ein frühes dt. Schrift-Dokument aus Siebenbürgen bezeichnet werden; vielmehr enthält er eine der zahlreichen Varianten eines im dt. Sprachraum auf Grundlage des ‚Sachsenspiegels' bereits angelegten Rechtsbuches, das dann auch für die Rechtsordnung in Siebenbürgen eine wichtige Rolle spielte.

Von Altemberger sind einige **Urkunden** erhalten, die er in Ausübung seines Amtes ausstellte, vier davon auf Dt. (Urk. Nr. 4563, 4658, 4793, 5024). Überliefert ist zudem sein auf den 26.2.1486 datiertes lat. Testament (Urk. Nr. 4588; Budapest, MOL, DI. 36920).

A u s g a b e n . Der Codex Altenberger. Textabdruck der Hermannstädter Handschrift, hg. v. G. LINDNER, 1885; Bibliotheca Rerum Historicarum. Der Schwabenspiegel bei den Siebenbürger Sachsen, hg. v. K. A. ECKHARDT, 1973 (Nachdr. nach LINDNER 1885); Codicele Altenberger, hg. v. R. CONSTANTINESCU, 1988; Urkundenbuch zur Geschichte der Deutschen in Siebenbürgen, hg. v. F. ZIMMERMANN u.a., 1892–1991.

L i t e r a t u r . R. CONSTANTINESCU, Manuscrise occidentale în bibliotecile românești II: Libraries. VIIIth–XVIth. State Central Library, Various Museums and Collections, Revista Arhivelor 39 (1977), S. 447–457; U.-D. OPPITZ, Deutsche Rechtsbücher des Mittelalters, Bd. 2: Beschreibung der Handschriften, 1990. — G. GÜNDISCH, Der Hermannstädter Bürgermeister Thomas Altemberger († 1491), Leben und Werk, in: DERS., Aus Geschichte und Kultur der Siebenbürger Sachsen. Ausgewählte Aufsätze und Berichte, 1987, S. 128–146; H. R. DERSCHKA, Der Schwabenspiegel, 2002; P. NIEDERMEIER, Art. Sibiu, in: Siebenbürgen, hg. v. H. ROTH, 2003, S. 176–182; H.-G. V. MUTIUS, Art. Judeneid, LexMA 5 (2003), Sp. 789; D. MOLDT, Deutsche Stadtrechte im mittelalterlichen Siebenbürgen. Korporationsrechte/Sachsenspiegelrecht/Bergrecht, 2009; B. J. NEMES, Mittelalterliche deutsche Handschriften in rumänischen Bibliotheken. Eine vorläufige Bestandsübersicht, in: Manuscripta germanica. Deutschsprachige Handschriften des Mittelalters in Bibliotheken und Archiven Osteuropas, hg. v. A. BREITH u.a., 2012, S. 61–72.

LIDIA GROSS/RUDOLF WINDISCH

In zwei dt.-sprachigen Bistritzer Urkunden ist der H.er Bürgermeister **(4) Mathias Ambrust** belegt. Am 8.5.1522, zu dieser Zeit noch Kammergraf, wandte sich Ambrust an den → Bistritzer Rat mit der Bitte, dieser möge ihm 216 Gulden übersenden, die er den Bistritzer Abgesandten Thomas Kürschner und Sigismund Sattler geliehen hatte (BR1, Nr. 757). Am 12.7.1525, nun Bürgermeister von H., wandte sich Ambrust abermals an den Bistritzer Rat, diesmal mit dem Anliegen, die Streitsache des Petrus Molder bis zu seiner Ankunft in Bistritz zu verschieben (BR1, Nr. 826).

Literatur. A. BERGER, Urkunden-Regesten aus dem Archiv der Stadt Bistritz in Siebenbürgen. 1203–1570, aus dem Nachlass hg. v. E. WAGNER, Bd. 1, 1986.

ANNA-LENA LIEBERMANN

E.1.2 Stadtrat

Unter den zahlreichen erhaltenen dt.-sprachigen Dokumenten, die von den Tätigkeiten des H.er Rats zeugen, sei eines exemplarisch hervorgehoben, das eine kluge, friedensstiftende Haltung des Rats belegt: Am 18.9.1489 erklärte **Simon Roth** von → Klausenburg in einem dt.-sprachigen Brief (Urk. Nr. 4828), er sei wegen seiner Übeltaten in → Schäßburg inhaftiert gewesen, sei aus dem Gefängnis ausgebrochen und habe anschließend die Fehde gegen jene, die ihn ins Gefängnis gebracht hatten, wieder aufgenommen. Der Rat der Stadt H. aber habe ihn aus Barmherzigkeit begnadigt und daher verschreibe er sich in Dankbarkeit den Stadträten und der Stadt und schwöre der Fehde ab.

Ausgabe. Urkundenbuch zur Geschichte der Deutschen in Siebenbürgen, hg. v. F. ZIMMERMANN u.a., 1892–1991.

CORA DIETL

E.1.3 Kanzlei

(1) Johannes Goldner ist in Urkunden (Urk. Nr. 1932, 1933, 2099, 2165) als *magister Johannes Goldner notarius [...] civitatis Cybiniensis* (Urk. Nr. 1932), *liberalium artium magistrum iuratum consulem* (Urk. Nr. 2165) bezeugt. Von ihm stammen chronikalische Aufzeichnungen; über ihren Verbleib ist heute nichts mehr bekannt.

Ein von PUKÁNSZKY erwähnter, in H. 1430 neben dem ‚Meister Theodoricus' (→ Schule) bezeugter Schreiber **(2) Peter** ist nicht näher nachweisbar; er ist nur einmal bezeugt als *Petr*[us] *scriptor*[] in einer familiären Erbangelegenheit (Urk. Nr. 2445).

Ausgabe. Urkundenbuch zur Geschichte der Deutschen in Siebenbürgen, hg. v. F. Zimmermann u.a., 1892–1991.

Literatur. B. v. PUKÁNSZKY, Geschichte des deutschen Schrifttums in Ungarn, Bd. 1: Von der ältesten Zeit bis um die Mitte des 18. Jahrhunderts, 1931.

LIDIA GROSS/RUDOLF WINDISCH

(3) Georg Reicherstorffer († nach 1554) wurde um 1495 in eine kleinbürgerliche Familie in H. geboren. 1510 immatrikulierte er sich an der Universität in Wien. 1522 wird er als Notar in H. erwähnt, 1525 stand er als Sekretär im Dienst der Königin Maria. Nach der Niederlage bei → Mohács (HU) trat er in den Dienst König Ferdinands I. und wurde 1527 zum königlichen Sekretär ernannt.

Seine Hauptwerke stammen aus der Zeit seines Dienstes für Ferdinand: die ‚Chorographia Moldaviae' und die umfangreichere ‚Chorographia Transilvaniae', die u.a. durch die ‚Stauromachia' des → Stephan Stieröchsel beeinflusst ist, die im 16. Jh. häufig gedruckt wurden, sowie der handschriftlich überlieferte ‚Liber Georgii Reicherstorffer Transsilvani' aus dem Jahr 1530, der Reicherstorffers gesammelte literarische Merkwürdigkeiten und seine Person betreffende Aufsätze enthält.

Ausgaben. Moldaviae, quae olim Daciae pars, Chorographia Georgio a Reicherstorf Transylvano autore, Wien 1541; Chorographia Transilvaniae, quae Dacia olim appellata, aliarumque provinciarum et regionum succinta descriptio et explicatio. Georgio a Reycherstorff Transylvano autore, Wien 1550; Acta Legationis Georgii Reicherstorffer, Transylvani, Secretarii et Oratoris Regii etc. in praesens diarium congesta, hg. v. J. C. v. ARETIN, 1527, Beyträge zur Geschichte und Literatur vorzüglich aus den Schätzen der pfalzbaierischen Centralbibliothek zu München

6 (1806), S. 629–668, 7 (1806), S. 210–224; Călători străini despre Țările Române, Bd. 1, hg. v. M. Holban, 1968, S. 181–230; Georg Reicherstorffer: Chorographia Transilvaniae, Chorographia Moldaviae. Erdély és Moldva leírása, hg. u. übers. v. I. Szabadi, 1994.

Literatur. J. K. Schuller, Georg Reicherstorffer und seine Zeit. Ein Beitrag zur Geschichte von Siebenbürgen in den Jahren 1527–1536, Archiv für Kunde österreichischer Geschichts-Quellen 21 (1859), S. 223–291; Art. Georg von Reicherstorffer, in: Schriftsteller-Lexikon oder biographisch-literarische Denk-Blätter der Siebenbürger Deutschen, hg. v. J. Trausch, Bd. 3, 1871, S. 86–102; B. Capesius, Der Hermannstädter Humanist Georg Reicherstorffer, Forschungen zur Volks- und Landeskunde 10 (1967), S. 35–62; I. Szabadi, Georg Reicherstorffer és a magyarországi humanista földrajzírás, in: Georg Reicherstorffer: Chorographia Transilvaniae, Chorographia Moldaviae. Erdély és Moldva leírása, hg. u. übers. v. I. Szabadi, 1994, S. 117–139.

Péter Lőkös

(4) Bruchstück eines H.er Statuts (1463/64). Das wohl einem verschollenen Stadtbuch (evtl. dem *rothe*[*n*] Büchel; Moldt, S. 54) entstammende Fragment in dt. Sprache behandelt Bestimmungen über die Tätigkeit der *Genannten*, deren Aufgabe in der Unterstützung des Stadtrats bestand. Derartige Amtsträger sind auch für → Ofen (HU) bezeugt, wo sich 1402–03 infolge eines Aufstands eine Gruppe der sogenannten *eltesten* (wegen ihrer Zahl auch ‚Vierundzwanziger' genannt) aus der Vertretung der Handwerker herausgebildet hatte. Laut Moldt zeigt das H.er Statut „Parallelen zum Ofner Recht und zum Magdeburger Weichbildrecht, so dass die Gültigkeit des Magdeburger Rechts auch hier belegt wird" (Moldt, S. 58). Die zwölf Kurzartikel sind auf einem einzigen Papierblatt überliefert, das heute im H.er Staatsarchiv verwahrt wird (Urk. Nr. 3357). Hinweise zur Datierung des Schriftstücks ergeben sich aus zwei die Königsrichterwahl betreffenden Klauseln, die 1464 durch ein Privileg König Matthias' in Kraft traten, darunter die Bestimmung, dass *chein konigsrichter czu eynem Burgermeyster erwelt noch erhaben werden* solle, dagegen *ein yeder konigs-Richter sal sitzen in dem stul seines gerichz* (Wagner, S. 87). Seiwert deutet das Statut im Kontext wachsender gesellschaftlicher Spannungen als Absicherung der privilegierten Stellung siebenb.-sächs. Bürger im Stadtrat.

Ausgaben. Urkundenbuch zur Geschichte der Deutschen in Siebenbürgen, hg. v. F. Zimmermann u. a., Bd. 6, 1981; Quellen zur Geschichte der Siebenbürger Sachsen 1191–1975, hg. v. E. Wagner, ²1981.

Literatur. G. Seiwert, Ältestes Hermannstädter Lokalstatut, in: Hermannstädter Lokal-Statuten, 1869, S. 6–22; D. Moldt, Deutsche Stadtrechte im mittelalterlichen Siebenbürgen. Korporationsrechte, Sachsenspiegelrecht, Bergrecht, 2009.

Mary-Jane Würker

E.2 Stadtbibliothek

Die Stadtbibliothek in H. wurde im späten 14. Jh. gegründet, zusammen mit der Stadtschule. In der zweiten Hf. des 16. Jh.s wurde die Bibliothek des → Dominikanerkonvents in die Stadtbibliothek inkorporiert; beide gemeinsam wurden dann Ende des 16. Jh.s in die ev. Gymnasialbibliothek (Kapellenbibliothek) überführt, deren Bestände heute zu großen Teilen im Brukenthal-Museum aufbewahrt werden. Ein Bibliotheksverzeichnis aus der Zeit vor 1526 ist nicht erhalten; aber die Bestände des Brukenthal-Museums, die Besitzereinträge der Stadtbibliothek und nicht der Dominikanerbibliothek oder anderer Vorbesitzer, die auf einen späten Eingang in die Bestände der Stadtbibliothek schließen ließen, enthalten, vermitteln einen groben Eindruck von der Gestalt der Bibliothek am Ende des Mittelalters. Sie umfasste, wie es scheint, nur lat. Werke.

Einen großen Anteil der Sammlung (insg. 65 Titel) macht die **theologische, pastoraltheologische und liturgische Literatur** aus. Darunter befinden sich zehn Werke von Autoren aus dem dt. Sprachgebiet: die 1476 bei Günther Zainer in Augsburg gedruckte ‚Summa confessionum' des Johannes Friburgensis (GW M13587, Sibiu, BB, Inc. 294); das ‚Quadragesimale' des Johannes Gritsch, gedruckt bei Anton Koberger in Nürnberg 1479 (GW 11545, Sibiu, BB, Inc. 126); das ‚Compendium theologicae veritatis' des Pseudo-Albertus Magnus (Hugo Ripelin von Straßburg), gedruckt in Straßburg vor 1481 (GW 00602, Sibiu, BB, Inc. 292); ein dreibändiges Exemplar der wohl 1481 in Straßburg erschienenen ‚Biblia latina cum glossa ordinaria Walafridi Strabonis et interlineari Anselmi Lavdunensis' (GW 04282, Inc. 184, 145, 144); die ‚Sermones super epistolas dominicales' des Johannes Herolt, vermutlich 1486 in Basel gedruckt (GW 10 Sp720a, Sibiu, BB, Inc. 253); zwei Drucke der ‚Sermones de tempore et de sanctis' des Meffreth: Bd. II–III des vor Juli 1486 zu datierenden Baseler Drucks (GW M22648, Sibiu, BB, Inc. 19) und Bd. I–III des Nürnberger Drucks aus dem Jahr 1487 (GW M22670, Sibiu, BB, Inc. 287); ein einund ein zweibändiges Exemplar des 1490 in Straßburg erschienenen Sentenzenkommentars des Thomas von Straßburg (GW M46615, Sibiu, BB, Inc. 258+43, 46) und schließlich die von Sebastian Brant besorgte Sammlung der kleineren Schriften des Schweizer Theologen und Kirchenrechtlers Felix Hemmerlin: ‚Variae oblectationis opuscula et tractatus', gedruckt in Straßburg 1497 (GW 12187, Sibiu, BB, Inc. 255).

Ein Drittel der gedruckten *theologica* der Stadtbibliothek (20 Werke) stammte zudem von Offizinen aus dem dt.-sprachigen Gebiet. Diese umfassen (in chronologischer Reihenfolge): ein Exemplar des Mainzer Teildrucks von Thomas' von Aquin Sentenzenkommentar aus dem Jahr 1469 (GW M46386, Sibiu, BB, Inc. 141); den vor 1477 in Straßburg erschienenen dreibändigen Bibelkommentar des Nikolaus von Lyra (GW M26532, Sibiu, BB, Inc. 127, 191, 190); einen Druck von Pseudo-Cyrills ‚Speculum Sapientiae' aus Köln 1477 (GW 07891, Sibiu, BB, Inc. 205); die vierbändige ‚Summa theologiae' des Antoninus Florentinus, gedruckt in Nürnberg 1477–79 (GW 02186, Sibiu, BB, Inc. 85, 86, 137, 243); den Ulmer Druck der ‚Biblia moralis' des Petrus Berchorius von 1474 (GW 03862, Sibiu, BB, Inc. 148, mit angebundenen Werken des Jacobus Philippus Bergomensis); die 1475 in Nürnberg erschienene ‚Catena aurea' des Thomas von Aquin (GW M46091, Sibiu, BB, Inc. 192); ein Exemplar des Nürnberger Drucks der ‚Legenda aurea' des Jacobus de Voragine von 1478 (GW M11244, Sibiu, BB, Inc. 119); die ‚Sermones quadragesimales' des Leonardus de Utino, gedruckt in Speyer 1478 (GW M17898, Sibiu, BB, Inc. 99); das um 1478 in Köln gedruckte anonyme, wohl als Hilfe für Prediger entworfene Florileg ‚Phareta: Auctoritates et dicta doctorum philosophorum et poetarum continens' (GW M32922, Sibiu, BB, Inc. 201); Thomas' von Aquin ‚Super primo sententiarum', gedruckt in Köln 1480 (GW M46365, Sibiu, BB, Inc. 268); ein Exemplar der vermutlich in Straßburg und spätestens 1481 gedruckten ‚Sermones aurei de sanctis' des Leonardus de Utino (GW M17901, Sibiu, BB, Inc. 290); den zweibändigen Bibelkommentar des Nicolaus von Lyra, gedruckt in Nürnberg 1481 (GW M26513, Sibiu, BB, Inc. 97, 242); den Nürnberger Druck der ‚Vitas patrum' von 1483 (GW M50877, Sibiu, BB, Inc. 194); den ersten Teil des spätestens 1484 erschienenen Baseler Drucks von Johannes' de Bromyard ‚Summa praedicantium' (GW M131114, Sibiu, BB, Inc. 92); zwei Exemplare der ‚Sermones Thesauri novi de sanctis', gedruckt in Straßburg 1484 (GW M41794, Sibiu, BB, Inc. 89, 399); den dritten Band des Baseler Drucks von Thomas' von Aquin ‚Summa Theologiae' von 1485 (GW M46436, Sibiu, BB, Inc. 36); den Baseler Druck der ‚Libri Sententiarum' des Petrus Lombardus von 1486 (GW M32461, Sibiu, BB, Inc. 277); ein Exemplar der 1487 in Straßburg erschienenen ‚Sermones quadragesimales Thesauri novi' (GW M41836, Sibiu, BB, Inc. 358 in 248); ein Exemplar der ‚Sermones Thesauri novi de sanctis', gedruckt in Straßburg 1488 (GW M41806, Sibiu, BB,

Inc. 248); den 1489 in Basel gedruckten Sentenzenkommentar des Franciscus de Mayronis (GW M22457, Sibiu, BB, Inc. 165); den Nürnberger Druck von Petrus' Lombardus Sentenzen mit Kommentar des Bonaventura aus dem Jahr 1491 (GW M32527, Sibiu, BB, Inc. 27, 76); das ‚Stellarium corone Virginis Mariae' des Pelbartus de Temesvar (Basel: Johann Amerbach, um 1490/92, GW M30564, Sibiu, BB, Inc. 291); ein Exemplar des Sentenzenkommentars des Thomas von Aquin, gedruckt in Basel 1492 (GW M46359, Sibiu, BB, Inc. 278 in 277) und Thomas' von Aquin ‚Quaestiones de potentia Dei', gedruckt in Köln 1500 (GW M46306, Sibiu, BB, Inc. 421 in 399).

Ein beinahe gleich großes Sammelgebiet umfasst die für eine Stadtbibliothek typischen Titel aus dem **Bereich der Artes und der Philosophie** (insgesamt 63 Titel). Darunter befinden sich allerdings nur einzelne Werke dt. Verfasser: der ‚Tractatus proportionum' des Albert von Sachsen, gedruckt in Venedig 1496 und zusammengebunden mit Schriften des Rabanus Maurus und des Enea Silvio (GW 1 Sp. 389a, Sibiu, BB, Inc. 62), und Thomas' von Erfurt ‚De modis significandi seu Grammatica speculativa', gedruckt in Venedig 1499 (GW M46661, Sibiu, BB, Inc. 327). Erwähnenswert sind zudem der um 1485 in Köln gedruckte Kommentar zu Aristoteles' ‚De anima' des Niederländers Lambertus von Köln (GW M16768, Sibiu, BB, Inc. 208), die ‚Epitomata seu reparationes totius philosophiae naturalis' des Niederländers Gerhard von Herderwyck (Köln, 1496, GW 10674, Sibiu, BB, Inc. 154) sowie das 1486 in Straßburg gedruckte Briefformelbuch des Niederländers Carolus Manneken (GW M20536, Sibiu, BB, Inc. 324), das zusammengebunden ist mit Briefen des ital. Humanisten Gasparinus Barzizza, Straßburg 1486 (GW 03686, Sibiu, BB, Inc. 326) und einem nicht datierten ‚Vocabularius ex quo' (Sibiu, BB, Inc. 325).

Neun der ehemals in der Stadtbibliothek aufbewahrten Inkunabeln und Frühdrucke aus dem Bereich der Artes und der Philosophie stammen zudem von Offizinen aus dem dt.-sprachigen Gebiet: ein Exemplar des 1475 erschienenen Kölner Drucks von Thomas' von Aquin ‚Quaestiones disputatae de veritate' (GW M46346, Sibiu, BB, Inc. 200); die spätestens 1476 in Lübeck erschienene lat. Übersetzung der Werke des Josephus Flavius (GW M15150, Sibiu, BB, Inc. 134); ein Exemplar des auf ca. 1484 datierten Kölner Drucks von Thomas' von Aquin ‚De ente et essentia' (GW M46128, Sibiu, BB, Inc. 227 in 225) und ein Exemplar des um 1489 in Köln erschienenen Drucks desselben Werks, kommentiert von Gerhard von Köln (GW M46129, Sibiu, BB, Inc. 228 in 225); zwei Exemplare der ‚Copulata super veterem artem Aristotelis', Köln um 1488 (GW 02398, 02401, Sibiu, BB, Inc. 225, 196); ein Exemplar des 1494 in Basel gedruckten ‚Cursus librorum philosophiae naturalis' des Nicolas d'Orbellis (GW M28115, Sibiu, BB, Inc. 48); die 1499 in Köln gedruckte Ausgabe von Thomas' von Aquin ‚Summa de veritate' (GW M46556, Sibiu, BB, Hain 1421, Inc. 399, in 421) und der 1500 in Leipzig gedruckte Traktat ‚De sincathegorematibus' des Petrus Hispanus (GW M32418, Sibiu, BB, Inc. 22 in 21).

Andere Fächer waren in der Stadtbibliothek offensichtlich nur in geringem Umfang vertreten: Zwei **medizinische** und sieben **juristische** Werke lassen sich identifizieren, darunter ein in Deutschland gedrucktes: das 1478 in Nürnberg verlegte ‚Supplementum Summae Pisanellae' des Nicolaus de Ausimo (GW M26233, Sibiu, BB, Inc. 140).

Die geringe Berücksichtigung der Fächer Medizin und Jura, die an einer Stadtschule nicht unterrichtet wurden, fällt weniger auf als die ungewöhnlich große Menge an theologischen Schriften, wie sie eher für eine Kirchen- als für eine Stadtbibliothek zu erwarten wäre. Die auffallend große Dichte an Werken des Thomas von Aquin und des Aristoteles lässt Zweifel aufkommen, ob nicht doch einige der hier genannten Bände ursprünglich zur Bibliothek der → Dominikaner gehörten. Insgesamt aber fallen eine weitgehend scholastische Ausrichtung der Bibliotheksbestände und eine sehr geringe Zahl an humanistischen Werken und an den im Humanismus bevorzugten Schultexten auf. Dieser Befund wird mit Blick auf die in der Sammlung vertretenen dt. Autoren und die Druckwerke aus Offizinen aus dem dt.-sprachigen Gebiet noch verstärkt: Diese sind im Bereich der traditionellen Theologie klar häufiger vertreten als im Bereich der Artes und der Philosophie. Die in H. aufbewahrten Inkunabeln und Frühdrucke rhetorischen, grammatischen, mathematischen und philosophischen Inhalts sind in der Regel in Italien gedruckt. Dies bedeutet, dass auf der Grundlage der Bestände der H.er Stadtbibliothek eine Orientierung an der Kultur des dt.-sprachigen Gebiets eher im Bereich der Theologie als in den Profanwissenschaften zu erkennen ist.

Literatur. V. JUGĂREANU, Catalogul colecţiei de incunabule, Sibiu 1969; Cs. CSAPODI/K. CSAPODINÉ GÁRDONYI, Bibliotheca Hungarica. Kódexek és nyomtatott könyvek Magyarországon 1526 előtt, Bd. 1, 1988.

CORA DIETL

E.3 Zunftwesen

Geschichte. Obgleich der Ursprung des siebenb. Zunftwesens mit der ersten Einwanderungswelle dt. ‚Gäste' und deren eingeführten Bräuchen in Beziehung gesetzt werden kann, lässt sich das organisierte Zunftwesen anhand der überlieferten Quellen erst in der zweiten Hf. des 14. Jh.s greifen. Erste schriftliche Kunde von einer H.er Zunft liefert eine aus dem Jahre 1367 stammende Notiz zum Kauf einer Lohmühle durch die Rotgerberzunft (Sibiu, AN, Z.U.I, Nr. 1). Weniger als ein Jahrzehnt später spricht die ebenfalls in lat. Sprache abgefasste Zunftsatzung von 1376, ein übergreifendes Regelwerk für die Zünfte von H., → Schäßburg, → Mühlbach und → Broos (Sibiu, U. I, Nr. 34), für die Etablierung eines organisierten siebenb.-sächs. Zunftwesens. Die Satzung erkennt neunzehn Gewerbe an, darunter einen Großteil der in H. organisierten Zünfte (vgl. ROTH, S. 29); sie regelt zusätzlich das Mandat der Zunftmeisterwahl, jährliche Versammlungen und Vorgehen bei internen Straffällen. Die Festlegung jährlicher Versammlungen lässt sich bereits als deutliche Tendenz der zu dieser Zeit einsetzenden Unionsbildungen betrachten, der in der Folgezeit weitere Landesvertreter beitraten. Die Ausbildung von Zunftunionen oder Landeszünften sah das geregelte Treffen der jeweiligen Zunftmeister und deren Teilnahme am übergreifenden politischen Leben vor. Die Stadt H. stellte zumeist die Räumlichkeiten für die Versammlungen (vgl. RÖSLER, S. 535). Dass die Entwicklung des Zunftwesens in der Folgezeit stetig voranschritt, bezeugt der Umstand, dass man bis zur Mitte des 16. Jh.s in H., mitunter auch in → Kronstadt und → Bistritz, nicht weniger als vierzig Zünfte vorfand, während man etwa 1552 in Frankfurt a. M. nur vierundzwanzig zählte (GÖLLNER, S. 47; vgl. RÖSLER, S. 478). Neben einer Vielzahl kleinerer Schriftstücke offiziellen und inoffiziellen Inhalts ist ab der zweiten Hf. des 15. Jh.s insbesondere der Zuwachs von Zunftsatzungen in dt. und dt.-lat. Sprache bemerkenswert.

Dokumente. (1) Satzungen der Schusterzunft (1455). Die fruhe Existenz der Schusterzunft in H. bezeugt eine in späteren Abschriften überlieferte Urkunde aus dem Jahre 1491, in der sich die Schuster ihre bereits 1455 anerkannten Satzung und Rechte bestätigen lassen. Die älteste Abschrift aus dem späten 16. Jh. (Sibiu, AN, Z.U.I, Nr. 19) bezieht sich *onh irgent ene Minderung oder Zusatz* (VLAICU, S. 199) auf das lat. Original (Insert), das König Ladislaus V. Postumus am 15.5.1455 in Wien mit Geltung für den gesamten H.er Rechtskreis ausgestellt hatte. Zudem gestattet der H.er Rat der dortigen Schusterzunft am 14.3.1466, auf dem Kleinen Ring im Zentrum der Stadt (vgl. ROTH 2003,

S. 179) eine Laube zu errichten, um ihre Waren feilzubieten. Das Original ist verschollen, eine Abschrift erfolgte im 19. Jh. Die dt. Übersetzung wurde zweifellos mit Rücksicht auf die Zielgruppe der Handwerker angefertigt; ihre Datierung ist umstritten; als zweisprachiger ‚Fach-Text' bildet dieses Dokument (vorerst noch) eine Ausnahme.

(2) Satzungen der Weberzunft (1469). Über eine Mitteilung an die Weber von → Mühlbach, datiert auf den 28.8.1469, sind die ältesten Satzungen und Gewohnheiten der H.er Weberzunft überliefert (Sibiu, AN, K.A., Nr. 14). Beachtenswert ist die möglicherweise bereits zu diesem Zeitpunkt einsetzende Trennung der Leinweberzunft von der Wollweber-/Tuchmacherzunft. Die Statuten der Leinweber, siebzehn Artikel enthaltend, wurden am 9.11.1487 vom H.er Rat bestätigt (Sibiu, AN, Z.U.I, Nr. 14). Die Wollweber- und Tuchmacherzunft legte um 1500 eine erste eigene Satzung vor. In den in einer zeitgenössischen Abschrift erhaltenen Statuten (Sibiu, Z. U. 25) werden neben der handwerklichen Ausbildung insbesondere die Nutzung und Weiterverarbeitung spezifischer Ressourcen reglementiert.

(3) Satzungen der Schneiderzunft (1485). Erstmals erwähnt werden die H.er Schneider im Rahmen eines Streits zwischen Schneidern und Kürschnern um die Prozessionsfolge am Fronleichnamsfest, der 1448 zugunsten der Schneider entschieden wird, womit ihnen symbolisch der höhere Rang attestiert wird (Sibiu, AN, Z.U.I, Nr. 6). In diesem Zeitraum legten die H.er Schneider ihr erstes Zunftbuch in dt. Sprache an, das u.a. eine Namensliste der Zunftmitglieder von 1499 enthält (vgl. MÜLLER). Ein weiteres, zu späterem Zeitpunkt angelegtes Buch dieser Art (Sibiu, AN, Zunftakten und Register, Nr. 503) enthält auf den ersten Seiten das älteste überlieferte Satzungsschreiben aus dem Jahr 1485 (fol. 3–10) mit anschließenden, lt. VLAICU auf das Jahr 1499 zu datierenden, Ergänzungen (fol. 10–13).

(4) Satzungen der Wagnerzunft (1490). Aus dem Jahr 1490 sind zwei Schreiben die Wagnerzunft betreffend überliefert: eine dt.-lat. Urkunde (Sibiu, AN, Z.U.I, Nr. 17), datiert auf den 15.2.1490, in welcher der siebenb. Wagnerzunft ein übergreifendes Statut erteilt wird. Sie wurde vom Bürgermeister der Stadt H., → Thomas Altemberger, dem Bürgermeister von → Schäßburg, Valentin Pictor, und den Geschworenen der Sieben Stühle ausgestellt und besiegelt. Die Artikel selbst sind in dt. Sprache mitgeteilt. Zum anderen gibt ein weiteres Dokument, eine zeitgenössische Abschrift auf unbesiegeltem Pergament (Sibiu, AN, Z.U.I, Nr. 18), die Satzungen der Wagnerzunft auszugsweise wieder, nachdem die Zunft von → Bistritz die → Schäßburger Wagner um deren Mitteilung gebeten hatte. Das Schriftstück, das sich wie auch die vorangegangene Urkunde an *alle Meyster* […] *yn dem langen Lande des Hantwercks der Wagner* (VLAICU, S. 196) richtet, sticht durch eine detaillierte Aufzeichnung der Satzungen und durch den größeren Anteil dt. Sprachgebrauchs hervor. Es wird von VLAICU auf 1490 (nach dem 15.2.), von MÜLLER auf 1492 datiert.

(5) Satzungen der Goldschmiedezunft (1494). Ähnlich dem Zunftbuch der Schneider handelt es sich bei dem Kopialbuch der H.er Goldschmiedezunft (Sibiu, AN, Zunftakten und Register, Nr. 439) um eines der wenigen überlieferten Bücher seiner Art, das Zunftdokumente bis zum Jahre 1872 integriert. Auf fol. 1–5 befinden sich eine zeitgenössische Abschrift der ersten Zunftsatzungen. Es handelt sich um ein umfangreiches Regelwerk, das bereits 1496 signifikante Ergänzungen erfuhr. Einzelne Artikel stechen zudem durch ihren religiösen Bezug hervor, was die These von der zunftinternen Bildung loser Religionsgemeinschaften bekräftigt (vgl. RÖSLER, S. 530f.). So legt das Statut der Goldschmiede u.a. die regelmäßige und verpflichtende Teilnahme an bestimmten Messriten fest, bei denen mitunter feste Abläufe vorgesehen waren (vgl. VLAICU, S. 216).

(6) Satzungen der Kannengießerzunft (um 1500). Die Satzungen der Kannengießer sind in einer um 1500 abgefassten Originalhandschrift überliefert (Sibiu, AN, U.V., Nr. 1671). Sie beziehen sich auf das Betragen von Handwerksmeistern in den königlichen Städten, den Beitrag zum Zehent sowie Lohn und Ausbildung der Gesellen. Die letzten drei Absätze, Ergänzungen zur Ausübung des Handwerks, sind von anderer Hand nachgetragen.

(7) Satzungen der Kürschnerzunft (1505). Indirekt lassen sich in einer Zunft organisierte Kürschner bereits um 1500 greifen. Die Ursprünge der Zunft dürften aber weiter zurück reichen, bedenkt man den frühen Zusammenschluss zur Zunftunion: Im Jahr 1505 legt die Kürschner-Zunftunion erstmals ein Statut in → Mediasch vor (Sibiu, AN, Z.U.I, Nr. 920), welches in unveränderter Form 1512 von der Stadt H. anerkannt wurde. Dieses in dt. Sprache ausgestellte Schriftstück (Sibiu, AN, Z.U.II, Nr. 3) gibt eingangs an, dass das aus acht Artikeln bestehende Statut durch die sich versammelnden *weyße[n] Herren und Meyster des erlichen Hantwercks Kwrschenwercks [...] aws der Harmantat, von Kronen, von Nößen, von Schespurg, von Midwysch, von Mulembach* zustande kam (NUSSBÄCHER/MARIN, S. 112). Die Satzungen regeln insbesondere das interne Dienstverhältnis zwischen Meistern auf der einen und Knechten oder Gesellen auf der anderen Seite. Unter diesem Gesichtspunkt ergänzen die in den Folgejahren ausgestellten Königsprivilegien in lat. Sprache das Statut von 1512 um handwerkliche und kaufmännische Aspekte, wie den Kauf und die Ausfuhr von Fellen (vgl. ebd., S. 116f.).

Die wohl internen Satzungen der H.er Kürschnerzunft sind erst in einer Pergamenthandschrift aus dem Jahr 1520 überliefert (Sibiu, AN, Z.U.I, Nr. 41). Der Schreiber, Johannes Frydsch, gibt die umfangreichen Artikel auf 20 Bll. wieder (fol. 2, 17–20 unbeschr.). Sprachlich lehnt sich die Hs. an den Duktus zeitgenössischer dt.-sprachiger Zunfturkunden an, sticht in Form und Struktur aber deutlich aus dem Korpus hervor.

(8) Satzungen der Drechslerzunft (1509). Die am 25.11.1509 dem Rat in H. vorgelegten Satzungen der siebenb. Drechsler, erhalten in einer undatierten Abschrift (Sibiu, AN, Bruk. Samml., N1-5, Nr. 160, fol. 3) stehen beispielhaft für die „Bemühungen um Vereinheitlichung der Zunftordnungen" (MOLDT 2009, S. 135) im H.er Kreis. Festgelegt werden die Ausbildungsvoraussetzungen der Lehrjungen und Details der Ausführung des Handwerks.

(9) Satzungen der Schlosser- und Sporerzunft (1518). Das am 20.8.1518 verabschiedete Statut der H.er Schlosser- und Sporerzunft (Sibiu, AM, Z.U.I., Nr. 38) schließt sich im generellen Ton den zeitgenössischen Zunftsatzungen im Umfeld an, macht in Hinblick auf die Rahmenbedingungen hingegen explizit, dass sich die Zunft der Aufnahme von *vngerischen Leriungen* (VLAICU, S. 262) verwehrt. Erhalten ist offensichtlich nur ein Konzept des Statuts (unbesiegeltes Pergament mit Textkorrekturen und Streichungen).

(10) Satzungen der Maler-, Tischler-, und Glaserzunft (1520). Die vom H.er Rat der Maler- Tischler- und Glaserzunft verliehenen Satzungen, erhalten in einer dt.-lat. Pergamenths. (Sibiu, Z.U.I, Nr. 40), bezeugen, dass sich Maler, Tischler und Glaser vor 1520 in einer vereinigten Zunft organisierten. Reglementiert werden die Bedingungen der *Mesterschafft*; dabei wird gefordert, dass jeder angehende Malermeister sowohl *eynn Maria Pild eyner Elenn hoch [...] mit Lasur vnd mit planirtem Gold* als auch *eyn Stück Glas eynner Elenn hoch von Glascheiben* (VLAICU, S. 265) anzufertigen und vorzuweisen habe.

(11) Satzungen der Handschuhmacherzunft (1523). Die Satzungen der H.er Handschuhmacherzunft (Sibiu, AN, Z.U.I, Nr. 41), datiert auf den 21.11.1523, stammen aus der Hand des Greger Mayer, *offenwarer Schreyber der Stadt Cibini* (VLAICU, S. 283), der sich im letzten Absatz als Nürnberger Bürger offenbart. Auch diese Satzung spricht sich ausdrücklich gegen die Aufnahme ung. Lehrjungen aus. Die Urkunde diente, nachdem der Text durch Durchstreichen ungültig gemacht worden war, als Umschlag für das Rechnungsbuch der Stadt aus dem Jahre 1540 (VLAICU, S. 285).

Ausgaben. Deutsche Sprachdenkmäler aus Siebenbürgen, hg. v. F. MÜLLER, 1864 (Nachdr. 1986); V. ROTH, Artikel der Hermannstädter Goldschmiede-Zunft (1494), KVSL 34 (1911), S. 56–60; Urkundenbuch zur Geschichte der Deutschen in Siebenbürgen, hg. v. F. ZIMMERMANN u. a., 1892–1991; Quellen zur Geschichte der Stadt Kronstadt, hg. v. G. NUSSBÄCHER/E. MARIN, Bd. 9: Zunfturkunden 1420–1580, 1999; Quellen zur Geschichte der Stadt Hermannstadt, hg. v. M. VLAICU, Bd. 2: Handel und Gewerbe in Hermannstadt und in den Sieben Stühlen, 1224–1579, 2003.

Literatur. R. RÖSLER, Beitrag zur Geschichte des Zunftwesens. Älteres Zunftwesen in Hermannstadt bis zum Jahre 1526, AVSL 38 (1912), S. 443–552; C. GÖLLNER, Siebenbürgische Städte im Mittelalter, 1971; B. BELLÉR, Kurze Geschichte der Deutschen in Ungarn, Bd. 1, 1986; Historische Stätten. Siebenbürgen, hg. v. H. ROTH, 2003; DERS., Hermannstadt. Kleine Geschichte einer Stadt in Siebenbürgen, ²2007; D. MOLDT, Aspekte des siebenbürgischen Zunftwesens, in: Deutsche Stadtrechte im mittelalterlichen Siebenbürgen: Korporationsrechte/Sachsenspiegelrecht/Bergrecht, hg. v. DEMS., 2009, S. 126–143.

MARY-JANE WÜRKER/LIDIA GROSS/
RUDOLF WINDISCH

E.4 Bürger der Stadt

E.4.1 Johannes Salzmann
1480–1530

Der aus Steyr stammende Johann(es) Salzmann (Salinger, Salius, Salianus) studierte ab 1497 in Wien und beendete – vermutlich dort – sein Studium als Doktor der Medizin. 1506/07 war er als Arzt in Böhmen und Mähren tätig und traf dort ausweislich seines dt. Pesttraktats erfolgreich Maßnahmen gegen die Pest. 1510 ist Salzmann in H. nachweisbar. Ab 1521 war er Leibarzt des österr. Erzherzogs Ferdinand, vermutlich als Nachfolger von Juan de la Parra († 1521, BIETENHOLZ, S. 192). Von 1513 bis zu seinem Tod gehörte er der Wiener medizinischen Fakultät an; im Wintersemester 1522/23 und im Sommersemester 1523 stand er der Universität als Rektor vor.

Werke. Am 12. 8. 1510 widmete Salzmann der H.er Stadtobrigkeit, dem Kammergrafen und Königsrichter Johannes Lulay sowie den Vertretern der Sieben Stühle einen lat. Pesttraktat (‚De praeservatione a pestilentia et ipsius cura opusculum', Wien: Hieronymus Vietor, 16. 11. 1510; VD16 S 1501). Entweder zum Zeitpunkt der Widmung oder kurz darauf (FASBENDER, S. 52) war Salzmann Stadtarzt von H. Dort bewahrte er im selben Jahr die Stadt durch strenge Quarantäne vor der Pest, wie der dt. Fassung seines Traktats zu entnehmen ist und wie auch der 1530 in H. gedruckte Pesttraktat des → Kronstädter Stadtarztes Sebastian Pauschner belegt, dessen Verfasser in der Vorrede schreibt, dass in H. *keine Pestilentz in 36 Jahren gewesen* sei.

Die dt. Version von Salzmanns Pesttraktat (‚Eine nutzliche ordnung und regiment wider die Pestilentz', Wien: Johannes Singriener, 1521; VD16 S 1502) ist eine eng der Vorlage folgende, teils wortgetreue Übertragung des lat. Traktats, die Salzmann im Auftrag Erzherzog Ferdinands in seiner Funktion als dessen Leibarzt erstellte. Eine Kurzfassung des dt. Traktats ist als Einblattdruck erhalten (Graz: Zacharias Bartsch, 1. 9. 1577; Unicum in Graz, LB, T 103.736 IV). Dem Kolophon zufolge ist dieser Einblattdruck die Neuauflage eines Wiener Drucks von 1522 (*Erstlich zu Wien in Osterreich / durch Johannem Syngryener Jm 1522. Jahr etc. Vnd jetzo von Neüen gedruckt zu Gratz durch Zachariam Bartsch*). Ob es sich bei dem erwähnten Druck von 1522 um einen Einblattdruck oder eine (sonst nicht nachweisbare) Folgeauflage des dt. Traktats von 1521 gehandelt hat oder ob sich der Kolophon direkt auf die erste Ausgabe von 1521 bezieht und nur die Jahreszahl verwechselt wurde, ist nicht zu entscheiden.

Neben den Pesttraktaten, die inhaltlich älteren Traditionen folgend auf dem Stand der Zeit sind, verfasste Salzmann ein Lobgedicht auf Annaberg im Erzgebirge, das er mit Datum 19.6.1507 (*1507. 13. Calend. Iulij.*, S. 100) dem dortigen Stadtrat widmete, sowie einen Hymnus auf die Hl. Anna, die Annaberger Patronin (dazu FASBENDER, S. 52–55). Beide Werke sind nur in Michael Barths ‚Annaeberga' (Basel: Johannes Oporinus, 1557; VD16 B 495) überliefert, frühere Drucke sind nicht bekannt, aber zu vermuten (FASBENDER, S. 52). Vor 1506 entstand zudem ein nicht erhaltenes Lobgedicht auf Kärnten (‚Carinthia'), für das Salzmann ausweislich der Vorrede des Annaberg-Gedichts von Maximilian I. 1506 zum *poeta laureatus* gekrönt wurde (als solcher in den üblichen Nachschlagewerken nicht verzeichnet). Weitere Werke sind nicht bekannt.

Literatur. P. G. BIETENHOLZ, Art. Johann Salzmann, in: Contemporaries of Erasmus, hg. v. P. G. BIETENHOLZ, 2003, S. 191f.; H. FLAMM, Die ersten Infektions- oder Pest-Ordnungen in den österreichischen Erblanden, im Fürstlichen Erzstift Salzburg und im Innviertel im 16. Jahrhundert, 2008; C. FASBENDER, Annaberg-Boomtown. Gleichzeitigkeit und Ungleichzeitigkeit einer Metropole um 1500, in: Stadt der Moderne, hg. v. C. SANDTEN u. a., 2013, S. 45–67; C. SCHANZE, Johann Salzmann gen. Salianus. Arzt, Gelehrter und *poeta laureatus*. Anmerkungen zu einer Bio-Bibliographie, in Vorb.

CHRISTOPH SCHANZE

E.4.2 Nikolaus Melchior

15./16. Jh.

Nikolaus Melchior Cibiniensis könnte Spross einer um 1455/1500 in zahlreichen öffentlichen Ämtern auftretenden H.er Goldschmiedfamilie gewesen sein, der sich 1505 in Wien immatrikuliert hatte. Gesichert ist das nicht, wohl aber, dass er weder mit Nikolaus Olahus (*H., ab 1553 Fürstprimas Ungarns) zu identifizieren ist noch mit Kardinal Melchior, Bischof von Brixen – beide an Alchemie nicht uninteressierte Zeitgenossen des ‚Processus'-Autors. Offen bleibt, ob *Nikolaus de Cibino* in Wien in Kontakt mit dem Humanistenkreis um Georg Tannstetter stand. Michael Maier, Hofastrologe Rudolfs II., nennt den Autor des ‚Processus' 1617 einen ung. Priester.

Werke. Der ‚Processus sub forma missae a Nicolao Melchiori Cibinensi Transiluano, ad Ladislaum Ungariae et Bohemiae Regem olim missum' ist der wohl einmalige Versuch, in den Formen des kath. Messritus eine zu singende alchemistische Messe vorzulegen. Das eigenartige Opus vereinigt christliche Symbolik und alchemistische Metaphorik, um die ‚heilige Kunst' der *aurifabri* zu feiern. Es ist keineswegs blasphemisch (Alchemie galt damals als seriöse Naturforschung), sondern konstruiert, wie 1936 C. G. JUNG es deutete, in redemptorischer Absicht eine Analogie zwischen *lapis*, dem Stein der Weisen, und Christus. Alle kanonisch festgelegten Teile der Messe – Introitus, Kyrie, Graduale, Versus, Offertorium, Secretum etc. – kommen zum Einsatz. Mittels damals bekannter Chemikalien wird die Materie zum Verschwinden gebracht, entsteht neu durch Kopulation des alchemistischen Spermas mit der es empfangenden Jungfrau Maria und verjüngt oder erneuert sich. Die ‚heilige Kunst' wird gleich eingangs im ‚Kyrie' zur Ausrottung der Türken angerufen. Die Widmung an König Ladislaus II. Jagiello lässt eine Datierung des ‚Processus' zwischen 1505 und 1516 zu. Das Werk blieb keineswegs unbekannt: Lazarus Zetzner druckte es 1602 in der bedeutenden Anthologie alchemistischer Schriften ‚Theatrum chemicum' ab; Michael Maier zählt den Verfasser in seiner Sammlung ‚Symbola aurae mensae duodecim nationum' (1617) unter die berühmtesten zwölf Alchemisten seit Hermes dem Ägypter. In der Österreichischen Nationalbibliothek sind zwei unterschiedliche Mss. des ‚Processus' überliefert (ÖNB, Austria, Viennae, B Cod. Lat. III 33, fol. 308^r–309^r; Cod. Lat. II 347, fol. 9^r–12^r).

Ausgaben. Theatrum chemicum, vol. III, hg. v. L. Zetzner, Ursel 1602, S. 758–761; M. Maier, Symbola aurae mensae duodecim nationum. Frankfurt/M.: Antonius Hummius, 1617, S. 507–552.

Literatur. C. G. Jung, Erlösungsvorstellungen in der Alchemie, Eranos-Jahrbuch 4 (1936), S. 13–111; S. Tonk, Erdélyiek egyetemjárása a középkorban, 1979; F. G. Kiss u. a., The Alchemical Mass of Nicolaus Melchior Cibinensis: Text, Identity and Speculation, Ambix 53 (2006), S. 143–159; B. Láng, Unrolled Books: Manuscripts of Learned Magic in the Medieval Libraries of Central Europe, 2012, S. 144–160.

Krista Zach

E.4.3 Privater Bücherbesitz im 16. Jh.

Für den Beginn des 16. Jh.s erwähnt Lupu zwei Persönlichkeiten der Stadt, die sich Privatbüchereien zulegten: zum einen den **Bürgermeister Peter Haller**, der seine Bücher mit seinem Exlibris kennzeichnete, zum anderen **Gregor Berger**, der eine Bibliothek mit den Werken von Homer, Hesiod, Lorenzo Valla u. a. besaß (vgl. Lupu, S. 30f.). Aus H.er Archivbeständen ist für die Jahre 1506 und 1524 ein Johannes Buchfyrer bekannt, der auch in → Schäßburg 1522 als *Joannis bibliopolae* genannt ist (vgl. Sienerth, S. 285).

Literatur. N. Lupu, Sibiu (Hermannstadt) und seine historischen Bauten, 1969; S. Sienerth, Leseangebot und Buchzirkulation in Siebenbürgen zwischen Humanismus und Aufklärung, in: Buch- und Wissenstransfer in Ostmittel- und Südosteuropa in der Frühen Neuzeit, hg. v. D. Haberland, 2007, S. 281–309.

Anna-Lena Liebermann

Hetzeldorf (**Ațel**, Ecél, Villa Echelini)

H. ist 1283 erstmals bezeugt, in einer Urkunde des Bischofs von Transsilvanien, die Walter *de villa Echelini* als Dekan von → Mediasch erwähnt (Urk. Nr. 204). Als freier Ort ist H. im 14. Jh. dem Stuhl Mediasch zugeordnet. Die Bedeutung und Selbstständigkeit des Orts stieg, als Matthias Corvinus ihm 1466 das Marktrecht und die Blutgerichtsbarkeit verlieh (Urk. Nr. 3504). Eine Schule hatte H. spätestens zu Beginn des 16. Jh.s (Fabini, S. 297). Die ersten Belege für Zünfte im Ort (Fassbinder und Schuster) stammen aus dem Jahr 1526; sie sind zu der Zeit noch Filialen der entsprechenden Zünfte in → Mediasch (Nussbächer, S. 112f.). Die sächs. Bevölkerung von H. bewies ihren Stolz, als König Ladislaus II. Jagiello 1515 gegen sächs. Recht (Amlacher, S. 279) den ung. Adligen Petrus Tobiássy zum Erbgräfen von H. ernannte. Der Widerstand der Bevölkerung mündete nach verschiedenen Schlichtungsversuchen schließlich in die Ermordung Tobiássys im Jahr 1528 (Nussbächer, S. 69).

Ausgabe. Urkundenbuch zur Geschichte der Deutschen in Siebenbürgen, hg. v. F. Zimmermann u. a., Bd. 2, 1897.

Literatur. G. Nussbächer, Aus Urkunden und Chroniken, Bd. 1, 1981; H. Fabini, Atlas der siebenbürgisch-sächsischen Kirchenburgen und Dorfkirchen, Bd. 1, 1998; E. Amlacher, Wehrbauliche Funktion und Systematik siebenbürgisch-sächsischer Kirchen- und Bauernburgen, 2002.

Cora Dietl

Holzmengen (**Hozman**, Holcmány)

Die Paulskirche von H. wurde um 1275 erbaut (Amlacher, S. 283); die erste Erwähnung des Orts stammt allerdings erst aus dem Jahr 1318 (Urk. Nr. 352). Dort ist H. als zur → Hermannstädter Ladislauspropstei gehörig ausgewiesen. Nach einer kompletten Zerstörung des Dorfs unter dem Woiwoden Vlad III. im Jahr 1456 (Fabini, S. 301) wurde das Dorf Ende des 15. Jh.s neu besiedelt. Um 1500 ist es erwähnt als freie Gemeinde des Stuhls Leschkirch mit einem Schulmeister (Berger, S. 56).

Ausgabe. Urkundenbuch zur Geschichte der Deutschen in Siebenbürgen, hg. v. F. Zimmermann u. a., Bd. 1, 1891.

Literatur. A. Berger, Volkszählung in den 7 und 2 Stühlen, im Bistritzer und Kronstädter Distrikte vom Ende des XV. und Anfang des XVI. Jahrhunderts, KVSL 17 (1894), S. 49–76; G. Nussbächer, Aus Urkunden und Chroniken, Bd. 1, 1981; H. Fabini, Atlas der siebenbürgisch-sächsischen Kirchenburgen und Dorfkirchen, Bd. 1, 1998; E. Amlacher, Wehrbauliche Funktion und Systematik siebenbürgisch-sächsischer Kirchen- und Bauernburgen, 2002.

Cora Dietl

Honigberg (**Hărman**, Szászhermány, Mons Mellis)

Dass ein **Prämonstratenserkloster** in H. existierte, geht aus einem Visitationsbericht des Fridericus von Hamborn 1234/35 hervor (Urk. Nr. 9003). Es hat keine weiteren Spuren hinterlassen. Im Jahr 1240 verlieh König Béla IV. dem **Zisterzienserorden** das Patronat über vier ehemalige Deutschordenskirchen im Burzenland, darunter auch über die Kirche von H. (Nussbächer, S. 99; Urk. Nr. 76). Es handelt sich hierbei wohl um die St. Nikolauskirche, die im 13. Jh. begonnen, im zisterziensischen Stil fertiggestellt und im 15. Jh. zur Kirchenburg ausgebaut wurde (Fabini, S. 308f.; Amlacher, S. 289). Reste einer Ausmalung aus dem späten 15. Jh. sind erhalten (Amlacher, S. 292). Über das weitere Wirken und den Verbleib der Zisterzienser in H. ist sonst nichts dokumentiert.

Im Jahr 1377 ist die Ortschaft H. als eine von 13 freien Gemeinden, die gemeinsam mit → Kronstadt eine Gerichts- und Verwaltungseinheit bildeten (Urk. Nr. 1085), erwähnt. Mehrfach ist die enge Verbindung zwischen Kronstadt und H. dokumentiert, u. a. im Zusammenhang mit dem Türkeneinfall 1421, unter dem beide Gemeinden stark litten (Urk. Nr. 1898). Spätestens nach dem Wiederaufbau der Ortschaft scheint die St. Nikolaikirche frei von Einflüssen der Zisterzienser gewesen zu sein. Auf Aufforderung des Königs Sigismund wurde 1427 Hofkaplan Martin Nikolai von → Winz zum Pfarrer von H. gewählt (Urk. Nr. 1990); 1457 ist Caspar Berwart als neuer Pleban der Nikolauskirche bezeugt (Urk. Nr. 3089); um 1500 ist der ehem. H.er Pleban Simon Göbel († 1506) Mitglied des Kapitels von → Kronstadt. Eine Schule in H. ist 1510 erstmals erwähnt (Fabini, S. 395); bis 1525 studierten 9 Abgänger dieser Schule in Wien (Philippi, S. 194).

Ausgabe. Urkundenbuch zur Geschichte der Deutschen in Siebenbürgen, hg. v. F. Zimmermann u. a., 1892–1991.

Literatur. M. Philippi, Kronstädter und Burzenländer Studenten an der Wiener Universität 1382–1525, in: Beiträge zur Geschichte von Kronstadt in Siebenbürgen, hg. v. P. Philippi, 1984, S. 179–224; H. Fabini, Atlas der siebenbürgisch-sächsischen Kirchenburgen und Dorfkirchen, Bd. 1, 1998; G. Nussbächer, Aus Urkunden und Chroniken. Beiträge zur siebenbürgischen Heimatkunde, Bd. 3, 1990; E. Amlacher, Wehrbauliche Funktion und Systematik siebenbürgisch-sächsischer Kirchen- und Bauernburgen, 2002.

Cora Dietl

Hundertbücheln (**Movile**, Szászhalom, Centumcollis)

Bereits um 1180 dürfte H. von dt. Siedlern gegründet worden sein. Eine erste Kirche entstand vermutlich um 1225 (Amlacher, S. 295). Erstmals erwähnt ist das Wehrdorf *Hundertpuch* 1355 (Urk. Nr. 694). Im 14./15. Jh. ist der Ort mehrfach bezeugt, nicht nur in Hattertsstreitigkeiten: König Ludwig I. hielt sich 1368 einige Zeit in der Nähe der Ortschaft auf.

Zwei der **Plebane** von H. verdienen eine Erwähnung: Stephan Sutoris aus → Großschenk hatte in Wien studiert und dort 1454 den Magistertitel erworben. Nach einem Jurastudium kam er nach → Hermannstadt und wurde dort Schulrektor, bis er 1457 Pleban von H. und 1461 Dechant des Kapitels in Kosd (Reps) wurde. Spätestens 1469 war er wieder an der Universität Wien, wo er als Prokurator der Ung. Nation bezeugt ist (NUSSBÄCHER, S. 52). Pleban Nikolaus ist 1475 erwähnt, als auf sein Betreiben hin die Michaelkirche in H. das Ablassrecht erhielt (Urk. Nr. 4080), um damit den spätgotischen Ausbau der Kirche zu finanzieren.

Um 1500 ist in H. eine Schule erwähnt (BERGER, S. 66, FABINI, S. 311). Einer ihrer Schüler war vermutlich Antonius Pauli *de Centum cumulis*, der sich 1506 an der Universität Krakau (PL) immatrikulierte (NUSSBÄCHER, S. 54).

Ausgabe. Urkundenbuch zur Geschichte der Deutschen in Siebenbürgen, hg. v. F. ZIMMERMANN u. a., 1892–1991.

Literatur. A. BERGER, Volkszählung in den 7 und 2 Stühlen, im Bistritzer und Kronstädter Distrikte vom Ende des XV. und Anfang des XVI. Jahrhunderts, KVSL 17 (1894), S. 49–76; G. NUSSBÄCHER, Aus Urkunden und Chroniken, Bd. 2, 1985; H. FABINI, Atlas der siebenbürgisch-sächsischen Kirchenburgen und Dorfkirchen, Bd. 1, 1998; E. AMLACHER, Wehrbauliche Funktion und Systematik siebenbürgisch-sächsischer Kirchen- und Bauernburgen, 2002.

CORA DIETL

Jakobsdorf (**Iacheşdorf**, Iacobeni, Jakabfalva, Villa Jacobi)

Das wohl im 12. Jh. von dt. Siedlern gegründete Dorf (AMLACHER, S. 299) ist 1309 erstmals erwähnt, im Kontext eines Zehntprozesses sächs. Dörfer gegen den → Bischof von Siebenbürgen in Weißenburg (Urk. Nr. 314, S. 240). 1374 ist J. als freie Gemeinde des Königsbodens im Stuhl Schenk nachgewiesen (Urk. Nr. 1034) und um 1500 ist eine Schule im Ort erwähnt (BERGER, S. 66f.; FABINI, S. 190).

Ausgabe. Urkundenbuch zur Geschichte der Deutschen in Siebenbürgen, hg. v. F. ZIMMERMANN u.a., 1892–1991.

Literatur. A. BERGER, Volkszählung in den 7 und 2 Stühlen, im Bistritzer und Kronstädter Distrikte vom Ende des XV. und Anfang des XVI. Jahrhunderts, KVSL 17 (1894), S. 49–76; H. FABINI, Atlas der siebenbürgisch-sächsischen Kirchenburgen und Dorfkirchen, Bd. 1, 1998; E. AMLACHER, Wehrbauliche Funktion und Systematik siebenbürgisch-sächsischer Kirchen- und Bauernburgen, 2002.

CORA DIETL

Katzendorf (**Caţa**, Kaca, Villa Felium)

Die St. Nikolauskirche in K. dürfte in der ersten Hf. des 13. Jh.s erbaut worden sein. Sie weist zisterziensische Merkmale auf (NUSSBÄCHER, S. 65; AMLACHER, S. 127). Der Ort selbst ist erst im 15. Jh. mehrfach bezeugt, als freie Gemeinde der → Hermannstädter Provinz. 1440 ist ein *Johannes, plebanus de Kacza* erwähnt (Urk. Nr. 2387), um 1500 eine Schule in K. (BERGER, S. 59).

Ausgabe. Urkundenbuch zur Geschichte der Deutschen in Siebenbürgen, hg. v. F. ZIMMERMANN u.a., Bd. 5, 1975.

Literatur. A. BERGER, Volkszählung in den 7 und 2 Stühlen, im Bistritzer und Kronstädter Distrikte vom Ende des XV. und Anfang des XVI. Jahrhunderts, KVSL 17 (1894), S. 49–76; G. NUSSBÄCHER, Aus Urkunden und Chroniken, Bd. 1, 1981; H. FABINI, Atlas der siebenbürgisch-sächsischen Kirchenburgen und Dorfkirchen, Bd. 1, 1998; E. AMLACHER, Wehrbauliche Funktion und Systematik siebenbürgisch-sächsischer Kirchen- und Bauernburgen, 2002.

CORA DIETL

Keisd (**Saschiz**, Chizdul Săsesc, Szászkézd)

Geschichte. K. war ursprünglich szeklerisch besiedelt. Als im 12./13. Jh. die Szekler ausgesiedelt wurden, zogen die Sachsen nach (FABINI, S. 335f.). Im Rahmen eines Zehntstreits mehrerer sächs. Dörfer gegen den

→ Bischof von Siebenbürgen in Weißenburg im Jahr 1309 ist die Ortschaft erstmals erwähnt (Urk. Nr. 314). K. war demnach Mittelpunkt des Keisder Kirchenkapitels; 1407 ist es als Stuhl erwähnt. Bereits 1366 hatte König Ludwig I. K. eine eigenständige Rechtsprechung zugestanden; dieses Recht ließ sich K. 1419 von König Sigismund bestätigen (Urk. Nr. 2703), um seine Ansprüche gegenüber → Schäßburg durchzusetzen (NUSSBÄCHER 1981, S. 73). Aus dem Kontext der Vorrangstreitigkeiten im Bezirk Schäßburg sind auch zahlreiche Konflikte K.s mit Nachbargemeinden bezeugt (AMLACHER, S. 303).

Von einem gewissen Reichtum des Orts zeugen die verschiedenen **Zünfte** in K. Erstmals erwähnt ist die Kürschnerzunft im Jahr 1478 (NUSSBÄCHER 1981, S. 73). Sie gab sich 1479 Statuten in dt. Sprache (Sibiu, AS, Z U 919, Urk. Nr. 4328). Diese regeln den Zunftzwang und das Handelsrecht, die Aufnahme neuer Zunftmitglieder, die Anstellung von Gesellen, die Fürsorge für die Toten und allgemeine Verhaltensnormen. Für alle Überschreitungen der Zunftregeln sind Strafen in Form von Wachsspenden vorgesehen, *gott czw loeb wnn zend Mychel czw eer*, wodurch eine enge Verbundenheit der Zunft mit dem Erzengel Michael, dem Patron der dt. Bevölkerung, zum Ausdruck gebracht wird. Sie könnte mit dem massiven Widerstand der sächs. Bevölkerung gegen den vom Woiwoden Bertalan Drágffy angeordneten Neubau einer dem Hl. Stephan von Ungarn geweihten Kirche in K. im Jahr 1493 korrespondieren (Urk. Nr. 5377*).

Neben der Kürschnerzunft sind in K. außerdem 1508 eine Schusterzunft und 1553 eine Zunft der Schmiede belegt (NUSSBÄCHER 1981, S. 74). Außerdem ist eine Corpus-Christi-Bruderschaft bezeugt, die im Jahr 1507 ein Ablassrecht zur Finanzierung der ungeliebten Stephanskirche bewirkte (FABINI, S. 336).

Ein Schulmeister ist in K. um 1500 erstmals erwähnt (BERGER, S. 67).

Ausgabe. Urkundenbuch zur Geschichte der Deutschen in Siebenbürgen, hg. v. F. ZIMMERMANN u. a., 1892–1991.

Literatur. A. BERGER, Volkszählung in den 7 und 2 Stühlen, im Bistritzer und Kronstädter Distrikte vom Ende des XV. und Anfang des XVI. Jahrhunderts, KVSL 17 (1894), S. 49–76; G. NUSSBÄCHER, Aus Urkunden und Chroniken. Beiträge zur siebenbürgischen Heimatkunde, 1981; DERS., Aus Urkunden und Chroniken, Bd. 2, 1985; H. FABINI, Atlas der siebenbürgisch-sächsischen Kirchenburgen und Dorfkirchen, Bd. 1, 1998; E. AMLACHER, Wehrbauliche Funktion und Systematik siebenbürgisch-sächsischer Kirchen- und Bauernburgen, 2002.

CORA DIETL

Kerz (**Cârța**, Kerc)

Zisterzienser

Patr.: Hl. Maria — gegr.:1202?–1274

Geschichte. Von König Emericus im Jahr 1202 oder von Béla III. zwischen 1180 und 1190 (vgl. THALGOTT, S. 19) wurde das Kloster K. gestiftet, als Tochterkloster von → Egresch. Durch Schenkungen des Königs und des Zisterziensers Grocelinus aus Pontigny, eines Vertrauten Andreas' II., wurde K. mit umfangreichen Ländereien ausgestattet. Im Jahr 1225/26 erhielt es gemeinsam mit Egresch und Lilienfeld den päpstlichen Auftrag, die Bewegungen des Deutschen Ordens zu beobachten und im Streit zwischen diesem und König Andreas II. zu vermitteln (vgl. HERVAY, S. 112; THALGOTT, S. 24). Nach der Vertreibung des Ritterordens nahm K. eine kulturelle Vorrangstellung in der weitgehend dt. besiedelten Region ein, bis zur Zerstörung des Klosters durch die Mongolen 1241. Nach dem Wiederaufbau stellte König Stephan V. K. unter seinen persönlichen Schutz; Karl I. und Sigismund sprachen entsprechende Zusicherungen aus. Zunehmend aber zeigten sich Mängel in der Klosterführung. Sigismund verbot 1419 dem Abt, den Bewohnern der Klosterdörfer Deutsch-Kreuz, Meschendorf und Klosdorf ungerechte Abgaben aufzuerlegen (Sibiu, AN, Col. doc. med., Serie U. II [Inventar 25], Nr. 61). Wegen seiner Misswirtschaft stand das Kloster 1421 und 1432 den Osmanen unvorbereitet gegenüber und wurde zweimal verwüstet (THALGOTT, S. 28f.). Unter Abt Raimund Bärenfuß aus Wien (1463–74) verschlechterte sich die Klosterdisziplin so weit, dass Matthias Corvinus 1464 eine Oberaufsicht der Sieben Stühle über den Abt verordnete (THALGOTT, S. 42; Sibiu, AN, Col. doc. med., Serie U. II [Inventar 25], Nr. 228) und am 27. 2. 1474 das Kloster schließen und die Abteigüter sowie die Kirche der Gemeinde → Hermannstadt übertragen ließ.

Über den Bildungsstand im Kloster ist wenig bekannt; allein von Abt Michael (1416–39) liegen Nachweise einer Ausbildung am Studium Generale in Wien aus dem Jahr 1432 vor.

Überlieferung. Teile des Archivs des Klosters werden im Stadtarchiv von Hermannstadt aufbewahrt; ein Verzeichnis der Bibliothek des Klosters ist gemeinsam mit einem Verzeichnis der Bibliothek von Hermannstadt aus dem Jahr 1424 (insges. 54 Titel) in einer Aufzeichnung des Plebans von Hermannstadt erhalten (Alba Julia, BB Ms 14–17, vgl. SZENTIVÁNYI, S. 158f.). Aus K. dürften v. a. die in der Liste enthaltenen Werke des Hl. Bernhard stammen (vgl. HERVAY, S. 117).

Literatur. R. SZENTIVÁNYI, Catalogus concinnus librorum manuscriptorum Bibliothecae Batthyányanae, 1958; F. L. HERVAY, Repertorium Historicum Ordinis Cisterciensis in Hungaria, 1984; M. THALGOTT, Die Zisterzienser von Kerz, 1990.

CORA DIETL

Klausenburg (**Cluj-Napoca**, Kolozsvár)

Inhalt. A. Kirchen. B. Stadt. 1. Zunftwesen. 2. Bürger der Stadt.

Ausgrabungen zeugen davon, dass der Ort in der Steinzeit, während der Dakerherrschaft und in der römischen Zeit bewohnt war. Awarische und frühchristliche Funde lassen auf eine frühe Bedeutung K.s aufgrund der Kreuzung von Handels- und Kriegswegen und der Salzvorkommen der Region schließen. Die Ungarn besiegten hier Gelou und gründeten am Ende des 11. Jh.s eine befestigte Siedlung, in die auch deutsche *hospites* eingeladen wurden. Nach dem Mongolensturm wurde K. planmäßig neu aufgebaut. Konflikte mit dem Bischof und der Benediktinerabtei im nahegelegenen → Appesdorf prägten die nächste Zeit. Nach 1316 entwickelte sich die Stadt rasch, als Karl I. Robert ihr die Autonomie verlieh. Die deutschen Bewohner strebten trotz der Enklavenlage die Anbindung der Stadt an die sächsischen Gebietskörperschaften an, die sie 1397 erreichten. 1405 erhielt die Stadt von Sigismund das Recht auf eine Wehrmauer. Die Konflikte mit dem Bistum führten zur Teilnahme der Bürger von K. am Bauernaufstand von 1437, worauf hin K. – zumindest zeitweilig – viele Rechte verlor.

Eine Glanzzeit erlebte K. unter der Herrschaft des hier geborenen Königs Matthias Corvinus, der der Stadt zahlreiche Privilegien und v. a. Einkünfte aus dem Salzhandel zusicherte. 1486 verlieh er K. das → Ofener Stadtrecht (HU), womit die ethnischen Konflikte zwischen den reichen sächsischen Bürgern und der ungarischen Mittelschicht beigelegt werden konnten.

Literatur. E. JAKAB, Kolozsvár története, 3 Bde, 1870–88; J. BALOGH, Márton és György kolozsvári szobrászok, 1934; Istoria Clujului, hg. v. ŞT. PASCU, 1974;

K. GÜNDISCH, Art. Cluj[-Napoca], in: Siebenbürgen, hg. v. H. ROTH, 2003, S. 57–63.

ANDRÁS F. BALOGH

A. Kirchen

Michaelskirche

Patr.: Hl. Michael. — gegr.: 1. Hf. 14. Jh.

Geschichte. Die Ursprünge der K.er Michaelskirche reichen bis in die erste Hf. des 14. Jh.s zurück. Auf den Fundamenten eines älteren Sakralbaus, der St. Jakobs-Kapelle, erbaut, bildet sie den ältesten rein gotischen Kirchenbau in Siebenbürgen. Finanziert wurde die Kirche zum Teil aus Patriziergeldern. Ab der Mitte des 16. Jh.s war die Michaelskirche Wahlort zahlreicher Fürsten von Siebenbürgen (Sigismund Báthory, Sigismund Rákóczi, Gabriel Báthory, Gabriel Bethlen).

Autoren/Werke. Der in → Straßburg am Marosch geborene **Adrian Wolfhard** (1491–1544) war nach seiner Rückkehr vom Studium in Wien 1512, wo er durch sein Preisgedicht auf Maximilian I. Ruhm als humanistischer Dichter erwarb, als Kanoniker in K. und Weißenburg tätig, ab 1520 als Archidiakon in K. und → Generalvikar in Weißenburg (1519/20–44). Aus seiner siebenb. Zeit sind v. a. Briefe und Gelegenheitsdichtung überliefert.

Überlieferung. Im Besitz der Michaelskirche bzw. des an ihr verorteten Archidiakonats befand sich u. a. eine Inkunabel des Hymnars ,**Expositio Hymnorum**'. Dieses zählte zu den beliebtesten und am weitesten verbreiteten liturgischen Hymnenbüchern des hohen und späten Mittelalters. Als Verfasser der zuerst in einer Handschrift des 12. Jh.s aus dem Kloster Rochester belegten Hymnensammlung wird in den einleitenden Worten des Buches ein Hilarius erwähnt. Dieser wird von der Forschung für gewöhnlich mit Hilarius von Orléans (auch von Angers) identifiziert. Von dem dt. Buchdrucker Heinrich Gran im Jahr 1493 in Hagenau gedruckt (GW n0402), gelangte das Hymnar gemeinsam mit weiteren Inkunabeln (Oswaldus' de Lasko ,Sermones de sanctis', Hagenau 1497 und 1499, seinen ,Sermones Pomerii de tempore', Hagenau 1498, sowie Pelbarts de Temesvar ,Sermones Pomerii de sanctis', Hagenau 1499) nach K.

Ausgaben. Adriani Wolfhardi Transsylvani Panegyris ad invictissimvm Caesarem Maximilianvm semper Avgvstvm. Wien: Vietor und Singriener, 1512; Carmen ad praestantissimum artium liberalium magistrum Joachimum Vadianum, in: K. K. KLEIN, Fünf Briefe Adrian Wolfhards, Siebenbürgische Vierteljahrsschrift 57 (1934), S. 289–297.

Literatur. M. DENIS, Wiens Buchdruckergeschichte bis 1560, 1782–1793; B. v. PUKÁNSKY, Geschichte des deutschen Schrifttums in Ungarn. Bd. 1, 1931; R. GERÉZDI, Der Weltruf des Janus Pannonius und die deutsche Vermittlung, in: Studien zur Geschichte der deutsch-ungarischen literarischen Beziehungen, hg. v. L. MAGON u. a., 1969; J. WITTSTOCK, Adrian Wolfhard, ein Verfasser von Gelegenheitsdichtung, in: Die deutsche Literatur Siebenbürgens. Von den Anfängen bis 1848, Hbd. 1, hg. v. J. WITTSTOCK/S. SIENERTH, 1997, S. 117–123.

PAUL SRODECKI/KRISTA ZACH

B. Stadt

B.1 Zunftwesen

In K., einem der wichtigsten Handwerkszentren in Siebenbürgen im Spätmittelalter und seit 1316 eine *civitas* (NIEDERMAIER, S. 103), ist ein reges Gewerbetreiben und Zunftleben belegt. Bis zum 16. Jh. sind hier insgesamt 38 verschiedene Zünfte und Gewerbe nachweisbar (NIEDERMAIER, S. 43).

Die am frühesten bezeugte Zunft in K. ist die der **(1) Kürschner**. Am 24. 3. 1369 regelt Comes Georg, Richter und Rat zu K., die Rechte des Verkaufs von Fellen in K., um die als *concivium* bezeichneten eigenen Kürschner gegen Konkurrenten aus anderen Städten und Regionen zu schützen (Urk. Nr. 924, 1145).

Über hundert Jahre später, 1479, ließ sich die Zunft ihre Privilegien von Rat und Richter der Stadt noch einmal bestätigen (Urk. Nr. 4324, vgl. MOLDT, S. 131). Erst aus dem Jahr 1487 ist eine Satzung der K.er Kürschner überliefert, in dt. Sprache (Urk. Nr. 4759). Sie regelt u. a. die Beiträge für die Zunft, das Verhältnis zwischen Meister, Knecht und Geselle sowie die Ausbildung, die Wiederverheiratung von Witwen von Zunftangehörigen, die Pflichten der Zunftmitglieder zum Totengedenken und zur Teilnahme am christlichen Gemeindeleben (auch an der *passio corporis*, was auf eine Darstellung der Passion am Fronleichnamsfest hinweist), außerdem den An- und Verkauf sowie die Verarbeitung der Felle.

Mit Beginn des 15. Jh.s bildeten die **(2) Goldschmiede** eine der bedeutendsten Zünfte Siebenbürgens. Ihre Geschichte beginnt mit einer Zunftregelung 1376 für die Sieben Stühle (MÜLLER, S. 21). Bedeutende Zentren der Edelmetallverarbeitung (Gold, Silber) waren → Hermannstadt, → Schäßburg, auch → Kronstadt und → Bistritz. K. konnte sich aufgrund seiner günstigen Verkehrsanbindung an Ungarn zu einem bedeutenden Handelsplatz entwickeln. Durch die unmittelbare Unterstellung der Stadt unter die Fürsten Siebenbürgens und deren Protektion gelang es den Goldschmieden, zu den bevorzugten Lieferanten des türkischen Sultans aufzusteigen. Aus heutiger Sicht war die Stadt, v. a. auch durch die Einrichtung einer Münzprägeanstalt, wichtiger als Hermannstadt geworden (HELLER, S. 58). Am 25.10.1473 erteilten Richter und Rat von K. der Goldschmiedezunft ihrer Stadt eine Satzung in dt. Sprache (Urk. Nr. 3975, in Verbindung mit den lat. internen Bestimmungen der Zunft, Urk. Nr. 3974).

Die Zunft der **(3) Lederer** ist 1448 erstmals erwähnt, als ihr die Stadt einen Teich vor der Stadtmauer überließ (Urk. Nr. 2665). Die Zunft war so eng mit der Marienbruderschaft in K. verbunden, dass Matthias Corvinus der Bruderschaft attestierte, dass nur Mitglieder der Bruderschaft Felle und Häute kaufen dürften (Urk. Nr. 3438).

Den **(4) Schlossern** verlieh der Rat am 17.3.1462 eine lat. formulierte Ordnung (Urk. Nr. 3277). 1475 wurde sie noch einmal bestätigt (Urk. Nr. 4034). Sie bezieht sich ausdrücklich auf die Ordnung der Zünfte in → Hermannstadt, → Kronstadt und → Schäßburg, an die sie sich anlehnt.

Ebenfalls in lat. Sprache verfasst ist die Satzung der **(5) Schmiede** aus dem Jahr 1467 (Urk. Nr. 3542), die sich unter den Schutz Marias, des Erzengels Michael (des Patrons der Deutschen) und des Hl. Königs Ladislaus I. stellten. Die Schmiede nahmen auch Vertreter des verwandten Handwerks der Goldschmiedekunst auf, sofern deren Ruf unbeschadet war. Bei der Bestätigung der Zunftordnung im Jahr 1477 (Urk. Nr. 4203) wird der Zunftzwang besonders stark betont, daneben noch einmal die Bindung an Maria, Michael und Ladislaus.

Die Satzung der **(6) Schneider** – auch sie ist in lat. Sprache verfasst – bestätigte der Rat 1475 (Urk. Nr. 4078). Sie legt zunächst die Kriterien für die Aufnahme in die Zunft fest; hier wird besonderer Wert auf den Nachweis der Abstammung gelegt. Des Weiteren werden die Ausbildung im Handwerk, das Verhältnis zwischen Meistern und Gesellen und die Pflichten der Zunftmitglieder geregelt. Bemerkenswert ist die unter Strafandrohung durchgesetzte Pflicht zur Teilnahme an der Fronleichnamsprozession und anderen kirchlichen Festen.

Im Jahr 1479 erteilte der Rat den **(7) Leinenwebern** ihre Satzung (Urk. Nr. 4325), in lat. Sprache. Sie regelt die Aufnahme in die Zunft, die Erziehung und die Heirat mit Angehörigen der Zunft.

Die lat. Ordnung der **(8) Schuster** in K. wurde 1481 vom Rat bestätigt (Urk. Nr. 4393). Sie ist von je zwei dt. und zwei ung. Meistern gegründet worden und stellt keine ethnischen Bedingungen zur Aufnahme, obwohl sie einen Stammbaum der Vorfahren bei der Aufnahme fordert. Sie schreibt die Teilnahme an kirchlichen Feiertagen vor, v. a. am Fronleichnamsfest.

Die **(9) Bogner, Sattler, Schwertfeger, Riemer, Schild- und Pfeilmacher** von K. gaben sich 1484 eine gemeinsame Satzung, die ihnen der Stadtrat am 12. 11. 1484 in lat. Sprache bestätigte (Urk. Nr. 4577). Sie hält sich grundsätzlich an den Rahmen der Vorgaben der 1376 in → Hermannstadt ausgestellten allgemeinen Zunftordnung der siebenb. Zünfte.
Aus dem Jahr 1486 ist eine lat. Bestätigung der Satzung der **(10) Seiler** erhalten (Urk. Nr. 4631), aus dem Jahr 1487 eine dt.-sprachige Ordnung dieser Zunft (Urk. Nr. 4760). In ihr wird festgehalten, wie viele Knechte und wie viele Lehrjungen ein Meister haben darf. Geregelt werden Formalitäten der Ausbildung, Lehrzeiten und Lehrgelder sowie die Teilnahme an den Festen der Hl. Andreas, Fabian, Sebastian und an den Bestattungen von Zunftmitgliedern.

Literatur. F. MÜLLER, Zur Geschichte der sächs. Goldschmied-Zünfte, Sächsischer Hausfreund 27 (1865), S. 18–50; Ș. PASCU, Meșteșugurile din Transilvania pînă în secolul al XVI-lea, 1954: Aurăritul, S. 71–76; Meșteșugul aurăritului, S. 200–218; S. GOLDENBERG, Clujul în sec. XVI. Producția și schimbul de mărfuri, argintarii (aurifabri, eotwes, golsmit etc.), 1958; V. GUY MARICA, Sebastian Hann. Leben und Werk eines berühmten siebenbürgischen Goldschmieds, 1998; I. HELLER, Ungarische und siebenbürgische Goldschmiedearbeiten. Vom Ende des 16. Jahrhunderts bis zum Ende des 19. Jahrhunderts, 2000; G. MITRAN, Arta aurarilor în Transilvania, 2003; P. NIEDERMAIER, Städtebau im Spätmittelalter. Siebenbürgen, Banat und Kreischgebiet (1348–1541), 2004; D. MOLDT, Deutsche Stadtrechte im mittelalterlichen Siebenbürgen, 2009.

CORA DIETL/LIDIA GROSS/RUDOLF WINDISCH

B.2 Bürger der Stadt

B.2.1 Urbanus

um 1522

In einer lat. Urkunde vom 14. 2. 1522, ausgestellt in K., ist ein gewisser **Urbanus** bezeugt, ein K.er Buchhändler, der in eine Streitsache gegen den → Bistritzer Martin Prewsz verwickelt war, in der es um die Bezahlung gelieferter Bücher ging (BR1, Nr. 545).

Literatur. A. BERGER, Urkunden-Regesten aus dem Archiv der Stadt Bistritz in Siebenbürgen. 1203–1570, aus dem Nachlass hg. v. Ernst WAGNER, Bd. 1, 1986.

ANNA-LENA LIEBERMANN

B.2.2 Hans Jordan

um 1520–1529

Auf den Einbanddeckeln und dem Deckblatt einer AT-Übersetzung Luthers aus dem Jahr 1524, ehem. Sign. IX Kc (Sibiu, Brukenthal, Hs 27$_{25}$) hat ein K.er Bürger Hans Jordan, in dessen Besitz sie offensichtlich war, bis 1548 private Einträge hinterlassen. So verzeichnet er hier das Datum seiner Hochzeit in K.: *Jm Jar 1520 bin ich herr Jordan Jn Sibenburgen [ze] Klausenburg erstlich komen, Sirigt meiner hausfrawen an [...]*. Der zweite Eintrag verzeichnet die Geburt der Tochter Hartwig im Jahr 1535 (korrigiert auf 1525). 1529 ist die nächste Tochter Anna geboren.

Literatur. Anmerkungen zur Hs von Martin Scheiner, Zettelkatalog des Brukenthal-Museums, Sibiu.

CORA DIETL

Klausenburg-Appesdorf (**Cluj-Mănăștur**, Kolozsmonostor)

Benediktiner

Patr.: Hl. Maria — gegr.: im 11. Jh.

Geschichte. Das Gründungsdatum des Klosters kann aufgrund der fehlenden Quellenüberlieferung nicht exakt rekonstruiert werden; DINCĂ vermutet aufgrund des Status als königliches Kloster eine Gründung in der zweiten Hf. des 11. Jh.s. Ein Dokument der Königin Elisabeth, Frau König Karls I., aus dem Jahr 1341 (Urk. Nr. 570) belegt die Gründung. Für die Authentizität des Dokuments spricht die Nähe Abt Johanns von A. zu der Königin. Das Dokument steht jedoch im Widerspruch zu anderen Quellen; so wird in einem Dokument von 1263 König Béla I. als Gründer genannt, ein Klosterinventar des Abtes Anton von 1427 will Stephan I. als Stifter des Klosters wissen.

In der Abtei wurde die Aufgabe der Komitatsverwaltung wahrgenommen, die somit im Konflikt mit den bischöflichen Interessen im Umland von Klausenburg stand. Um 1200 versuchten die Benediktiner sich vom Bischof von Siebenbürgen in → Weißenburg zu befreien, was Bischof Adrian mit Waffengewalt verhinderte (vgl. Rusu, S. 34). Unter Bischof Wilhelm (1204–21) setzten sich die Konflikte fort. Schließlich erlangten die Benediktiner von A. päpstliche Sonderrechte und bischöfliche Prärogativen (Mitra und Ring, 1225 gewährt). Dadurch waren sie unmittelbar den Erzbischöfen in → Gran (HU) unterstellt.

Urkunden. Der Konvent von A. bestätigte einige Urkunden, die Rechtslage der Siebenbürger Sachsen betreffend; so wurde 1336 die Verleihung verschiedener Rechte an Klausenburg durch König Karl I., darunter signifikante Gastrechte, vom 19.8.1316 (Urk. Nr. 346) bestätigt. 1369 erfolgte die Bestätigung der Gleichstellung der Sachsen der Stühle → Mediasch, → Markt- und → Kleinschelken hinsichtlich der Rechtspflege, des Kriegsdienstes und der Bewirtung des Königs mit den Hermannstädter Sachsen durch König Ludwig I. (Urk. Nr. 929). Am 16.10.1451 wurde der Übergang der Prädien Fatha, Bochina, Chegew und Thekes in den Besitz der Gemeinden der Sachsen Mettersdorf und → Treppen durch den Vizewoiwoden Markus de Herepe bestätigt (Urk. Nr. 2750); am 22.11.1451 ersuchte der siebenb. Vizewoiwode Georg den Konvent von A. bei der Grenzbegehung ebendieser Prädien im Komitat Doboka, die in den Besitz der Sachsen von Mettersdorf und Treppen übergegangen sind, mitzuwirken (Urk. Nr. 2756). Der Konvent schaltete am 6.12.1451 die Urkunde des siebenb. Vizewoiwoden Georg von 1451 ein und beurkundete die Grenzbegehung der Prädien Chege, Bochonya, Fatha und Thewkes (Urk. Nr. 2757). Johannes Hunyadi bestätigte am 4.1.1452 für die Gemeinden Mettersdorf und Treppen die Urkunde des Konventes von A. von 1451 (Urk. Nr. 2762).

Autoren/Werke. Das A.er **(1)** ‚Graduale Abbatia' (Alba Iulia, BB, Cod. I,1 und I,2) aus dem 15. Jh. enthält lat. liturgische Gesänge, die durchgehend mit Noten versehen sind. Im hinteren Buchdeckel eingeklebt ist ein lat. Evangelistar, zweispaltig in Halbfolioformat. Links zwischen den Spalten notiert ist ein lat. Gebetsanruf an Maria. Das ‚Graduale' besteht aus zwei Bänden und hat sehr große verzierte Initialen (z. T. ausgeschnitten).

(2) Heinrich von Alben wurde 1407 von Sigismund zum Abt des Benediktinerkonvents von A. ernannt (unbestätigt). Im August 1411 wurde er dann vom Gegenpapst Johannes XXIII. als Abt von A. eingesetzt und 1415 durch das Konzil bestätigt. Er konnte über seinen Onkel Eberhard aus der Pfalz glaubwürdige Transskripte gefälschter Urkunden über die Klostergüter erlangen. Außerdem ließ er ein Inventar (vgl. PRT, S. 79) über die Güter, die Einrichtung der Kirche, die Ländereien und die Bücher der Abtei anlegen (vgl. Fedeles, S. 118f.).

Überlieferung. Csapodi (Bd. 3, S. 99–101) erwähnt für die Jahre 1421–27 insgesamt 40 Bücher für den liturgischen Gebrauch und ein Buch über die Fortschritte der kirchlichen Ämter und Personen, die sich im Besitz der Benediktiner befunden haben sollen, sowie für die Jahre 1451–61 ein Exemplar von Gregors ‚Moralia in Iob', eine Hs. der ‚Gesta Romanorum', eine Bibel, einen astronomischen Traktat und weitere liturgische Werke (Csapodi, Bd. 3, S. 169f.). Außerdem werden zwei Graduale, die sich Anfang des 16. Jh.s im Besitz

des Benediktinerklosters befunden haben, erwähnt (CSAPODI, Bd. 1, S. 393).
König Sigismund verfasste angeblich am 2.7.1426 in → Plintenburg einen Brief an den siebenb. Vizewoiwoden Loránd Lépes, der im Klosterarchiv von A. verwahrt wurde. Er enthält die Aufforderung zu Verhandlungen mit dem (siebenb.) Adel und den Sachsen über die Wiederaufnahme des Deutschen Ritterordens in Siebenbürgen zur Türkenabwehr. Weder Original noch Kopien sind erhalten, lediglich eine Edition von KEMÉNY, angeblich auf der Grundlage einer schon zerfallenen Originalurkunde im Archiv des Klosters erstellt. Die Echtheit der Urkunde wird bezweifelt (vgl. GÜNDISCH, S. 401).

Ausgaben. J. KEMÉNY, Archivarische Nebenarbeiten, 1: Die durch König Sigismund im Jahre 1426 beabsichtigte Wiederansiedlung des deutschen Ordens in Siebenbürgen, in: A. KURZ, Magazin für Geschichte, Literatur und alle Denk- und Merkwürdigkeiten Siebenbürgens, Bd. 2/1 (1846), S. 89–99; Urkundenbuch zur Geschichte der Deutschen in Siebenbürgen, hg. v. F. ZIMMERMANN u.a., 1892–1991; Z. JAKÓ, A koloszmonostori konvent jegyzőkönyvei 1289–1526, 1990.

Literatur. PRT, 1912.; SZENTIVÁNYI, 1958 — G. GÜNDISCH, Die Türkeneinfälle in Siebenbürgen bis zur Mitte des 15. Jahrhunderts, Jahrbuch für Geschichte Osteuropas 2 (1937), S. 393–412; Cs. CSAPODI/ K. CSAPODINÉ GÁRDONYI, Bibliotheca Hungarica. Kódexek és nyomtatott könyvek Magyarországon 1526 előtt, Bd. 1, 1988, Bd. 3, 1994; A. DINCĂ, Die Benediktinerabtei von Appesdorf und die mittelalterlichen Anfänge der Siedlung Klausenburg, in: Klausenburg. Wege einer Stadt und ihrer Menschen in Europa, hg. v. U. BURGER/R. GRÄF, 2007, S. 31–39; A. A. RUSU, Alba Iulia. Between Bishopric See and the Capital of the Principality of Transylvania. Übers. von A. M. GRUIA, 2010; T. FEDELES, Pécs (Fünfkirchen). Das Bistum und die Bischofsstadt im Mittelalter, 2011; H. ZIMMERMANN, Der Deutsche Orden in Siebenbürgen. Eine diplomatische Untersuchung, 2011.

ANNA-LENA LIEBERMANN

Kleinschelken (Şeica Mică, Kisselyk, Villa Salchelk)

Erstmals urkundlich erwähnt ist *villa Salchelk* im Jahr 1315 (Urk. Nr. 328). Die Ortschaft war eine freie Gemeinde des Königsbodens; ihre Bewohner genossen laut Verordnung König Karls I. aus dem Jahr 1318 die gleichen Rechte wie die Sachsen von → Hermannstadt (Urk. Nr. 354). Diese rechtliche Gleichstellung mit Hermannstadt wurde bis 1428 mehrfach von den ung. Königen bestätigt. Die Gräfen Alard und Christian erreichten im 14. Jh., dass K. zum Gerichtsstuhl erhoben wurde (NUSSBÄCHER, S. 55f.).
Ein Schulmeister ist in K. im Jahr 1414 dokumentiert, *Petrus rector scholarium de Schelk minor* (Urk. Nr. 1734). Es ist dasselbe Jahr, in dem auch die Katharinenkirche in K. erstmals erwähnt ist (AMLACHER, S. 308) und in dem ein Streit zwischen K. und der Abtei → Egresch ausbrach (Urk. Nr. 1854). Dass die Schule allerdings älter ist, geht daraus hervor, dass sich 1388 *Nicolaus plebanus de Schadschelken* als erster Siebenbürger Sachse an der Universität Wien einschrieb (NUSSBÄCHER, S. 60).

Ausgabe. Urkundenbuch zur Geschichte der Deutschen in Siebenbürgen, hg. v. F. ZIMMERMANN u.a., 1892–1991.

Literatur. A. BERGER, Volkszählung in den 7 und 2 Stühlen, im Bistritzer und Kronstädter Distrikte vom Ende des XV. und Anfang des XVI. Jahrhunderts, KVSL 17 (1894), S. 49–76; G. NUSSBÄCHER, Aus Urkunden und Chroniken, Bd. 2, 1985; H. FABINI, Atlas der siebenbürgisch-sächsischen Kirchenburgen und Dorfkirchen, Bd. 1, 1998; E. AMLACHER, Wehrbauliche Funktion und Systematik siebenbürgisch-sächsischer Kirchen- und Bauernburgen, 2002.

CORA DIETL

Kleinschlatten (**Zlatna**, Zalatna)

In einer am 28.11.1357 in Zagreb (HR) ausgestellten Urkunde gestattet der ung. König Ludwig I. den dt. Bürgern, *hospites* und Bergleuten von K. und ihren Nachkommen auf Ansuchen des Plebans Konrad und des Bürgers Nikolaus Vyner aus *Zalathna* (KAINDL, S. 189), nach allen Rechten und Freiheiten der übrigen Bergwerkstädte in Ungarn zu leben und zu arbeiten (Urk. Nr. 730; vgl. auch ABRUDEANU, S. 237). Dieses Privileg lässt Ludwig I. am 27.1.1365 noch einmal auf Betreiben des Richters Nikolaus, Sohn von Kendet, im Namen der Bürger von K. durch den Erzbischof Nikolaus von → Gran (HU) bekräftigen (Urk. Nr. 825). Zwischen dem 14. und dem 28.2.1391 lässt Ludwigs Nachfolger Sigismund auf Bitten von Janis Prenner, ebenfalls Richter, sowie von Jenslinus Melner und Thomas Wachler die beiden Urkunden seines Vorgängers für die dt. Bergleute von Großschlatten durch den Erzbischof Johannes von Gran bestätigen (Urk. Nr. 1260). Alle drei Urkunden sind in lat. Sprache abgefasst und befinden sich heute im Ung. Nationalarchiv Budapest.

Ausgabe. Urkundenbuch zur Geschichte der Deutschen in Siebenbürgen, hg. v. F. ZIMMERMANN u.a., 1892–1991.

Literatur. I. R. ABRUDEANU, Aurul românesc. Istoria lui din vechime până astăzi, 2006; R. F. KAINDL, Geschichte der Deutschen in den Karpathenländern. Bd. 2: Geschichte der Deutschen in Ungarn und Siebenbürgen bis 1763, in der Walachei und Moldau bis 1774, 1907.

EVA SPANIER

tes oder *alieni* bezeichneten Bergleute genossen Privilegien, die 1291 auf die Deutschen in → Thorenburg übertragen wurden (Urk. Nr. 249). → Klausenburg wurde vermutlich als königliche Burg zum Schutz von K. angelegt (WOLLMANN, S. 65). Im Jahr 1199 ist erstmals das Archidiakonat in K. bezeugt (Urk. Nr. 576).

Der vermutlich aus Megjurača im Kreuzer Komitat (HR) stammende **Johannes Mezerzius** (1470–1517) ist 1496 als Kanonikus in → Weißenburg und 1499 als Sekretär des → siebenb. Bischofs Ladislaus Geréb bezeugt (ÁBEL, S. 376f.). Ab 1504 war er Archidekan von K. (ÁBEL, S. 34). Hier setzte er fort, was er bereits in Weißenburg begonnen hatte: eine Sammlung von Inschriften aus weiten Teilen Siebenbürgens und anderen Orten im ung. Reich, darunter auch aus → Fünfkirchen (HU), → Stuhlweißenburg (HU) und → Ofen (HU). Die Inschriften sind in der Regel gewissenhaft kopiert; Fehler sind v.a. dort zu vermerken, wo Mezerzius nicht selbst vor Ort war, sondern sich auf Abschriften anderer stützte (ÁBEL, S. 75f.). Eine Besonderheit in seiner Sammlung ist seine eigene lat. Grabinschrift, die er 1507 formulierte (ÁBEL, S. 379f.).

Ausgabe. Urkundenbuch zur Geschichte der Deutschen in Siebenbürgen, hg. v. F. ZIMMERMANN u.a., 1892–1991.

Literatur. E. ÁBEL, Johannes Mezerzius, der Begründer der Dacischen Epigraphik, Ungarische Revue 3 (1883), S. 373–383; V. WOLLMANN, Art. Cojocna, in: Siebenbürgen, hg. v. H. ROTH, 2003, S. 65.

CORA DIETL

Kolosch (Kloosmarkt, Salzgrub, **Cojocna**, Kolozs)

Bald nach der ung. Landnahme gehörte K. zu den zentralen Salzförderstellen des westlichen Siebenbürgen; die in den Urkunden als *hospi-*

Kreuzburg (**Teliu**)

Die Kreuzburg am Fluss *Tortillou*, nach der bzw. dem später das Dorf benannt wurde, ist eine Gründung des Deutschen Ordens, zwischen 1211 und 1222 errichtet. Ihren Namen erhielt sie von der Kreuzkirche im nahe gelegenen → Tartlau, zu dessen Stuhl die Burg gehörte.

Deutscher Ritterorden

Geschichte. Der 1198/99 in Akkon gegründete Deutsche Ritterorden konnte im 13. Jh. einen raschen Zuwachs an Einfluss und Besitztümern außerhalb des Heiligen Landes verzeichnen (vgl. BOOCKMANN, Sp. 771). Die Expansion des Ordens wurde besonders durch den 4. Hochmeister, den Thüringer Hermann von Salza (1209–39), vorangetrieben. Ab 1211 sollte der Orden im Auftrag Königs Andreas II. von Ungarn das im Südosten Siebenbürgens gelegene Burzenland vor Übergriffen der ‚heidnischen' Kumanen beschützen. Als der Orden 1225 mit Unterstützung von Papst Honorius III. jedoch versuchte, auf diesem Territorium einen unabhängigen Ordensstaat zu gründen, wurde er von Andreas II. wieder vertrieben (vgl. ZSOLDOS, S. 85). Zwischen 1211 und 1225 erbaute der Deutsche Ritterorden fünf Burgen im Burzenland (K., → Marienburg, Schwarzburg bei Zeiden sowie die Burgen bei → Rosenau und → Kronstadt) und leitete eine Besiedlung des Gebietes ein, v. a. mit Siedlern aus Thüringen. Ab der Mitte des 13. Jh.s verlagerte sich der Schwerpunkt der Expansion des Ordens nach Preußen.

Urkunden. 1211 stellte Magister Thomas, der Kanzler des königlichen Hofes und Propst von → Wesprim (HU), dem Deutschen Ritterorden eine Urkunde (Vatikan, ASV, Reg. Vat. 15) in lat. Sprache aus, die diesem die Hoheit über das schwach besiedelte Burzenland *ultra silvas versus Cumanos* (Urk. Nr. 19) zusichern sollte. Im Westen wurde das Gebiet laut Urkunde durch die Burg Halmagen, im Norden durch den Fluss Alt und im Osten durch den Fluss Tatrang begrenzt, in südlicher Richtung reichte das Gebiet bis zum Burzenländer Gebirge. Um den Grenzschutz, die Mission und die Erschließung des Landes durch Kolonisation und intensive Bewirtschaftung (ARMBRUSTER, S. 278) zu gewährleisten, gewährte König Andreas II. dem Ritterorden zahlreiche Privilegien. So wurden ihm u. a. die Zollabgaben sowie ein Teil der Gold- und Silberfunde des Burzenlandes überlassen. Außerdem durften die Siedler freie Märkte abhalten und ihre Richter selbst wählen, abgesehen davon unterlagen sie allein dem königlichen Gericht. Dem Orden war es gestattet, hölzerne Burgen und Städte zu errichten. Aus diesen Siedlungen entstanden u. a. → Kronstadt und → Marienburg. Mehrere Faktoren dürften es begünstigt haben, dass der noch junge Deutsche Orden für die Verteidigung des ung. Grenzgebietes ausgewählt wurde. Zum einen war das Land wohl schon zuvor von dt. Siedlern bewohnt, zum anderen dürften über Andreas' II. Gattin Gertrud von Andechs-Meranien indirekte Beziehungen zum dt. Adel und zu Hermann von Salza bestanden haben (vgl. SARNOWSKY, S. 29f.).

Wohl aufgrund der erfolgreichen Verteidigung gegen die Kumanen (vgl. ZIMMERMANN 2011, S. 5) erteilte Andreas II. dem Orden 1212 weitere Privilegien, die ihn gegen Abgabenforderungen in Schutz nahmen und den Besitz der K. bestätigten (Urk. Nr. 22). Ein Jahr später erteilte der siebenb. Bischof Wilhelm dem Deutschen Orden ein Zehntprivileg und verzichtete auf die Einsetzung eigener Pfarrer (Urk. Nr. 27). Im Jahr 1222, nach seinem ersten Versuch, den Deutschen Orden aus dem Burzenland zu vertreiben, bestätigte Andreas II. die Privilegien, sicherte dem Orden den Schutz der Krone zu und erweiterte das ihm überlassene Territorium im Süden bis zur Donau (Urk. Nr. 31). Bereits 1223 führten Streitigkeiten zwischen dem Papst und dem siebenb. Bischof dazu, dass Honorius III. diesem verbot, das Burzenland in seine Gerichtsbarkeit einzubeziehen (Urk. Nr. 36) und den Deutschen Orden aufforderte, einen eigenen Dekan einzusetzen (Urk. Nr. 35), was ein Jahr später auch umgesetzt wurde (Urk. Nr. 42). Im gleichen Jahr verbriefte Honorius dem

Deutschen Ritterorden den päpstlichen Schutz und die Freiheit von der Gerichtsbarkeit der ung. Erzbischöfe und Bischöfe (Urk. Nr. 40). Dieses Privileg des Ordens bestätigte er auch gegenüber König Andreas (Urk. Nr. 41). Diese Vorgehensweise des Papstes sowie das Schutzversprechen gegenüber dem nach Unabhängigkeit von der ung. Krone strebenden Deutschen Ritterorden veranlassten Andreas II. 1225 dazu, diesen gewaltsam aus dem Burzenland zu vertreiben. Gleichzeitig setzte die Besiedlung der Region durch Siebenbürger Sachsen ein, die seit 1224 mit eigenen Freiheitsrechten ('Andreanum', → Provinz Hermannstadt) ausgestattet waren (vgl. ZIMMERMANN 1996, S. 7), sowie die friedliche Missionierung der Kumanen durch Andreas' Sohn, den späteren König Béla IV. von Ungarn (vgl. ZSOLDOS, S. 85). Vergeblich appellierten Honorius III. und sein Nachfolger Gregor IX. an Andreas und Béla und versuchten, den Orden wieder in Siebenbürgen zu etablieren (Urk. Nr. 45, 48, 51, 59, 61).

Ausgabe. Urkundenbuch zur Geschichte der Deutschen in Siebenbürgen, hg. v. F. ZIMMERMANN u.a., 1892–1991.

Literatur. A. ARMBRUSTER, Nachspiel zur Geschichte des Deutschen Ordens im Burzenland, Revue Roumaine d'Histoire 18 (1979), S. 277–287; H. BOOCKMANN, Art. Deutscher Orden, LexMA 3 (1986), Sp. 768–777; H. ZIMMERMANN, Siebenbürgen in der europäischen Geschichte, in: Siebenbürgen und seine Hospites Theutonici. Vorträge und Forschungen zur südostdeutschen Geschichte, hg. v. DEMS., 1996, S. 1–22; A. ZSOLDOS, Das Königreich Ungarn im Mittelalter (950–1382), in: Geschichte Ungarns, hg. v. I. G. TÓTH, 2005, S. 47–144; J. SARNOWSKY, Der Deutsche Orden, 2007; H. ZIMMERMANN, Der Deutsche Orden in Siebenbürgen: eine diplomatische Untersuchung, 2011.

CLAUDIA ANSORGE

Kronstadt (**Braşov**, Brassó, Corona)

Inhalt. A. Kapitel. B. Kirchen. C. Klöster. 1. Dominikaner. 2. Prämonstratenserinnen. 3. Zisterzienserinnen. D. Geistliche Bruderschaften. E. Stadt. 1. Rathaus. 2. Lateinschule. 3. Zunftwesen. 4. Bürger der Stadt.

Die Gründung K.s erfolgte im Jahr 1211 durch König Andreas II., der das Burzenland durch den Deutschen Orden erschließen ließ. Die drei Siedlungskerne Bartholomä (obere Vorstadt), Martinsberg (Altstadt) und Corona (Innenstadt) entstanden. Von Anfang an kam K. ökonomische und geistliche Zentrumsfunktion zu, während der Deutsche Orden das militärische Zentrum in → Marienburg anlegte. 1225 vertrieb Andreas II. den Deutschen Orden wieder aus dem Burzenland, als dieser eine eigene Herrschaft aufbaute. Von nun an war K., wie das ganze Burzenland, dem Szeklergrafen unterstellt; die dt. Siedlungen (Corona, Bartholomä und 13 weitere freie Orte) behielten jedoch ihren kirchlichen und administrativen Sonderstatus. Die erste Nennung der Stadt als *Corona* ist 1235 belegt (NUSSBÄCHER, S. 121). 1336 erteilte der → Graner (HU) Erzbischof K. eigene Gerichtsbarkeit in kirchlichen Angelegenheiten (vgl. FABINI, S. 413). 1353 erhielt K. von König Ludwig I. einen grundlegenden Freibrief, 1364 das Jahrmarktrecht, 1369 das Stapelrecht und 1422 das Hermannstädter Recht und einen eigenen Stadtrichter; es wurde Teil der sächs. Nation. Um das Jahr 1500 zeichnet sich eine Trennung der drei Stadtbezirke ab. Die sächs. Kaufleute und Handwerker zogen sich in die befestigte innere Stadt zurück, verfügten über politische Rechte und regierten Stadt und Distrikt. Die freien sächs. Bauern hingegen lebten in Bartholomä und Martinsberg, genossen jedoch nicht die gleichen Rechte wie die Innerstädtischen.

Literatur. F. KILLYEN, Die Anfänge der Stadtwerdung Kronstadts, in: Beiträge zur Geschichte von Kronstadt in Siebenbürgen, hg. v. P. PHILIPPI, 1984, S. 35–90; M. PHILIPPI, Die Bevölkerung Kronstadts im 14. und

15. Jh., ebd., S. 91–155; G. Nussbächer, Aus Urkunden und Chroniken, Bd. 3, 1990; H. Fabini, Atlas der siebenbürgisch-sächsischen Kirchenburgen und Dorfkirchen, Bd. 1, 1998, S. 412–414; H. Roth, Art. Braşov, in: Siebenbürgen, hg. v. dems., 2003, S. 37–43; A. Franke, Städte im südlichen Siebenbürgen. Zehn kunsthistorischen Rundgänge, 2010, S. 41–94.

Anna-Lena Liebermann

A. Kapitel

gegr.: 1. H. 13. Jh.

Der Zusammenschluss der freien dt. Gemeinden des Burzenlandes war zunächst dem Patronat des Deutschen Ordens unterstellt. Im Auftrag von Papst Honorius III. wurde 1223 ein vom Orden vorgeschlagener Archipresbyter oder Dekan an die Spitze dieses Zusammenschlusses gesetzt (Urk. Nr. 35). Der Papst übertrug die geistliche Gerichtsbarkeit über die Geistlichkeit dem Dekan und entzog sie ausdrücklich dem Bischof von Siebenbürgen (Urk. Nr. 39). Nach der Vertreibung des Deutschen Ordens konnte der Dekan das Burzenländer Recht auf eine Eigenkirche verteidigen und eine direkte Unterordnung unter den Erzbischof von → Gran (HU) erwirken. Die Burzenländer Geistlichkeit schloss sich daraufhin zu einem Kapitel zusammen (vgl. Killyen, S. 47).

Überlieferung. In einer Sammelhandschrift aus dem Archiv der Schwarzen Kirche, heute AH, I E 144, ist der ‚Liber promptuarij Capituli Brassowiensis' überliefert. Laut Überschrift wurde er 1452 von Georg, Dekan von Kronstadt, *decretorum licentiatus artiumque baccalaureus,* angelegt. Die Hs. enthält neben den 1444 beschlossenen Statuten des Kapitels Abschriften verschiedener Urkunden und Briefe (insbesondere von Petrus *plebanus de Wydenbach*, Dekan von K., der ab 1433/34 in Wien Jura studiert hatte, ID: 2147110794), ein Verzeichnis der *clenodia*, d. h. des bescheidenen Silber- und Kunstschatzes des Kapitels von 1511 (fol. 48ʳ), ein Testament des Simon Göbel, *olim in Montemellis plebani* (→ Honigberg), von 1506 (fol. 52ʳ), die Privilegien des Kapitels von 1493 (fol. 197ᵛ–180ʳ) und die ‚Statuta famulorum' von 1493 (fol. 182ʳ), daneben aus dem 17.–19. Jh. Namenslisten von Priestern des Kapitels und eine nachträglich eingefügte Erklärung der Namen der Burzenländer Gemeinden von Markus Fronius (1709).

Überliefert sind auch Nachweise auf Bücherbesitz einzelner Geistlicher des Kapitels; so sind im Besitz des Diakons Andreas im Jahr 1515 zwei Poetik-Lehrbücher bezeugt, darunter die ‚Margarita Poetica' des Gregor Reisch (Csapodi 1994, S. 231).

Ausgaben. Urkundenbuch zur Geschichte der Deutschen in Siebenbürgen, hg. v. F. Zimmermann, Bd. 1, 1891, Nr. 35, S. 24, Nr. 39, S. 28f.

Literatur. K. Reinerth, Missale Cibiniense. Der Meßritus der siebenbürgisch-sächsischen Kirche im Mittelalter, 1972; F. Killyen, Die Anfänge der Stadtwerdung Kronstadts, in: Beiträge zur Geschichte von Kronstadt in Siebenbürgen, hg. v. P. Philippi, 1984, S. 35–90; Cs. Csapodi/K. Csapodiné Gárdonyi, Bibliotheca Hungarica. Kódexek és nyomtatott könyvek Magyarországon 1526 előtt, Bd. 3, 1994; Quellen zur Geschichte der Stadt Kronstadt, hg. v. J. Gross u. a., Bd. 8/2, 2002; Peter de Weydenpach, RAG.

Cora Dietl

B. Kirchen

Stadtkirche (Schwarze Kirche)

Patr.: Hl. Maria — gegr.: 13. Jh.

Geschichte. Im 13. Jh. wurde in K. eine Steinkirche errichtet, wohl an der Stelle einer älteren Holzkirche. Ende des 14. Jh.s wurde sie durch einen größeren Bau ersetzt (Philippi, S. 91), finanziert durch Spenden der sächs. Bürgerschaft und durch den Verkauf von Ablassbriefen. Die noch im Bau befindliche Kirche wurde 1421 von den Osmanen zerstört. Den Wiederaufbau, der sich bis ins 16. Jh. hinein zog (Fabini, S. 13), unterstützte u. a. Johannes Hunyadi durch Spenden an die Corpus-Christi-Bruderschaft der Marienkirche (Urk. Nr. 2500). An der Innenausstattung der Kirche war vermutlich Veit Stoß d. J. beteiligt, der 1520–24 Mitglied der K.er → Tischlerzunft war (PHILIPPI, S. 57 und 98). Teile der von Matthias Corvinus gestifteten Wandmalereien und das von Johannes Reudel 1472 gestiftete, mit lat. Inschriften versehene Taufbecken sind noch erhalten. Eventuell war auch der Maler Erhard, der 1454 in Wien vom K.er Pleban Johannes Reudel den noch ausstehenden Lohn für seine Arbeiten forderte (Urk. Nr. 2901; PHILIPPI, S. 51), an den Arbeiten in der Kirche beteiligt. In den folgenden Jahrhunderten wurde die Kirche mehrfach beschädigt: durch den Bildersturm, durch zahlreiche Erdbeben und v. a. durch den Stadtbrand von 1689, der ihr den Namen ‚Schwarze Kirche' eintrug.

Die **Plebane** von K. stammten zum Teil aus reichen und einflussreichen Familien und wirkten daher deutlich über die Grenzen der Marienkirche hinaus: **(1) Nicolaus** von → Neustadt etwa, Pleban von K. in den Jahren 1351–66, war gleichzeitig Dechant des Burzenlands, Kanonikus des Bistums von Transsilvanien in → Weißenburg und Hofkaplan König Ludwigs I. (PHILIPPI 1984, S. 213). Später wurde er Bischof von Tinin und dann von → Tschanad. Aus einer einflussreichen K.er Patrizierfamilie stammte der Pleban **(2) Thomas Sander** (1376–1421), der sich für den Ausbau der Marienkirche einsetzte und der (ebenso wie sein Verwandter Antonius Sander) der Corpus-Christi-Bruderschaft der Marienkirche reiche Schenkungen zukommen ließ.

Ab dem Beginn des 15. Jh.s zeigt sich ein deutlicher Anstieg im Bildungsniveau der Plebane. Die Nachfolger Sanders hatten alle vor Amtsantritt in Wien studiert: Johannes Petri (1422–30), Johannes Gut (1430–46) und – sicherlich der bedeutendste unter ihnen – **(3) Johannes Reudel (Rüdel)** (1446–99). Dieser hatte nach dem Studium der Artes in Wien wohl 1446 die Stelle als Pleban angetreten, um 1453–56 zum Jurastudium nach Wien zurückzukehren (ID: 2147108412). Er war 1454/55 Prokurator der ungarländischen Nation an der Universität und unterhielt gleichzeitig diplomatische Beziehungen zum Hof von König Ladislaus V. Postumus in Wien und Prag. Nach Erreichen des Grads eines *bacalaureus decretorum* kehrte er wieder nach K. zurück. Als Pleban in K. vollendete er den Bau der Marienkirche, war aber auch mit diplomatischen Missionen für die Stadt und mit notariellen Aufgaben betraut: Für die direkt neben der Marienkirche gelegene Laurentiuskapelle bezeugte er 1464 die Schenkung einer Mühle durch Katharina Klomp, Witwe des Thomas Roth (Urk. Nr. 3350).

Autoren/Werke. Ein in der Hermannstädter Brukenthalbibliothek unter der Signatur MS 759 verwahrtes lat. **(1) Antiphonar**, eine prächtige, durchgehend in einem fünfzeiligen Notensystem notierte und mit reich verzierten und zum Teil mit Blattgold besetzten Initialen versehene Pergamenthandschrift in Großfolioformat (nach mehrfachem Blattverlust noch 126 Bll.), hat SCHULLERUS (S. 309) auf das späte 14. Jh. datiert (dies deckt sich mit einem Lob König Sigismunds im zweiten Teil des Antiphonars) und aufgrund der „mundartliche[n] Sprachform der dt. Eintragungen wie auch d[er] Tatsache der magyarischen Eintragung" als in der K.er Kirche benutzt lokalisiert. Die dt.-sprachigen Eintragungen (Interlinearglossierungen auf den ersten und letzten Seiten) sind allerdings eher frühneuzeitlichen Datums. Besitzereinträge sind in dem Band erst aus dem 17. Jh. enthalten (*Johannes Schuler* 1650 und *Johannes Conradus* aus → Meschen 1680, vorderes Vorsatzblatt).

Aus K. sind zwei **(2) Gradualia** überliefert, die bezeugen, dass spätestens ab der zweiten Hf. des 14. Jh.s auch hier der Messritus der → Hermannstädter Ladislauspropstei übernommen wurde. Die Gradualia entsprechen dem entsprechenden Teil des ‚Missale

Cibiniense', Redaktion 1. Das ältere (Cor 1, Brașov, AH, PBv I.F. 67) stammt aus der zweiten Hf. des 14. Jh.s. Es zeigt deutliche Überarbeitungsspuren; zahlreiche Blätter sind ausgeschnitten. Auf einem auf der Innenseite des Vorderdeckels aufgeklebten Blatt haben sich in protestantischer Zeit einige Chorleiter verewigt, was bezeugt, dass das Graduale auch noch nach der Reformation in K. verwendet wurde. Die jüngere Hs. (Cor 2, Sibiu, BB, Ms. 759) stammt aus der Zeit um 1500. Sie lag, wie aus Eintragungen hervorgeht, einige Zeit auf der Empore der Corona-Kirche. Nach der Reformation ging sie in den Besitz der ev. Gymnasialbibliothek über (REINERTH, S. 11–14).

Hieronymus Ostermeyer aus → Großscheuern, der wohl ab 1520 in K. wohnhaft war, und spätestens ab 1530 als Organist in der Kirche wirkte, verfasste dort bis zu seinem Tod 1561 eine **(3)** ‚Chronik'. Das heute verlorene Autograph lag noch 1603 in K., als Ratsherr Andreas Hegyes die Chronik abschrieb und fortsetzte (KEMÉNY, S. 4). Da die Jahre 1520–26 in extremer Kürze zusammengefasst sind, ist allerdings anzunehmen, dass Ostermeyer die Niederschrift der Chronik frühestens 1527 begann.

Überlieferung. Die Kirchenbibliothek von St. Maria und die Bibliothek des → Dominikanerklosters wurden im 16. Jh. zur Gymnasialbibliothek zusammengelegt; ein Bibliothekskatalog existiert erst aus dem Jahr 1575. Er umfasst 210 Bände theologischer und liturgischer Literatur in lat. Sprache, darunter auch Werke dt. und österr. Theologen wie Ludolf von Sachsen, Albertus Magnus, Thomas Ebendorfer von Haselbach und Johannes Herolt; eine Zuordnung der Titel zu einer der beiden Bibliotheken ist nur in Einzelfällen möglich (CSAPODI, S. 236–246; SERAPHIN, S. 790). Zur Überlieferung aus der Marienkirche gehört auch die lat. beschriftete, hinter dem Altar in die Wand eingemauerte Grabplatte des Plebans Thomas Sander, die über seine Verdienste um den Neubau der Kirche Auskunft erteilt (PHILIPPI, S. 93f.).

Schule

Eine Schule der Marienkirche ist 1520 erstmals erwähnt, neben der älteren → Lateinschule der Kirche St. Bartolomäus (SERAPHIN, S. 761f.). Sie unterstand zwar der Aufsicht des Plebans, die Stadt hatte aber ein Mitbestimmungsrecht bei der Bestellung der Lehrer (SERAPHIN, S. 762f.).

Ausgaben. Deutsche Fundgruben der Geschichte Siebenbürgens, hg. v. J. KEMÉNY, Bd. 1, 1839; Quellen zur Geschichte der Stadt Brassó, hg. v. J. GROSS u. a., Bd. 4/1: Chroniken und Tagebücher, 1903; Urkundenbuch zur Geschichte der Deutschen in Siebenbürgen, hg. v. F. ZIMMERMANN u. a., 1892–1991; Hieronymus Ostermayer, Erdélyi Krónika 1520–1570, übers. v. P. LŐKÖS, 2005.

Literatur. Cs. CSAPODI/K. CSAPODINÉ GÁRDONYI, Bibliotheca Hungarica. Kódexek és nyomtatott könyvek Magyarországon 1526 előtt, Bd. 3, 1994. — W. SERAPHIN, Kronstädter Schulen vor der Reformation, AVSL 23 (1891), S. 747–797; A. SCHULLERUS, Geschichte des Gottesdienstes in der siebenbürgisch-sächsischen Kirche, AVSL 41 (1928), S. 299–522; K. REINERTH Missale Cibiniense. Der Meßritus der siebenbürgisch-sächsischen Kirche im Mittelalter, 1972; F. KILLYEN, Die Anfänge der Stadtwerdung Kronstadts, in: Beiträge zur Geschichte von Kronstadt in Siebenbürgen, hg. v. P. PHILIPPI, 1984, S. 35–90; M. PHILIPPI, Kronstädter und Burzenländer Studenten an der Wiener Universität 1382–1525, ebd., S. 179–224; M. PHILIPPI, Kronstadt. Historische Betrachtungen über eine Stadt in Siebenbürgen, 1996; H. FABINI, Die Schwarze Kirche in Kronstadt, ²1997; J. GROSS u. a (Hg.), Quellen zur Geschichte der Stadt Kronstadt, Bd. 8/2, 2002, S. XXIVf.; H. ROTH, Kronstadt in Siebenbürgen, 2010; A. FRANKE, Städte im südlichen Siebenbürgen. Zehn kunsthistorische Rundgänge, 2010.

CORA DIETL

C. Klöster

C.1 Dominikaner

Patr.: Hl. Peter und Paul — gegr.: 1. H. 14. Jh. – 1543

Geschichte. Die Gründung eines Dominikanerklosters in K. geht auf einen Beschluss des Generalkapitels von Barcelona 1323 zurück. Wann er tatsächlich umgesetzt und das Kloster errichtet wurde, ist nicht bekannt. Jedenfalls legt die von Nicolaus Cresche und seiner Gattin zugunsten der Dominikaner getätigte Stiftung von 1342 Zeugnis davon ab, dass die Aufbauarbeiten damals noch nicht abgeschlossen waren. Lange Zeit erfahren wir nichts über die Geschichte des Klosters, denn eine urkundliche Überlieferung ist erst etwa 100 Jahre nach der genannten Stiftung wieder zu greifen (vgl. PHILIPPI, S. 230–233, SALONTAI, S. 125–135 und LUPESCUNÉ MAKÓ 2004, S. 355–358). 1455 tritt der Konvent der Observanzbewegung bei (vgl. dazu LUPESCUNÉ MAKÓ 2009). Etwa zur selben Zeit setzt die Aktenüberlieferung im Zentralarchiv des Ordens in Rom ein, die einen Einblick in die personelle Zusammensetzung des Konvents, den Bildungsstand und die Mobilität einzelner Mitglieder ermöglicht (vgl. IVÁNYI, S. 42–59). 1461 vermachte der Wiener Dominikaner Jakob Roderbach der Bibliothek von St. Peter und Paul mehrere Bücher und verfügte, dass auch die K.er Weltgeistlichkeit Zugang zu dieser Donation erhalten soll (ob sich ein Teil dieser Schenkung identifizieren lässt, ist fraglich, denn der von PHILIPPI, S. 232, referierte Aufsatz von SERAPHIN 1890, S. 790f., liefert den entsprechenden Nachweis nicht). 1474 wurde das Dominikanerinnenkloster St. Johannis in K. gegründet und der Seelsorge von St. Peter und Paul unterstellt. Für das Jahr 1533 ist eine klostereigene Buchbinderwerkstatt bezeugt. Um 1543 wurde das Kloster im Zuge der Umsetzung der Reformation in K. aufgelöst (vgl. SALONTAI, S. 135–139, und LUPESCUNÉ MAKÓ 2005, S. 148–150). Der Bibliotheksbestand scheint zusammen mit den Büchern anderer geistlicher Institutionen der Stadt (etwa der Pfarrkirche St. Maria) in den Besitz des von Johannes Honterus 1544 gegründeten ev. Gymnasiums gekommen zu sein (vgl. DINCĂ). Zwar wurde sie im großen Brand von 1689, dem fast die gesamte Gymnasialbibliothek zum Opfer fiel, vernichtet, doch vermittelt der älteste erhaltene Katalog der Gymnasialbibliothek von 1575 (abgedruckt bei GROSS, S. 603–625) einen Überblick darüber, was die Dominikaner am Vorabend der Reformation an Hss. besaßen (manche der im Katalog verzeichneten Hss. sind dominikanischen Charakters) bzw. besessen haben könnten (ausschlaggebend sind dabei die inhaltlichen Übereinstimmungen mit der Bibliothek der Dominikaner aus → Hermannstadt, vgl. GROSS, S. 595, und SIENERTH, S. 66f.). Kodizes volkssprachlichen Inhalts sind im Katalog nicht vertreten.

Autoren/Werke. Ohne Quellenberufung (vgl. allerdings die für den vorliegenden Artikel nur punktuell eingesehene Sammelbibliographie auf S. 432f.) teilt PUKÁNSZKY mit, dass die Dominikaner 1500 ein dt.-sprachiges **(1) Mysterienspiel** in K. zur Aufführung gebracht haben (PUKÁNSZKY, S. 92; zu den im 19. Jh. gesammelten Mysterienspielen, die von der Forschung als Zeugnisse einer bis ins Spätmittelalter zurückreichenden Spieltradition interpretiert werden, vgl. außer ebd. v. a. SIENERTH, S. 58–65).

Im Einbanddeckel eines Rechnungsbuches entdeckte SERAPHIN 1894 die Fragmente eines lat.-dt. Glossars, das sich aufgrund des von SERAPHIN gebotenen Textabdruckes und der quellenkritischen Forschungen von SCHULLERUS als ein Textzeuge der sog. **(2) Vokabulariengruppe ‚Abba – Avis – Abbreviare'** (vgl. SCHNELL 1997 und 1998, ohne diese Hs.) identifizieren lässt (Braşov, AH, I. E. 172; im Wortbestand weitgehend identisch mit Teil C der Vokabularienhs. von → Heltau). Die Hs. wird auf die zweite Hf. des 15. Jh.s datiert und dürfte sprachgeschichtlichen Untersuchungen zufolge in K. entstanden sein (dazu zusammenfassend SIENERTH, S. 72–74). SERAPHIN bringt sie mit einer der beiden städtischen Schulen in Verbindung (SERAPHIN 1894, S. 66), die bei der Bartholomäuskirche (wohl identisch mit der 1388 zum ersten Mal erwähnten Schule) bzw. bei der Pfarrkirche St. Maria (erst seit 1520 greifbar) angesiedelt waren, über deren Unterrichtsgegenstände wir allerdings nichts wissen (vgl. SERAPHIN 1890 und PHILIPPI, S. 227–230 bzw. S. 233f.). Alternativ dazu wird erwogen, das Glossar könnte in der Dominikanerschule K.s in Gebrauch gewesen sein (SCHULLERUS 1907, S. 422; SIENERTH, S. 72), an einem Ort wohlgemerkt, der in den überlieferten Quellen zwar nirgendwo greifbar ist, aber eine bedeutende Bildungsstätte gewesen sein muss (vgl. PHILIPPI, S. 230–233).

Überlieferung. Im Kolophon einer ehemals im K.er Archiv aufbewahrten, heute verschollenen Handschrift der ‚Sermones de tempore' des Jacobus de Voragine (CSAPODI, S. 311) nennt sich mit Datum 1427 der Schreiber *Nicolaus de Vetere Civitate*. Aufgrund eines im 15. Jh. auf einem leeren Blatt nachgetragenen Offiziums vermutet SERAPHIN, dass die Handschrift im Besitz des K.er Dominikanerklosters war (SERAPHIN 1900/01, S. 12). Da die K.er Altstadt sächs. besiedelt war (PHILIPPI, S. 232), dürfte Nicolaus also ein Sachse im Kloster gewesen sein.

PUKÁNSZKY zufolge verfügten die K.er Dominikaner über zwei dt. Kalender, die einer Pergamenths. des 15. Jh.s beigebunden waren, über Fragmente einer dt. Bibelübersetzung vom Ende des 15. Jh.s und eine Hs. mit Psalmenübersetzungen aus der zweiten Hf. des 15. Jh.s (vgl. PUKÁNSZKY, S. 56). Diese Angaben ließen sich nicht verifizieren (vgl. NEMES, S. 181f.), könnten aber unter Umständen in der von PUKÁNSZKY herangezogenen Literatur (vgl. Sammelbibliographie auf S. 428f.) auffindbar sein. Einzig das genannte ‚Vocabularius cum Biblia abbreviata' (PUKÁNSZKY, S. 68) findet sich im oben genannten Katalog der ev. Gymnasialbibliothek von 1575, doch muss offen bleiben, ob es sich um einen Band (Druck? Hs.?) aus dem Bestand des Dominikanerklosters handelt (vgl. NEMES, S. 182).

Literatur. J. GROSS, Zur ältesten Geschichte der Kronstädter Gymnasialbibliothek, AVSL 21 (1888), S. 591–708; F. W. SERAPHIN, Kronstädter Schulen vor der Reformation, AVSL 23 (1890), S. 747–797; DERS., Ein Kronstädter lateinisch-deutsches Glossar aus dem 15. Jahrhundert, AVSL 26 (1894), S. 60–132 (mit Textabdruck); DERS., Eine Kronstädter Handschrift, in: Programm des Evangelischen Gymnasiums zu Kronstadt und der damit verbundenen Lehr-Anstalten, 1900/01, S. 1–14; A. SCHULLERUS, Rez. zu SERAPHIN (1894), KVSL 18 (1895), S. 39–43; A. SCHULLERUS, Zum Kronstädter lateinisch-deutschen Glossar, KVSL 18 (1895), S. 65–68; A. SCHULLERUS, Prolegomena zu einer Geschichte der deutschen Schriftsprache in Siebenbürgen, AVSL 34 (1907), S. 408–425; B. v. PUKÁNSZKY, Geschichte des deutschen Schrifttums in Ungarn, Bd. 1, 1931; B. IVÁNYI, Geschichte des Dominikanerordens in Siebenbürgen und der Moldau, Siebenbürgische Vierteljahrschrift 62 (1939), S. 22–59 und S. 241–256, 63 (1940), S. 25–40 und AVSL 50 (1944), S. 545–572; S. SIENERTH, Geschichte der siebenbürgisch-deutschen Literatur. Von den Anfängen bis zum Ausgang des 16. Jahrhunderts, 1984; M. PHILIPPI, Die Bürger von Kronstadt im 14. und 15. Jahrhundert. Untersuchungen zur Geschichte und Sozialstruktur einer siebenbürgischen Stadt im Mittelalter, 1986; Cs. CSAPODI/K. CSAPODINÉ GÁRDONYI, Bibliotheca Hungarica. Kódexek és nyomtatott könyvek Magyarországon 1526 előtt, Bd. 2, 1993; B. SCHNELL, Art. Vokabulariengruppe Abba/Avis/Abbreviare, ²VL 10 (1997), Sp. 491–493 und ²VL 11 (2004), Sp. 1638; DERS., Zur Überlieferung der lateinisch-deutschen Vokabulare im spätmittelalterlichen Schlesien. Die ‚Vokabulariengruppe Abba/Avis/Abbreviare', in: Studien zu Forschungsproblemen der deutschen Literatur in Mittel- und Osteuropa, hg. v. C. L. GOTTZMANN/P. HÖRNER, 1998, S. 133–148; M. S. SALONTAI, Mănăstiri dominicane din Transilvania, 2002; M. LUPESCUNÉ MAKÓ, A Domonkos Rend középkori erdélyi kolostorainak adattára, Történelmi Szemle 46 (2004), S. 339–384; M. LUPESCUNÉ MAKÓ, Az erdélyi domonkos kolostorok a középkor végén és Bartók Márton 1718. évi jelentései, Erdélyi Múzeum 67 (2005), S. 138–155; M. LUPESCUNÉ MAKÓ, King Matthias and the mendicant orders in Transylvania, in: Matthias and his legacy. Cultural and Political Encounters between East and West, hg. v. A. BÁRÁNY/A. GYÖRKÖS, 2009, S. 323–338; A. C. DINCĂ, The Lost Libraries of Transylvania: Some Examples from the 15th and

16th Centuries, 2009; B. J. Nemes, Mittelalterliche deutsche Handschriften in Rumänien. Erschließung, Katalogisierung und Verwertung für eine regional orientierte Literaturgeschichte (Eine Projektidee), in: Deutsch im interkulturellen Begegnungsraum Ostmitteleuropa, 2009, hg. v. E. W. B. Hess-Lüttich u. a., 2010, S. 169–196.

Balázs J. Nemes

C.2 Prämonstratenserinnen

Patr.: Hl. Corona — gegr.: vor 1235–nach 1290

Um 1235 ist im Verzeichnis der Prämonstratenserklöster ‚Catalogous Ninivensis' (dem Visitationsbericht des Friedrich von Hamborn) ein Frauenkloster in K. bezeugt (Nussbächer 1981, S. 23, Urk. Nr. 9003). Vermutlich erfolgte die erste Besiedlung des Klosters aus der Region Flandern/Aachen, wo der Kult der Hl. Corona verbreitet war (Roth, S. 15); im Gefolge der Schwestern dürften auch Laienschwestern aus dieser Region nach K. gekommen sein und dort das Textilhandwerk eingeführt haben (Killyen 1984, S. 41). Das Kloster überdauerte offensichtlich die Mongolenstürme von 1241, 1278 und 1285, denn um 1290 ist es erneut erwähnt (Prox 1984, S. 6). Im 13. Jh. wurde es als → Kloster St. Katharina von den Zisterzienserinnen übernommen.

Literatur. G. Nussbächer, Aus Urkunden und Chroniken, Bd. 1, 1981; A. Prox, Corona, Kronstadt, Brașov, Brassó. Zur Etymologie und Herkunft des Stadtnamens, in: Beiträge zur Geschichte von Kronstadt in Siebenbürgen, hg. v. P. Philippi, 1984, S. 1–33; F. Killyen, Die Anfänge der Stadtwerdung Kronstadts, ebd., S. 35–90; H. Roth, Kronstadt in Siebenbürgen. Eine kleine Stadtgeschichte, 2010.

Cora Dietl

C.3 Zisterzienserinnen

Patr.: Hl. Katharina — gegr.: vor 1388–ca. 1541

Die *capella* der Hl. Katharina ist 1388 erstmals erwähnt. Sie wurde offensichtlich auf dem Grund des → Prämonstratenserinnenklosters eingerichtet, welches 1235, also vor dem Mongoleneinfall, bezeugt war (Nussbächer, S. 23). Aus einem Brief Papst Innozenz' VII. an den Erzbischof von → Gran (HU) geht hervor, dass die Zisterzienserinnen von St. Katharina zumindest zum Teil dt.-sprachige Bürgerstochter aus K. und Umgebung waren (vgl. Hervay, S. 80f.). Ab 1474 unterstand das Kloster dem Abt von → Kerz. Im Jahr 1542 wurde die *capella*, die in unmittelbarer Nähe der Schwarzen Kirche stand, in eine *schola minor* umgewandelt. Von einer Bibliothek der Zisterzienserinnen ist nichts bekannt.

Literatur. G. Nussbächer, Aus Urkunden und Chroniken, Bd. 1, 1981; F. L. Hervay, Repertorium Historicum Ordinis Cisterciensis in Hungaria, 1984, S. 80–82.

Cora Dietl

D. Geistliche Bruderschaften

Corpus-Christi-Bruderschaft

Die Corpus-Christi-Bruderschaft von K., die ab 1408 bezeugt ist (Urk. Nr. 1635), stand eng mit der → Marienkirche in Verbindung, deren Weiterbau sie unterstützte, und war in einem Teil des Stadtpfarrgebäudes untergebracht (Killyen, S. 74). Ihre Mitglieder waren Patrizier der Stadt.

Ausgabe. Urkundenbuch zur Geschichte der Deutschen in Siebenbürgen, hg. v. F. Zimmermann u. a., 1892–1991.

Literatur. F. Killyen, Die Anfänge der Stadtwerdung Kronstadts, in: Beiträge zur Geschichte von Kronstadt in Siebenbürgen, hg. v. P. Philippi, 1984, S. 35–90.

Cora Dietl

E. Stadt

E.1 Rathaus

Geschichte. Eine oberhalb des Verkaufsstands der → Kürschner eingerichtete Gerichtsstube in K. ist 1420 erstmals erwähnt (Urk. Nr. 1886), dürfte aber bereits früher existiert haben (Nussbächer, S. 65). Sie bildete den Kern des allmählich ausgebauten Rathauses. Ab 1420 wurden dort öffentliche Schriftstücke aufbewahrt; 1476 ist die Verwahrung von Privilegien in einer Lade ebendort erwähnt (Nussbächer, S. 151). Ab dem 16. Jh. ist das Rathaus als Ort kultureller Veranstaltungen belegt, insbesondere zur Fastnachtzeit. In der Ratsstube führten 1520 die Kürschnergesellen ein *ludum*, wohl ein *hastiludum* (Schwerttanz) auf (Herfurth 1886, S. 261), ebenso in der Fastnachtzeit 1522, unterstützt von den Sängerknaben. Theateraufführungen im Rathaus sind erst ab den 1540er Jahren bezeugt (Nussbächer, S. 67).

E.1.1 Ratsherren und Stadtrichter

(1) Petrus Anthonii (Comes, Greb) war nach einem Studium in Wien (Immatr. 1408) von 1428–63 Mitglied des Rats und Mitte des Jahrhunderts mehrfach Stadtrichter (Stenner, S. 104). Seinen großen Besitz (Geld, Kleinodien und Häuser) vermachte er 1463 zu großen Teilen der → Stadtkirche und anderen kirchlichen Einrichtungen. Die erhaltenen lat. Schenkungsurkunden und sein durchaus formelhaftes Testament (Urk. Nr. 3325) zählt Philippi zu den „schönsten literarischen Zeugnissen" der Stadt (Philippi, S. 219).
Unter den Ratsherren von K. ist **(2) Petrus Beer** am häufigsten erwähnt. Er unternahm eine Reihe von Gesandtschaftsreisen für seine Stadt. In einem auf den 6.3.1481 datierten dt.-sprachigen Brief (Urk. Nr. 4390) berichtet er von den diplomatischen Erfolgen, die er gemeinsam mit anderen beim Woiwoden in → K. hatte: die Aufhebung der Maut zwischen Siebenbürgen und der Walachei. Bald nach dem 23.11.1482 berichtet dann der Rat von K. Petrus Beer und Petrus Rewel, die zu dieser Zeit auf diplomatischer Mission waren, in einem dt.-sprachigen Brief von dem Bündnis zwischen Vlad Călugărul, dem Woiwoden der Walachei, und Ali-Beg, sowie von bevorstehenden Verhandlungen Vlad Călugăruls mit Stephan III. dem Großen von Moldau. Vor den Osmanen müsse man sich nur bedingt fürchten, da sie sich untereinander nicht einig seien; als bedenklicher stellt er die Gewalttaten und Raubzüge Törzburger Kastellane gegen Kaufleute in K. und in mehreren Burzenländer Gemeinden dar (Urk. Nr. 4515). Am 6.10.1486 wurde Beer von König Matthias in der Frage von Besitzansprüchen der Sieben Stühle als Beisitzer an das königliche Gericht in → Ofen (HU) gerufen (Urk. Nr. 4680); im November 1486 vertrat er am königlichen Gericht die Sache der siebenb. Gemeinden im Zollstreit gegen den → Bischof von Weißenburg (Urk. Nr. 4678). Als es im Januar 1488 über den Zwanzigsten zu verhandeln galt, forderten der Rat und der Bürgermeister von → Hermannstadt den K.er Rat auf, Petrus Beer in dieser Sache zum königlichen Hof nach Hermannstadt zu entsenden (Urk. Nr. 4765, 4766, 4793). Ab März 1500 ist Beer als Stadtrichter bezeugt. Er war nun wiederholt und erfolgreich in Verhandlungen um den Zwanzigsten verwickelt (Urk. Nr. 6007;* 6017*, 6022*, 6026*). Im Dezember 1500 wandte sich Beer schließlich in einem lat. Brief an den Rat von Hermannstadt und bat um Rechtsauskunft bezüglich des Umgangs mit Falschgeld (Urk. Nr. 6021*). Danach erfahren wir nichts mehr über ihn.

(3) Johannes Schirmer, Sohn des Stadtrichters gleichen Namens, hatte sich 1479 in Wien immatrikuliert, bevor er 1491–1537 Ratsherr und zwischen 1505 und 1522 mehrfach Stadtrichter und schließlich Kastellan von Törzburg wurde (Philippi, S. 219). 1507 wurde er von König Ladislaus II. Jagiello in den Adelsstand erhoben (Philippi, S. 220).
Im Oktober 1479 immatrikulierte sich **(4) Valentin Kraus** (*Valentinus Kraws de Corona*, ID: 2147106096), Sohn einer K.er Patrizierfamilie, an der Universität Wien (Szaivert, S. 173). 1481 erlangte er den Grad eines *baccalaureus artium*, 1488 den Magistergrad und

begann ein Jurastudium, parallel zu seiner Lehrtätigkeit an der Artistenfakultät. Ab 1492 war er Prokurator der ung. Nation. Er pflegte Kontakte mit Konrad Celtis und Hieronymus Balbi (RETZER, S. 203). Im Jahr 1499 kehrte er nach K. zurück. In einem Brief an Konrad Celtis vom 24. 12. 1499 (RUPPRICH, S. 229) schildert er die Umstände der Reise und die gegenüber dem König sehr kritische Stimmung in Ungarn. Kurz darauf, am 25. 2. 1500, schreibt er, er ertrage kaum das Leben *inter meos convices et ceteris Saxonibus barbariores* (RUPPRICH, S. 232), könne aber aus finanziellen Gründen nicht nach Wien zurückkehren und sei daher froh, dass er alle seine Bücher aus Wien mitgenommen habe. Von 1507–35 war Kraus Ratsherr und 1525 Stadtrichter. Mehrfach wurde er mit diplomatischen Missionen betraut (PHILIPPI, S. 221). Über den Verbleib seiner Bibliothek ist nichts bekannt.

E.1.2 Notare und Stadtschreiber

Der erste Notar in K. ist 1388 erwähnt: **(1) Magister Jacobus** *notarius civitatis Coronae* (PHILIPPI, S. 217). In dieser frühen Zeit war der Magistertitel bei K.er Notaren noch der Ausnahmefall; zum Regelfall wird er ab der Mitte des 15. Jh.s. Auch die Stadtschreiber haben zum Teil studiert; Petrus Schram z. B., Schreiber der Stadt K. in den Jahren 1522–29, hatte sich 1496 in die Matrikel der Universität Wien eingetragen (PHILIPPI, S. 218).

Literatur. Siehe unten unter ‚Urkunden'.

CORA DIETL

(2) Lucas Grüngrass wurde um 1500 in → Keisd geboren. Aus seiner Chronik geht hervor, dass er über gute Lateinkenntnisse und auch gewisse Kenntnisse der klassischen lat. Literatur verfügte. Erstmals sicher bezeugt ist er im Jahr 1528, als er in K. seine Chronik abschloss und sie mit *Lucas Grüngrass Kysdensis, notarius*, unterzeichnete, was darauf hinweist, dass er zu diesem Zeitpunkt schon als Stadtschreiber in K. tätig war. Die K.er Stadtrechnungen bestätigen ihn in diesem Amt bis 1550. Zwischen 1527 und 1529 und zwischen 1536 und 1538 ist ein Schulrektor Lucas bestätigt; ob es sich um dieselbe Person handelt, ist nicht gesichert. 1551 wurde Grüngrass zum Pleban in → Tartlau gewählt. Er blieb bis zu seinem Tod 1556 in diesem Amt.

Nach Beendigung einiger Reparaturen am K.er Rathausturm wurde Grüngrass vom Stadtrat beauftragt, eine Chronik über die Ereignisse der Jahre 1526 bis 1528 abzufassen. In der Kurzchronik mit dem Titel ‚**Scheda Memorialis**' zeichnete er lokale wie auch überregionale Ereignisse – wie z. B. die Schlacht von → Mohács (HU) 1526 und ihre Folgen – auf. Die Chronik wurde, gemäß der damaligen Tradition, im Turmknopf am Turmdach versteckt, wo sie 80 Jahre blieb. 1608 wurde die Hs. gefunden und 1610 abgeschrieben. Das Original und die erste Abschrift sind heute nicht mehr erhalten. Im Archiv der Honterusgemeinde und im K.er Staatsarchiv werden acht Abschriften aus dem 18.–19. Jh. aufbewahrt (Braşov, AH, I A 13; IV F 1 Tf. 38; IV F 1 Tq. 148 und IV F 148/IV; Braşov, AN, IV F 153; IV F 39 und IV F 164.). – Als Stadtschreiber verfasste Grüngrass zudem die offiziellen Urkunden und Briefe des Stadtrates sowie verschiedene Stadtrechnungen, für welche er gesondert bezahlt wurde.

Ausgaben. Lucas Grüngrass, Scheda memorialis, in: Quellen zur Geschichte der Stadt Brassó/Kronstadt, Bd. 4, hg. v. G. NUSSBÄCHER/W. SERAPHIN, 1903, S. XC–XCV (Einleitung), S. 523–528 (lat. Text); Lucas Grüngrass, Bericht über die Kirchenvisitation im Jahre 1550, in: Quellen zur Geschichte der Stadt Brassó/Kronstadt, Bd. 5, hg. v. W. SERAPHIN/F. STENNER, 1909, S. XXV–XXVI (Einleitung), S. 132–134 (dt. Text).

Literatur. F. STENNER, Die Beamten der Stadt Brassó (Kronstadt), von Anfang der städtischen Verwaltung bis auf die Gegenwart, 1916; Repertoriul manuscriselor de cronici interne, sec. XV–XVIII, privind Istoria României, hg. v. A. ILIEŞ/I. CRĂCIUN, 1963; A. ARMBRUSTER, Dacoromano-Saxonica. Cronicari români despre sași. Românii în cronica săsească, 1980; G. Nussbächer, Aus der Geschichte des alten Kronstädter Rathauses, in: ders., Aus Urkunden und Chroniken, Bd. 2, 1985, S. 63–73; L. Cîmpeanu, Cele mai vechi cronici săsești din Transilvania. Cronicarii sași din Brașov și scrierile lor în secolul al XVI-lea, Studii și Materiale de Istorie Medie 29 (2011), S. 217–220.

Liviu Cîmpeanu

Urkunden. An den Stadtrichter, den Rat und die Bürgerschaft von K. ist eine Schenkungsurkunde König Sigismunds gerichtet, die zunächst am 19.6.1427 auf Latein ausgestellt (Urk. Nr. 2010) und dann auf Bitten von Gräf Valentin, Michael Seidenschwanz und anderen Ratsmitgliedern von K. am 4.7.1427 noch einmal bestätigt (Urk. Nr. 2013) und im Anhang der Abschrift ins Deutsche übersetzt wurde (Urk. Nr. 2013A). In ihr wird verfügt, dass der Stadt K. als Belohnung für ihre treuen Dienste gegenüber der Krone und dem Reich und als Entschädigung für das durch die Osmanen und die Herrscher der Walachei (Mircea und Radu) verursachte Leid künftig sämtliche Abgaben der Mühlen des K.er Hattert zukommen, die bisher dem Szeklergrafen oder der Törzburg zugefallen waren.

Von den Angelegenheiten des Rats kündigen einige lat. Dokumente, die aus dem 15. Jh. erhalten sind. Am 17.3.1454 etwa berichtet Johannes Reudel, Pleban der K.er → Stadtkirche, der als Gesandter der Stadt in Wien weilte, von der sachsenfeindlichen Politik des Gubernators Johannes Hunyadi, seiner zweifelhaften Haltung gegenüber den Türken und der Konzentration des Königs auf die schwierigen Zustände in Prag und mahnt seine Heimatgemeinde zu besonderer Vorsicht gegenüber möglichen Nachteilen für die Sachsen (Urk. Nr. 2901). Aus dem Jahr 1491 sind (in einer dt. Übersetzung aus dem 18. Jh.) Anordnungen des Rats zur Verteidigung der Stadt im Fall einer künftigen Belagerung erhalten (Schlözer, S. 76–80; Wagner, S. 91–94).

Richter und Rat der Stadt K. waren auch Schaltstelle zwischen der sächs. Bevölkerung und anderen Ethnien. Von Vlad Călugărul, dem Woiwoden der Walachei, liegen verschiedene (v. a. in slawischer Sprache) an den Rat von K. gerichtete Beschwerden vor, die oft Handelsrestriktionen betreffen (Urk. Nr. 4407 u. ö.). Zum Teil in dt. Sprache verfasst ist eine Beschwerde des Vlad Călugărul aus der Zeit zwischen 1486 und 1488, dass sein Diener auf der Rückkehr von einem Pferdekauf in Ungarn bei K. überfallen und ausgeraubt worden sei, als Rache für eine Aggression gegen die K.er Bürger, für die er aber gar nicht verantwortlich sei (Urk. Nr. 4687).

Ausgaben. Hieronymus Balbus, Opera, hg. v. J. v. Retzer, Bd. 1, 1791; Kritische Sammlungen zur Geschichte der Deutschen in Siebenbürgen, hg. v. A. L. v. Schlözer, Bd. 1, 1795; Quellen zur Geschichte der Stadt Kronstadt in Siebenbürgen, hg. v. F. Herfurth u. a., Bd. 1, 1886; Konrad Celtis, Briefwechsel, hg. v. H. Rupprich, 1939; Quellen zur Geschichte der Siebenbürger Sachsen 1191–1975, hg. v. E. Wagner, 1976; Urkundenbuch zur Geschichte der Deutschen in Siebenbürgen, hg. v. F. Zimmermann u. a., 1892–1991.

Literatur. Die Matrikel der Universität Wien, hg. v. W. Szaivert/F. Gall, Bd. 2, 1967. — F. Stenner, Die Beamten der Stadt Brassó (Kronstadt), 1916; F. Killyen, Die Anfänge der Stadtwerdung Kronstadts, in: Beiträge zur Geschichte von Kronstadt in Siebenbürgen, hg. v. P. Philippi, 1984, S. 35–90; M. Philippi, Kronstädter und Burzenländer Studenten an der Wiener Universität 1382–1525. Ein Beitrag zur Sozial- und Kulturgeschichte des Bürgertums von Kronstadt im späten Mittelalter, ebd., S. 179–224; G. Nussbächer, Aus Urkunden und Chroniken, Bd. 2, 1985; Valentin Kraus, RAG.

Cora Dietl

E.2 Lateinschule

gegr.: 14. Jh.

Das älteste Zeugnis einer Schule in K., die wohl der Aufsicht der Kirche St. Bartholomäus unterstellt war (Seraphin, S. 762), ist eine Urkunde aus dem Jahr 1388 (Urk. Nr. 1230), in der von Theodoricus, einem ehemaligen Hilfslehrer der Schule in K., jetzt Rektor der Schule in → Neustadt, die Rede ist. SERAPHIN (S. 754) schließt aus dieser Erwähnung, dass die Schule zu dieser Zeit bereits mindestens drei Lehrkräfte besaß und dass sie deshalb 1388 wohl schon länger bestand. Indirekt zeugen von der Existenz der K.er Lateinschule die Studenten aus K., die sich an ausländischen Universitäten einschrieben. *Johannes Philippi de Corona* trug sich 1385 in die Matrikel der Universität Wien ein; anschließend, bis 1400, studierten vier K.er in Wien. Zu Beginn des 15. Jh. stiegen dann die Zahlen steil; insgesamt ist zwischen 1382 und 1525 eine Summe von 213 K.ern an der Universität Wien bezeugt (PHILIPPI, S. 187). In der Zeit zwischen 1500 und 1522 studierten neun K.er in Krakau (PL); später zog die Universität Wittenberg zahlreiche K.er Studierende an (SERAPHIN, S. 759). Ab 1520 liegen ausführlichere Zeugnisse über die Schule vor. Daraus geht hervor, dass die Lehrer, die spätestens jetzt von der Stadt bestellt wurden, fast alle den Grad eines Baccalaureus und einige den Magistertitel hatten (PHILIPPI, S. 217).

Lehrer. (1) Hieronymus Rewchin (Reiching) war wohl der Sohn des K.er Ratsherrn Johannes Rewchin. Er schrieb sich 1454 zum Studium der Artes in Wien ein, wo er 1456 den Grad das Baccalaureus und 1458 das Lizentiat erwarb. Als Magister Artium wurde er wohl 1464 zum Rektor der städtischen Lateinschule in K. ernannt. Den Posten verließ er 1472, um nach Wien zurückzukehren und sich für ein Studium der Rechtswissenschaft einzuschreiben (ID: 2147104782). Hier war er Prokurator der *Natio Hungarica*. Nach Abschluss des Jurastudiums wurde er 1474 Pleban in → Brenndorf und 1486 Dechant des Burzenländer Kapitels (SERAPHIN, S. 757). Werke Rewchins sind keine bekannt.

Baccalaureus **(2) Michael Fritsch** ist 1514 als *scolasticus* in K. erwähnt; SERAPHIN (S. 761) geht davon aus, dass er spätestens 1506 zum Schulleiter ernannt worden war. Eventuell handelt es sich bei ihm um den *Michael de Corona*, der am 21.10.1503 in die Wiener Matrikel eingetragen wurde (TEUTSCH, S. 173).

(3) Georg Werner war spätestens ab 1521 Rektor der Lateinschule. Er ist vermutlich mit dem *Georgius Transsilvanus de Corona* identisch, der 1516 in Krakau (PL) zum Baccalaureus promoviert wurde (SERAPHIN, S. 769). Er wurde auch von der Stadt und der Kirche als Schreiber eingesetzt; von seiner Hand stammen mehrere Urkunden und Briefe aus dem Kontext der Streitigkeiten um Christianus, Pleban von → Marienburg (SERAPHIN, S. 770). Nach 1523 verschwindet Werner aus den Gehaltslisten der Stadt.

(4) Johannes Kreutz trat in den Jahren 1525–26 (SERAPHIN, S. 771) die Nachfolge Werners an. Er hatte ab 1517 in Wien studiert (TEUTSCH, S. 177) und dort den Grad eines Baccalaureus Artium erworben. Ob er mit dem *Baccalaureus Johannes aus Schlesien* identisch sein könnte, der 1524 provisorisch das Schulleiteramt übernommen hatte, ist fragwürdig (SERAPHIN, S. 771).

Ausgabe. Urkundenbuch zur Geschichte der Deutschen in Siebenbürgen, hg. v. F. ZIMMERMANN u. a., Bd. 2, 1897.

Literatur. G. D. TEUTSCH, Siebenbürger Studierende auf der Hochschule in Wien im 14., 15. und 16. Jahrhundert. Ein Beitrag zur Kulturgeschichte Siebenbürgens, AVSL 10 (1872), S. 164–192; W. SERAPHIN, Kronstädter Schulen vor der Reformation, AVSL 23 (1891), S. 747–797; M. PHILIPPI, Kronstädter und Burzenländer Studenten an der Wiener Universität 1382–1525, in: Beiträge zur Geschichte von Kronstadt in Siebenbürgen, hg. v. P. PHILIPPI, 1984, S. 179–224; G. NUSSBÄCHER, Aus Urkunden und Chroniken, Bd. 7, 2008; Hieronymus Rewchin, RAG.

CORA DIETL

E.3 Zunftwesen

Geschichte. Ab dem 14. Jh. ist in K. die Existenz von Zünften belegt. Das Handwerks- und Zunftwesen war im 15. und 16. Jh. sehr rege;

insgesamt 71 Zunftdokumente sind bis 1526 überliefert, davon 28 in dt. Sprache. Unter diesen Dokumenten befinden sich Mitgliederlisten und interne Vermerke der Zünfte, Anzeigen von Vergehen von oder gegen einzelne Zunftmitglieder, Stiftungen der Zünfte an Kirchen, Statuten der Zünfte, Privilegien und Aufträge, welche den Zünften durch den Woiwoden oder den König zuteil wurden, Briefe und Anordnungen der Könige an die Zünfte (wie z. B. ein Brief König Sigismunds an die K.er Zünfte vom Juli 1428, dass sie neu in K. siedelnde Handwerker aufnehmen sollten; N 4), Briefwechsel zwischen Stadt- und Zunftverwaltung, Bestätigungen und Urteile des Magistrats in Zunftangelegenheiten, zudem Korrespondenz und Abkommen zwischen den Zünften.

Einen besonders interessanten Fall der Korrespondenz über ein einzelnes Zunftmitglied stellt der Fall des Goldschmieds Christoph dar, der im Februar 1512 – jeweils durch Briefe der Zunftoberen dokumentiert (N 44, 45, 49) – von Mitgliedern der Goldschmiedezünfte in → Fünfkirchen (HU) und Szeged (HU) des Diebstahls bezichtigt wurde, sich in Streit verwickelte, schließlich aber die auferlegte Buße bezahlte – und danach aus der K.er Zunft entlassen wurde, wogegen er beim König Einspruch erhob; in einem Schreiben vom 19.3.1513 (N 54) fordert daraufhin Ladislaus II. Jagiello die K.er Goldschmiedezunft auf, Christoph wieder aufzunehmen; den K.er Rat weist er an, dafür Sorge zu tragen, dass seine Aufforderung umgesetzt werde.

Von den dt.- oder mischsprachigen Zunfturkunden und -statuten sind folgende besonders hervorzuheben:

Dokumente. Das **(1) Statut der K.er Kürschner** von 1424 (N2, Brașov, AN, 7/1424, fol. 11) ist weitgehend von einem Zunftschreiber, der von 1424 bis ca. 1450 tätig war, niedergeschrieben, in dt. und lat. Sprache; tendenziell sind eher generelle Regelungen, die sich auch an externe Leser richten, auf Latein formuliert, während die dt. Passagen hauptsächlich interne Detailregelungen betreffen. Zwei spätere Hände (um 1462 bzw. um 1466) haben in dt. Sprache einzelne Artikel nachgetragen oder korrigiert. Die Nachträge beziehen sich v. a. auf aktuelle und regionale Begebenheiten, wie z. B. eine Verschärfung des Verbots, Wildfelle zu verarbeiten (§ 17. 21), oder die Berücksichtigung des → Schäßburger Jahrmarkts im Kalender der Zunft (§ 14).

(2) Statut der Bruderschaft der Schustergesellen von 1463 (N12). Am Altar der Klosterkirche → St. Peter, so heißt es in dem im Nationalarchiv in Brașov (Col. Biserica Neagră, IV, Hd. 24) überlieferten Dokument, ist die Einrichtung der Bruderschaft der Schustergesellen feierlich gestiftet worden. Damit wurde dem Wunsch des Pfarrherrn Johannes Reudel, des Petrus, Pleban von → Weidenbach (ehem. Dekan des K.er → Kapitels), und des K.er Senats entsprochen. Dieser Gründungswunsch schlägt sich auch in der Formulierung der Statuten nieder: Sie zielen auf eine Disziplinierung der jungen Männer und regeln die Bedingungen der Aufnahme und des Verstoßes aus der Bruderschaft.

(3) Statut der Bruderschaft der Schneidergesellen von 1476 (N17). Das dt.-sprachige Statut der Bruderschaft der Schneidergesellen (Brașov, AN, Col. Achiziții – Harald Meschendörfer 1) regelt neben den Abgaben, den Strafen für Fehlverhalten und dem Andenken für Tote auch die Teilnahme der Bruderschaft an der alljährlichen Fronleichnamsprozession in K. Damit ist nicht zuletzt die Sichtbarkeit der Zunft in der Stadt gesichert.

(4) Statut der Bognerzunft von 1505 (N34). Das Statut der Bogner ist indirekt durch die Bestätigung desselben durch den Magistrat der Stadt vom 25.8.1505 (Brașov, AN, fond Primăria Brașov, Col. Privilegii 753) überliefert. Diese Überlieferungslage ist typisch für die Statuten der K.er Zünfte aus dem 16. Jh. Es zeichnet sich inhaltlich dadurch aus, dass es besonderen Wert auf die geregelte Ausbildung junger Handwerker legt und auch Regelungen zum Meisterstück trifft. Dies ist ein Aspekt, der in späteren Zunftordnungen häufiger aufgenommen wird.

(5) Statut der Goldschmiedzunft von 1511 (N40). Das Statut der Goldschmiedezunft, bestätigt durch den Magistrat der Stadt am 24. 1. 1511 (Brașov, AN, Col. Biserica Neagră, IV E 88), ist Zeugnis einer verschärften Abgrenzung der siebenb. Handwerker gegenüber ung. Konkurrenz. Sie regelt in klaren Worten, dass niemand in die Goldschmiedezunft aufgenommen werden solle, der nicht *eelich von rechter kristenlicher Gepwrt*, von frommen, ehrbaren, dt.-sprachigen Eltern sei: *wen man swnst kainen Wnger yn dy Czech awff nympt*.

Im Jahr **1520** wurde ein **(6) Meisterverzeichnis der Tischlerzunft** angefertigt, das Tischler, Maler und Orgelbauer aufführt, darunter auch den Bildschnitzer Veit Stoß d. J., Sohn des gleichnamigen Nürnberger Künstlers. Er ist 1523 Mitglied einer Abordnung, die vom K.er Rat die Bestätigung der Zunftstatuten erwirkte (Brașov, AN, Col. Biserica Neagră, IV Hd 27/1 und IV E 90, vgl. Philippi 1996, S. 56). In beiden Urkunden ist auch ein Maler Gregor erwähnt; er hatte vermutlich eine Ausbildung in Süddeutschland genossen und blieb von 1520 bis zu seinem Tod 1553 in K., wo er in den 1530er Jahren wichtige Bildwerke schuf (Philippi 1996, S. 58f.).

Ausgabe. Deutsche Sprachdenkmäler aus Siebenbürgen, hg. v. F. Müller, 1864, Repr. 1973; Quellen zur Geschichte der Stadt Kronstadt, hg. v. G. Nussbächer/E. Marin, Bd. 9, 2008.

Literatur. M. Philippi, Die Sozialstruktur Kronstadts im Mittelalter, in: Beiträge zur Geschichte von Kronstadt in Siebenbürgen, hg. v. P. Philippi, 1984, S. 156–178; M. Philippi, Kronstadt. Historische Betrachtungen über eine Stadt in Siebenbürgen, 1996.

Cora Dietl

E.4 Bürger der Stadt

E.4.1 Karge Lorenz

† um 1450

Von Karge Lorenz und seiner Ehefrau Margrit ist eine Hinterlassenschaftsordnung überliefert, in der das Erbe auf die Kinder aufgeteilt wird. Das in dt. Sprache verfasste Dokument lässt sich in etwa auf 1450 datieren und stammt der archivalischen Überlieferung nach aus K. (Urk. Nr. 2724).

Ausgabe. Urkundenbuch zur Geschichte der Deutschen in Siebenbürgen, hg. v. F. Zimmermann u. a., Bd. 5, 1975.

Anna-Lena Liebermann

E.4.2 Sebastian Pauschner

nach 1490–1534/38?

Lebensweg. Pauschner stammt aus der Zips, aus der städtischen Oberschicht von Leutschau (SK); sein Vater Fabian Pauschner war dort mehrfach Stadtrichter (Nussbächer). Er studierte ab 1509 (Nussbächer) in Krakau (PL) und beendete – vermutlich dort – sein Studium als Doktor der Medizin. Nach einem nicht näher zu bestimmenden Aufenthalt in Venedig, den er in seinem Pesttraktat (s. u.) erwähnt (*Als ich Zu Venedig bey Sant: Zacharia habe Erfahren*; dazu Nussbächer), war Pauschner zwischen 1524 und 1527/28 Stadtarzt in K. 1528 wurde er auf Lebenszeit auf dieselbe Position in → Hermannstadt berufen; dort blieb er vermutlich bis zu seinem Tod (?) 1534 (Nussbächer, Révész) oder 1538 (Borsa, Cristescu) tätig. Jedenfalls verlieren sich nach 1534 seine Spuren.

Werke. Als Reaktion auf eine 1530 in Siebenbürgen wütende Pestepidemie verfasste Pauschner einen kurzen Pesttraktat (‚Eine kleine Vnterrichtunge: Wie Mann sich halten Soll, In der Zeidt, der ungütigen Pestilentz'), der 1530 in → Hermannstadt von Lucas Trapoldner gedruckt wurde – als eines der ersten in Hermannstadt gedruckten Bücher überhaupt (vgl. BORSA). Der den zeitgenössischen medizinischen Stand spiegelnde Traktat, der sich auffällig häufig auf Autoritäten beruft, ist Johann Schirmer sowie dem Stadtrat und den Einwohnern von K., Pauschners voriger Wirkungsstätte, gewidmet. Die Formulierung der Widmung (*Sebastianus Pauschnerius* [...] *wünschet den Nahmhaftten Wohlweisen Herren Johanni Schirmer, Richter undt Rahtleuten, undt der Stadt Crohn, gnadt undt friedt*) lässt offen, ob Pauschner mit *Richter* Johann Schirmer, der zwar mehrfach Stadtrichter von K. war, nicht aber 1530, oder den damaligen Richter Lukas Hirscher (NUSSBÄCHER) meint. Der Traktat ist nicht im Original erhalten, sondern nur als Abschrift in einer Sammelhs. des 17. Jh.s (Hermannstadt, AN, Ms. varia I, 37–39, S. 501–540; Abdruck bei RÉVÉSZ, S. 286–300).

Vor dem Pesttraktat verfasste Pauschner ein 1513 in Krakau (PL) gedrucktes mathematisches Handbuch (,Linealis calculatio', Krakau: Florian Ungler). Weitere Werke sind nicht bekannt.

Ausgabe. B. RÉVÉSZ, Sebastian Pauschner, ein siebenbürgisch-sächsischer Arzt des 16. Jahrhunderts, Archiv für Geschichte der Medizin 4 (1910/11), S. 282–300.

Literatur. G. BORSA, Die erste Buchdruckerei zu Hermannstadt in Siebenbürgen (1528–1530), Bibliothek und Wissenschaft 3 (1966), S. 1–12; G. NUSSBÄCHER, Beiträge zur Geschichte des Hermannstädter Buchdrucks im 16. Jahrhundert, in: DERS., Aus Urkunden und Chroniken, Bd. 1, 1981, S. 146–153, v. a. S. 148–151; I. CRISTESCU, The medical discourse and the plague epidemics in the late middle ages: A case study: Sebastian Pauschner's ,Kleine Unterrichtung über die Pest' (Sibiu 1530), Xenopoliana 15 (2007/08), S. 36–55.

CHRISTOPH SCHANZE

Magarei (**Pelișor**, Magaré)

M. ist 1357 erstmals erwähnt, als ein Dorf, das dem Gräfen Stephan von → Alzen unterstand (Urk. Nr. 717). Seine Bewohner werden als *hospites* bezeichnet und waren folglich Sachsen (Urk. Nr. 816). Nach dem Aussterben des Gräfengeschlechts fiel das Dorf an die ung. Krone; um 1500 ist es als freier Ort des Stuhles → Leschkirch erwähnt, der über einen Schulmeister verfügte (BERGER, S. 57).

Ausgabe. Urkundenbuch zur Geschichte der Deutschen in Siebenbürgen, hg. v. F. ZIMMERMANN u. a., Bd. 2, 1897.

Literatur. A. BERGER, Volkszählung in den 7 und 2 Stühlen, im Bistritzer und Kronstädter Distrikte vom Ende des XV. und Anfang des XVI. Jahrhunderts, KVSL 17 (1894), S. 49–76; H. FABINI, Atlas der siebenbürgisch-sächsischen Kirchenburgen und Dorfkirchen, Bd. 1, 1998; E. AMLACHER, Wehrbauliche Funktion und Systematik siebenbürgisch-sächsischer Kirchen- und Bauernburgen, 2002.

CORA DIETL

Marienburg im Burzenland (**Feldioara**, Földvár)

1211–25 war M. Sitz des Deutschen Ritterordens (vgl. NUSSBÄCHER, S. 77). Die erste urkundliche Erwähnung der sächs. Gemeinde als *Castrum Sanctae Mariae* ist auf das Jahr 1240 zu datieren (Urk. Nr. 76), als König Béla IV. dem Zisterzienserorden einige Kirchen sowie ehem. Rechte und Einkünfte des Deutschen Ordens überschrieb. M. war Sitz eines Gerichtsstuhls, der die Gemeinden Nußbach, → Rothbach und Heldsdorf inkludierte. 1378 ist M. als Marktort erwähnt (Urk. Nr. 1088), ein Jahr später erließ König Ludwig I. diesbezüglich ein Privileg (Urk. Nr. 1114), das jedoch nie rechtskräftig wurde. 1380 erhielt M. das Asylrecht (Urk. Nr. 1130), 1395 erfolgte die Bestätigung des Wochenmarktprivilegs durch König Sigismund (Urk. Nr. 1362). 1406–15 ist ein Gräf Heinz (*Hench*) als Richter belegt (Urk. Nr. 1558). Im Frühjahr 1427 hielt sich Sigismund längere Zeit in M. auf (vgl. Fabini, S. 446). Bei dem Türkeneinfall 1432 erlitt der Ort großen Schaden, woraufhin 1435 den Bewohnern von Sigismund für eine Dauer von zwölf Jahren die Steuer erlassen wurde. Zudem wird M. in verschiedenen Hattertstreitigkeiten urkundlich erwähnt (vgl. Fabini, S. 446f.).

Urkunden. In einem dt.-sprachigen Brief vom 9.4.1427, in M. ausgestellt, informiert König Sigismund den Hochmeister des Deutschen Ordens Paul von Rusdorf über seine Besprechung mit dem Ordensbruder Niklas Redwitz wegen einer möglichen Wiederberufung des Deutschen Ordens nach Ungarn (Berlin, SA, XX. HA [Hist. StA Königsberg], Ordensbriefarchiv [OBA] Nr. 4738).

Schule

Für das Jahr 1429 ist ein Schulmeister in M. erwähnt: *baccalaureus magister Petrus* (Urk. Nr. 2075), der wahrscheinlich identisch mit dem 1423 in Wien immatrikulierten *Petrus de Mergenburg* (Tonk, Nr. 1951, S. 315) ist (vgl. Nussbächer, S. 76). Für das 15. Jh. lassen sich sechs M.er als Studenten in Wien nachweisen: Mathias Petri de Castro Mariae im Jahr 1411 (Tonk, Nr. 1480, S. 288); Servatius de Mergenburg 1418 (ebd., Nr. 2113, S. 324); Petrus de Mergenburg 1423 (ebd., Nr. 1951, S. 315); Johannes de Castro Mariae 1430 (ebd., Nr. 951, S. 254); Petrus de Merienburg 1437 (ebd., Nr. 1965, S. 316) und Melchior de Castro Mariae 1450 (ebd., Nr. 1567, S. 293) – laut Nussbächer ein Beweis für das kulturelle Niveau M.s jener Zeit.

Literatur. S. Tonk, Erdélyiek egyetemjárása a középkorban, 1979; G. Nussbächer, Aus Urkunden und Chroniken, Bd. 2, 1985; H. Fabini, Atlas der siebenbürgisch-sächsischen Kirchenburgen und Dorfkirchen, Bd. 1, 1998.

Anna-Lena Liebermann

Mediasch (**Mediaş**, Medgyes)

Inhalt. A. Kirchen. B. Stadt.

Um 1100 waren auf dem Gebiet des heutigen M. Szekler als Grenzwächter angesiedelt. Nach deren Abzug Mitte des 13. Jh.s folgten dt. Siedler aus der → Hermannstädter Provinz (1268 erstmals erwähnt). Der Name der Siedlung könnte aus der Übernahme der vorherigen Szekler-Siedlung ‚Medyes' hervorgegangen sein. In der ersten urkundlichen Erwähnung von 1267 (Urk. Nr. 579) wird der Ortsname *Mediesy* verwendet, 1289 der Name *terra Medies* (Urk. Nr. 226). Die ersten dt. Siedler genossen nicht dieselben Freiheiten wie die Siedler auf dem sogenannten Königsboden. 1315 verfügte König Karl I. die Vereinigung der Sachsen von M., → Schelk und → Birthälm mit den Sachsen von → Hermannstadt und verlieh allen die gleichen Freiheiten (Urk. Nr. 342). M. erreichte somit den Status eines Stuhls, also einer eigenen Gerichtsbarkeit und Selbstverwaltung. Am 29.3.1317 stellte Karl die Besitzungen des Bans Simon unter seinen und der Sachsen von M. Schutz (Urk. Nr. 349). 1318 erteilte Karl den Sachsen von M. Privilegien (Urk. Nr. 354), die 1369 durch Ludwig I. bestätigt, gleichzeitig aber auf das Maß der Freiheiten der Sachsen von Hermannstadt eingeschränkt wurden (Urk. Nr. 929). Bestätigt wurde dieses Schreiben durch Königin Maria 1383 (Urk. Nr. 1174), König Sigismund 1387 (Urk. Nr. 1217) und durch den Appesdorfer Konvent 1428 (Urk. Nr. 2035). 1365 gewährte König Ludwig I. den Sachsen von M. das Recht, die von ihnen gewählten Geistlichen durch den siebenb. Bischof ohne vorhergehende Genehmigung des Königs bestätigen zu lassen (Urk. Nr. 833). Das Stadtrecht erlangte M. Ende des 15. Jh.s; der Bau der Stadtmauern erfolgte zwischen 1490 und 1534. Drei M.er Pfarrer mit dt. Namen werden in der Urk. Nr. 203 erwähnt. Belege für eine Schule in M. lassen sich lediglich indirekt aus den Matrikeln der Universität Wien ab 1432 ableiten.

1459 erneuerte die Union der ständischen Nationen Siebenbürgens ihren Bund in M. Das → Weißenburger Kapitel bestätigte die auf dem Generallandtag in M. gefassten Beschlüsse am 3.12.1459 (Urk. Nr. 3198).

Ausgabe. Urkundenbuch zur Geschichte der Deutschen in Siebenbürgen, hg. v. F. ZIMMERMANN u. a., 1892–1991.

Literatur. G. SERVATIUS, Mediasch, die siebenbürgisch-sächsische Stadt an der Kokel, hg. v. der Heimatgemeinschaft Mediasch, 1992; H. FABINI, Atlas der siebenbürgisch-sächsischen Kirchenburgen und Dorfkirchen, Bd. 1, 1998; H. ROTH, Art. Mediaș, in: Siebenbürgen, hg. v. DEMS., 2003, S. 113–115; A. FRANKE, Städte im südlichen Siebenbürgen. Zehn kunsthistorische Rundgänge, 2010.

ANNA-LENA LIEBERMANN

A. Kirchen

Stadtkirche

Patr.: Hl. Margarethe — gegr.: 2. Hf. 13. Jh.

Geschichte. Die laut archäologischen Erkenntnissen in der zweiten Hf. des 13. Jh.s erbaute Kirche wurde bereits zu Beginn des 14. Jh.s durch eine größere ersetzt. Diese wurde ihrerseits mehrfach vergrößert, bevor sie 1447 erstmals urkundlich erwähnt ist; von der spätmittelalterlichen Innenausstattung sind ein Taufbecken mit lat. Inschrift (14. Jh.), Wandmalereien und ein Flügelaltar (um 1485) erhalten (FABINI, S. 15f.).

Autoren/Werke. Im Pfarramtsarchiv von M. wird das sog. **(1) ‚Mediascher Hymnarium'** (SCHULLERUS, S. 310f.) oder ‚Mediascher Prosarium' (REINERTH, S. 14) aufbewahrt (CSAPODI, S. 51: *Sequentionale*, um 1450), eine lat. Hs. für den Gottesdienstgebrauch in der Stadtkirche. Sie besteht aus zwei Teilen, die ursprünglich unterschiedlichen Hs. angehörten. Der erste Teil, den REINERTH (S. 14) auf ca. 1450 datiert, steht dem ‚Missale Cibiniense' der → Hermannstädter Ladislaus-Propstei nahe; der zweite Teil ist etwas jünger und umfasst v. a. Sequenzen zu Heiligenmessen.

Pleban **(2) Anthonius aus Zeiden** († 1442) war im Besitz einer theologischen Hs., die heute in Hermannstadt aufbewahrt wird (Sibiu, BB, Ms 647); in ihr findet sich auf einem vor dem ‚Tractatus Bonaventurae de corpore Christi' und der ‚Postilla Alberti de Padua' eingebundenen nicht nummerierten Blatt der Eintrag: *Registrum libri infrascripti per manus Anthonij sacerdotis in Czeyden Anno domini Millesimo CCCC° 29°*. Unklar bleibt, inwiefern dies Anthonius als Abschreiber der Hs. (TEUTSCH, S. 8) und nicht nur als Schreiber des Inventars derselben bezeugt. Ein weiterer Hinweis auf dem letzten Bl. der Hs., *Per manus Anthonii sacerdotis in Medies in Mönschna. Scripsi ex postillis Alberti de padwa*, bezieht sich wohl auf eine lat. verfasste Klage mit dt. Wörtern über *dy hus/dy stroz/dy felt bettler* hinter der ‚Postilla' und dürfte aus Anthonius' Feder stammen: *Nota, tria genera mendicantium [...]*. Sicher belegt ist aber Antonius' Handschriftenbesitz. Nach seinem Tod hinterließ er sie, wie aus einem Besitzereintrag hervorgeht, Valentin Frenkel: *Item Anno dominj M°CCCC°XLII° In festo vndecim milia virginum obiit dominus Anthonius quondam predicator in Megyes Et legeuit istum librum suarum postillarum pro domino valentino Frenkel perpetuo [...]* (vgl. CSAPODI, S. 73, 276).

Überlieferung. Ein Buchbesitz weiterer Plebane kann nachgewiesen werden: Der Pleban und Dechant Johannes kaufte 1477 in → Kronstadt ein Exemplar des 1474 in Ulm gedruckten ‚De planctu ecclesiae' des Petrus Alavarus (Sibiu, BB, Inc. 285; CSAPODI, S. 106). Pleban Nicolaus stiftete 1518 einer nicht bekannten Marienkirche ein Exemplar des 1498 in Venedig gedruckten ‚Missale Cibiniense' (Sibiu, BB, Inc. 304; CSAPODI, S. 198f.).

Literatur. CS. CSAPODI/K. CSAPODINÉ GÁRDONYI, Bibliotheca Hungarica. Kódexek és nyomtatott könyvek

Magyarországon 1526 előtt, 1993; F. Teutsch, Geschichte des ev. Gymnasiums A.B. in Hermannstadt, AVSL 17, 1882, S. 1–132; A. Schullerus, Geschichte des Gottesdienstes in der siebenbürgisch-sächsischen Kirche, AVSL 41 (1928), S. 229–522; K. Reinerth, Missale Cibiniense. Gestalt, Ursprung und Entwicklung des Meßritus der siebenbürgisch-sächsischen Kirche im Mittelalter, 1972; H. Fabini, Das Kirchenkastell in Mediasch, 2008.

Lidia Gross/Rudolf Windisch/Cora Dietl

B. Stadt

Zunftwesen

Die Überlieferungslage zu den Zünften in M. ist im Vergleich zu anderen siebenb. Städten eher dünn. Um 1468 finden die **(1) Fassbinder** Erwähnung in einem Beschwerdeschreiben der sächs. Fassbinder unter Federführung von → Hermannstadt, dass im ganzen Land die Unsitte herrsche, dass *ander Hantwercker in vnßer Hantwerck greyffen*; es gelte daher, in den Städten auswärtige Fassbinder abzuwehren (Urk. Nr. 3637). Im Jahr 1525 gewährte König Ludwig II. der Zunft den Schutz vor auswärtigen Händlern, während der Stadtrat 1526 den Zunftzwang für Fassbindermeister bestätigte (Werner, S. 7).

In ähnlichem Kontext erfahren wir auch zuerst von den **(2) Schustern** und **(3) Lederern** von M.: König Matthias forderte 1471 mit Verweis darauf, dass die Schuster und Lederer von M. die gleichen Rechte und Freiheiten genössen wie ihre Zunftgenossen in → Hermannstadt (Urk. Nr. 3842), den Rat der Stadt M. auf, die eigenen Handwerker gegen Konkurrenz zu schützen und nicht zuzulassen, dass *sutores et cerdones extranei* ihre Waren auf dem Markt der Stadt verkauften.

Im Dezember 1493 entsprach König Ladislaus II. den Bitten der siebenb. **(4) Kürschner**, indem er die Städte der Sieben und Zwei Stühle, darunter auch M., aufforderte, die alten Rechte dieser Zunft zu schützen und Kaufleuten aus Ungarn und Serbien den Ankauf von Fellen zu verbieten (Urk. Nr. 5353A). Dieser Schutz vor fremden Händlern wurde von den ung. Königen in der Folgezeit mehrfach wiederholt (Werner, S. 24). Schließlich gab sich am 12.7.1505 die **(5) Union der Kürschnerzünfte** der Städte Siebenbürgens (→ Hermannstadt, M., → Schäßburg, → Kronstadt, → Bistritz) in M. gemeinsame Statuten. Sie sind in dt. Sprache verfasst (Sibiu, AN, Z.U. II, Keisd Kürschner nr. 2). Geregelt werden darin die Grundsätze des Beschäftigungsverhältnisses und der Bezahlung von Knechten, Gesellen und Lehrjungen, inklusive Urlaubsregelungen, sowie der Zunftzwang für jede Art von Arbeit mit Fellen. Im Jahr 1512 wurden diese Statuten noch einmal bestätigt (Sibiu, AN, Z.U. II, Keisd Kürschner nr. 3).

Die **(6) Union der Seiler** Siebenbürgens erhielt 1506 in M. ihre Statuten; diese sind heute allerdings nur in einer dt. Abschrift aus dem Jahr 1769 erhalten (Werner, S. 50). Die **(7) Weber** von M. finden Erwähnung, als Ludwig II. 1517 den Webern der Zwei Stühle die gleichen Freiheiten erteilt wie sie die Weber von M. und → Schelk bereits besitzen (Werner, S. 55). Die **(8) Schneider** schließlich sind in den 1520er Jahren erwähnt, als der Rat der Stadt einen deutschsprachigen Vertrag zwischen der Schneiderzunft von M. und den Meistern von → Hetzeldorf bestätigt (Werner, S. 42).

Ausgaben. Urkundenbuch zur Geschichte der Deutschen in Siebenbürgen, hg. v. F. Zimmermann u.a., 1892–1991; Quellen zur Geschichte der Stadt Kronstadt, hg. v. G. Nussbächer/E. Marin, Bd. 9, 1999.

Literatur. V. Werner, Die Mediascher Zunft-Urkunden. Wissenschaftliche Beilage zum Programm des Evangelischen Gymnasiums A. B. in Medgyes (Mediasch), 1909/10.

Cora Dietl

Meschen (**Moşna**, Muzsna)

Im Jahr 1283 ist M., genauer ein Pfarrer *Petrus des Musna*, erstmals erwähnt (Urk. Nr. 203). Zu dieser Zeit muss also bereits eine Kirche in M. bestanden haben. Herbord von M. trat 1315 als einer der Vertreter der Zwei Stühle vor König Karl für Privilegien der Stühle ein (Urk. Nr. 342). 1485 erhielt M. das Jahrmarktsrecht (AMLACHER, S. 325). Ab dem gleichen Jahr bis 1498 wurde die Marienkirche von M. radikal umgebaut. Ein Schreiben des Plebans Johann von 1498 bezeugt, dass die Steinmetzarbeiten der neuen Kirche von *Andreas Lapicida* aus → Hermannstadt stammen; sein Monogramm ist auch an einigen Stellen der Bauplastik im Chor erhalten, datiert auf 1500 und 1501 (FABINI, S. 478). Die Existenz einer Schule in M. ist indirekt bezeugt: Zwischen 1396 und 1520 besuchten 21 M.er die Universität Wien und 4 die Universität Krakau (PL) – so NUSSBÄCHER, S. 81.

Ausgabe. Urkundenbuch zur Geschichte der Deutschen in Siebenbürgen, hg. v. F. ZIMMERMANN u. a., Bd. 1, 1892.

Literatur. G. NUSSBÄCHER, Aus Urkunden und Chroniken, Bd. 2, 1998; H. FABINI, Atlas der siebenbürgisch-sächsischen Kirchenburgen und Dorfkirchen, Bd. 1, 1998; E. AMLACHER, Wehrbauliche Funktion und Systematik siebenbürgisch-sächsischer Kirchen- und Bauernburgen, 2002.

CORA DIETL

Michelsberg (**Cisnădioara**, Kisdisznód, Mons Sancti Michaelis)

Die Michaelskirche in M. gilt als die älteste romanische Kirche Siebenbürgens; sie wurde vermutlich zwischen 1175 und 1223 errichtet (AMLACHER, S. 135), laut TREIBER (S. 41) nach dem Modell oder zumindest in auffälliger Ähnlichkeit mit der Klosterkirche am Georgenberg zu Goslar. Etwa zur gleichen Zeit dürfte das Dorf M. gegründet worden sein, was durch Münzfunde bestätigt wird. Erstmals urkundlich erwähnt ist M. 1223 (Urk. Nr. 38), als König Andreas II. den Ort, der ihm von der → Ladislauspropstei in Hermannstadt überantwortet worden ist, dem Zisterzienser Grocelinus von Pontigny schenkt und dieser ihn der Abtei → Kerz überlässt. Nach der Auflösung von Kerz 1474 wurde M. von König Matthias der → Marienkirche in Hermannstadt überlassen (Urk. Nr. 3985). Zugleich äußerte aber auch → Heltau alte Ansprüche auf die Abgaben der Kirche St. Michael und erhielt schließlich Recht, während die Zuordnung der Marienkirche in M. zu Hermannstadt unumstritten blieb (FABINI 1998, S. 486). Eine Kirchenbibliothek aus M. ist nicht erhalten.

Ausgabe. Urkundenbuch zur Geschichte der Deutschen in Siebenbürgen, hg. v. F. ZIMMERMANN u. a., 1802–1991.

Literatur. G. TREIBER, Mittelalterliche Kirchen in Siebenbürgen, 1971; H. FABINI, Atlas der siebenbürgisch-sächsischen Kirchenburgen und Dorfkirchen, Bd. 1, 1998; H. FABINI, Die Bergkirche in Michelsberg, 2001; E. AMLACHER, Wehrbauliche Funktion und Systematik siebenbürgisch-sächsischer Kirchen- und Bauernburgen, 2002.

CORA DIETL

Mühlbach (**Sebeş**, Szászsebes)

Inhalt. A. Klöster. B. Stadt.

In der ersten Hf. des 12. Jh.s entstand eine Szekler-Siedlung, diese oder ein größeres Gebiet in ihrem Umfeld erhielten die Bezeichnung *Terra Siculorum terrae Sebus* (vgl. MITTELSTRASS, S. 92). Später im selben Jh. gründeten dt. Siedler den Ort M. am gegenüberliegenden linken Ufer des gleichnamigen Baches, der 1203 erstmals als zum Siebenbürg. Bistum in → Weißenburg gehörig erwähnt ist (vgl. ROTH, S. 170). Die *Terra Sebus* war auch Teil des Wirkungsbereiches des ‚Andreanischen Freibriefes' (→ Provinz Hermannstadt) von

1224 (vgl. MITTELSTRASS, S. 88). 1245, nach der Zerstörung im Mongolensturm 1241/42, ist der dt. Ortsname erstmals urkundlich bezeugt (vgl. FABINI S. 503). Ein rascher Anstieg der Bevölkerungszahl im 13./14. Jh. ging mit wirtschaftlichem Wachstum einher. Anfang des 14. Jh.s verfügte M. bereits über eine Münze und über eigene Maßeinheiten (vgl. STREITFELD, Mühlbacher Kirche, S. 84f.). Der M.er Stuhl findet seine erste urkundliche Erwähnung 1308. Im Jahr 1341 erhielt M. das Stadtrecht und 1387 gewährte König Sigismund die Befestigung der Stadt. M. war damit die erste Stadt Siebenbürgens, die sich mit Mauern umgab (STREITFELD, Mühlbacher Kirche, S. 88). Zerstörungen durch die Osmanen seit 1420, bes. nach der Übergabe der Stadt 1438, beendeten die wirtschaftliche Blütezeit für mehrere Jahrhunderte (ROTH, S. 170f.). Auch mehrere umliegende Gemeinden wurden z.T. nachhaltig zerstört (MITTELSTRASS, S. 98f.). So konnte König Matthias 1464 die Freiheit der Stadt beenden und sie an Adlige verleihen (STREITFELD, Mühlbach, S. 211).

A. Klöster

Dominikaner

Patr.: Hl. Bartholomaeus. — 1322–Mitte 16. Jh.

Die ‚Monumenta Ordinis Fratrum Praedicatorum Historica' berichten, dass das Generalkapitel der Dominikaner 1322 die Erlaubnis zur Bildung eines Konvents in M. gab (STREITFELD 1935, S. 62); er wurde wohl noch im gleichen Jahr gegründet (ROTH, S. 171f.). Über den Konvent ist wenig bekannt. Eine Urkunde des Jahres 1368 (Urk. Nr. 919) belegt einen Prior Nikolaus. STREITFELD (1973, S. 35) vermutet, dass spätestens nach der Einrichtung des Generalstudiums der Dominikaner in → Hermannstadt (GÜNDISCH, S. 133) in den anderen siebenb. Konventen Studia particularia eingerichtet wurden. Ob und ab wann ein solches allerdings in M. existierte und ob etwa → Georg von Ungarn diese Schule besuchte (vgl. KLOCKOW, S. 12; Tract. R 1b. 23–27), ist nicht belegt. Ein Verzeichnis der Dominikanerklöster in Siebenbürgen aus dem Jahr 1524 nennt ein relativ kleines Kloster mit sieben Brüdern in M. (STREITFELD 1935, S. 58). Das Kloster wurde in der Reformationszeit aufgelassen oder aufgelöst.

B. Stadt

B.1 Schule

Die M.er Schule wird erstmals in einer Urkunde vom 13.1.1352 (Urk. Nr. 668) erwähnt, die einen *Magister Joannes scholasticus de Sebuus* benennt. Die Schule gehört zu den ältesten und am frühesten bezeugten in Siebenbürgen (vgl. STREITFELD 2011, S. 247). Die nächste Nachricht ist erst der 1481 gedruckt erschienene Bericht des Georg von Ungarn über die Ereignisse von 1438 (STREITFELD 1973, S. 247f.). Allerdings hält es KLOCKOW für wahrscheinlicher, dass hier von der Schule des → Dominikanerklosters die Rede ist (vgl. KLOCKOW, S. 12, sowie Tract. R 1b.23–27). Weitere direkte Belege über die Schule vor 1526 fehlen. STREITFELD weist jedoch auf die starken Urkundenverluste der Stadt in den Türkenkriegen hin und benennt mehrere Personen mit der Herkunftsbezeichnung M. in den Matrikeln der Wiener Universität als Beleg für das weitere Wirken der Schule (STREITFELD 2011, S. 248f.).

Ausgaben. Urkundenbuch zur Geschichte der Deutschen in Siebenbürgen, hg. v. F. Zimmermann u.a., 1892–1991; Georgius de Hungaria, Tractatus de moribus, condictionibus et nequicia Turcorum, hg. u. übers. v. R. KLOCKOW, 1993.

Literatur. G. GÜNDISCH, Klosterschulen im Sachsenland. Ein Studium generale in Hermannstadt am Vorabend der Reformation, KVSL 58 (1935), S. 132–134; T. STREITFELD, Das Mühlbacher Dominikanerkloster, KVSL 58 (1935), S. 58–68; O. MITTELSTRASS, Terra Syculorum terrae Sebus und der Sächsische Unterwald, in:

Zur Rechts- und Siedlungsgeschichte der Siebenbürger Sachsen, hg. v. P. PHILIPPI, 1971, S. 88–110; T. STREITFELD, Wer war der Autor des ‚Tractatus de ritu et moribus Turcorum'?, Forschungen zur Volks- und Landeskunde 16/2 (1973), S. 26–36; H. FABINI, Atlas der siebenbürgisch-sächsischen Kirchenburgen und Dorfkirchen, Bd. 1, 1998; H. ROTH, Handbuch der historischen Stätten. Siebenbürgen, 2003; T. STREITFELD, Die Mühlbacher Schule, in: Mühlbach und der Unterwald. Schriftennachlass Theobald Streitfeld, hg. v. C. ROTHER/V. WOLLMANN, 2011, S. 247–273; T. STREITFELD, Die Mühlbacher evangelische Kirche und ihre mittelalterliche Umwelt, ebd., S. 83–108; T. STREITFELD, Mühlbach, ebd., S. 207–216.

HEINRICH HOFMANN

B.2 Zunftwesen

Von einem regen Gewerbeleben in M. zeugt nicht nur die Tatsache, dass die M.er Zünfte bereits 1375 in die in → Hermannstadt vereinbarten und in lat. Sprache niedergeschriebenen allgemeinen Satzungen der Zünfte der Sieben Stühle (Urk. Nr. 1057) eingeschlossen waren, sondern v. a. auch das 1457 von König Ladislaus V. Postumus gewährte Recht der Stadt, zwei Jahrmärkte und einen Wochenmarkt abzuhalten (Urk. Nr. 3064). Leider sind von den einzelnen Zünften allerdings kaum Dokumente erhalten. Im November 1387 finden die **(1) Weingärtner** von M. Erwähnung, als König Sigismund der Stadt das Recht zugesteht, auf fremde Weine eine Abgabe zu erheben (Urk. Nr. 1219). Ein **(2) Goldschmied** aus M. mit Namen Jakob ist wegen finanzieller Streitigkeiten 1449 in → Hermannstädter (lat.) Gerichtsakten bezeugt. 1468 sind die **(3) Fassbinder** von M. im Kontext des in dt. und lat. Sprache dokumentierten Streits um die Verkaufsrechte der → Schäßburger Fassbinder in anderen sächsischen Städten erwähnt (Urk. Nr. 3637f.). 1497 ist in einem lat. Ratsdokument ein Streit zwischen den M.er Fassbindern und Valentin Doleator aus → Hermannstadt bezeugt, der in Petersdorf, das zum M.er Stuhl gehört, Fässer lagerte und verkaufte (Urk. Nr. 5725*). Die Bestätigung der allgemeinen Zunftordung von 1375 durch Ladislaus II. Jagiello im Jahr 1496 (Urk. Nr. 5628*) auf Betreiben der **(4) Lederer** (Urk. Nr. 5522*) der Sieben Stühle (unter Hermannstädter Federführung) weist wohl auf die Existenz dieser Zunft in M. hin.

Ausgabe. Urkundenbuch zur Geschichte der Deutschen in Siebenbürgen, hg. v. F. Zimmermann u. a., 1892–1991.

CORA DIETL

B.3 Georg von Ungarn (Georgius de Hungaria)

um 1422/23–3.7.1502

Lebensweg. Eine kuriale Quelle vom Anf. des 16. Jh.s, in der Georg als *Georgius Alemanus* bezeichnet wird, legt nahe, dass Georgs Muttersprache das Sächsische war (vgl. KLOCKOW, S. 78–80). Im Alter von ca. 16 Jahren kam er nach M., wo er vielleicht die → Schule der Dominikaner besuchte. Im August 1438 geriet Georg bei der Einnahme der Stadt durch Truppen Sultan Mehmeds II. in Gefangenschaft, wurde versklavt und verbrachte 20 Jahre im osmanischen Reich, bevor ihm die Flucht gelang. Danach trat er dem Dominikanerorden bei und reiste nach Rom, wo er große Anerkennung als Prediger gefunden haben soll (vgl. HÖFERT, S. 202). Eine Rückkehr nach Siebenbürgen zwischen der Flucht und der Ankunft in Rom ist wahrscheinlich (Tract. 2a.3; KLOCKOW, S. 26).

Werk. Der in Rom verfasste (KLOCKOW, S. 27) ‚Tractatus de moribus, condicionibus et nequicia Turcorum' ist die wichtigste Quelle für Gesellschaft, Religion und Kultur des Osmanischen Reiches im 15. Jh. Er ist geprägt durch die Ambivalenz zwischen Georgs erklärtem Ziel, die Gefahr darzustellen und zu begründen, die der Islam für die Seelen der Christen bedeute, und seinem offenkundigen Bemühen um eine möglichst objektive und wahrheitsgetreue Schilderung seiner Erfahrungen und Erkenntnisse. So verbinden sich Ethnographie, Theologie und Zeitkritik mit autobiographischen Elementen, die auch in seine M.er Zeit zurückreichen. Der ‚Tractatus' erschien 1481 im Erstdruck in lat. Sprache in Rom (vgl. Klockow, S. 46–48; GW 10653), wahrscheinlich bei Georg Herolt. Die sechs vollständig überlieferten Handschriften gelten sämtlich als Abschriften von Drucken. Die bald nach dem Druck entstandenen dt.-sprachigen Bearbeitungen sind aufgeführt bei Klockow, S. 53–57.

Ausgabe. Georgius de Hungaria, Tractatus de moribus, condictionibus et nequicia Turcorum, hg. v. R. Klockow, 1993.

Literatur. H. Busse, Der Islam und seine Rolle in der Heilsgeschichte in Georg von Ungarns Türkentraktat, in: Scholia. Beiträge zur Turkologie und Zentralasienkunde, hg. v. K. Röhrborn/H. W. Brands, 1981, S. 22–37; R. Klockow; Text-Recycling im Mittelalter. Die Schrift De captiuis christianis (1498), in: Mélanges offerts à J. Grange, hg. v. J.-P. Barbe/G. Volz, S. 177–187; ders., Georgius de Hungaria alias Georgius Alemanus. Neues zur Biographie des Verfassers des Tractatus de moribus, condicionibus et nequicia Turcorum anlässlich seines 500. Todestages am 3. Juli 2002, in: Südost-Forschungen 61–62 (2002–2003), S. 77–81; J. A. B. Palmer, Fra. Georgius de Hungaria, O.P., and the Tractatus de moribus, condicionibus et nequicia Turcorum, 1951/52, S. 44–68.

Heinrich Hofmann

Neudorf bei Hermannstadt (**Nou**)

Die erste urkundliche Erwähnung N.s erfolgte 1332–35 in einer päpstlichen Steuerliste mit der Nennung eines *Johannes de Nova villa* (DIR, C XIV 3, S. 221 und 254). 1380 ist N. als freie Gemeinde des Hermannstädter Stuhls erwähnt (Urk. Nr. 1131), 1430 als Gemeinde des → Hermannstädter Kapitels (Urk. Nr. 2100). Um die Mitte des 14. Jh.s sind mehrfach Hattertstreitigkeiten mit → Großkopisch und Konflikte mit sächs. Gräfen bezeugt, zu deren Schlichtung der Vizewoiwode Peter schließlich das → Weißenburger Kapitel hinzurief (Urk. Nr. 607, 608, 878, 881). Im Jahr 1456 zerstörte der Woiwode Vlad Țepeș den Ort.

Auf die Existenz einer Schule des sächs. Ortes lässt die Nennung eines Schulmeisters im Jahr 1488 schließen (vgl. Berger, S. 55).

Ausgabe. Urkundenbuch zur Geschichte der Deutschen in Siebenbürgen, hg. v. F. Zimmermann u. a., 1892–1991.

Literatur. DIR, C — A. Berger, Volkszählung in den 7 und 2 Stühlen, im Bistritzer und Kronstädter Distrikte vom Ende des XV. und Anfang des XVI. Jahrhunderts, KVSL 17 (1894), S. 49–76; H. Fabini, Atlas der siebenbürgisch-sächsischen Kirchenburgen und Dorfkirchen, Bd. 1, 1998.

Anna-Lena Liebermann

Neustadt (**Cristian**, Kereszténfalva)

Gegründet wurde N. in der ersten Hf. des 13. Jh.s, vielleicht auf Initiative des Deutschen Ordens um 1215 (Amlacher, S. 139, vermutet allerdings, dass der Ortsname auf einen Ortsgründer Christian zurückgeht). Die dem Hl. Nikolaus geweihte frühgotische Pfeilerbasilika entstand in der zweiten Hf. des 13. Jh.s (wohl um 1270). Die erste Erwähnung des Orts findet sich 1362 in einer Urkunde (Urk. Nr. 792) von König Ludwig I. als *Kereztienfalu*. 1367 erscheint N. als *villa Cristiani* (Urk. Nr. 884) und 1377 – im Kontext einer Erteilung von Privilegien durch Ludwig I. – als *Noua civitas* (Urk. Nr. 1085).

Die Mühle in N. war ein bedeutender Wirtschaftsfaktor im Ort; aus dem Jahr 1398 ist ein Streit um die Mühlenanteile der Nikolauskirche bezeugt, der schließlich am 1. 7. 1398 durch Richter Johann Seydenschwancz und den Rat von → Kronstadt zugunsten der Nikolauskirche entschieden wurde (Urk. Nr. 1408, 1416, 1420).

Da in den Jahren 1438–98 drei Studenten aus N. in Wien studierten (Nussbächer, S. 84), ist davon auszugehen, dass spätestens ab dem 15. Jh. eine Schule in N. bestand.

Ausgabe. Urkundenbuch zur Geschichte der Deutschen in Siebenbürgen, hg. v. F. ZIMMERMANN u. a., 1892–1991.

Literatur. G. NUSSBÄCHER, Aus Urkunden und Chroniken, Bd. 2, 1985; H. FABINI, Atlas der siebenbürgisch-sächsischen Kirchenburgen und Dorfkirchen, Bd. 1, 1998, S. 526–530; E. AMLACHER, Wehrbauliche Funktion und Systematik siebenbürgisch-sächsischer Kirchen- und Bauernburgen, 2002; H. ROTH, Art. Cristian, in: Siebenbürgen, hg. v. DEMS., 2003, S. 69; A. FRANKE, Das wehrhafte Sachsenland. Kirchenburgen im südlichen Siebenbürgen, 2010.

ANNA-LENA LIEBERMANN/CORA DIETL

Petersberg (**Sânpetru**, Szentpéter, Mons Sancti Petri)

Geschichte. P. gehört zu den insgesamt vierzehn Orten im Burzenland, die durch den Deutschen Orden gegründet wurden (AMLACHER, S. 143). Der Bau der Petersbasilika geht auch auf diesen Orden zurück. Sie gilt als die älteste Kirche des Burzenlandes. Angeblich sollen die Bogen des alten (Ende des 18. Jh.s abgetragenen) Chors auf Konsolen geruht haben, von denen die beiden östlichen Portraits von Ordensrittern trugen, die anderen u. a. die vier Gräfen des Burzenlandes (von → Rosenau, Zeiden, → Marienburg und → Tartlau) darstellten (FABINI 1998, S. 554f.). Erstmals erwähnt ist der Ort 1240, als König Béla IV. Dorf und Kirche dem Zisterzienserorden überantwortete (Urk. Nr. 76). Im Jahr 1420 ordnete König Sigismund an, dass P. und andere Dörfer die Stadt → Kronstadt bei der Verteidigung gegen die Türken unterstützen sollten (Urk. Nr. 1885); mit Kronstadt wurde es durch den Türkensturm stark beschädigt. Offensichtlich existierte eine Schule in P., denn bis 1525 immatrikulierten sich vier P.er in Wien (PHILIPPI 1984, S. 194).

Überlieferung. Das im 14. Jh. für das Kapitel in Kosd (Reps) angelegte ‚Psalterium Kosdense' (Brașov, AH, Cor 35b), welches laut REINERTH (1972, XVIII) geradezu beispielhaft für den Messritus der siebenb.-sächs. Gemeinden ist, war einige Zeit im Besitz der Kirche von P., bevor es in die Gymnasialbibliothek von → Kronstadt gelangte.

Ausgabe. Urkundenbuch zur Geschichte der Deutschen in Siebenbürgen, hg. v. F. ZIMMERMANN u. a., Bd. 1, 1891.

Literatur. K. REINERTH, Missale Cibiniense. Der Meßritus der siebenbürgisch-sächsischen Kirche im Mittelalter, 1972; M. PHILIPPI, Kronstädter und Burzenländer Studenten an der Wiener Universität 1382–1525, in: Beiträge zur Geschichte von Kronstadt in Siebenbürgen, hg. v. P. PHILIPPI, 1984, S. 179–224; H. FABINI, Atlas der siebenbürgisch-sächsischen Kirchenburgen und Dorfkirchen, Bd. 1, 1998; E. AMLACHER, Wehrbauliche Funktion und Systematik siebenbürgisch-sächsischer Kirchen- und Bauernburgen, 2002.

CORA DIETL

Pretai (**Brateiu**, Mons Mariae)

Der von dt. Siedlern gegründete Ort wird erstmals im Jahr 1283 in einer Urkunde erwähnt, in der ein Pfarrer *Siffridus de monte Mariae* genannt wird (Urk. Nr. 203). Hier wird P. noch als *Mons Mariae* (Marienberg) bezeichnet, was auf die Bezeichnung der Ortskirche zurückzuführen ist, die der Hl. Jungfrau Maria geweiht war. In einer Urkunde aus dem Jahr 1441 wird ein gewisser *Michael de Prathya* als Oberhaupt des → Mediascher Dekanats genannt (Urk. Nr. 2399, vgl. FABINI, S. 566).

Kirche

Patr.: Hl. Maria — gegr.: 14. Jh.

Geschichte Die Ortskirche von P., eine dreischiffige spätgot. Pfeilerbasilika, geht auf das 14. Jh. zurück und wurde im 16. Jh. zu einer trutzigen Wehrkirche ausgebaut, mit einem von den Seitenschiffen flankierten Glockenturm. Im Innern befinden sich eine Wandchronik mit biblischen Szenen sowie ein Altar aus dem 16. Jh. Dieser ist vielleicht das Werk eines Sohnes des Nürnberger Bildschnitzers Veit Stoß. Nach seinem Studium in Bologna und Ferrara war Michael Leonhard, geb. in → Seiden, ab 1520 Pfarrer von P.

Überlieferung. Im Besitz des Johannes, Pfarrer von P., war wohl ein gedrucktes Exemplar des ‚Speculum Historiale' Vincents von Beauvais. Nach SIENERTH (S. 22), der hier einer ungenauen Angabe DANKANITS folgt, wonach sich ein Besitzereintrag des Johannes in einer Inkunabel des ‚Speculum' (Erstdruck 1473/74; vgl. WEIGAND, Sp. 365–369) befinde, ist dies „der erste Beleg für das Auftauchen eines Druckwerkes in Siebenbürgen".

Ausgaben. Speculum historiale: erster Druck Straßburg 1473; Nürnberg 1483, Venedig 1494, Douai 1624; Speculum maius (mit Speculum naturale/doctrinale/historiale/morale) in 4 Teilen, Druckausgabe Douai 1624 (32 Bde), Reprint, Graz 1964.

Literatur. Á. DANKANITS, Lesestoffe des 16. Jahrhunderts in Siebenbürgen, 1982; S. SIENERTH, Geschichte der siebenbürgisch-deutschen Literatur von den Anfängen bis zum Ausgang des sechzehnten Jahrhunderts, 1984; R. K. WEIGAND, Art. Vinzenz von Beauvais OP, ²VL 10 (1999), Sp. 365–369; Alte Siebenbürgische Drucke (16. Jahrhundert), hg. v. G. BORSA, 1996 (Régi Magyarországi Nyomtatványok [RMNy] I. 1473–1600, hg. v. DEMS., 1971); H. FABINI, Atlas der siebenbürgisch-sächsischen Kirchenburgen und Dorfkirchen, Bd. 1, 1998; C. ROTHER, Siebenbürgen und der Buchdruck im 16. Jahrhundert. Mit einer Bibliographie ‚Siebenbürgen und der Buchdruck', 2002 (vgl. S. 201–212: Das 15. Jahrhundert); S. SIENERTH, Leseangebot und Buchzirkulation in Siebenbürgen zwischen Humanismus und Aufklärung, in: Buch- und Wissenstransfer in Ostmittel- und Südosteuropa in der Frühen Neuzeit, hg. v. D. HABERLAND u. a., 2007, S. 281–310; A. FRANKE, Das wehrhafte Sachsenland. Kirchenburgen im südlichen Siebenbürgen, 2010.

LIDIA GROSS/RUDOLF WINDISCH/
ANNA-LENA LIEBERMANN

Probstdorf (**Stejărişu**)

Aus der ersten urkundlichen Erwähnung der sächs. Gemeinde als *terra Borothnik* lässt sich ableiten, dass P. zunächst eine untertänige Adelsgemeinde war (Urk. Nr. 38). Am 11.12.1359 beauftragte König Ludwig I. das → Weißenburger Kapitel, bei der Untersuchung gegen die Sachsen des → Schenker Stuhles, betreffend die Besitzung P., mitzuwirken (Urk. Nr. 755). Um 1400 ist P. Bestandteil der Schenker Surrogatie des Kosder (Repser) Gesamptkapitels (vgl. MÜLLER, S. 63), um 1500 eine freie Gemeinde des → Schäßburger Stuhls. BERGER erwähnt für das Jahr 1500 einen Schulmeister, was darauf schließen lässt, dass in P. spätestens ab diesem Jahr eine Schule existierte (vgl. BERGER, S. 65).

Ausgabe. Urkundenbuch zur Geschichte der Deutschen in Siebenbürgen, hg. v. F. ZIMMERMANN, Bd. 1, 1892.

Literatur. A. BERGER, Volkszählung in den 7 und 2 Stühlen, im Bistritzer und Kronstädter Distrikte vom Ende des XV. und Anfang des XVI. Jahrhunderts, KVSL 17 (1894), S. 49–76; G. E. MÜLLER, Die deutschen Landkapitel in Siebenbürgen und ihre Dechanten, Arch. 48 (1934), S. 1–180; H. FABINI, Atlas der siebenbürgisch-sächsischen Kirchenburgen und Dorfkirchen, Bd. 1, 1998.

ANNA-LENA LIEBERMANN

Reußmarkt (**Miercurea Sibiului,** Szerdahely, Forum Ruthenorum)

Der ursprünglich von Ruthenen oder Szeklern gegründete Ort wurde Ende des 12. Jh.s sächs. besiedelt. Erstmals urkundlich erwähnt ist R. um 1291 (Urk. Nr. 236). Es war von Anfang an ein freier Ort auf Königsboden (AMLACHER, S. 147), spätestens 1349 hat es den Rang eines Stuhls (Urk. Nr. 640). Um 1500 ist ein Schulmeister in R. bezeugt (BERGER, S. 53).

Literatur. A. BERGER, Volkszählung in den 7 und 2 Stühlen, im Bistritzer und Kronstädter Distrikte vom

Ende des XV. und Anfang des XVI. Jahrhunderts, KVSL 17 (1894), S. 49–76; H. Fabini, Atlas der siebenbürgisch-sächsischen Kirchenburgen und Dorfkirchen, Bd. 1, 1998; E. Amlacher, Wehrbauliche Funktion und Systematik siebenbürgisch-sächsischer Kirchen- und Bauernburgen, 2002.

Cora Dietl

Rodenau (**Rodna**, Radna)

Aufgrund reicher Silber- und Kupfervorkommen am Rande des Rodnagebirges avanciert die wohl bereits unter Stephan I. mit ausländischen Bergleuten besiedelte Ortschaft (vgl. Schmidt, S. 39; Stoob) zu einem zentralen Bergbaugebiet des mittelalterlichen Königreiches. Signifikante siedlungsgeschichtliche Entwicklungen treten hingegen erst im 12. Jh. ein, sodass sich im 13. Jh. Angaben über die als Siedlungsraum ausländischer *hospites* privilegierte Ortschaft mehren, die erstmals 1239 als *civitas* auftritt und die Tätigkeit von Gräfen und Ratsgeschworenen bekundet (vgl. Niedermaier 2004, S. 35). In Zusammenhang mit politischen und wirtschaftlichen Veränderungen (vgl. ebd.) setzte in der zweiten Hf. des 14. Jh.s das Ende der städtischen Blütezeit ein. Entsprechend spiegeln die Urkunden um 1440 das Bild einer unbewohnten, teils verödeten Stadt wider.

Werke. Die ‚Rodenauer Handfeste' (um 1270) gilt in ihren teils auf die Bergbaupraxis eingehenden Artikeln als älteste überlieferte Bergrechtssammlung in dt. Sprache. Die zwanzig Artikel behandeln zunächst allgemeine Zivilangelegenheiten und gehen dann auf Abbaurechte, Erbstollenrechte und Abgaberegelungen ein; nachträgliche Eintragungen regeln strafrechtliche Vorgehensweisen. Überliefert ist das Bergrecht als Teil einer Abschrift des Stadtrechtes von Sillein (SK) aus dem Jahre 1378 (Žilina, MA, ohne Sign., fol. 74ʳ–76ᵛ). Moldt deckt signifikante Zusammenhänge zwischen der R.er Handfeste und dem im ‚Codex Altemberger' (→ Hermannstadt) überlieferten Iglauer Bergrecht auf, durch die sich letztlich auch Verbindungen zum ‚Sachsenspiegel' und dem Magdeburger Recht nachzeichnen lassen (vgl. Moldt, S. 160; Schmidt, S. 40).

Ausgaben. I. Piirainen, Das Stadtrechtsbuch von Sillein. Einleitung, Edition und Glossar, 1972; Schmidt 2004 (s. u.).

Literatur. H. Stoob, Die mittelalterliche Städtebildung im Karpatenbogen, in: ders., Die mittelalterliche Städtebildung im südöstlichen Europa, 1977, S. 184–225; R. Schmidt, Das Bergrecht von Rodenau, in: Silber und Salz in Siebenbürgen, hg. v. R. Slotta u. a., Bd. 7, 2004, S. 39–44; P. Niedermaier, Die Entwicklung von Rodenau im Mittelalter, ebd., S. 33–38; ders., Städte, Dörfer, Baudenkmäler. Studien zur Siedlungs- und Baugeschichte Siebenbürgens, 2008; D. Moldt, Deutsche Stadtrechte im mittelalterlichen Siebenbürgen. Korporationsrechte/Sachsenspiegelrecht/Bergrecht, 2009.

Mary-Jane Würker

Rosenau (**Râşnov**, Barcarozsnyó)

Geschichte. Die Gemeinde R. ist 1331 erstmals erwähnt (Urk. Nr. 494); sie war freie Gemeinde des Burzenlandes. Möglicherweise stand hier bereits um 1220 eine Holzburg des Deutschen Ordens (Fabini 2004, S. 12). Im 13. Jh. dürfte auch die Matthiaskirche errichtet worden sein, die 1394 eine erste urkundliche Erwähnung fand (Urk. Nr. 1327). Das prosperierende Handwerks- und Handelsleben des Orts wurde durch das von König Sigismund, der sich 1427 in R. aufhielt (Urk. Nr. 1991f.), noch im gleichen Jahr verliehene Marktrecht (Urk. Nr. 2014) sowie durch die 1437 von Vlad Ţepeş verliehenen Handelsprivilegien (Urk. Nr. 2282) unterstützt. Die Bevölkerung war ethnisch gemischt, was u. a. dadurch zum Ausdruck kommt, dass im Jahr 1510 auch ein rum. Geistlicher in R. bezeugt ist. Von der Erhebung im Jahr 1510 ist auch die Schule in R. erfasst worden (Fabini 2004,

S. 4). Darauf, dass sie bereits deutlich früher existiert haben dürfte, weist die Immatrikulation des *Jacobus de Rosennauia* in die Matrikel der Universität Wien aus Jahr 1429 hin (ID: 2147110512).

Autoren/Werke. Der Wirkungsort des Johannes von Rosenau, der sich als Schreiber einer später im Besitz des Johannes Reich in Leutschau (SK) befindlichen theologischen Sammelhandschrift aus dem 15. Jh. (Alba Iulia, BB, Cod. III. 71) nennt (*per manus Johannis Rozenawer Jamborii*, fol. 29^v), ist nicht bekannt. Sie umfasst neben Erläuterungen zu priesterlichen Pflichten u. a. die Bibelkonkordanz des Konrad von Halberstadt sowie Predigten (vgl. CSAPODI, S. 124). Es handelt sich bei dem Schreiber vielleicht um den gleichen Johannes von R., der im 15. Jh. als Maler eines Wandgemäldes in der → Hermannstädter Stadtkirche in Erscheinung getreten ist.

A u s g a b e . Urkundenbuch zur Geschichte der Deutschen in Siebenbürgen, hg. v. F. ZIMMERMANN u. a., 1892–1991.

L i t e r a t u r . Cs. CSAPODI/K. CSAPODINĖ GÁRDONYI, Bibliotheca Hungarica. Kódexek és nyomtatott könyvek Magyarországon 1526 előtt, Bd. 1, 1988 — H. FABINI, Atlas der siebenbürgisch-sächsischen Kirchenburgen und Dorfkirchen, Bd. 1, 1998; H. FABINI, Burg und evangelische Kirche in Rosenau, 2004; Jakob de Rosennauia, RAG.

CORA DIETL

Orgelbauer aus Marienburg aus diesem Jahr wird *magister Johannes scolasticus de Ruffa ripa* als Zeuge genannt (Urk. Nr. 2075). Nach der kompletten Zerstörung R.s durch die Osmanen 1432 wurde offensichtlich auch die Schule wiederaufgebaut; 1510 ist erneut ein Lehrer in R. erwähnt (FABINI, S. 622). Er unterrichtete die Knaben, während der Glöckner als Mädchenlehrer tätig war (NUSSBÄCHER 2008, S. 159).

Überlieferung. Jacobus de Roderbach, der 1461 als Konfessor des Nonnenklosters St. Lorenz in Wien starb, hinterließ bei seinem Tod dem → Kronstädter Dominikanerkloster zehn Handschriften (NUSSBÄCHER, S. 86): verschiedene Predigtsammlungen, v. a. von Nikolaus von Dinkelsbühl; Bibelhandschriften, ein Beicht-Manuale, eine Sammlung von Autoritätenzitaten, eine Laurentius-Legende, Homelien und Traktate Gregors des Großen, ein Marienlob desselben sowie seine Dialoge (Urk. Nr. 3256).

A u s g a b e . Urkundenbuch zur Geschichte der Deutschen in Siebenbürgen, hg. v. F. ZIMMERMANN u. a., 1892–1991.

L i t e r a t u r . G. NUSSBÄCHER, Aus Urkunden und Chroniken, Bd. 2, 1998; H. FABINI, Atlas der siebenbürgisch-sächsischen Kirchenburgen und Dorfkirchen, Bd. 1, 1998; E. AMLACHER, Wehrbauliche Funktion und Systematik siebenbürgisch-sächsischer Kirchen- und Bauernburgen, 2002; G. NUSSBÄCHER, Aus Urkunden und Chroniken, Bd. 7, 2008.

CORA DIETL

Rothbach (Weresmarth, **Rotbav,** Veresmart)

Das vermutlich von → Marienburg aus gegründete Dorf R. ist 1371 erstmals erwähnt, im Kontext von Streitigkeiten zwischen *Ruffa rippa* und Marienburg (Urk. Nr. 963). Es war ein freier Ort im Distrikt → Kronstadt. Spätestens im Jahr 1429 besaß R. eine Schule, denn in einem Leumundszeugnis für einen

Rothberg (**Roşia**, Veresmart)

Die erste urkundliche Erwähnung der sächs. Gemeinde R. stammt aus dem Jahr 1327. In dieser Urkunde wird Pfarrer Ludwig von *Ruffomonte* als Mitglied des → Hermannstädter Kapitelgerichts erwähnt (Urk. Nr. 458). Seit 1355 sind Hattertstreitigkeiten mit Burgberg belegt (vgl. FABINI, S. 625). 1380 wird R.

als zugehörig zum Hermannstädter Stuhl erwähnt; 1488 ist ein Schulmeister belegt (vgl. BERGER, S. 55), was auf die Existenz einer Schule in R. schließen lässt.

Ausgabe. Urkundenbuch zur Geschichte der Deutschen in Siebenbürgen, hg. v. F. ZIMMERMANN u.a., 1892–1991.

Literatur. A. BERGER, Volkszählung in den 7 und 2 Stühlen, im Bistritzer und Kronstädter Distrikte vom Ende des XV. und Anfang des XVI. Jahrhunderts, KVSL 17 (1894), S. 49–76; H. FABINI, Atlas der siebenbürgisch-sächsischen Kirchenburgen und Dorfkirchen, Bd. 1, 1998.

ANNA-LENA LIEBERMANN

Schaal (Șoala, Sálya)

Im März 1331 ist S. erstmals erwähnt, als sich die → Burgberger Gräfen Nicolaus und Martin dagegen verwehrten, dass sich die Sachsen aus → Mediasch und → Schelken ihrer Ortschaft S. bemächtigten (Urk. Nr. 483). Durch einen Vergleich, dessen Bezahlung Gräf Martin 37 Jahre später noch einforderte (Urk. Nr. 921), wurde es S. ermöglicht, sich dem Königsboden anzugliedern. Es wurde eine Gemeinde des Schelker Kapitels. Spätestens 1516 verfügte S. über eine Schule (FABINI, S. 646).

Ausgabe. Urkundenbuch zur Geschichte der Deutschen in Siebenbürgen, hg. v. F. ZIMMERMANN u.a., 1892–1991.

Literatur. G. NUSSBÄCHER, Aus Urkunden und Chroniken, Bd. 2, 1998; H. FABINI, Atlas der siebenbürgisch-sächsischen Kirchenburgen und Dorfkirchen, Bd. 1, 1998.

CORA DIETL

Schäßburg (Sighișoara, Segesvár)

Inhalt. A. Kirchen. B. Klöster. C. Stadt. 1. Rathaus. 2. Schule. 3. Zunftwesen.

Die an der Kokel gelegene Hospites-Siedlung, 1298 erstmals im Rahmen eines Ablassbriefes an die Dominikanermönche der Marienkirche urkundlich erwähnt, ist um 1230 von Einwanderern „aus Luxemburg und dem Moselgebiet" (MACHAT 2002, S. 78) besiedelt worden. In dem sog. Burgviertel, dem ältesten Siedlungskern, setzte nach dem Bau der mittelalterlichen Kirchenburg ab Ende des 13. Jh.s die Konstitution einer städtischen Bürgerschaft ein; 1367 findet sich erste Evidenz für den Status einer *civitas*. S. gehörte zur freien → Hermannstädter Provinz und war namengebend für den nach 1324 entstandenen S.er Stuhl, der sich 1377 erstmals belegen lässt und sechzehn freie Gemeinden vereinte (vgl. ebd., S. 19). Ab 1376 sind Zünfte in S. erwähnt. Die Stadt war geprägt von Handwerk und Handel.

Literatur. P. NIEDERMAIER, Siebenbürgische Städte, 1979; Schässburg. Bild einer siebenbürgischen Stadt, hg. v. H.-H. BRANDSCH u.a., 1994; H. FABINI, Atlas der siebenbürgisch-sächsischen Kirchenburgen und Dorfkirchen, Bd. 1, 1998; Stadt Schäßburg, hg. v. C. MACHAT, 2002; DERS., Art. Sighișoara, in: Siebenbürgen, hg. v. H. ROTH, 2003, S. 186–190; A. FRANKE, Städte im südlichen Siebenbürgen. Zehn kunsthistorische Rundgänge, 2010, S. 221–259.

ANNA-LENA LIEBERMANN/MARY-JANE WÜRKER

A. Kirchen

Bergkirche

Patr.: Hl. Nikolaus — gegr.: 1. H. 13. Jh.

Die Gemeindekirche der sächs. Bevölkerung in S. wird erstmals 1345 in einem königlichen Schreiben erwähnt, in welchem den S.er Bürgern ihre alten Rechte bestätigt werden (vgl. MACHAT, S. 19). Auf dem ältesten Siedlungsplateau befand sich wohl bereits um 1200 eine kleine romanische Saalkirche, die durch eine ab der Mitte des 13. Jh.s errichtete Bergkirche ersetzt wurde. Die Krypta, ältester Teil der Kirche, lässt sich eindeutig dem Vorgängerbau zuweisen. Die Kirchenburg unterlag beständigen Umbauten; die zur Wende zum 14. Jh. fertiggestellte Basilika wurde ab 1429 durch den bis heute erhaltenen Sakralbau ersetzt. Auf der Rückwand des Chorgestühls ist, neben der Jahreszahl 1523, folgender Spruch zu lesen: *Wer in dys gestül will stan und nit latyn reden kan der solt bleyben draus das man ym nit mit kolben laus* (ebd., S. 99). Die Minuskelschrift lässt sich laut MACHAT der Werkstatt des S.er Meisters Johannes Reychmuth zuschreiben.

Literatur. C. MACHAT, Die Bergkirche zu Schässburg und die mittelalterliche Baukunst in Siebenbürgen, 1977; P. NIEDERMAIER, Siebenbürgische Städte, 1979; P. GERMANN-BAUER, Der spätgotische Flachschnitt, 1981; H. FABINI, Atlas der siebenbürgisch-sächsischen Kirchenburgen und Dorfkirchen, Bd. 1, 1998; Stadt Schäßburg, hg. v. C. MACHAT, 2002.

MARY-JANE WÜRKER

B. Klöster

Dominikaner

Patr.: Hl. Maria — 13. Jh.–ca. 1550

Geschichte. Der Konvent der S.er Dominikaner und die der Jungfrau Maria geweihte Klosterkirche werden 1298 erstmals im Rahmen eines für die Ordensbrüder ausgestellten Ablassbriefes erwähnt (Târgu Mureș, AN, Parohia evanghelică CA Sighișoara, Inventar 539). 1455 schenkte König Ladislaus V. Postumus dem Orden einen ungenutzten Hof in der Burg; Ende des 15. Jh.s sind Umbauten der Klostergebäude erwähnt. Im Jahr 1520 wurde zudem der Bau einer Kapelle an der Klosterkirche veranlasst, doch löste sich der Konvent im Zuge der Reformation kurz darauf auf.

Überlieferung. 1859 wurden im Giebel der heutigen ev. Pfarrkirche einige Schriftstücke entdeckt, die eindeutig dem Dominikanerorden zugerechnet werden können. Unter diesen Stücken befinden sich Abschriften von Legatsurkunden (35 Bll.), mehrere auf das frühe 16. Jh. datierbare Namensregister der S.er bzw. siebenb. Konventsbrüder sowie ein dt.-sprachiges Verzeichnis der Korngruben (*Kornkaulen*) des S.er Ordens von 1515. Es fand sich auch ein Schriftstück, das erste Kunde über einen S.er → Buchhändler liefert. Die Hss. wurden im 19. Jh. ins S.er Presbyterialarchiv überführt.

Ausgabe. Verzeichniss der Kornkaulen des Schässburger Dominikanerklosters, in: Deutsche Sprachdenkmäler aus Siebenbürgen, hg. v. F. MÜLLER, 1864, S. 167f.

Literatur. F. MÜLLER, Ein Fund in der evangelischen Pfarrkirche zu Schäßburg, Mitt. der K. K. Centralkommission zur Erforschung und Erhaltung der Baudenkmale 4 (1859), S. 330; A. SCHULLER, Kirchen und kirchliches Leben, in: Schässburg. Bild einer siebenbürgischen Stadt, hg. v. H.-H. BRANDSCH u.a., 1994, S. 106–122; C. MACHAT, Art. Sighișoara, in: Siebenbürgen, hg. v. H. ROTH, 2003, S. 186–190.

MARY-JANE WÜRKER

C. Stadt

C.1 Rathaus

Geschichte. Der im zentralen Ortskern liegende und wahrscheinlich aus dem 14. Jh. stammende Stundturm bildet bis heute ein Wahrzeichen der Stadt. Im Mittelalter bildete das Tor zugleich die Verbindung der Unterstadt zur Burg. Bis spätestens 1575 (LETZ, S. 28) fungierte es als Sitz der Ratsherren und Richter. Die personelle Zusammensetzung des mittelalterlichen Stadtrats sah zunächst zwölf Ratsmitglieder und einen vorstehenden Bürgermeister vor (vgl. KRONER, S. 66). Die Bedeutung des Rates wuchs durch die Etablierung des S.er Stuhls, durch den S. zum zentralen Verwaltungssitz der Region wurde. Im frühen 15. Jh. mehrten sich gesellschaftliche Unruhen, die zur Etablierung einer 1501 erstmals belegten Hundertschaft führten. Damit waren die Konflikte allerdings noch nicht beendet, denen u. a. auch 1514 Anton Polner, amtierender Bürgermeister der Stadt, zum Opfer fiel (KRONER, S. 67).

Urkunden. Bis ins 16. Jh. ist der Schriftverkehr der Ratsherren durch dt.-lat. Zweisprachigkeit geprägt. Beispiele für den nach wie vor starken Einfluss des Lat. sind u. a. der auf Lat. festgehaltene Beschluss von 1487, ein Stadtbuch anzulegen (Urk. Nr. 4761), sowie die ebenfalls in lat. Sprache abgefassten Stadtstatuten von 1517. Diese sprachen der dt. Bevölkerung der Stadt das alleinige Recht zu, Häuser zu kaufen. Zeugnisse eines dt.-sprachigen Schriftverkehrs des Rats mit anderen sächs. Städten legen u. a. zwei aus dem 15. Jh. erhaltene Briefe an Thomas Altemberger, Bürgermeister und Königsrichter von → Hermannstadt, ab, die von unterschiedlichen Schreiberhänden stammen: Am 13. 12. 1478 wendet sich der S.er Ratsherr Hans Armbruster in einer *perschenlich* [...] *nothdorft* (Urk. Nr. 4286) an Altemberger, am 10. 11. 1486 Bürgermeister Michael Polner in Sachen einer Audienz bei Matthias Corvinus (Urk. Nr. 4676).

Ausgabe. Urkundenbuch zur Geschichte der Deutschen in Siebenbürgen, hg. v. F. ZIMMERMANN u. a., 1892–1991.

Literatur. E. LETZ, Die Stadt und ihre Entwicklung, in: Schässburg. Bild einer siebenbürgischen Stadt, hg. v. H.-H. BRANDSCH u. a., 1994, S. 20–52; M. KRONER, Geschichtliche Entwicklung, ebd., S. 65–102.

MARY-JANE WÜRKER

C.2 Schule

Eine Schule in S. lässt sich mit der Nennung eines *Rector scholae* im Jahr 1522 erstmals belegen (MACHAT, S. 127). Bereits ab dem frühen 15. Jh. ist eine recht hohe Zahl von S.er Studenten bezeugt, die vorwiegend an der Universität Wien immatrikuliert waren; ihre Grundausbildung dürften sie in S. genossen haben, an der Schule am Fuß der Bergkirche oder auch an der kleineren Schule neben der Spitalkirche. Unter den in Wien eingeschriebenen Studenten finden sich u. a. Vertreter der Familien Aurifaber, Pictor(is) oder Polner, aus deren Kreisen sich ab der zweiten Hf. des 15. Jh.s Mitglieder im Stadtrat nachweisen lassen.

Literatur. E. MACHAT, Die Bergschule von den Anfängen bis in die Gegenwart, in: Schässburg. Bild einer siebenbürgischen Stadt, hg. v. H.-H. BRANDSCH u. a., 1994, S. 127–146.

MARY-JANE WÜRKER

C.3 Zunftwesen

Als einer Stadt an einer wichtigen Handelsstraße kam S. im Spätmittelalter große Bedeutung als Handels- und Handwerkszentrum zu. Diese verstärkte sich mit der Erteilung des Jahrmarktrechts durch König Ladislaus II. Jagiello im Jahr 1493 (SCHNEIDER, S. 297). Bereits 1376 wird S. in den gemeinsamen Statuten der Gewerbetreibenden von → Hermannstadt, S., → Mühlbach und → Broos als die zweitwichtigste Stadt der Sieben Stühle genannt, nach Hermannstadt (Urk. Nr. 1057). In dem mit dem Siegel der Sieben Stühle versehenen und unter der Zeugenschaft des → Weißenburger Bischofs Goblinus unterzeichneten Dokument sind insgesamt 19 Zünfte erwähnt, auf die sich die gemeinsamen Regeln beziehen. NUSSBÄCHER (S. 105) nimmt an, dass nicht alle davon auch in S. vertreten waren; SCHNEIDERS Zusammenstellung der Erwähnungen der Zunftordnungen sowie der Zunftmitglieder im Rat oder als Bürgermeister, Stuhls- oder Königsrichter in S. belegt aber, dass die Zahl nicht weit darunter gelegen haben kann (SCHNEIDER, S. 298, 300f., vgl. ERONIM/TESCULA, S. 43). Bis zum 15. Jh. lebten die Handwerker auf der S.er Burg. Aus dem Jahr 1513 liegt eine Verordnung König Ladislaus' II. Jagiello vor, dass sie dort leben und ihre Produkte verkaufen mussten (SCHNEIDER, S. 297).

Dokumente. Die früheste Erwähnung findet die **(1) Schusterzunft**, die 1411 von König Sigismund die Bestätigung der ihr im 14. Jh. von König Ludwig I. verliehenen Rechte erwirkte (Urk. Nr. 9021). Im Jahr 1473 stellte sie zwei Ratsherren, Petrus und Hieronymus (SCHNEIDER, S. 301), und spätestens im Jahr 1475 war sie im Besitz einer Mühle (Urk. Nr. 4032).

Bereits 1452 sind die ersten Mitglieder der **(2) Fassbinderzunft** als Stuhls- und Königsrichter bezeugt (Valentin bzw. Nicolaus); die Zunft selbst ist erst um 1468 dokumentiert, im Zusammenhang von Konkurrenzstreitigkeiten mit den Fassbindern der Stühle → Hermannstadt, → Reussmarkt, → Mühlbach und → Broos, die ihnen den Handel in ihren Städten untersagten. Zu diesem Streit existieren dt. und lat. Dokumente (Urk. Nr. 3637f.; NUSSBÄCHER, S. 105). Der Bürgermeister Petrus Aurifaber und der Rat nahmen sich schließlich ihrer Sache an und verhandelten mit dem → Hermannstädter Rat. In späterer Zeit sind noch mehrere Zunftmitglieder der Fassbinder im Stadtrat bezeugt; besonders hervorzuheben ist Caspar, der zwischen 1486 und 1496 dreimal das Amt eines Ratsherrn, zweimal das des Königsrichters und einmal das des Stuhlsrichters bekleidete (SCHNEIDER, S. 300).

Als sich 1462 die → Klausenburger Schlosser Statuten gaben (Urk. Nr. 3277), bezogen sie sich auf die Statuten der S.er Schlosser. Diese müssen also bereits zu der Zeit vorgelegen haben. Überliefert sind allerdings nur **(3) Statuten der Schlosser und Sporer** aus dem Jahr 1471 – in dt. Sprache (Urk. Nr. 3904). Die Ordnung ist zunächst darauf ausgerichtet, Konflikte zwischen den Schlossern, aber auch Lüge, Betrug und Missbrauch, bis hin zur illegalen Herstellung von Nachschlüsseln, zu unterbinden. Geregelt werden außerdem das Verhältnis von Meistern und Gesellen bzw. Lohnarbeitern, die Ausbildung und die Aufnahme von Gesellen (welche einen unbescholtenen Lebenswandel und eine tadellose Abstammung nachweisen müssen) sowie die Organisation der Zunft und die Wahl des Zechmeisters.

Im Jahr 1473 gaben sich die S.er **(4) Drechsler** Statuten – auf Latein (Urk. Nr. 3977). Sie betreffen v. a. die Aufnahme in die Zunft (die hier nur an finanzielle Bestimmungen geknüpft ist), die Ausbildung von Gesellen und den Handel.

Die **(5) Statuten der Schmiede** vom 29.9.1478 (NUSSBÄCHER, S. 105) sind nicht überliefert; erhalten ist nur eine aus dem Jahr 1755 stammende Abschrift und Übersetzung jüngerer Statuten, in deren Vorwort auf die ersten Statuten Bezug genommen wird (Urk. Nr. 4277). Hier wird die Funktion der in der Hand dt.-sprachiger Bürger liegenden und vom Stadtklerus betreuten Zunft betont, die Frömmigkeit zu steigern und die Sittlichkeit zu sichern.

Drei **(6) Statuten der Kürschner** sind bezeugt: aus den Jahren 1378, 1478 und 1484 (NUSSBÄCHER, S. 106). Die dt.-sprachige Satzung von 1484, erhalten in einer Abschrift aus dem 19. Jh. (Urk. Nr. 4580), legt neben den Gebühren für die Aufnahme in die Zunft und der Verpflichtung zur Ehrung des Hl. Michael und der Pflicht zur Bestattung der Toten und zur Sorge um die Witwen, den Regelungen der Ausbildung und des Verhaltens gegenüber Gesellen und anderen Meistern sowie allerlei Qualitäts- und Handelsregeln, wie z. B. auch dem Verbot, Waren an Schneider zu verkaufen, fest, dass kein Meister der Zunft mit einem Nicht-Zunftmitglied zusammenarbeiten und dass er keine Waren einem *fremden* geben darf, um sie auf den Markt zu bringen und zu verkaufen. Der *fremde* ist sicherlich nicht nur das Nichtmitglied der Zunft, sondern, wie die unbedingte Forderung nach einem Geburtsbrief zur Ausstellung der Meisterurkunde nahelegt, auch der Nicht-S.er. Die große Bedeutung der Kürschner in der Stadt geht zum einen daraus hervor, dass seit 1440 häufig Kürschner als Stadträte und im Jahr 1469 auch ein Bürgermeister (Lucas) und ein Stuhlsrichter (Petrus) aus den Reihen der Kürschner bezeugt sind. Zum anderen ist der Turm der Kürschner (1484 erstmals erwähnt) einer der ältesten Türme der Stadt (ERONIM/TESCULA, S. 36).

Die **(7) Leinweber**, die ab 1474 mehrfach Stadträte stellten (Schneider, S. 301), ließen ihre Statuten 1485 vom Stadtrat bestätigen; ein dt.-sprachiger Brief, in dem die Zunft den Rat darum bittet, ist erhalten (Urk. Nr. 4620). Die Statuten sehen für den Eintritt in die Zunft vor, dass derjenige, *welcher awsswenig dem stwle geboren ist, der sall des brieff vnd sygel brengen, das her eelich von frumen vnd erberen lewthen geboren ist*; außerdem hat er seine ordnungsgemäße Ausbildung als Geselle nachzuweisen. Die weiteren Regeln betreffen den Zunftzwang, Qualitäts- und Verkaufsregeln, das Verbot der Weitergabe von Webstühlen an Nicht-Zunftmitglieder, die Konfliktschlichtung und Strafe für Gewaltanwendung unter Zunftmitgliedern, die Arbeit von Frauen, Heiratsregelungen zwischen Zunftmitgliedern und die Pflege der Verstorbenen.

Im Jahr 1488 wurde die ebenfalls in dt. Sprache verfasste **(8) Satzung der Weißgerber** vom Stadtrat bestätigt (Urk. Nr. 4790A). Sie regelt die Aufnahme und Ausbildung von Gesellen, den Umgang mit Kindern von Meistern, Hochzeiten und Bestattungen im Rahmen der Zunft sowie Handelsregeln.

Die **(9) Wagner** übernahmen 1490 die auf Dt. formulierte Ordnung der Hermannstädter Wagnerzunft. Dies wird sowohl in einer Urkunde, welche der → Hermannstädter Bürgermeister Thomas Altemberger gemeinsam mit dem S.er Bürgermeister Valentin Pictor und dem Richter und den Geschworenen der Sieben Stühle ausstellte (Urk. Nr. 5026*), als auch in einem von den S.er Zunftmeistern Martin, Nicolaus und Michael erstellten Dokument festgehalten (Urk. Nr. 5027*). Die Ordnung umfasst v. a. Verhaltensregeln und Disziplinierungsmaßnahmen, Handelsregeln, die Ausbildung von Gesellen und die Rechte der Knechte, die Pflege der Toten und die Sorge für Witwen und Waisen. Die S.er Wagner äußern die Überzeugung, dass diese Ordnung für die Wagner im ganzen Land gelten solle.

Die **(10) Lederer** ließen sich, gemeinsam mit den Lederern aus → Hermannstadt, → Mühlbach und → Broos, 1496 ihre Statuten vom König bestätigen – in lat. Sprache (Urk. Nr. 5628*). Sie beriefen sich dabei bis in Einzelheiten hinein auf die gemeinsamen Zunftsatzungen der Sieben Stühle vom 9.11.1376 (Urk. Nr. 1956).

Unter den Zünften, von denen aus dem Mittelalter keine Statuten erhalten sind, die aber in S. dennoch von Bedeutung waren, sei insbesondere die **(11) Malerzunft** erwähnt. Der Maler Valentin (*Valentinus Pictor*) bekleidete in den Jahren 1483–98 abwechselnd die Posten eines Ratsherrn, des Bürgermeisters, des Stuhlrichters und des Königsrichters. Maler Mathias war 1489 und 1491 Stadtrat und 1493 Stuhlrichter (Schneider, S. 301). Das Zunftmitglied **Johann Stoß**, Sohn des Nürnberger Künstlers Veit Stoß, übernahm 1510–30 in S. die Leitung einer Maler- und Bildschnitzerwerkstatt (Philippi 1996, S. 54). Sein Bruder Martin Stoß ist 1535 und 1544 als Goldschmied in S. erwähnt (Schneider, S. 295), dürfte aber bereits früher dort tätig gewesen sein. Von der Bedeutung der **(12) Goldschmiedezunft** zeugt die reiche Vertretung ihrer Mitglieder in städtischen Ämtern ab 1393 (Schneider, S. 300).

Ausgabe. Urkundenbuch zur Geschichte der Deutschen in Siebenbürgen, hg. v. F. Zimmermann u. a., 1892–1991.

Literatur. G. Nussbächer, Aus Urkunden und Chroniken, Bd. 1, 1981; G. A. Schneider, Die Zünfte und ihre Bedeutung, in: Schäßburg. Bild einer siebenbürgischen Stadt, hg. v. H.-H. Brandsch u. a., 1994, S. 293–301; M. Philippi, Kronstadt. Historische Betrachtungen über eine Stadt in Siebenbürgen, 1996; P. Niedermaier, Städtebau im Spätmittelalter. Siebenbürgen, Banat und Kreischgebiet (1348–1541), 2004; D. Moldt, Deutsche Stadtrechte im mittelalterlichen Siebenbürgen, 2009; A. C. Eronim/N. Tescula, Sighişoara. Perla Transilvanei, 2011.

Cora Dietl

Schelk (Großschelken, Marktschelken, Şeica Mare)

S. wurde 1309 erstmals als *Selk* urkundlich erwähnt (Urk. Nr. 317). In jener Urkunde wird ein gewisser Dekan Simon unter den Dechanten genannt, die um die Bestätigung des siebenb. Bischofs durch den Kardinallegaten Gentilis bitten. 1315 stellte König Karl I. den Sachsen von S. die alten Freiheiten, d. h. die Freiheiten der Gemeinschaft der Sachsen von → Hermannstadt, wieder her (Urk. Nr. 342), die 1318 bestätigt wurden (Urk. Nr. 354). In dieser Urkunde befreite Karl I. die Sachsen von S. vom Heeresdienst und von Abgaben (bis auf den Martinszins) und überließ ihnen die Jurisdiktion nach Vorbild der Hermannstädter Sachsen (vgl. Moldt, S. 60). Diese Urkunde wurde sieben Mal von Königen und sieben Mal an glaubwürdigen Orten bestätigt, u. a. 1369 durch König Ludwig I. (Urk. Nr. 929) und 1387 durch König Sigismund (Urk. Nr. 1217). Ebendieser befreite die S.er Sachsen 1402 auch von der Gerichtsbarkeit und der Regierung der Szeklergrafen (Urk. Nr. 1483). Auf das Jahr 1336 lässt sich die erste Erwähnung des S.er Stuhls datieren (Urk. Nr. 521). 1412 erhielt die sächs. Gemeinde das Jahrmarktsrecht und somit auch den Namen *Marktschelken* (Urk. Nr. 1675). 1520 ließ sich Ägisius Weber aus Hermannstadt von König Ludwig II. sowohl die Richterwürde als auch das Gräfenamt im S.er Stuhl verleihen (vgl. Müller, S. 289 und 311), was jedoch nach Protesten aus den Reihen der Vertreter der Zwei Stühle 1521 vom König rückgängig gemacht wurde (vgl. Müller, S. 210).

Kapitel

Im Jahr 1323 verbot König Karl I. den Richtern, Geschworenen und der Gesamtheit der Sachsen von S., ihre Pfarrer im Streit gegen ihre Vorgesetzten zu unterstützen (Urk. Nr. 406). 1357 zogen die Pfarrer des S.er Kapitels ihre Klage gegen den siebenb. Bischof und den Archidiakon, die sie seit 1322 an den Papst gerichtet hatten, vor dem königlichen Notar zurück (Urk. Nr. 729).

Ein Johannes *plebanus de villa petri* lag 1414/15 mit anderen Pfarrern des S.er Kapitels im Zehntstreit mit dem siebenb. Bischof und legte Berufung beim Papst ein. Er ist vermutlich identisch mit Johannes aus Petersdorf bei Marktschelken, der 1377 in Wien studierte (vgl. Wagner, S. 37).

Ausgaben. Urkundenbuch zur Geschichte der Deutschen in Siebenbürgen, hg. v. F. Zimmermann u. a., 1892–1991; G. E. Müller, Stühle und Distrikte der Siebenbürgisch-Deutschen Nationsuniversität 1141–1876, 1941.

Literatur. A. Berger, Volkszählung in den 7 und 2 Stühlen, im Bistritzer und Kronstädter Distrikte vom Ende des XV. und Anfang des XVI. Jahrhunderts, KVSL 17 (1894), S. 49–76; H. Fabini, Atlas der siebenbürgisch-sächsischen Kirchenburgen und Dorfkirchen, Bd. 1, 1998; E. Wagner, Die Pfarrer und Lehrer der evangelischen Kirche A.B. in Siebenbürgen, Bd. 1: Von der Reformation bis zum Jahre 1700, 1998; D. Moldt, Deutsche Stadtrechte im mittelalterlichen Siebenbürgen. Korporationsrechte/Sachsenspiegelrecht/Bergrecht, 2009.

Anna-Lena Liebermann

Schomlenberg (Miercurea Ciuc-Şumuleu, Csíksomlyó)

Franziskaner

Patr.: Hl. Maria – gegr.: 1352 oder 1444.

Die im Szeklergebiet liegende Ortschaft S. ist 1333 erstmals urkundlich erwähnt (Hajdú, S. 118). Angeblich im Jahr 1352 wurde hier ein Franziskanerkloster eingerichtet; im Jahr 1444 erließ Papst Eugen IV. einen Ablass für die Erbauung (oder den Neubau) des Klosters und seiner Marienkirche, zum Gedenken an Johannes Hunyadis Sieg über die Osmanen bei Marosszentanna (Roth, S. 118). Aufgrund verschiedener Schenkungen und u. a. der Privilegien, die Matthias Corvinus dem Kloster

1467 verlieh, nicht zuletzt aber aufgrund der Wallfahrten, welche das in der Kirche aufbewahrte wundertätige Marienstandbild aus der Zeit um 1510/15 anzog, gelangte das Kloster zu einem gewissen Reichtum.

Überlieferung. Der Reichtum des Klosters spiegelte sich u. a. in der Bibliothek wider, die im 15. Jh. eingerichtet wurde und die vor der Reformation mindestens 96 Inkunabeln und zahlreiche Handschriften umfasste. Die Reste der Bibliothek sind heute im Székely Museum von Csík aufbewahrt. Zu den kostbarsten Beständen zählt eine Handschrift eines lat. Tugendtraktats aus dem Jahr 1467 sowie ein Druck der ‚Pantheologia' des Rainerius de Pisis, Basel um 1476/77 (GW M36924). Vor Ort ist noch eine auf 1463 datierte Handschrift des Traktats ‚De septem donis Spiritus Sancti' des Stephan von Bourbon erhalten (CSAPODI, S. 313).

Literatur. Cs. CSAPODI/K. CSAPODINÉ GÁRDONYI, Bibliotheca Hungarica. Kódexek és nyomtatott könyvek Magyarországon 1526 előtt, Bd. 1, 1988. — Die Gnadenkirche und das Kloster aus Schomlenberg, hg. v. Mănăstirea Franciscană din Sumuleu Ciuc, 1993; Z. F. HAJDÚ, Art. Miercurea Ciuc-Şumuleu, in: Siebenbürgen, hg. v. H. ROTH, 2003, S. 118f.; Csíksomlyói Kegytemplom és Kolostor, http://www.csiksomlyo.ro/history-3 (30.5.2014).

CORA DIETL

Seiden (**Jidvei**)

1434 befahl Ladislaus, Woiwode von Siebenbürgen, dem Vizewoiwoden Loránd Lépes, von den Grundhörigen in → Bulkesch und S., die zur Hermannstädter Pfarrkirche gehörten, keine Abgaben zu erheben (Urk. Nr. 2201; Bestätigung: Nr. 2458). Am 31.7.1448 schützte Johannes Hunyadi die Bewohner von → Bulkesch und S. gegen die Gewalttaten der Kastellane von Kokelburg (Urk. Nr. 2652). 1450 waren die Einwohner S.s der Gerichtsbarkeit der Hermannstädter Provinz der Sieben Stühle unterstellt und somit von der Komitatsgerichtsbarkeit befreit (Urk. Nr. 2696). 1453 erhielt S. die Blutsgerichtsbarkeit (Urk. Nr. 2812). Bereits 1469 gehörte S. in Steuer- und Gerichtsangelegenheiten zur Hermannstädter Provinz (Urk. Nr. 3707).

Auf die Existenz einer Schule in S. könnte die Karriere des hier geborenen Michael Leonhard hinweisen, der in Bologna und Ferrara studierte, dort 1520 den Grad eines Doktors beider Rechte erwarb und 1520 als Pfarrer von → Pretai, später als Pleban von → Großprobstdorf bezeugt ist.

Ausgabe. Urkundenbuch zur Geschichte der Deutschen in Siebenbürgen, hg. v. F. ZIMMERMANN u. a., 1892–1991.

Literatur. H. FABINI, Atlas der siebenbürgisch-sächsischen Kirchenburgen und Dorfkirchen, Bd. 1, 1998, S. 693–696.

ANNA-LENA LIEBERMANN

Straßburg am Marosch (**Aiud**, Nagyenyed)

Geschichte. Die sächs. Ortschaft S. ist unter dem Namen *villa Enyed* 1292 erstmals urkundlich erwähnt, als König Andreas III. die Schenkung des Orts an Gräf Christian von Kleinpold bestätigte (Urk. Nr. 259). In den folgenden Jahrhunderten fand S. häufiger Erwähnung, v. a. in Zusammenhang mit Besitzstreitigkeiten und Fragen der Gerichtsbarkeit. Im 15./16. Jh. stammen mehrere Studenten der Universität Wien aus S., die vielleicht in ihrem Heimatort eine städtische Schule besucht hatten: 1448 schrieb sich *Lazarus Casparis de Engedino* in die Wiener Matrikel ein (ID: 2147108978), 1512/14 *Christian Borbardinus* (ID: 2147107545). Der berühmteste Sohn der Stadt ist der spätere → Klausenburger Archidiakon Adrian Wolfhard.

Dokumente. In S. wurde ein auf den 3. 6. 1489 datierter dt.-sprachiger Brief des Stephan Halab an den → Hermannstädter Bürgermeister Thomas Altemberger verfasst. Halab berichtet darin, dass er geholfen habe, Michael Porner gefangenzunehmen und ins Gefängnis zu bringen (Urk. Nr. 4824).

Ausgabe. Urkundenbuch zur Geschichte der Deutschen in Siebenbürgen, hg. v. F. ZIMMERMANN u. a., 1892–1991.

Literatur. Lazarus Casparis de Engedino, Christian Borbandinus, RAG.

CORA DIETL

Streitfort (**Mercheaşa**, Mirkvásár)

Unter dem Namen *Stristfordia* ist S. um 1400 erstmals erwähnt, als Teil des Repser Kapitels. Die ursprünglich romanische Basilika weist allerdings auf eine deutlich ältere Besiedlung des Orts hin (NUSSBÄCHER, S. 114). Wie anderenorts geriet auch hier die sächs. Bevölkerung mehrfach in Konflikte mit Adligen der Umgebung; 1442 und 1455 griff der Gubernator Johannes Hunyadi ein, um die Rechte der Sachsen zu schützen (Urk. Nr. 2437, 2954). 1488 ist in S. ein Schulmeister belegt (FABINI, S. 717).

Ausgabe. Urkundenbuch zur Geschichte der Deutschen in Siebenbürgen, hg. v. F. ZIMMERMANN u. a., 1892–1991.

Literatur. G. NUSSBÄCHER, Aus Urkunden und Chroniken, Bd. 2, 1998; H. FABINI, Atlas der siebenbürgisch-sächsischen Kirchenburgen und Dorfkirchen, Bd. 1, 1998.

CORA DIETL

Sutschawa (**Suceava**)

Inhalt. A. Höfe. B. Stadt.

Erstmals urkundlich erwähnt ist S., Hauptstadt der Moldau, im Jahr 1388. Die an wichtigen Handelsstraßen gelegene Ortschaft mit einer Festung existierte allerdings, wie archäologische Befunde zeigen, schon deutlich früher. Als rum., ung. und dt. besiedelte Handelsstadt stand S. im 15./16. Jh. – spätestens nachdem Stephan III., Woiwode der Moldau, 1475 allen Kaufleuten aus dem ung. Reich freien Handelsverkehr in der Moldau zugesichert hatte (Urk. Nr. 4058) – auch in engem Kontakt mit siebenb. Städten. Dies bezeugt eine Reihe von Briefen, die zwischen dem Rat und den Zünften von S. und → Bistritz gewechselt wurden.

Ausgabe. Urkundenbuch zur Geschichte der Deutschen in Siebenbürgen, hg. v. F. ZIMMERMANN u. a., 1892–1991.

CORA DIETL

A. Höfe

Hof Stephans III. (Ştefan cel Mare)

1457–1501

Stephan III. (der Große), geboren zwischen 1430 und 1435, regierte die Moldau von 1457 bis zu seinem Tod im Jahr 1504. Während seiner Herrschaft war der Fürst v. a. um die Unabhängigkeit der Moldau von Ungarn und Polen bemüht (vgl. PAPACOSTEA, S. 23–34). Sein zeitweise erfolgreicher Kampf gegen die Osmanen weckte erstmals das Interesse des Westens an der Moldau und machte Stephan III. zu einem potenziellen Partner (vgl. WECZERKA, S. 35). Dies zeigte beispielsweise das Angebot Maximilians I., Bogdan, den Sohn Stephans, in sein Gefolge nach Rom aufzunehmen (BINDER-IIJIMA, S. 169f.). Gleichzeitig sind unter Stephan erstmals Deutsche, u. a. ein gewisser Udalricus, am moldauischen Hof bezeugt (vgl. WECZERKA, S. 239). Als Stephan 1501 von einem paralytischen Leiden geplagt wurde, schickte er zwei Boten (Udalricus und Antonius) nach Nürnberg, um ihm einen geeigneten Arzt zu bringen.

Literatur. H. WECZERKA, Das mittelalterliche und frühneuzeitliche Deutschtum im Fürstentum Moldau. Von seinen Anfängen bis zu seinem Untergang (13.–18. Jahrhundert), 1960; S. PAPACOSTEA, Stephan der Große. Fürst der Moldau. 1457–1504, 1975; E. BINDER-IIJIMA, Stefan der Große aus europäischer Sicht, in: Stefan der Große. Fürst der Moldau. Symbolfunktion und Bedeutungswandel eines mittelalterlichen Herrschers, hg. v. E. BINDER-IIJIMA/V. DUMBRAVA, 2005, S. 157–176.

CLAUDIA ANSORGE

Udalricus

Lebensweg. Udalricus gilt als Moldaudeutscher mit wahrscheinlich siebenb.-sächs. Wurzeln, der unter Stephan III. an der fürstlichen Kanzlei in S. tätig war. Möglicherweise ist er mit dem für 1504 nachweisbaren Ulrich Pergawer, nach WECZERKA (S. 159) Stadtrichter in S., identisch. Er gilt als Verfasser bzw. Übersetzer einer dt. Chronik über Stephan III., die in der älteren Forschung ohne zwingenden Grund einem gewissen Hermann von Weißenburg zugeschrieben wurde. Udalricus gehörte der oben erwähnten Gesandtschaft an, die Stephan 1501 nach Nürnberg sandte; sie übermittelte u. a. ein Exemplar der Chronik an Hartmann Schedel (vgl. STÖLLINGER-LÖSER, Sp. 1212).

Werke. ‚Dy Cronycke des Stephan Voyvoda auß der Wallachey', eine dt. Chronik über Stephan III., ist in einer Abschrift des Nürnberger Arztes Hartmann Schedel aus dem Jahre 1502 erhalten und befindet sich heute in München (München, BSB, Clm 952). Es handelt sich um eine Prosachronik in nüchternem Stil. Der Gebrauch dt. Ortsnamen sowie nordsiebenb. Dialektmerkmale lassen darauf schließen, dass das Werk bereits in der Moldau übersetzt wurde

und nicht erst durch Schedel (vgl. WECZERKA, S. 157f.). Der Gebrauch der byzantinischen Zeitrechnung deutet auf eine kirchenslawische Vorlage hin, möglicherweise auf die verschollenen Moldauer Jahrbücher (vgl. STÖLLINGER-LÖSER, Sp. 1213). Die Chronik gilt nicht nur als älteste erhaltene Geschichtsquelle aus Rumänien, sondern auch als „der früheste Beleg für die Teilnahme des dt. Humanismus an Fragen der Geschichte und Landeskunde Südosteuropas" (VALJAVEC, S. 246).

Der Text gibt Auskunft über die Taten Stephans seit seiner Thronbesteigung 1457 und bricht mit dem Jahr 1499 ab, weshalb angenommen wird, dass das Werk in diesem Jahr entstanden sein muss (vgl. WECZERKA, S. 157). Da die Ausführungen ab dem Jahr 1470 detaillierter werden, ist zu vermuten, dass der Verfasser ab diesem Zeitpunkt am Hof Stephans weilte und die Ereignisse als Augenzeuge miterlebte. Die Chronik ist nicht nur eine wichtige Quelle für die Auseinandersetzungen der Moldau mit Ungarn, Polen und der Walachei, sondern auch für deren Kampf gegen die Osmanen (vgl. STÖLLINGER-LÖSER, Sp. 1212f.). Besonders im Zusammenhang mit dem Kampf gegen die osmanische Expansion in Südosteuropa bedient sich die Chronik einer religiösen Rhetorik.

Erhalten ist zudem ein dt.-sprachiger **Brief** des Ulrich Pergawer, den VALJAVEC (S. 245) mit Udalricus identifiziert, aus dem Jahr 1504 (Urk. Nr. 1518). Gemeinsam mit dem fürstlichen Schatzmeister Georg wendet er sich an Fabian, Richter in → Bistritz und fordert die Schuldner der Stadt zur Begleichung ihrer Schulden auf (vgl. WECZERKA, S. 241).

Ausgabe. O. GÓRKA, Cronica epocii lui Ștefan cel Mare, 1457–1499, Revista Istorică Română 5 (1935), S. 1–85; Urkundenbuch zur Geschichte der Deutschen in Siebenbürgen, hg. v. F. ZIMMERMANN u. a., Bd. 3, 1892.

Literatur. F. VALJAVEC, Geschichte der deutschen Kulturbeziehungen zu Südosteuropa, Bd. 1, ²1953; H. WECZERKA, Das mittelalterliche und frühneuzeitliche

Deutschtum im Fürstentum Moldau. Von seinen Anfängen bis zu seinem Untergang (13.–18. Jahrhundert), 1960; C. STÖLLINGER-LÖSER, Art. Udalricus, ²VL 9 (1995), Sp. 1212f.

CLAUDIA ANSORGE

B. Stadt

Zunftwesen

Das früheste erhaltene Zeugnis dt.-sprachiger Zünfte in S. stellt der Brief des **(1) Riemer**s Johannes vom 22.6.1472 dar (Urk. Nr. 3918). Johannes bittet in privatem Ton (er berichtet zunächst von seiner Genesung) den → Bistritzer Richter Georg Eyb, dass dieser einem Gesellen aus Bistritz, der in S. seine Gesellenzeit beendet hat, einen Geburtsbrief ausstelle, da dies die Voraussetzung zur Ausstellung eines Meisterbriefs sei.

Am 15.6.1473 bittet der Rat der Stadt S. den Bistritzer Rat in einem dt.-sprachigen Schreiben um Amtshilfe (Urk. Nr. 3958), auf Antrag einiger Bürger der Stadt S. Diese hatten zu Protokoll gegeben, dass der S.er **(2) Fischhändler** Anthonius Bieler und seine Begleiter in Bistritz von Michael Czopperer um den versprochenen Handelspreis ihrer Ware betrogen worden sind.

Aus dem Jahr 1481 ist ein dt.-sprachiger Brief des Stadtrichters und Rats von S. an den Bistritzer Rat erhalten (Urk. Nr. 4406): Er möge sich gegenüber dem Bistritzer Kürschner Waltesar für die Sache der Witwe des **(3) Fleischer**s Peterman einsetzen, damit sie ihr Haus wiedererhalte, welches Peterman dadurch verloren hatte, dass er für Waltesar gebürgt hatte. Im Februar 1514 setzt sich in einem dt.-sprachigen Brief der Rat von S. beim → Bistritzer Richter Fabian für den **(4) Schneider** Salomon aus S. ein, dem der Bistritzer Riemer Peter Geld schulde (Urkunden-Regesten Bistritz I, Nr. 577).

Ausgabe. Urkundenbuch zur Geschichte der Deutschen in Siebenbürgen, hg. v. F. ZIMMERMANN u.a., 1892–1991.

Literatur. A. BERGER, Urkunden-Regesten aus dem Archiv der Stadt Bistritz in Siebenbürgen, Bd. 1, 1986; Suceava: File de istorie. Documente privitoare la istoria orașului, 1388–1918, Bd. 1, hg. v. V. G. MIRON u.a., 1989.

CORA DIETL

Tartlau (**Prejmer**, Prázsmár)

T. bildete nach den Kolonisationsplänen des Deutschen Ordens gemeinsam mit → Marienburg, → Petersberg und → Honigberg einen Gerichtsstuhl (AMLACHER 2002, S. 151). Erstmals urkundlich erwähnt ist der Ort 1240, als er nach Vertreibung des Deutschen Ordens dem Zisterzienserorden überantwortet wurde (Urk. Nr. 76). T. wurde 1278 durch die Tataren und 1432, 1447 und 1520 durch die Osmanen verwüstet. Trotzdem haben sich in der vermutlich von den Ordensrittern begonnenen Heiligkreuzkirche in T. Teile der mittelalterlichen Wandmalereien und ein um 1456 angefertigter Holzaltar erhalten (FABINI 1998, S. 733f.). Als 1502 der Erbgräfenhof von T. an den ung. Grafen Albert Béldi verkauft wurde, verursachte dies rund 150 Jahre andauernde Streitigkeiten zwischen den Bauern von T. und dem ung. Grafengeschlecht, in deren Kontext 1508 Petrus Béldi von sächs. Bauern in T. erschlagen wurde (AMLACHER, S. 152).

Auf eine Schule in T. weisen schon lange vor ihrer ersten Erwähnung 1510 (FABINI, S. 730) die Matrikel in Wien hin: Insgesamt 18 T.er studierten zwischen 1385 und 1525 in Wien (PHILIPPI, S. 194).

Literatur. M. PHILIPPI, Kronstädter und Burzenländer Studenten an der Wiener Universität 1382–1525, in: Beiträge zur Geschichte von Kronstadt in Siebenbürgen, hg. v. P. PHILIPPI, 1984, S. 179–224; H. FABINI, Die Kirchenburg in Tartlau, 1996; H. FABINI, Atlas der siebenbürgisch-sächsischen Kirchenburgen und Dorfkirchen, Bd. 1, 1998; E. AMLACHER, Wehrbauliche Funktion und Systematik siebenbürgisch-sächsischer Kirchen- und Bauernburgen, 2002.

CORA DIETL

Tekendorf (Teaca)

Die sächs. Ortschaft wird 1318 erstmals als *Theke* urkundlich erwähnt (Urk. Nr. 361). Die Besiedlung des Gebiets fand jedoch bereits seit 1161 statt (O. A., S. 38). 1456 wird T. erstmals als Markt bezeichnet (Urk. Nr. 3052); 1486 stellte Michael de Zob, Besitzer T.s, für die Bewohner des Ortes einen Freibrief aus (Urk. Nr. 4673), der 1531, 1538, 1567, 1594, 1632, 1654 und 1655 bestätigt wurde. Dieser Freibrief glich die Rechte der T.er jenen Rechten auf Königsboden größtenteils an (vgl. Fabini, S. 740). Für das Jahr 1403 ist ein Magister Jacobus als Rektor der Schule in T. belegt.

Literatur. O. A., Arbeitspapier zur siebenten Jahrestagung des AKSL 1969 in Aachen, Arch. 8 (1971), S. 37–53; H. Fabini, Atlas der siebenbürgisch-sächsischen Kirchenburgen und Dorfkirchen, Bd. 1, 1998.

ANNA-LENA LIEBERMANN

Temeswar (Timişoara, Temesvár)

Inhalt. A. Klöster. B. Burg. 1. Hof Karls. I. 2. Hof Johannes Hunyadis

Nach dem Ende der Völkerwanderungszeit wurde die Region von T. ab dem späten 10. Jh. Teil des mittelalterlichen Königreichs Ungarn. Die erste schriftliche Erwähnung T.s findet sich 1154 bei dem arabischen Gelehrten Al-Idrisi (Eichler, S. 8); ein *Pancracius comes Temissiensis* ist zwischen 1173 und 1185 im Testament des Kaba (Pannonhalma, OSB, 1173–1185) bezeugt. Einen bedeutenden Aufschwung nahm die Entwicklung T.s, als der ung. König Karl I. von Anjou ab 1307 seine Residenz in die Stadt zu verlegen begann und sie damit bis 1323 de facto zur Hauptstadt seines Königreichs machte (Buruleanu, S. 10f.). 1342 erhielt T. das Stadtrecht (Eichler, S. 8; Buruleanu, S. 11). Während der Türkenkriege kam der Stadt v. a. unter König Sigismund und Johannes Hunyadi eine wichtige Bollwerkfunktion zu, die sie sich auch nach der Niederlage von → Mohács (HU) 1526 noch eine Zeit lang bewahren konnte.

Ausgabe. http://monasterium.net/mom/HU-PBFL/PannHOSB/1173-1185/charter

Literatur. D. N. Buruleanu u. a., Timişoara. Povestea oraşelor sale. Die Geschichte seiner Städte, ²2006; M. Eichler u. a., Temeswar/Timişoara. Eine Perle des Banats, 2010; P. Ilieşu, Temeswar. Die Geschichte einer europäischen Stadt, 2005.

EVA SPANIER

A. Klöster

Franziskaner

Pelbartus de Temesvar

1435–1504

Pelbartus wurde wahrscheinlich um 1435 in oder in der Nähe von T. geboren. Über seinen familiären Hintergrund und die ersten Jahrzehnte seines Lebens existieren keine gesicherten Quellen: Zum ersten Mal urkundlich bezeugt ist sein Name im Matrikelbuch der Universität Krakau (PL) im Jahr 1458, als er sich unter den Studenten der ung. Burse als *Pelbartus Ladislai de Temesvar* einschrieb (Adriányi, Sp. 174), woraus sich schließen lässt, dass sein Vater Ladislaus hieß und dass er zu diesem Zeitpunkt bereits in den Franziskanerorden eingetreten war, denn Pelbartus ist sein Ordensname; sein Taufname war Paulus (Adriányi, Sp. 174). Pelbarts Muttersprache ist vermutlich Ungarisch, denn seine in lat. Sprache verfassten Werke weisen zahlreiche Hungarismen auf und auch er selbst bezeichnet die ung. Sprache als *lingua nostra* (Adriányi, Sp. 174). 1463 erwarb er in Krakau den Titel eines Bakkalaureus der Theologie und später wohl auch noch den Magistertitel, ehe er zwischen 1480 und 1483 in das Franziskanerkloster von → Ofen (HU) eintrat, wo er am 22.1.1504 starb (Adriányi, Sp. 176).

Literatur. G. Adriányi, Art. Pelbárt von Temesvár, BBKL 7 (1994), Sp. 174–178.

Eva Spanier

B. Burg

Über die Geschichte T.s vor der Zeit des ung. Königs Karl I. von Anjou existieren nur wenige gesicherte Quellen. Gegen Ende des ersten nachchristlichen Jahrtausends geriet die Region von T. im Zuge der magyarischen Expansion unter ung. Herrschaft und wurde zu einem Komitat des seit dem Jahr 1000 christlichen ung. Königreichs; 1177 wird dieses Komitat zum ersten Mal zusammen mit den Komitaten von → Klausenburg und → Weißenburg urkundlich erwähnt (Buruleanu, S. 10). 1266 ist in einer von König Stephan V. unterzeichneten Urkunde erstmals von einer T.er Burg (*castrum Tymes*) die Rede, die wahrscheinlich nach dem Einfall der Tataren 1241 erneuert wurde (Buruleanu, S. 10). Bei dieser ‚Burg', deren Vorgängerbauten möglicherweise bereits aus dem 10. Jh. stammten (Ilieşu, S. 13), handelte es sich vermutlich zunächst um ein schlichtes Bauwerk mit Befestigungen aus Erde und Holz (Buruleanu, S. 16), dem die ung. Könige aus dem Haus der Arpaden bei ihren Besuchen im Banat deshalb auch den Bischofspalast von → Tschanad als Aufenthaltsort vorzogen (Ilieşu, S. 14); erst nach dem Tatareneinfall von 1241 und v.a. ab 1307 unter Karl I. entstand in T. eine repräsentative Königsburg, deren Palas sich wahrscheinlich an der Stelle des späteren Schlosses von Johannes Hunyadi befand (Buruleanu, S. 10f.).

Literatur. P. Ilieşu, Temeswar. Die Geschichte einer europäischen Stadt, 2005; D. N. Buruleanu u.a., Timişoara. Povestea oraşelor sale. Die Geschichte seiner Städte, ²2006.

Eva Spanier

B.1 Hof Karls I.

1315–1323

Angesichts innenpolitischer Spannungen verlegte König Karl I. (1308–42) die königliche Residenz im Frühling 1315 aus → Ofen (HU) nach T., wo zu diesem Zweck ab 1307 eine beachtliche Verteidigungsanlage samt Palast südlich der alten Burg Temesch errichtet worden war (vgl. Niedermaier, S. 212). Mit erfolgreicher Beilegung der Konflikte endete im Herbst 1322 die Notwendigkeit eines längeren Aufenthalts des Königs in T.; im Frühjahr 1323 verlagerte Karl I. seine Residenz laut Engel (S. 267) und Glatz (S. 117) nach → Plintenburg (HU). Die zeitweilige Präsenz hoher Würdenträger setzte in T. wirtschaftliche und demographische Entwicklungen in Gang; 1342 ist T. erstmals als Stadt (*civitas*) erwähnt (vgl. Niedermaier, S. 51).

Literatur. L. Solymosi, Art. Karl I., BLGS 2 (1976), S. 371; P. Engel, Beilleszkedés Európába a kezdetektől 1440-ig, 1990; A magyarok krónikája, hg. v. F. Glatz, 1995; P. Niedermaier, Städtebau im Mittelalter. Siebenbürgen, Banat und Kreischgebiet (1242–1347), 2002.

Mary-Jane Würker/Gyöngyi Sándor

B.2 Hof Johannes Hunyadis

(† 1456)

Lebensweg. Die wohl aus der Walachei stammende Familie der Hunyadi ist 1409 erstmals erwähnt, als Kaiser Sigismund seinem Hofritter Vajk das Hofgut Hunyad schenkte, nach dem sich die Familie anschließend benannte. Die Tatsache, dass in der Schenkungsurkunde auch Johannes, der Sohn Vajks, erwähnt ist, hat zu dem Gerücht geführt, Johannes sei ein unehelicher Sohn des Kaisers. Johannes stand ab 1430 als Hofritter im Dienst Sigismunds und vorübergehend (1431–33) des Filippo Visconti in Mailand. Durch seine vorteilhafte Heirat mit Elisabeth Szilágyi (um 1428) und durch seine Verdienste in den verschiedenen

Kriegen Sigismunds und Albrechts stieg er in die Aristokratie auf. Er wurde 1439 Ban von Szörény und 1441 gemeinsam mit Nikolaus Újlaki Wojwode von Siebenbürgen und Gespan von T. Während des Interregnums nach dem Tod Ladislaus' I. Jagiello wurde Johannes Hunyadi schließlich 1446 zum Reichsverweser ernannt. Zwar übergab er 1453 offiziell die Regierung an Ladislaus V. Postumus, er bewahrte aber einen Großteil seiner Macht. Der König ernannte ihn im selben Jahr zum Erbgrafen von → Bistritz. Die Erhebung seines Sohnes Matthias (Corvinus) zum König von Ungarn erlebte Hunyadi nicht mehr; er starb 1456 in Zimony, kurz nach seinem ruhmreichen Sieg über Sultan Mehmed II. in der Schlacht bei Belgrad, die Gegenstand zahlreicher Verherrlichungen seiner Person in Kunst und Literatur wurde.

Briefe. Johannes Hunyadi hatte v. a. eine militärische Ausbildung erhalten; ab seiner Ernennung zum Reichsverweser 1446 nahm er einen Mangel seiner sprachlichen und rhetorischen Ausbildung wahr. Wichtige Briefe ließ er in der Regel von Johannes Vitéz schreiben; zugleich nahm er bei Vitéz und wohl auch bei dem poln. Humanisten Gregorius Sanoceus Unterricht. Ab 1448 stand er in Briefkontakt mit dem ital. Humanisten Poggio Bracciolini, der in einem Brief aus der Zeit um 1453 die Bemühungen des Fürsten um die *studia litterarum* lobt (ÁBEL, S. 159; vgl. PAJORIN S. 172).

Ausgabe. Analecta ad historiam renascentium in Hungaria litterarum spectantia, hg. von J. ÁBEL, 1880.

Literatur. Cs. CSAPODI, Hunyadi János és Poggio Bracciolini, Filológiai Közlöny 11 (1965), S. 155–158; K. T. PAJORIN, Briefe des Poggio Bracciolini an Johannes Hunyadi, in: Matthias Corvinus und die Renaissance in Ungarn 1458–1541, hg. v. J. GRÜNDLER u. a., 1982, S. 172; A. KUBINYI, Der Stammbaum der Familie Hunyadi/Lebenslauf des Johannes Hunyadi, ebd., S. 163–166; J. HELD, Hunyadi, Legend and Reality, 1985.

CORA DIETL

Tergowisch (**Târgoviște**)

Inhalt. A. Einzelpersonen. 1. Vlad Țepeș. 2. Johannes Schiltberger. 3. Mircea der Alte.

Die im späten 14. Jh. ökonomisch erstarkende Stadt T. löste allmählich die Rolle des nahegelegenen Argesch (Curtea de Argeș) als Zentrum der Walachei ab und hielt sich von 1400–1659, bis zur Zerstörung durch die Osmanen, als mittelalterliche Hauptstadt der Walachei und Residenzstadt des walach. Woiwoden. Die Stadt wird als *Türkoisch* erstmalig in dem zu Beginn des 15. Jh.s entstandenen ‚Reisebuch' des bay. Adligen Johannes Schiltberger (um 1380–nach 1427) erwähnt: *Ich bin auch gewesen inn der Walachei und in den zwaien hauptsteten ... Agrisch und Türkoisch.*

GESINE MIERKE

A. Einzelpersonen

A.1 Vlad Țepeș

1428–nach 1476

Die Burg, das mittelalterliche Herrschaftszentrum des Fürstentums Walachei, liegt auf der wichtigsten Handelsroute durch die Karpaten in Richtung Konstantinopel. Hier herrsche der als grausamer Tyrann und ‚Pfähler' verschriene Vlad Țepeș oder Vlad Dracul, eigentlich Vlad III. aus der Familie Basarab. Sein Vater, Vlad II., Fürst der Walachei, sah sich mehrmals gezwungen, seine Söhne, so auch den jungen Vlad, dem Sultan als Geisel zu geben, deshalb verbrachte er mehrere Jahre in Adrianopolis (1443–44 und 1446–48). Auf den rum. Thron gelangte er 1456 mit der Unterstützung von Johannes Hunyadi, dem Reichsverweser von Ungarn, obwohl dieser Vlads Vater wegen Untreue im antitürkischen Kampf im Jahr 1447 hinrichten lassen hatte. 1462 nahm ihn der ung. König Matthias Corvinus in Gewahrsam. Er heiratete später eine Cousine des Königs. Im Jahr 1476 wurde er von Matthias wieder auf den Fürstenthron gehoben, allerdings wurde er kurz darauf von seinen Gegnern im Land getötet, um einem turkophilen Fürsten auf den Thron zu verhelfen.

Autoren/Werke. Die Grausamkeiten des Vlad Țepeș regten ab den 1460er Jahren eine Fülle von Publizistik und Literatur an (vgl. HARMENING), im dt.- und im slav.-sprachigen Raum. **Michel Beheim**s in Wien entstandener Spruch ‚Von ainem Wutrich der hiess Trakle Waida von der Walachei' (um 1463), der sich angeblich zum Teil auf Augenzeugenberichte eines Barfüßermönchs Jacob aus dem Kloster Gorrion stützt (V. 807–820), berichtet u. a. über die Herrschaftszeit Vlads in T. In der Stadt oder in der Umgebung existierte wohl auch eine Schule (V. 77–90), in der dt. Jugendliche, vermutlich Söhne der → Kronstädter Händler, Rumänisch lernten, um sich auf ihren Beruf vorzubereiten. Vlad ließ angeblich alle Lernwilligen töten, mit der Begründung, er könne in seinem Land keine Spione dulden.

Ausgabe. Die Gedichte des Michael Beheim, hg. v. H. GILLE/I. SPRIEWALD, 1968, Bd. 1., Lied Nr. 99, S. 285–316.

Literatur. G. CONDURATU, Michael Beheims Gedicht über den Woiwoden Wlad II. Dracul. Mit historischen und kritischen Erläuterungen, 1903; D. HARMENING, Der Anfang von Dracula. Zur Geschichte von Geschichten, 1983; A. F. BALOGH, Utószó [Nachwort], in: A Drakula-történetek kezdetei, hg. v. DEMS., 2008, S. 77–103; C. DIETL, Von ainem wutrich der hies Trakle waida von der Walachei. Dracula bei Michel Beheim, in: Vlad Dracula. Tyrann oder Volkstribun?, hg. v. S. ROHDEWALD/ T. BOHN [erscheint 2015].

ANDRÁS F. BALOGH

A.2 Johannes Schiltberger

Lebensweg. Der vermutlich um 1380 geborene Schiltberger ist historisch nur wenig bezeugt. Aus späteren Erwähnungen (Matheus Brätzl, Johannes Aventin) geht hervor, dass er einem bay. Adelsgeschlecht mit Sitz in Aichach (LANGMANTEL; SCHIEWER) entstammte und nach 1427 als Kämmerer in den Diensten Herzog Albrechts III. (1438–60) stand.

Werke. Der Erzähler des Reisebuches berichtet über seinen unfreiwilligen langjährigen Aufenthalt in der *haydenschafft*. Damit meint er seine Teilnahme am Nikopolis-Kreuzzug unter König Sigismund und seine Erfahrungen während der mehr als 30-jährigen Gefangenschaft im Osmanischen (1396–1402) und Tartarischen Reich (1402–27), seine Flucht und schließlich seine Rückkehr nach Bayern.
Schiltbergers Bericht besteht aus 67 Kapiteln, die in mehreren Teilen über die Schlacht bei Nikopolis am 26. 9. 1396, die Kriegszüge der fremden Herrscher und die Flucht Schiltbergers nach Konstantinopel berichten, sowie Beschreibungen der fremden Länder, Religionen und Sprachen liefern. Nach seiner Gefangennahme diente Schiltberger im Heer des türkischen Sultans Bayezid I., wobei der Bericht von der Darstellung persönlicher Erlebnisse zur chronistischen Aufzeichnung der Feldzüge des Sultans wechselt (SCHIEWER 1992b). Da Schiltberger 1402 in tartarische Gefangenschaft und unter die Herrschaft Timurs geriet, wird der Bericht mit den Taten der Mongolen fortgesetzt. Nach der Flucht des Berichterstatters nach Konstantinopel (Kap. 30) sind Elemente von Reiseberichten und topisches Wissen aus Pilgerführern in die Darstellung integriert sowie ethnographische Informationen (Kap. 31–66) eingeschaltet. Die Darstellung endet mit einer kurzen Skizze der Heimreise Schiltbergers: *Nun vernembt und merckt, wie ich zu lannd chomen sey* [...] (Kap. 67).
Das ‚Reisebuch', das in weiten Teilen an Jean de Mandevilles *Voyages* angelehnt ist und insbesondere für die Beschreibungen Jerusalems, Babylons und Indiens verschiedene Quellen kompiliert, verbindet autobiographische Sequenzen (Einstieg und Ende) mit chronistischen Elementen, literarischen Motiven (Erkundung der Sperberburg, Erlösung der

Römer von Lindwurm und Einhorn) und Ausschnitten aus Reise- und Pilgerberichten. Wie die Verbreitung des Textes zeigt, erfreute sich Schiltbergers Bericht bis ins 17. Jh. großer Beliebtheit.

Ausgaben. Reisen des Johannes Schiltberger aus München in Europa, Asia und Afrika von 1394 bis 1427, hg. v. K. F. Neumann, 1859 (nach Heidelberg, UB, Cpg 216); Hans Schiltbergers Reisebuch, hg. v. V. Langmantel, 1885 (nach München, Stadtbibl., Cod. L 1603); J. Buchan Tefler, The Bondage and Travels of Johannes Schiltberger, 1879 (Nachdr. 1973); E. Geck, Hans Schiltbergers Reisebuch (Faks.-Druck der Ausg. v. Anton Sorg, Augsburg: um 1476), 1969.

Literatur. V. Langmantel, Art. Schiltberger, Hans, ADB 31 (1890), S. 262–264; H.-J. Lepszy, Die Reiseberichte des Mittelalters und der Reformationszeit, Diss. 1952, S. 35–38; W. Helmholdt, Das Türkische Vaterunser in Hans Schiltbergers Reisebuch, Central Asiatic Journal 11 (1966), S. 141–143; E. Geck, Buchkundlicher Exkurs zu Herzog Ernst, Sankt Brandans Seefahrt, Hans Schiltbergers Reisebuch, 1969; G. Wolf, Die deutschsprachigen Reiseberichte des Spätmittelalters, in: Der Reisebericht. Die Entwicklung einer Gattung in der deutschen Literatur, hg. v. P. J. Brenner, 1989, S. 81–116; H.-J. Schiewer, Leben unter Heiden. Hans Schiltbergers türkische und tartarische Erfahrungen, Daphnis 21 (1992a), S. 159–179; ders., Art. Johannes Schiltberger, ²VL 8 (1992b), Sp. 675–679; Europäische Reiseberichte des späten Mittelalters. Eine analytische Bibliographie, Teil 1: Deutsche Reiseberichte, hg. v. W. Paravicini, 2001; M. Tremmel, Art. Schiltberger, Hans, NDB 22 (2005), S. 773f.; M. Weithmann, Ein Baier unter ,Türcken und Tartaren'. Hans Schiltbergers unfreiwillige Reise in den Orient, Literatur in Bayern 21 (2005), S. 2–15; M. Javor Briški, Kulturkonflikte als Machtkonflikte am Beispiel spätmittelalterlicher Reiseberichte, Acta neophilologica 39 (2006), S. 99–107; L. Hellmuth, Hans Schiltbergers Besuch bei der Sperburg, in: Mythos, Sage, Erzählung, hg. v. J. Keller/F. Kragl, 2009, S. 129–143; N. Ruge, Art. Schiltberger, Hans, in: Deutsches Literatur-Lexikon. Das Mittelalter, Bd. 3, hg. v. W. Achnitz, 2012, Sp. 594–596; G. Wolf, Art. Deutschsprachige Reiseberichte des 14. und 15. Jahrhunderts, ebd., S. V–XXVIII.

Gesine Mierke

A.3 Mircea der Alte (Mircea cel Bătrân)

(1355–1418)

Mircea cel Bătrân (der Alte), 1386–1418 Woiwode der Walachei, erlangte insofern Bedeutung für die siebenb.-sächs. Geschichte, als er (als Anerkennung für den Beistand im Konflikt mit den Osmanen) den → Kronstädter und Burzenländer Kaufleuten in den Jahren 1395, 1413 und 1418 Handelsprivilegien zusicherte (Herrmann, S. 34; Göllner, S. 79). Diese wurden durch Dan II. in den Jahren 1422 (Urk. Nr. 1917f.) und 1431 (Urk. Nr. 2106–08) bestätigt, zum Teil verbunden mit einer Konkretisierung der Zölle. Spätere Bestätigungen erfolgten in den Jahren 1437 und 1444 durch Vlad II. Dracul (Urk. Nr. 2282, 2505) und – unter Aussparung des Stapelrechts – durch → Vlad Țepeș 1476 (Urk. Nr. 4149).

Ausgabe. Urkundenbuch zur Geschichte der Deutschen in Siebenbürgen, hg. v. F. Zimmermann u. a., 1892–1991.

Literatur. C. Göllner, Siebenbürgische Städte im Mittelalter, 1971; G. M. G. v. Herrmann, Das alte Kronstadt. Eine siebenbürgische Stadt- und Landesgeschichte bis 1800, 2010.

Cora Dietl

Thorenburg (**Turda**, Torda, Salinopolis)

Um 1020 ist die Salzbergwerkssiedlung *castrum Turda* angelegt worden (Fabini, S. 745), 17 km südwestlich von T. Erstmals urkundlich bezeugt wurde der Ort, als König Géza I. der Benediktinerabtei in Grantal (SK) die Hf. des königlichen Salzzolles von T. überschrieb. Später sind noch mehrfach Schenkungen von Teilen des Orts oder von einzelnen Salzgruben an die Kirche bezeugt: noch vor 1197 an die Propstei von Orod (Urk. Nr. 410) sowie in den Jahren 1272 und 1278 an das Kapitel von → Weißenburg (Urk. Nr. 126 u. 187). Da das

Salzbergwerk in T. ein wichtiger Wirtschaftsfaktor im Land wurde, steigerte Géza II. um 1150 den Abbau und setzte dafür dt. Siedlergruppen ein (KLEIN, S. 177). Sie sind in einer Urkunde aus dem Jahr 1291 beurkundet, in der ihnen König Andreas III. die gleichen Freiheiten wie den *hospites* in Salzdorf, Seck und → Kloosmarkt zusichert, in Erneuerung einer älteren, beim Einfall der Mongolen verbrannten Urkunde (Urk. Nr. 249). Spätestens 1297 erhielt T. das Stadtrecht (Urk. Nr. 278); bald danach stieg die Stadt zu einem Austragungsort von Landtagen (1355 und 1466) auf. Ende des 15. Jh.s wurde hier eine Residenz des Woiwoden erbaut (FABINI, S. 746). Wie aus einer Erwähnung beachtlicher Abgaben der Gemeinde in der päpstlichen Steuerliste von 1332 hervorgeht, war T. aufgrund des Salzvorkommens sehr reich (ENTZ, S. 153).

Neben der Innenstadtkirche, die laut FABINI (S. 747) eine stilistische Verwandtschaft mit der → Michaelskirche in Klausenburg aufweist, sind an geistlichen Institutionen in der Stadt v. a. die Niederlassung des Mönchsordens der Kreuzträger von 1274 (Urk. Nr. 172) und das 1299 erstmals bezeugte Spital (PASCU, S. 189) zu erwähnen. Die wohl im 13. Jh. errichtete und im 15. und 16. Jh. mehrfach erweiterte Nikolauskirche in T. geht vermutlich auf einen älteren Vorgängerbau zurück. Die Kirche profitierte v. a. in der zweiten Hf. des 15. Jh.s von großzügigen Stiftungen (ENTZ, S. 154).

Autoren/Werke. Nikolaus von Turda ist im Jahr 1461 als Schreiber eines illustrierten Breviars bezeugt (*Per manus Nicolai scriptoris de Transsiluania de oppido Thorda ubi salifodium nominatur*, fol. 332ᵛ), das, wie u. a. der Heiligenkalender belegt, für den Gebrauch in Ungarn entworfen ist. Es ging 1486 in den Besitz der Allerheiligenkirche in Budamér (SK) über (fol. 1ʳ) und liegt heute in → Weißenburg (Alba Iulia, BB, Cod. III.40; vgl. CSAPODI, S. 419f.).

Literatur. Cs. CSAPODI/K. CSAPODINÉ GÁRDONYI, Bibliotheca Hungarica. Kódexek és nyomtatott könyvek Magyarországon 1526 előtt, Bd. 1, 1988 — K. K. KLEIN, Einwanderungsweg und Gruppenverteilung der Mundarten. Schäßburg im Kisder Kapitel, in: DERS., Transsylvanica, 1963, S. 166–189; G. ENTZ, Die römisch-katholische Pfarrkirche von Torda, Acta Historiae Artium 24 (1978), S. 153–158; S. PASCU, Voievodatul Transilvaniei, Bd. 2, 1979; H. FABINI: Atlas der siebenbürgisch-sächsischen Kirchenburgen und Dorfkirchen, Bd. 1, 1998.

CORA DIETL

Tschanad (**Cenad**, Csanád)

Inhalt. A. Bistum. 1. Bischöfe. 2. Kapitel und Kapitelschule.

Die T.er Burg existierte wohl schon vor 1000 und wurde wahrscheinlich auf röm. Vorgängerbauten errichtet. Um diese Burg herum entstand die Siedlung T. Das Benediktinerkloster St. Maria wurde um 1030 gegründet; die dem Hl. Georg geweihte Domkirche wurde im Auftrag König Stephans I. unter Bischof Gerhard zum Zentrum des neuen Bistums T. ausgebaut (vgl. MÂNDRUȚ, S. 50). Als Sitz einer Propstei diente T. seit dem 12. oder Anfang des 13. Jh.s (vgl. MÂNDRUȚ, S. 51). 1241 wurde der Ort durch die Mongolen zerstört, allerdings stellte man alle kirchlichen Institutionen noch im 13. Jh. wieder her; 1343 findet man T. wieder als *civitas* bezeichnet. 1493 übernahmen die Franziskaner-Observanten das Kloster. 1514 wurde der Ort durch einen Bauernaufstand verwüstet (vgl MÂNDRUȚ, S. 51).

Literatur. S. MÂNDRUȚ, Art. Cenad, in: Siebenbürgen, hg. v. H. ROTH 2003.

ANNA-LENA LIEBERMANN

A. Bistum

A.1 Bischöfe

Über das Leben des **(1) Hl. Gerhard** (980–24.9.1046, Märtyrertod), des Stadtheiligen von Budapest, ist wenig bekannt. Auf einer Pilgerreise wurde er vom ung. König Stephan I. zur Missionierung seiner heidnischen Untertanen angehalten und anlässlich der Gründung des Bistums T. zum Bischof ernannt. Seine ‚Deliberatio [...] supra hymnum trium puerorum ad Isingrimum liberalem', Gerhards Hauptwerk, ist die älteste theologische Schrift aus Ungarn (München, BSB, Clm 6211). Es handelt sich um einen Kommentar (acht Bücher, 166 Pergamentbll.) zum Hymnus der drei durch einen Engel geretteten Jünglinge im Feuerofen (Dn 3, 57–65). Isingrimus, vermutlich zu der Zeit Bischof in Salzburg (SILAGI, S. VIII), diente Gerhard dabei als Adressat für seine Kritik an antik-philosophischen Fragen in einem (zweifellos) fiktiven, thematisch ausufernden Dialog, dessen teils „schwülstige" Sprache von der Forschung bemängelt wird (MANITIUS, S. 77). Gerhard unterstreicht das Defizit der menschlichen Erkenntnis angesichts des göttlichen Prinzips aller Dinge. Ihm ist es dabei wichtig, seine profunden Kenntnisse der antiken Überlieferung offenzulegen; häufig beruft er sich auf Isidors ‚Etymologiae'. Laut ENDRES (S. 358) verdient Gerhard „unstreitig Beachtung in der Entwicklung des mittelalterlichen Geisteslebens"; dagegen SILAGI (1989): „Das Werk Gerhards blieb ohne Wirkung". Inwiefern er seine Schutzbefohlenen missionarisch erreichte, bleibt offen.

Von **(2) Bischof Lucas II.** (1493–1500) ist eine Reihe von Briefen und Urkunden überliefert, in denen er sich selbst als *Lucas electus ecclesiae Chanadiensis, thesaurarius regii maiestatis* bezeichnet (Urk. Nr. 5749). Er korrespondierte u. a. mit dem → Rat von Kronstadt (wohin sein Organist Hieronymus verschwunden war) und dem Rat von → Hermannstadt und trieb Steuern ein (z. B. Urk. Nr. 5310, 5314, 5432).

A u s g a b e n . Urkundenbuch zur Geschichte der Deutschen in Siebenbürgen, hg. v. F. ZIMMERMANN u.a., 1892–1991; I. DE BATTHYÁN, Sancti Gerhardi episcopi Chanadiensis scripta [...], 1790; Gerardus Moresenus seu Csanadensis: Deliberatio [...], Text hg. v. G. SILAGI, CCCM 49 (1978).

L i t e r a t u r . J. A. ENDRES, Studien zur Geschichte der Frühscholastik, Philosophisches Jahrbuch 25 (1913), S. 349–359; K. JUHÁSZ, Das Tschanad-Temesvarer Bistum im Spätmittelalter, 1307–1552, 1964; G. SILAGI, Untersuchungen zur ‚Deliberatio supra hymnum trium puerorum' des Gerhard von Csanád, 1967; M. MANITIUS, Geschichte der Lateinischen Literatur des Mittelalters II, 1976; J. J. COLLINS/K. KOCH, Art. Daniel/Danielbuch, [4]RGG 2 (1999), Sp. 556–560; G. SILAGI, Art. Gerhard (ung. Gellért), hl., Bf. v. Csanád, LexMA 4 (1989), Sp. 1312; S. MÂNDRUT, Art. Cenad, in: Siebenbürgen, hg. v. H. ROTH, 2003, S. 50f.; E. NEMERKÉNYI, Latin Classics in Medieval Hungary 11th Century, 2004.

LIDIA GROSS/RUDOLF WINDISCH

A.2 Kapitel und Kapitelschule

Geschichte. Über die Gründung der Kapitelschule von T. liegen keine verlässlichen historischen Quellen vor. In der ‚Legenda maior' des Hl. Gerhard von T. (*De sancto Gerhardo episcopo Morosenensi et martyre regni Ungarie*) wird die Einrichtung des Kapitels beschrieben, als sei sie im unmittelbaren Anschluss an die Bischofsweihe Gerhards (um 1030) erfolgt, wenn auch mit manchen anachronistischen Zügen (vgl. TURKUŞ, S. 59). Nach den Ausführungen der Legende wurden folgende zehn Geistliche nach T. berufen, um das Kloster und das Kapitel einzurichten: Stephanus und Anselmus aus → Petschwar (HU); Conradus und Albertus aus → Mosaburg (HU); Crato und Thazlo aus → Bakonybél (HU), aus → Martinsberg (HU) Philippus, Henricus, Leonhardus und Conscius. Unter ihnen waren sieben nicht nur *viri literati*, sondern auch im Übersetzen ins Ungarische geübt (BATTHYÁNY, S. 327). Als elfter Geistlicher wird Waltherus genannt, den Gerhard damit beauftragte, die Novizen in Grammatik und Musik zu unterrichten (ebd., S. 328). Walther beherrschte zwar die ung. Sprache (ebd., S. 338), der Name lässt aber eher auf einen dt.-sprachigen Hintergrund schließen. Als die Schule bekannt wird und neben Schülern aus der Region u. a. auch dt., böhm., poln. und frz. nach T. stömen, lässt Gerhard den König um Unterstützung bitten. Aus → Stuhlweißenburg (HU) wird ihm ein zweiter Lehrer für die Kapitelschule gesandt: *quidam tewtonicus nomine Henricus* (ebd., S. 330). Als *vice-magister* übernimmt Heinrich den Grammatikunterricht; Walther wird Gesangslehrer. Mit dieser Arbeitsteilung ist die Einrichtung der Kapitelschule abgeschlossen. Turkuş (S. 61) geht davon aus, dass die hier gleichsam im Zeitraffer dargestellte Entwicklung tatsächlich Jahrzehnte oder Jahrhunderte gedauert haben dürfte, zweifelt aber nicht grundsätzlich an wahren Hintergründen der Darstellung.

Autoren/Werke. Die ‚Vita Sancti Gerhardi' des 1046 im Rahmen des Heidenaufstands in → Ofen (HU) getöteten Bischofs Gerhard von T. liegt in zwei Fassungen vor: als ‚Legenda minor' und als ‚Legenda maior'. Die Datierung und Entstehung der beiden Legendenfassungen sowie ihr Verhältnis zueinander wie auch zu chronikalen Quellen über das Leben des Hl. Gerhard ist in der Forschung umstritten (vgl. Juhász, S. 131; Macartney, S. 156; Horváth 1960a, S. 219; Turkuş, S. 25). Die ‚Legenda minor', eine recht knappe Darstellung des Lebens und Martyriums des Hl. Gerhard, ist in einer Handschrift des 12./13. Jh.s (Venedig, BNM, Cod. Lat. 28 cl. IX) und einer des späten 15. Jh.s (Paris, BM, Cod. 1733) überliefert, zudem in zwei Frühdrucken (Venedig 1498, Krakau 1511). Arnold Wion hat seine 1597 in Venedig gedruckte ‚Vita St. Gerardi' auf eine verlorene Fassung der ‚Legenda minor' gestützt und mit einer Fassung der ‚Legenda maior' verknüpft. Diese wiederum ist in zwei Hss. aus dem 15. Jh. überliefert: der Mondsee-Wiener Handschrift (Wien, ÖNB, 3662) sowie der Tegernseer Hs. (München, BSB, Clm 18624). Csóka (S. 230f.) vermutet, beide Fassungen der Legende seien in → Martinsberg (HU) entstanden, die ‚Legenda minor' im 11. Jh., die längere Legende um 1340; Borovszky (S. 11f.; vgl. Juhász, S. 140) dagegen sieht im Autor der ‚Legenda maior' Jakob von Piacenza, Bischof von Zagreb (1343–48) oder seinen Domkapitular Boniohannes de Campello. Macartney (S. 156, 159) schließlich argumentiert unter Berufung auch auf ältere Forschungsliteratur, dass der in der Legende als Freund Gerhards und als Leiter der Kapitelschule von T. beschriebene Walther oder einer seiner Schüler der Verfasser der Ur-Legende gewesen sei, auf deren Basis beide Legendenfassungen entstanden seien.

Überlieferung. Eine Bibliothek des Kapitels von T. ist nicht überliefert. In der ‚Legenda maior' heißt es, Heinrich habe aus → Stuhlweißenburg (HU) seine Bücher mitgebracht (Batthyány, S. 331). Gerhard beklagt selbst im Vorwort seiner in T. verfassten ‚Deliberatio', dass er keine Bibliothek zur Verfügung gehabt habe (Heinzer 1982, S. 7; Silagi, S. 636). Eine Kapitelbibliothek dürfte also erst später eingerichtet worden sein.

Ausgaben. Legenda minor: De S. Gerardo Episcopo Martyro. Vita, hg. v. J. Stilting, in: Acta Sanctorum Septembris, Bd. 6, hg. v. J. Stilting u. a., 1757, 722C–724A; Legenda maior: Sancti Gerardi Episcopi Chanadiensis scripta, et acta hactenus inedita, hg. v. I. Batthyány, 1790, S. 199–359; Gerhardslegenden, hg. v. G. Silagi, in: Die Heiligen Könige, hg. v. T. Bogyay, 1976, S. 77–119 (mit Übers.).

Literatur. S. Borovszky, Csanád vármegye története, Bd. 1, 1896; R. F. Kaindl, Studien zu den ungarischen Geschichtsquellen. XIII., XIV, XV und XVI, Archiv für österreichische Geschichte 91 (1902), S. 1–38; C. Juhász, Die Beziehungen der ‚Vita Gerardi maior' zur ‚Vita minor', Studien und Mitteilungen zur Geschichte des Benediktinerordens und seiner Zweige 47 (1929), S. 129–145; C. A. Macartney, The Medieval Hungarian Historians: A Critical and Analytical Guide, 1953; J. Horváth, Die Entstehung der großen Legende des Bischofs Gerhard, Acta Antiqua 8 (1960a), S. 185–219; ders., Quellenzusammenhänge der beiden Gerhard-Legenden, Acta Antiqua 8 (1960b), S. 439–454; F. Heintzer, Neues zu Gerhard von Csanád: Die Schlußschrift einer Homiliensammlung, Südost-Forschungen 41 (1982), S. 1–7; J. L. Csóka, Geschichte des benediktinischen Mönchtums in Ungarn, 1980; G. Klaniczay/E. Madas, La Hongrie, in: Hagiographiques. Histoire international de la littérature hagiographique latine et vernaculaire en Occident, des origins à 1550, hg. v. G. Philippart, 1996, Bd. 2, S. 103–160; G. Silagi, Bischof Gerhard von Csanád, in: Europas Mitte um 1000, hg. v. A. Wieczorek/H.-M. Hinz, 2000, Bd. 2, S. 636f.; Ș. Turkuș, Saint Gerard of Cenad or The Destiny of a Venetian around the Year One Thousand, übers. v. B. Aldea, 2006; C. Dietl, ‚Heiden' im Morgenland, ‚Heiden' in Ungarn: Die Legende des Heiligen Gerhard, in: Gott und die ‚heiden', hg. v. S. Knaeble/S. Wagner, 2015. S 131–146.

Cora Dietl

Urwegen (**Gârbova**, Orbó)

Um 1100 wurden auf dem Gebiet des heutigen U. Szekler angesiedelt, die aber um 1200 nach Südostsiebenbürgen verlagert wurden; an ihre Stelle traten Sachsen (Klein, S. 175–177). Der Ort selbst ist 1291 erstmals beurkundet, unter dem Namen *Urbou* (Urk. Nr. 247). Noch im 13. Jh. wurden hier eine Kirchenburg und eine Gräfenburg erbaut. Um 1500 war U. eine freie Gemeinde des → Reußmarkter Stuhls, in der u. a. ein Schulmeister lebte (Berger 1894, S. 53).

Literatur. A. Berger, Volkszählung in den 7 und 2 Stühlen, im Bistritzer und Kronstädter Distrikte vom Ende des XV. und Anfang des XVI. Jahrhunderts, KVSL 17 (1894), S. 49–76; K. K. Klein, Einwanderungsweg und Gruppenverteilung der Mundarten. Schäßburg im Kisder Kapitel, in: ders., Transsylvanica, 1963, S. 166–189; H. Fabini: Atlas der siebenbürgisch-sächsischen Kirchenburgen und Dorfkirchen, Bd. 1, 1998.

Cora Dietl

Waldhütten (**Valchid**, Válhíd)

Durch ein Urteil bezüglich eines Hattertstreits zwischen W. und Halwelagen, welchen der Erzdiakon Benedikt als Vertreter des Bischofs von Siebenbürgen 1317 entschieden habe, hat W. seine erste Erwähnung gefunden (Urk. Nr. 2024). Allerdings ist die entsprechende Urkunde nur in Abschriften überliefert; evtl. handelte es sich bei ihr um eine Fälschung (vgl. Gündisch). Der dt. Name *Waldhyd* ist 1345 erstmals bezeugt (Urk. Nr. 608). Die Grenzstreitigkeiten zwischen den beiden Gemeinden kehren bis ins 17. Jh. mehrfach wieder (Gündisch, S. 107; Fabini, S. 777). Ein zweiter Streit, durch den W. vielfach urkundlich bezeugt ist, betrifft in den Jahren 1349–66 den Adligen Johann von Malmkrog und die Sachsen von → Großkopisch und W. (Fabini, S. 177).

Die W.er Andreaskirche ist ab dem 14. Jh. bezeugt; an sie dürfte eine Schule angeschlossen gewesen sein. Darauf könnte die Immatrikulation eines *Henricus de Walthodia* in Wien im Sommer 1389 hinweisen (Nussbächer, S. 288). Amlacher (S. 157) betont den hohen Bildungsstand der W.er Pfarrer. So trug sich der Pleban Nicolaus 1406 in die Matrikel der Juristenfakultät der Universität Wien ein (ID: 2147109209); Ambrosius de Waldhuden immatrikulierte sich 1435/36 in Wien, wo er 1438 zum Baccalaureus und 1440 zum Licentiatus artium promoviert wurde (ID: 2147108322), und Stephan Medici aus W. studierte von 1499 bis 1502 in Wien und erwarb dort den Grad eines Baccalaureus in Kanonischem Recht (ID: 2147108201).

Literatur. Die Matrikel der Universität Wien, hg. v. F. Gall u. a., Bd. 1–2, 1965/1967. — G. Gündisch, Waldhüttener Urkundenfälschungen. Siebenbürg. Vierteljahresschrift 1935, S. 99–111; H. Fabini: Atlas der siebenbürgisch-sächsischen Kirchenburgen und Dorfkirchen, Bd. 1, 1998; G. Nussbächer, Aus Urkunden und Chroniken, Bd. 5, 2000; E. Amlacher, Wehrbauliche Funktion und Systematik siebenbürgisch-sächsischer

Kirchen- und Bauernburgen, 2002; Nicolaus v. Waldhütten, Ambrosius de Waldhuden, Stephan Medici, RAG.

CORA DIETL

Wardein (**Oradea**, Nagyvárad)

Inhalt. A. Bistum. 1. Kathedrale. 2. Bischöfe. 3. Kapitel.

Im 11. Jh., unter Ladislaus I., wurde W. zum Suffraganbistum der → Graner Erzdiözese (HU) erhoben. Das von demselben errichtete Kollegiatsstift, *Cap. eccl. b. Mariae virg. Varadiensis*, bildete ab der 1. Hf. des 13. Jh.s als *locus credibilis* für Oberungarn den administrativen Sitz des Bistums (vgl. ECKERT, S. 416). Die drei ältesten, dem Hl. Kreuz, Hl. Geist und Jakobus geweihten Pfarrereien waren innerhalb der Stadtmauern angesiedelt. Bereits im frühen 14. Jh. umfasste die Stadt acht Pfarreien und etwa zwanzig Kirchen (vgl. NIEDERMAIER, S. 130). König Ladislaus I. und König bzw. Kaiser Sigismund, wichtige Repräsentanten des ung. Königshauses, ließen sich in der St. Marien-Kathedrale beisetzen.

Literatur. F. ECKHART, Die glaubwürdigen Orte Ungarns im Mittelalter, MIÖG 9 (1914), S. 395–558; G. GYÖRFFY, Art. Großwardein, LexMA 4 (1989), Sp. 1733; P. NIEDERMAIER, Städte, Dörfer, Baudenkmäler. Studien zur Siedlungs- und Baugeschichte Siebenbürgens, 2008.

MARY-JANE WÜRKER

A. Bistum

A.1 Kathedrale

Patr.: St. Michael — gegr.: Ende 11. Jh.

Die Kathedrale von W. ging aus der Kirche der Propstei (→ Kapitel) hervor, die Ladislaus I. um 1080 in der Nähe der Burg von W. errichten und bald zur Kathedrale des neu gegründeten Bistums erheben ließ. Nach seinem Tod 1095 wurde Ladislaus dort bestattet. Durch seine Kanonisierung 1192 wurde die Kathedrale zum Ziel einer regen Wallfahrtsaktivität. Zahlreiche Stiftungen, zuerst durch Propst Csanád um 1320, der die Marienkirche als Kollegiatskirche errichten ließ, dann insbesondere durch das Haus Anjou, führten im 14. Jh. zu einem prächtigen Ausbau der Kirche (vgl. BALOGH 1982b, S. 89) und des Kathedralbezirks. Besonders auf die Bischöfe Andreas Báthory (1329–45), Demetrius Futaki (1345–72) und Johannes Zudar (1376–78) gehen große Bau- und Kunstaufträge der Kathedrale zurück. U. a. ließen Futaki und Zudar die Bildhauerbrüder Martin und Gregorius von → Klausenburg (die Meister der Georgs-Statue aus Prag) drei Königsstatuen für die Kathedrale (1360–65) bzw. ein Reiterdenkmal des Hl. Ladislaus für die Burg anfertigen (vor 1390), die deutlich eine Auseinandersetzung mit der ital. Renaissance zeigen (vgl. BALOGH 1982b, S. 90–92). Weitere Kunststiftungen folgten insbesondere unter Kaiser Sigismund.

Überlieferung. Die Bibliothek der Kathedrale ist, ähnlich wie die des Kapitels, nicht erhalten. Dass sie sich in der Katharinenkapelle befand, ist durch einen Brief des Bischofs Andrea Scolari aus dem Jahr 1419 belegt (CSAPODI, S. 113). In den *Epitomae rerum Hungaricarum* des Petrus Ransanus (um 1490) ist bezeugt, dass Bischof János Filipecz eine beeindruckende Sammlung von liturgischen Büchern für die Kathedrale von W. anlegen ließ. Aus dieser Sammlung erhalten sind neben einem Pontificale, das um 1480 in der königlichen Miniatorenwerkstatt prächtig illustriert worden ist (Esztergom, Érseki Simor Könyvtár, vgl. BALOGH 1982b, Abb. 83), und kleineren Fragmenten eines Graduale und eines Sequenzbuchs drei unvollständige Blätter eines Antiphonale aus der Zeit zwischen 1477 und 1490 (Győr, Erzbischöfl. Bibliothek, Fr. 65/5, 6; NB Budapest, Fr. A 58). Die Ausstattung der Handschrift weist auf eine Prager Werkstatt hin, evtl. auf den Prager Meister Mathäus; die Ausschmückung der Initialen scheint dt. oder niederl. Vorlagen zu folgen (vgl. LAUF, 68). Ein Missale ging der Kathedrale 1490 aus dem Erbe des Johann Beckensloer zu (CSAPODI, S. 206).

Literatur. Cs. CSAPODI/K. CSAPODINÉ GÁRDONYI, Bibliotheca Hungarica. Kódexek és nyomtatott könyvek Magyarországon 1526 előtt, Bd. 3, 1994. — J. BALOGH, Das Grabmal des Bischofs von Wardein (Várad) Andrea Scolari, in: Matthias Corvinus und die Renaissance in Ungarn 1458–1541, hg. v. J. GRÜNDLER u. a., 1982a, S. 138; J. BALOGH, Varadinum, 1982b.

CORA DIETL

A.2 Bischöfe

Mit dem Ausbau der Kathedrale im 14. Jh. begann auch eine besonders rege Reisetätigkeit der Bischöfe von W. Häufig sind sie zu Studien- wie zu diplomatischen Zwecken auf Auslandsreisen bezeugt. Dies trug zur Entwicklung einer lebendigen Hofkultur am Bischofshof ebenso bei wie die Berufung von internationalen Gelehrten auf den Bischofsstuhl.

(1) Eberhard aus der Pfalz stand kurz dem Bistum W. vor (1406–09). FEDELES vermutet, dass er nach der Niederlage Ladislaus' von Neapel (1403), der gegen Sigismund um den ung. Thron angetreten war, die in Ostungarn und Siebenbürgen verbliebenen Anhänger Ladislaus' kontrollieren sollte (FEDELES, S. 111). In den Jahren 1408–10 übernahm er die Verwaltung des vakanten Bistums → Fünfkirchen (HU).

Der Hof der Bischöfe zu W. wurde insbesondere unter Bischof **(2) Andrea Scolari** (1409–26) zu einem Zentrum der Renaissancekultur. In seinem Testament, das er am 14. 1. 1426 in W. verfasste, bedenkt Scolari acht Florentiner Gelehrte, die zu dieser Zeit an seinem Hof verkehrten (BALOGH 1982a). Unter den Bischöfen Johannes de Curzola (1435–38) und Johannes de Dominis (1440–44) sind am Hof auch Gelehrte anderer Herkunft, v. a. aus Dalmatien, belegt.

Einen Höhepunkt der Entwicklung zum europäischen Renaissancehof erfuhr der Bischofshof von W. schließlich unter **(3) Johannes Vitéz** (1445–65). Der um 1400 geborene Sohn einer kroatischen Adelsfamilie studierte in Zagreb (HR) und Wien. Seine Karriere begann er als Schreiber in der Geheimkanzlei während der Herrschaft König Sigismunds. 1438 wurde er Kustos von Zagreb, 1439 Protonotar der Kanzlei in → Ofen (HU), 1443 Propst und 1445 Bischof von W. Ab 1465 war er Erzbischof von → Gran (HU). Zudem war er erster Kanzler der 1465 gegründeten Universität in Pressburg (SK) sowie Initiator der Druckerei von → Andreas Hess (Ofen, HU). Er finanzierte das Studium von begabten Jungen im Ausland, u. a. das seines Neffen Janus Pannonius. Im politischen Leben Ungarns spielte er eine wichtige Rolle und wurde oft mit diplomatischen Aufgaben betraut. 1471 wurde er Anführer der Verschwörung gegen Matthias Corvinus. Man nahm ihn deshalb 1472 gefangen und stellte ihn später in Gran unter Hausarrest, wo er am 8. 8. 1472 verstarb. Vitéz war einer der bedeutendsten Humanisten Ungarns. Seine große humanistische Bibliothek, deren Umfang auf etwa 500 Bände geschätzt wird, enthielt v. a. Werke antiker, altchristlicher und humanistischer Autoren. Sie war Vorbild für die Bibliotheca Corviniana. Sein ‚Epistolarium' (‚Epistolae in diversis negotiis statum publicum regni Hung. concernentibus ab anno 1451'; Wien, ÖNB, Cod. 431), das von seinem Priester Pál Ivanich redigiert wurde, enthält 80 überwiegend offizielle diplomatische Briefe über kirchliche Angelegenheiten, den Türkenkrieg u. a., gerichtet an Päpste (z. B. an Eugen IV. und Nikolaus V.) oder an europäische Herrscher (z. B. an Friedrich III. oder an den Dogen von Venedig, Francesco Foscari). Aus den Jahren 1452–55 sind elf seiner politischen Reden erhalten, die unterschiedlichen Kontexten entsprungen sind (z. B. Begrüßung König Ladislaus' V.; Reichstag zu Frankfurt 1454; Kongress in Wiener Neustadt 1455).

Der aus einer dt. Ratsherrenfamilie aus Breslau (PL) stammende **(4) Johann Beckensloer (Beckenschlager)**, 1427–89) wurde, nachdem er auf Betreiben Matthias' Corvinus 1462 zum Propst in → Fünfkirchen (HU) und Abt von → Petschwar (HU) ernannt worden war, 1464 Bischof von W., bevor er 1467 zum Bischof von → Erlau (HU) erhoben wurde.

Aus ung. Adel stammte **(5) László Egervári** (1430–95/96). Er war 1474–76 bischöflicher Statthalter von W., später Ban von Kroatien und Slawonien. Beim Schreiber Máté Sztárai gab er zwei Handschriften in Auftrag: Die etwas ältere, die vom Schreiber einmal auf 1474, einmal (rückblickend) auf 1475 datiert ist, enthält die ‚Historia Septem Sapientium' und die ‚Gesta Romanorum' – mit fünf sonst nirgends überlieferten Episoden (Budapest EK, Cod. Lat. 25). Die zweite ist auf 1475 datiert. Sie enthält die ‚Historia Troiana' des Guido de Columnis, den fiktiven Brief des Priesterkönigs Johannes sowie einen auf 1451 datierten Brief des Sultans an Johannes Hunyadi.

(6) Domonkos Kálmáncsehi (1495–1503) studierte in Wien (1450), war sowohl Assistent des Johannes Vitéz als auch des Matthias Corvinus. Später war er Diplomat im Dienst Ladislaus' II. Jagiello. Zudem war er seit 1474 Propst von → Stuhlweißenburg, 1495–1503 Bischof von W., 1501–02 Bischof von Siebenbürgen und 1503 Erzbischof von → Kollotschau (HU).

In seinem Besitz befanden sich vier repräsentative liturgische Codizes, darunter ein Breviar, das im späten 15. Jh. vermutlich in W. entstand. Das Breviar (New York, PML, Gl.7.B.H. N.2314) folgt dem → Graner (HU) Ritus, wohingegen eine heute in Budapest befindliche Abschrift desselben (Budapest, OSZK, Cod. Lat. 446) zum Teil dem Graner Ritus, zum Teil dem Zagreber Ritus folgt. Als Illuminator des Werks nennt sich Franciscus de Castello Ithallico aus Ofen, der auch an den Corvinen (→ Ofen, HU) gearbeitet hat. Der Codex ist reich verziert mit illuminierten Rahmen und figurativen Initialen und der Abbildung des Wappens des Bischofs in zwei verschiedenen Formen. Die Bibliothek des Domonkos ist heute zerstreut.

Autoren/Werke. Der Wiener **Georg Peuerbach** schloss während seiner kurzen Tätigkeit als Astrologe am Hof Ladislaus' V. in → Ofen (HU) Freundschaft mit Johannes Vitéz, der ihn zu astronomischen Arbeiten und humanistischem Gedankenaustausch einlud. Ihm widmete Peuerbach seine für W. bearbeiteten Tafeln zu Sonnen- und Mondfinsternis (‚Tabulae eclipsium') und der täglichen Position der Gestirne (‚Ephemeriden'), gewöhnlich als *tabula varadiensis* (posthum 1464) bezeichnet. Auf der Festung von W. hatte Regiomontanus im Auftrag Peuerbachs den Null-Meridian zur Trennung in eine östlich-westliche Hemisphäre festgelegt, der noch bis 1667 durch den (heutigen) Stadtteil Cantemir verlief.

Überlieferung. Der Bücherbesitz der Bischöfe von W. war zum Teil beachtlich. Bruchstückhaft lässt er sich rekonstruieren. So sind aus dem Jahr 1426 Hinweise auf eine in Frankreich geschriebene Bibel und ein Werk des Poggio Bracciolini im Besitz des Andrea Scolari erhalten (CSAPODI, S. 118); Bischof Valentinus Farkas (1490–95) besaß eine Bibliothek von 203 Bänden, die er dem → Kapitel vermachte. Aus Siegmund Thurzós Bestand sind fünf in Venedig hergestellte Frühdrucke lat. Klassiker bekannt (CSAPODI, S. 295). Auch Bischof Franz I. Perényi (1513–26) war als Büchersammler tätig, wie sein Briefwechsel bezeugt (vgl. BALOGH 1982b, 93). Aus seinem Besitz erhalten ist ein kostbar verziertes Missale, datiert auf 1522 (Győr, Bibl. des Priesterseminars, vgl. BALOGH 1982b, Abb. 97), und ein vermutlich in W. entstandenes zweibändiges Graduale mit kostbar dekorierten Initialen aus dem Jahr 1518 (NB Budapest, Cod. lat. 172, vgl. BALOGH 1982b, S. 93 u. Abb. 92–94). Bekannt ist zudem, dass er Handschriften der Werke des Diodorus Siculus, Erasmus von

Rotterdam, Seneca, Synesius und Vergil besaß (CSAPODI, S. 281).

Ausgaben. Theoricae novae planetarum, 1473, ed. Regiomontanus; Epytoma Joa[n]nis De mo[n]te regio Jn almagestu[m] ptolomei (gedr. 1496 in Venedig); Tabulae Eclypsiū Magistri Georgij. Tabulae primi mobilis Joannis de Monteregio, [Wien] 1514); Scriptores rerum Hungaricarum veteres et genuini, hg. v. J. G. SCHWANDNER, Bd. 2, 1746; V. FRAKNÓI, Ioannis Vitéz de Zredna episcopi Varadiensis Orationes, 1878; Iohannes Vitéz de Zredna, Opera quae supersunt, hg. v. I. BORONKAI, 1980; Vitéz János levelei és politikai beszédei, hg. v. I. BORONKAI, 1987.

Literatur. V. FRAKNÓI, Vitéz János esztergomi érsek élete, 1879; K. CSAPODINÉ-GÁRDONYI, Die Bibliothek des Johannes Vitéz, 1984; Vitéz János emlékkönyv, hg. v. I. BÁRDOS, 1990; Cs. CSAPODI/K. CSAPODINÉ GÁRDONYI, Bibliotheca Hungarica. Kódexek és nyomtatott könyvek Magyarországon 1526 előtt, Bd. 3, 1994; P. TÓTH, Catalogus Codicorum Latinorum Medii Aevi Bibliothecae Universitatis Budapestensis, 2008. — A. CZERNY, Aus dem Briefwechsel des großen Astronomen Georg von Peuerbach, Archiv f. österr. Geschichte 72 (1888), S. 281–304; F. ZAISBERGER, Bernhard von Rohr und Johann Beckenschlager, Erzbischof von Gran. Zwei Salzburger Kirchenfürsten aus der zweiten Hälfte des 15. Jahrhunderts, 1964; A. DEGRÉ u. a., Az egervári vár története,1965; J. GOTTSCHALK, Der Breslauer Johannes Beckensloer, Erzbischof von Gran und Salzburg, Archiv für Schlesische Kirchengeschichte 27 (1969), S. 98–129; F. ZAISBERGER, Art. Johann III. Beckenschlager, NDB 10 (1974), S. 533; H. GRÖSSING, Der Humanist Regiomontanus und sein Verhältnis zu Georg von Peuerbach, in: Humanismus und Naturwissenschaft, hg. v. R. SCHMITZ/T. KRAFFT, 1980, S. 69–82; J. BALOGH, Das Grabmal des Bischofs von Wardin (Várad) Andrea Scolari, in: Matthias Corvinus und die Renaissance in Ungarn 1458–1541, hg. v. J. GRÜNDLER u. a., 1982a, S. 138; J. BALOGH, Vardinum, 1982; H. GRÖSSING, Art. Peuerbach, Georg (von) (G. Aunpeck), ²VL 7 (1989), Sp. 528–534; DERS., Der die Sterne liebte. Georg von Peuerbach und seine Zeit, 2002; K. PAJORIN, Vitéz János műveltsége, Irodalomtörténeti Közlemények 108 (2004), S. 533–540; E. MADAS, The late-medieval book culture in Hungary from the 1430s to the late 1470s, in: A Star in the Raven's Shadow. János Vitéz and the Beginnings of Humanism in Hungary, hg. v. F. FÖLDESI, 2008, S. 9–23; K. KÖRMENDY, Breviary of Domonkos Kálmáncsehi, ebd., S. 72; P. TÓTH, Gesta Romanorum, ebd., S. 82f.; T. FEDELES, Pécs (Fünfkirchen). Das Bistum und die Bischofsstadt im Mittelalter, 2011.

CORA DIETL/PÉTER LŐKÖS/
ANNA-LENA LIEBERMANN/LIDIA GROSS/
RUDOLF WINDISCH

A.3 Kapitel

Patr.: Hl. Maria — gegr.: 11. Jh.

Die Propstei von W. soll im 11. Jh. aus einem der Hl. Maria geweihten Kloster hervorgegangen sein. Die Kirche der Propstei wurde noch unter König Ladislaus I. zur → Kathedrale erhoben; aus der Propstei entwickelte sich ein Domkapitel. Dieses war bereits im 12. Jh. einer der *loca credibilia*, d.h. ein Beglaubigungsort für Urkunden (ARENS, S. 133). Spätestens im 15. Jh., vermutlich aber deutlich früher, war an das Domkapitel eine Schule angeschlossen. Ihr sicherlich berühmtester Schüler ist der aus → Hermannstadt gebürtige Nikolaus Olahus, der hier 1505–12 studierte und noch während des Studiums an den Hof → Ladislaus' II. Jagiello in Ofen (HU) empfohlen wurde.

Während die → Bischöfe von W. häufig als Büchersammler und Kunstförderer bezeugt sind, ist dies bei den Pröpsten und Archidiakonen des Kapitels eher selten. Ausnahmen bilden Propst **(1) Maternus** († 1399) aus Braunschweig, der, bevor er 1395 Bischof von Siebenbürgen in → Weißenburg wurde, in W. die Künstlerbrüder Martin und Georg aus Klausenburg förderte, die eine der berühmtesten Skulpturen in W. anfertigten (RUSU, S. 36), und der berühmte Büchersammler **(2) Johannes Vitéz**, der, Mitglied der königlichen Kanzlei in → Ofen (HU) war, als er 1442 zum Dompropst von W. ernannt wurde. Er stieg 1445 zum → Bischof von W. auf. **(3) Johannes Henckel**, Geistlicher Zipser Herkunft und zunächst Pleban in Leutschau (SK), war Ende des 15. Jh.s Kanonikus und Archidiakon in W., ab 1505 Hofkaplan der Königin Maria in Ofen. Aus seiner Bibliothek sind in den Bibliotheken in Budapest, Gengeß (Gyöngyös), Klausenburg und Weißenburg insgesamt 93 Bände erhalten, v. a. juristische, theologische und philosophische Titel. Darunter befindet sich auch eine größere Zahl von im dt.-sprachigen Gebiet gedruckten Inkunabeln (SCHATZ/STOICA, S. 16).

Werke. Von rechtshistorischer Bedeutung ist das **(1) ‚Registrum Varadiense'**. Es wurde zwischen 1208 und 1235 angelegt und verzeichnet die durch das Kapitel durchgeführten Gerichtsverfahren, darunter auch Gottesgerichte. Die Handschrift wurde wohl bis 1550 in W. aufbewahrt (CSAPODI, S. 45); nach der Drucklegung in Klausenburg 1550 verliert sich die Spur der Handschrift. Ebenso wenig erhalten sind die **(2) ‚Constitutiones capituli Varadiensis'** aus dem Jahr 1375, die Bischof Emericus in Auftrag gegeben hatte (CSAPODI, S. 76).

Überlieferung. Die Bibliothek des Kapitels verbrannte weitgehend bei der Eroberung der Stadt durch die Osmanen. Sie lässt sich nur in Teilen rekonstruieren. So finden sich aus dem Jahr 1302 ein Hinweis auf eine Handschrift der ‚Ars poetica' des Horaz im Bestand der Bibliothek, 1370 auf eine ‚Chronica Hungarorum' und 1374 auf ein Evangeliar (CSAPODI, S. 76). Außerdem vermachte Bischof Valentinus Farkas (1490–95) dem Domkapitel seine Bibliothek von 203 Bänden (CSAPODI, S. 161). Im Besitz der Kapitelschule ist 1434 ein Exemplar der ‚Revelationes' der Brigitta von Schweden bezeugt (CSAPODI, S. 135).

A u s g a b e . Regestrum Varadiense. Examinum ferri candetis ordine chronologico digestum, despripta effigie editionis a. 1550 illustratum, hg. v. J. KARÁCSONYI/S. BOROVSZKY, 1903.

L i t e r a t u r . Cs. CSAPODI/K. CSAPODINÉ GÁRDONYI, Bibliotheca Hungarica. Kódexek és nyomtatott könyvek Magyarországon 1526 előtt, Bd. 3, 1994; E.-M. SCHATZ/R. STOICA, Catalogul colectiv al incunabulelor din România, 2007. — V. BUCK, Mikláš Oláh a Jeho Doba 1493–1568. Nikolaus Oláh und seine Zeit, 1940; J. BALOGH, Varadinum, 1982; M. ARENS, Art. Oradea, in: Siebenbürgen, hg. v. H. ROTH, 2003, S. 133–137; C. NEAGU, Servant of the Renaissance. The poetry and prose of Nicolaus Olahus, 2003; A. A. RUSU, Alba Iulia. Between Bishopric See and the Capital of the Principality of Transylvania, übers. v. A. M. GRUIA, 2010; S. HOFFMAN, Varadi Regestum, in: Magyar nyelvemlékek. Tudományos vetület, http://nyelvemlekek.oszk.hu/adatlap/varadi_regestrum (30. 05. 2014).

CORA DIETL

Weidenbach (**Ghimbav**)

Geschichte. Die Gründung der Ortschaft W. im Kreis → Kronstadt kann mit hoher Wahrscheinlichkeit der Besiedlung des Burzenlandes durch den Deutschen Ritterorden (1211–25) zugerechnet werden, da W. verwaltungstechnisch dem Ordenssitz in → Marienburg unterstellt war und durch die geographische Lage eine wichtige Funktion für die Türkenabwehr hatte. Erstmals erwähnt ist der Ort 1342 (Brașov, AHG, I E, Nr. 2). 1421 und 1432 wird das Dorf Opfer verheerender Überfälle. Mit letzterem lässt sich möglicherweise der Ausbau der vor der Wende zum 15. Jh. angelegten Pfarrkirche zur Kirchenburg in Verbindung bringen (NUSSBÄCHER, S. 18). 1422 wird die Ortschaft durch die Erweiterung des → Hermannstädter Stuhls um das Burzenland an den Rechtskreis der Sieben Stühle angegliedert.

Das dt.-sprachige Register einer Volkszählung des Jahres 1510 verzeichnet einen Schulmeister in W. (TEUTSCH, S. 228; vgl. BERGER, S. 70); eine Schule wird aber sicherlich schon früher bestanden haben.

Autoren/Werke. Im 1452 angelegten ‚Liber promptuarii' des Burzenländer Kapitels (Brașov, AHG, I E, Nr. 144) sind mehrere lat.-sprachige Eintragungen des W.er Plebans Petrus (1449 erstmals urkundlich erwähnt) enthalten, die dieser als Burzenländer Dechant (1463–64) tätigte.

Literatur. G. D. TEUTSCH: Über die ältesten Schulanfänge und damit gleichzeitig Bildungszustände in Hermannstadt, AVSL 10 (1872), S. 193–232; A. BERGER, Volkszählung in den 7 und 2 Stühlen, im Bistritzer und Kronstädter Distrikte vom Ende des XV. und Anfang des XVI. Jahrhunderts, KVSL 17 (1894), S. 49–59, 65–76; W. MYSS, Art. Weidenbach, Kirchenburg, in: Lexikon der Siebenbürger Sachsen, hg. v. W. MYSS, 1993, S. 567; H. FABINI, Atlas der siebenbürgisch-sächsischen Kirchenburgen und Dorfkirchen, Bd. 1, 1998; G. NUSSBÄCHER, Aus der urkundlich überlieferten Ortsgeschichte bis zum Ende des 16. Jahrhunderts, in: Weidenbach. Eine siebenbürgisch-sächsische Gemeinde im Burzenland, hg. v. U. KONST, 1999, S. 15–29; E. AMLACHER, Wehrbauliche Funktion und Systematik siebenbürgisch-sächsischer Kirchen- und Bauernburgen, 2002.

MARY-JANE WÜRKER

Weingartskirchen (**Vingard**)

Erstmalig urkundlich erwähnt ist W. im Jahr 1309, im Rahmen eines Zehntprozesses des → Weißenburger Kapitels mit mehreren sächs. Dekanaten (Urk. Nr. 314). Vermutlich zuvor war der Grund oder der Ort vom Gräfen Daniel von Kelling gekauft worden (Urk. Nr. 469; FABINI, S. 792). In den folgenden 100 Jahren wurde W. immer wieder zum Gegenstand von Erbteilungen und Erbstreitigkeiten verschiedener, zumeist ung. Adliger, bis der Ort 1503 in den Besitz des Johannes Corvin, des Sohns von König Matthias, überging (FABINI, S. 792). Ein Pleban von W. ist ab 1332 bezeugt (GYÖRFFY, S. 183); Kastellane der Burg ab 1487 (FABINI, S. 792).
Von besonderer Bedeutung in W. ist die siebenb.-sächs. Familie Gereb. Ihr bedeutendstes Mitglied war **Johannes Gereb**, der ab 1458 als Vizegubernator und *capitaneus generalis* von Siebenbürgen bezeugt ist (Urk. Nr. 3099, 3119) und an den u. a. der Martinszins der Sachsen des Burzenlandes abzuliefern war (Urk. Nr. 3098). Die Königsmutter Elisabeth setzte ihn 1463 als ihren Gesandten ein (Urk. Nr. 3317).

Ausgabe. Urkundenbuch zur Geschichte der Deutschen in Siebenbürgen, hg. v. F. ZIMMERMANN u. a., 1892–1991.

Literatur. G. GYÖRFFY, Az Árpád-kori Magyarország történeti földrajza, Bd. 2, 1987; H. FABINI: Atlas der siebenbürgisch-sächsischen Kirchenburgen und Dorfkirchen, Bd. 1, 1998.

CORA DIETL

Weißenburg (**Alba Iulia**, Gyulafehérvár)

Inhalt. A. Bistum. 1. Bischöfe. 2. Generalvikare. 3. Kapitel. B. Klöster.

Im 10. Jh. eroberte Gyula eine Ortschaft, die wohl auf eine röm. Ansiedlung zurückgeht, der er den Namen Gyulafehérvár gab (GYÖRFFY, S. 143). Als *castrum alba* ist die Ortschaft zu Beginn des 11. Jh. erwähnt (FABIANI, S. 795), als *Alba Iulia* erst 1274 (Urk. Nr. 124). Durch den Mongolensturm wurde W. so sehr beschädigt, dass Bischof Gallus von Siebenbürgen im Jahr 1246 König Béla IV. berichtete, dass in seinem Sprengel kaum mehr Bewohner vorhanden seien, woraufhin der König Privilegien für neue Siedler gewährte (Urk. Nr. 72). Die Bischöfe holten Siedler und insbesondere Handwerker aus verschiedenen Regionen nach W., v. a. Ungarn und Deutsche (RUSU, S. 97). Bald nach 1257 ließ der Bischof die Gemeindekirche St. Maria in W. errichten (ebd., S. 103). Für eine Dominanz der *hospites* in der Stadt W. spricht, dass sie sich im Jahr 1400 einen eigenen Richter aus ihrem Kreis erwählten (Urk. Nr. 257) und dass im Hatterstreit zwischen dem → Kapitel und der Stadt W. letztere von den *hospites et incolae* vertreten war (Urk. Nr. 105). Für eine städtische Schriftkultur im mittelalterlichen W. liegen kaum Zeugnisse vor. Allein in den Jahren 1467 und 1489 sind städtische Notare bezeugt (RUSU, S. 108).

Ausgabe. Urkundenbuch zur Geschichte der Deutschen in Siebenbürgen, hg. v. F. ZIMMERMANN u.a., 1892–1992.

Literatur. G. GYÖRFFY, Az Árpád-kori Magyarország történeti földrajza, Bd. 2, 1987; H. FABINI, Atlas der siebenbürgisch-sächsischen Kirchenburgen und Dorfkirchen, Bd. 1, 1998; A. A. RUSU: Alba Iulia. Between Bishopric See and the Capital of the Principality of Transylvania, übers. von A. M. Gruia, 2010.

CORA DIETL

A. Bistum

Geschichte. Generell wird angenommen, dass das Bistum Siebenbürgen mit Sitz in W. im Jahr 1009 unter Stephan I. eingerichtet worden sei; in diesem Jahr besuchte der päpstliche Legat, der mit der Einsetzung der vom König vorgeschlagenen Bischöfe beauftragt war, das Land. Es gibt aber keine verlässlichen Dokumente, die eine Einrichtung des Bistums unter Stephan I. bezeugen (RUSU, S. 26f.). Die ältesten Gräber des Kathedralfriedhofs in W. stammen aus dem späten 11. Jh. Daraus kann geschlossen werden, dass das Bistum während der Regierungszeit König Ladislaus' I. (1077–95) gegründet worden ist. Es unterstand dem Erzbistum Kollotschau (HU).

Die Bischöfe stammten in der Anfangszeit v. a. aus Deutschland und Italien, später auch aus Ungarn, Frankreich und Polen. Siebenbürger Sachsen als Bischöfe sind nur zwei belegt (vgl. RUSU, S. 33). Das Verhältnis des Bischofssitzes zu den Sachsen war generell ein eher angespanntes. Am 21. 2. 1277 wurde die Kathedrale von einer Gruppe von Sachsen unter der Führung von Gaan, dem Sohn des Alard von Salzburg, gestürmt (THALGOTT, S. 33; Urk. Nr. 132, 133, 146); ihr stand aber noch eine Gruppe bischofstreuer Sachsen gegenüber. Am 19. 2. 1308 fand ein gemeinsamer Sturm aller sächs. Gruppierungen aus → Hermannstadt und der Priester des Dekanats → Mühlbach auf die Kathedrale statt. Erst 1436 forderte König Sigismund die Sachsen auf, die Schätze, die sie 1308 gestohlen hatten, zurückzugeben (Segedin, 20. 4. 1436; Urk. Nr. 2255).

Am Ausbau der Festungsanlage von W. waren die Bischöfe maßgeblich beteiligt; sie besaßen eine dem Woiwoden vergleichbare Macht. Die Form und der Umfang ihrer Hofhaltung waren von ihrem jeweiligen Familien- und Bildungshintergrund abhängig. Dieser ist erst im 15. Jh. dokumentiert: In dieser Zeit stammten unter den Bischöfen in W. drei aus dem Hochadel, sechs aus dem mittleren Adel, einer aus dem Bauernstand, während bei vier Bischöfen der soziale Hintergrund unbekannt ist. Die Hf. der Bischöfe hatte im Ausland studiert (RUSU, S. 33).

Ausgabe. Urkundenbuch zur Geschichte der Deutschen in Siebenbürgen, hg. v. F. ZIMMERMANN u.a., 1892–1992.

Literatur. A. SZEREDAI, Episcopi Transilvaniae, 1790; M. THALGOTT, Die Zisterzienser von Kerz, 1990; H. FABINI, Atlas der siebenbürgisch-sächsischen Kirchenburgen und Dorfkirchen, Bd. 1, 1998; J. M. BAK, Art. Ungarn, LexMA 8 (1999/2002), Sp. 1224–1234; B. Z. SZAKÁCS, Cathedrals in the early XIIIth century in Hungary, in: Secolul al XIII-lea pe meleagurile locuite de către români, 2006, S. 179–205; A. A. RUSU, Alba Iulia. Between Bishopric See and the Capital of the Principality of Transylvania, übers. v. A. M. GRUIA, 2010.

CORA DIETL

A.1 Bischöfe

Als den ersten Bischof von Siebenbürgen vermutet RUSU (S. 33) den nur einmal erwähnten, sonst unbekannten Frank (1075–81). SZEREDAI (S. 2) dagegen findet im Jahr 1106 die Erwähnung eines (Bischofs?) *Simon Ultrasilvanus*. Die ältesten Briefe und Dokumente des Bistums selbst stammen aus der Zeit von Bischof **(1) Adrian** (um 1180/90–1201). Er lag im Streit mit dem Propst in → Hermannstadt (vgl. Brief des Kardinallegaten Gregor um 1192; Urk. Nr. 2) und gab den Forderungen der Siebenbürger Sachsen nach, die unmittelbar dem Erzbischof von → Gran (HU) unterstellt sein wollten (Rusu, S. 34). Als allerdings die Benediktiner von → Klausenburg-Appesdorf ebenfalls nach Unabhängigkeit vom Bischof von Siebenbürgen strebten, griff er mit Waffengewalt ein (ebd.).

Die besondere Bedeutung von Adrians Nachfolger **(2) Wilhelm** (1204–21) liegt in seiner sehr großzügigen Aufnahme des Deutschen Ordens. Im Jahr 1213 spricht er den *Fratres Hospitalis S. Mariae in Jerusalem de domo Teutonicorum* Ländereien im Burzenland zu, das „leer und unbewohnt" sei, *ex regis donatione* (Urk. Nr. 27; vgl. Szeredai, S. 6f.).

Wilhelms Nachfolger **(3) Rainald** (1222–41) war Franzose und ist doch von Bedeutung für die Pflege der dt. Sprache in W. Ihm ist es zu verdanken, dass das → Kapitel in W. auch begann, die Mönche in den Volkssprachen Ungarisch, Deutsch, Rumänisch und vielleicht auch Slowenisch zu unterrichten (Rusu, S. 42).

(4) Goblinus (1376–86) war der erste Siebenbürger Sachse auf dem siebenb. Bischofsthron, am 5.5.1376 von Papst Gregor XI. ernannt (Urk. Nr. 1046). Er stammte aus → Großscheuern und war vom Gemeindepriester von Schellenberg (spätestens 1349, Urk. Nr. 638) und Großau bei Hermannstadt zum Bischof aufgestiegen. Er trat entschieden für die Rechte der Sachsen ein, organisierte das Zunftwesen und die dt. Einwanderung (Rieckenberg, S. 492) in Siebenbürgen; die erste gemeinsame Zunftordnung der Sieben Stühle, ausgestellt in → Hermannstadt, ist von ihm mitunterzeichnet (Urk. Nr. 1057). Wegen seiner strengen Politik gegenüber → Klausenburg musste ihn König Ludwig I. 1379 zurechtweisen (Urk. Nr. 1107f.). Goblinus richtete auch das Paulinerkloster bei Kolozstótfalu (Tăuți) ein.

Aus Brandenburg stammte Bischof **(5) Maternus** (1395–99), der zuerst Propst in → Wardein war. Er war u.a. in politische Verhandlungen die Walachei und die Türken betreffend involviert. So bittet er in einem nicht datierten Schreiben an den → Rat von Hermannstadt, einen der rum. Sprache kundigen Begleiter mit dem Abgesandten König Sigismunds zu Vlad I. zu schicken, um dort Informationen über die Türken zu sammeln (Urk. Nr. 1379; laut Rusu, S. 36, das älteste erhaltene Dokument mit der Originalhandschrift eines siebenb. Bischofs).

Aus → Zaránd stammte **(6) Georg Lépes** (1427–42). Er hatte im dortigen Kapitel seine Ausbildung erfahren. Während seiner Amtszeit regelte er u.a. das Ausbildungswesen in den Gemeinden (Rusu, S. 36). Indirekt gilt Lépes als verantwortlich für die Entstehung der Drei-Stände-Union zwischen Ungarn, Széklern und Sachsen in Siebenbürgen. Sie geht auf einen Kampfverbund zurück, der 1437 dem durch Lépes' Zehntforderungen verursachten Aufstand ung. und rum. Bauern entgegentrat (Bak, S. 1232).

Bischof **(7) Ladislaus I. Geréb** (1475–1501) aus → Weingartskirchen, ein Cousin des Königs Matthias Corvinus, markiert die Wende des Bistums zum Renaissancehumanismus. Nach seinem Studium in Ferrara war er in vielerlei verschiedenen Positionen am Hof und in der Kirche tätig. Häufig war er in diplomatischer Mission für Matthias Corvinus unterwegs. Er setzte sich dafür ein, dass 1473 die Drucktechnik im Königreich Ungarn eingeführt wurde (Rusu, S. 37). In W. und in Julmarkt (Gilău) ließ er seine Residenzen im Renaissancestil umbauen, außerdem trat er als Mäzen für Kunst und Literatur des Renaissancehumanismus hervor. Zu den von ihm geförderten Humanisten zählt auch der ab 1496 als Kanonikus in W. und ab 1499 als Sekretär des Bischofs bezeugte Johannes Mezerzius, der später Archidekant von → Kolosch wurde. Er gilt als Begründer der Dacischen Epigraphik (Ábel, S. 374).

(8) Franciscus Váradi (1513–24) hatte nach einem Besuch der Lateinschule in Kleinwardein in Padua, Venedig und Bologna studiert, bevor er Sekretär des Königs in → Ofen (HU) wurde. Auf die Ernennung zum Bischof von → Wardein 1510 folgte bald die Berufung nach W., wo er die humanistische Kultur pflegte und auch als Förderer bildender Kunst hervortrat.

Überlieferung. Aus dem Jahr 1521 ist ein Inventar des Bischofspalasts enthalten. Demnach besaß der Palast eine eigene Bibliothek (Rusu, S. 70); die in ihr enthaltenen Titel konnten aber bisher nicht rekonstruiert werden.

Ausgabe. Urkundenbuch zur Geschichte der Deutschen in Siebenbürgen, hg. v. F. Zimmermann u. a., 1892–1992.

Literatur. A. Szeredai, Episcopi Transilvaniae, 1790; E. Ábel, Johannes Mezerzius, der Begründer der Dacischen Epigraphik, Ungarische Revue 3 (1883), S. 373–383; H. J. Rieckenberg, Art. Goblinus, NDB 6 (1964), S. 492; J. M. Bak, Art. Ungarn, LexMA 8 (1999/2002), Sp. 1224–1234; B. Z. Szakács, Cathedrals in the early XIIIth century in Hungary, in: Secolul al XIII-lea pe meleagurile locuite de către români, 2006, S. 179–205; A. A. Rusu, Alba Iulia. Between Bishopric See and the Capital of the Principality of Transylvania, übers. v. A. M. Gruia, 2010.

Cora Dietl

A.2 Generalvikare

Stephan Stieröchsel (auch Stieröxel, lat. Taurinus)

ca. 1485–1519

Lebensweg. Unter Bischof Franciscus Váradi wurde der in Zwickau geborene Stephan Stieröchsel um 1517 von → Gran (HU) nach W. berufen und übernahm das Amt des Generalvikars. Im Jahr 1519 starb er nach schwerer Krankheit in → Hermannstadt.

Werke. In W. stellte Stieröchsel sein in → Gran (HU) begonnenes, von Bischof Stanislaus Thurzó angeregtes und dem Markgrafen Georg von Brandenburg als dem Vertrauten des minderjährigen Königs Ludwig II. gewidmetes Hauptwerk fertig, das Epos ‚Stauromachia' (griech: ‚Kreuzzug'). Das Opus erlangte durch den frühen Druck im Todesjahr Stieröchsels bei Johannes Singriener in Wien (VD16 T 274) umgehend Beachtung.

Es vereint miterlebte Geschichte im Stil eines antiken Lehrstücks in Hexametern mit griech. (Ps-Homer: ‚Frosch- und Mäusekrieg') und röm. Vorbildern (Lucan); als weitere Vorlage durfte ein verschollenes, aber von den Zeitgenossen bezeugtes Epos von Adrian Wolfhard gedienten haben (Jankovits 2012, S. 58). Durch zahlreiche Klassikerzitate und Verweise auf Dichterautoritäten (Vergil, Catull, Lucan, Martial, Horaz, Ovid, Juvenal, Ausonius, Persius, Silius Italicus, Statius, Claudian, Pontano) beweist der Verfasser seine breite humanistische Bildung. Das Epos schildert den zeitgenössischen, tragisch verlaufenen, weitflächigen Bauernaufstand im ung. Kreuzzugsheer, welchen der Szekler Kleinadlige György Dózsa entfacht hatte. Als Ursache der chaotischen Zustände wird die soziale Ungerechtigkeit benannt, allerdings ohne klare Schuldzuweisung; grundsätzlich entzieht sich der Erzähler immer wieder durch Ironie einer Stellungnahme. Als Ziel der Geschichte scheint ein goldenes Zeitalter auf, dessen Erreichen einen Kampf im eisernen Zeitalter voraussetzt. In diesem erfolgt die Wiederherstellung von Ordnung durch harte Repressalien. Bedeutungsvoll führt als Frontispiz das Marterbild des *Georgius Zekel* Dózsa auf dem Feuerthron ins Epos ein. Am Schluss werden in einem Anhang lexikonartig Orte und Ereignisse erläutert; es gibt u. a. Beschreibungen von Städten (Agria, Alba Iulia, Pestum, Zlatna), Völkern (Hunni, Saxones, Turcas), Flüssen (Danubius, Morisius/Maros) und zwölf (inzwischen verschollenen) epigraphischen Zeugnissen der Römerzeit in Siebenbürgen.

Ausgaben. Stauromachia Libri V. (Wien: Johannes Singriener, 1519, Exemplar der BSB München, Res/4 J. can. u. 41 d); Stauromachia id est Cruciatorum servile bellum, 1944 (nach dem Exemplar der BSB München, H.misc. 36ʳ–28).

Literatur. E. Liebich, Stephan Taurinus und seine Stauromachia. Leben und Schaffen eines mährischen Humanisten, 1952; F. Babinger, Der mährische Humanist Stephan Taurinus und sein Kreis, Südost-Forschungen

13 (1954), S. 62–93; B. Capesius (Hg.), Sie förderten den Lauf der Dinge: Deutsche Humanisten auf dem Boden Siebenbürgens, 1967, S. 79–107; F. Machilek, Der Olmützer Humanistenkreis, Pirkheimer-Jahrbuch für Renaissance- und Humanismusforschung 12 (1997), S. 111–135; J. Wittstock, Stephan Taurinus und sein Epos vom Bauernaufstand, in: Die deutsche Literatur Siebenbürgens. Von den Anfängen bis 1848, Hbd. 1, hg. v. J. Wittstock/S. Sienerth, 1997, S. 109–116; A. Strnad, Die Erneuerung von Bildung und Erziehung durch die Humanistenbischöfe in Schlesien, Mähren und Ungarn, in: Kirchliche Reformimpulse des 14./15. Jahrhunderts in Ostmitteleuropa, hg. v. W. Eberhard/F. Machilek, 2006, S. 179–215; L. Szörényi /L. Jankovits, A megíratlan és a megírt magyar tárgyú eposz 1519. Megjelenik Stephanus Taurinus Stauromachiája, in: A magyar irodalom történetei, hg. v. L. Jankovits/G. Orlovszky, Bd. 1, ²2008, S. 195–203; L. Jankovits, Art. Adrianus Wolphardus, MAMüL 13 (2012), S. 58.

Krista Zach/András F. Balogh

A.3 Kapitel

Geschichte. Am 15.12.1199 bestätigte Papst Innozenz III. Magister Heinrich, Erzdiakon von → Klausenburg, in seinem Amt als *canonicus ecclesiae sancti Michaelis Vltrasylvanensis* (Urk. Nr. 577, vgl. Rusu, S. 40). Inwiefern das Kapitel so früh bereits institutionell vom Bischofssitz getrennt war, ist unsicher. Deutlich ist eine Trennung der Funktionen von Bischofssitz im Register des päpstlichen Steuersammlers Rufinus de Civinio von 1217 bezeugt (Urk. Nr. 352, vgl. Rusu, S. 72). 1235 ist ein erster Propst nachweisbar, der das Kapitel leitete. Die Selbstständigkeit des Kapitels gegenüber dem Bischofssitz führte spätestens ab dem 14. Jh. zu einem Konkurrenzverhältnis. Der Bischof und der Propst besaßen getrennte Paläste, getrennte Tore in der Festungsmauer und getrennte Gärten. Die Einnahmen des Kapitels waren höher als die des Bischofssitzes, nicht zuletzt weil das Kapitel über Edelmetallminen in Großschlatten verfügte (Rusu, S. 40). Von herausragender Bedeutung für die Region war das Kapitel einerseits aufgrund seiner notariellen und juristischen Aufgaben, andererseits wegen seiner sehr aktiven Schreibstube. Diese bezog ihr Pergament aus der Region, das Papier aber ausschließlich aus Deutschland (Rusu, S. 42). Das Kapitel betrieb auch eine **Schule** für Geistliche, die zuweilen auch als ‚Klosterschule' bezeichnet wird. Ab 1231 ist bezeugt, dass hier neben den Artes und dem kanonischen Recht auch verschiedene Volkssprachen unterrichtet wurden: Ungarisch, Deutsch, Rumänisch, vielleicht auch Slowenisch (Rusu, S. 42). Im Jahr 1331 ist erstmals ein Rektor der Schule erwähnt (Rusu, S. 43). Die Schüler kamen, wie aus den Namen zu schließen ist, nicht nur aus der Region, sondern waren Italiener, Deutsche, Polen, Franzosen etc. (Rusu, S. 44). Zu den berühmten Schülern des Kapitels gehörte Nikolaus Olahus, der spätere Sekretär Marias von Ungarn (→ Ofen, HU), Erzbischof von → Gran (HU) und Hauptvertreter der Gegenreformation in Ungarn (Rusu, S. 42).

Überlieferung. Ein Archiv des Kapitels ist bereits 1296 erstmals bezeugt (Rusu, S. 43). Es befand sich zunächst in der Sakristei, ab 1336 in einem eigenen Raum, in dem wohl mehrere Zehntausende von Dokumenten aufbewahrt waren (Rusu, S. 44). Zusätzlich existierte eine Bibliothek des Kapitels, welche für den Unterricht in der Schule benutzt wurde, als separate Bibliothek neben der des Bischofs. Die Kapitelbibliothek beschrieb Johannes Honterus im 16. Jh. als höchst beeindruckend (ebd.). Aus den Notizen eines früheren Studenten lässt sich erschließen, dass nur etwa 40% der Bestände geistliche Werke waren, der Rest deckte alle wichtigen Wissensbereiche der Zeit ab (ebd.). Im 15-jährigen Krieg (1593–1606) wurde die Bibliothek komplett zerstört; die Restbestände wurden weit zerstreut.

Literatur. K. Walsch, Magister Johannes de Septemcastris an der Universität Wien, in: Ex ipsos rerum documentis, hg. v. K. Herbers u.a., 1991, S 557–569; J. Wittstock/S. Sienerth, Die deutsche Literatur Siebenbürgens, von den Anfängen bis 1848, Hbd. 1, 1997; E. Wagner, Die Pfarrer und Lehrer der evangelischen

Kirche A.B. in Siebenbürgen, Bd. 1, 1998; A. A. Rusu: Alba Iulia. Between Bishopric See and the Capital of the Principality of Transylvania. übers. v. A. M. Gruia, 2010.

Cora Dietl

A.3.1 Domherr Leo

1383–1403

Einer der herausragenden Domherren in W. war Leo, der Gemeindepfarrer von → Großscheuern und der Bruder des Bischofs Goblinus. Er studierte ab 1375 in Prag und ab 1377 in Wien. Im Jahr 1385, zwei Jahre nach seinem Amtsantritt in W., wurde er in Bologna zum *doctor in decretiis* promoviert (Wagner, S. 36f.). Die kurze Zeit der Doppelherrschaft von Goblinus und Leo in W. brachte eine deutliche Aufwertung der dt.-sprachigen Bevölkerungsteile der Region mit sich.

Literatur. E. Wagner, Die Pfarrer und Lehrer der evangelischen Kirche A.B. in Siebenbürgen, Bd. 1, 1998; A. A. Rusu: Alba Iulia. Between Bishopric See and the Capital of the Principality of Transylvania. übers. v. A. M. Gruia, 2010.

Cora Dietl

A.3.2 Adrian Wolfhard

1491–1544

Lebensweg. Geboren 1491 in → Straßburg a. Mieresch als Sohn einer Patrizierfamilie, besuchte Wolfhard die Kloster- oder Domschule in → Weißenburg und 1509–11 die Universität Wien (Baccalaureus, Magister); dort las er Poetik und Philosophie. Zu seinem humanistischen Freundeskreis gehörten Konrad Celtis, Johann Camerarius, Joachim Vadianus, Georgius Silesius Logus, Martin Capinius und Stephan Stieröchsel. Ab 1512 ist Wolfhard wieder in Siebenbürgen bezeugt – als Kanoniker in → Klausenburg und W., wo er schließlich Stieröchsel wieder traf, der 1516 unter Bischof Franciscus Váradi (1514–24) als Generalvikar nach W. berufen wurde. Wolfhard übernahm nach dessen Tod am 11.6.1519 seine Stelle, ging aber bereits 1520 als Archidiakon nach Klausenburg, reiste 1521 zum Jura-Studium nach Bologna, das er als *Utr. Juris doctor* abschloss. Er kehrte 1524 zurück in den kirchlichen Dienst nach Klausenburg und erschien danach erneut als Bischofsvikar in W. Er war ein um Ausgleich bemühter Schlichter in geistlichen Streitfällen (1538 Schäßburger Religionsgespräch, 1543 Landtag in Weißenburg).

Werke. Von Wolfhard ist neben einem regen Briefwechsel mit Freunden aus dem Wiener Humanistenkreis insbesondere Gelegenheitsdichtung überliefert. 1512 verfasste er ein Preisgedicht: ‚Adriani Vvolfhardi Transsylvani **Panegyris**. Ad Invictissimvm Caesarem Maximilianvm, semper Avgvstvm' auf Maximilian I. bei dessen Einzug in Wien. Laut Pukánszky (S. 103) brachte dieses Lobgedicht seinem noch jungen Dichter „allgemeine Achtung und Verehrung" ein. Auf dem Titelblatt des Wiener Drucks von 1512 (VD16 W 4305) ist ein Octostichon des Vadianus abgedruckt; auf der Rückseite findet sich Wolfhards Widmung seines Lobgedichts an den Landsmann Capinius; auf fol. 3–22 folgt das Loblied auf Maximilian, auf fol. 23 stehen sieben Wolfhard gewidmete Disticha des Christoph Crassus (Schäffer, Bd. 1, S. 142) sowie ein Widmungsgedicht des Bartholomäus Coloniensis. Nicht nur diese Beigaben belegen die hohe Wertschätzung der humanistischen Dichterkollegen für Wolfhard; Vadianus verbindet auch seine poetologische Abhandlung ‚De poetica et carminis ratione' mit einem Lob Wolfhards (Schäffer, S. 212), für das dieser sich mit einem längeren ‚**Carmen**' in einem Brief vom 18.10.1517 aus W. bedankt (Abdruck bei Klein, S. 295–297).

Denis erwähnt noch eine sapphische **Ode** und u.a. acht **Distichen** Wolfhards, darunter – wohl noch aus Wolfhards Wiener Zeit – einen an seinen Bruder Hilarius gerichteten mit einer Empfehlung Wolfhards für das Lehrstück ‚Dialogus Mythologicus' von Bartholomäus Coloniensis (1512). Wolfhards für den Druck bei Vietor & Syngrenius in Krakau (PL) überarbeitete Werke des Janus Pannonius begründeten dessen internationalen Ruhm.

Ausgaben. Adriani Wolfhardi Transsylvani Panegyris ad ad invictissimvm Caesarem Maximilianvm semper Avgvstvm. Wien: Vietor und Singriener, 1512; Carmen ad praestantissimum artium liberalium magistrum Joachimum Vadianum, in: K. K. KLEIN, Fünf Briefe Adrian Wolfhards, Siebenbürgische Vierteljahrsschrift 57 (1934), S. 289–297.

Literatur. M. DENIS, Wiens Buchdruckergeschichte bis 1560, 1782–1793; J. TRAUSCH, Art. Capinius (Siebenbürger), in: Schriftsteller-Lexikon der Siebenbürger Deutschen, hg. v. H. A. HIENZ, Bd. 1, 1868/1983, S. 205–212; B. v. PUKÁNSZKY, Geschichte des deutschen Schrifttums in Ungarn. Bd. 1, 1931; R. GERÉZDI, Der Weltruf des Janus Pannonius und die deutsche Vermittlung, in: Studien zur Geschichte der deutsch-ungarischen literarischen Beziehungen, hg. v. L. MAGON u. a., 1969; P. SCHÄFFER, Vadianus, Joachim, De poetica et carminis ratione (Wien 1518), 3 Bde, 1973–1977; G. SEIVERT, Art. Wolfhard, Adrian, in: Schriftsteller-Lexikon der Siebenbürger Deutschen, hg. v. H. A. HIENZ, Bd. 3, 1983, S. 509–513; D. WUTTKE, Art. Celtis: Conradius, Protucius, LexMA 2 (1983), Sp. 1608–1611; Capinius, Dr. jur. Martin [genannt: Dr. Martin Siebenbürger] in: Schriftsteller-Lexikon der Siebenbürger Deutschen, hg. v. H. A. HIENZ, Bd. 5, 1995, S. 353f.; J. WITTSTOCK, Adrian Wolfhard, ein Verfasser von Gelegenheitsdichtung, in: Die deutsche Literatur Siebenbürgens. Von den Anfängen bis 1848, Hbd. 1, hg. v. J. WITTSTOCK/S. SIENERTH, 1997, S. 117–123; S. SIENERTH, Siebenbürger, Martin, ebd., S. 39f.; A. KOHNLE, Art. Vadian, Joachim, TRE 34 (2002), S. 489–492; M. MÜLLER, Art. Vadian, Vadianus, ²Killy 11 (2011), S. 723–727.

KRISTA ZACH/LIDIA GROSS/RUDOLF WINDISCH

B. Klöster

Dominikaner

Patr.: Hl. Maria — 1289 bis Mitte 16. Jh.

Geschichte. Bereits im Jahr 1289 existierte in W. ein der Hl. Jungfrau Maria geweihtes Dominikanerkloster. Es bestand bis zur Mitte des 16. Jh.s und wurde dann komplett zerstört. Erwähnt sind die Prioren Johannes (1298), Theodor (1295 und 1313), Gerhard (1293), Egidius (1311), Martin (1334) und Nicolaus (1361) – so RUSU (S. 66). Das Kloster diente im 13./14. Jh. den umliegenden Gemeinden als beglaubigende Instanz für Urkunden, oft gemeinsam mit dem → Kapitel und dem Augustinerkloster von W., so zum Beispiel bei der Verbriefung königlicher Privilegien für die dt. Gemeinden Krakau (Cricău), Krapundorf und Rumesch (Urk. Nr. 275).

Werke. Aus dem 14. Jh. ist ein neumiertes Prozessionar des Dominikanerordens für verschiedene kirchliche Feiertage erhalten (Budapest, OSZK, Cod. Lat. 69). Als Verfasser wird am Ende des Haupttexts (fol. 133^r) und unmittelbar vor einer Darstellung der Genealogie Christi (fol. 134^r–136^r) Michael de Buda genannt, als *confrat[er] [...]es Socius domini Benedicti. Episcopi Transsilvani*, d. h. Mitbruder des Bischofs Benedikt I. Die Hs. war im Besitz eines Bruders Leonhard, der sie dem Vincentius, Prior des Dominikanerklosters in Tulln/Donau (AT) und Professor der Theologie, schenkte (fol. 136^v unten). Dieser überließ sie seinem Kloster (fol. 136^v oben); später wurde sie vom Prior einem Studenten (*pauper*) aus Laibach (SI) ausgeliehen (fol. 136^v unten). Eine spätmittelalterliche Hand hat bei der Gottesdienstordnung für die Aufnahme von Mönchen in den Orden jeweils die weiblichen Formen nachgetragen, also diente die Hs. auch für die *cura monialium*. Im hinteren Innendeckel ist von ungeübter Hand ein Gebet an St. Leopold aufgezeichnet. Ein frühneuzeitlicher Eintrag auf fol. 1^r vermerkt: *In das Noviziat gehörig* (vgl. BARTONIEK, S. 60).

Ausgabe. Urkundenbuch zur Geschichte der Deutschen in Siebenbürgen, hg. v. F. ZIMMERMANN u. a., Bd. 1, 1892.

Literatur. E. BARTONIEK, Codices manu scripti latini 1: Codices latini medii aevi, 1940; A. A. RUSU, Alba Iulia.

Between Bishopric See and the Capital of the Principality of Transylvania, übers. v. A. M. GRUIA, 2010.

CORA DIETL

Weißkirch (**Albeşti**, Fehéregyháza, Alba ecclesia)

Franziskaner

Patr.: ? — vor 1448–Mitte 16. Jh.

In der urkundlich 1231 zum ersten Mal genannten und von dt. Kolonisten aus dem Gebiet um → Heltau, → Michelsberg und Riutel besiedelten Ortschaft W. (vgl. ARENS) wurde in der 1. Hf. des 15. Jh.s auf Veranlassung des damaligen Grundherren Michael Salomonis (gest. 1448) eine (heute ung.-reformierte) Kirche errichtet und 1440 fertiggestellt, die möglicherweise an der Stelle einer alten ‚weißen Kirche' aus dem 13. Jh. steht, die der Ortschaft den Namen gab (vgl. MÁTHÉ, S. 52–59). Auf die Initiative desselben Grundherren geht die Gründung des Franziskanerklosters zurück (erste urkundliche Nennung von 1448). Die Namen einiger Klosterinsassen, die sich aus den Reihen der dt. Bevölkerung rekrutierten, kennen wir bis auf eine Ausnahme (s. u.) erst ab 1520 (vgl. KRONER/LUDWIG, S. 24; MÁTHÉ, S. 46). Mitte des 16. Jh.s wurden das Kloster und der wohl von den Franziskanern seelsorgerisch betreute, nördlich von der Pfarrkirche gelegene Beginenhof (vgl. MÁTHÉ, S. 20 u. 51f.) im Zuge der Reformation aufgelöst. Das Kloster selbst muss Anfang des 16. Jh.s über eine Bibliothek verfügt haben. Eine Inkunabel (vgl. KRONER/LUDWIG S. 23–25; MÁTHÉ S. 43–51), wohl identisch mit dem bei Adolf Rusch 1467 in Straßburg erschienenen Wiegendruck (Hrabanus Maurus: Sermones), der im Brukenthal-Museum in Hermannstadt aufbewahrt wird (Sibiu, BB, Inc. 213), und ein laut Besitzereintrag 1511 in einem Moldauer Kloster erworbener Frühdruck aus dem Bestand des Klosters (Bernardini de Busti OFM ‚Mariale de singulis festivitatibus Beate Virginis per modum sermonum tractans', Hagenau 1506, Şumuleu Ciuc, CSM, Inv. Nr. 804; vgl. BENDA, S. 64) sind erhalten. Ein weiteres Zeugnis für diese Bibliothek stellt das in den 1530er Jahren entstandene ‚Mediascher Predigtbuch' dar, sofern es im W.er Franziskanerkloster und anhand von dort vorhandenen Vorlagen erstellt wurde (vgl. NEMES).

Literatur. Moldvai csángó-magyar okmánytár, hg. v. K. BENDA, Bd. 1: 1467–1706, 1989; M. KRONER/R. LUDWIG, Weißkirch. Eine siebenbürgische Gemeinde an der Großen Kokel, 1997; A. MÁTHÉ, Fehéregyháza története, 1999; M. ARENS, Art. Albeşti, in: Siebenbürgen, hg. v. H. ROTH, 2003, S. 10–11; I. KEUL, Early modern religious communities in East-Central Europe. Ethnic diversity, denominational plurality, and corporative politics in the principality of Transylvania (1526–1691), 2009, B. J. NEMES, Das ‚Mediascher Predigtbuch'. Miszelle zu einem Plenar mit Perikopen in deutsch-lateinischer Mischsprache aus Siebenbürgen am Vorabend der Reformation, in: ZfSL [erscheint 2015].

BALÁZS J. NEMES

Winz (**Vinţu de Jos**, Alvinc, Sanctus Vincentius)

Die Ortschaft ist 1205 erstmals erwähnt, als *Wynch inferior* (GYÖRFFY, S. 192); ab den 1240er Jahren ist von einer sächs. Besiedlung von W. und dem gegenüberliegenden → Burgberg auszugehen (FABINI, S. 811). W. war bereits ein wichtiger Umschlagplatz für das Salz aus → Thorenburg und Salzburg (WAGNER/GUNESCH, S. 82), als 1248 der Woiwode Ladislaus *fidelibus suis Teutonicis in Wynch et in Burgberg* die gleichen Rechte zusicherte, welche auch die Bewohner des → Hermannstädter Stuhls genossen (Urk. Nr. 84, S. 77). Diese Freiheiten wurden W. von königlicher Seite bestätigt. W. blieb dem siebenb. Woiwoden unterstellt, bis Sigismund es 1393 von diesem befreite und es an die Hermannstädter Provinz der Sieben Stühle anschloss (Urk. Nr. 1308, S. 56f.). Schließlich verlieh Sigismund W. und

Burgberg 1430 das Stadtrecht (Urk. Nr. 2086) mit Recht zur Richterwahl. Im 15. Jh. wanderten vermehrt Magyaren und Südslawen nach W. ein. Dies führte zu jahrelangen Spannungen zwischen den ethnischen Gruppen, bis schließlich 1510 eine paritätische Besetzung des Stadtrates und ein jährlicher Wechsel von dt. und ung. Richtern beschlossen wurde (Wagner/Gunesch, S. 97).

Aufgrund des Reichtums des Marktorts und der guten Bezahlung der dortigen Pfarrer zog W. auch gebildete Plebane an, wie zum Beispiel 1330–33 Georg, Magister der Freien Künste und Kanoniker in → Weißenburg (Wagner/Gunesch, S. 87). Auch Dominikaner waren offensichtlich seit dem 13./14. Jh. in W. Zur Unterstützung des von den Türken schwer beschädigten Klosters erteilte 1444 Papst Eugen IV. einen Ablass für Besucher des Konvents (Urk. Nr. 2495).

Ausgabe. Urkundenbuch zur Geschichte der Deutschen in Siebenbürgen, hg. v. F. Zimmermann u. a., 1892–1991.

Literatur. G. Gündisch, Winz und die Sächsische Nationsuniversität, in: Kelemen Lajos Emlékkönyv, hg. v. A. T. Szabó, 1957, S. 311–325; K. K. Klein, Einwanderungsweg und Gruppenverteilung der Mundarten, in: ders., Transsylvanica, 1963, S. 166–189; E. Wagner/H. Gunesch, Zur Geschichte des Winzer Distrikts, ZfSL 1(1978), S. 81–119; G. Györffy, Az Árpád-kori Magyarország történeti földrajza, Bd. 2, 1987; H. Fabini, Atlas der siebenbürgisch-sächsischen Kirchenburgen und Dorfkirchen, Bd. 1, 1998.

Cora Dietl

Wurmloch (**Valea Viilor**, Nagybaromlak)

W. wurde vermutlich Anfang des 13. Jh.s gegründet (1224 und 1263 urkundlich als *Barwmlak* erwähnt) und war zunächst in Adelsbesitz (1305 urkundlich belegt), spätestens ab 1359 aber freie Gemeinde des → Schelker Stuhls. Die Peterskirche, 1414 erstmals urkundlich nachweisbar, wurde wohl in der zweiten Hf. des 14. Jh.s als Nachfolgerbau einer romanischen Basilika errichtet. Um 1500 wurde sie als Reaktion auf die ständige osmanische Bedrohung zur Wehrkirche ausgebaut. Die Pfarrer Gerhardus (1357), David (1414/15) und Servatius (1484, Fabini 1996, S. 823) sind urkundlich belegt. Für das Jahr 1516 ist in W. ein Schulmeister nachweisbar (Teutsch, S. 230).

Literatur. G. D. Teutsch: Über die ältesten Schulanfänge und damit gleichzeitig Bildungszustände in Hermannstadt, AVSL 10 (1872), S. 193–232; H. Fabini, Die Kirchenburg in Wurmloch, 1996; H. Fabini, Atlas der siebenbürgisch-sächsischen Kirchenburgen und Dorfkirchen, ³2003 (Bd. 1) / 1999 (Bd. 2); H. Fabini, Die Siebenbürger Kirchenburgen, 2009; A. Franke, Das wehrhafte Sachsenland. Kirchenburgen im südlichen Siebenbürgen. Mit einer historischen Einführung von Harald Roth, ²2010; H. Klima, 364 Orts-Monographien aller siebenbürgisch-sächsischen Dorfgründungen, Manuskript.

Christoph Schanze

Personenindex

Der Index verzeichnet historische Persönlichkeiten und Autoren der im Lexikon erwähnten vor 1526 in Ungarn und Rumänien bezeugten Literatur. Nicht aufgenommen sind literarische und biblische Gestalten sowie Verfasser von Forschungsliteratur oder neuerer Historiographie oder Personen, die nur in den Literaturangaben der Artikel erwähnt sind. Wo dt. Namensformen etabliert sind, sind diese gewählt; anderenfalls ist die Sprache des Kulturkreises, dem die Person hauptsächlich zugehört (der volkssprachliche oder lat.), gewählt.

Verzeichnis der verwendeten Abkürzungen

Bf.	Bischof	Mag.	Magister
Bgm.	Bürgermeister	Mgf.	Markgraf
Chr.	Chorherr	OCart	Kartäuser
Dk.	Diakon	OFM	Minorit/Franziskaner
Dn.	Dekan	Orgelm.	Orgelmeister
Ebf.	Erzbischof	OSB	Benediktiner
Edk.	Erzdiakon	Pf.	Pfarrer/Pfarrherr/Pleban
Fst.	Fürst	Pfgf.	Pfalzgraf
Gf.	Graf/Gräf	Pr.	Propst
Gfst.	Großfürst	Pz.	Prinz
Golds.	Goldschmied	Rcht.	Richter
Gvk.	Generalvikar	Rth.	Ratsherr
Hzg.	Herzog	Schatzm.	Schatzmeister
Hzgn.	Herzogin	Schulm.	Schulmeister
Kan.	Kanoniker	Steinm.	Steinmetz
Kfst.	Kurfürst	StRcht.	Stuhlsrichter
Kg.	König	Vk.	Vikar
Kgn.	Königin	Vwwd.	Vizewoiwode
Ks.	Kaiser	Wwd.	Woiwode

Abel, Maler in Ofen 86
Adalbert v. Prag 39, 45f., 48, 51, 149
Adelheid, Kgn. v. Ungarn 51
Adelmann v. Adelmannsfelden, Konrad 119
Adrian, Bf. v. Siebenbürgen 214, 268f.
Aegidius Romanus 106
Agathias Scholastikos 114
Agnes, Kgn. v. Ungarn 96
Aichelsperger, Anna 79
Aichelsperger, Peter 79
Ákos, Mag. 100
Alard v. Salzburg 268
Alard, Gf. 215

Alavarus, Petrus 233
Albert, Kg. v. Ungarn 143
Albert v. Sachsen 200
Albert v. Tschanad 138
Albertus de Padua 233
Albertus Magnus 41, 70, 78, 137, 221
Albertus Magnus (Ps) 199
Albertus, OSB, Mosaburg 259
Albrant, Meister 35
Albrecht, Kg. v. Ungarn 80, 105, 106, 146, 255
Albrecht II., Kg. v. Ungarn 134, 135
Albrecht III., Hzg. v. Bayern 256
Albrecht, Mgf. v. Brandenburg 122

277

Personenindex

Albrecht Achilles, Mgf. v. Brandenburg   113
Albrecht II. v. Habsburg, *siehe* Albrecht, Kg. v. Ungarn
Albrecht, Ebf. v. Mainz   122
Albrecht I., Hzg. v. Österreich   57, 96
Albrecht IV., Hzg. v. Österreich   105
Albrecht V., Hzg. v. Österreich   80
Albrecht VI., Hzg. v. Österreich   153
Albrecht v. Pottendorf   78
Alexander d. Große   104, 114
Alexander VI., Papst   135
Alexius v. Edessa   57
Ali-Beg   225
Al-Idrisi   253
Alkuin   25
Álmos, Bruder Kolomans   52
Altemberger, Thomas   195f., 202, 245, 247, 250
Amändel, Thomas   70
Ambrosius v. Mailand   31, 156
Ambrosius v. St. Georgen   37
Ambrosius v. Waldhütten   261
Ambrust, Mathias   196f.
Amerbach, Johann   192, 200
Anastasius Ascherich   39, 50, 59, 141
Andreas I., Kg. v. Ungarn   49, 54, 101
Andreas II., Kg. v. Ungarn   28, 54f., 61, 63, 84, 95, 142, 174, 176, 178, 185–187, 190, 209, 217f., 235
Andreas III., Kg. v. Ungarn   23, 57, 78, 91, 96f., 174, 176, 249
Andreas, Abt v. Cikádor   23
Andreas, Bf. v. Fünfkirchen   35
Andreas, Gf. v. Hermannstadt   190
Andreas, Diakon v. Kronstadt   219
Andreas, Metzger in Ofen   124
Andreas, Steinm. aus Hermannstadt   235
Angelus de Clavasio   191
Anna Jagiello   115, 120, 122
Anselm v. Canterbury   176
Anselm v. Laon   199
Anselmus, OSB, Petschwar   259
Anthonii, Petrus   225
Anthonius, *siehe auch* Antonio; Antonius
Anthonius v. Agnetheln   161
Anthonius v. Zeiden   233
Anton, Abt v. Appesdorf   214
Antoninus v. Florenz   131, 156, 199
Antonio de Sarcellis   114
Antonio, Thomas   89
Antonius, *siehe auch* Anthonius; Antonio
Antonius Astesanus   90
Antonius de Rampegollis   70

Antonius de Thata   138
Antonius, Bote Stephans III. v. Moldau   251
Antonius, Pf. v. Bußd   172
Argyropolus, Johannes   87
Aristoteles   72, 87, 119, 147, 191, 200
Armbruster, Hans   245
Arnold v. Lübeck   53f.
Arnold v. Regensburg   39
Arnold v. Vohburg   41
Árpád, Gfst. v. Ungarn   100
Arquatus, *siehe* Torquatus
Arrianus v. Nikomedien   104
Asconius Pedianus, Quintus   112
Astric, *siehe* Anastasius
Atlantse, Lucas   132
Attila, Kg. d. Hunnen   54, 99, 101
Auer, Jakob   77, 81
Augustinus, Aurelius   191
Augustinus Moravus   117–119, 134
Augustinus v. Hippo   176
Aurifaber, Petrus   246
Ausonius, Decimus Magnus   133, 270
Aventin, Johannes   256

Bach, Matthias   37
Bacon, Roger   137
Bakócz, Thomas   25, 41, 47, 115, 119f., 126, 129, 136, 140
Balbi, Hieronymus   117, 119–121, 126, 154, 226
Balhorn, Johann   123
Barbara v. Cilli, Röm.-dt. Kgn.   101, 185
Barbara, Hzgn. v. Schlesien   113, 120
Bärenfuß, Raimund   210
Barth, Johann   165
Barth, Michael   205
Bartholomäus de S. Concordio   72
Bartholomäus, Chr. in Ofen   58
Bartsch, Zacharias   204
Barzizza, Gasparinus   200
Basileios II., Byzant. Ks.   150
Basilius Magnus   111, 131
Báthori, Miklós   153
Báthori, Stephan   113, 116, 185
Báthory, Andreas   262
Báthory, Gabriel   211
Báthory, Sigismund   211
Báthory, Stephan   169
Baumgarten, *siehe auch* Pomarius
Baumgarten, Conrad   118
Bayezid I., Sultan   256

Beatrix, Kgn. v. Ungarn 94, 110, 114, 151, 156
Beckenhaub, Johannes 156
Beckenschlager, *siehe* Beckensloer
Beckensloer, Johann 27, 41, 113, 141, 263f.
Beda Venerabilis (Ps) 70
Beer, Petrus 225
Beheim, Michel 153, 256
Béla I., Kg. v. Ungarn 49, 101, 214
Béla II., Kg. v. Ungarn 58
Béla III., Kg. v. Ungarn 25, 48, 53–55, 95, 140, 142, 148, 176, 187, 209
Béla IV., Kg. v. Ungarn 37, 47f., 55, 67, 84, 94–96, 125, 128, 142f., 151, 154, 174, 207, 218, 231, 239, 267
Béla V., *siehe* Otto v. Bayern
Béla, Sohn d. Álmos 52
Béldi, Albert 252
Béldi, Petrus 252
Belus, Banus 58
Benedikt I., Bf. v. Siebenbürgen 273
Benedikt, Edk. v. Siebenbürgen 261
Benedikt, Pr. v. Hermannstadt 188
Berchorius, Petrus 199
Berger, Georg 206
Berger, Thiebold 66
Bernardinus de Busti 274
Bernhard v. Clairvaux 210
Bernhard v. Clairvaux (Ps) 156
Bernhard v. Perugia 44
Bernold v. Konstanz 25
Bernward, Bf. v. Hildesheim 49f.
Bertalan, Bf. v. Fünfkirchen 30
Berthold v. Meranien 59
Berwart, Caspar 207
Bessarion, Basilius 107, 112
Bethlen, Gabriel 211
Bieler, Anthonius 252
Bintzli, Sebastian 111
Bisticci, Vespasiano 31
Blum, Michael 64
Boethius, Anicius M. Severinus 90
Bogdan, Sohn Stephans III. v. Moldau 250
Bohuslav v. Lobkowicz, *siehe* Lobkowitz v. Hassenstein
Bonaventura, Johannes 91, 138, 200, 233
Bonfini, Antonio 68, 95, 114, 117
Bonifaz III., Papst 96
Bonifaz VIII., Papst 44, 142
Bonifaz IX., Papst 102, 163
Boniohannes de Campello 260
Bonipert, Bf. v. Fünfkirchen 30, 33, 50
Bonzagnus, Johannes Baptista 28

Borbardinus, Christian 249
Borra, Hofnarr Ks. Sigismunds 56
Bösinger, Familie 152
Bozouch, Gf. v. Baaßen 162
Brankovics, Georg 99
Brant, Sebastian 199
Brassicanus, Johannes 112
Brätzl, Matheus 256
Bredenscheid, Johannes 143f.
Briccus de Buda 90
Brigitta v. Schweden 266
Brodarics, Stephan 68, 133
Bruni, Leonardo 131
Bruno Longoburgensis 137
Bruno v. Querfurt 39, 46
Bruno v. St. Gallen 38, 48
Buarini, Baptista 111
Buchard, Rainold 79
Buchfyrer, Johannes 206
Budai, János 45
Buridanus, Johannes 40
Burkhard v. Ellerbach 143
Busch, Johannes 191

C, *siehe auch* K
Calixt III., Papst 23
Camerarius, Johann 272
Canaparius, Johannes 46
Capestran, Johannes 32
Capinius, Martin 272
Carafa, Diomede 114
Carbo, Lodovico 31
Carpentarius, Johannes 92
Carpini, Johann 147
Caspar, StRcht. in Schäßburg 246
Casparis, Lazarus 249
Cassianus, Johannes 192
Cassiodor 139, 189
Cassis, Johannes 42
Catullus, Gaius Valerius 270
Celtis, Konrad 47, 85f., 107, 117–119, 133, 154, 226, 272
Cerebanus, Pf. v. Venedig 140
Chalcidius 111
Chepan, Banus 140
Christian, Gf. 215
Christian, Gf. v. Kleinpold 249
Christianus, Pf. v. Marienburg 228
Christoph, Golds. in Kronstadt 229
Cicero, Marcus Tullius 31, 112, 130, 154, 157

Personenindex

Claudianus, Claudius   270
Clemens IV., Papst   152
Clemens VI., Papst   30
Coelestin III., Papst   180
Coloniensis, Bartholomäus   272f.
Comestor, Petrus   188f.
Conrad v. Brundelsheim   34, 191
Conradus, Johannes   220
Conradus, OSB, Mosaburg   259
Conscius, OSB, Martinsberg   259
Cordatus, Konrad   85–88, 122
Corenbechius, Georgius   87
Corvin, Johannes   135, 267
Corvinus, Valentin   192
Crassus, Christoph   272
Crato, OSB, Bakonybél   259
Cresche, Nicolaus   222
Csák, Isaak   63
Csák, Johannes   63
Csák, Markus   63
Csák, Nikolaus, *siehe* Nikolaus v. Tschanad
Csák, Peter   156f.
Csanád, Pr. v. Wardein   262
Csanádi, Albert, *siehe* Albert v. Tschanad
Csereödi, János   42
Csetneky, László, *siehe* Ladislaus de Kathnig
Curtius Rufus, Quintus   114
Cusanus, *siehe* Nikolaus v. Cues
Cuspinian, Johannes   47, 112, 115–118
Cyrill (Ps)   199
Czeczko v. Partomwicz, Heinrich   106
Czehattner, Johannes   70
Czek, Paul   147
Czoff, Hans   129
Czopperer, Michael   252

Dan II., Wwd. d. Walachei   257
Daniel v. Kelling   267
Daniel v. Kuenheim   29
Darvas, Simon   46
David, Abt v. Martinsberg   140
David, Pf. v. Wurmloch   275
Del Cherico, Francesco d'Antonio   114
Dellendorfer, Valentin   180
Demeter de Lasco   141
Demetrius v. Nyás   38, 43f., 171
Dernschwam, Hans   126f.
Desiderius, Pr. v. Hermannstadt   188
Dietrich v. Nieheim   106
Dietrich, Sohn Oduns v. Kecsel   152

Diodorus Siculus   264
Diometrius, Gf.   97
Dionysius v. Szécs   38
Doering, Matthias   156
Doleator, Valentin   237
Dominicus, Ebf. v. Gran   39
Dominicus, Gf.   97
Dörögdi, Miklós   29
Dózsa aus Debrezin   26
Dózsa, György   136, 177, 270
Drach, Peter   191
Drágffy, Bertalan   135, 209
Dremel, Michael   69
Durandus, Wilhelm   70
Dürer, Hans   169

Ebendorfer, Thomas   70, 72, 221
Eberhard aus der Pfalz   31, 157, 214, 263
Eberhard v. Alben   34
Eck, Valentin   28, 31, 118, 134, 157
Egervári, László   264
Egidius, OP, Weißenburg   273
Eiben, Fabian   164
Eiben, Georg   165
Eisenburger, Demetrius   165
Elderbach, Berthold   140
Elekes, Johannes   178
Elend, Wolfgang   83
Eleonora v. Kastilien   122
Eligius, Bf. v. Noyon   155
Elisabeth v. Polen, Kgn. v. Ungarn   44, 68, 80, 93, 105–107, 143, 146, 166, 213, 267
Elisabeth v. Thüringen   25, 37, 55
Elisabeth v. Töss   96
Emericus, Kg. v. Ungarn   209
Emericus, Bf. v. Wardein   266
Emericus, OP, Ofen   90
Emmeram v. Regensburg   41
Emmerich, Kg. v. Ungarn   63
Emmerich, Pz. v. Ungarn   27, 30, 49–51
Emmerich, Abt v. Bultsch   171
Emmerich, Abt v. St. Gregor   23
Enea Silvio, *siehe* Pius II.
Erasmus v. Rotterdam   87, 121, 133, 265
Erhard, Maler aus Wien   220
Ernst, Hzg. v. Innerösterreich   80
Ernst, Konrad   76f.
Ernuszt v. Csáktornya, Sigismund   31, 33, 116
Eschenloer, Peter   114, 151
Este, Hippolytus d'   38

280

Etzel, *siehe* Attila
Eugen IV., Papst   101, 248, 263, 275
Eyb, Georg   166, 252
Eylinsgrab, Gilig   76

Fabian, Rcht. in Bistritz   251f.
Fabri, Jakob   41
Farkas aus Eisenburg   26
Farkas de Monyorós, Thomas   162
Farkas, László   128, 135
Farkas, Valentinus   264, 266
Fasszieher, Jörg   76
Fechter, Wilpold   78
Feger, Theobald   112f., 131
Fenena, Kgn. v. Ungarn   96
Ferdinand I., Ks.   115, 123, 126, 197, 204
Ferdinand I., Kg. v. Neapel   114, 151
Ferenc, *siehe* Franciscus
Ferrer, Vinzenz   191
Filipecz, János   262
Fleischacker, Christian   72
Fleischacker, Peter   76
Fleuger, Caspar   72, 147
Foscari, Franscesco   263
Franciscus de Castello Ithallico   264
Franciscus de Mayronis   200
Franck, *siehe* Frankfurter
Frank, Bf. v. Siebenbürgen   268
Frank, Wwd. v. Siebenbürgen   170
Frank, Konrad   31, 34
Frankfurter Pannonius, Bartholomäus   87f., 128
Frayler, Michel   76
Frenclin aus Meißen   86
Frenkel, Valentin   233
Fridericus, *siehe* Friedrich
Friedberg, Peter   35
Friedrich I. Barbarossa, Ks.   48, 53f.
Friedrich II., Ks.   43
Friedrich III., Ks.   41, 68, 75, 107–109, 146, 263
Friedrich II., Hzg. v. Österreich   67, 95, 146
Friedrich v. Hamborn   207, 224
Friedrich, Mönch aus Österreich   23
Fritsch, Michael   228
Frölich, Jakob   66, 123
Fronius, Markus   219
Frydsch, Johannes   203
Fugger, Familie   126
Fulbert, Bf. v. Chartres   30, 33
Futaki, Demetrius   262

Gaan, Sohn d. Alard   268
Gabriel de Grasses   109
Galeottus Narniensis, *siehe* Marzio, Galeotto
Gallus, Bf. v. Siebenbürgen   267
Garai, Nikolaus   57f.
Gatalóczi, Mátyás   105
Gatterhofer, Franziskus   70
Gelou   210
Gemmarius, Thomas   192
Gentile da Montefiore   137, 170
Gentilis, Kardinallegat   248
Georg, *siehe auch* Jörg; György
Georg, Mgf. v. Brandenburg   87, 120, 123, 270
Georg v. Hohenlohe   56
Georg v. Peuerbach, *siehe* Peuerbach
Georg v. Podiebrad, Kg. v. Böhmen   40, 108
Georg v. Trapezunt   112, 119
Georg v. Ungarn   195, 236–238
Georg, Bf. v. Fünfkirchen   32
Georg, Bürger v. Agnetheln   161
Georg, Dn. v. Kronstadt   219
Georg, Gf. u. Rcht. in Klausenburg   211
Georg, Gf. v. Hohenlohe   40
Georg, Gf. v. St. Georgen   152
Georg, Kan. in Weißenburg   275
Georg, Pf. v. Hammerdorf   181
Georg, Schatzm. Stephans III. v. Moldau   251
Georg, Skulpteur aus Klausenburg   265
Georg, Vwwd. v. Siebenbürgen   214
Georgius, OSB, Petschwar   141
Gereb, Johannes   267
Geréb, Ladislaus   60, 216, 269
Gerhard v. Herderwyck   200
Gerhard v. Köln   200
Gerhard, Bf. v. Tschanad   23, 44, 49, 51f., 149, 258, 259f.
Gerhard, OP, Weißenburg   273
Gerhardus, Pf. v. Wurmloch   275
German, OFM, Broos   170
Gertrud, Kgn. v. Ungarn   55, 59, 142, 217
Gertrude v. Weispriach   81
Géza, Gfst. v. Ungarn   38f., 43, 48, 61f., 150, 156
Géza I., Kg. v. Ungarn   23, 51, 101, 153f., 257
Géza II., Kg. v. Ungarn   23, 186f., 258
Giesperger, Dorothee   155
Giesperger, Elisabeth   155
Giesperger, Heinrich d. Ä.   155
Giesperger, Heinrich d. J.   155
Giesperger, Katharina   155
Gisela, Kgn. v. Ungarn   23f., 48–50, 153, 156f.
Göbel, Simon   207, 219

Goblinus, Bf. v. Siebenbürgen 181, 186, 245, 269, 272
Golczmidt, Bartosch 166
Goldner, Johannes 197
Görg, *siehe* Jörg
Götz, Nikolaus 191
Graecus, Marcus 106
Gran, Heinrich 211
Greb, Petrus, *siehe* Anthonii
Gregor I. d. Große, Papst 34, 57, 144, 176, 183, 192, 214, 242
Gregor VII., Papst 51
Gregor IX., Papst 24, 28, 46, 95, 218
Gregor XI., Papst 269
Gregor, Abt v. Ertsching 28
Gregor v. Nazianz 176
Gregor, Bildhauer aus Klausenburg 262
Gregor, Kardinallegat 268
Gregor, Maler in Kronstadt 230
Gregorius aus Gyöngyös, *siehe* Gyöngyösi
Gregorius de Slathna 169
Gregorius Pannonius, *siehe* Gyöngyösi
Greyff, Michael 191
Griner, *siehe* Grynaeus
Gritsch, Johannes 199
Grocelinus v. Pontigny 209, 235
Gruener, *siehe* Grynaeus
Grüngrass, Lucas 226
Grunspeck, Seyfried 83
Grusch, Conrad 70
Grynaeus, Simon 87
Gugelweit, Hans 77
Guido de Columnis 264
Guilelmus, *siehe auch* Wilhelm
Guilelmus Avernus 191
Guilelmus Parisiensis 139
Gunther v. Käfernburg 50
Gunther v. Niederaltaich 23, 50
Gut, Johannes 220
Gutkeled, Familie 26
Gutknecht, Jobst 65
Gyöngyösi, Gregorius 30, 138f.
György, *siehe auch* Jörg; Georg
György, Jurist in Ofen 94, 128
Gyula 267

Hadnagy, Bálint 138f.
Hadrian VI., Papst 121
Haimo v. Halberstadt 44
Halab, Stephan 250
Halbgebachsen, Heinrich 180

Haller, Peter 206
Haller, Ruprecht 135
Hammer, Hans 85
Handó, György 59
Hans, *siehe auch* János; Johann(es)
Hans v. Kulmbach 169
Hans v. Ötting 71
Hans v. Thiernach 78
Hans, Schulm. in Ödenburg 70, 78
Harsch, Michael 137
Hartlieb, Johannes 106
Hartvik, Bf. v. Raab 39, 52, 59, 146, 148, 154
Hartwig v. Hersfeld 146
Hásságyi, István 113
Haudry, Galoysius 112
Haug, Hans 66
Hauser, Lorenz 70
Haymo v. Halberstadt 190
Haymo, Sohn Oduns v. Kecsel 152
Hecht, Georg 189
Hedwig, Kgn. v. Polen 98
Hegyes, Andreas 221
Heidenreich, Pf. v. Hermannstadt 188
Heinrich II., Ks. 49, 52f.
Heinrich IV., Ks. 51
Heinrich, Hzg. v. Bayern 39
Heinrich, Hzg. v. Österreich 39
Heinrich, Abt v. Pilis 142
Heinrich v. Alben 31, 33, 214
Heinrich v. Bodako 175
Heinrich v. Friemar 37, 45
Heinrich v. Mügeln 98, 100f., 143
Heinrich v. Pfalzpaint 36
Heinrich v. Rimini 191
Heinrich v. Waldhütten 261
Heinrich, Edk. v. Klausenburg 271
Heinrich, Gf. v. Güssing 57
Heinrich, OSB, Stuhlweißenburg 260
Heinz, Gf. u. Rcht. in Marienburg 232
Helias, Abt v. Bélháromkút 25
Helner, Peter 175
Hemmerlin, Felix 199
Henckel, Johannes 86, 133, 265
Henricus Ariminensis, *siehe* Heinrich v. Rimini
Henricus, OSB, Martinsberg 259
Herbord v. Meschen 235
Herbort, Johannes 192
Hergot, Hans 65
Hergot, Kunigunde 66
Hermann v. Salza 217

Hermann v. Weißenburg 251
Hermann, Pf. v. Agnetheln 161
Hermes Trismegistos 205
Herolt, Georg 238
Herolt, Johannes 24, 89, 199, 221
Herrgott, Hans 123
Hertul, Hofmaler in Ofen 99
Hertz, *siehe* Cordatus
Hesiod 206
Hess, Andreas 24, 110, 131
Hess, Johannes 122
Heubel, Jakob 34
Heynzmann, Stephan 194
Hieronymus v. Prag 181
Hieronymus, Organist aus Temeswar 259
Hieronymus, Rth. v. Schäßburg 246
Hieronymus, Sophronius Eusebius 134, 138, 176
Hilarius Pictaviensis 31
Hilarius v. Orléans 211
Hilduin v. Saint-Denis 33
Hirscher, Lukas 231
Hoenauer, Martin 93
Hofmaier, Barbara 78, 83
Hofmair, L. 73
Homer 206
Honorius Augustodunensis 41
Honorius II., Papst 30
Honorius III., Papst 171, 176, 217, 219
Honorius III., Kg. v. Ungarn 218
Honterus, Johannes 222, 271
Horatius Flaccus, Quintus 40, 53, 266, 270
Hrabanus, *siehe* Rabanus
Huber, Ambrosius 135
Hucbaldus Elnonensis 90
Hugo Ripelin v. Straßburg 199
Hugo v. Trimberg 124
Hündler, Veit 31, 34f., 80
Hungarus, Paulus 89
Huntpichler, Leonhard 41, 107
Hunyadi, Johannes 107f., 110, 161, 164, 170, 174, 177f., 214, 220, 227, 248–250, 253–255, 264
Hunyadi, Ladislaus 91, 107
Hupfuff, Matthias 135f.
Hus, Jan 181
Husner, Georg 191

Illsam, Schneider in Ödenburg 73
Ilosvai, Miklós 154
Ilsvai, *siehe* Ilosvai
Innozenz III., Papst 58, 271

Innozenz IV., Papst 28
Innozenz VII., Papst 224
Ipolitus v. Weresmarth 37
Isabella, Kgn. v. Ungarn 39
Isidor v. Sevilla 60, 259
Isidor v. Sevilla (Ps) 146
Isocrates 111
István, Generalprior der Pauliner 138
Iuvenalis, Decimus Iunius 270
Ivanich, Pál 263
Ivo v. Chartres 176
Izrael, Geldverleiher in Ödenburg 74

Jacob, Mönch aus Gorrion 256
Jacob, OFM, Ofen 135
Jacobus de Paradiso 191
Jacobus de Roderbach 242
Jacobus de Voragine 32, 199, 223
Jacobus Philippus v. Bergamo 199
Jacobus v. Rosenau 242
Jacobus, Notar in Kronstadt 226
Jacobus, Pf. v. Großscheuern 181
Jacobus, Schulm. in Tartlau 253
Jakob v. Piacenza 260
Jakob, Bürger v. Hermannstadt 195
Jakob, Dechant v. Stuhlweißenburg 149
Jakob, Gf. v. Bodendorf 162, 168
Jakob, Golds. aus Mühlbach 237
Jannsen, Niclas 73
János, *siehe auch* Hans; Johann(es)
János, Golds. in Ofen 124, 128
Janus Pannonius 31, 40, 110, 116f., 119, 157, 263, 273
Jembnitzer, Leonhart 76
Joachim I., Kfst. v. Brandenburg 120, 122, 142
Joachim, Hans 75
Joachim, Jakob 76
Jogaila, Gfst. v. Litauen 98
Johann(es), *siehe auch* Hans; János
Johann Cicero, Kfst. v. Brandenburg 120
Johann v. Köln 192
Johann v. Malmkrog 261
Johann v. Posenanie 35
Johann, Abt v. Appesdorf 214
Johann, Gf. v. Güssing 57
Johann, Gf. v. Hermannstadt 195
Johann, Kastellan 186
Johann, Pf. v. Meschen 235
Johanna I. v. Kastilien 122
Johanna v. Bayern-Straubing 105
Johannes XXII., Papst 93, 189

Personenindex

Johannes XXIII., Gegenpapst   102, 214
Johannes Podiebrad, Kg. v. Böhmen   130
Johannes II. v. Alben   31, 61, 157
Johannes II. Hédervári, Bf. v. Raab   147
Johannes de Bromyard   199
Johannes de Curzola   263
Johannes de Dominis   263
Johannes de Küküllő   101
Johannes de Masila, *siehe* Cassianus, Johannes
Johannes de Plano Carpini   47
Johannes de Turrecremata   191
Johannes de Zalankemen   139
Johannes de Zevles   48, 178
Johannes v. Brünn   157
Johannes v. Dambach   191
Johannes v. Erfurt   45
Johannes v. Freiberg   199
Johannes v. Güns   58
Johannes v. Kötzsee   70
Johannes v. Marienburg   232
Johannes v. Normann   142
Johannes v. Passau   157
Johannes v. Petersdorf   248
Johannes v. Regensburg   90
Johannes v. Rosenau   189, 242
Johannes v. Rothbach   242
Johannes v. Rothenberg   103, 124, 141
Johannes v. Schlesien   228
Johannes Capet   47
Johannes Gereb v. Weingartskirchen   178
Johannes, Abt v. Ebrach   148
Johannes, Bürger v. Ofen   124
Johannes, Ebf. v. Gran   41, 216
Johannes, Gf. v. Talmesch   170
Johannes, Illuminator in Waitzen   154f.
Johannes, Lektor in Kollotschau   61
Johannes, Maler in Ofen   86
Johannes, OP, Weißenburg   273
Johannes, OSB, Petschwar   141
Johannes, Pf. v. Alzen   161
Johannes, Pf. v. Bogeschdorf   169
Johannes Theutunicus, Pf. v. Brenndorf   169
Johannes, Pf. v. Drobring   175
Johannes, Pf. v. Hammersdorf   181
Johannes, Pf. v. Katzendorf   208
Johannes, Pf. v. Mediasch   233
Johannes, Pf. v. Pretai   240
Johannes, Riemer in Sutschawa   252
Johannes, Schulm. v. Mühlbach   236
Johannis, Johannes   189

Jordan, Anna   213
Jordan, Hans   213
Jordan, Hartwig   213
Jordanus v. Quedlinburg   191
Jörg, *siehe auch* Georg; György
Jörg v. Kötzsee   70
Jörg v. Winden   108
Jörg, Orgelm. in Ödenburg   70
Josephus Flavius, Titus   200
Juan de la Parra   204
Juvenal, *siehe* Iuvenalis

Kaim, Urbanus   132
Kálmáncsehi, Domonkos   60, 264
Kamrer, Wenzlaw   76
Kanizsai, János   43
Kantz, Gabriel   86
Karai, László   131
Karl I. d. Große, Ks.   57, 149
Karl IV., Ks.   36, 98, 101
Karl V., Ks.   122
Karl V., Kg. v. Frankreich   99
Karl VI., Kg. v. Frankreich   101
Karl VII., Kg. v. Frankreich   107
Karl I., Kg. v. Ungarn   24, 57, 74, 85, 93f., 97–99, 131, 143f., 146, 163, 166, 170, 174, 209f., 213–215, 232, 235, 248, 253f.
Karl Martell v. Anjou   97
Käsenbrot, *siehe* Augustinus Moravus
Kasimir v. Polen   40
Katharina, Tochter Ludwigs I.   99
Katharina, Tochter d. Gf. Johann   195
Katharina v. Talmesch   170
Katzendorfer, Johannes   180
Kauffmann, Mattheus   181
Kelling, Elisabeth   193
Kempf, Nikolaus   155
Kendet, Bürger v. Kleinschlatten   216
Kilit II., Bf. v. Erlau   24
Kinizsi, Pál   56f.
Kipfenberger   135
Kisling, Mathes   73
Kistenfeger, Benno   111
Klaus, Hans   73
Klementia v. Habsburg   97
Klomp, Katharina   220
Knoll, Markus   181
Koberger, Anton   60, 112, 132, 191, 199
Kohl, Paul   65
Koloman, Kg. v. Ungarn   51–53, 146

Kolozsvári, Tamás 155
Konrad I., Gf. v. Győr 152
Konrad v. Halberstadt 242
Konrad, Ladislaus 165
Konrad, Pf. v. Kleinschlatten 216
Koppány v. Somogy 49
Koscha, Niklas 195
Kottanner, Helene 34, 80f., 107, 143, 151
Kottanner, Johann 80
Kozárdi, László 46
Kraft, Berchthold 86, 124
Kraus, Valentin 225f.
Kreczmer, Petrus 164
Kressling, Johann 87f.
Kretschmer, Demetrius 165
Kretschmer, Jakob 165
Kretschmer, Lorenz 31, 157
Kreutz, Johannes 228
Kriechlin, Jacobus 111
Kronberger, Georg 78
Kürschner, Thomas 197
Kuthen, Fst. d. Kumanen 95
Kyeser, Conrad 102, 106, 111, 145

Ladislaus, Kg. v. Neapel 263
Ladislaus I., Kg. v. Ungarn 30, 49, 51–53, 57, 59, 62, 99, 101, 141, 154, 262, 265, 268
Ladislaus II., Kg. v. Ungarn 61, 234
Ladislaus IV., Kg. v. Ungarn 39f., 57, 68, 75, 78, 83, 94, 174, 176
Ladislaus I. Jagiello, Kg. v. Ungarn 107, 177, 255
Ladislaus II. Jagiello, Kg. v. Ungarn 114–120, 122, 126, 128f., 135f., 167, 205f., 225, 229, 237, 245, 264f.
Ladislaus V. Postumus, Kg. v. Ungarn 23, 80f., 106–109, 140, 146, 151, 174, 177, 201, 220, 237, 244, 255, 263F.
Ladislaus I., Bf. v. Siebenbürgen, *siehe* Geréb
Ladislaus, Wwd. v. Siebenbürgen 162, 170, 249, 274
Ladislaus, Pr. v. Gran 44
Ladislaus de Kethnig 137
Ladislaus v. Temeswar 253
Ladislaus v. Tschitnek, *siehe* Ladislaus de Kethnig
Ladislaus v. Zuckmantel 168
Lamberg, Johann 123
Lambertus de Monte Domini 191
Lambertus v. Köln 200
Landsberg, Martin 136
Lang, Vinzenz 87
Lantregen, Peter 190
Laskaris, Maria 95

Laskói, Demeter, *siehe* Demeter de Lasco
Laur, Andreas 83
Laurentius, Wwd. v. Siebenbürgen 171
Laurentius, Bf. von Waitzen 153
Laurentius de Bayon 174
Laurentius de Rubeis 109
Laurentius de Stopka 89
Lázár deák, *siehe* Lazarus, Schreiber
Lazarus, Schreiber in Ofen 41, 116
Leo X., Papst 136
Leo, Pf. v. Großscheuern 181, 272
Leonardus de Utino 191, 199
Leonardus, OSB, Martinsberg 259
Leonhard, Michael 179, 240, 249
Leonhard, OP, Weißenburg(?) 273
Leopold III., Hzg. v. Österreich 98
Lépes, Georg 269
Lépes, Loránd 145, 172, 215, 249
Lienhard, Schneider in Ödenburg 79
Livius, Titus 130, 171
Lobkowitz v. Hassenstein, Bohuslaus 117–119
Lodomer, Ebf. v. Gran 39, 44, 152
Logus, Georgius Silesius 133, 272
Lorenz 89
Lorenz, Karge 230
Lőrinc, *siehe* Laurentius
Lotter, Melchior 118
Lötz, Georgius 169
Lucanus, Marcus Annaeus 130, 270
Lucas II., Bf. v. Tschanad 259
Lucas, Bgm. v. Schäßburg 246
Ludolf v. Sachsen 221
Ludwig II. d. Deutsche, Kg. d. Franken 67
Ludwig I., Kg. v. Ungarn 24, 29, 36f., 43f., 74, 79, 88, 92–94, 98–101, 128, 131, 143f., 155, 163, 165–167, 170, 186, 188, 207, 209, 214, 216, 218, 220, 231f., 238, 240, 246, 248, 269
Ludwig II., Kg. v. Ungarn 28, 63–66, 86f., 95, 115, 120–123, 126, 133f., 152f., 167, 234, 248, 270
Ludwig X., Hzg. v. Bayern 65
Ludwig, Mgf. v. Brandenburg 98
Ludwig III., Pfgf. bei Rhein 56
Ludwig, Pf. v. Rothberg 242
Ludwig v. Valois 99
Lufft, Hans 109
Luk, Jacob 70
Lukian v. Antiochia 70
Lulay, Johannes 204
Lurcz, Hermann 37
Luther, Martin 85, 87, 121, 123, 213

Macz, Martin 73
Magdalena v. Frankreich 107
Magisch (gen. Kronberger), Bürger v. Ödenburg 83
Magos, Ferenc 81
Magyar, Benigna 57
Magyi, János 112, 127
Maier, Michael 205
Maler, Mathes 109
Mammertus, Bf. v. Wien 176
Mandeville, Jean de 256
Manneken, Carolus 200
Marbod v. Rennes 118
Marcus de Dombro 139
Margarete v. Österreich 122
Margarethe Capet, Kgn. v. Ungarn 53
Margrit, Frau d. Karge Lorenz 230
Maria, Kgn. v. Ungarn 64–66, 85f., 98, 101, 115, 120, 122f., 133, 152f., 197, 232, 265, 271
Mark v. Kált 99
Markus de Herepe 214
Martialis, Marcus Valerius 270
Martin v. Czepregh 72, 147
Martin v. Tours 51
Martin, Abt v. Egresch 176
Martin, Bildhauer aus Klausenburg 262
Martin, Gf. v. Burgberg 243
Martin, Gf. v. Zala 26
Martin, OP, Weißenburg 273
Martin, Pr. v. Hermannstadt 188
Martin, Skulpteur aus Klausenburg 265
Martin, Wagner in Schäßburg 247
Martinus v. Birthalben 164
Marx, Geistlicher in Ödenburg 72
Marzio, Galeotto 110
Maternus, Bf. v. Siebenbürgen 265, 269
Mathaeus Silvaticus 191
Mathaeus, OCart, Lövöld 155
Mathäus, Illuminator aus Prag 263
Matheus de Waldo 195
Mathias, Gf. v. Dürrbach 165
Mathias, Maler in Schäßburg 247
Mathias, Rth. v. Hermannstadt 173
Matthaeus de Rupe 190
Matthäus v. Krakau 156, 183
Matthias Corvinus, Kg. v. Ungarn 27, 31, 40f., 52, 56, 58, 60f., 68, 74, 80, 90, 94, 108–115, 120, 122, 128–130, 132, 141, 143, 148, 151, 156, 164, 167, 172, 177f., 180, 185, 206, 210, 212, 220, 225, 234–236, 245, 248, 255, 263f., 267, 269
Maurus, Bf. v. Fünfkirchen 30

Mautter, Nicolaus 70
Mautter, Stephan 83
Maximilian I., Ks. 108, 115, 120–122, 133, 205, 211, 250, 272
Mayer, Gregor 203
Medici, Stephan 261
Meffreth 199
Mehlmeister, Heinrich 124, 139
Mehmed II., Sultan 237, 255
Melanchthon, Philipp 85, 87
Melchior, Bf. v. Brixen 205
Melchior v. Marienburg 232
Melchior, Nikolaus 205
Melner, Jenslinus 216
Mentelin, Johannes 191
Metzger, Hans 66
Meyerpeck, Wolfgang 67
Mezerzius, Johannes 216, 269
Michael de Buda 89, 273
Michael de Corona 228
Michael de Zob 253
Michael v. Pretai 239
Michael, Abt v. Kerz 210
Michael, Gf. 162
Michael, Gvk. v. Fünfkirchen 32
Michael, Pf. v. Hammersdorf 181
Michael, Pf. v. Kleinscheuern 193
Michael, Wagner in Schäßburg 247
Michel, Schuster in Ödenburg (15. Jh.) 79
Michel, Schuster in Ödenburg († 1515) 79
Mihály, Vk. v. Gran 40
Milcher, Mathias 132, 138
Mircea I., Wwd. d. Walachei 227, 257
Mischullinger, W. 71
Mohácsi, Dénes 32
Molder, Petrus 197
Mora, Pf. in Stuhlweißenburg 149
Móré, László 141
Móré, Philipp 133
Moritz v. Haunfeld 143
Moritz, Paul 72, 81f.
Mosburger, Ulrich 73
Moser, Oswalt 76
Moys, Bürger v. Ofen 91
Mülich, Heinrich 140
Müller, Balthasar 64f.
Müller, Johann, *siehe* Regiomontanus
Mwesz, Johannes 168

Nagel, Caspar 155
Nagymihályi, Albert 105
Nanker, Bf. v. Krakau 38
Nedeker, Georg 119
Nef, Johannes 72
Nesku/Neskő, Golds. in Waitzen 153
Nessiger, Seifried 165
Neuber, Valentin 66
Nicolas d'Orbellis 200
Nicolasch, Schneiderknecht in Ödenburg 79
Nicolaus de Ausimo 191, 200
Nicolaus de Briga 34
Nicolaus de Buda 90
Nicolaus de Mirabilis 90
Nicolaus de Semenia 34, 193
Nicolaus de Tuschedis 191
Nicolaus de Vetere Civitate, *siehe* Nicolaus v. Kronstadt
Nicolaus v. Kronstadt 223
Nicolaus v. Lyra 60, 199
Nicolaus v. Neustadt 220
Nicolaus v. Straßburg 189
Nicolaus v. Tartlau 169
Nicolaus, Gf. v. Burgberg 243
Nicolaus, OFM, Hermannstadt 193
Nicolaus, OP, Weißenburg 273
Nicolaus, Pf. v. Kleinschelken 215
Nicolaus, Pf. v. Mediasch 233
Nicolaus, Pf. v. Waldhütten 261
Nicolaus, StRcht. v. Schäßburg 246
Nicolaus, Student aus Brenndorf 169
Nicolaus, Wagner in Schäßburg 247
Nider, Johannes 72, 89, 191
Niger, Johannes 118
Niger, Petrus 90
Nikolai, Martin 207
Nikolaus V., Papst 35, 174, 263
Nikolaus, Ebf. v. Gran 216
Nikolaus, Gf. v. Talmesch 170, 182
Nikolaus de Cibino, *siehe* Melchior, Nikolaus
Nikolaus der Deutsche 137
Nikolaus v. Cremona 33
Nikolaus v. Cues 107
Nikolaus v. Dinkelsbühl 72, 189, 242
Nikolaus v. Lyra 100f., 156, 199
Nikolaus v. Tschanad 63
Nikolaus v. Turda 258
Nikolaus, Bürger v. Eisenstadt 70
Nikolaus, OP, Prior v. Mühlbach 236
Nikolaus, Pf. v. Hundertbücheln 208
Nikolaus, Pr. v. Hermannstadt 188

Nikolaus, Rcht. in Kleinschlatten 216
Nikolaus, Sohn des Hertul 99
Nonnenklöppel, Michael 194

Odun v. Kecsel 152
Öglin, Erhard 136
Olahus, Nikolaus 41, 122, 133, 170, 205, 265, 271
Olahus, Stephan 170
Olvasógyárthó, Michael 92
Oporinus, Johannes 205
Origenes 114, 117
Orsini, Giordano 31
Ort, Winand, *siehe* Winand v. Steeg
Ostermeyer, Hieronymus 181, 221
Oswald v. Wolkenstein 145
Oswaldus de Lasko 91f., 211
Otto I., Ks. 38
Otto III., Ks. 46
Otto v. Bayern, Kg. v. Ungarn 97
Ottokar II. Přemysl, Kg. v. Böhmen 68, 146
Ottokar v. Steiermark 57, 96, 97
Ovidius Naso, Publius 190, 270

Paep, Johann 132
Pálóci, György 40, 42
Pálóci, Máté 40
Pancracius, Gf. v. Temeswar 253
Paucher, Heinrich 143
Pauherren, Henricus 90
Paul II., Papst 141
Paul v. Chassa 147
Paul v. Rusdorf 232
Paul v. Werebél 25
Paul v. Wogath 147
Paul, Gf. v. Vorchtenstein 147
Paul, Golds. in Ofen 128
Paul, Paulus 119
Paul, Pr. v. Hermannstadt 188
Pauli, Antonius 208
Paulser, Lyphardus 86
Paulus v. Temeswar, *siehe* Pelbartus
Paulus v. Theben 57, 101, 132, 134, 137–139
Paulus, Mag. in Bistritz 165
Pauschner, Fabian 230
Pauschner, Sebastian 192, 204, 230f.
Pawblick, Bürger v. Pressburg 152
Pecorari, Jakob 68
Pécsváradi, Gabriel 141
Pelbartus de Temesvar 71, 91f., 200, 211, 253
Pempfinger, Mark 170

Penzio, Giacomo 138
Perényi, Franz 264
Pergawer, Ulrich 251
Persius Flaccus, Aulus 270
Peter de Bogath 170
Peter Orseolo, Kg. v. Ungarn 30, 49, 84, 101
Peter, Bf. v. Waitzen 157
Peter, Vwwd. v. Siebenbürgen 179, 238
Peter, Bgf. v. Altenburg 152
Peter, Gf. v. Heltau 170
Peter, Gf. v. St. Georgen 152, 165
Peter, Riemer in Bistritz 252
Peter, Schreiber in Hermannstadt 197
Peter, Schulm. in Kleinschelken 215
Peter, Schulm. in Ödenburg 78
Peterman, Fleischer in Sutschawa 252
Petrarca, Francesco 101
Petreius, Johann 66
Petri, Adam 65
Petri, Johannes 220
Petri, Martin 174
Petri, Mathias 232
Petrus Comestor 100
Petrus de Lutrea (Straßburg) 191
Petrus de Palude 191
Petrus de Vinea 43
Petrus Hispanus 119, 183, 200
Petrus Lombardus 90, 156, 199f.
Petrus Ransanus 262
Petrus v. Bogath 170
Petrus, OFM, Broos 170
Petrus, Pf. v. Großalisch 178
Petrus, Pf. v. Meschen 235
Petrus, Pf. v. Weidenbach 219, 229, 266
Petrus, Rth. v. Schäßburg 246
Petrus, Schulm. in Marienburg 232
Petrus, StRcht. in Schäßburg 246
Peuerbach, Georg 41, 69, 107, 111, 264
Peuerbach, Johann, *siehe* Peuerbach, Georg
Peypus, Friedrich 109
Pfeffersack, Niklas 195
Pflugk, Johannes 90
Phendel, Hans 71
Phettrer, Wolfgang 76
Philipp III. der Kühne, Kg. v. Frankreich 48
Philipp I. der Schöne v. Habsburg 122
Philippi, Johannes 228
Philippus, OSB, Martinsberg 259
Phleger, Heinrich 111
Piberawrer, Hans 73

Piccolomini, Enea Silvio, *siehe* Pius II. 107
Pictor, Valentin 202, 247
Pierenstingl, Rcht. in Wandorf 71
Piso, Jakob 32, 121, 133
Pius II., Papst 89, 200
Platon 87
Plautus, Titus Maccius 87
Plutarch 117, 119
Poggio Bracciolini, Gianfrancesco 255, 264
Polner, Anton 245
Polner, Michael 245
Pomarius, Christian 164
Pomponius Laetus, Julius 110
Pontano, Giovanni 270
Porner, Michael 250
Preier, Jörg 70
Preinlein, Mathias 113
Prenner, Janis 216
Preussel, Heinrich 124
Prewsz, Martin 213
Prischwitz, Michael 132
Priscianus 33
Priwina, Fst. v. Nitra 67
Proll, Nikolaus 189
Prüß, Johann 191
Prüß, Johann d. J. 64
Przemko I., Hzg. v. Troppau 145
Ptolemäus 117

Quentell, Heinrich 191

Raabe, *siehe* Corvinus
Rabanus Maurus 200
Radla, Ebf. v. Gran 39, 46
Radu, Wwd. d. Walachei 227
Rainald, Bf. v. Siebenbürgen 269
Rainerius de Pisis 34, 70, 112, 156, 191, 249
Rákóczi, Sigismund 211
Randulph Flaviacensis 176
Ratdolt, Erhard 41, 113, 132
Redwitz, Niklas 232
Regensberger, Leonhard 89
Regiomontanus, Johannes 41, 69, 107, 111, 114, 264
Reich, Gilig 73
Reich, Johannes 242
Reicherstorffer, Georg 197
Reicholf, Oswald 195
Reinold v. Lubenau 39
Reisch, Gregor 219
Resch, Jacob 69, 78

Reuchlin, Simon   124
Reudel, Johannes   220, 227, 229
Revicke, Familie   139
Rewchin, Hieronymus   169, 228
Rewchin, Johannes   228
Rewel, Petrus   225
Reychmut, Johann   163
Reyser, Georg   191
Rhabanus, *siehe* Rabanus
Ribstain, Hans   155
Richardus de Pofis   43
Ringler, Stephan   34
Roderbach, Jakob   222
Rogerius, Erzdechant v. Ödenburg   68
Roland, *siehe* Loránd
Rolandus, Wwd. v. Siebenbürgen   174
Rolevinck, Werner   191
Rosetus, Lazarus   41
Rösner, Jodocus   142
Rotenborg, *siehe* Johannes v. Rothenberg
Roth, Simon   197
Roth, Thomas   220
Rudolf II., Ks.   205
Rudolf IV., Hzg. v. Österreich   36, 100
Rudolf v. Rheinfelden   51
Rudolf, Kan. in Erlau   37
Rufinus de Civinio   271
Rüm, Georg   132
Rupert v. Deutz   189
Ruperti, Nicolaus   129
Ruppel, Berthold   192
Rusch, Adolf   191
Rynman, Johann   91

Sachs, Hans   66
Sachse, Melchior   86
Salomon, Kg. v. Ungarn   30, 51, 101
Salomon, Schneider in Sutschawa   252
Salomonis, Michael   274
Salzmann, Johannes   204f.
Samile, Bf. v. Konstantinopel   195
Sámuel Aba, Kg. v. Ungarn   101
Sander, Antonius   220
Sander, Thomas   220f.
Sanoceus, Gregorius   255
Sartor, Stephanus   164
Sartori, Michael   173
Sattelpoger, Martin   34
Sattler, Sigismund   197
Saurer, Laurenz   116

Schaffer, Lienhart   73
Schaller, Jacobus   132
Schaur, Johann   135
Schedel, Hartmann   251
Scherer, Gregorius   111
Schiltberger, Johannes   255–257
Schirmer, Johann   231
Schirmer, Johannes d. J.   225
Schlechta v. Wschehrd, Johannes   117, 119
Schmidt, Jakob   64
Schmuckenpfennig, Johann   73
Schöberl, Michael   73
Schobser, Hans   65, 135f.
Schöckel, Bernhard   77
Scholl, Heinrich   148
Schön, Augustin   73
Schönwetter, Andreas   168
Schötel, G.   74
Schöttel, Michael   76
Schram, Petrus   226
Schuler, Johannes   220
Schürer, Matthias   65
Schwartz, Blasius   71
Schwartz, Emmerich   71
Schwartz, Michael   73
Schwarzentaler, Stadtschreiber v. Ödenburg   77
Scolari, Andrea   262–264
Scolari, Filippo   171
Sculteti, Severinus   87
Seidenschwanz, Michael   227
Seifri(e)d, *siehe auch* Seyfri(e)d, Siffrid, Szigfrid
Seifrid v. Rein   23, 28
Seifried, Stadtschreiber v. Ödenburg   76
Seneca   130, 265
Seneca (Ps)   129
Senft, H.   152
Servatius, Pf. v. Wurmloch   275
Servatius v. Marienburg   232
Seuse, Heinrich   93
Seybolt, Hans   114, 151
Seydenschwancz, Johann   238
Seyfri(e)d, *siehe auch* Seifri(e)d, Siffrid, Szigfrid
Seyfrid, Christoph   111
Siebenbürger, Martin, *siehe* Capinius
Siebenlinder, Johannes   125
Siegfried, *siehe* Seifri(e)d, Seyfri(e)d, Siffrid, Szigfrid
Siffrid, *siehe auch* Seifri(e)d, Seyfri(e)d, Szigfrid
Siffrid v. Marienberg   239
Sigismund, Ks.   23f., 40, 55–57, 80, 83, 87, 93f., 98,
   101–105, 109–111, 124, 128f., 133, 144f., 157,

162–163, 171–174, 177f., 185, 188, 195, 207, 209f.,
   214–216, 220, 227, 229, 231f., 236f., 239, 241, 246,
   248, 253–256, 262f., 268f., 274
Sigismund v. Ebersdorf   75
Sigmund v. Königgrätz   35
Sigmund v. Pösing   153
Silius Italicus, Tiberius   270
Silvester II., Papst   49
Simon v. Kéza   54, 100
Simon v. Siebenbürgen   268
Simon, Banus   232
Simon, Dn. v. Schelk   248
Simon, Pf. in Bistritz   165
Singriener, Johannes   66, 87, 118, 121, 204, 270
Sinnig, Thomas   73
Sinreich, Rudbert   69
Siwart, Johannes   181
Sixtus IV., Papst   28
Somi, Józsa   135
Somkereki, Antal   105
Soos, Georg   28
Sorg, Anton   191
Span, Johannes   89
Spechtshart, Hugo   70
Spies, Vendelius   161
Spießheimer, *siehe* Cuspinian
Sporer, Merten   65
Stadel, Michael   74
Stahel, Conrad   113
Statius, Caecilius   270
Steck, Hans   76
Stefan, Rcht. in Ödenburg   83
Steiner, Heinrich   65
Stephan I., Kg. v. Ungarn   24, 27, 29, 37–40, 48–53,
   58f., 61f., 68f., 84, 101, 140f., 146, 148–151, 153f.,
   156f., 162, 171, 214, 241, 258f., 268
Stephan III., Kg. v. Ungarn   39, 53, 62, 148, 151
Stephan V., Kg. v. Ungarn   94–97, 146, 162, 174, 209,
   254
Stephan III., Wwd. d. Moldau   225, 250, 251
Stephan, Hzg. v. Siebenbürgen   174
Stephan v. Bourbon   249
Stephan, Gf. v. Alzen   231
Stephan, Golds. in Ofen   128
Stephan, Schneider in Ödenburg   79
Stephanus, Mag. in Agnetheln   161
Stephanus, OSB, Petschwar   259
Stephanus, Protomärtyrer   58
Stibitz, Hanns   152
Stieröchsel, Stephan   47, 126, 270, 272

Stöckel, Jakob   64
Stockpaur, Arzt in Ödenburg   71
Stoltzer, Thomas   122
Stomnitzer, Caspar   152f.
Stoß, Andreas   93
Stoß, Johann   247
Stoß, Martin   247
Stoß, Veit d. Ä.   93, 230, 247
Stoß, Veit d. J.   220, 230, 240
Strabmair, Nicolaus   138
Strassnicz, Magdalena   117
Stuchs, Georg   38, 136
Stürmer, Wolfgang   64
Suchenwirt, Peter   98f., 143
Süleyman I., Sultan   63, 94, 120
Sutoris, Stephan   207
Swarnegel v. Salzburg   67
Sybenlinder, Nicolaus   190
Synesius v. Kyrene   265
Szabolcs, Gfst. v. Ungarn   150
Szalkai, László   28, 42, 133, 154
Szatmári, Georg   31, 87f., 119, 136, 157
Székeles, Péter   80
Szigfrid, *siehe auch* Seifri(e)d, Seyfri(e)d, Siffrid
Szigfrid, Abt v. Martinsberg   61
Szilágyi, Elisabeth   254
Szilágyi, Mihály   164
Sztárai, Máté   264

Tannstetter, Georg   41, 87, 120, 205
Tatai, Antal, *siehe* Antonius de Thata
Taurinus, *siehe* Stieröchsel
Temür ibn Taraghai Barlas, *siehe* Timur
Terentius Afer, Publius   112
Teylner, Sigismund   165
Thankmar   49f.
Thar, Petrus   165
Thazlo, OSB, Bakonybél   259
Theodor I. Laskaris, Byzant. Ks.   95
Theodor, OP, Weißenburg   273
Theodor, Pf. v. Mühlbach   189
Theodor, Pr. v. Hermannstadt   188
Theodoricus, Schulm. in Kronstadt   190, 193f., 197, 228
Thietmar v. Merseburg   46
Thomas, Palatin v. Ungarn   28
Thomas, Wwd. v. Siebenbürgen   174
Thomas a Kempis   139, 156
Thomas de Drag   113
Thomas v. Aquin   70, 91, 156, 192, 199f.
Thomas v. Erfurt   200

Thomas v. Haselpach 69
Thomas v. Lucca 28
Thomas v. Sabaria 139
Thomas v. Schadendorf 76
Thomas v. Straßburg 199
Thomas, OSB, Petschwar 141
Thomas, Pr. v. Hermannstadt 188
Thomas, Pr. v. Wesprim 217
Thomasia, Kgn. v. Ungarn 96
Thonhauser, *siehe* Altemberger
Thoscha, Thomas 33
Thümmel, Ulrich 165
Thurocz, Johannes 24, 52, 66, 68, 92, 112f., 132, 139
Thurzó, Alexius 28, 121, 134
Thurzó, Siegmund 264
Thurzó, Stanislaus 47, 270
Tilmann, Pf. v. Hammersdorf 181
Timur, mong. Emir 256
Toberslacher, *siehe* Tobriacher
Tobiaschi, Georg 175, 181
Tobiássy, Klara 170
Tobiássy, Petrus 206
Tobriacher, Ulrich 86
Tolhopff, Johannes 111
Tolnai, Matthäus 61
Torquatus, Antonius 109
Transsilvanus, Maximilianus 121
Trapoldner, Lucas 192, 231
Trosendörfer, Bürger v. Ödenburg 72
Tubolt, Sophia 166
Tubolt, Wolfgang 166
Turon, Michael 41

Udalricus 250f.
Ugoleto, Taddeo 110
Ugrinus, Bf. v. Raab 63
Újlaki, Nikolaus 255
Ulhart, Philipp 66, 121
Ulrich I., Gf. v. Cilli 99, 107, 143
Ulrich v. Walse 143
Ulrich, Steinm. aus Kronstadt 163
Ungler, Florian 231
Unterdemweg, Oswald 76
Urban IV., Papst 162
Urban V., Papst 36
Urban VI., Papst 40
Urban v. Weyten 69, 78
Urbanus, Bürger v. Klausenburg 213
Urias, Abt v. Martinsberg 61f.

Ursinus Velius, Caspar 121, 133
Ursula, Frau d. Mag. Paulus 165

Vadianus, Joachim 47, 87, 272
Vajk, *siehe* Stephan I., Kg. v. Ungarn
Vajk, Ritter 254
Valentin, Gf. v. Denndorf 173, 227
Valentin v. Grünberg 154
Valentin, Schulm. in Ödenburg 78
Valentin, StRcht. v. Schäßburg 246
Valerianus, Publius Licinius 70
Valla, Lorenzo 206
Váradi, Franciscus 47, 269f., 272
Váradi, Péter 60
Velius, Ursinus 133
Venetus, Paulus 192
Vergerio, Pier Paolo 87, 104f., 129f.
Vergilius Maro, Publius 189, 265, 270
Versor, Johannes 191
Vespasiano da Bistricci 59
Vetési, Albert 156
Vietor, Hieronymus 28, 31, 66, 118, 123, 134, 157, 204
Vincent v. Beauvais 240
Vincentius (Ps) 156
Vincentius, OP, Tulln 273
Visconti, Filippo 254
Vitéz, Johannes 31, 40f., 105, 111, 130f., 255, 263–265
Vlad I., Wwd. d. Walachei 269
Vlad II., Wwd. d. Walachei 255, 257
Vlad III. Țepeș, Wwd. d. Walachei 177f., 206, 238, 241, 255–257
Vlad IV. Călugărul, Wwd. d. Walachei 225, 227
Vyner, Nikolaus 216

Wachler, Thomas 216
Wachter, Georg 123
Wagner, Sebastian 109
Walahfrid Strabo 199
Walter v. Hetzeldorf 206
Waltesar, Kürschner in Bistritz 252
Walther, OSB, Tschanad 259f.
Wann, Jeremias 130
Wann, Johann 130
Wann, Konrad 94, 130
Wann, Paul 130
Wann, Paul d. J. 130
Weber, Ägisius 248
Weinsheim, Veit 87f.
Weispriach, Zsigmond 68
Wenzel II., Kg. v. Böhmen 96

Wenzel III., Kg. v. Böhmen   97
Wenzel IV., Kg. v. Böhmen   102
Wenzel v. Böhmen, Kg. v. Ungarn   174
Wenzel, Oswald   195
Werbőczy, Jakob Stephan   116, 121
Werner, Georg   133, 228
Werner, Ritter aus Österreich   84
Wetzer, Wolfgang   73
Wibel, Michael   128
Wickradt, Johann d. Ä.   64
Wilhelm, *siehe auch* Guilelmus
Wilhelm IV., Hzg. v. Bayern   65
Wilhelm, Bf. v. Fünfkirchen   34
Wilhelm, Bf. v. Siebenbürgen   214, 217, 269
Wilhelm v. Bergzabern   37
Wilhelm v. Habsburg   98
Wilhelm v. Koppenbach   30, 36
Winand v. Steeg   55f.
Windeck, Eberhard   102f.
Windeck, Elisabeth   102
Winterburger, Johannes   47, 132f.
Wolfart, Paul   152
Wolfart, Ulrich   152
Wolff, Lorenz   166
Wolfgang v. Regensburg   49, 83
Wolfgang v. Treskwitz   77

Wolfgang, Pfarrer in Ödenburg   71
Wolfgang, Schmied in Ödenburg   74
Wolfhard, Adrian   47, 143, 211, 249, 270, 272f.
Wolfhard, Hilarius   272
Wolfram, Peter   80
Woltenstorfer, Jörg   166
Wontemp, Rasson   165
Wörlin, Johann   65

Xenophon   111, 131

Yolanda, Kgn. v. Ungarn   176
Yvan, Gf. v. Güssing   57

Zabarella, Francesco   130
Zacharias Salernitanus   137
Zainer, Günther   60, 198
Zainer, Hans   135
Zápolya, Johann   66
Zell, Ulrich   191
Zetzner, Lazarus   205
Zibstein, Hans   155
Ziegler, Hans   76
Zuckenmantel, Erhart   75
Zudar, Johannes   262
Zwanziger, Thomas   168

www.ingramcontent.com/pod-product-compliance
Lightning Source LLC
Chambersburg PA
CBHW080911170426
43201CB00017B/2289